국역
휘찬여사 2
지1

국역
휘찬여사 2 지1

초판1쇄 발행 | 2012년 2월 28일

기획 군위문화원 · 군위군
지음 홍여하
옮김 김현영 · 박한남 · 이재희 · 류주희

펴낸이 홍기원
총괄 홍종화
디자인 정춘경
편집 오경희 · 조정화 · 오성현 · 신나래 · 정고은 · 임민영
관리 박정대 · 최기엽

펴낸곳 민속원 출판등록 제18-1호
주소 서울 마포구 대흥동 337-25 전화 02) 804-3320, 805-3320, 806-3320(代) 팩스 02) 802-3346
이메일 minsok1@chollian.net 홈페이지 www.minsokwon.com

ISBN 978-89-285-0242-4 94380
978-89-285-0240-0(세트)

※ 책 값은 뒤표지에 있습니다.
※ 잘못된 책은 바꾸어 드립니다.
※ 저자와의 협의하에 인지는 생략합니다.

김현영
박한남
이재희
류주희 역

민속원

국역 휘찬여사

일러두기

1. 모든 고유명사(인명, 지명 등), 관직명, 한자 성어에는 해당 한자를 병기하였다. 다만 한 페이지에 중복되어 나오는 경우에는 한자를 생략하였다.
2. 원문에 인명에서 생략되어 이름만 나오는 경우에도 성명을 모두 써주었다.
3. 번역 과정에 원문 교감을 병행하였다. 『고려사』나 전후의 사실로 미루어 명확한 오탈자나 오류인 경우에는 주석을 붙여서 설명하였다.
4. 원주(쌍행) 번역 부분을 역자 주와 구별하기 위하여 { } 안에 원주를 넣었다. 역자 주는 각주로 처리하였으나 10자 이내로 짧은 것은 괄호 속에 처리하였다.
5. 연대 표기는 먼저 고려의 왕대를 쓰고 괄호 속에 서기 연대와 중국 연대를 써주었다.
   예) 충렬왕 9년(1283, 元 世祖 至元 20) *밑줄 부분은 경우에 따라 생략하였다.
6. '帝'는 '황제'로, '王'은 '왕' 혹은 '국왕'으로 번역하였다. 혼동의 염려가 있을 경우에는 괄호 속에 그 왕이나 황제의 시호를 넣어주었다.
7. 송宋, 요遼, 금金, 원元, 몽골[蒙古]은 혹은 송나라, 요나라, 금나라, 원나라라고도 번역하였다.
8. '붕崩', '훙薨', '졸卒', '서逝'는 '붕어하다', '훙거하다', '죽었다', '서거하다' 등으로 번역하였다.
9. 이 책은 원본 총 48권을 6책으로 나누어 간행하였다. 제1책에는 세가世家, 제2책과 제3책에는 지志, 제4책에서 제6책까지는 열전列傳이다. 다만 원본의 제21권 신서인전辛庶人傳(우왕, 창왕)은 세가편의 공민왕 다음 공양왕 앞으로 옮겼다. 왕대의 계속성을 보이는 측면도 있지만, 각 권의 분량을 염두에 둔 편집이다.

10. 거란, 여진, 몽골 등의 이름이나 용어는 한자어대로 쓴 후 한자를 병기하고 괄호 속에 원래의 발음을 써 주었다.
11. 번역본에 사용한 주요 부호는 다음과 같다.
    - 『 』: 저서나 저작물. 예) 『삼국사기三國史記』
    - 「 」: 논문이나 편명, 관작명이나 공신명. 예) 『서경書經』 「무일편無逸篇」
    - [ ] : 의역한 부분의 원문. 예) 군사에 관련된 주요한 일[軍機]
    - { } : 원문 주를 번역한 것. 예) 예종의 장자로 어머니는 순덕왕후順德王后 이씨이다.{예종 4년 기축년(1109)에 태어났다.}
    - ( ) : 역문에 대한 간단한 주석 또는 원문에 없는 것을 보완한 사항. 예) 숭녕崇寧(송나라 휘종의 연호)
    - " " : 원문에서의 인용 문장 및 대화 부분.
    - ' ' : 인용 문장 또는 대화 안에 있는 인용어.
12. 영인본은 독자의 편의를 위하여 왕대, 연기, 사론 등 부분에 색도를 넣어 구분하였다.
13. 각 권의 번역자는 다음과 같다.
    - 김현영 : 권1, 5, 9, 13, 17, 21, 25, 29, 33, 37, 41, 45
    - 박한남 : 권2, 6, 10, 14, 18, 22, 26, 30, 34, 38, 42, 46
    - 이재희 : 권3, 7, 11, 15, 19, 23, 27, 31, 35, 39, 43, 47, 48
    - 류주희 : 권4, 8, 12, 16, 20, 24, 28, 32, 36, 40, 44

『국역 휘찬여사 2 지1』 목차

휘찬여사 권11 예지

휘찬여사 권12 악지

휘찬여사 권13 여복지

『국역 휘찬여사』 총목차

| 휘찬여사 권7 |

천문지

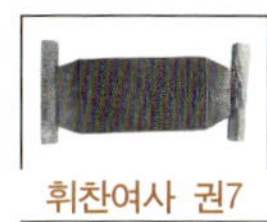

휘찬여사 권7

천문지天文志

사천고론司天考論

오호라. 『서경書經』「요전堯典」편에서 사시四時를 정하고[1] 「우공禹貢」편에서 구주九州를 서술하여[2] 천지가 자리를 잡았다. 우리나라가 비록 견문이 좁다고는 하지만 어찌 고증할 만한 것이 없다고 하겠는가? 지금 반드시 알려고 하는 사람이 있으므로 빠뜨릴 수 없어 이에 사천직방고司天職方考를 짓는다.

사천司天은 해와 달과 별들의 현상을 관찰하고 계산하여 앞으로 일어날 일을 예측하는 일을 담당하였다. 그 길하고 흉한 것, 재앙과 상서로운 것을 살펴 점占을 치고, 해시계로 그림자를 재며, 길하고 흉한 기운의 움직임과 매월의 초하루, 달이 차고 비는 것을 증험하여 역曆을 만들었다. 역은 항상 있는 수數를 따지는 것이고, 점은 일상적이지 않은 조짐을 따지는 것이다.

대개 국가를 다스리는 자가 처음 즉위하여 국정을 잡으면 반드시 천지의 원기를 근본으로 삼으니 정사를 행한 업적을 평가할 때는 반드시 그 해를 기준으로 하고, 봄·여름·가을의 농사와 온갖 직업들은 반드시 그 철에 맞춰 하며, 일반적으로 해야 할 일은 반드시 날과 달에 따라 하였다. 이 때문에 성인이 천명을 받으면 반드시 역법을 제정한 사실을 경전에서 찾아볼 수 있다. 그러나 후세에는 역학曆學이 오로지 음양가에서만 나왔다. 그런데 천지의 운행에는 차差가 있고 그것이 매우 미세하여도 끝내는

---

1 『서경書經』「요전堯典」편에 요堯 임금이 희씨羲氏와 화씨和氏에게 윤달을 사용하여야 사시四時가 어그러지지 않고 세공歲功이 이루어져 백관百官을 다스려서 모든 공적이 다 넓혀지게 된다고 말하였다.

2 『서경書經』「우공禹貢」편에서 중국 구주九州의 지리와 산물에 대하여 서술하였다. 『서경』 서序에, "禹別九州 隨山濬川 任土作貢"이라 하고 있다.

멀리 떨어져 버린다. 그러므로 중국의 역에 정통한 자도 늘 이 오차 때문에 힘들어하였다.

하물며 우리 동방의 역법을 따지는 사람들은 정밀하게 계산하는 능력이 중국에 훨씬 미치지 못하므로 그 법은 더욱 차이가 나니 이를 고려하지 않을 수 없다. 고려에서는 별도로 역법을 제정하지 않고 당나라의 『선명력宣明曆』[3]을 받아 썼다. 『선명력』은 당나라 목종穆宗(재위 820~824)대에 만든 것으로 고려 초에는 만든 지 100년이 넘었고, 당나라에서는 이보다 앞서 이미 역법을 바꾸어 모두 22곳이 달라졌으나 고려에서는 그냥 썼다. {송나라 가우嘉祐 4년(1059) 정월 초하루 병신일에 일식이 있었지만 고려조에서는 병신일이 전년 12월 그믐날이었으니 그 차를 깨닫지 못한 것이 이 정도에 이르렀다.} 충선왕대에 이르러 원나라의 『수시력授時曆』[4]을 채택하였으나 개방開方[5]의 방법은 전하지 않았으므로 일월식[交食]은 여전히 『선명력』의 옛날 방법을 따라 계산하였다. 그리하여 일월식을 예보하고 오차를 보정한 것이 하늘과 맞지 않아 천문을 맡은 관원들이 날을 계산하는 것에 실책을 범한 것이 오래되었지만 고려가 끝날 때까지 끝내 고칠 수 없었다.

황도黃道를 고찰하고, 그믐과 초하루를 살피며, 운행의 늦고 빠른 것을 비교하는 것이 비록 역술을 연구한 여러 책[曆經]에 실려 있으나 후세에서 기준으로 삼기에는 부족하므로 지금은 우선 생략한다. 해·달·오성五星[6]이 근접하고 침범한 것, 차고 오그라드는 것과 기후의 조짐은 요컨대 너무나 멀고 아득하여 추측할 수 없다. 그러나 그 길하고 흉한 것과 재앙이 되고 상서로운 것은 중국에 관계된 것도 있고 오직 우리나라에만 해당하는 것도 있으니 그 학문에 정통하게 되면 중국의 안위·성쇠를 앉아서도 알

---

3 중국 당唐나라 때 서앙徐昻이 만든 역법으로 822년부터 당나라에서 채택되어 892년까지 사용되었다. 우리나라에서도 신라 말기부터 고려 충선왕 때까지 이 역법을 썼다.

4 원나라의 지원至元 18년(1281)에 허형許衡 등이 편찬한 역법이다. 원나라는 물론 명나라에서도 이름만 바뀐 대통력大統曆으로 시행되어 1644년까지 전후 약 400년 가까이 사용되었다.

5 제곱근, 세제곱근을 구하는 것을 이른다.

6 오성은 수성水星, 금성金星, 화성火星, 목성木星, 토성土星의 다섯 행성行星으로 각각 진성辰星, 태백성太白星, 형혹성熒惑星, 세성歲星, 진성鎭星이라고도 불렀다.

수 있다. 천하의 근심을 먼저 하는 것에 비유하여 자신부터 대응해야 하므로 미리 강구하지 않을 수 없다. 하늘의 뜻이 우리 작은 나라를 인애하여 허물을 꾸짖는 것이 간절한데 또 어찌 소홀히 하여 살피지 않을 수 있겠는가.

고려시대에 일식이 132회 있었고 혜성이 떨어지거나 날아오른 것 중에 『송사宋史』나 『원사元史』와 서로 맞아떨어지는 것이 많다. 가령 현종 15년(1024) 5월 초하루 정해일에 일식이 있어야 했으나 없었다. 이때 송나라는 천성天聖 2년 갑자년으로 송나라 조정의 여러 신하들이 표문을 올려 하례한 것은 바로 이 때문이었다. 정종靖宗 6년(1040) 정월 병진일에 일식이 있자 거란에서는 연회를 그만두었고, 송나라 황제는 깊이 뉘우쳤으니 세 나라에서 계산한 것이 같았다. 공민왕 3년(1353) 9월 초하루 을축일에, 원나라에서 일식을 예고하였으나 일식이 일어나지 않았다. {이날 원나라의 수도인 대도大都(오늘날 북경)에서는 일식이 있었다.}

문종 30년(1076) 11월 혜성이 진수軫宿[7]에 나타난 것은 송나라 희녕熙寧 9년의 일로 왕안석王安石[8]은 진晉 무제武帝의 일을 근거로 천변은 두려워하지 않아도 된다고 상소하였다. 숙종 2년(1097) 7월 화성이 여귀輿鬼성에 들어간 것은 송나라 소성紹聖 4년의 일로 당시 장돈章惇[9]이 권력을 멋대로 하고 여러 간신배들이 조정에 가득 찼으므로 태사太史가 적도賊徒가 임금 옆에 있다고 아뢰었다. 숙종 6년(1101) 정월 초하루 임술일에 적색 기운이 동북쪽에서 일어나 서쪽까지 걸치자, 점을 쳐서 요나라와 송나라에 전쟁과 상喪이 있을 조짐이라 하였고 임백우任伯雨[10]는 상소하여 오랑캐가 모르는 사이에 일어날 증거라 하였다.

예종 원년(1106) 정월에 혜성이 서남쪽에 나타났는데 길이가 10자쯤이었다. 『송사

---

7 고대부터 동아시아에서는 하늘의 적도를 따라 모두 28개의 수宿가 있다고 생각하였는데 동에 각角・항亢・저氐・방房・심心・미尾・기箕, 서에 규奎・누婁・위胃・묘昴・필畢・자觜・삼參, 남에 정井・귀鬼・유柳・성星・장張・익翼・진軫, 북에 두斗・우牛・여女・허虛・위危・실室・벽壁이 있었다. 진軫수는 남쪽의 일곱 번째 수이다.

8 왕안석王安石(1021~1086)은 송나라의 개혁정치가로 신법新法을 추진한 것으로 유명하다.

9 장돈章惇(1035~1105)은 송나라 때 사람으로 신법을 주장한 왕안석과 결탁하여 사마광司馬光 등과 대립하였다.

10 임백우任伯雨(1047?~1119?)는 송나라 때 사람으로 경술經術에 밝았다.

宋史』에서는 '혜성이 서쪽에 있었고 길게 하늘 끝[天竟]까지 닿았다.'고 하였는데 이렇게 차이가 나는 것은 변경汴京[11]의 서쪽이 송도松都의 서남쪽이 되기 때문이다. 예종 5년(1110) 6월에 혜성이 자미원紫微垣[12]에 들어갔을 때 송나라에서는 장상영張商英을 재상에 임명하자 혜성이 사라지고 비가 왔다.

충렬왕 19년(1293)에 혜성이 태미원太微垣 좌액문左掖門에 나타났는데 길이가 5치쯤이었다. 이를 『원사元史』에서 '혜성이 자미원에 들어가 북두칠성까지 닿았는데 빛줄기가 1자 조금 넘었다'고 기록한 것은 우리나라에서는 비스듬히 바라보았기 때문에 차이가 있다. 또 북두칠성이라 한 것은 비록 액문掖門을 잘못 구별한 것이기는 하지만, 송도와 연경燕京의 거리가 가까워 분야分野[13]가 같으므로 관찰한 길이가 거의 비슷했다. 변경汴京은 조금 멀었으므로 장단에 차이가 있었다. 송이 남쪽으로 천도한 이후에는 일식과 별의 변괴가 서로 상응하지 않는 것이 많았으니 이는 바다로 만 리나 떨어져 있어 별이 관장하는 지역[星土]이 서로 크게 달라 그런 것이다. 하늘의 형세는 오르내림이 있는데 시력이 미치지 못하는 것인가, 또한 역법에 차이가 있어서 관측이 정밀하지 못한 것인가.{나중에 살펴보니 남송南宋 이종理宗(재위 1225~1264) 말년의 혜성과 도종度宗(재위 1264~1274)대의 일식은 『고려사[東史]』와 합치하였다.}

이로부터 보면 해와 별이 근접한 것을 관측한 것이나, 혜성[彗孛]을 온 세상에서 함께 본 것은 그 길흉, 선악이 오직 우리나라에만 해당되는 것이 아니라는 것을 확인할 수 있다. 그러나 햇무리, 요상한 기운, 모든 기후의 조짐, 태백이 하늘을 가로지른 것과 유성은 각 나라에만 있는 것이다. 가령 적색 햇무리가 있고 숙종이 변란을 모의했으며, 낭狼성이 나타나고 정중부鄭仲夫가 난을 얽은 것이 이와 같은 유형이니 다 기록할 수 없을 정도이다.

이른바 하늘 뜻이 우리 작은 나라의 허물을 꾸짖고 경고하는 것에 대해 왕 된 자가

---

11 북송의 도읍으로 오늘날 하남성河南省 개봉開封에 해당한다.

12 자미원紫微垣은 태미원太微垣, 천시원天市垣과 함께 삼원三垣이라 하며, 오늘날 작은곰자리 부근에 있고 천제天帝가 거처하는 곳으로 받아들여졌다.

13 하늘의 구역을 나누고 그 구역을 땅과 연결시켰는데 이를 분야分野라 하였다.

더욱 경계하고 두려워하며 덕을 닦는 것이 마땅하다. 우리나라에는 본래 별을 보고 점치는 성옹星翁이나 술사術士로 예언서를 신묘하게 해석하여 어느 분야分野인지를 확인하거나 피차 어디에 속하는지를 결정할 수 있는 자가 없었다. 그러므로 대개 재앙이 있으면 임금에 영합하여 말을 감추는 자는 일체 다른 나라에 핑계를 대고, 화란을 일으킬 마음을 감춘 자는 정상에서 벗어난 주장을 하여 많은 사람들의 귀를 움직였으니 이런 것들을 변별하지 않을 수 없다.

고종대에 『명종실록明宗實錄』을 편찬할 때 상서 권경중權敬中[14]이 위술緯術[15]을 두루 잘 알아 그 논찬한 것이 가장 알맞았으므로 그가 저술한 것을 덧붙였다고 한다. 그는 다음과 같이 주장하였다.

"신이 삼가 『춘추春秋』를 살펴보니 일식은 기록하였으나 월식은 기록하지 않았습니다. 아마 해는 실實이어서 빛을 기다리지 않아도 밝으니 임금의 상징이요, 달은 궐闕이어서 빛을 받아야 밝으니 신하의 상징으로 양이 이지러지면 변이變異가 되지만 달이 궐하면 꺼릴 것이 없어서입니다. 정미년(명종 17년, 1187) 7월의 일식은 바로 그 날에 그 보이고자 한 것이 확인되었으니 조원정曹元正, 석린石隣의 무리가 밤중에 궁궐을 침범하였습니다.[16] 이것은 음이 양을 침범한 것으로 신하가 임금을 범한 것을 나타낸 것입니다.

노魯나라 소공昭公 24년(기원전 518) 5월에 일식이 있자, 재신梓愼은 수재水災가 있을 것이라 하였고, 소자昭子는 가물 것이라 하면서 '해가 춘분을 지났지만 여전히 양이 음을 이기지 못하고 있는 것이다. 양이 음을 이기면 반드시 심할 것이니 가뭄이 없겠는가. 양이 음을 이기지 못하는 것이 양이 쌓여 모이는 것보다 못하다.' 하였습니다. 이 해에 과연 가물었습니다. 그것을 설명하는 이가 '하지 · 동지, 춘분 · 추분에는 일식이 있어

14 고려후기의 문신으로 『명종실록』을 편찬할 때 연도를 분담하여 집필하였다.

15 위서緯書 공부를 이르는 것으로 중국 한漢나라 때 유학의 경서經書에 대비해 길흉화복을 예언하는 책을 위서라 하였다.

16 조원정, 석린 등이 명종 17년 7월 그믐날 밤 2경에 수창궁壽昌宮에 쳐들어가 추밀사 양익경梁翼京 등을 죽였으나 결국 체포되어 사형당하였다.

도 재앙이 되지 않는다. 해와 달이 운행할 때 춘분·추분은 밤낮의 길이가 같고 궤도도 같아 일식이 있어도 가벼우며 재앙이 되지 않고 홍수가 나거나 가뭄이 들 뿐이다. 기유년 2월의 일식도 춘분에 있었기 때문에 윤5월에 이르러 가물었으니 이는 그대로 나타난 것이다.' 하였습니다.

해가 적색이 되고 엷어져서[薄] 빛을 잃는 것, 해 곁에 배기背氣가 있는 것, 바깥은 적색이고 안은 황색인 것, 해의 동서에 이珥가 있는 것 등을 『한서[前漢書]』를 살펴보니 '해 옆에 기氣가 있는데 똑바로 대한 것을 이珥라하고, 해를 향하는 것은 포抱이고, 밖을 향하는 것은 배背이다. 배背라는 것은 등진 형상이며, 기氣가 가서 접근하여 압박하면 엷어진다[薄].'라 되어 있습니다. 『진서晉書』 「천문지」에는 '임금에게 덕이 없고 신하가 나라를 어지럽히면 해가 적색이 되고 빛을 잃는다.' 하였습니다. 그러니 하늘이 허물을 꾸짖고 경고하는 것이 어찌 간절하지 않습니까? 비록 조원정과 석린을 제거하였으나 다시 동남쪽에서 난을 선동하였으므로 이처럼 꾸짖고 경고하였습니다. 이때 깨닫고 반성한다면 어찌 아름답게 마치는 조짐이 아니겠습니까?

달이 묘昴수를 가린 것, 달이 심心수를 가린 것, 달이 심수의 전前성에 근접한 것, 달이 심수의 후後성을 가린 것, 달이 심수를 관통하여 지나가는 것 등을 「성전星傳」을 살펴보니 '중국에 형벌이 알맞지 않은 일이 있으면 오랑캐 군사가 도읍을 짓밟고 그 영향이 중국 밖에도 미친다.' 하였고, 또 '천왕이 자리를 잃으면 적서자손이 모두 흩어져 더 이상 떨치지 못하게 된다.' 하였습니다.

그러므로 벌을 내린 것이 이처럼 다양합니다. 세歲성(목성)이 집법執法성[17]에 근접한 것, 태백太白성(금성)이 하늘을 가로지른 것[經天], 형혹熒惑성(화성)이 진鎭성(토성)에 근접한 것, 진辰성(수성)이 방房수의 동쪽에 나타난 것 등에 대해 「천문지」를 살펴보니 '인仁이 이지러지면 체모를 잃으니 벌이 세歲성에 보인다. 의義가 이지러지면 말에 실책이 있으니 벌이 태백성에 보인다. 예禮가 이지러지면 보는 데서 잘못이 있어 벌이 형혹성에

17 태미원太微垣 남쪽 가에 있는 두 별 중 동쪽에 있는 것을 좌집법, 서쪽에 있는 것을 우집법이라 한다.

보인다. 지智가 이지러지면 듣는 것에 실책이 있으니 별이 진辰성에 보인다.' 하였습니다. 인・의・예・지는 신信을 위주로 하고, 체모・말・보기・듣기는 마음[心]을 위주로 합니다. 그러므로 네 별이 모두 잘못되면 진鎭성이 비로소 움직이니 오성五星의 반응이 대개 이와 같습니다. 다만 인・의・예・지의 이지러짐과 체모・말・보기・듣기의 잘못은 과연 누가 하는 것입니까? 천하에 임금 된 자에게 반응하는 것입니까, 한 나라를 천단하는 자에게 반응하는 것입니까? 알 수 없습니다. 「성전」에 '달이 오성을 가리면 그 나라가 모두 망한다.'고 하였는데 여기서 그 나라란 그 별과 연결된 지역의 나라입니다. 그러나 지금 분야를 쓰지 않았으니 그 응함을 논할 수 없습니다.

또 이르기를 '태백이 하늘을 가로지르면[經天] 천하에 혁명이 있어서 백성이 임금을 바꾼다.'고 하였으니 모든 오성의 변이는 중국에 속하는 것이 많고 오로지 우리나라만 변괴가 되는 것은 아닙니다. 기氣의 변이는 『주례周禮』를 보면 붉은 요상한 기운[赤祲]이 있는 것은 근심하는 기운이 반응한 것이라 하였으니 그때는 반드시 우환이 있고 반란을 모의하는 자들이 있었을 것입니다. 『진서晉書』 「천문지天文志」를 살펴보니 '흰 무지개[白虹]는 여러 재앙의 근본으로 흰 무지개에 안개가 끼면 신하가 임금을 해치려 모의하는 것이고, 밤에 안개가 끼고 무지개가 있으면 신하에게 근심이 있으며, 낮에 안개가 끼고 무지개가 있으면 임금에게 근심이 있다.' 하였으니 이것을 거울삼아 경계하는 것이 옳습니다.

목木의 변이는 「오행전五行傳」에 이르기를 '함부로 요역을 일으켜 백성들이 농사할 때를 빼앗으면 목이 성질을 잃어서 변괴가 된다'고 하였습니다. 노나라 성공成公 16년(B.C.575) 정월에 비가 와서 나무가 얼었는데 유향劉向[18]은 '얼음은 음이 성하여 물이 엉켜서 된 것이고 나무는 소양少陽으로 존귀한 신하와 경대부의 상징이다. 이 사람들이 해를 입으려 하면 음기가 나무를 위협하여 나무가 먼저 추우므로 비를 맞고 언다.' 하였습니다. 어떤 사람은 말하기를 '나무 얼음은 딱딱할 껍질[介]이라고도 하는데 딱딱한

18 유향劉向(B.C.77~6)은 중국 전한 때의 학자, 정치가로 음양재이설陰陽災異說로 정치적인 상황의 득실을 논했다.

껍질은 갑옷이고, 갑옷은 전쟁의 상징이다.' 하였습니다. 밤[栗]은 북방의 열매로 벌레가 그 잎을 먹으면 북쪽의 신하가 비방과 참소를 당하는 근심이 있을 것이고 기둥에 벼락이 치는 것은 중책을 맡은 인물이 꺾이는 흉조입니다.

화火의 변이는 「오행전」에 이르기를 '법률을 버리고 첩을 처로 하면 불이 타더라도 불꽃이 위로 올라가지 않는다.' 하였습니다. 그 설說에는 '불은 남방에 해당하며 빛을 비춰 밝히는데 그것이 왕 된 자가 남쪽을 향해[南面] 밝게 비춰 다스리는 상징이다. 그 빛나는 것이 거짓이면, 참소하는 사람들이 세력을 얻고 간사한 자들이 올바른 자들을 이기므로 불이 그 성질을 잃어 재앙이 된다.' 하였습니다. 명종이 일찍 왕비를 잃자 일곱 명의 후궁들이 총애를 다투었고 여자들이 궁궐 안에서 어지럽혀 국가 중대사의 비밀이 유지되지 않았습니다. 이 때문에 추밀원樞密院에 불을 내려 경고하였습니다.

수水의 변이는 「오행전」에 이르기를 '종묘를 소홀히 하고 기도하지 않으며, 제사를 폐하고 하늘의 때를 거스르면 물이 아래로 흘러 만물을 적시는 성질을 잃게 된다.' 하였습니다. 그 설에는 '물은 북쪽에 해당하며 마지막에 만물을 거둔다. 왕 된 자가 즉위하면 반드시 도성 밖에서 천지에 제사지내고, 멀리서 산천에 제사를 지내 모든 신들을 회유하였는데 이는 음양을 순조롭게 하고 신과 사람을 화합하게 하는 까닭이다.' 하였습니다. 명종대에 사시四時의 제향을 왕이 직접 행하지 않은 것이 여러 해 되었으니 물로 인한 재앙이 있는 것은 당연합니다.

그 밖에도 금석金石과 새와 짐승의 변이로도 유추할 수 있습니다. 대개 세상이 잘 다스려지면 하늘의 재변은 적어지고 세상이 어지러우면 하늘의 재변은 많아집니다. 도가 훌륭한 임금은 사람의 도리와 하늘의 덕으로 다스리는데 그것이 쇠해진 후에 하늘이 허물을 꾸짖고 경고합니다. 또 때로는 천하를 가진 자에게 상징을 보이고, 한 나라를 가진 이에게 경고를 보이니 천하와 국가를 소유한 자가 귀감을 삼지 않을 수 있겠습니까?"

구양수歐陽脩[19]가 말하기를, "비록 『춘추春秋』에 일식과 별의 변이 같은 것들을 기록하였으나 공자는 일찍이 그렇게 된 까닭을 말하지 않았다. 그러므로 그 제자들이 후세에 이어서 서술할 수가 없었다. 성인이 이미 죽은 후 이단이 일어났다. 진한秦漢 이후로 학자들이 재이災異이 미혹되어 천문天文, 오행五行의 설이 번성함을 어쩔 수 없었다. 『서경書經』에 이르기를 '하늘은 내 백성이 보는 것을 통해 보며, 하늘은 내 백성이 듣는 것에서 듣는다.' 하였으니 인심이 아래에서 기뻐하는데 하늘의 뜻이 위에서 노하는 경우가 없고, 사람의 도리가 아래에서 거꾸로 가는데 천지자연의 도리가 위에서 순조로운 경우도 없다. 그런즉 왕 된 자는 천하에 임금이 되어 살아 있는 백성을 길러 덕을 베풀고 정사를 펴서 인심을 순하게 하니 이것을 일러 하늘을 받든다 하는 것이다. 해·달·별과 오성은 늘 운행하여 멈추지 않아 차고 오그라들며 어긋나는 변이가 없을 수 없어 점치는 것이 맞기도 하고 맞지 않기도 하여 일정하지 않으므로 이 일을 맡은 자의 일이다."라고 하였습니다.

삼가 이 설을 살펴보니 참으로 유자의 주장에 맞는 것이 있다. 그러나 주자朱子가 『자치통감강목資治通鑑綱目』을 저술하면서 하늘의 변이에 대해서 썼으니 『춘추』를 서술한 의도와 맞다. 대저 역사는 천도天道를 받들어 쓰는 것으로 이것이 어찌 오로지 담당한 자만 할 일이 되겠는가? 대개 우리나라의 풍속이 천문을 관찰하여 예측하는 것을 천한 기예로 여겨 사대부 중에 배우고 익힌 자가 결코 없어 역사책에 실린 것이 다만 찢어지고 흩어진 것뿐이니 가히 한스럽다. 권경중이 어려서 익힌 곡식을 거부하고 선도仙道을 배웠는데 이규보李奎報는 시를 지어 이것을 책망하였다.[20] 그러나 권경중은 스스로 깨끗하게 수행하여 욕심을 적게 한 결과 도사道士와 비슷하여 그 논하는 것이 매우 탁월하였고, 그 견해는 다른 사람이 따르지 못할 정도였다. 북극성[太陰]이 심心수를 관통하는 것을 보고 점쳐서 중국의 변란을 헤아린 것은 이치가 있었다. 명종 19년(1189)은 송나라 효종孝宗이 아들 광종光宗에게 전위한 때인데[壽皇][21] 부자의 변이 극에 달했다 할 수 있다. 이른바 천왕天王이 자리를 잃으면 적첩嫡妾이 모두 흩어진다 한 것

19 구양수(1007~1072)는 북송 때의 정치가, 역사가로 유학의 이념에 따라 사회를 개혁하려 하였고 『신당서新唐書』를 편찬하는 데 참여하였다.

20 이규보가 권경중을 책망한 시는 『동국이상국집東國李相國集』 권14에 실려 있다.

21 송宋의 효종이 순희淳熙 16년에 아들 광종에게 위를 넘겼는데 광종이 효종에게 존호하여 지존수황성제至尊壽皇聖帝라 하였다.

이니 은연중에 드러난 조짐이라 할 것이다. 이때는 고려에서 송과의 관계가 끊어진 지 오래였으므로 권경중은 그 자세한 소식을 듣지 못하였다. 구준丘濬[22]이 말하기를 '자미성·북극은 외국의 일에 간여하지 않는다.' 하였는데 이것으로 권경중의 주장이 더욱 믿을 만한 것을 확인할 수 있다. 그러나 심心수는 동쪽의 가운데 있는 별자리이고 세歲성은 동방의 중심이 되는 별인데 권경중이 모두 중국에 속한다 하였으니 이것은 통론이 아니다. 오호라! 천도天道는 심원한데 학문이 정통하지 못하면 잘못되어 재이가 되니 구양수의 주장이 바르다 할 것이다.

일식日食

목종穆宗

○ 12년(1009) {2월 기축일에 해의 빛깔이 홍색紅色 막을 친 것 같았다.}

현종顯宗

○ 3년(1012) {8월 초하루 병신일에 일식이 있었다.}

○ 4년(1013) {12월 초하루 무오일에 일식이 있었다.}

○ 5년(1014) {3월 경인일에 흰 무지개가 해를 관통하였다. 신축일에 흰 기운이 해를 관통하였다. 임인일에 해 곁에 적색 기운이 있어 서로 요동하였다[相盪].}

○ 6년(1015) {정월 병신일에 해 곁에 청적靑赤색 기운이 있었다. 6월 초하루 기유일에 일식이 있었다. 해 위에 무지개 같은 흰 기운이 한참 있다가 없어졌다. 10월 갑오일에 해 곁에 서로 등진[背] 기운이 있었다.}

---

22 구준(1418~1495)은 명나라의 관료이며 학자로, 호는 경산瓊山 또는 심암深菴·경대瓊臺라고도 하였고 시호는 문장文莊이다.

○ 10년(1019) {3월 초하루 임오일에 일식이 있었다. 9월 초하루 갑인일에 태사太史(천문을 맡은 관원)가 아뢰기를 "일식이 있지만 검은 구름[陰雲] 때문에 보이지 않습니다." 하였다.}

○ 11년(1020) {윤12월 무신일에 해에 겹 햇무리[重暈]가 있었다.}

○ 12년(1021) {7월 초하루 갑술일에 일식이 있었다.}

○ 15년(1024) {5월 초하루 정해일에 일식이 있어야 했으나 일식이 없었다. 11월 초하루 을유일에 일식이 있어야 했으나 일식이 없었다.}

○ 16년(1025) {11월 초하루 기묘일에 태사가 아뢰기를 "일식이 있어야 하지만 없었습니다." 하였다.}

○ 17년(1026) {10월 초하루 계유일에 일식이 있었다.}

○ 20년(1029) {8월 초하루 정해일에 일식이 있었다.}

덕종德宗

○ 원년(1032) {9월 초하루 계해일에 해의 빛깔이 혜성 같았다.}

정종靖宗

○ 2년(1036) {10월 무신일에 해 곁에 청적색의 기운이 있어서 빙 둘러쌌다.}

○ 6년(1040) {정월 초하루 병진일에 일식이 있었다. 2월 임자일에 햇무리가 있었는데 흰 무지개가 햇무리를 관통하였다. 11월 갑자일에 햇무리가 있었으며 양이兩珥가 있었다.}

○ 8년(1042) {12월 을사일에 해에 네 개의 포抱가 있었으며 흰 무지개가 해를 관통하였다.}

○ 9년(1043) {5월 초하루 정묘일에 일식이 있었다.}

○ 11년(1045) {4월 초하루 정해일에 태사가 "일식이 있었지만 검은 구름 때문에 보이지 않았습니다."라고 아뢰었다.}

○ 12년(1046) {3월 초하루 신사일에 일식이 있었다. 왕이 정전正殿에서 피하였으며 흰 옷을 입고 구식救食[23]하였다.}

문종文宗

○ 원년(1047) {3월 초하루 을해일에 일식이 있었다.}

○ 2년(1048) {12월 그믐 갑오일에 일식이 있었다.}

○ 7년(1053) {10월 초하루 병신일에 일식이 있었다.}

○ 12년(1058) {윤12월 그믐 병신일에 일식이 있었다. 송나라 가우嘉祐 4년(1059) 정월 초하루 병신일에 일식이 있었는데 지금 전해 12월 그믐날이 된 것은 고려에서 역曆을 만든 차이 때문이다. 15년 6월에 사분四分[24] 일식이 있었지만 『고려사高麗史』는 놓쳤다.}

○ 13년(1059) {12월 초하루 신유일에 일식이 있었다.}

○ 19년(1065) {10월 을사일에 겹 햇무리가 있었으며 적색 기운이 해를 관통하였다. 또 양이兩珥가 있었다.}

○ 22년(1068) {정월 초하루 갑술일에 일식이 있었다.}

○ 23년(1069) {7월 초하루 을축일에 일식이 있었다.}

○ 27년(1073) {4월 초하루 갑술일에 일식이 있었다.}

○ 29년(1075) {8월 초하루 경인일에 일식이 있었다.}

○ 30년(1076) {2월 초하루 정해일에 일식이 있었다.}

○ 33년(1079) {6월 초하루 정유일에 일식이 있었다.

○ 34년(1080) {11월 초하루 기축일에 일식이 있었다.}

선종宣宗

○ 8년(1091) {5월 초하루 기미일에 일식이 있었다.}

○ 11년(1094) {정월 병자일에 해에 관冠[25]이 있었으며 좌우에 이珥가 달렸다. 임진일에 해의 동서쪽에 혜성이 있었으며 흰 무지개가 해를 찔렀다[衝]. 무술일에도 이와 같았다.}

---

23 구식救食은 일식이나 월식이 있을 때 흰옷을 입고 재앙이 일어나지 않도록 기도를 올리는 것이다.

24 일식이나 월식이 있을 때 해와 달이 가려지는 정도를 분으로 표시하였는데 전체를 가리면 10분이었다.

25 햇무리의 상부에 접한 호弧 중에 호의 양끝이 안으로 굽은 것을 관冠이라 이른다.

헌종獻宗

○ 원년(1095) {정월 무술일에 햇무리가 있었으며 양쪽 옆에 혜성이 있었다. 태사가 아뢰기를 "해에 혜성이 있는 것은 근신이 반란을 일으키고 제후 중에 반란을 일으키려는 자가 있는 것입니다."라고 하였다.}

숙종肅宗

○ 원년(1096) {5월 초하루 신묘일에 햇무리가 있었는데 세 겹이었다.}

○ 5년(1100) {4월 초하루 정유일에 일식이 있었다.}

○ 6년(1101) {정월 기축일에 햇무리가 있었다. 4월 초하루 신묘일에 일식이 있었다.}

○ 7년(1102) {10월 을해일에 해 동북쪽에 청적색의 무지개가 있었다. 경진일에 해에 양이兩珥가 있었다. 12월 을해일에 적색 무지개가 해를 관통하였다.}

○ 10년(1105) {정월 경인일에 해의 한 가운데에 빛이 없었고, 겹 햇무리와 이珥가 있었다.}

예종睿宗

○ 원년(1106) {3월 병신일에 해에 겹 햇무리가 있었으며 흰 무지개가 관통하였다. 11월 갑오일에 햇무리가 있었다. 12월 초하루 무오일에 일식이 있었다.}

○ 4년(1109) {4월 기묘일에 해가 적색이었고 빛을 잃으면서 흔들렸다.}

○ 5년(1110) {3월 을묘일에 해의 빛깔이 핏빛 같았고 빛을 잃었다.}

○ 8년(1113) {3월 초하루 임자일에 태사가 아뢰기를 "일식이 있지만 구름이 짙게 끼어[密雲] 보이지 않습니다." 하였다. 12월 경신일에 해 좌우에 이珥가 있었다.}

○ 10년(1115) {2월 정미일에 삼중의 햇무리가 있었고 이珥가 있었으며 흰 무지개가 관통하였다. 7월 초하루 무진일에 일식이 있었다.}

○ 13년(1118) {5월 초하루 계미일에 일식이 있었다.}

○ 15년(1120) {10월 초하루 무진일에 일식이 있었다.}

○ 17년(1122) {정월 갑신일에 햇무리와 이珥가 있었다. 2월 초하루 경인일에 일식이 있었다. 4월 병신일에 해에 겹 햇무리가 있었다.}

인종仁宗

○ 원년(1123) {8월 초하루 신사일에 일식이 있었다.}

○ 2년(1124) {정월 병인일에 해에 이珥가 세 개 있었다. 윤3월 갑신일에 해가 적색이 되었고 빛을 잃었다.}

○ 3년(1125) {4월 정묘일에 해와 달이 동시에 떴는데 동서로 서로 떨어진 거리가 다섯 길[丈]쯤 되었다.}

○ 4년(1126) {정월 갑오일에 흰 무지개가 해를 관통하였으며 겹 햇무리가 있었다. 3월 갑오일에 해의 빛깔이 핏빛 같았다.}

○ 7년(1129) {정월 정해일에 세 개의 해가 한꺼번에 떴는데 서로 이어져서 무지개 같았다. 3월 신사일에 흰 무지개가 해를 관통하였다. 9월 초하루 병오일에 일식이 있었다. 12월 을유일에 해의 동서쪽에 배기背氣가 있었으며 밖에는 환훈環暈이 있었다. 무자일에 해에 양이兩珥가 있었고 동쪽에는 배기가 있었으며 위에는 반원형의 햇무리가 있었는데 그 가운데를 청적색이 관통하였다.}

○ 8년(1130) {8월 무인일에 해에 세 개의 이珥가 있었는데 청적색이었다. 11월 임자일에 해가 남쪽에 왔을 때 이珥가 있었다.}

○ 9년(1131) {2월 신사일에 흰 무지개가 해를 관통하였다.}

○ 11년(1133) {11월 무인일에 두 개의 해가 한꺼번에 떴다.}

○ 12년(1134) {정월 무인일에 흰 무지개가 해를 관통하였다. 2월 을유일에 흰 기운이 해를 관통하였다. 10월 무자일에 흰 무지개가 해를 관통하였으며 햇무리가 있었고 이珥가 있었다.}

○ 13년(1135) {정월 초하루 을사일에 일식이 있었는데 구름이 짙게 끼어 보이지 않았다. 2월 임오일에 햇무리가 있었고 흰 무지개가 관통하였다.}

○ 15년(1137) {11월 정사일에 청적색의 햇무리가 해를 관통하였다.}

○ 19년(1141) {4월 병술일에 흰 햇무리가 해를 관통하였다.}

○ 21년(1143) {정월 초하루 기축일에 일식이 있었다. 12월 계미일에 태사가 아뢰기를 "일식이 있어야 하는데 없습니다." 하였다.}

○ 23년(1145) {6월 초하루 을해일에 일식이 있었다.}

의종毅宗

○ 2년(1148) {3월 무진일에 해가 빛을 잃었다.}

○ 3년(1149) {3월 초하루 계미일에 일식이 있었다.}

○ 5년(1151) {3월 계유일에 해에 달걀만 한 크기의 흑점[黑子]이 있었다. 계미일에 해 가운데에 달걀만 한 크기의 흑점이 있었다. 다음날도 이와 같았다.}

○ 8년(1154) {5월 초하루 계축일에 일식이 있었다.}

○ 9년(1155) {5월 초하루 정미일에 일식이 있었다.}

○ 12년(1158) {3월 초하루 신유일에 일식이 있었다. 계유일에 해가 빛을 잃었다. 5월 기사일에 흰 무지개가 해를 관통하였다. 6월 경술일에 해가 빛을 잃었다.}

○ 13년(1159) {정월 병진일에 햇무리가 있었고, 이珥가 있었는데 청적백색이었다. 서북쪽에 두 개의 배기背氣가 세 겹으로 있었는데 모두 해로부터 떨어진 거리가 몇 자 되지 않았다. 사람들이 이것을 보고 모두 "세 개의 해가 한꺼번에 떴다."고 말했다.}

○ 14년(1160) {정월 기해일에 괴상한 기운이 있었는데 3일이나 계속되었다. 8월 초하루 병오일에 일식이 있었다.}

○ 16년(1162) {정월 초하루 무진일에 일식이 있었다.}

○ 17년(1163) {6월 초하루 경신일에 일식이 있었다.}

○ 18년(1164) {정월 경자일에 흰 무지개가 해를 관통하였다. 6월 초하루 갑인일에 일식이 있었다. 11월 갑오일에 흰 무지개가 해를 둘러쌌고, 남·서·북쪽에 각각 이珥가 있었는데 마치 해를 서로 관통한 것 같았다.}

○ 21년(1167) {4월 초하루 무진일에 일식이 있었다.}

○ 23년(1169) {8월 초하루 갑신일에 일식이 있었다.}

○ 24년(1170) {7월 초하루 기묘일에 일식이 있었다.}

명종明宗

○ 원년(1171) {9월 신묘일에 해에 복숭아만 한 크기의 흑점이 있었다.}

○ 3년(1173) {5월 초하루 임진일에 일식이 있었다.}

○ 4년(1174) {11월 초하루 갑신일에 일식이 있었다.}

○ 6년(1176) {3월 초하루 병오일에 일식이 있었다.}

○ 7년(1177) {3월 초하루 신축일에 해가 빛을 잃었다. 기유일에 해와 달이 빛을 잃었다.}

○ 9년(1179) {정월 계미일에 해에 포抱가 있었으며 세 개의 이珥가 있었는데 청백색이면서도 적색이었다. 5월 병인일에 세 개의 이가 있었는데 남쪽과 북쪽은 적흑색이고 서쪽은 백색이었다. 또 남·서·북쪽에 포기抱氣가 있었는데 흰색이었다.}

○ 13년(1183) {11월 초하루 임술일에 일식이 있었다. 기묘일에 해에 흑점이 있었는데 이틀 동안 계속되었다.}

○ 14년 {4월 초하루 기미일에 일식이 있었다.}

○ 15년 {정월 갑오일에 해에 배[梨]만 한 크기의 흑점이 있었다. 10월 초하루 경술일에 일식이 있었다. 경오일에 해에 흑점이 있었다.}

○ 17년(1187) {3월 을묘일에 해가 적색이 되었고 옅어지다가 빛을 잃었다. 7월 그믐 기사일에 일식이 있었다. 태사가 아뢰기를 "이번 것은 물러가는 일식[退食]이어서 재앙이 아니므로 걱정할 것이 없으며 담당 관청에서만 구식救食하면 됩니다." 하였다.}

○ 19년(1189) {2월 초하루 신유일에 일식이 있었다.}

○ 25년(1195) {정월 초하루 병술일에 일식이 있었다.}

○ 27년(1197) {2월 초하루 을사일에 일식이 있었다.}

신종神宗

○ 원년(1198) {정월 초하루 기해일에 일식이 있었다.}

○ 3년(1200) {8월 계사일에 해에 자두[李]만 한 크기의 흑점이 있었다.}

○ 4년(1201) {11월 초하루 무신일에 일식이 있었으나 가려서 보이지 않았다.}

○ 5년(1202) {8월 병자일에 해 가운데에 배[梨]만 한 크기의 흑점이 있었다. 12월 갑신

일에 해 북쪽에 주朱색의 햇무리가 있었는데 무지개를 자른 것 같았다. 그 바깥쪽에 곧은 기운[直氣]이 있었고 동・서쪽에는 이珥가 있었다.}

○ 7년(1204) {정월 초하루 을축일에 해 가운데에 자두만 한 크기의 흑점이 있었는데 사흘 동안 계속되었다. 태사가, 진晋나라 함강咸康 8년(342) 정월에 해에 흑점이 있고 그 해 여름에 황제가 붕어한 사실에 근거해, 그 징조가 나쁘다는 것을 알았으나 감히 거스르는 말을 하지 못하고 다만 "해는 임금의 상징이니 만약 흠이 있으면 반드시 그것을 드러낼 것입니다."라고 아뢰었다.}

희종熙宗

○ 5년(1209) {6월 초하루 계해일에 일식이 있었다.}

○ 6년(1210) {2월 경진일에 햇무리와 양이兩珥가 있었다. 북쪽에 흰 기운이 있어 햇무리와 교차하여 해를 관통하였다. 12월 초하루 을묘일에 일식이 있었다.}

고종高宗

○ 원년(1214) {9월 초하루 임술일에 일식이 있었다.}

○ 3년(1216) {2월 초하루 갑신일에 일식이 있었다.}

○ 4년(1217) {3월 임진일에 해가 적색이었고 빛을 잃었다. 4월 경술일에 해 곁에 수레바퀴만 한 크기의 적색 기운이 있었고, 남쪽과 북쪽에는 해처럼 비추는 기운이 있었다. 7월 초하루 병자일에 일식이 있었다.}

○ 5년(1218) {6월 신해일에 무지개가 해를 둘러쌌다. 7월 초하루 경오일에 일식이 있었다.}

○ 6년(1219) {11월 갑인일에 흰 무지개가 해를 관통하였다. 12월 계해일에 해에 이珥가 있었다.}

○ 7년(1220) {2월 무진일에 흰 무지개가 해를 관통하였다.}

○ 8년(1221) {5월 초하루 갑신일에 일식이 있었다.}

○ 10년(1223) {9월 초하루 경자일에 일식이 있었다.}

○ 14년(1227) {6월 초하루 무신일에 일관日官(천문을 맡은 관원)이 "일식이 있으나 비가 와서 보이지 않습니다."라고 아뢰었다.}

○ 15년(1228) {12월 초하루 경자일에 일식이 있었다.}

○ 17년(1230) {4월 초하루 임술일에 일식이 있었다.}

○ 21년(1234) {8월 정묘일에 일식이 있었으나 짙은 구름 때문에 보이지 않았다.}

○ 30년(1243) {2월 을축일에 무지개가 해를 관통하였다. 3월 초하루 정축일에 일식이 있었다. 10월 갑오일에 흰 무지개가 해를 관통하였다.}

○ 32년(1245) {7월 초하루 계사일에 개기皆旣 일식이 있었다.}

○ 33년(1246) {정월 초하루 신묘일에 일식이 있었다.}

○ 36년(1249) {4월 초하루에 일식이 있었다.}

○ 39년(1252) {2월 초하루 을묘일에 일식이 있었다.}

○ 40년(1253) {10월 기미일에 햇무리가 있었는데 다섯 가지 빛깔이었다. 12월 임자일에 해에 이珥가 있었다. 계축일에 겹 햇무리가 있었는데 그 빛깔이 무지개 같았으며 동북쪽에 배기背氣가 있었다. 태사가 아뢰기를 "배기가 안쪽에 하나 바깥쪽에 하나가 있으니 이는 서울 사람이 지방 사람과 함께 모반할 징조입니다."라고 하였다.}

○ 45년(1258) {2월 임진일에 해가 청색이었고 빛을 잃었다. 3월 정묘일에 해가 적색이었는데 핏빛 같았다. 8월 계사일에 해에 달걀만 한 크기의 흑점이 있었다. 다음날에도 흑점이 있었는데 사람 모양 같았다.}

원종元宗

○ 원년(1260) {정월 갑오일에 해가 어두워지고 빛을 잃었다. 3월 초하루 무진일에 일식이 있었다. 4월 기해일에 해에 이珥가 있었다. 을사일에 햇무리가 있었으며 흰 무지개가 해를 관통하였다.}

○ 9년(1268) {10월 초하루 무인일에 일식이 있었다.}

○ 11년(1270) {3월 초하루 경자일에 일식이 있었다.}

○ 12년(1271) {8월 초하루 임진일에 일식이 있었다.}

○ 13년(1272) {2월 임인일에 해에 이珥가 있었다. 을사일에 무지개가 해를 품었다[抱]. 8월 초하루 병술일에 일식이 있었다.}

○ 15년(1274) {10월 무오일에 흰 기운이 해를 관통하였다.}

충렬왕忠烈王

○ 원년(1275) {6월 초하루 경자일에 일식이 있었다. 송나라에서도 개기 일식이 있었는데 낮이 밤처럼 캄캄해졌다.[26] 8월 갑진일에 해 곁에 무지개 같은 기가 있었는데 기둥처럼 곧게 섰다.}

○ 2년(1276) {12월 경오일에 무지개 같은 햇무리가 있었다.}

○ 3년(1277) {10월 초하루 병진일에 일식이 있었다.}

○ 4년(1278) {8월 계해일에 해 가운데에 달걀만 한 크기의 흑점이 있었다.}

○ 7년(1281) {2월 을해일에 해가 흰 무지개 사이에 끼었다.}

○ 8년(1282) {7월 초하루 무오일에 일식이 있었다.}

○ 9년(1283) {정월 초하루 병진일에 일관日官이 아뢰기를 "일식이 있을 것이니 연회를 중지하십시오."라고 하였다.}

○ 12년(1286) {5월 초하루 정묘일에 일식이 있었다.}

○ 13년(1287) {10월 초하루 무오일에 일식이 있었는데 비가 와서 보이지 않았다.}

○ 15년(1289) {3월 초하루 경진일에 일식이 있었으나 일관日官이 이를 아뢰지 않았으므로 담당 관원이 탄핵하여 처벌하였다.}

○ 16년(1290) {8월 초하루 신미일에 일식이 있었다.}

○ 18년(1292) {정월 초하루 갑오일에 일식이 있었다.}

○ 20년(1294) {6월 초하루 경진일에 일식이 있었다.}

○ 23년(1297) {4월 초하루 계사일에 일식이 있었다.}

---

26 『송사宋史』 권52, 천문 5에서는 이 일식이 있고 다음해 송이 망했다고 기록되어 있다.

○ 25년(1299) {8월 초하루 기유일에 일식이 있었다.}

○ 27년(1301) {10월 병술일에 오색 무지개가 해를 둘러쌌는데 길이는 석 자쯤 되었으며 해가 진 뒤에도 사라지지 않았다.}

○ 28년(1302) {6월 초하루 계해일에 일식이 있었으나 흐린 가운데 비가 와서 보이지 않았다.}

○ 29년(1303) {윤5월 초하루 무오일에 일식이 있었다.}

○ 30년(1304) {5월 초하루 임자일에 일식이 있었다.}

○ 31년(1305) {11월 신미일에 해가 쌍무지개 사이에 끼었다.}

○ 32년(1306) {정월 신유일에 해가 무지개 사이에 끼었는데 오색이 번갈아 빛났다. 3월 초하루 계미일에 일식이 있었다.}

충선왕忠宣王

○ 4년(1312) {6월 초하루 을축일에 일식이 있었다.}

충숙왕忠肅王

○ 2년(1315) {2월 초하루 기묘일에 해에 이珥가 세 개 있었다. 4월 초하루 무인일에 일식이 있었다. 5월 임술일에 흰 무지개가 해를 관통하였다.}

○ 6년(1319) {2월 초하루 정해일에 일식이 있었다.}

○ 7년(1320) {정월 초하루 신사일에, 원元나라 사신이 와서 일식이 있을 것이라고 통고하였으므로 새해를 축하하는 예를 하지 않고 모든 관리가 흰 옷을 입고 대기하였으나 일식이 없었다. 『원사元史』에는 '이날 일식이 있었고 황제는 근신하여 반찬수를 줄이고 새해를 축하하는 예를 취소하였다.'[27]고 기록되어 있다.}

○ 8년(1321) {4월 신미일에 흰 무지개가 해를 관통하였다. 5월 정유일에 태백성이 낮

27 『원사』 권26, 본기本紀 26에 나온다.

에 나타나서 해에 근접하였다. 6월 초하루 계묘일에 개기일식이 있었다.}

○ 9년(1322) {11월 초하루 갑오일에 일식이 있었다.}

○ 16년(1329) {3월 정묘일에 무지개가 해를 관통하였다. 7월 초하루 병진일에 일식이 있었다.}

충혜왕忠惠王

○ 원년(1331) {11월 초하루 임신일에 일식이 있었다.}

충숙왕忠肅王

○ 후6년(1337) {7월 계묘일에 흰 무지개가 해를 관통하였다.}

충혜왕忠惠王

○ 후원년(1340) {2월 갑오일에 해가 적색이었다.}

○ 후4년(1343) {4월 초하루 병신일에 일식이 있었다.}

○ 후5년(1344) {9월 초하루 정해일에 일식이 있었다.}

충목왕忠穆王

○ 2년(1346) {2월 초하루 경술일에 일식이 있었다.}

○ 3년(1347) {정월 초하루 갑진일에 일식이 있었다.}

○ 4년(1348) {12월 신미일에 무지개가 해를 관통하였다. 『원사』 지정至正 8년 무자년 7월 초하루 병신일에 일식이 있었다고 기록되어 있으니 이때는 충목왕 4년인데 『고려사』에서는 빠뜨렸다.}

충정왕忠定王

○ 원년(1349) {3월 을사일에 해에 오색의 바퀴 모양이 겹으로 있었는데 서로 관통하였다.}

○ 2년(1350) {11월 초하루 임자일에 일식이 있었다.}

공민왕恭愍王

○ 원년(1352) {4월 초하루 계묘일에, 원 나라에서 일식이 있을 것이라고 통고하였으나 일식이 없었다.}

○ 2년(1353) {9월 초하루 을축일에, 원 나라에서 일식이 있을 것이라고 통고하였으나 일식이 없었다. 4월 무신일에 해가 빛을 잃었다.}

○ 3년(1354) {3월 초하루 계해일에 일식이 있었다.}

○ 5년(1356) {정월 갑오일에 해가 적색 기운이 사이에 끼었는데 그 길이가 여러 자 남짓이었고 그 안에 또 해 같은 것이 있으니 사람들이 해 세 개가 한꺼번에 떴다고 말하였다. 3월 갑신일에 해가 빛을 잃었고 가운데에 흑점이 있었다. 다음날인 을유일에도 같았다. 병술일에 해가 희미해지고 빛을 잃어 똑바로 쳐다보아도 눈이 부시지 않았다. 12월 무오일 유酉시에 해 좌우에 햇빛 같은 기운이 있었다.}

○ 6년(1357) {6월 초하루 갑진일에 일식이 있었다. 윤 9월 경오일에 해에 이珥가 있었다.}

○ 7년(1358) {정월 초하루 경자일에 햇무리가 있었다. 6월 초하루 무진일에 일식이 있었다. 12월 초하루 을축일에 일식이 있었다. 사천대司天臺 하관정夏官正 위원경魏元鏡이 아뢰기를 "일식이 있지만 마침 날이 흐려서 보이지 않았습니다."라고 하였다. 어사대御史臺에서 말하기를 "일식의 시각을 이르게 말한 자도 사면하지 않고 사형에 처하며, 늦게 말한 자도 사면하지 않고 사형에 처합니다. 지금 술자術者(일월식을 예측하는 관원)인 위원경이 술수에 밝지 못하니 죄를 다스리십시오."라고 하였다. 그런데 그 후 전라도 사람이 일식을 본 자가 있었으므로 처벌을 면할 수 있었다.}

○ 10년(1361) {4월 초하루 신사일에 개기 일식이 있었다.}

○ 11년(1362) {4월 신축일에 흰 무지개가 해를 관통하였다. 9월 기미일에 해에 흑점이 있었다.}

○ 15년(1366) {7월 초하루 신사일에 개기 일식이 있었다.}

○ 16년(1367) {정월 경인일에 해 아래쪽에 해 같은 고리[環]이 있었으며 흰 무지개가 그 바깥쪽을 둘렀다. 2월 기유일에 해에 양이兩珥가 있었고 무지개가 해를 둘러쌌다. 11월 을해일에 흰 무지개가 해를 관통하였다. 12월 초하루 계묘일에 일식이 있었으나 날

이 흐려서 보이지 않았다.}

○ 18년(1369) {5월 초하루 갑오일에 일식이 있었다.}

○ 20년(1371) {윤3월 정묘일에 흰 무지개가 해를 관통하였다.}

○ 22년(1373) {3월 초하루 계묘일에 일식이 있었다.}

○ 23년(1374) {2월 초하루 정유일에 일식이 있었다. 10월 신해일에 햇무리와 양이兩珥가 있었다. 경신일에 무지개가 해를 둘러쌌고 해 곁에 크고 작은 두 개의 해가 있었다.}

신우辛禑

○ 원년(1375) {2월 무신일에 해에 흑점이 있었다. 기유일에도 같았다. 7월 초하루 기미일에 일식이 있었다. 갑신일에 햇무리가 있었다. 11월 갑술일에 해에 이珥가 있었고 배背가 있었으며 흰 무지개가 해를 관통하였다. 서운관書雲觀에서 아뢰기를 "근래 해에 이珥, 배背가 있고 흰 무지개가 해를 관통하였는데 이것을 문헌에서 살펴보니 여악女樂을 놓아주고 어질고 착한 이들을 불러들여야 한다고 하였습니다."라고 하였다.}

○ 2년(1376) {3월 계해일에 해가 빛을 잃었다. 7월 계해일에 해에 배背와 관冠과 이珥가 있었다.}

○ 3년(1377) {12월 초하루 을사일에 일식이 있었다.}

○ 5년(1379) {정월 경인일에 해에 포抱와 배背와 관冠과 대戴와 이珥가 있었는데 끈 같은 것이 있어서 이것들이 연결되어 둘러쌌다. 임진일에 해에 이珥가 있었다. 5월 초하루 정묘일에 흰 요상한 기운[白祲]이 해를 관통하였다.}

○ 6년(1380) {8월 갑신일에 흰 무지개가 해를 관통하였다.}

○ 7년(1381) {10월 초하루 임자일에 일식이 있었다.}

○ 8년(1382) {2월 갑술일에 해에 달걀만 한 크기의 흑점이 있었는데 3일간 계속되었다. 11월 갑인일에 별이 해 가운데로 들어갔다.}

○ 9년(1383) {6월 병신일에 햇무리와 이珥와 포抱와 배기背氣가 있었다. 기해일에 해 서쪽 곁에 햇무리 반쪽이 있었다.}

○ 12년(1386) {정월 병인일에 이珥가 있었고 흰 무지개가 해를 관통하였다. 12월 초하

루 계미일에 일식이 있었으나 검은 구름 때문에 보이지 않았다.}

○ 14년(1388) {5월 초하루 갑술일에 일식이 있었다.}

공양왕恭讓王

○ 2년(1390) {4월 무술일에 흰 무지개가 해를 관통하였다. 9월 초하루 경인일에 개기 일식이 있었다.}

○ 3년(1391) {3월 초하루 무자일에 일식이 있었다.}

달과 오성의 근접 및 별의 변이[月五星淩犯及星變]

태조太祖

○ 15년(932) {9월 경진일에 큰 별이 동쪽에 나타났는데 갑자기 흰 기운으로 변하였다.}

○ 17년(934) {9월 정사일에 노인성老人星[28]이 나타났다.}

성종成宗

○ 8년(989) {9월 갑오일에 혜성이 나타나니 사면령을 내렸다. 왕이 자기 책임이라 하면서 행실을 닦고 노약자를 돌보며 외롭고 추운 이들을 불쌍히 여기고 훈구대신을 진출시키며 효자와·절부를 포상하였다. 또 세금을 내지 못한 자를 석방하고 못낸 세금을 경감해주자 혜성이 재앙이 되지 않았다. 『송사宋史』에는 혜성이 동정東井성에서 나왔다고 기록되어 있다.}

○ 11년(992) {12월 밤에 천문天門이 열렸다.}

---

28 노인성老人星은 남극성南極星 등으로도 불리는데 중국이나 우리나라에서 사람의 수명을 관장하는 별이라고 생각했다.

목종穆宗

○ 6년(1003) {2월 정사일에 유성流星이 있었는데 그 빛이 땅을 비췄다.}

○ 9년(1006) {혜성이 나타났다.}

○ 12년(1009) {3월 경오일에 월식이 있었다.}

현종顯宗

○ 원년(1010) {윤2월 갑자일에 월식이 있었다. 12월 경신일에 큰 유성이 곽주郭州에 떨어졌다.}

○ 2년(1011) {4월 계축일에 달이 진鎭성(토성)에 근접하였고, 형혹熒惑성(화성)이 빛을 잃었다.}

○ 4년(1013) {3월 계묘일에 큰 유성이 동쪽에서 서쪽으로 갔는데 천둥 치는 것 같은 소리가 났다.}

○ 5년(1014) {정월 임자일에 혜성이 오거五車성[29]에 나타났다. 2월 경신일에 혜성이 대릉大陵성[30]에 들어갔다. 5월 신묘일에 태백太白성(금성)이 낮에 나타났으며, 진鎭성(토성)이 건폐鍵閉성[31]에 들어갔다. 7월 신해일에 진鎭성이 건폐성에 들어갔다. 8월 경진일에 진성이 건폐성에 근접하였다.}

○ 7년(1016) {2월 신축일에 태백성이 하늘을 가로질렀다[經天]. 임인일에 달이 세歲성(목성)에 근접하였다. 4월 기축일에 개기월식이 있었고 큰 유성이 동쪽에서 서쪽으로 갔다. 8월 을유일에 태백성이 헌원軒轅성의 큰 별에 근접하였다. 신축일에 번개 같은 유성이 있었는데 그 빛이 땅을 비추니 이것을 본 사람들이 놀라 떠들썩하였다. 9월 임자일에 달만 한 크기의 유성이 장張성좌에서 나와 명당明堂성과 영대靈台성으로 들어갔다.}

○ 8년(1017) {5월 경신일에 비성飛星(유성의 일종)이 하고河鼓성[32]에서 나와 남쪽으로 지

---

29 오거五車성은 28수 중 서쪽 다섯 번째인 필畢수에 속한 다섯 별을 이른다.

30 대릉大陵성은 28수 중 서쪽 세 번째인 위胃수에 속한 여덟 별을 이른다.

31 헌원軒轅성은 28수 중 남쪽 네 번째인 성星수의 북쪽에 있는 모두 17개의 별을 이른다.

나갔는데 천둥 치는 것 같은 소리가 났다. 11월 기해일에 태백성이 하늘을 가로질렀다.}

○ 9년(1018) {6월 정유일에 유성이 천시원天市垣에서 나와 북두北斗로 들어갔다. 경술일에 혜성이 북두北斗의 제2성에서 나왔는데 그 빛이 문창文昌·천뇌天牢성을 비췄으며 길이는 4길[丈]이 넘었다. 7월 정묘일에 달이 심心수의 뒷별[後星]에 근접하였다. 신미일에 비성이 왕량王良성에서 나와 벽壁수를 지나갔는데 천둥 치는 것 같은 소리가 나자 개들이 놀라서 짖었다. 12월 정사일에 혜성이 천시원天市垣의 종정宗正·종인宗人·시루市樓성 사이에 나타났는데 서쪽을 향하였다.}

○ 10년(1019) {정월 무인일에 달이 심心수에 근접하였다. 5월 병인일에 태백성이 낮에 나타났다. 정월부터 달이 양도陽道[33]로 가다가 이때 좌복左服성의 차장次將성에 근접하였다. 9월 기묘일에 달이 세歲성에 근접하였다. 이달에 세성이 태미원太微垣로 들어가 우집법右執法성에 근접하였다. 11월 임술일에 태백성이 저氐수로 들어갔다. 병인일에 세성이 좌집법左執法성에 근접하였다. 12월 신해일에 혜성이 종정宗正·종인宗人·시루市樓성 사이에 나타났다.}

○ 12년(1021) {11월 무술일에 달이 심心수의 뒷별을 관통하였다.}

○ 13년(1022) {3월 무자일에 세성이 방房수의 우참右驂성에 근접하였다.}

○ 14년(1023) {정월 무자일에 달이 심心수를 관통하였다.}

○ 15년(1024) {11월에 천문天門이 열렸다.}

○ 17년(1026) {3월 병오일에 장군[缶]만 한 크기의 흰색 비성飛星이 섭제攝提성에서 나와 미尾수로 들어갔는데 천둥치는 것 같은 소리가 났다. 4월 신유일에 월식이 있었으나 태사太史가 그것을 보고하지 않았으므로 왕이 어사대御史臺에서 조사하도록 명령하였다.}

○ 18년(1027) {11월 무신일에 달이 세歲성을 삼켰다.}

○ 19년(1028) {8월 무인일에 세성이 정井수의 월鉞성에 근접하였다.}

○ 20년(1029) {5월 병자일에 흰 기운이 북두北斗를 관통하여 실室과 벽壁수 쪽을 향하

---

32 하고河鼓성은 28수 중 북쪽 두 번째인 우牛수에 속한 별이다.

33 방房수 남쪽 두 별 사이에 있는 길을 이른다.

였다[射]. 6월 임진일에 등롱만 한 크기의 비성이 외병外屛성에서 나와 토사공土司空성으로 들어갔다.}

○ 21년(1030) {2월 무진일에 월식이 있어야 했으나 월식이 없었다. 4월 을유일에 왕이 하교하기를 "작년 12월이 송宋나라 역서曆書에는 큰 달[大盡]로 되어 있는데 우리나라 태사太史가 바친 역서에는 작은 달[小盡]로 되어 있다. 또 금년 정월 15일에 월식이 있을 것이라고 하였지만 월식이 없었다. 이것은 반드시 술가術家[34]가 정통하지 못한 것이니 어사대御史臺는 이것을 신문한 후 아뢰라." 하였다.}

○ 22년(1031) {2월 신사일에 세성이 헌원軒轅성의 큰 별에 근접하였고 진鎭성이 천관天關성에 근접하였다.}

덕종德宗

○ 원년(1032) {2월 정미일에 태백성이 낮에 나타났다.}

○ 2년(1033) {5월 경진일에 월식이 있었다.}

○ 3년(1034) {3월 정묘일에 진鎭성이 여귀輿鬼성에 들어가 23일간 있었다. 4월 임자일에 세歲성이 방房수의 우참右驂성에 근접하였다.}

정종靖宗

○ 3년(1037) {2월 을축일에 달이 남두南斗성에 들어갔다. 계유일에 혜성 다섯 개가 나왔는데 길이는 각각 5~6자쯤 되었다. 7월 을사일에 달이 심心수를 관통하였다. 경신일에 진辰·형혹熒惑·태백성이 장張수에 모였다. 7월 정묘일에 잔[杯]만 한 크기의 유성 세 개가 있었는데 그 하나는 권설卷舌성에서 나와 오거五車성으로 들어갔고 하나는 천선天船성에서 나와 구진句陳성으로 들어갔는데 모두 적赤색이었다. 또 하나는 팔곡八穀성에서 나와 구진성으로 들어갔으며 흰 색이었다.}

---

34 일식과 월식의 계산을 맡은 관원을 이른다.

○ 4년(1038) {8월 계유일에 반달만 한 크기의 유성이 천원天苑성에서 나왔다.}

○ 6년(1040) {7월 무오일에 세歲성이 동정東井성에 가까이 갔다[臨].}

○ 7년(1041) {8월에 혜성이 동쪽에 나타났는데 길이가 30자쯤 되었고 20일 이상 있다가 사라졌다. 10월에 길이가 30자쯤 되는 혜성이 동쪽에서 나와 10여 일 동안 있었다.}

○ 9년(1043) {2월 을묘일에 형혹성과 태백성이 모두 궤도를 벗어났다.}

문종文宗

○ 2년(1048) {2월 계유일에 유성이 낭장郎將성 동쪽에서 나와 대각大角성과 섭제攝提성 사이로 들어갔다. 그 크기는 모과[木瓜]만 하고 빛줄기가 땅을 비췄다.}

○ 4년(1050) {9월 을유일에 검은 기운이 하늘을 가로질렀는데[經天] 북서쪽[乾方]에서 남동쪽[巽方]으로 향하여 허虛수, 위危수와 세성을 관통하였다.}

○ 6년(1052) {6월 신묘일에 달이 곡哭성이 있는 데로 들어갔다. 기해일에 모과만 한 크기의 유성이 태미원太微垣에서 나와 천시원天市垣으로 들어갔는데 적색이었다.}

○ 7년(1053) {2월 을해일에 혜성이 고루庫樓성에서 나와 익翼수로 들어갔고 길이는 한 길 남짓 되었다. 8월 을사일에 형혹성이 남두南斗성으로 들어갔다. 12월 을묘일에 세성이 귀鬼수에 근접하였다.}

○ 15년(1061) {정월 무자일에 태백성이 낮에 나타났다. 신축일 신시申時[晡]에 모과만 한 크기의 유성이 나타났는데 북서쪽으로 향하다가 사라졌다.}

○ 17년(1063) {5월 경술일에 별이 대각大角성에서 나와 저氐수에 꼬리를 뻗쳤다[孛于氐]. 7월 을축일에 꼬리의 길이가 여러 자 되는 별이 북쪽[坎]에서 나와 저氐수로 꼬리를 뻗쳤는데 말[斗]만 한 크기였다.

○ 19년(1065) {6월 을묘일에 등燈만 한 크기의 낯선 별[客星]이 있었다. 8월 초하루 무자일에 세성과 형혹성이 정상적인 궤도軌度에서 벗어났으므로 격구 하는 마당에서 제사를 지내 재앙을 물리쳤다.}

○ 20년(1066) {2월 경자일에 월식이 있었다. 3월 정축일에 달만 한 크기의 별이 북서쪽에서 나오더니 갑자기 혜성으로 변하였다.}

○ 21년(1067) {7월 신사일에 유성이 묘墓수에서 나와 위危수를 지나 빠른 속도로 직녀織女성으로 들어가서 6~7개로 나뉘었는데 홍색 끈에 흰 옥을 꿴 것 같았다. 그 앞의 것은 모과만 한 크기였고 뒤의 것은 달걀만 한 크기였으며 천둥치는 것 같은 소리가 나더니 한참 있다가 그쳤다.}

○ 24년(1070) {정월 정유일에 달이 천정天庭에 들어가 좌집법左執法성에 근접하였고 형혹성이 방房수 북쪽의 우필右弼성에 근접하였으며 세성이 음도陰道를 지나 천강天江성에서 떠나지 않았다[守]. 경자일에 별이 대구현大丘縣에 떨어졌는데 돌이 되었다.}

○ 25년(1071) {11월 병신일에 월식이 있었으나 보이지 않았다.}

○ 27년(1073) {9월 경술일 밤에 천원天苑성의 남쪽 하늘이 갈라졌다. 넓이가 5~6치쯤이었고 그 속에 적색 기운이 있었다.}

○ 28년(1074) {2월 을유일에 달무리가 있었는데 그 빛줄기가 혜성 같았고 길이는 30자 남짓이었다.}

○ 29년(1075) {9월 무자일에 유성이 화개華盖성으로 들어갔는데 크기가 등만 하였다. 10월 계사일에 유성이 천남天南성에서 나와 진軫수로 들어갔는데 크기가 모과만 하였다. 병신일에 혜성이 진軫수에서 나타났는데 길이가 7자 남짓이었다. 송나라 희령熙寧 9년(1076) 11월에 진軫수에 유성이 나타나자 조서를 내려 직언을 구했으나 왕안석이 진晉나라 무武帝 때의 일을 인용하여 두려워할 것이 되지 못한다고 상소하였다.}

○ 32년(1078) {정월 경신일에 월식이 있었다. 6월 갑인일에 월식이 있었다. 송宋나라 사신이 구식救食하였으나 고려 사람[國人]들은 몰랐다. 일관日官 설호정挈壺正, 최사겸崔士謙이 역서를 편찬하면서 계산할 때 놓쳐서 아뢰지 못하였으므로 유사가 법대로 처벌할 것을 청했으나 용서하였다.}

○ 33년 {8월 임인일에 달이 심心수에 근접하였다.}

선종宣宗

○ 3년(1086) {6월 신묘일에 유성이 문창文昌수에서 나와 위危·곡哭수를 관통하였다. 길이는 10자 남짓이었으며 고리처럼 굽었으나 동쪽이 없었다. 빛깔이 적색이었는데 갑

자기 희게 변하더니 오랫동안 있다가 사라졌다.}

○ 6년(1089) {5월 을유일에 월은식月隱食이 있었다.}

○ 8년(1091) {3월 임오일에 유성이 직녀織女성에서 나와 천진天津성으로 갔다. 4월 경인일에 형혹성이 우림羽林성으로 들어갔는데 신묘일에도 같았다. 정사일에 청색이기도 하고 적색이기도 한 길이가 10자 남짓의 유성이 방房수에서 나와 헌원軒轅성으로 들어갔는데 천둥 치는 것 같은 소리가 났다. 5월 초하루 기미일에 태백성이 적색으로 반짝거리며 낮에 나타났는데 하늘을 가로질러 17일에 사라졌다.}

○ 9년(1092) {11월 경자일에 태백성이 낮에 나타나 하늘을 가로질러 누벽진壘壁陣성에 근접하였다. 태사太史가 아뢰기를 "태백성이 3년간 낮에 나타났으니 반드시 큰 상사[大喪]가 있을 것입니다." 하였다.}

○ 10년(1093) {2월 무진일에 달이 심心수 큰 별에 근접하였다. 3월 경인일에 유성이 조부造父성에서 나와 왕량王良성으로 갔는데 적색이었고 크기가 모과만 하였으며 꼬리 길이가 7자쯤 되었다.}

헌종獻宗

○ 원년(1095) {6월 을유일에 크기가 모과만 하고 적색이며 꼬리 길이가 9자쯤 되는 유성이 실室성좌 서쪽에서 나와 남두南斗성 첫 번째 별로 들어갔다. 또 많은 작은 별들이 있었는데 남쪽으로 흘러갔다.}

숙종肅宗

○ 2년(1097) {7월 경오일에 형혹성이 여귀輿鬼성에 근접하였다. 송나라 소성紹聖 4년 정축년인 이 해 7월에 화성火星이 여귀성에 들어갔는데 태사가 아뢰기를 '적도賊徒가 황제 곁에 있습니다.' 하였는데 당시 원우元祐[35] 연간의 여러 어진 이들을 먼 지방에 보내

35 송나라 철종哲宗의 연호로 1086년부터 1094년까지 해당한다.

거기에 편입시켰다[編管]. 8월 정미일에 혜성이 저氐·방房수 사이에 나타났는데 그 빛줄기가 천시원天市垣을 비췄다.}

○ 4년(1099) {11월 계미일에 빛깔은 희며 앞쪽은 작고 뒤쪽이 큰 유성이 장張수에서 나와 천묘天廟성으로 갔는데 주발[椀]만 한 크기였다. 을미일에 형혹성이 저氐수에서 떠나지 않았다[守].}

○ 5년(1100) {7월 갑오일 밤에 천구天狗성(유성이나 꼬리가 긴 혜성)이 서북쪽에 떨어졌는데 천둥 치는 소리가 났다. 10월 임술일에 유성이 우림羽林성에서 나와 허虛수로 들어갔는데 길이가 5자쯤 되었고 빛깔은 청적색이었으며 빛줄기가 강해서 매우 밝았고 천둥 치는 소리가 났다. 송나라 건중정국建中靖國[36] 원년 정월에 유성이 미尾수로 들었는데 그 빛이 지면을 비췄다고 하지만 고려인들은 보지 못했다.}

○ 6년(1101) {12월 을사일에 세歲성(목성)이 헌원軒轅성 큰 별에 근접하였다.}

○ 7년(1102) {9월 신묘일에 세성이 태미원太微垣으로 들어갔다. 12월 정묘일에 달무리가 있었는데 흰 기가 수레바퀴 모양으로 되었으며 이것이 북두北斗성을 관통하였다.}

○ 8년(1103) {8월 신해일에 유성이 있었는데 하나는 북극성에서 나와 천진天津성으로 들어갔고 횃불[炬]만 한 크기였으며 꼬리 길이는 세 길쯤 되었다. 또 하나는 내제후內諸侯성에서 나와 상태上台성으로 들어갔는데 주발[椀]만 한 크기였고 꼬리 길이는 한 길쯤 되었다. 또 하나는 왕량王良성에서 나와 문창文昌성으로 들어갔는데 모과만 한 크기였다. 또 작은 별 100여 개가 흘러갔다.}

○ 9년(1104) {10월 을축일에 태백성과 세성이 저氐수에 함께 있었다. 11월 임진일에 태백성과 세성이 미尾수에 함께 있었다.}

○ 10년(1105) {6월 경오일 초저녁에 유성이 자미원紫微垣 안에서 나와 낭위郎位성으로 들어갔는데 빛깔은 적색이었고 원지름이 다섯 치쯤 되었으며 꼬리 길이는 한 길이었다. 2경更에 천진天津성에서 나와 천시天市로 들어갔는데 빛깔은 흰색이었고 꼬리 길이는 두

---

36 송나라 휘종徽宗이 1101년 1년만 쓴 연호이다.

길이었다. 5경에 하고河鼓성에서 나와 남두南斗성의 괴魁성으로 들어갔는데 빛깔은 적색이었고 달걀만 한 크기였다. 9월 경자일에 유성이 오거五車성에서 나와 등사騰蛇성으로 들어갔는데 크기가 주발만 하였고 길이는 한 길쯤 되었다. 신축일에 유성이 있었는데 하나는 북두北斗성의 괴魁성에서 나와 낭장郎將성으로 들어갔으며 빛깔은 청색이었고 지름은 다섯 치쯤 되었으며 길이는 한 길쯤 되었다. 또 하나는 중태中台성에서 나와 낭장郎將성으로 들어갔는데 빛깔은 적색이었고 횃불만 한 크기였으며 꼬리 길이는 한 길쯤 되었다. 또 다른 하나는 북하北河성에서 나와 북극北極성으로 들어갔는데 빛깔은 적색이었고 크기는 횃불만 하였으며 길이는 한 길 반쯤 되었다. 무오일 밤에 태백성이 양도陽道에서 내려 남두南斗성의 궤도로 갔다. 신유일에는 태백성이 남두南斗성 괴魁성의 제4성을 가렸으며 임술일에는 괴성 가운데로 들어갔다}.

○ 12년(1107) {12월 무진일에 태백성이 낮에 나타났는데 하늘을 가로질렀고 달이 누壘성좌에 근접하였다. 무인일에 월식이 있었고 또 달이 여귀輿鬼성에 들어갔으며 진鎭성(토성)이 저氐수에 근접하였다.}

예종睿宗

○ 원년(1106) {정월 정유일에 혜성이 서남쪽에 나타났는데 길이는 10자쯤 되었으며 한 달 남짓 있다가 사라졌다. 『송사』에는 '서쪽에 혜성[星孛]이 있었다.'고 하였는데 변경汴京의 서쪽은 곧 송도의 서남쪽이다. 또 '길이는 하늘 끝까지 이어졌다.' 하였는데 송도는 멀어서 다 볼 수 없었던 것이다. 조서를 내려 직언을 구하였고 원우元祐 당인黨人들의 비碑를 깨뜨리도록 하였다. 6월 갑신일에 유성이 왕량王良성에서 나와 영실營室성으로 들어갔는데 길이는 두 길쯤 되었다. 을유일에 왕시성枉矢(유성)이 날아갔는데 본 사람들이 모두 놀라 떠들썩하였다. 유성이 천진天津성에서 나와 종인宗人성으로 들어갔는데 잔[盃]만 한 크기였고 꼬리의 길이는 두 길쯤 되었다. 또 유성 두 개가 허虛수에서 나와 구감九坎성으로 들어갔는데 달걀만 한 크기였다. 또 해질 무렵부터 새벽까지 여러 별들이 사방으로 흘러갔다. 11월 기사일에 혜성이 나타났다. 계미일에 달이 여귀輿鬼성에 들어갔다.}

○ 2년(1107) {정월 정유일에 유성이 환자宦者성에서 나와 태미원太微垣(『휘찬여사』에는 대미大微)의 동쪽을 지나 병屛성으로 들어갔는데 달걀만 한 크기였고 길이는 두 자쯤 되었다. 신축일에 세성과 진鎭성이 남두南斗성에 근접하였다.}

○ 3년(1108) {4월 신축일에 달이 우림羽林성으로 들어갔다. 기유일에 태사太史가 아뢰기를 "3월 이래로 세성이 우림성 안에 들어가 운행하였으며 형혹성과 진鎭성이 넘어가 있다가 갑자기 남쪽에 있으면서 양도陽道로 운행합니다."라고 하였다.}

○ 4년(1109) {4월 경진일에 달이 여귀輿鬼성으로 들어갔다. 신사일에 여러 별이 빛을 잃었다.}

○ 5년(1110) {5월 기유일에 혜성이 자미원紫微垣에 들어갔다. 을묘일 밤 2경에 혜성이 천장군天將軍성과 각도閣道성 사이에서 나와 새벽이 되어서야 사라졌다. 정사일 밤에 혜성이 책策성 곁에서 출발하여 무오일 밤에는 왕량王良성 서북쪽에 나타났으며 기미일 밤에는 화개華蓋·전사傳舍성 사이에, 경신일 밤에는 화개華蓋성 안에서, 신유일 밤에는 화개성 아래 육갑六甲성 북쪽에 나타났고, 계해일 밤에는 여어궁女御宮성 안에서 운행하였다. 정묘일에 태백성이 헌원軒轅성의 부인夫人성에 근접하였다. 10월 갑진일에 태백성이 낮에 나타나 하늘을 가로질렀다.}

○ 6년(1111) {6월 정유일에 달이 심心수에 근접하였다.}

○ 7년(1112) {7월 갑자일에 태백성이 동정東井성의 북원北轅 제2성을 가렸으며 달이 심수의 큰 별에 근접하였다. 갑신일에 태백성이 여귀輿鬼성에 근접하였다. 이달에 태백성, 세성, 형혹성이 함께 있었다. 9월 정축일에 유성이 필畢수 동쪽에서 나와 천원天苑성으로 들어갔는데 바리[盂]만 한 크기였다. 달은 헌원軒轅성의 여주女主성에 근접하였다. 기묘일에 유성이 하고河鼓성에서 나와 천기天紀성 가까이 가서 사라졌는데 잔[盃]만 한 크기였다. 임오일에 유성이 헌원軒轅성에서 나와 자미원紫微垣으로 들어갔는데 크기는 바리만 하고 꼬리의 길이는 3자쯤이었다. 10월 임진일에 진辰성이 저氐수 궤도에 나타났고 세성이 여귀輿鬼성에서 30일 동안 그대로 있었다. 11월 경신일에 형혹성이 태미원太微垣에 들어갔고 달이 진鎭성을 가렸다.}

○ 8년(1113) {4월 갑자일에 달빛이 옅어지면서 심心수 남쪽으로 갔는데 그 사이가 두

자였다. 7월 신사일에 혜성이 영실營室성에 있었다. 9월 경자일에 달이 세성에 근접하였다.}

○ 9년(1114) {2월 병진일에 유성이 북두와 자미원 사이에서 나와 왕량王良성으로 들어갔는데 도마[梡]만 한 크기였다. 3월 경자일에 유성이 고기鼓旗성에서 나와 천계天鷄성과 구국狗國성 사이로 들어갔다. 신해일에 달이 세성에 근접하였으며 헌원성 여주女主성으로 들어갔다.}

○ 12년(1117) {8월 무오일 황혼에 달 같은 유성이 남동쪽[巽方]으로 떨어졌다.}

○ 13년(1118) {9월 병술일에 천구天狗성이 남동쪽으로 떨어졌다.}

○ 15년(1120) {8월 임오일에 월식이 있었다. 무자일에 수壽성(노인성)이 나타났다.}

○ 16년(1121) {10월에 태백성이 낮에 나타나 하늘을 가로질렀다. 30일 남짓 그러했다.}

○ 17년(1122) {7월 을해일에 천구天狗성이 북동쪽[艮方]에서 나와 남서[坤方]으로 갔다. 12월 무자일에 유성이 헌원성에서 나와 여귀輿鬼성으로 들어갔는데 꼬리의 길이가 4자쯤이었다. 을미일에 달이 필畢수의 큰 별에 근접하였고 무신일에는 벌罰성과 동함東咸성에 근접하였으며 태백성이 우림羽林성으로 들어갔다. 12월에 금金나라의 군주가 연경燕京을 함락하였다.}

인종仁宗

○ 원년(1123) {2월 임인일에 서경유수西京留守가 노인老人성이 나타났다고 아뢰었다. 6월 무신일에 태백성이 낮에 나타났다. 7월 기사일에 혜성이 북두北斗성에 있었다.}

○ 2년(1124) {8월 신유일에 천구天狗성이 북동쪽에서 나와 도성 내외를 돌았는데 지나가던 사람들이 놀라 소리를 질렀다. 얼마 안 가서 남서쪽으로 향하여 가다가 땅에 떨어졌는데 천둥 치는 것 같은 소리가 났다. 9월 갑오일에 태백성이 낮에 나타나 하늘을 가로지르는 것이 6일간 계속되었다. 을미일에 달이 헌원軒轅성에 근접하였다. 또 횃불만 한 크기의 유성이 있었다. 12월 무오일에 개기월식이 있었으므로 왕이 흰 옷을 입고 궁궐의 뜰에 나와 월식으로 인한 재앙이 없게 했다[救食].}

○ 4년(1126) {3월 임진일에 유성이 천시원天市垣에서 나와 심心수로 들어갔다. 4월 병

진일에 천구天狗성이 땅이 떨어지면서 소리가 나 사람들이 놀라 떠들썩하였다. 6월 임인일에 태백성과 세성이 함께 운행하여 우집법右執法성에 근접하였다가 태미원太微垣으로 들어갔다. 『송사』에는 6월에 천구성이 떨어졌고 혜성이 자미원에서 나왔다고 기록되어 있다. 9월 경인일에 태백성이 낮에 나타나 하늘을 가로질렀다. 11월 정해일에 유성이 수위水位성에서 나와 장張성좌로 들어갔는데 천둥 치는 소리가 있었고 크기는 주발만 하였으며 길이는 한 길쯤 되었다. 윤달 계사일에 유성이 태미원太微垣에서 나와 제좌帝座성으로 들어갔는데 크기가 등燈만 하였다.}

○ 5년(1127) {8월 초하루 무오일에 형혹성이 여귀輿鬼성에 근접하였고 또 적시積尸 성에 근접하였는데 이달 말에 사라졌다. 12월 신미일에 달이 여귀성에 근접하였다.}

○ 6년(1128) {정월 정해일에 형혹성이 헌원軒轅성에 근접하였다. 지난해인 정미년 12월부터 이달까지 태백성이 낮에 나타나 하늘을 가로질렀는데 그 빛줄기가 날로 커졌다. 형혹성이 소미小微성에 근접한 것이 이달까지 계속되었다. 4월 갑술일에 태백성이 낮에 나타나 하늘을 가로질렀다. 5월 초하루 갑신일, 4월 하순부터 이달까지 태백성이 낮에 나타나 하늘을 가로질렀다. 6월 정축일에 장군[缶]만 한 크기에 빛깔이 흰색이며 빛나는 유성이 자미궁에서 나왔다. 길이는 10자쯤이었는데 빠르게 운행하여 이실離室성에 들어갔다. 또 바리때[鉢]만 한 크기의 유성이 천시天市성에서 나왔는데 빛깔은 적색이었고 길이는 5자쯤이었으며 빠르게 운행하여 저氐수에 들어갔다. 또 등받침[燈盃] 크기의 유성이 진軫수에서 나왔는데 색깔은 적색이었고 길이는 7자쯤이었으며 빠르게 운행하여 좌각성左角성에 들어갔다. 4경에 바리때 크기의 유성이 천진성에서 나왔는데 빛깔은 불같았으며 길이는 3자쯤이었으며 빠르게 운행하여 하고 下鼓성에 들어갔다. 5경에 등잔 크기의 유성이 누벽진壘壁陣성에서 나왔는데 빛깔은 흰색이었고 우림羽林성에 들어갔다. 또 등잔 크기에 길이는 10자쯤 되는 유성이 묘昴수로 들어갔다. 8월, 6월부터 이달까지 태백성이 낮에 나타나 하늘을 가로질렀다. 12월 무진일 밤에 적색 기가 북동쪽에서 일어나 북두칠성의 손잡이를 거쳐 자미궁紫微宮에 들어갔다. 3월에 묘유苗劉가 난을 일으켰으며[37] 4월에 고종이 복위하였다.}

○ 7년(1129) {7월 초하루 정축일에 태백성이 낮에 나타나 하늘을 가로질렀는데 15일

동안 그러다가 사라졌다. 8월 무진일에 유성이 규奎수에서 나왔는데 주발만 한 크기였고 꼬리 길이는 5자쯤이었다. 백성[閭閻]들이 놀라 떠들썩하였다. 또 유성이 위胃수에서 나와 천름天廩성으로 들어갔는데 크기는 횃불만 하였다. 이달에 형혹성이 태미원에 들어가 40일 있다가 사라졌다. 12월 정축일에 유성이 남서쪽에서 나와 북동쪽으로 떨어졌는데 천둥 치는 소리가 났다. 크기는 동이[盆]만 하였고 길이는 6자쯤이었다.}

○ 8년(1130) {6월 무인일에 달이 형혹성에 근접하였고 신사일에는 심心수에 근접하였다. 유성이 자미원紫微垣의 서번西藩에서 나와 하고河鼓성으로 들어갔는데 길이는 5자쯤이었으며 천둥 치는 소리가 났다. 11월 정묘일에 오거五車성과 팔곡八穀성 사이에 혜성 같은 기운이 있었는데 길이가 6자쯤이었다.}

○ 9년(1131) {5월 을축일에 태백성이 낮에 나타나 하늘을 가로질렀는데 100일 남짓 그러했다. 7월 기미일에 유성이 위危수에서 나와 우牛수로 들어갔는데 횃불만 한 크기였고 길이는 10자 남짓이었다. 태백성이 하늘을 가로질렀다. 12월 계미일에 달이 좌각左角성에 근접하였다. 갑신일에 천구天狗성이 남서쪽으로 떨어졌는데 천둥 치는 소리가 났다.}

○ 10년(1132) {정월 경술일에 달무리가 있었고 달에 이珥가 있었다. 유성이 칠공七公성에서 나와 항亢수로 들어갔으며 또 이달 3일부터 형혹성이 항亢수 안에 들어 가 있었다. 2월 병자일에 개기월식이 있었다. 4월 정축일에 달에 이珥가 있었다. 이달 초부터 형혹성이 거꾸로 운행하여 저氐수 가운데로 들어갔다. 5월 신미일에 달이 심心수에 근접하였다. 8월 계사일에 달이 심心수에 근접하였다. 임자일에 혜성이 팔곡八穀성에 나타나 남동쪽을 향하였다.}

○ 11년(1133) {5월 병인일에 달이 심心수를 가렸다. 8월 병술일에 달이 형혹성에 근접하였고 무자일에는 심心수를 가렸다. 11월 기해일에 유성이 남하南河성 가운데서 나와 낭狼성으로 들어갔는데 물체를 맞혀서 조각난 듯하였고 낭성이 동요하였다. 갑진일에 달이 심心수를 가렸다.}

---

37 남송의 무장인 묘부苗傅가 유정언劉正彦 등과 모반하여 고종高宗을 물러나게 하고 흠종欽宗을 즉위시킨 사건으로 이 일은 1129년에 있었는데 『휘찬여사』에서는 1128년에 있은 것으로 서술하였다.

○ 12년(1134) {3월 기미일에 유성이 땅에 떨어졌는데 크기가 말[斗]만 하였다. 이달에 별이 두 번이나 낮에 태초문太初門을 만드는 곳에 떨어졌다. 그때 왕은 서경西京에 머물면서 영명사永明寺에 거둥하였고 그 다음날 낮에도 운석이 떨어졌는데 역시 같은 때였다. 6월 신사일에 태백성이 낮에 나타나 하늘을 가로질렀다. 영營성이 구국狗國성에 근접하였다. 9월 기유일에 천구天狗성이 개경의 동북쪽에 떨어졌다. 경술일에 달이 심心수에 근접하였다. 13년에 묘청妙淸이 서경을 근거로 하여 반란을 일으켰다.}

○ 20년(1142) {8월 정축일에 달이 진鎭성(토성)에 근접하였다. 9월 병신일에 형혹성이 여귀輿鬼성에 들어가 적시積尸성에 근접하였다.}

○ 21년(1143) {정월 계묘일에 개기월식이 있었다. 윤4월 정미일에 유성이 구진鉤陣성에서 나와 제좌帝座성으로 들어갔고 또 하나의 유성이 초요招搖성에서 나와 북두北斗성으로 들어갔다. 6월 경자일에 개기월식이 있었다. 9월 임술일에 달이 곡哭수에 근접하였다. 경오일에 천구天狗성이 땅에 떨어졌는데 천둥 치는 것 같은 소리가 났다.}

○ 22년(1144) {11월 임자일에 진辰성(수성)이 태백성에 근접하였다.}

○ 23년(1145) {4월 병신일에 혜성이 북서쪽에 나타나 15일 동안 있었는데 길이는 한 길 남짓이었다. 9월 신해일에 태백성이 심心수에 근접하였다.}

○ 24년(1146) {4월 갑인일에 개기월식이 있었다. 11월[38] 기유일에 흰 기운이 달과 천시원天市垣, 자미궁紫微宮을 관통하였다.

의종毅宗

○ 원년(1147) {6월 병진일에 유성이 하고河鼓성에서 나와 수녀須女수로 들어갔다. 7월에 태사太史가 아뢰기를 "태백성이 6월 보름 이후 새벽[晨]에 나타나 하늘을 가로질렀는데 지금 또 날마다 낮에 나타납니다." 하였다. 8월 무술일에 태백성이 낮에 나타났다. 기미일에 세성이 동정東井성에 근접하였다. 9월 갑신일에 태백성이 하늘을 가로질렀는데

38 『고려사』에는 12월로 되어 있다.

2일 동안 그러했다.}

○ 2년(1148) {7월 기미일에 유성이 규奎수에서 나와 우림羽林성으로 들어갔다. 11월 갑진일에 흰 기운이 달을 관통했는데 길이가 한 길 남짓이었다. 이달에 형혹성이 저氐수에 들어가 10일 남짓 있었다.}

○ 3년(1149) {6월 갑술일에 유성이 서쪽에서 동쪽으로 갔는데 크기가 장군[缶]만 하였으며 두 개의 작은 별이 따라갔다. 유성이 사라진 뒤에 천둥 치는 것 같은 소리가 났다. 10월 을축일에 세歲성(목성)이 태미원太微垣 서번西蕃 상장上將성에 있었는데 5일 동안 그러했다. 병인일에는 무지개가 달을 관통했다. 임신일에 유성이 누婁수에서 나와 천봉天棓성으로 들어갔다. 그 크기는 바리때[鉢]만 하였으며 꼬리 길이는 한 길쯤 되었고 천둥 치는 것 같은 소리가 났다. 12월 병진일에 세성이 태미원 서번 상장성에 근접하였는데 5일 동안 그대로 있었다.}

○ 4년(1150) {정월 임진일에 달이 세성에 근접하였다. 9월 정축일에 태백성이 낮에 나타나 하늘을 가로질렀는데 이틀 동안 그러했다. 10월 계축일에 태백성이 세성에 근접하였다.}

○ 5년(1151) {정월 병신일에 세성이 진현進賢성에 근접하였다. 무술일에 세성이 진현성을 가렸는데 이틀 동안 그러했다. 을사일에 유성이 나타나 도성에 있던 사람들이 놀라 떠들썩하였다. 8월 초하루 무진일에 유성이 자미원 동번성에서 나와 구진鉤陳성으로 들어갔다. 계사일에는 유성이 각角수와 항亢수 사이에서 나와 하늘을 가로질러 태미원 안의 하태下台, 문창文昌, 천선天船, 대릉大陵, 팔곡八穀, 천장군天將軍 등의 별을 거쳐 규奎수와 누婁수 사이에 이르렀는데 크기는 잔[盃]만 하였고 꼬리 길이가 7자쯤이었다.}

○ 6년(1152) {11월 갑인일에 형혹성이 세성에 근접하였다.}

○ 7년(1153) {12월 경오일에 월식이 있었다.}

○ 8년(1154) {11월 갑자일에 월식이 있었다.}

○ 10년(1156) {7월 병인일에 혜성이 동방에 나타났다. 8월 정축일에 혜성이 사라지지 않아 이죄二罪(사형 바로 아래의죄) 이하는 사면하고 귀양 간 자는 감등하여 가까운 곳으로 옮겼다. 10월 갑신일에 월식이 있었으나 일관日官이 아뢰지 못했는데 춘주도春州道(강원도)

안찰사按察使 박육화朴育和가 급보로 아뢰었다. 유사가 일관을 다스릴 것을 청하자 왕이 따랐다.}

○ 11년(1157) {3월 신사일에 월식이 있었다. 왕이 흰 옷을 입고 근신들을 거느리고 월식으로 인한 재앙이 없도록 빌었다. 5월 을유일에 유성이 제좌帝座성의 북쪽에 근접하였는데 크기가 모과만 하였으며 길이는 10자쯤이었다.}

○ 12년(1158) {2월 병진일에 세성이달의 궤도에 들어갔다. 7월 기미일에 태백성이 낮에 나타났다.}

○ 13년(1159) {2월 기축일에 유성이 중태中台성에서 나와 자미원 동번성에 들어갔는데 그 크기가 바리때만 하였고 꼬리 길이는 3자쯤이었다.}

○ 14년(1160) {정월 갑오일에 월식이 있었다. 7월 신묘일에 월식이 있었다.}

○ 15년(1161) {8월 무진일에 태백성이 하늘을 가로질렀다. 9월 기해일에 세성이 태미원 서번 상장성에 근접하였다. 10월 기유일에 형혹성이 세성에 근접하였다. 11월 계유일에 태백성과 진鎭성이 미尾수에 모였다. 갑술일에 태백성이 낮에 나타나 하늘을 가로질렀다. 12월 정사일에 달이 세성에 근접하였다.}

○ 16년(1162) {2월 초하루 무술일에 세성이 태미원 상장성에 근접하였다. 윤 2월 기묘일에 달이 세성을 가렸다. 12월 초하루 계해일에 태백성이 하늘을 가로질렀다.}

○ 17년(1163) {10월 계미일에 태백성과 세성이 같은 궤도를 갔다. 12월 계유일에 별이 떨어졌는데 천둥 치는 것 같은 소리가 났다.}

○ 18년(1164) {10월 정사일에 태백성이 낮에 나타났다.}

○ 23년(1169) {5월 임술일에 유성이 익翼수에서 나와 하고河鼓성의 큰 별로 들어갔는데 크기가 횃불[炬火]만 하였고 꼬리 길이는 5자쯤이었다.}

○ 24년(1170) {2월 갑신일에 낭狼성이 남극南極에 나타났다. 해서도海西道(황해도) 안찰사 박순하朴純嘏가 노인성老人星이라 하여 급히 아뢰었다. 4월 갑신일에 충주목忠州牧 부사副使 최광균崔光鈞이 아뢰기를 "지난 달 28일에 죽장사竹杖寺에서 노인성에 제사를 드리자 그날 밤에 수壽성이 보였고 세 번째 잔을 드리자 없어졌습니다." 하였다. 왕이 크게 기뻐하였고 백관들이 경사를 축하하였다.}

명종明宗

○ 원년(1171) {10월 병진일에 세성이 천준天樽성에 근접하였다.}

○ 2년(1172) {10월 정사일에 태백성이 하늘을 가로질렀다.}

○ 3년(1173) {9월 계묘일에 세성이 태미원의 우액문右掖門으로 들어갔다. 경술일에 진鎭성이 거꾸로 운행하여 천혼天溷성으로 들어갔다.}

○ 4년(1174) {4월 임신일에 월식이 있었다. 10월 무진일에 월식이 있었다.}

○ 5년(1175) {윤9월 기사일에 태백성이 남두南斗성의 다섯 째 별에 근접하였다. 12월 계미일에 태백성이 낮에 나타나 하늘을 가로질렀다. 을미일에 유성이 직오稷五성 남쪽에서 나와 하늘가로 들어갔다.}

○ 6년(1176) {2월 계사일에 달이 세성에 근접하였다. 6월 을해일에 유성이 제좌성에서 나와 환자宦者성으로 들어갔다. 병자일에 유성이 수녀須女성에서 나와 읍泣수로 들어갔는데 모과만 한 크기였다. 경자일에 유성이 누벽壘壁성에서 나와 추고芻藁성으로 들어갔는데 크기가 장군[缶]만 하였고 꼬리 길이는 10자쯤이었다. 7월 기유일에 달이 저氐수의 왼쪽 별에 근접하였고 태백성과 형혹성이 동정성에 같이 있었다. 8월 계유일에 유성이 있었다. 하나는 누벽성에서 나와 우림성으로 들어갔고 모과만 한 크기였다. 또 하나는 천균天囷성에서 나와 태음太陰성로 들어갔고 꼬리 길이가 3자쯤이었다. 병자일에 태백성이 헌원성에 근접하였다. 임오일에 세성이 저氐수에 그대로 있었다. 12월 정유일에 유성이 삼공三公성에서 나와 자미원으로 들어갔는데 장군만 한 크기였고 꼬리 길이는 15자쯤이었다.}

○ 7년(1177) {정월 병인일에 형혹성이 거꾸로 운행하여 자미원으로 들어갔다. 3월 무신일에 유성이 우각右角에서 나와 북두의 손잡이와 위危수 사이로 들어갔는데 배[梨]만 한 크기였다. 이달에 태사가 아뢰기를 "형혹성이 정월 25일부터 태미원의 동쪽 대양문大陽門으로 들어와 병屛수의 남쪽 우집법右執法성으로 거꾸로 운행하였습니다. 신들이 생각하건대 형혹성은 늘 10, 11월에 태미원 천정天庭성에 조회하여 조서를 받고 나와서 여러 수宿들을 순행하며 무도한 나라들을 맡아 무례한 신하들을 처벌합니다. 또 그 정상적인 궤도는 당연히 익翼수와 진軫수의 북쪽 3자 정도 거리의 교차선을 통과하여야 할 것입니다.

그런데 형혹성이 궤도에서 벗어나 태미원에 들어가 45일 동안 머물렀습니다. 또 2월 12일부터 3월 9일까지 안개 기氣로 혼탁하여 해와 달이 빛을 잃었습니다. 이는, 옛날에 별을 보고 점친 것을 살펴보면, 하늘이 허물에 대해 크게 경고하는 것이어서 복을 빌고 재앙이 물러가기를 비는 것 같은 작은 수로는 제거할 수 없습니다. 마땅히 거룩한 선왕들의 유훈遺訓을 준수하여 두려워하며 몸을 바로하고 덕을 닦은 뒤에야 재변을 중지시킬 수 있을 것입니다." 하였다. 8월 정축일에 태사가 아뢰기를 "태백성이 7월 5일로부터 지금까지 항상 나타납니다." 하였다. 임오일에 세성과 형혹성이 미尾수에 함께 있었는데 몇 십 일 동안 계속 그러했다. 10월 신사일에 진鎭성이 천관天關성에 근접하였다. 11월 기해일에 유성이 필畢수에서 나와 우림성으로 들어갔는데 장군[缶]만 한 크기에 꼬리 길이는 한 길쯤이었다.}

○ 8년(1178) {정월 병진일에 태백성과 세성이 두斗수에 모였다. 8월 을미일에 유성이 있었다. 하나는 규奎수에서 나와 토사공土司空성으로 들어갔는데 크기가 모과만 하였다. 하나는 내평內平성에서 나와 헌원성으로 들어갔고 꼬리 길이가 한 길쯤이었다. 하나는 성星수의 일곱 째 별에서 나와 장張수로 들어갔고 모과만 한 크기였고 꼬리 길이는 7자쯤이었다. 하나는 궐구闕丘[39]성에서 나와 호弧수로 들어갔는데 꼬리 길이는 5자쯤이었다. 하나는 상相성에서 나와 상진常陳성으로 들어갔는데 모과만 한 크기였고 꼬리 길이는 15자쯤이었다. 하나는 동정東井성에서 나와 오제후五諸侯성으로 들어갔는데 모과만 한 크기였고 꼬리 길이는 5길쯤이었다. 하나는 익翼수에서 나와 남쪽을 향해 가서 하늘 끝으로 들어갔는데 꼬리 길이는 1길쯤이었다. 또 많은 별들이 사방으로 흘러가서 다 셀 수 없었다. 11월 갑자일에 태백성과 세성이 우牛수가 운행하는 도수로 운행하였다. 태사가 아뢰기를 "태백성과 세성이 한 수宿에 모였으니 메뚜기 떼[蝗]가 있을 것입니다." 하였는데 다음 해에 동·서·북쪽 지역에 과연 메뚜기 떼가 있었다. 12월 경술일에 태사가 아뢰기를 "태백성이 도수度數를 잃었고 화성은 저氐수에 들어갔으며 진鎭성이 11월부터 동정성

39 『휘찬여사』에는 궐오闕五로 되어 있다.

과 남원南轅성을 가리고 운행하다가 점차 월越성에 이르렀습니다. 점성술에 '화성이 저氐수에 들어가면 신하가 문란해진다.' 하였고 또 '화성이 궤도를 잃으면 전쟁과 상喪이 있다.'고 하였으니 마땅히 덕을 닦아 변괴를 소멸시켜야 할 것입니다." 하였다.}

○ 9년(1179) {정월 갑술일에 개기월식이 있었다. 6월 경술일에 세성이 누벽진壘壁陣성에 근접하였다. 7월 갑술일에 태백성이 하늘을 가로질렀는데 6일 동안 그러했다. 임오일에 달이 태백성에 근접하였는데 태사가 아뢰자 왕이 정전을 피하고 명인전에서 10일 동안 인왕도량仁王道場을 베풀어 재변을 물리쳤다. 9월 정묘일에 태백성이 태미원의 좌집법성에 근접하였다. 경진일에 달이 태미원으로 들어가 우집법성에 근접하였고, 신사일에 태미원의 동번東藩 상상上相성에 근접하였다. 태사가 광암사光岩寺·대관전大觀殿·내전內殿 등 세 곳에 소재도량消災道場을 베풀어 재앙을 물리칠 것을 청하였다. 11월 신미일에 형혹성이 세성에 근접하였다. 12월 정해일에 달이 세성을 가렸다.}

○ 10년(1180) {9월 을묘일에 태백성이 방房수의 두 번째 별에 근접하였다. 계해일에 형혹성이 태미원으로 들어갔다. 유성이 구유九游성에서 나와 천구天狗성[40]으로 들어갔는데 잔[盃]만 한 크기였고 꼬리 길이는 7자쯤이었다. 11월 갑술일에 태백성이 낮에 나타났다. 12월 계미일에도 태백성이 낮에 나타나 하늘을 가로질렀다.}

○ 11년(1181) {4월 병진일에 태백성과 세성이 한곳에 있었다. 7월 기해일에 태백성이 진辰성에 근접하였다. 10월 정미일에 유성이 위危수에서 나와 천진天津성으로 들어갔는데 모과만 한 크기였고 길이는 6자쯤이었다. 무신일에 유성이 태미원의 서원西垣 상장上將성에서 나와 오제후五諸侯성으로 들어갔다.

○ 12년(1182) {정월 기해일에 세성과 형혹성이 위胃수로 들어갔다. 5월 정해일에 태백성이 낮에 나타났다.}

○ 13년(1183) {11월 정사일에 태백성이 하늘을 가로질렀다.}

○ 14년(1184) {정월 갑오일에 태백성이 하늘을 가로질렀다. 2월 신미일에 달이 태미원

40 남쪽 귀鬼수에 속한 7개의 별로 앞에 나온 유성의 일종인 천구성과는 다르다.

의 서번성으로 들어갔다. 태백성이 지난해 10월부터 늘 낮에 나타났다. 7월 경술일에 태백성과 세성이 서로 근접하였다. 8월 계유일에 태백성이 태미원의 서번 상장성에 근접하였다. 11월 신해일에 세성이 헌원성에 근접하였다.}

○ 15년(1185) {3월 을유일에 태백성이달에 근접하였다. 5월 임진일에 세성이 헌원성에 근접하였다. 8월 병진일에 태백성이 하늘을 가로질렀다. 10월 신해일에 세성이 태미원의 우집법성에 근접하였다.}

○ 16년(1186) {정월 무자일에 세성이 우집법성에 근접하였다. 2월 정축일에 태사가 아뢰기를 "세성이 을사년(1185) 10월부터 태미원에 계속 있다가[守] 그 해 12월 15일에 물러갔는데 금년 2월 정사일에는 우집법성에 근접하였습니다. 이는 실로 허물에 대한 응보이니 덕을 닦아 재변을 소멸하시기 바랍니다." 하였다. 7월 기묘일에 달이 세성에 근접하였다. 9월 신유일에 진鎭성이 세성에 근접하였다. 태사가 아뢰기를 "내란이 있을까 두려우니 광암光巖·총지摠持 두 절에 불정소재도량佛頂消災道場을 베풀고 또 명인전明仁殿에서 인왕경仁王經을 강하여 재앙을 물리치시기 바랍니다." 하였다.}

○ 17년(1187) {7월 정묘일에 태백성이 낮에 나타나 하늘을 가로질렀다. 9월 계묘일에 달이 기箕수의 서북쪽 별에 근접하였다가 갑진일에는 남두성의 괴魁성 안으로 들어갔으며 또 기箕수에 근접하였다. 유성이 북서쪽에서 남동쪽으로 빨리 운행하였는데 꼬리 길이가 20자쯤이었다. 구름도 없는데 갑자기 천둥이 치니 나라 사람들이 모두 "천구성이 떨어졌다."고 말했다. 기유일에 태백성이 태미원에 근접하였다. 10월 계사일에 태백성과 세성이 한곳에 있었다.}

○ 18년(1188) {3월 을축일에 형혹성이 여귀輿鬼성과 적시積尸성에 근접하였다. 4월 경진일에 달이 심心수에 근접하였다. 신사일에 달이 또 심수의 후後성을 가렸다. 7월 계축일에 태백성이 형혹성에 근접하였다. 9월 경자일에 세성이 방房수의 상상上相성에 근접하였다. 10월 신미일에 태백성이 남두성에 근접하였다. 신묘일에 태백성이 낮에 나타났다. 11월 경자일에 태백성이 낮에 나타났다.}

○ 19년(1189) {5월 을사일에 태백성이 형혹성에 근접하였다. 8월 갑인일에 단지[甕]만한 크기의 유성이 북서쪽에서 남동쪽으로 향하였는데 빛줄기가 땅을 비췄다.}

○ 20년(1190) {9월 무인일에 태백성이 낮에 나타났는데 이틀 동안 계속되었다. 병술일에 달이 세성에 근접하였다. 12월 갑진일에 달이 심心수의 큰 별에 근접하였다.}

○ 21년(1191) {6월 경술일에 세성이 누벽壘壁성에 근접하였다. 12월 기축일에 태백성이 세성에 근접하였다.}

○ 22년(1192) {8월 을묘일에 태백성이 서번西藩 상장上將성에 근접하였다. 임술일에 태백성이 하늘을 가로질렀다.}

○ 23년(1193) {3월 정축일에 태백성이 진辰성을 가렸다. 7월에 태백성이 낮에 나타나 하늘을 가로질렀다. 12월 임인일에 태백성이 낮에 나타나 하늘을 가로질렀다.}

○ 24년(1194) {12월 기미일에 유성이 자미궁의 서번성에서 나와 둘로 나뉘어 하나는 자미궁을 관통하였고 또 하나는 북극성에 가까이 가서 자미원 동번성에 이르렀다.}

○ 25년(1195) {9월 무자일에 태백성과 형혹성이 태미원의 우액문右掖門에 근접하였다. 갑진일에 형혹성이 태미원의 좌집법左執法성에 근접하였다. 태사가 아뢰기를 "형혹성이 이달 7일부터 태미원의 우액문으로 들어가 10일 동안 머물렀으며 또 좌집법성에 근접하였습니다. 이것은 전쟁의 징조입니다. 장차 군대를 일으킬 일이 있을 것이니 마땅히 삼가는 것이 절실합니다." 하였다. 11월 을유일에 태백성이 방房수의 첫 번째 별 및 구검鉤鈐성에 근접하였다. 을묘일에 유성이 섭제攝提성에서 나와 천시원으로 들어갔다. 무진일에 태사가 아뢰기를 "형혹성이 갑인일부터 저氐수에 들어가 19일 동안 가만히 있다가 동쪽으로 나갔으니 신하가 반란을 일으키는 일이 있을 것입니다." 하였다.}

○ 26년(1196) {6월 초하루 기유일에 별이 떨어져 성에 있던 사람들이 소리치고 떠들썩했다. 7월 계미일에 천구성이 땅에 떨어졌다. 갑신일에 달이 저氐수로 들어갔다. 8월 임술일에 월식이 있었으나 태사가 보고하지 않았으므로 어사대御史臺에서 탄핵하였다. 9월 기묘일에 세성이 헌원성에 근접하였다.}

○ 27년(1197) {8월 기해일에 세성이 태미원의 우집법성에 근접하였다. 10월 을유일에 세성이 태미원 좌집법성에 근접하였다. 경인일에 유성이 등사騰蛇성에서 나와 하河성의 큰 별에 들어갔다. 11월 을묘일에 달무리가 있었는데 안은 청색이고 밖은 적색이며 사방으로 적색과 백색의 기가 있었는데 절구 공이[杵] 같았으며 길이는 10자쯤이었다. 서남

쪽에 이珥가 있었다. 을축일에 형혹성이 방房수의 상상上相성에 근접하였다가 병인일에는 구검鉤鈐성에 근접하였다. 12월 임오일에 유성이 하늘가로 들어갔는데 장군[缶]만 한 크기에 북치는 것 같은 소리가 있었다. 경인일에 세성이 태미원의 좌집법성에 근접하였고, 달이 저氐수로 들어갔다.}

신종神宗

○ **원년**(1198) {4월 세성이 태미원에 근접하였다. 5월 기유일에 태백성이 헌원성의 큰 별로 들어갔다. 6월 초하루 정묘일에 태백성이 낮에 나타났다. 8월 임오일에 태백성이 하늘을 가로질렀다. 10월 계유일에 태백성이 하늘을 가로질렀는데 이틀 동안 그러하였다.}

○ **2년**(1199) {3월 무신일에 달이 저氐수로 들어갔다. 4월 을유일에 달이 진鎭성과 서로 근접하였는데 정통원鄭通元이 말하기를 "6월 하순에 여주女主의 상喪 있을 것이다." 하였다. 6월 계미일에 수안공주壽安公主(명종의 딸)가 죽었으니 과연 점괘가 맞았다. 7월 무오일에 태백성이 낮에 나타났다. 9월 초하루 경인일에 세성이 태백성과 함께 항亢수에 있었다. 12월 임술일에 태백성이 하늘을 가로질렀다. 경진일에 세성이 방房수에 그대로 있었는데 60일 남짓 그러하였다.}

○ **3년**(1200) {2월 갑자일에 태백성이 하늘을 가로질렀다. 3월 무인일에 태백성이 하늘을 가로질렀는데 이틀 동안 그러하였다. 8월 초하루 갑신일에 세성이 방房수의 구검鉤鈐성에 근접하였다. 유성이 여귀성으로 들어갔다.}

○ **4년**(1201) {2월 갑진일에 태백성이 낮에 나타났다. 5월 경신일에 태백성과 형혹성이 함께 있었다. 7월 신해일에 태백성이 낮에 나타났다. 8월 계묘일에 태백성이 방房수에 근접하였다. 12월 초하루 정축일에 유성이 남하南河성에서 나와 천구성으로 들어갔는데 잔[盃]만 한 크기였다.}

○ **5년**(1202) {정월 갑자일에 세성이 형혹성, 태백성과 함께 남두성에 있었다. 윤12월 갑진일에 태백성이 낮에 나타났다.}

○ **6년**(1203) {정월 계유일에 달이 태백성, 진鎭성과 함께 규奎수에 있었다. 3월 신묘일에 세성이달과 함께 우림羽林성으로 들어갔다. 7월 신사일에 태백성이 낮에 나타났다.}

○ 7년(1204) {9월 경진일에 형혹성이 여귀성으로 들어갔다.}

희종熙宗

○ 3년(1207) {4월 을해일에 유성이 북두성에서 나와 문창文昌성으로 들어갔는데 장군[缶]만 한 크기였고 꼬리 길이는 10자쯤이었다. 그 꼬리가 용 모양의 흰 기운으로 바뀌었다가 곧 사라졌다.}

○ 4년(1208) {2월 을묘일에 태백성이 낮에 나타나 하늘을 가로질렀다. 4월 무진일에 세성이 여귀성으로 들어갔다.}

○ 5년(1209) {정월 병진일에 달이 심心수의 큰 별에 근접하였고 또 심心수의 뒤 별에 근접하였다. 10월 을축일에 천구성이 땅에 떨어지고 달이 형혹성을 가렸다. 12월 갑술일에 달이 여귀성에 근접하였다.

○ 6년(1210) {11월 기해일에 월식이 있었다.}

○ 7년(1211) {2월 계해일에 달이 동정東井성과 월鉞성에 근접하였다가 또 남원南轅성에 근접하였다.}

강종康宗

○ 원년(1212) {10월 무자일에 월식이 있었다.}

○ 2년(1213) {8월 계유일 날이 저물 무렵에 해만 한 크기의 별이 북서쪽에 나타났다가 갑자기 땅에 떨어졌다.}

고종高宗

○ 2년(1215) {9월 정묘일에 달이 세성과 함께 위危수에 있었다.}

○ 4년(1217) {3월 경진일에 달이 필畢수에 근접하였다. 임오일에 천구성이 오군영五軍營 가운데 떨어졌다. 정해일에 흰 무지개가 북두성의 다섯 번째 별을 관통하였다. 6월 경술일에 달이 태백성과 함께 장張수에 있었다. 무진일에 한 별이 북두와 무곡武曲성으로 빨리 흘러갔다가 섭제攝提성 사이로 들어갔는데 모과만 한 크기였고 꼬리 길이는 한 길쯤이

었다. 달이 세성과 함께 필畢수에 있었다. 7월 임오일에 태백성이 각角수의 왼쪽 별에 근접하였고 형혹성과 세성이 함께 묘昴수에 있었다.}

○ 5년(1218) {7월 계사일에 달이 세성과 함께 동정東井성에 있었다. 8월 갑진일에 달이 진鎭성과 함께 항亢수에 있었고 을사일에는 저氐수에 들어갔으며 무신일에는 남두성을 가렸다. 기유일에는 달이 건建성에 근접하였으며 임자일에는 우림성으로 들어갔고 무오일에는 필기畢岐성에 근접하였다. 신유일에는 동정성에 근접하였고 또 세성과 함께 있었다. 유성이 오거五車성에서 나와 자미원으로 들어갔는데 장군[缶]만 한 크기였다.}

○ 6년(1219) {6월 을축일에 태백성이 낮에 나타나 하늘을 가로질렀다. 7월 무신일에 세성이 여귀성에 근접하였다. 8월 기축일에 유성이 북동쪽에서 나와 두斗수와 기箕수를 지나 남두南斗성을 관통하고 떨어졌는데 크기가 소[牛]만 하였고 길이는 300자쯤이었다. 9월 계사일에 태백성이 태미원으로 들어갔다. 신축일에는 태백성이 좌집법성에 근접하였다. 임자일에 달이 형혹성에 근접하였는데 일관이 아뢰기를 "귀인貴人이 죽을 것입니다." 하였는데 과연 최충헌崔忠獻이 죽었다.}

○ 7년(1220) {정월 임진일에 혜성이 구鉤성에서 나왔다. 그 꼬리가 서북쪽을 가리켰고 길이는 3자쯤이었다. 6월 신유일에 태백성이 낮에 나타나 하늘을 가로질렀다. 8월 갑자일에도 그러하였다. 기묘일에 천구성이 시장 거리에 떨어졌다. 10월 기미일에 형혹성과 태백성이 남두성에 근접하였다. 11월 신미일에[41] 태백성이 낮에 나타나 하늘을 가로질렀다.}

○ 8년(1221) {6월 을묘일에 태백성이 낮에 나타나 하늘을 가로질렀다. 9월 정미일에 달이 세성과 함께 태미원의 좌집법성에 근접하였다.}

○ 9년(1222) {3월 병인일에 세성이 태미원의 우집법성에 근접하였다. 7월 임신일에 혜성이 삼태三台성 가운데서 나왔는데 꼬리가 서쪽을 가리켰고 길이는 3자였다. 을해일에 혜성이 서북쪽에 나타났는데 길이는 3자쯤이었다. 8월 무인일에 태백성이 낮에 나타나 하늘을 가로질렀다. 을사일에 태백성이 낮에 나타났다.}

---

41 『고려사』에는 신묘일로 되어 있다.

○ 10년(1223) {6월 정유일에 세성이 항亢수의 남쪽 첫 번째 별에 근접하였다. 8월 병술일에 세성이 저氐수의 남서쪽 첫 번째 별에 근접하였다. 네 겹의 달무리가 있었는데 안쪽은 적색이고 바깥쪽은 청색이었다. 정유일에 세성이 저氐수의 서남쪽 별에 근접하였다. 11월 기유일에 세성이 방房수의 상상上相성에 근접하였다. 갑인일에 세성이 구검鉤鈐성에 근접하였다.}

○ 11년(1224) {정월 을축일에 태백성이 낮에 나타났다. 2월 경진일에 달이 헌원성에 근접하였다. 7월 을축일에 태백성이 여귀輿鬼성에 근접하였다. 윤 8월 경자일에 형혹성이 심心수에 근접하였다.}

○ 12년(1225) {정월 갑신일에 세성이 건建성에 근접하였다. 6월 정사일에 태백성이 하늘을 가로질렀다. 8월 병신일에 달이 심心수의 큰 별 및 뒷 별에 근접하였다. 11월 갑술일에 달이 여귀성에 근접하였다. 신사일에 태백성이 하늘을 가로질렀다.}

○ 13년(1226) {정월 경자일에 태백성, 세성, 진鎭성이 수녀須女성과 함께 있었다. 2월 초하루 병술일에 세성이 진鎭성에 근접하였다. 7월 갑술일에 세성이 수녀성과 함께 있었다. 11월 신유일에 형혹성이 세성과 함께 여女수에 있었다. 12월 갑신일에 달이 세성에 근접하였다.}

○ 14년(1227) {4월 정해일에 달이 헌원성에 근접하였다. 윤5월 병오일에 태백성이 낮에 나타났다. 7월 임인일에 태백성이 하늘을 가로질렀는데 몇 십일 동안 계속되다가 사라졌다. 갑진일에 유성이 직녀織女성에서 나왔는데 모과만 한 크기였고 꼬리 길이는 5자쯤이었다. 11월 병신일에 유성이 태미원의 제좌帝座성에서 나와 자미원紫微垣의 구진句陳성에 이르렀는데 모과만 한 크기에 꼬리 길이는 10자 남짓이었다.}

○ 15년(1228) {10월 기사일에 태백성이 낮에 나타나 하늘을 가로질렀다. 12월 임인일에 달이 태백성과 한곳에 있었다. 기유일에는 달이 묘昴수를 가렸다. 계묘일에 달이 심心수를 가렸다.}

○ 16년(1229) {정월 갑술일에 천구天狗성이 땅에 떨어졌는데 천둥 치는 것 같은 소리가 났다. 3월 신묘일에 유성이 천기天紀성에서 나와 하고河鼓성으로 들어갔는데 장군만 한 크기였다. 5월 초하루 무진일에 유성이 영실營室성에서 나와 누婁수로 들어갔는데 크기

는 모과만 하였고 길이는 7자쯤이었다. 10월 기미일에 유성이 자미원의 서번성에 근접하였고 또 구진句陳성과 제좌帝座성에 근접하였다.}

○ 17년(1230) {6월 신사일에 천구성이 땅에 떨어졌다.}

○ 18년(1231) {12월 신유일에 천구성이 땅에 떨어졌는데 천둥 치는 것 같은 소리가 났다.}

○ 19년(1232) {6월 정묘일에 천구성이 땅에 떨어졌는데 천둥 치는 것 같은 소리가 났다.}

○ 22년(1235) {12월 갑진일에 달이 헌원성와 여어女御성에 근접하였다.}

○ 29년(1242) {12월 무오일에 달이 묘昴수에 근접하였고 을축일에는 헌원성의 큰 별에 근접하였다.}

○ 30년(1243) {2월 갑술일에 유성이 미尾수에서 나와 하늘가로 들어갔는데 모과만 한 크기에 꼬리 길이는 3자쯤이었다.}

○ 32년(1245) {정월 정미일에 세성이 태미원의 서번 상장성에 근접하였다. 3월 신해일에 천구성이 송악산松嶽山 북쪽에 떨어졌다. 8월 병술일에 달이 여귀성의 동북쪽 별에 근접하였다. 9월 임인일에 유성이 서쪽에서 동쪽으로 갔는데 장군만 한 크기에 꼬리 길이는 10자 남짓이었다.}

○ 33년(1246) {4월[42] 정유일에 유성이 남동쪽에서 나와 남쪽으로 향하여 하늘가로 들어갔는데 장군만 한 크기였다. }

○ 37년(1250) {10월 을사일에 유성이 동쪽으로 갔는데 그 아래에서 소리가 났다.}

○ 38년(1251) {4월 계축일에 달이 세성에 근접하였다. 6월 계묘일에 태백성이 낮에 나타나 하늘을 가로질렀다.}

○ 39년(1252) {7월 을미일에 유성이 북쪽에서 남쪽으로 갔는데 빛줄기가 번개 같았다.}

○ 40년(1253) {5월 기해일에 유성이 천기天紀성의 북쪽에서 나와 자미원으로 들어갔는데 배[梨]만 한 크기였다. 8월 계해일에 유성이 천선天船성의 북쪽에서 나와 오거五車성으

42 『고려사』에는 윤4월로 되어 있다.

로 들어갔는데 배만 한 크기였다. 9월 신사일에 유성이 삼參수에서 나와 천원天苑성으로 들어갔는데 모과만 한 크기에 꼬리 길이는 5자쯤이었다. 10월 갑술일에 유성이 천균天囷성에서 나와 천창天倉성으로 들어갔다.}

○ 41년(1254) {7월 계해일에 태백성이 낮에 나타나 하늘을 가로질렀다. 9월 을사일에 태백성이 태미원의 좌집법성에 근접하였다. 을축일에 태백성이달에 근접하였다. 10월 계유일에 유성이 유柳수에서 나와 성星수로 들어갔는데 모과만 한 크기였다.}

○ 42년(1255) {8월 을유일에는 달이 세성을 가렸다.}

○ 43년(1256) {정월 병오일에 태백성이 낮에 나타나 하늘을 가로질렀다. 3월 계축일에 태백성이 낮에 나타나 하늘을 가로질렀다. 8월 갑신일에 달이 헌원성의 큰 별에 들어갔고 태백성이 세성에 근접하였다.}

○ 44년(1257) {4월 계해일에 달이 헌원성의 큰 별에 들어갔다. 6월 무자일에 태백성과 세성이 함께 태미원의 우액문右掖門에 있었다. 10월 정해일에 유성이 토사공土司空성에서 나와 하늘가로 들어갔는데 장군만 한 크기에 꼬리 길이는 10자쯤이었다. 11월 무오일에 세성이 형혹성과 서로 근접하였다. 경신일에도 그러하였다.}

○ 45년(1258) {3월 정묘일에 달이 핏빛처럼 적색이었다. 8월 을사일에는 형혹성이 남두성을 가렸다. 9월 임신일에 달이 태미원의 단문端門[43]으로 들어갔다. 유성이 있었는데 하나는 제왕諸王성을 관통하여 필畢수와 묘昴수 사이로 들어갔고, 하나는 문창文昌성에서 나와 천뢰天牢성으로 들어갔다. 12월[44] 무술일에 유성이 익翼수의 서북쪽 세 번째 별에서 나왔는데 배만 한 크기에 꼬리 길이는 2자였고 황색이었다.}

○ 46년(1259) {정월 갑자일에 유성이 천절天節성에서 나와 천원天園성으로 들어갔다. 7월 기사일에 태백성이 낮에 나타나 하늘을 가로질렀다. 8월 경자일에 태백성이 헌원성에 근접하였다. 9월 초하루 임인일에 달이 세성과 함께 저氐수에 있었다. 유성이 북극성에서 나와 구진句陳성으로 들어갔다. 10월 경진일에는 달이 우림성으로 들어가 진鎭성과

43 단문端門은 태미원의 좌집법성과 우집법성 사이를 이른다.

44 『휘찬여사』 본문에 '십이十二'의 '십十'이 누락되었다.

한곳에 있었다. 유성이 천관天關성에서 나와 삼參수로 들어갔다. 11월 병인일에 태백성과 세성이 심心수에 근접하였다.}

원종元宗

○ 원년(1260) {정월 신사일에 달이 헌원성의 큰 별에 근접하였다. 계미일에 달이 태미원의 서번 차장성次將성에 근접하였다가, 갑신일에는 태미원으로 들어갔고, 정해일에는 저氐수에 근접하였으며, 무자일에는 방房수의 차상次相성에 근접하였다. 태사가 아뢰기를 "어제 달이 방房수에 근접하였고 또 형혹성이 조만간 세성에 근접할 것입니다."라고 하니 태손太孫(왕의 손자)이 근심하고 두려워하여 살인, 강도 이하의 죄인들에게 사면령을 내렸다. 임진일에 세성이 형혹성과 기箕수에서 서로 근접하였다. 2월 계해일에 유성이 삼태三台성에서 나와 북두성의 괴魁성 안으로 들어갔다. 4월 무오일에는 세성이 천강天江성에 근접하였다. 6월 기미일에 유성이 칠공七公성에서 나와 섭제攝提성으로 들어갔다. 을축일에는 유성이 항亢수와 저氐수 사이 남쪽에서 나와 하늘가로 들어갔다. 형혹성이 되돌아 남두성의 괴성 안으로 들어갔다. 8월 경신일에 달이 헌원성에 근접하였다. 10월 신유일에 유성이 북두성의 괴성에서 나와 자미원 안으로 들어갔는데 모과만 한 크기였다. 12월 신축일에는 진辰성과 세성이 기箕수와 두斗수 사이로 운행하였다.}

○ 2년(1261) {2월 기해일에 달이 오거五車성에 근접하였다. 천구天狗성이 태묘太廟(종묘) 앞에 떨어졌다. 계묘일에 유성이 평도平道성에서 나와 고루庫樓성으로 들어갔다. 4월 기해일에 달이 헌원성으로 들어갔다.}

○ 3년(1262) {7월 임술일에 유성이 있었는데, 하나는 천진天津성에서 나와 이주離珠성으로 들어갔고, 하나는 천봉天棓성에서 나와 천기天紀성으로 들어갔다. 9월 경진일에 태백성이 낮에 나타나 달에 근접하였다. 윤9월 을유일에 유성이 있었는데 하나는 제후諸侯성에서 나와 여귀輿鬼성으로 들어갔고, 하나는 적수積水성과 문창文昌성에서 나와 여귀성으로 들어갔다. 11월 을사일에 유성이 북하北河성에서 나와 낭狼성으로 들어갔다.}

○ 4년(1263) {5월 갑신일에 달이 헌원성에 근접하였다. 11월 을미일에 태백성이 낮에 나타나 하늘을 가로질렀다.}

○ 5년(1264) {정월 갑신일에 달이 오거五車성에 근접하였다. 4월 무진일에 태백성이 낮에 나타나 하늘을 가로질렀다. 달이 형혹성과 함께 규奎수에 있었다. 6월 병오일에 유성이 천진天津성과 자미궁에서 나와 북극北極성으로 들어갔다. 7월 갑술일에 혜성이 처음 북동쪽에서 나타났을 때는 꼬리 길이가 7~8자였는데 점차 5개로 나뉘어 서북쪽으로 향하였다. 병신일에 형혹성이 진鎭성에 근접하였고 태백성이 헌원성에 근접하였다. 8월 임인일에 혜성의 빛줄기가 다시 합쳐 하나로 되어 점점 커졌다. 임술일에는 혜성의 빛줄기에 광채가 더 세져서 하늘가에까지 닿았다. 또 유성이 삼參수에서 나와 중앙의 정正성을 관통하였다. 계해일에 유성이 동쪽에 나왔는데 주발[椀]만 한 크기였고 꼬리 길이는 15자쯤이었다. 9월 을유일에 혜성이 사라졌으니 7월부터 이때까지 모두 72일 동안 있었다. 10월 을사일에 유성이 왕량王良성에서 나와 자미원으로 들어갔다. 진辰성(수성)이 동쪽에 나타나 태백성과 근접하여 운행하였다. 진鎭성과 형혹성이 한곳에 모여 묘昴수와 필畢수 사이로 역행하였다.}

○ 6년(1265) {3월 병술일에는 태백성과 세성이 함께 누婁수에 있었다.}

○ 9년(1268) {10월 경인일에 형혹성이 헌원성으로 들어갔다. 유성이 각角수로 들어갔다. 11월 기미일에 유성이 진軫수에서 나와 누고樓庫성을 관통하여 하늘 끝으로 들어갔는데 장군만 한 크기였다.}

○ 10년(1269) {정월 경술일에 유성이 태미원에서 나와 동번 차장성에 근접하였다가 낭위郎位성으로 갔으며 또 대각大角성에 근접하였다. 4월 임인일에 태백성이 낮에 나타나 하늘을 가로질러 달과 한곳에 있었다. 8월 을미일에 비성飛星(운성)이 규奎수에서 나와 동쪽 하늘 끝으로 들어갔는데 장군만 한 크기였다.}

○ 11년(1270) {9월 병인일에 형혹성과 진鎭성이 헌원성에 근접하였다. 10월 무인일에 태백성이 태미원의 좌집법성으로 들어갔다. 유성이 낭위성에서 나와 태미원의 상상上相성으로 들어갔다.}

○ 12년(1271) {10월 계사일에 유성이 왕량王良성에서 나와 직녀織女성으로 들어갔다.}

○ 13년(1272) {4월 갑인일에 태백성이 하늘을 가로질러 달과 한곳에 있었다. 10월 정유일에 진鎭성이 태미원의 우집법성으로 들어갔다. 형혹성이 태미원으로 들어가서 진성

과 서로 근접하였다.}

○ 14년(1273) {정월 임오일에 혜성이 동쪽에 보였다. 8월 무진일에 유성이 직녀성에서 나와 천시원으로 들어갔다. 9월 무신일에는 세성이 형혹성과 서로 근접하였다. 10월 초하루 기유일에 유성이 상태上台성에서 나와 하태下台성으로 들어갔다. 12월 갑인일에 유성이 방房수에서 나와 천시원의 서번성에 근접하였다.}

충렬왕忠烈王

○ 원년(1275) {7월 정유일에 장군만 한 크기의 유성流星이 동쪽에서 서쪽으로 가서 떨어졌는데 그 빛줄기가 땅을 비췄다.}

○ 2년(1276) {6월 임신일에 동이[盆]만 한 크기의 유성이 침전寢殿 마당으로 가는 길에 떨어졌다. 7월 갑오일에 유성이 서쪽에서 동쪽으로 갔는데 주발만 한 크기였다. 갑인일에는 유성이 천변天弁성에서 나와 천강天江성으로 들어갔다. 9월 계축일에 달이 여귀輿鬼성에 근접하였다. 10월 갑술일에는 달이 세성에 근접하였다.}.

○ 3년(1277) {2월 병술일에 치우기蚩尤旗(혜성)가 보였다. 4월 병인일에 무지개 같은 흰 기운이 북두성을 관통하였다. 달이 헌원성에 근접하였고 무진일에는 태미원으로 들어갔다. 계유일에 일관이 아뢰기를 "월식이 있었으나 비 때문에 보이지 않았습니다." 하였다. 5월 경술일에 태백성과 세성이 필畢수에 근접하였다. 12월 갑자일에 유성이 있었는데 하나는 오거五車성에서 나와 북하北河성으로 들어갔고 또 하나는 익翼수에서 나와 칠공七公성으로 들어갔는데 바리때만 한 크기였다.}

○ 4년(1278) {3월 정해일에는 태백성이 낮에 나타났고 밤에는 달에 근접하였다. 6월 정사일에 태백성이 낮에 나타나 하늘을 가로질렀다. 8월 병자일에 유성이 문창文昌성에서 나와 북극北極성으로 들어갔는데 배[梨]만 한 크기였고 빛깔은 적색이었으며 꼬리 길이는 5자쯤이었다. 10월 무인일에 태백성이달에 근접하였고 또 낮에 나타나 하늘을 가로질렀다. 윤 11월 무인일에 유성이 남쪽에서 서쪽으로 갔는데 모과만 한 크기였다.}

○ 5년(1279) {정월 계해일에 유성이 태미원에서 나와 저氐수로 들어갔다. 3월 갑인일에 유성이 포과匏瓜성에서 나와 천시원天市垣의 제좌帝座성으로 들어갔다. 10월 을미일에

달이 세성과 함께 헌원성에 있었다. 11월 무신일에 태백성이 곡哭수와 읍泣수에 근접하였다. 계축일에 형혹성이달을 가렸다.}

○ 6년(1280) {8월 병자일에 태백성이 헌원성에 근접하였다. 10월 신묘일에 달이 태미원의 서번 상장上將성에 근접하였고 임진일에는 세성과 함께 태미원에 있었다. 세성이 7월부터 8월까지 태미원에 머물렀고, 9월부터 이달까지는 단문端門에 머물렀다.}

○ 7년(1281) {4월 갑오일에는 유성이 천구성에 근접하였다. 10월 정미일에는 달이 형혹성과 함께 동정東井성에 있었고, 무신일에는 여귀성을 가렸으며, 11월 갑술일에 오거성에 근접하였다.}

○ 8년(1282) {4월 기미일에 유성이 기箕수에서 나와 천구성으로 들어갔다. 9월 계해일에 유성이 천병天屛성에서 나와 천시원의 종인宗人성으로 들어갔다.}

○ 10년(1284) {3월 기사일에 달이 남두南斗성에 근접하였다.}

○ 11년(1285) {10월 계해일에 진鎭성이 세성에 근접하였다.}

○ 13년(1287) {11월 임자일에 태백성과 진鎭성이 서로 근접하였다.}

○ 15년(1288) {7월 임오일에 태백성이 낮에 나타났다. 계미일에도 그러하였다. 밤에 유성이 대각大角성에서 나와 고루庫樓성으로 들어갔는데 배만 한 크기였고 길이는 1자쯤이었다. 정유일에 유성이 하고河鼓성에서 나와 북극성과 구진句陳성으로 들어갔다.}

○ 17년(1290) {5월 신해일에 월식이 있었다. 갑자일에 장경長庚성이달에 근접하였다. 8월 계미일에 세성이 헌원성에 근접하였다. 정해일에 태백성과 세성이 헌원성에 근접하였으며 또 유성이 헌원성으로 들어갔는데 모과만 한 크기에 꼬리 길이가 5자쯤이었다.}

○ 18년(1291) {3월 정미일에 세성이 헌원성에 근접하였다. 8월 갑진일에는 세성이 태미원의 우집법성에 근접하였다. 을사일에는 달이 태미원으로 들어가 우집법성에 근접하였고, 을묘일에는 태미원에 들어가 동번 상상上相성에 근접하였으며, 병진일에도 태미원에 들어갔다. 9월 임술일에 형혹성이 곡哭수에 근접하였다. 10월 병신일에 달이 형혹성과 함께 한곳에 있었다.}

○ 19년(1292) {정월 경진일에는 세성이 태미원의 좌집법성에 근접하였다. 2월 경자일에 달이 태미원 정庭 안으로 들어갔다. 4월 임인일에 태백성과 세성이 서로 근접하였다.

6월 임진일에 세성이 태미원의 단문에서 나와 좌집법성에 근접하였다. 8월 기유일 낮에 북서쪽 구석으로 흐르는 별이 있었다. 10월 갑진일에 혜성이 동쪽에 나타났다. 무신일에는 혜성이 태미원의 좌액문左掖門에 나타났는데 길이가 1자 5치쯤이었다. 형혹성이 저氐수의 왼쪽 별에 근접하였다. 11월 정묘일에 세성이 항亢수에 들어가 머물러 있었다. 을해일에 형혹성이 상상上相성에 근접하였다. 병자일에 혜성이 자미원에 근접하였다가 또 북두성에 근접하였다.}

○ 20년(1293) {4월 임진일에 달이 세성과 함께 항亢수에 있었다. 6월 기해일에 달이 세성과 함께 한곳에 있었고, 병오일에는 동정東井성의 북원北垣에 근접하였으며, 7월 임자일에 태미원으로 들어갔다. 12월 을유일에 세성이 방房수의 북쪽 첫 번째 별에 근접하였다.}

○ 21년(1294) {윤 4월 무신일에 달이 태백성과 함께 한곳에 있었고 세성이 거꾸로 운행하여 방房수 및 구검鉤鈐성에 근접하였다. 11월 을해일에 진성鎭星이 천관天官성에 근접하였고, 태백성이 곡哭수와 읍泣수에 근접하였다.}

○ 22년(1295) {5월 계미일에 흰 무지개가 북두성을 관통하였다. 8월 갑자일에 달이 태백성에 근접하였다.}

○ 23년(1296) {2월 신해일에 혜성이 동정성에 나타나 6일 동안 있다가 사라졌다. 3월 갑자일에 혜성이 동정성에 나타났다. 4월 계묘일에 달이 태미원으로 들어갔다. 10월 을사일에 태백성이 낮에 나타나 하늘을 가로질렀다. 갑인일에 달이 태미원으로 들어갔다.}

○ 24년(1297) {2월 신유일에 태백성과 세성이 서로 근접하였다. 10월 무인일에는 유성이 여귀성에서 나와 자미원으로 들어갔다. 11월 갑진일에는 형혹성이 오제후五諸侯성에 근접하였다. 12월 정사일에 달이 세성에 근접하였다. 갑술일에 혜성이 남쪽에 보였다.}

○ 25년(1298) {정월 병술일에 태백성이달을 관통하였다.}

○ 27년(1300) {8월 무인일에 혜성이 북두성과 자미원에 나타났고, 임오일에는 북두성에 나타났으며, 을미일에는 상태上台성에 나타나 천시원으로 들어갔다. 9월 계묘일에 혜성이 천시원에 나타났고, 천구성이 땅에 떨어졌다.}

○ 28년(1301) {7월 경자일에 달이 태백성에 근접하였다.}

○ 29년(1302) {2월 무진일에 달이 동정성으로 들어갔고, 경오일에는 세성과 함께 한곳에 있어 달과 세성의 빛줄기를 서로 비췄다. 을해일에 형혹성과 진鎭성이 거꾸로 운행하여 태미원 단문 안으로 들어갔다. 11월 초하루 갑인일에 태백성이 곡哭수에 근접하였다. 12월 경술일에 혜성이 서쪽에 보였다.}

○ 30년(1303) {정월 갑인일에 혜성이 규奎수에 보였다. 5월 임술일에 유성이 자미원에서 나와 허虛수와 위危수 사이로 들어갔다. 12월 무인일에 혜성이 허虛수에 근접하였고, 경진일에는 허虛수를 관통하였으며, 신사일에는 위危수로 들어갔다.}

○ 31년(1304) {정월 갑술일에는 세성이 거꾸로 운행하여 동번東蕃 상상上相성에 근접하였다. 2월 계묘일에 세성이 태미원의 좌액문으로 들어갔다. 5월 신유일에 세성이 좌집법성에 근접하였다. 10월 신축일에 태백성이 낮에 나타났다.}

○ 32년(1305) {4월 경자일에 세성이 항亢수에 근접하였다. 8월 을사일에 세성이 저氐수에 근접하였다. 10월 을사일에 형혹성이 진현進賢성에 근접하였고, 진鎭성이 저氐수로 들어갔다. 11월 경오일에 세성이 방房수의 상상성으로 들어갔다.}

○ 33년(1306) {6월 기유일에 흰 무지개가 자미원과 북두성을 관통하였다. 7월 무자일에 혜성이 미尾수에 보였다. 경인일에 형혹성이 남두성으로 들어갔고, 태백성이 여귀성에 근접하였다. 10월 기해일에 형혹성이 곡哭수에 근접하였다. 11월 임신일에는 세성이 태백성과 함께 심心수에 있었다.}

○ 34년(1307) {2월 갑진일에 세성이 읍泣[45]성에 근접하였다. 12월 갑자일에 달이 형혹성에 근접하였다.}

충선왕忠宣王

○ 원년(1309) {정월 경진일에 세성이 위危수에 근접하였다. 11월 갑신일에 달이 세성과 함께 한곳에 있었다. 이달에 유성이 서남쪽에 떨어졌는데 밝기가 대낮 같았다.}

45 『고려사』에는 '立'으로 기록되어 있다.

○ 2년(1310) {10월 무진일에 달이 태미원의 동번 상상성에 근접하였다.}

○ 3년(1311) {2월 을묘일에 달이 헌원성의 우각右角을 관통하였다.}

○ 4년(1312)[46] {10월 병신일에 태백성이 곡哭수에 근접하였다. 11월 기미일에 태백성이 낮에 나타났다.}

○ 5년(1313) {7월 을묘일에 달이 헌원성 우각을 관통하였다.}

○ 6년(1314) {2월 무진일에 달이 천관天關성에 근접하였다. 3월 정미일에 혜성이 동정성에 있었다.}

충숙왕忠肅王

○ 원년(1314) {정월 병신일에 달이 세성, 형혹성과 함께 동정성에 있었다. 3월 기해일에 흰 무지개가 달을 관통하였다. 윤 3월 계미일에 천구성이 땅에 떨어졌다. 6월 임진일에는 세성이 여귀성으로 들어가 20일 동안 머물렀다.}

○ 2년(1315) {정월 임자일에 세성이 여귀성에 들어가 적시積屍성에 근접하였는데 모두 20일 남짓 그러하였다.}

○ 5년(1318) {2월 신축일에 달이 괴魁성 남쪽의 북하北河성과 유柳수에 근접하였다.}

○ 6년(1319) {12월 을묘일에 태백성이달에 근접하였다.}

○ 7년(1320) {8월 기유일에 장군[缶]만 한 크기에 적색인 유성이 각도閣道성으로 들어갔다. 9월 계묘일에는 세성과 형혹성이 함께 남두성에 있었다.}

○ 8년(1321) {5월 기사일에 세성이 곡哭수에 근접하였다. 12월 을사일에는 흰 무지개 두 개가 서쪽으로부터 달을 관통하였다.}

○ 9년(1322) {7월 정유일에는 형혹성이 천강天江성에 근접하였다.}

○ 10년(1323) {정월 무신일에는 태백성이 낮에 나타나 하늘을 가로질렀다. 10월 계유일에 개기일식이 있었다.}

---

46 충선왕 4년부터 6년까지의 기사는 『고려사』와 다르다.

○ 11년(1324) {8월 계유일에는 달이 필畢수에 근접하였고, 진鎭성이 천관天關성에 근접하였다. 9월 계사일에 진鎭성이 천관성에 근접하였다. 12월 계해일에 달이 필畢수에 근접하였고, 갑자일에는 천관성에 근접하였다.}

○ 12년(1325) {12월 계해일에 달이 필畢수에 근접하였고, 갑자일에는 천관성에 근접하였다.}

○ 14년(1327) {2월 경진일에 달이 세성과 함께 한곳에 있었다. 신사일에 달이 헌원성에 근접하여 세성과 함께 한곳에 있었다.}

○ 15년(1328) {8월 병진일에 태백성과 세성이 서로 근접하였다.}

○ 16년(1329) {3월 신유일에 왕시枉矢성이 북서쪽에 떨어졌다. 5월 기미일 신시申時에 북동쪽에 운성隕星이 있었는데 불처럼 생겼다. 경진일에 태백성과 형혹성이 한곳에 있어, 헌원성의 큰 별과 함께 솥에 발이 세 개 달린[鼎足] 형국을 이루었는데, 형혹성이 헌원성의 큰 별과 북서쪽에서 서로 마주하였다. 11월 정묘일에는 달이 필畢수의 큰 별에 근접하였고 태백성과 세성이 서로 마주하였다.}

○ 17년(1330) {5월 계축일에 유성이 심心수에서 나와 땅에 떨어졌다. 정사일에는 진鎭성이달을 관통하였다.}

○ 후6년(1337) {5월 병인일에 길이가 한 길 남짓인 혜성이 나타나 천선天船성에서 북으로 왕량王良성 및 각도閣道성까지 갔다. 6월 초하루 경오일에는 혜성이 북동쪽에 나타났고, 계유일에도 자미원의 서번 화개華蓋성과 구진句陳성 및 북극北極성에 나타났다. 7월 계사일에도 혜성이 또 자미원의 동번성에 나타났다. 8월 경자일에 혜성이 천시원天市垣에 나타났는데 40일 동안 있다가 사라졌다. 12월 신미일에 달이 형혹성과 함께 위危수에 있었고, 세성이 천준天樽성에 근접하였다.}

○ 후 7년(1338) {7월 을미일에 진鎭성이 건建성에 근접하였고 임인일에는 달이 심心수에 근접하였으며 8월 신사일에는 유성이 천시원에서 나와 심心수로 들어갔다.

충혜왕忠惠王

○ 후원년(1340) {2월 경술일에 혜성이 동쪽에서 나타나 태미원으로 들어갔고, 갑인일

에도 혜성이 동쪽에 나타났다.}

○ 후2년(1341) {10월 기미일에 세성이 저氐수로 들어갔다.}

○ 후4년(1343) {4월 정축일에 달이 방房수에 근접하였다.}

충목왕忠穆王

○ 원년(1345) {2월 을축일에 세성과 진鎭성이 함께 허虛수에 있었다. 무인일에 세성과 진鎭성이 서로 근접하였다. 7월 갑신일에 혜성이 자미원에 나타났다. 정해일에 태백성이 낮에 나타났고, 혜성이 북하北河성의 북쪽에 나타났다. 8월 정묘일에 개기皆既월식이 있었다.}

○ 2년(1346) {8월 임술일에 달이 세성과 함께 한곳에 있었는데 세성이 벽壁수에 근접하였다. 12월 경인일에 천구성天狗星이 강안전康安殿 서쪽에 떨어졌다.}

○ 3년(1347) {2월 을유일에 달이 태미원의 단문에 근접하였다.}.

○ 4년(1348) {10월 경진일에 달이 세성과 함께 한곳에 있었다.}

충정왕忠定王

○ 원년(1349) {정월 초하루 임진일에 유성이 규奎수의 남쪽에서 나왔는데 장군만 한 크기였다. 7월 경술일에 형혹성이 세성에 근접하였다.}

○ 2년(1350) {7월 정축일에 낮에 나타난 별이 있었다.}

○ 3년(1351) {정월 병인일에 달이 태미원에 근접하였다. 10월 기축일에 형혹성이 태미원의 우액문으로 들어가 세성에 근접하였고, 세성과 형혹성은 태미원의 우집법성에 가까이 갔다.}

공민왕恭愍王

○ 원년(1352) {정월 병인일에 세성이 역행逆行하여 태미원의 우집법성에 근접하였다.}

○ 2년(1353) {3월 을해일에는 달이 귀鬼수의 북쪽에 있었는데 북하北河성과 헌원성의 오른쪽 모서리에 달무리가 있었다. 5월 신미일에 태백성이 유柳수에 있었고, 세성이 각

角수에 있었으며, 달은 헌원軒轅성과 천병天屛성에 근접하였다. 6월 기유일에는 달이 남두성의 괴魁성에 근접하였다. 7월 기사일에 달이 태미원의 동번 상상上相성 및 차상次相성의 사이에 근접하였고, 태백성이 상상성의 동쪽에 근접하였다. 11월 신사일에 태백성과 세성이 저氐수에 근접하였다.}

○ 3년(1354) {정월 을축일에 세성과 형혹성이 서로 근접하였다. 무진일에도 그러하였다. 5월 기사일에 달이 태미원의 우액문에 근접하였다. 8월 임진일에 달이 태미원의 동쪽에 근접하였고 형혹성이 기箕수에 근접하였다. 유성이 왕량王良성에서 나와 북동쪽에 떨어졌는데 장군만 한 크기였다. 12월 경인일에 태백성이 곡哭수에 근접하였다.}

○ 4년(1355) {5월 병신일에는 달이 방房수를 가렸다. 6월 계유일에 태백성과 진鎭성이 동정성에 근접하였다.}

○ 5년(1356) {4월 계축일에는 낯선 별[客星]이 달에 근접하였다. 신미일에는 달이 허虛수의 남쪽에서 형혹성과 서로 근접하였고, 태백성은 오거성에 근접하였으며, 달은 허虛수에 근접하였다.}

○ 6년(1357) {9월 을미일에 달이 여귀輿鬼성에 근접하였다.}

○ 7년(1358) {5월 초하루 무술일에 태백성과 진鎭성이 서로 근접하였고, 세성과 형혹성이 우림羽林성으로 들어갔다.}

○ 8년(1359) {9월 갑진일에 유성이 동시東市[47]성의 동쪽에 나타났는데 거울처럼 빛났다.}

○ 10년(1360) {5월 갑술일에 태백성과 형혹성이 서로 근접하였다.}

○ 11년(1361) {3월 계유일에 진鎭성이 태미원 우액문에 근접하였는데 사흘 동안 계속되었다. 6월 신사일에 혜성이 자미원의 화개華蓋성 아래에 나타났는데 길이는 1자쯤이었고 3일 동안 계속되었다. 9월 초하루 계묘일에 형혹성이 오제후성에 근접하였고, 세성이 헌원성에 근접하였으며, 태백성이 저녁에 서쪽에 나타났다. 을축일에 세성이 헌원성에 근접하였다. 기사일에 형혹성이 여귀성 및 적시積尸성에 근접하였다. 11월 병오일에 세

47 『고려사』와 『휘찬여사』에 모두 동시東市로 되어 있으나 남쪽 정井수에 속한 군시軍市성의 착오로 보인다.

성이 헌원성에 근접하였고, 진鎭성이 태미원의 동번성에 근접하였다.}

○ 12년(1362) {윤3월 갑오일에 세성이 헌원성에 근접하였다. 4월 계묘일에 세성과 형혹성이 서로 근접하였다. 임술일에 세성이 헌원성에 근접하였다. 병인일에 태백성이 낮에 나타나 하늘을 가로질렀고, 이틀 동안 그러하였다. 낯선 일곱 개의 별이 한꺼번에 나타났고, 세 개의 작은 별이 서로 다퉜다.}

○ 13년(1363) {2월 신유일에 혜성이 있었는데 태미원 남쪽에 하나, 대각大角성 가에 하나, 북두성의 동북쪽에 하나, 저氐수 북쪽에 하나가 있었고 빛깔은 적색이었으며 길이는 1자 남짓이었다. 3월 초하루 을축일에 세성이 태미원 우액문에 근접하였고, 진鎭성이 각角수에 근접하였다. 5월 경오일에 달에 관冠이 있었고 세성이 태미원에서 움직이지 않았다[守].}

○ 14년(1365) {7월 병자일에 세성과 형혹성이 서로 근접하였다. 윤 10월 임술일에 세성과 진성鎭星이 저氐수에 들어갔는데 이틀 동안 있었다. 병인일에 세성과 진鎭성이 저氐수에 근접하였다. 11월 병신일에 세성과 진鎭성이 저氐수에 근접하였다.}

○ 15년(1366) {8월 병진일에 태백성이 낮에 나타나 하늘을 가로질렀는데 9월까지 계속되었다. 9월 신사일에 유성이 낮에 서쪽에 떨어졌다.}

○ 16년(1367) {2월 갑자일에 달빛이 핏빛 같았다. 8월 임자일에는 세성이 달에 근접하였다. 12월 병오일에 달에 적흑赤黑색의 기운의 관이 있었다.}

○ 17년(1368) {2월 기미일에 혜성이 서쪽에 나타났는데 길이가 한 길[丈] 남짓이었다. 3월 갑신일에 혜성이 서쪽에 나타났다. 경인일에 혜성이 대릉大陵성과 적시積尸성 사이에서 나왔으며, 신묘일에는 혜성이 대릉성과 권설卷舌성 사이에서 나왔다. 그 빛이 천선天船성의 아홉 별을 비췄다. 7월[48] 계해일에 천구天狗성이 땅에 떨어졌다.}

○ 18년(1369) {9월 기해일에는 달이 형혹성과 서로 떠나지 않았다. 11월 경술일에 세성과 형혹성이 서로 근접하였다.}

---

48 『고려사』에는 윤7월로 되어 있다.

○ 19년(1370) {정월 갑오일에 혜성이 동북쪽에 나타났다.}

○ 21년(1372) {10월 기묘일에 유성이 위胃수의 북쪽에서 나와 땅에 떨어졌는데 그 바리때만 한 크기였다.}

○ 22년(1373) {9월 신해일에 세성이 여귀성으로 들어갔다. 12월 병오일에 달무리가 있었고, 야계野鷄성이 삼參수로 들어갔다.

○ 23년(1374) {2월 무술일에 혜성이 동쪽에 나타났는데 길이는 한 길 남짓이었으며 모두 45일 동안 있다가 사라졌다. 4월 경자일에 태백성, 세성, 형혹성이 동정성에 모였다. 계축일에 태백성이 하늘을 가로질렀는데 사흘 동안 계속되었다. 5월 기사일에 세성, 태백성, 형혹성이 귀鬼수에 함께 있었다. 6월 기미일에 태백성이 낮에 나타나 하늘을 가로질렀다. 8월 경신일에 태백성이 낮에 나타나 달을 관통하였다. 9월 임오일에 태백성이 좌집법성에 근접하였고, 세성이 헌원성에 근접하였는데 이틀 동안 계속되었다. 병술일에 달이 세성과 함께 헌원성에 근접하였고, 태백성이 태미원의 상상성에 근접하였다. 신묘일에 세성이 헌원성의 왼쪽 모서리에[左角] 근접하였다. 12월 무신일에 달이 세성에 근접하였다.}

신우辛禑

○ 원년(1375) {정월 임술일에 세성이 헌원성에 근접하였다. 9월 갑자일에 세성이 태미원의 우집법성에 근접하였다. 갑자일에도 그러하였다.}

○ 2년(1376) {2월 병술일에 세성이 태미원의 좌집법성에 근접하였는데 아흐레 동안 계속되었다. 병신일에 세성이 천정天庭으로 들어갔다. 3월 정사일에 세성이 태미원의 단문에 근접하였다. 경진일에 세성이 태미원의 단문에 근접하였다. 5월 계미일에 단지[壺]만 한 크기의 유성이 헌원성에서 나와 동쪽으로 가서 사라졌다. 6월 병술일에 세성이 태미원의 우집법성에 근접하였다. 무신일에 혜성이 문창文昌성 위에 나타났는데 빛줄기가 자미원을 비췄다. 7월 갑인일에 혜성이 문창성의 서쪽으로 네다섯 자 떨어진 곳에 나타났는데 빛줄기가 괴魁성을 비췄다. 9월 무인일에 태백성과 세성이 진軫수에 근접하였는데 모두 10일 동안 그러하였다.}

○ 4년(1378) {4월 임술일에 세성이 방房수의 상상上相성에 근접하였다. 5월 정해일에 개기월식이 있었다. 8월 병오일에 세성이 방수의 구검鉤鈐성에 근접하였다. 9월 기묘일에 자미원의 서번성에 유성이 있었는데, 사보四輔성과 북극성에 근접하고, 동번으로 나가 천봉天棓성과 천기天紀성에 근접하였다.}

○ 5년(1379) {12월 정해일에 형혹성이 헌원성에 근접하였는데 모두 닷새 동안 그러하였다.}

○ 6년(1380) {6월 무진일에 유성이 남쪽에서 나와 태미원의 남쪽을 거쳐 북서쪽을 향하였고 말[斗]만 한 크기였는데 넷으로 나뉘었다. 7월 신묘일에 태백성이 낮에 나타나 하늘을 가로질렀다.}

○ 7년(1381) {3월 병술일에 태백성과 세성이 서로 근접하였다. 7월 신해일에 세성이 우림성으로 들어갔다. 9월에 경자일에 진辰성(수성)이 헌원성의 천天성[49] 북쪽으로 들어갔는데 1자 남짓 떨어졌다. 10월 임신일에 혜성이 저수에 나타났는데 길이가 한 길 남짓이었고 15일 지나서 사라졌다.}

○ 8년(1382) {2월 정묘일에 달이 태백성에 근접하였고, 형혹성이 거꾸로 운행하여 태미원으로 들어갔다. 6월 무술일에 세성이달을 관통하였다. 7월 갑술일에 낮에 별이 나타났고, 밤에 서쪽에 서瑞성이 나타났다. 11월 갑인일에 달이 세성을 가렸다.}

○ 9년(1383) {8월 계사일에 진鎭성이 천관天關성에 근접하였다.}

○ 10년(1384) {윤 10월 신해일에 진성鎭星과 세성이 월鉞성을 양쪽에서 끼었다.}

○ 11년(1385) {6월 병신일에는 태백성이 하늘을 가로질렀다. 무오일에 진鎭성이 천준天樽성에 근접하였다. 7월 임신일에 태백성이 하늘을 가로질렀고, 을해일에는 태백성이 낮에 나타났다. 8월 정유일에 세성이 여귀성으로 들어갔다. 기해일에 세성이 여귀성으로 들어가 적시積屍성에 근접하였다. 신해일에 세성이 여귀성으로 들어갔다. 11월 계미일에 세성이 여귀성으로 들어갔다.}

49 『고려사』에는 대성大星으로 되어 있다.

○ 12년(1386) {5월 기미일에 달이 세성을 가렸다.}.

○ 13년(1387) {8월 초하루 무신일에 세성과 형혹성이 태미원 단문端門에 들어갔다. 경오일에 세성과 형혹성이 태미원 단문에 근접하였고 태백성이 태미원 서번성에 근접하였다. 9월 을유일에 세성이 좌집법성에 근접하였다. 11월 무술일에 형혹성이 방房수의 구검鉤鈐성에 근접하였다.}

○ 14년(1388) {2월 기유일에 세성의 빛줄기가 북쪽을 비췄는데 흰색이었다. 신미일에 세성이 좌집법성에 근접하였다. 4월 경신일에 개기월식이 있었다. 무진일에 태백성이 낮에 나타났다. 8월 을축일에 진鎭성이 헌원성의 큰 별에 근접하였고, 형혹성이 물러나 우림성으로 들어갔다. 10월 병진일에 개기월식이 있었다.}

공양왕恭讓王

○ 원년(1389) {6월 을사일에 달이 세성에 근접하였다.}

○ 2년(1390) {4월 정유일에 태백성이달을 관통하였다. 6월 경진일에 태백성이 낮에 나타나 하늘을 가로질렀다. 7월 초하루 신묘일에 태백성이 낮에 나타났는데 병신일에도 그러하였다. 신축일에 태백성이 낮에 나타났는데 월말까지 그러하였다. 9월 경인일에 태백성이 낮에 나타나 하늘을 가로질렀다. 정유일에 태백성이 진鎭성에 근접하였고, 또 태미원의 우집법성에 근접하였다.}

○ 3년(1391) {4월 갑자일부터 열흘 남짓 혜성이 나타났다. 을해일에 낯선 별[客星]이 자미원에 근접하였다. 10월 계해일에 진鎭성이 태미원의 우액문에서 나와 상상上相성에 근접하였다. 11월 임진일에 진鎭성이 태미원의 좌액문에서 나와 상상성에 근접하였다.}

○ 4년(1392) {2월 정묘일에 개기월식이 있었다. 병자일에 혜성이 곧바로 하늘 가로 갔다[竟天]. 7월 병술일에 진鎭성이 태미원으로 들어갔고, 동번 상상성에 근접하였다.}

| 휘찬여사 권8 |

오행지

휘찬여사 권8

오행지五行志

하늘에는 오운五運[1]이 있고, 땅에는 오재五材[2]가 있어서 그 쓰임이 무궁하다. 사람이 생겨날 때에는 오성五性[3]이 갖추어져 있는데, 행동에서는 오사五事[4]로 나타나니, 이것을 잘 닦으면 길하고 닦지 않으면 흉하게 된다. 길하다는 것은 좋은 징조에 부응하는 것이고, 흉하다는 것은 나쁜 징조에 상응하는 것이다. 그러므로 기자箕子는 홍범구주洪範九疇[5]를 미루어 하늘과 사람 사이에서 정성을 다하였던 것이다. 그 후에 공자孔子가 『춘추春秋』를 지을 때에 재이災異를 반드시 썼으니, 하늘과 사람이 서로 감응하는 이치를 어찌 쉽게 말할 수 있겠는가? 이제 다만 사관史官들이 기록한 당시의 재앙과 상서에 의거하여 오행지五行志를 편찬한다.

---

1 오행五行의 운행을 말하는데, 여기에는 목木은 토土를 이기고, 금金은 목을 이기고, 화火는 금을 이기고, 수水는 화를 이기고, 토는 수를 이긴다는 오행상승설五行相勝說과 목은 화를 낳고, 화는 토를 낳고, 토는 금을 낳고, 금은 수를 낳고, 수는 목을 낳는다는 오행상생설五行相生說이 있다.

2 사물의 다섯 가지 재료로 금金·목木·수水·화火·토土의 5종의 물질을 가리킨다.

3 사람의 다섯 가지 성정性情으로 기쁨喜·노여움怒·욕심欲·두려움懼·근심憂을 가리킨다.

4 사람이 타고 난 다섯 가지 바탕으로 용모[貌]·말[言]·보는 것[視]·듣는 것[聽]·생각[思]을 가리킨다. 외모는 공손해야 하고, 말은 조리 있어야 하며, 보는 것은 밝아야 하고, 듣는 것은 분명해야 하며, 생각하는 것은 지혜로워야 한다는 것이다.

5 중국 하夏나라 우왕禹王이 남겼다는 정치 이념으로, 홍범은 대법大法을 말하고, 구주는 9개의 조목을 말한다. 주周나라 무왕武王이 기자箕子에게 정치를 잘 하는 방도를 물었을 때 기자가 이 홍범구주로써 가르쳤다고 한다. 『서경』 주서周書 홍범편에 수록되어 있는데, 9조목은 오행五行·오사五事·팔정八政·오기五紀·황극皇極·삼덕三德·계의稽疑·서징庶徵 및 오복五福과 육극六極이다.

물[水]

오행五行의 첫 번째는 물[水]이다. 습기가 많으면서 밑으로 흘러내리는 것이 물의 본성이므로, 물이 그 본성을 잃어버리면 재앙이 된다. 때로는 빗물이 갑자기 흘러 내려서 모든 강물이 역류하고 범람하여 고을을 무너뜨리고 사람들이 익사하기도 한다. 때로는 고요鼓妖(괴상한 큰소리)가 발생하기도 하고, 때로는 시화豕禍[6] 및 모든 우레와 번개, 눈과 서리, 우박의 변고가 있기도 하였다. 이것은 물이 제 본성대로 흘러내리지 못한 데에서 말미암은 것이다. 그 징조는 언제나 차고 그 색깔은 검으니, 이것을 흑생 흑상黑眚黑祥이라 한다.

(비/ 홍수)

○ 현종顯宗 17년(1026) {7월 정미丁未에 큰 비가 무릇 4일 간이나 내려서 서울에서 파괴되고 물에 떠내려간 민가가 대단히 많았다. 9월 기유己酉에 서경西京(평양)에서 큰물이 나서 파괴되고 물에 떠내려간 민가가 80여 호나 되었다.}

○ 문종文宗 10년(1056) {5월에 큰물이 났다.}

○ 선종宣宗 5년(1088) {5월 갑술甲戌 밤에 비바람이 사납게 일어나고 바닷물이 범람하여 강가에 살던 집과 배들이 물에 떠내려갔다. 물에 빠진 사람과 전복되고 파괴된 배들의 수가 이루 헤아릴 수 없는데, 예성강禮成江이 더욱 심하였다.}

○ 숙종肅宗 원년(1096) {6월 갑술甲戌에 큰비가 내리고 물이 솟아나와 산이 허물어졌다.}

○ 인종仁宗 2년(1123) {7월 기해己亥에 큰비가 내리면서 우레가 울리고 번개가 쳤다. 시가지 도로에 물이 한 길이나 될 정도로 불었다. 영은관迎恩館과 덕산방德山坊 사람이 벼락을 맞았다.}

6 돼지는 물에 속하기 때문에 시화豕禍는 수해水害를 가리킨다. 일설에는 매우 추운 해에 돼지가 잘 죽고 괴이한 일이 있었다고 한다.

○ (인종) 10년(1131) {8월 무자戊子에 큰비가 내려서 물에 잠기고 떠내려 간 민가가 이루 셀 수 없이 많았다. 또 봉은사奉恩寺 뒷산 위의 오래된 우물에서 물이 솟아나와 국학청國學聽[7]으로 세차게 흘러들어가 경서經書와 역사책 및 백가百家(여러 학자들)의 문서들이 물에 잠겨 떠내려갔다.}

○ (인종) 23년(1144) {6월 갑신甲申에 큰물이 났다.}

○ 의종毅宗 원년(1147) {7월 무진戊辰에 경기도에 큰물이 나서 사람과 말이 많이 물에 빠져 죽었다.}

○ 명종明宗 16년(1186) {윤7월 임자壬子에 안변부安邊府에 큰물이 나서 물에 떠내려간 민가가 100여 호이고, 죽은 사람이 1천여 명이었다.}

○ (명종) 18년(1188) {7월 무신戊申에 정주定州·장주長州·선주宣州·예주豫州·고주高州·화주和州의 6개 고을에서 큰물이 나서 성곽이 무너지고 민가가 물에 떠내려간 것이 이루 헤아릴 수 없을 정도로 많았다. 8월 신미辛未에 큰물이 났다.}

○ (명종) 21년(1191) {8월에 청주淸州에서 큰물이 났다.}

○ 고종高宗 43년(1256) {7월 경인庚寅에 서울에 큰물이 나서 물에 잠기고 떠내려간 민가가 많았다.}

○ 충렬왕忠烈王 22년(1296) {2월 정사丁巳에 큰물이 났다.}

○ 충선왕忠宣王 원년(1309) {6월 경오庚午에 큰물이 났다.}

○ (충선왕) 2년(1310) {7월 병술丙戌에 큰비가 내려 물이 갑자기 불어나서 물에 빠져 죽은 사람이 많았으며, 송악松嶽의 남쪽 산비탈이 무너져서 골짜기를 이루었다.}

○ 충목왕忠穆王 4년(1348) {5월 을축乙丑에 큰비가 내려 송악松嶽이 무너졌으며, 성 안으로 물이 범람하여 물에 잠기고 떠내려간 집들이 많았다.}

○ 공민왕恭愍王 원년(1352) {5월 을미乙未에 비가 내리며 우레가 울리다가 인가에 벼락이 쳤다. 서울에서 큰물이 나서 민가와 다리가 물에 떠내려갔고, 물에 빠져 죽은 사람이

7 고려시대 중앙에 있었던 교육기관으로 왕족과 귀족들의 자제가 이곳에서 학문을 닦음.

매우 많았다.}

○ (공민왕) 7년(1159) {5월에 경상도에서 큰물이 났다. 6월 정해丁亥에 도성 안에 큰물이 났다.[8]}

○ (공민왕) 11년(1163) {10월 계미癸未에 큰비가 내리는 가운데 번개와 벼락도 쳤다. 청주淸州 성 안에서 물이 범람하여 죽은 뱀이 물에 떠내려가고 달팽이가 나뭇가지 위에 올라갔으며 기후는 여름과 같았다.}

○ 신우辛禑 4년(1378) {6월 임술壬戌에 서울에서 큰물이 났다.[9]}

○ 공양왕恭讓王 2년(1390) {5월 무오戊午에 청주淸州에서 갑자기 우레가 울리고 큰 소낙비가 내렸다. 앞에 강물이 갑자기 범람하여 성의 남문南門을 허물어뜨리고는 곧바로 북문北門으로 흘러갔다. 성 안에 물이 한 길 이상 불어서 관사와 민가가 물에 잠기고 떠내려가 버려 거의 다 없어졌다.}

○ (공양왕) 3년(1391) {가을 7월 신해辛亥에 큰물이 났다.}

(물이 마르고 끓거나 색깔이 바뀌는 현상)

○ 명종明宗 6년(1176) {3월 경술庚戌에 동해東海의 물이 3일간 누렇게 흐렸다가 핏빛으로 변하였다.}

○ 고종高宗 22년(1235) {4월 경오庚午에 자주慈州의 연못물이 3일간 색이 변하고 큰 소리가 나더니 연못은 함몰되고 물이 새어 전부 말라 버렸다. 10월 계해癸亥에 북계北界의 시냇물과 강물이 모두 얼어 그 두께가 4~5자나 되었다가 갑자기 깨지고 흩어져서 물이 흘러내렸다. 늙은이들이 말하기를, "오랑캐 군대가 국경을 침범할 징조이다."라고 하였다.}

○ 충렬왕忠烈王 19년(1293) {12월에 박연朴淵의 물이 갑자기 다 말라 버렸다.}

○ 공민왕恭愍王 11년(1361) {4월 병신丙申에 개성開城의 대정大井에서 물이 끓어 넘쳤다.}

○ 공양왕恭讓王 2년(1390) {4월 임술壬戌에 적전籍田[10]의 증지甑池에서 물이 끓어 솟구치

8 『고려사』 권53, 지 7, 오행 1에 따르면, 이는 공민왕 9년(1161)에 일어났다.

9 『고려사』 권53, 지 7, 오행 1에 따르면, 이는 신우 14년(1388)의 오기誤記이다.

는데, 그 소리가 우레와 같았다. 윤4월 병인丙寅에 증지甑池가 요동을 치면서 쌍무지개가 동시에 나타났다. 물소리는 북소리와 같았으며, 그 색깔은 핏빛과 같았는데, 연기가 수증기처럼 떠올랐다. (윤4월) 무자戊子에 다방리茶房里 우물이 울었는데 마치 소의 울음소리 같았다.}

(우박과 눈/ 추위)

○ 인종仁宗 21년(1143) {3월 병신丙申에 큰비와 눈이 내려서 얼어 죽은 사람이 있었다.}

○ 의종毅宗 19년(1165) {3월 신유辛酉에 임금이 보현원普賢院으로 행차하였는데, 날씨가 차고 비가 많이 내려서 호위 군졸 아홉 명이 얼어 죽었다.}

○ 명종明宗 8년(1178) {8월 경신庚申에 얼음이 얼었다.}

○ (명종) 15년(1185) {여름에 파리가 없었다.}

○ 희종熙宗 7년(1211) {정월 기유己酉에 큰 눈이 내리고 날씨가 몹시 추웠다. 참새가 서울 거리에 들어와 모두 땅에 떨어져 죽었는데, 누런색에다 크기도 작아서 전에 보지 못하던 것이었다.}

○ 충렬왕忠烈王 4년(1278) {3월 임진壬辰에 큰 눈이 내렸으며, 갑오甲午에 냇물이 모두 얼었다.}

○ 충숙왕忠肅王 11년(1324) {4월 무진戊辰에 우박과 눈이 내려 얼어 죽은 사람이 있었다.}

○ 공민왕恭愍王 17년(1368) {3월 기묘己卯에 바람이 불고 날씨가 몹시 추워서 얼음이 얼었다. 신사辛巳에 또 바람이 세게 불었다. 임오壬午에 얼음이 두껍게 얼어 물이 흘러내리지 못하였으며, 또 눈이 많이 내렸다. 8월 경인庚寅에 얼음이 얼었다.}

○ 공양왕恭讓王 4년(1392) {6월 기해己亥에 찬바람이 밤새도록 세게 부니, 기후가 가을철 9월과 같았다.}

10 고려시대 권농 정책勸農政策의 일환으로 국왕이 농경의 시범을 보이기 위해 의례용儀禮用으로 설정한 토지.

(소리)

○ 태조太祖 9년(926) {4월에 서경西京의 동부 선원東部禪院에서 종이 저절로 아흔 번이나 울었다.}

○ 문종文宗 3년(1049) {6월 병진丙辰에 서울의 동북쪽에 있는 산이 울었는데 그 소리가 북소리와 같았다. 10일 동안이나 울리다가 멎었다.[11]}

○ 인종仁宗 23년(1145) {12월 정사丁巳 입춘날 밤에 하늘에서 소리가 났는데 우레 소리와 같았다.}

○ 의종毅宗 2년(1148) {12월 경오庚午에 하늘이 울었다.}

○ 신종神宗 원년(1198) {정월 갑자甲子에 장흥고長興庫의 향로 발에 새겨져 있는 사자가 울었는데, 마치 개 짖는 소리와 같았다.}

○ 충렬왕忠烈王 19년(1293) {4월 신해辛亥에 남쪽에서 소리가 났는데 마치 북소리와 같았다. 땅이 진동하여 많은 닭들이 놀라서 꿩처럼 울었다.}

○ 공민왕恭愍王 16년(1367) {정월 신축辛丑에 물시계에서 소리가 났는데 마치 소의 울음소리와 같았다.}

○ 신우辛禑 원년(1375) {8월 기축己丑에 송악松嶽의 사당에서 통곡하는 소리가 났다.}

○ (신우) 8년(1382) {3월 계축癸丑에 궁궐 안 땅속에서 귀신의 휘파람 소리가 났다.}

(무지개)

○ 명종明宗 18년(1188) {4월 경오庚午에 서북방과 서남방의 양쪽에 무지개가 거의 땅에 닿았다.}

○ 고종高宗 40년(1253) {10월 기사己巳에 동쪽에 무지개가 나타났다.}

○ 충렬왕忠烈王 19년(1293) {5월 임술壬戌 밤에 송악松嶽에 어떤 물건이 떨어졌는데 그 연기가 무지개와 같았다. 8월 경오庚午에 무지개가 나타나고 우레가 울었다.}

11 『고려사』 권53, 지 7, 오행 1에 따르면, 이는 문종 23년(1059)의 오기誤記이다.

○ 충목왕忠穆王 3년(1347) {7월 병오丙午 밤에 하늘에 무지개가 동쪽으로부터 일어나서 남산南山에 떨어졌다가 갑자기 다시 일어나서 둘로 갈라져 남북으로 향하였다.}

○ 공민왕恭愍王 23년(1374) {정월 무진戊辰에 동남쪽으로 맑은 하늘에 무지개가 나타났다.}

(뱀)

○ 인종仁宗 9년(1131) {7월에 여진女眞 땅의 뱀 떼가 압록강을 건너 의주義州 땅으로 들어왔다.}

○ 고종高宗 45년(1258) {5월에 북계北界의 위도葦島에서 크기가 기둥만 한 누런 뱀이 가산假山의 굴속에 있었다. 두 나무꾼 아이가 그 굴을 지나 집으로 돌아오고 있는데, 부르는 소리가 들리기에 사방을 돌아보았으나 사람은 없고 가보니 곧 뱀이었다. 뱀이 사람의 말을 하면서 이르기를, "이 위도 사람들이 멀지 않아 반드시 반란을 일으킬 것이다. 돌아가서 감창監倉[12]에게 알려 꼭 주의해야 한다고 하라."고 하였다. 감창사監倉使 이승진李承璡이 이 말을 듣고 그 아이들을 불러 물으니 아이가 사실대로 대답하였다. 감창사가 이것을 이상히 여겨 비밀에 부쳤는데, 이때에 와서 그 지방 사람들이 과연 배반하고 몽골에 투항하였다.}

○ 원종元宗 2년(1261) {4월 정사丁巳에 태자가 서경西京에 갔는데 흑룡黑龍이 대동강大同江에 나타났다.}

(물고기)

○ 고종高宗 15년(1228) {6월 계축癸丑에 용화원龍化院의 연못에서 물고기가 다 나와 며칠간 물에 떠다니다가 죽었는데 이것을 먹은 사람 역시 죽었다.}

---

12 고려시대 양계兩界 지방에 두었던 6품 내지 7품 관직으로, 매년 봄·가을 두 차례에 걸쳐 정기적으로 파견되었으며, 주로 창고와 조세의 관리 및 감독에 관한 업무 등을 관장했던 것으로 여겨짐.

(말)

○ 태조太祖 23년(940) {11월에 설발현薛發縣의 백성 문회장汶會莊이 말을 가지고 있었는데, 말이 낳은 새끼가 한 몸뚱이에 머리가 두 개 달리고, 앞발은 두 개인데 뒷발이 네 개 달렸다.}

○ 신우辛禑 8년(1382) {2월 계유癸酉에 동북면東北面에서 뿔 달린 말을 조정에 바쳤는데, 뿔 하나는 구부러졌고 하나는 곧았으며, 그 길이는 한 치쯤 되었다.}

○ (신우) 9년(1383) {4월 임진壬辰에 서경 원수西京元帥가 보고하기를, "한 암말이 죽었는데, 배를 갈라 보니 한 몸뚱이에 머리가 두 개 달린 새끼가 들어 있었다."라고 하였다.}

(돼지)

○ 현종顯宗 9년(1018) {4월 병자丙子에 죽주竹州의 민가에서 돼지가 새끼를 낳았는데, 머리 하나에 몸뚱이가 두 개였으며, 귀는 넷이고 발은 여덟 개였다.}

○ 신우辛禑 7년(1381) {10월 을해乙亥에 멧돼지가 시좌궁時坐宮의 남쪽으로 들어 왔다.}

(쌍둥이나 기형아의 탄생)

○ 현종顯宗 10년(1019) {11월 병자丙子에 앵계방鸚溪坊 백성인 최로崔老의 처가 한 번에 아들 세쌍둥이를 낳았다.}

○ 정종靖宗 원년(1035) {2월 계유癸酉에 진주晉州 백성인 득렴得廉의 처가 한 번에 아들 세쌍둥이를 낳았다. 전례에 따라 세쌍둥이에게 각각 곡식 40석을 주었다.}

○ 인종仁宗 7년(1129) {4월 계유癸酉에 장평진長平鎭의 관비官婢가 알을 세 말[斗]쯤 낳았다. 큰 것은 오리 알만 하고 작은 것은 참새 알만 하였는데, 모두 깨어져 나와 작은 뱀이 되었다. 그 길이는 한 치쯤 되었다.}

○ 고종高宗 10년(1223) {정월 신해辛亥에 수금동水金洞에서 한 여자가 아이를 낳았는데, 사람의 머리에 뱀의 몸뚱이였다.}

(아이들의 놀이)

○ 의종毅宗 17년(1163) {2월 정축丁丑에 혜민국惠民局의 좌우편 거리에 어떤 어린아이들이 동쪽과 서쪽의 두 패로 나뉘어 각각 짚을 엮어 세 살 난 계집아이와 같은 인형을 만들고는 색동의 비단 옷을 입히고 또 하녀 하나를 단장시켜 그 뒤를 따르게 하였다. 그리고 앞에는 책상을 놓고 작은 방을 금은과 주옥으로 장식하고 밥상을 차려 놓았는데 구경꾼이 몇 겹으로 둘러쌌다. 그 두 패는 서로 다투어 애교를 부리고 재주를 경쟁하며 떠들고 장난하였다. 이렇게 5~6일 동안 하다가 그만두었는데 어디로 갔는지 알 수 없었다.}

(우레/ 벼락)

○ 목종穆宗 9년(1006) {6월 무술戊戌에 천성전天成殿의 망새[鴟吻 : 지붕 각 마루의 끝에 설치하는 기와]에 벼락이 쳤다.}

○ 현종顯宗 4년(1013) {5월 무술戊戌에 구름도 없었는데 우레가 울었다.[13]}

○ 덕종德宗 3년(1034) {6월 초하루인 기축己丑에 궁성의 주작문朱雀門 행랑에 벼락이 쳤다.}

○ 정종靖宗 2년(1036) {7월 무자戊子에 회빈문會賓門에 벼락이 쳤다. 11월 정축丁丑에 우레 소리가 났다.}

○ (정종) 5년(1039) {11월 경자庚子에 우레 소리가 났다.}

○ (정종) 6년(1040) {7월 을축乙丑에 의춘루宜春樓에 벼락이 쳤다. 10월 을유乙酉에 사천소감司天少監 지태사국사知太史局事 임광한林匡漢이 아뢰기를, "책력에 따르면 8월 중기中氣[14]에는 우레가 멎는다고 하였는데, 지금 가을철부터 우레 소리가 그치지 않고 요란하게 나니 이것은 절서의 법칙에 잘못된 일입니다. 반성하고 덕을 닦아서 재앙을 없애시기를 바랍니다."라고 하였다.}

○ 문종文宗 6년(1052) {10월 정유丁酉에 눈이 내리고 우레 소리가 났다.}

○ (문종) 8년(1054) {5월 을유乙酉에 회경전會慶殿에 벼락이 쳤다.}

---

13 『고려사』 권53, 지 7, 오행 1에 따르면, 이는 현종 5년(1014)의 일이다.

14 24절기 가운데에 양력으로 매달 중순 이후에 드는 절기節氣. 곧 우수雨水·춘분春分·곡우穀雨 등을 말함.

○ 예종睿宗 17년(1122) {11월 신사辛巳에 우레가 울고 번개가 쳤다.}

○ 인종仁宗 12년(1134) {6월 갑신甲申에 서경의 대화궁大華宮 건룡전乾龍殿에 벼락이 쳤다.}

○ (인종) 14년(1136) {10월 무신戊申에 우레 소리가 나고 번개가 치면서 바람이 불고 비가 내렸다.}

○ 의종毅宗 18년(1164) {10월 무진戊辰에 사람이 벼락을 맞았다.}

○ (의종) 19년(1165) {9월 기미己未에 벼락이 치면서 우레가 울고 우박이 내렸다.}

○ 명종明宗 7년(1177) {6월 신묘辛卯에 태묘太廟에 벼락이 쳤다.}

○ (명종) 25년(1195) {11월 기축己丑에 흙비가 내리면서 우레 소리가 났다.}

○ (명종) 27년(1197) {9월 계축癸丑에 우레 소리가 났다. (9월) 갑인일甲寅日 저녁에 큰 우레 소리가 나고, 번개가 치면서 우박이 내렸다. 그리고 돌개바람이 갑자기 일어나서 많은 나무들이 뽑히고, 보량步廊[15] 18간이 파괴되었다.}

○ 희종熙宗 2년(1206) {6월 병인丙寅에 장군 박정모朴挺謨가 벼락을 맞았다. 박정모는 사람됨이 탐욕스럽고 거짓을 일삼던 자였다.}

○ 고종高宗 33년(1246) {10월 무술戊戌에 우레 소리가 났다. 11월 갑술甲戌에 큰 우레 소리가 나면서 벼락이 쳤다.}

○ (고종) 43년(1256) {9월 경진庚辰에 국자감國子監의 서쪽 행랑에 벼락이 쳤다.}

○ 원종元宗 11년1270 {12월 초하루인 병신丙申에 어떤 물건이 땅에 떨어졌는데, 우레와 같은 소리가 나면서 번개 빛처럼 빛났다.}

○ 충렬왕忠烈王 14년(1288) {9월 계묘癸卯에 우레 소리가 났다. 11월 갑오甲午에 우레 소리가 크게 나면서 번개가 쳤으며, 바람도 불고 눈이 내렸다. 낮인데도 캄캄하였으며, 사람이 벼락을 맞았다.}

○ (충렬왕) 29년(1303) {6월 계축癸丑에 서북면 안집사西北面安集使 김견金堅이 벼락을 맞았다.}

15 건물과 건물 사이를 이동할 때 눈비에 맞지 말라고 지붕을 씌워 만든 통로.

○ 충선왕忠宣王 5년(1313) {10월 계유癸酉에 우레 소리가 크게 나고 번개가 치면서 비가 내렸다.}

○ 공민왕恭愍王 14년(1365) {9월 신미辛未에 우레 소리가 나고 벼락이 쳤다. 10월 을미乙未에 우레와 번개가 있었고 병신일丙申日에도 똑같았다. 윤10월 임술壬戌에 벼락이 치고 번개가 치면서 눈이 내렸다.}

○ 신우辛禑 2년(1376) {7월 경진庚辰에 바람이 세게 불어 나무가 뽑혔다. 한천군漢川君 왕규王睽와 그의 처 박씨가 벼락을 맞았다.}

○ (신우) 12년(1386) {12월 정유丁酉에 우레 소리가 나고 벼락이 치면서 지진도 있었고 나무에 얼음이 맺혔다.}

(서리)

○ 현종顯宗 4년(1013) {4월 병자丙子에 서리가 내려서 풀이 죽었다.}

○ (현종) 18년 {5월에 공주公州에 서리가 내려서 곡식 싹[苗]들이 죽었다.}

○ 정종靖宗 8년(1042) {4월 병술丙戌에 서리가 내렸다.}

○ (정종) 11년 {3월 병자丙子는 곡우절穀雨節인데 서리가 내렸으므로 죄수들을 재심사하였다.}

○ 선종宣宗 6년(1089) {4월 초하루인 신축辛丑에 서리가 내렸다. 태사국太史局에서 아뢰기를, "하늘이 재변을 내리는 것은 반드시 백성들의 원망에서 말미암는 것입니다. 마땅히 하늘을 본받아 교화를 행하고, 정치와 교화의 잘잘못을 자세히 살필 것이며, 형벌을 관대히 하고 죄를 용서하여 백성들로 하여금 원한이 없게 하도록 해야 할 것입니다."라고 하였다. 임금이 이 말을 가납하였다.}

○ 의종毅宗 16년(1162) {3월 병진丙辰에 서리가 내렸는데 눈과 같았다.}

○ 고종高宗 21년(1234) {9월 기미己未에 서리가 내렸는데도 풀이 죽지 않았다.}

○ 충렬왕忠烈王 6년(1279) {4월 계미癸未에 서리가 내려서 곡식들이 죽었다.}

○ 공민왕恭愍王 15년(1366) {8월 정묘丁卯에 서리가 내려서 콩이 죽었다.}

○ (공민왕) 17년 {윤7월 임술壬戌에 서리가 내려서 콩이 죽었다.}

○ 신우辛禑 13년(1387) {4월 을미乙未에 서리가 내리고 폭풍이 불었다.}

(눈)

○ 문종文宗 29년(1075) {3월 무신戊申에 눈이 내렸다.}

○ 숙종肅宗 6년(1101) {4월 계묘癸卯에 동로東路의 주州와 진鎭에 눈이 내려 한 치나 쌓였다.}

○ 예종睿宗 13년(1118) {3월 무자戊子에 비와 눈이 많이 눈과 비가 내렸다.}

○ 인종仁宗 18년(1140) {3월 갑신甲申에 눈이 많이 내렸다. 정해丁亥에는 많은 눈과 흙비가 내렸다.}

○ 의종毅宗 13년(1159) {3월 무인戊寅에 비와 우박이 내리면서 싸락눈과 눈이 내려서 평지에 세 치쯤 쌓였고 초목들이 말랐다.}

○ 신종神宗 5년(1202) {4월 임오壬午에 눈과 비가 내렸다.}

○ 고종高宗 2년(1215) {4월 계사癸巳에 눈과 비가 내렸다.}

○ 충렬왕忠烈王 5년(1279) {3월 정묘丁卯에 눈이 많이 내렸다.}

○ 공민왕恭愍王 17년(1368) {8월 갑오甲午에 비와 눈이 내렸다.}

○ 신우辛禑 7년(1381) {3월 무술戊戌에 2일간이나 많은 눈이 내렸다.}

○ 공양왕恭讓王 2년(1390) {5월 신해辛亥에 송악松嶽 꼭대기에 비와 눈이 내렸다.}

(우박)

○ 문종文宗 26년(1072) {4월 갑자甲子에 우박이 많이 쏟아졌다.}

○ 숙종肅宗 4년(1099) {6월 신사辛巳에 우박이 많이 쏟아졌다.}

○ 인종仁宗 4년(1126) {5월 을해乙亥에 우박이 많이 쏟아졌다.}

○ (인종) 5년(1127) {4월 병인丙寅에 우박이 많이 쏟아졌다.}

○ (인종) 7년(1129) {9월 갑인甲寅에 우박이 많이 쏟아지고 우레가 울리고 벼락이 쳤다.}

○ (인종) 24년(1146) {4월 경술庚戌에 우박이 많이 쏟아졌다.}

○ 의종毅宗 12년(1158) {5월 병인丙寅에 우박이 많이 쏟아졌다.}

○ (의종) 13년(1159) {4월 경인庚寅에 우박이 많이 쏟아졌다.}

○ (의종) 14년(1160) {8월 정미丁未에 우박이 쏟아졌는데, 크기가 주먹만 하였다.}

○ 명종明宗 2년(1172) {12월 병인丙寅에 우박이 많이 쏟아졌다.}

○ (명종) 7년(1177) {5월 계축癸丑에 우박이 많이 쏟아졌다.}

○ (명종) 10년(1180) {9월 초하루인 경술庚戌에 우박이 많이 쏟아졌다.}

○ (명종) 13년(1183) {4월 무오戊午에 우박이 많이 쏟아졌는데 크기가 살구 정도 되었다.}

○ (명종) 16년(1186) {5월 임오壬午에 우박이 내렸다. 8월에 우박이 동주東州와 장주漳州 두 고을에 내렸는데 그 크기가 주먹만 하였으며 지붕 기와가 다 부서졌다.}

○ (명종) 18년(1188) {4월 초하루인 정묘丁卯에 우박이 쏟아지고, 신미辛未에도 우박이 많이 쏟아졌다.}

○ 고종高宗 23년(1236) {4월 기해己亥에 우박이 쏟아졌는데 그 크기가 밤송이만 하였다. 까마귀나 까치가 맞아 죽기도 하였다.}

○ (고종) 40년(1253) {8월 병인丙寅에 우박이 쏟아지고, 구름도 없는데 우레가 울었다.}

○ 충렬왕忠烈王 2년(1276) {윤3월 을묘乙卯에 영월현寧越縣에 우박이 쏟아졌는데 그 크기가 따오기 알만 하였다. 여기에 맞은 참새들이 다 죽었다.}

○ (충렬왕) 12년(1286) {4월 초하루인 정유丁酉에 우박이 쏟아지고 얼음이 얼었다.}

○ (충렬왕) 14년(1288) {4월 계해癸亥에 우박이 많이 쏟아졌다.}

○ (충렬왕) 15년(1289) {5월 신사辛巳에 우박이 쏟아지고 싸락눈이 내렸다.}

○ (충렬왕) 27년(1301) {5월에 경상도 안동安東 지방에 우박이 많이 쏟아졌다. 여기에 맞은 고라니와 사슴, 참새가 다 죽었다. 우박 한 개가 몇 사람의 힘으로도 들 수가 없을 정도로 큰 것도 있었다. 또 퇴관 부곡退串部曲에는 바람이 거세게 불어서 큰 나무 한 그루가 뽑혀 2리쯤이나 날아갔다. 그런데 그 줄기와 가지가 부러지거나 휘지는 않았다.}

○ 충숙왕忠肅王 7년(1320) {5월 계사癸巳에 우박이 많이 쏟아졌다.}

○ 충혜왕忠惠王 후4년(1342) {4월 병오丙午에 우박이 많이 쏟아졌는데, 그 크기가 자두와 매화 열매만 하였다. 무자戊子에도 우박이 많이 쏟아졌다.}

○ 충목왕忠穆王 3년(1347) {5월 계해癸亥에 우박이 쏟아졌는데, 그 크기가 배[梨] 정도

되었다. 바람이 거세게 불어 기와가 날아가고, 사람과 나무가 벼락에 맞았다.}

○ 공민왕恭愍王 6년(1357) {윤9월 을사乙巳에 우박이 많이 쏟아졌다.}

○ (공민왕) 15년(1366) {4월 임술壬戌에 우박이 많이 쏟아졌다.}

○ (공민왕) 16년(1367) {4월 을묘乙卯에 우박이 많이 쏟아졌다. 임술壬戌에 우박이 많이 쏟아지면서 벼락과 번개가 쳤는데, 평양平壤이 더욱 심하여 밭머리에 두었던 밥그릇이 다 부서졌다. 이때에 신돈辛旽이 집 자리를 보려고 바야흐로 평양에 있었다.}

○ (공민왕) 22년(1373) {5월 병인丙寅에 평주平州에 얼음비가 내렸는데, 그 크기가 되[升]만 하였다.}

○ 신우辛禑 원년(1375) {3월 갑신甲申에 우박이 쏟아졌는데, 그 크기가 탄환만 하였다.}

○ (신우) 3년 {5월 경인庚寅에 우박이 많이 쏟아졌다.}

○ 공양왕恭讓王 2년(1390) {4월 을묘乙卯에 우박과 서리가 내렸다. 경신庚申에도 이와 같았다.}

(검은 색깔의 이상한 현상들)

○ 광종光宗 9년(958) {5월에 검은 학 무리가 함덕전含德殿에 모여들었다.}

○ 신종神宗 2년(1199) {10월 신유辛酉에 우레가 울더니 조금 있다가 이상한 기체가 나는데 가운데가 검고 변두리는 붉었다. 그 기체는 곡령鵠嶺으로부터 나오면서 점점 커지다가 서울에 가득 차더니, 드디어 우박이 쏟아졌다. 검은 기체가 땅에까지 내려와 지척에 있는 사람도 분간할 수 없었다.}

○ 고종高宗 43년(1256) {7월 갑인甲寅에 구름이 없는데도 검은 기체가 나타났는데, 그 너비가 4자쯤 되었다.}

○ 원종元宗 원년(1260) {11월 기미己未에 아침부터 저녁까지 검은 구름이 하늘에 가득하였다. 2경二更(저녁 9시~11시 사이)에는 서북과 동남 양쪽에서 붉은 기체가 천지간에 가득하다가 3경三更(밤 11시~새벽 1시 사이)에는 서북쪽에서 하늘에 닿았다.}

○ 충렬왕忠烈王 15년(1289) {윤10월 경진庚辰에 우레 소리가 크게 울리면서 비가 내렸는데, 빗물이 검은 물과 같았다.}

○ 공민왕恭愍王 16년(1367) {10월 병인丙寅에 검은 색의 이상스러운 기운이 4일간 나타났다.}

○ 신우辛禑 원년(1375) {9월 기미己未에 정좌방政坐坊의 마을 우물에서 물이 뜨겁게 끓었는데 그 빛이 까맸다.}

(신기루)

○ 선종宣宗 3년(1086) {5월에 서경 용덕부龍德部 남쪽 거리에서 신기루[地鏡]가 나타났는데 무릇 70기보氣步이고 물에 그림자가 나타나는 것과 같이 한 달 이상 있다가 없어졌다.}

○ 숙종肅宗 10년(1105) {5월 신축辛丑에 서경 용덕부龍德部의 제연로梯淵路에 또 신기루가 나타났다. 세상에서 서로 전하기를 이 땅을 명월리明月里라 하였다.}

불[火]

오행五行의 두 번째는 불[火]이다. 뜨겁게 타오르는 것이 불의 본성이므로, 불이 그 본성을 잃어버리면 재앙이 된다. 태양이 절도를 맞추지 못하면 함부로 화재가 일어나서, 종묘에 불이 나며 궁궐과 관아가 불타게 된다. 때로는 초요草妖(곡물이 상하게 되는 폐단)가 있기도 하고, 때로는 양화羊禍[16]가 있기도 하며, 때로는 새와 곤충으로 인한 재해가 있기도 하니, 이것은 불이 뜨겁게 타오르지 못하는 데에서 기인한 것이다. 그 징조는 언제나 뜨겁고 그 색깔은 붉으니, 이것을 적생 적상赤眚赤祥이라 한다.

16 더운 기운 때문에 양이 많이 죽는 것을 말하는데, 유행병의 일종이다.

(화재)

○ 목종穆宗 12년(1009) {정월 임신壬申에 임금이 상정전詳政殿에 행차하여 관등놀이를 보고 있었는데, 대부大府의 기름 창고에서 화재가 나서 천추전千秋殿이 불타버렸다.}

○ 현종顯宗 12년(1021) {2월 계해癸亥에 인수문仁壽門 밖의 2천 호가 화재를 당하였다.}

○ (현종) 19년(1028) {3월 갑진甲辰에 연주延州에서 민가 2백여 호가 화재를 당하였다. 정미丁未에 구주龜州에서 관청 창고와 민가 840여 호가 불에 타 버렸다.}

○ 정종靖宗 4년(1038) {2월 경인庚寅에 중부中部에서 민가 860호가 불에 타 버렸다.}

○ (정종) 6년(1040) {2월 경인庚寅에 승평문昇平門의 행랑 수백 간이 불타면서 어사대御史臺까지 연소되었다.}

○ 문종文宗 12년(1058) {12월 갑자甲子에 내사문하성內史門下省에서 화재가 나서 회경전會慶殿의 동남쪽 행랑이 연소되었다.}

○ 선종宣宗 7년(1090) {3월 무자일戊子日 밤에 번개가 치고 크게 벼락이 치는 바람에 신흥新興 창고에 불이 나서 수만 석의 곡식이 전부 불타버렸는데, 그 화염이 날리어 하늘을 덮었다.}

○ 헌종獻宗[17] 12년(1107) {12월 무인戊寅에 좌목감左牧監에서 불이 났다. 임오壬午에는 대녕궁大寧宮에서 불이 났다.}

○ 예종睿宗 원년(1106) {12월 정축丁丑에 대녕궁大寧宮에서 불이 났다.}

○ (예종) 14년(1119) {10월 신사辛巳에 건명전乾明殿에서 화재가 났는데 잠시 후에 불을 껐다.}

○ 인종仁宗 6년(1128) {2월 계해癸亥에 남경南京의 궁궐에서 화재가 났다.}

○ (인종) 7년(1129) {11월 경자庚子에 일관日官이 아뢰기를, "배주[白州] 토산兎山의 서남쪽 땅속에서 불이 나와 초목들을 태웠습니다. 재와 모래와 돌 그리고 진흙 등이 붉게 물들어 재 같이 되어 그 재가 땅속으로 2자나 들어갔습니다. 그 아래는 축축한 습기가 있

---

17 『휘찬여사』에는 헌종獻宗으로 되어 있으나, 『고려사』 권53, 지 7, 오행 1에 따르면 이는 숙종肅宗의 오기이다. 그런데 숙종은 재위 기간이 10년에 불과하므로 1107년은 예종睿宗 2년에 해당한다.

는데 땅 색깔이 검고 동서 1,320자쯤 되고 남북으로는 3,360자나 됩니다. 6월 20일부터 9월 15일까지 밤낮으로 빛이 두루 온 땅을 비추다가 이달 3일에 이르러서 비가 내리자 점차 멎었습니다."라고 하였다.}

○ 의종毅宗 6년(1152) {3월 계해일癸亥日 밤에 궁궐의 후원에서 나무 사이에 어떤 광채가 나타났는데 불빛처럼 환하였다. 밖에서 이것을 본 사람들은 화재가 났다고 의심하여 궐문 밖에 모여들어 불을 끄려고 하다가 그것이 불이 아닌 줄을 알자 곧 물러갔다. 이때에 사람들이 말하기를, "임금이 촛불 켜기를 좋아하므로 이런 괴이한 일이 생겼다."고 하였다.}

○ (의종) 7년(1153) {6월 경신庚申에 목청전穆淸殿에서 화재가 났다.}

○ (의종) 12년(1158) {11월 계미癸未에 만보전萬寶殿에서 화재가 났다.}

○ 명종明宗 원년(1175) {10월 임자일壬子日 밤에 궁궐에서 화재가 났다. 여러 사찰의 승도들과 궁궐의 호위 군사들이 궁궐에 이르러 불을 끄려고 하자, 정중부鄭仲夫·이준의李俊儀 등과 입직하고 있던 이의방李義方 형제가 변고가 생길까 염려하여 재빨리 궁궐 안으로 달려들어가 자성문紫城門을 걸어잠그고 불을 끄러 온 사람들을 받아들이지 않았다. 궁궐이 모두 불타버리니, 임금이 산호정山呼亭에 나가서 통곡하였다.}

○ (명종) 15년(1185) {8월 을축乙丑에 호부戶部의 판적고版籍庫에서 화재가 났다.}

○ (명종) 19년(1189) {5월 신해辛亥에 대창大倉에서 3일간 계속 불이 나서 노적가리 62개가 연소되었다.}

○ 고종高宗 12년(1225) {10월 정미丁未에 저상전儲詳殿·봉원전奉元殿·목친전睦親殿·함원전含元殿 등 궁궐의 네 전각에서 화재가 났다.}

○ (고종) 17년(1230) {7월 무오戊午에 대창大倉·팔름八廩·지고地庫가 다 불타버렸다.}

○ (고종) 21년(1234) {정월 병오丙午에 바람이 거세게 불어 궁궐 남쪽 마을에서 수천 호가 불타버렸다.}

○ (고종) 32년(1245) {3월 갑자甲子에 강도江都(강화도)의 견자산見子山 북쪽 마을에서 민가 800여 호에 불이 나서 노약자 80여 명이 불에 타죽고, 연경궁延慶宮·법왕사法王寺·어장고御醬庫·태상부太常府·수양도감輸養都監이 연소되었다.}

○ (고종) 42년(1255) {12월 병술丙戌에 궁노도감弓弩都監의 병기 창고에서 화재가 났다.}

○ 원종元宗[18] 7년(1281) {2월 병술丙戌에 조성도감造成都監에서 화재가 났다. 이때에 원나라에 목장木匠을 청하여 궁실을 수리한 지가 이미 3년째이므로 백성들이 고통을 견디지 못하는 중이었다. 그리하여 사람들이 말하기를, "하늘이 재앙을 나타내 경고한다."고 하였다.}

○ (충렬왕) 9년(1283) {4월 무신일戊申日 밤에 불빛처럼 붉은데다 크기가 한 말[斗]쯤 되는 어떤 물건이 점차 커져서 그 넓이가 돗자리 만해지더니 순창궁順昌宮에 떨어졌다. 또 유성流星이 뒤따라 떨어지더니, 곧바로 폭풍이 불고 화재가 일어나서 궁중에 하나도 남은 것 없이 다 타버렸다.}

○ 신우辛禑 2년(1376) {11월 계미일癸未日 밤에 의성창義成倉의 술 창고[酒庫]에 다시 불이 나서 하나도 없이 타버렸다.}

○ (신우) 11년(1385) {3월 기사己巳에 해주海州의 통량고通糧庫에서 화재가 났다.}

(겨울인데도 이상하게 따뜻한 날씨)

○ 예종睿宗 16년(1211) {11월에 물이 얼지 않았다.}

○ 인종仁宗 9년(1131) {12월 임진壬辰에 큰비가 내려 도랑 얼음이 풀려서 3월과 같았다.}

○ 의종毅宗 11년(1157) {12월에 물이 얼지 않았다.}

○ 공민왕恭愍王 11년(1362) {11월에 물이 얼지 않고, 기후가 따뜻하여 봄날과 같았다. 밭 가운데 떨어진 콩에서 새 잎사귀가 나오기까지 하였다.}

○ (공민왕) 23년(1374) {11월 무진戊辰에 온화하기가 봄날과 같았다. 정해丁亥에 안개가 끼고 기후가 봄날과 같았다.}

○ 신우辛禑 4년(1378) {12월에 물이 얼지 않았다.}

---

18 『휘찬여사』에는 원종元宗으로 되어 있으나, 『고려사』 권53, 지 7, 오행 1에 따르면 이는 충렬왕忠烈王의 오기이다. 그러므로 이 일이 있은 해는 충렬왕 7년(1281)이다.

(눈이 내리지 않음)

○ 현종顯宗 7년(1016) {11월 병진丙辰에 군망群望[19]에 눈이 내리기를 빌었다.

○ 선종宣宗 8년(1091) {11월 경자庚子[20]에 사직社稷에서 눈이 내리기를 빌었다.}

○ 의종毅宗 11년(1157) {10월에 따뜻하여 눈이 오지 않았다.}

○ 고종高宗 43년(1256) {겨울에 눈이 내리지 않았다. 기근과 함께 전염병이 유행하여 이로 인하여 쓰러진 시체가 길가에 수두룩하였다.}

○ 공민왕恭愍王 21년(1372) {겨울에 눈이 오지 않아서 산이 무너지고 우물물이 다 말랐다. 이때에 포목 한 필 값이 쌀 한 말 닷 되 값과 같았다.}

(겨울에 꽃 피는 현상)

○ 경종景宗 5년(980) {12월에 진달래꽃이 피었다.}

○ 현종顯宗 2년(1011) {11월에 전주全州의 흑석사黑石寺에서 모란꽃이 피었는데, 눈이 내려도 꽃이 떨어지지 않았다.}

○ 의종毅宗 5년(1151) {8월에 궁궐 남쪽에서 배나무에 꽃이 피었다.}

○ 충혜왕忠惠王 원년(1331) {10월에 복숭아나무와 자두나무에 꽃이 피었다.}

(곡식 비)

○ 신우辛禑 8년(1382) {2월 계해癸亥에 곡식 비가 내렸는데, 그 곡식이 검은 기장·팥·메밀과 비슷하였다. 임금이 그 까닭을 물으니, 일관日官이 대답하기를, "점서占書에 의하면 기근이 자주 들어서 사람들이 장차 자기들끼리 서로 잡아먹게 될 징조라고 합니다."라고 하였다.}

---

19 임금이 9주九州의 대천大川과 오악五岳 사독四瀆을 바라보면서 지내던 제사.

20 『휘찬여사』에는 경자庚子로 되어 있으나, 『고려사』 권53, 지 7, 오행 1에 따르면 이는 경술庚戌의 오기이다.

(까마귀/ 참새/ 올빼미 등 새들의 이상한 현상)

○ 현종顯宗 6년(1015) {2월 초하루인 임자壬子에 까마귀 떼가 무리를 지어 서쪽에서 날기를 5일 간이나 하다가 멎었다.}

○ (현종) 12년(1021) {2월 신해辛亥에 꿩이 수창궁壽昌宮으로 들어왔다.}

○ 선종宣宗 6년(1089) {3월 갑오甲午에 까마귀 비슷하면서도 날개가 흰 새가 건덕전乾德殿 문 앞에 모여들었다.}

○ 인종仁宗 4년(1126) {2월 정사丁巳에 까마귀 떼가 영통사靈通寺 북쪽 산에 모여서 저들끼리 서로 물어뜯고 싸우다가 죽었는데 그렇게 며칠 동안 계속하다가 멎었다.}

○ (인종) 9년(1131) {4월 을미乙未에 서경西京 임원궁林原宮의 궁궐 안에서 뜰의 모래로부터 궁중 안 깊숙이 티끌 앉은 곳에 이르기까지 모두 참새 발자국이 있었다. 사람들이 말하기를, "장차 이곳이 빈터로 되어 새와 짐승들이 모여들 징조이다."라고 하였다.}

○ (인종) 14년(1136) {12월 경자庚子에 까마귀 떼가 영통사靈通寺 남쪽 산봉우리에 모여들어 날면서 울고 서로 싸우기를 모두 5일간이나 하였으며, 왕왕 산골짜기에 떨어져 죽기도 하였다.}

○ 명종明宗 10년(1180) {2월 정유丁酉에 학이 광화문廣化門 망새에 둥지를 틀었다.}

○ (명종) 13년(1183) {10월 병신丙申에 꿩이 선경전宣慶殿에 올랐다. 식자識者들이 말하기를, "꿩은 불[火]에 속하니 궁궐에 반드시 또 화재가 날 것이다."라고 하였다.}

○ (명종) 14년(1184) {6월 계유癸酉에 서부西部 향천방香川坊의 민가에서 참새가 새끼를 깠는데 그 크기가 산까치 만하였다. 이로 인해 점을 치자, "날짐승이 깐 새끼가 같은 종류가 아니면 장차 나라가 소란할 징조이다."라고 하였다.}

○ (명종) 27년(1197) {5월에 산새가 떼를 지어 성 안으로 날아들어 왔다. 그 모양이 오디새[戴勝] 비슷하면서도 주둥이가 검고 길었다. 사람들이 그 새의 울음소리로 인하여 "엽인족항獵人足項"이라고 불렀다. 왕이 해당 기관에 명령하여 액막이를 하도록 하자, 세상에서 이 새를, "병조兵鳥"라고 불렀다.}

○ 신종神宗 6년(1203) {5월 임신壬申에 산올빼미가 선경전宣慶殿에서 울었다. 을해乙亥에도 똑같이 하였다.}

○ 고종高宗 10년(1223) {10월 병신丙申에 부엉이가 의봉문儀鳳門에서 울었다.}

○ 원종元宗 8년(1267) {8월 병인丙寅에 꿩이 침전寢殿으로 들어왔다.}

○ (원종) 14년(1273) {4월 병오丙午에 이상한 새가 궁궐 안에서 울었다.}

○ 충렬왕忠烈王 13년(1287) {3월 신유辛酉에 어떤 이상한 새가 대전大殿 남쪽에서 울었다. 세상에서 이 새를, "산휴조山休鳥"라고 불렀다.}

○ 충목왕忠穆王 2년(1346) {10월 경오庚午에 부엉이가 시좌궁時坐宮 북쪽에서 울었다.}

○ (충목왕) 4년(1348) {9월 정사丁巳에 부엉이가 침전寢殿에서 울었다.}

○ 공민왕恭愍王 18년(1369) {11월 을미乙未에 소리개떼가 날아들어 하늘을 뒤덮더니 백록산白鹿山으로 모여들었다. 세 무리로 갈라졌는데, 그 한 무리가 거의 5천 마리 가량이나 되었다.}

○ 신우辛禑 7년(1381) {7월에 까마귀 떼가 동쪽으로부터 하늘을 뒤덮고 날아들어 진봉산進鳳山·용수산龍首山 등에 모였다가 다시 사직단社稷壇으로 날아들어 10일간 머무르더니 가버렸다. 왕이 서운관書雲觀에 명령하여 액막이를 하게 하였다.}

○ 공양왕恭讓王 4년(1392) {6월에 까마귀 떼가 연복사演福寺와 화원花園의 백록산白鹿山에 모여들었다가 날아가는데 하늘을 뒤덮었다.}

(영지버섯/ 상서로운 풀)

○ 태조太祖 원년(918) {6월 무진戊辰에 일길찬一吉粲 능윤能允의 집 정원에 상서로운 영지버섯芝草이 났는데, 한 대에 아홉 줄기가 달려 있었다. 세 개는 특히 빼어나서 이것을 임금에게 바쳤더니, 왕은 그에게 내창內倉의 곡식을 내려주었다.}

○ 문종文宗 16년(1062) {5월에 주초朱草(상서로운 풀)가 중광전重光殿에 무더기로 돋아나왔다. 왕이 문사文詞를 담당한 신하들에게 명령하여 시를 짓게 하였다.}

(붉은 색과 관련한 이상한 현상)

○ 숙종肅宗 6년(1101) {정월 초하루인 임술일壬戌日 밤에 붉은 기체가 북쪽으로부터 서쪽을 향하여 흩어져서 하늘에 퍼지고, 흰 기체가 그 사이에 뒤섞여 일어났다가 한참 후

에 흩어졌다. 점을 치니 말하기를, "요나라와 송나라 사이에 전쟁의 화단이 있을 것입니다."라고 하였다.}

○ 인종仁宗 8년(1130) {8월 을미일乙未日 초경初更(저녁 7시~9시 사이)에 불의 그림자와 같은 붉은 기체가 북쪽에서 일어나 북두성北斗星을 뒤덮고 들어갔다.}

○ (인종) 12년(1134) {5월 무인戊寅에 광주廣州에 붉은 비[雨血]가 내렸다.}

○ 고종高宗 4년(1217) {6월 무자戊子에 자주색의 기체가 하늘에 온통 퍼졌다.}

○ (고종) 11년(1224) {9월 을축乙丑에 붉은 구름이 서남쪽으로부터 북쪽에 이르기까지 불 그림자처럼 나타났다. 점을 치니 말하기를, "붉은 구름이 가는 곳마다 군대가 이르게 될 것입니다."라고 하였다.}

○ (고종) 14년(1227) {6월 계축癸丑에 붉은색의 무지개가 하늘에 뻗어있는데, 머리와 꼬리가 땅에 닿았다.}

○ (고종) 37년(1250) {12월 을미乙未에 동진산童津山에 핏빛이 나는 나쁜 기체가 나타났다.}

○ (고종) 44년(1257) {2월 계미癸未에 붉은 기체가 온 천지에 가득하였는데, 대낮처럼 환하였다.}

○ (고종) 46년(1259) {5월 을묘乙卯에 자운사慈雲寺의 오른쪽 작은 연못에 핏빛처럼 붉은 물거품이 나타났다. 보문각 교감寶文閣校勘 강도姜度가 말하기를, "신라 호경왕虎景王 때에 대관사大觀寺의 연못물이 붉었는데 그 해에 임금이 훙거하였다. 지금 왕의 병이 아마도 낫지 못할 것 같다."라고 하였다.}

○ 원종元宗 11년(1270) {5월 병오丙午에 자은사慈恩寺의 연못물이 핏빛처럼 붉었다.}

○ 충렬왕忠烈王 3년(1277) {3월 갑인甲寅에 동쪽에서 붉은 기체가 온 천지에 가득하였는데, 그 위에 흰 기체가 나타났다. 그 모양은 칼과 같았으며, 길이는 5자나 되었다.}

○ 충숙왕忠肅王 10년(1323) {7월 정미丁未에 무지개처럼 생긴 자주색의 기체가 서북쪽에 나타났다가 잠시 후에 누렇게 변하여 공중에 퍼졌다.}

○ 공민왕恭愍王 7년(1358) {정월 기미일己未日 밤에 자주색 기체가 서북쪽으로부터 하늘로 올라갔다.}

○ (공민왕) 11년(1362) {12월 갑술일甲戌日 밤에 자주색 기체가 서북쪽에 나타났다.}

○ (공민왕) 15년(1366) {9월 신사辛巳에 서북쪽에서 핏빛처럼 붉은 어떤 물건이 나타났는데, 크기가 대광주리만 하였다. 하늘에서 내려와 염주鹽州·배주[白州] 지역에 떨어졌는데, 여기에서 흰 기체가 한참 동안 공중에 뻗쳤다가 흩어졌다.}

○ (공민왕) 16년(1367) {5월 초하루인 병자丙子에 이현泥峴에 피비가 내렸다. 6월 경오庚午에 연주도漣州渡와 징파도澄波渡에서 물이 3일 동안이나 붉었다.}

○ (공민왕) 23년(1374) {정월 계사癸巳에 붉은 기체가 남쪽에서 나타나고, 흰 기체가 북쪽에서 나타났다.}

○ 신우辛禑 3년(1377) {10월 계해癸亥에 개성開城 큰 우물에서 물이 붉게 끓었다.}

○ (신우) 5년(1379) {5월 계사癸巳에 매개정梅介井의 물이 3일간이나 붉은 빛으로 끓었다.}

○ (신우) 7년(1381) {2월 기미己未에 핏빛처럼 붉은 기체가 서쪽·남쪽·북쪽에서 나타나 하늘에 가득 찼다.}

○ (신우) 14년(1388) {5월 갑신甲申에 대동강大同江의 물이 붉었다.}

○ 공양왕恭讓王 2년(1390) {6월 갑술甲戌에 벽란도碧瀾渡의 조수潮水가 붉었다.}

(닭)

○ 충렬왕忠烈王 13년(1287) {10월 을축乙丑에 밤이 밝아서 서남쪽 들판에서 야생 닭들이 모두 울었다.}

나무[木]

오행五行의 세 번째는 나무[木]이다. 휘기도 하고 곧기도 한 것이 나무의 본성이므로 나무가 그 본성을 잃어버리면 재앙이 된다. 그러므로 나무가 생겨나서도 무성하지 못하고 괴상한 형태로 되는 경우가 있게 된다. 때로는 계화鷄禍(수해水害가 있어서 닭이 많이 죽는 재앙)가 있기도 하고, 때로는 서요鼠妖(쥐들이 괴상하게 나타나는 현상)가 있기도 하니, 이것은 나무가 굽고 곧은 그 본성을 잃었기 때문이다. 그 징조는 언제나 비가 내리고, 그 색깔은 푸르니, 이것을 청생 청상靑眚靑祥이라 한다.

(병충해 등 나무에 일어난 이상한 현상들)

○ 태조太祖 21년(938) {8월에 궁궐 안의 유원柳院에 넘어져 있던 회화나무가 저절로 일어섰다.}

○ 현종顯宗 7년(1016) {4월에 사헌대司憲臺 뜰에 있는 잣나무가 말라죽은 지 몇 해가 지난 이때에 이르러 다시 살아났다.}

○ 숙종肅宗 6년(1101) {4월에 수압산首押山 소나무가 병충해를 입었다. 신축辛丑에 태사국太史局에서 아뢰기를, "벌레가 소나무를 먹는 것은 전란이 있을 징조입니다."라고 하였다.}

○ 예종睿宗 5년(1110) {2월 계사癸巳에 비가 내려 나무에 얼음이 맺혔다.}

○ 인종仁宗 13년(1135)[21] {2월 정축丁丑에 비가 내려 나무에 얼음이 맺혔다.}

○ (인종) 15년(1137) {정월 정축丁丑에 비가 내려 나무에 얼음이 맺혔다.}

○ (인종) 17년(1139) {12월 정묘丁卯에 비가 내려 나무에 얼음이 맺혔다.}

○ 의종毅宗 5년(1151) {8월에 해주海州에서 소나무가 병충해를 입었는데, 지난해부터 이때에 이르기까지 황충蝗蟲(메뚜기)의 피해가 있었다. 태사국太史局에서 아뢰기를, "『해동고현참기海東古賢讖記』에 이르기를 '곡령鵠嶺에 소나무가 있으니 성城과 소나무는 임금과 신하가 되며, 거미와 누에는 소인들이다. 벌레가 소나무를 먹을 때 문호文虎가 정사를 문란케 하고 소나무가 변하여 흰 나무로 될 때에는 세상이 어지러워진다.'라고 하였습니다."라고 하였다.}

---

21 『휘찬여사』에는 인종仁宗 3년(1125)으로 되어 있으나, 『고려사』 권54, 지 8, 오행 2에 따르면 이는 인종 13년(1135)의 오기이다. 이에 『고려사』에 따라 바로 잡는다.

○ 명종明宗 11년(1181) {2월 정유丁酉에 묘통사妙通寺 남쪽에 있는 보리수菩提樹가 표범의 울음소리와 같은 소리로 울었다.}

○ (명종) 17년(1187) {정월 병오丙午에 나무에 얼음이 맺혔다. 병인丙寅에도 역시 그러하였다.}

○ (명종) 25년(1195) {정월 계사癸巳에 서경西京 감군사監軍使 청사의 북쪽에 있는 느릅나무가 무릇 10여 일이나 저절로 울었다.}

○ 희종熙宗 4년(1208) {2월 임인壬寅에 나무에 얼음이 맺혔다.}

○ 고종高宗 39년(1252) {11월 기축己丑에 나무에 얼음이 맺혔다.}

○ (고종) 41년(1254) {12월 무인戊寅에 나무에 얼음이 맺혔다.}

○ 충렬왕忠烈王 31년(1305) {11월 을묘乙卯에 비가 내려 나무에 얼음이 맺혔다.}

○ (충렬왕) 34년(1308) {정월 계미癸未에 비가 내려 나무에 얼음이 맺혔다. 2월 정미丁未에 비가 내려 나무에 얼음이 맺혔다.}

○ 충선왕忠宣王 2년(1310) {12월 정미丁未에 비가 내려 나무에 얼음이 맺혔다. 무진戊辰에 비가 내려 나무에 2일간 얼음이 맺혀 있었다.}

○ 충숙왕忠肅王 15년(1328) {11월 무인戊寅에 나무에 얼음이 맺혔다.}

○ (충숙왕) 후8년(1339) {6월 신묘辛卯에 대관전大觀殿의 은행나무가 저절로 넘어졌다.}

○ 공민왕恭愍王 2년(1353) {11월 무진戊辰에 나무에 얼음이 맺혔다. 짙은 안개로 지척에 있는 사람과 물건도 분간할 수 없었다.}

○ (공민왕) 3년(1354) {6월에 송악松嶽의 소나무가 병충해를 입었으므로 명령을 내려 송충이를 잡도록 하였다.}

○ (공민왕) 10년(1361) {11월 경오庚午에 비가 내려 나무에 얼음이 맺혔다.}

○ (공민왕) 16년(1367) {4월에 진주晋州의 단속사斷俗寺에서 넘어져 있던 소나무가 저절로 일어섰다.}

○ 신우辛禑 5년(1379) {10월 기사己巳에 비가 내려 나무에 얼음이 맺혔다.}

○ (신우) 8년(1382) {2월에 전라도 금주錦州 지방에서 어떤 나무에 열매가 열렸는데 색

깔은 분과 같이 희고, 모양은 사람의 손가락 같았다. 사람들이 나무열매떡[木實餠]이라고 불렀으나, 맛은 떡보다 못하였다.}

○ 공양왕恭讓王 2년(1390) {4월에 송악산의 소나무가 병충해를 입었다.}

○ (공양왕) 3년(1391) {12월에 선주宣州 지방에 있는 큰 나무가 마르고 썩어서 몇 년이 지났는데, 이때에 와서 다시 살아나서 가지가 무성해졌다. 그리하여 당시 사람들이 새로운 나라가 나타날 징조라고 하였다.}

○ (공양왕) 4년(1392) {5월 병신丙申에 송악산의 솔잎이 병충해를 입었다. 병오丙午에 태묘太廟의 소나무가 병충해를 입었다. 소나무가 병충해를 입어 온 지가 5~6년이나 되었으나, 아직까지 태묘의 소나무는 재해를 입지 않았는데, 이때에 와서 처음으로 병충해를 입었다.}

(홍수/ 바람)

○ 현종顯宗 13년(1022) {10월 경술庚戌에 큰비가 내리고 폭풍이 불어 나무가 부러졌다. 이날 장맛비가 그치지 않으므로 군망群望에 날이 맑아지게 해달라고 빌었다.}

○ 정종靖宗 원년(1035) {5월 갑진甲辰에 개울 상류에서 날이 맑아지게 해달라고 빌었다. 매번 물난리나 가뭄이 들 때마다 송악松嶽의 계곡 상류에서 백신百神에게 제사를 지냈으므로, 이것을 천상제川上祭라고 불렀다.}

○ 문종文宗 3년(1049) {4월 을축乙丑에 큰비가 내리고 우박이 쏟아졌으며, 사람과 나무가 벼락을 맞았다.}

○ (문종) 21년(1067) {11월 임오일壬午日에 남쪽으로부터 우레가 크게 울리고 비가 많이 내렸다.}

○ 숙종肅宗 원년(1096) {10월 신미辛未에 큰비가 내리고 우레가 울리고 벼락이 쳤다.}

○ 예종睿宗 원년(1105) {5월 병진丙辰에 큰비가 10일 이상 내리므로 사직社稷과 8릉八陵에서 날이 맑아지게 해달라고 빌었다.}

○ (예종) 8년(1113) {6월 기사己巳에 사직과 군망에서 날이 맑아지게 해달라고 빌었다.}

○ 인종仁宗 22년(1144) {10월 경진庚辰에 큰비가 내리고 우레가 울리며 번개가 쳤다.}

○ 의종毅宗 3년(1149) {9월 정해丁亥에 크게 우레가 울리며 비가 많이 내렸다.}

○ (의종) 7년(1153) {9월 임진壬辰에 큰비가 내리고 우레가 울리고 번개가 쳤다.}

○ (의종) 12년(1158) {10월 을미乙未 에 큰비가 내리고 번개가 치고 우레가 울었다.}

○ 명종明宗 20년(1190) {9월 계축癸丑에 큰비가 내리고 벼락이 치고 번개도 쳤다.}

○ (명종) 23년(1193) {10월 갑인甲寅에 바람이 거세게 불며 비가 내리고 우레가 울리며 번개가 쳤다.}

○ 고종高宗 32년(1245) {9월 무술戊戌에 큰비가 내리고 우레가 울리고 번개가 치면서 폭풍이 불어 지붕의 기와들이 날아갔다.}

○ 충숙왕忠肅王 5년(1318) {8월 갑오甲午에 큰 바람이 불고 비가 내려 벼가 쓰러지고 나무가 뽑혔는데, 이틀 동안 그러하였다.}

○ (충숙왕) 6년(1319) {9월 무신戊申에 비가 내리고 우레가 울리며 번개가 쳤다.}

○ 충목왕忠穆王 원년(1345) {10월 병진丙辰에 우레가 크게 울리며 비가 많이 내렸다.}

○ 공민왕恭愍王 11년(1362) {11월 을사乙巳에 큰비가 내리고 번개가 치고 벼락도 쳤다. 갑인甲寅에 우레가 울리고 비가 내렸다. 무지개가 나타났으며 지진이 있었다.}

○ 신우辛禑 원년(1375) {6월 병오丙午에 한양부漢陽府에서 큰비가 내려 삼각산三角山의 국망봉國望峰이 무너졌다. 9월 계해癸亥에 소낙비가 내리고 바람이 거세게 불면서 하늘이 크게 진동하였다. 11월 초하루인 신사辛巳에 큰비가 내리고 벼락이 치고 번개가 치므로 태묘太廟에서 경효대왕敬孝大王(공민왕)의 부제祔祭[22]를 지내고자 하였으나 실행하지 못하였다.}

○ (신우) 9년(1383) {5월 정미丁未에 구름도 없었는데 비가 내렸다. 10월 을해乙亥에 큰비가 내리고 벼락이 치고 번개도 쳤다.}

○ 공양왕恭讓王 원년(1389) {10월 정유丁酉에 큰비가 내리고 벼락이 치고 번개도 쳤다.}

---

22 졸곡卒哭을 지낸 다음날 신주神主를 그의 조상의 신주 곁에 모실 때 지내는 제사.

○ (공양왕) 4년(1392) {6월 경오庚午에 우레가 크게 울리고 번개가 치면서 큰비가 내리더니 성안의 사람과 가축이 벼락을 맞았다.}

(구름)

○ 현종顯宗 11년(1020) {11월 임술壬戌에 상서로운 구름이 나타났다.}

(닭)

○ 충렬왕忠烈王 3년(1277) {승평군昇平郡의 백성인 대충大沖의 집에서 암탉이 수탉으로 변하였다. 대충이 말하기를, "이 암탉이 나서 20년을 사는 동안에 매년 병아리를 쳤는데 작년에는 병아리를 치지 않더니 지금 갑자기 수탉으로 변하였다."라고 하였다.}

(쥐/ 붉은 색의 이상한 현상)

○ 원종元宗 2년(1261) {정월에 북방 사람들이 말하기를, "쥐가 무리를 지어 강을 건너 우리나라 영토로 들어왔다."라고 하였다.}

○ 공양왕恭讓王 2년(1390) {4월 갑인甲寅에 태양 곁에 푸르고 붉은 기체가 있었는데 중심은 크고 끝은 뾰족하였다.}

(건물의 이상)

○ 정종靖宗 9년(1043) {5월 경진庚辰에 홍국사興國寺의 문간 행랑이 21간이나 저절로 무너져서 80여 인이 깔려 죽었다.}

○ 명종明宗 14년(1184) {8월 을유乙酉에 구주龜州의 부수문富壽門이 무릇 3일간이나 저절로 움직여서 지붕 기와가 모두 흔들려 떨어졌다.}

쇠[金]

오행의 네 번째는 쇠[金]이다. 필요에 따라 여러 가지로 모습을 바꾸는 것이 쇠의 본성이므로, 쇠가 그 본성을 잃게 되면 재앙이 된다. 때로는 주조鑄造하는 일이 잘 되지 않아서 괴상하게 되는 경우도 있고, 때로는 유언비어가 떠돌기도 하며, 때로는 모충毛蟲(몸에 털이 있는 벌레들 곧 송충이·쐐기벌레 등)의 병충해가 발생하기도 하고, 때로는 견화犬禍(가뭄에 개가 많이 미쳐 죽는 괴이한 현상)가 일어나기도 한다. 그 징조는 언제나 마르고 그 색깔은 희니, 이것을 백생 백상白眚白祥이라 한다.

(쇠로 만든 물체/ 돌)

○ 태조太祖 11년(928) {8월에 원주原州 산간사山澗寺의 철불鐵佛이 3일간 땀을 흘렸다.}

○ 현종顯宗 20년(1029) {7월에 문희현聞喜縣에서 수정과 옥덩어리 4만여 개가 나왔다.}

○ 문종文宗 10년(1056) {정월 신미辛未에 황주黃州에서 운석隕石이 떨어졌는데 그 소리가 우레 소리와 같았다.}

○ (문종) 11년(1057) {정월 을미乙未에 황주에 운석이 떨어졌는데 그 소리가 우레 소리와 같았다.}

○ 인종仁宗 2년(1124) {3월에 동해東海 한가운데에서 두 개의 돌이 앞으로 나갔다 뒤로 물러섰다 하면서 서로 마주쳤다.}

○ 고종高宗 6년(1219) {윤3월 임인壬寅에 돌이 서경西京 장명포長命浦의 물속에서 나와 육지로 올라와서 북쪽을 향하여 167자나 굴러갔다. 또 두 개의 돌이 다경루多慶樓 남쪽의 연못 속에서 나와 모래와 자갈 사이에 뚜렷한 자국을 내면서 굴러갔는데 처음에는 100보쯤 함께 굴러가다가 나중에 한 돌은 북쪽으로 83보를 가고, 한 돌은 동남쪽으로 83보를 갔다.}

○ (고종) 17년(1230) {정월 임진壬辰에 중원부中原府에서 운석隕石이 떨어졌는데 그 소리가 우레 소리와 같았다.}

○ 원종元宗 2년(1261) {4월 정사丁巳에 서경西京 양명포羊皿浦에서 돌이 물속에서 나와 육지로 갔다.}

○ 충렬왕忠烈王 19년(1293) {3월 기축己丑에 숭교사崇教寺의 동쪽 통로에 있는 다리에서 돌이 저절로 갈라졌는데 그 소리가 소 울음소리와 같았다.}

○ 충목왕忠穆王 원년(1340) {정월 기해己亥에 큰 돌이 저절로 장단長湍 나루를 건너갔다.}

(가뭄)

○ 태조太祖 17년(934) {서경西京에서 한재와 병충해가 있었다.}

○ 성종成宗 10년(991) {7월에 가뭄이 들었다.}

○ 현종顯宗 2년(1011) {4월에 가뭄이 들었다. 정미丁未에 종묘에서 비가 내리게 해달라고 빌었다. 시장을 옮기고 가축 도살을 금지하였으며, 삿갓과 부채의 사용을 금지하고 억울한 죄수들을 재심사하였으며, 가난한 백성들을 구제하였다. 신유辛酉에 송악松嶽에서 비가 내리게 해달라고 빌었더니, 과연 큰비가 내렸다.}

○ (현종) 12년(1021) {5월 경진庚辰에 남성南省 뜰 가운데에 토용土龍을 만들어놓고 남녀 무당들을 모아서 비가 내리게 해달라고 빌었다.}

○ (현종) 18년(1027) {5월 을묘乙卯에 다시 비가 내리게 해달라고 빌었다.}

○ 덕종德宗 원년(1032) {4월 신유辛酉에 대궐 안 구정毬庭에서 왕이 몸소 초제醮祭[23]를 지내며 비가 내리게 해달라고 빌었다.}

○ 문종文宗 5년(1051) {5월 신미辛未에 다시 비가 내리게 해달라고 빌었다.}

○ (문종) 20년(1066) {4월 계사癸巳에 다시 비가 내리게 해달라고 빌었다.}

○ 선종宣宗 5년(1088) {4월 병신丙申에 가뭄이 심하여 왕이 법가法駕(임금이 거둥할 때에 타던 수레)를 갖추어 백관을 거느리고 남쪽 교외에 나가서 다시 비가 내리게 해달라고 빌었다.}

---

23 신에게 빌어서 재앙을 멀리하고 복을 구하고자 도교道敎 의식에 따라 제신諸神에게 지내던 제례 의식.

○ 숙종肅宗 6년(1101) {4월 계사癸巳에 날이 가물었으므로 천지·종묘·산천에 비가 내리게 해달라고 빌었다. 병진丙辰에 크게 기우제를 지냈다.}

○ 예종睿宗 원년(1106) {7월 신묘辛卯에 크게 기우제를 지냈다. 기해己亥에 왕이 양부兩府(중서문하성과 추밀원)와 대성臺省[24]과 양제兩制[25] 및 3품 이상의 관원들을 인솔하고 친히 회경전會慶殿에서 상제上帝에게 제사를 드리고, 태조太祖에게도 비가 내리게 해달라고 빌었다.}

○ (예종) 6년(1111) {4월에 날이 가물어서 경술庚戌에 다시 기우제를 지냈다.}

○ (예종) 15년(1120) {6월 신미辛未에 기우제를 지냈다. 7월 경술庚戌에 또 원구圓丘에서 비가 내리게 해달라고 빌었다.}

○ (예종) 16년(1121) {윤5월 신사辛巳에 해당 기관에 명하여 원구圓丘에서 기우제를 지내게 하였다.}

○ 인종 8년(1130) {4월에 날이 가물어서 무자戊子에 왕이 조서를 내려 "다시 기우제를 지내 비가 내리게 해달라고 빌게 하라."고 하였다. 태사국太史局에서 왕에게 고하기를, "반드시 먼저 개울 상류와 송악松嶽과 동신당東神堂을 비롯한 여러 신묘神廟 그리고 율포栗浦와 박연朴淵에서 기도를 드린 다음에 다시 기우제를 지내는 것이 옳습니다. 또한 양경兩京(개경開京과 서경西京)을 위시하여 전국에서 이루어지는 공사간의 모든 토목공사의 부역을 정지하여야 되겠습니다."라고 하니 왕이 이것을 가납하였다.}

○ (인종) 11년(1133) {6월 을사乙巳에 다시 기우제를 지내고, 경술庚戌에 세 번째 기우제를 지냈다.}

○ (인종) 12년(1134) {5월 기사己巳에 다시 기우제를 지냈다.}

○ 의종毅宗 3년(1149) {5월 신묘辛卯에 다시 기우제를 지냈다.}

○ (의종) 12년(1158) {4월 무술戊戌에 다시 기우제를 지냈다.}

○ (의종) 14년(1160) {5월 무술戊戌에 다시 기우제를 지냈다.}

---

24 어사대의 대관臺官과 중서문하성의 성랑省郞의 합친 이름.

25 조서詔書·교서敎書 등의 작성 임무를 담당한 한림학사翰林學士와 지제고知制誥를 합친 이름.

○ (의종) 15년(1161) {6월 계축癸丑에 다시 기우제를 지냈다.}

○ (의종) 23년(1169) {4월 신묘辛卯에 기우제를 지냈다. 정월부터 이달까지 비가 내리지 않았다.}

○ 명종明宗 3년(1173) {정월부터 4월에 이르기까지 비가 내리지 않아서 개울과 우물의 물이 모두 말라버리고, 곡식들이 말라비틀어졌다. 게다가 전염병까지 발생하여 사람들이 많이 굶어 죽었다. 심지어 사람 고기를 파는 자까지 있었다.[26]}

○ (명종) 8년(1178) {5월 신유辛酉에 다시 기우제를 지냈다.}

○ (명종) 11년(1181) {4월 신유辛酉[27]에 현호문루玄虎門樓에서 북교北郊에 망제望祭를 지내고 비가 내리기를 빌었다. 5월 신사辛巳에 다시 기우제를 지냈다.}

○ (명종) 19년(1189) {윤5월 정축丁丑에 기우제를 지냈다.}

○ (명종) 21년(1191) {7월 기유己酉에 다시 기우제를 지냈다.}

○ (명종) 25년(1195) {6월 신유辛酉에 다시 기우제를 지냈다.}

○ 신종神宗 원년(1198) {6월 신미辛未에 다시 기우제를 지냈다.}

○ (신종) 4년(1201) {6월 신사辛巳에 다시 기우제를 지냈다.}

○ (신종) 5년(1202) {5월 정해丁亥에 다시 기우제를 지냈다.}

○ 강종康宗 2년(1213) {5월 병인丙寅에 가뭄이 들어서 다시 기우제를 지냈다.}

○ 고종高宗 18년(1231) {5월 무자戊子에 다시 기우제를 지냈다.}

○ (고종) 19년(1232) {5월 정해丁亥에 다시 기우제를 지냈다.}

○ (고종) 29년(1242) {8월 임자壬子에 가뭄이 오랫동안 계속되어서 시장을 옮겼다.}

○ (고종) 37년(1250) {5월 계미癸未에 다시 기우제를 지냈다. 신묘辛卯에 또 기우제를 지냈다.}

○ (고종) 42년(1255) {3월부터 7월까지 청주清州 이남의 지방이 크게 가물었다.}

---

26 『휘찬여사』에는 명종明宗 3년으로만 되어 있으나, 『고려사』 권54, 지 8, 오행 2에는 명종 3년 4월 병자丙子로 되어 있다.

27 『휘찬여사』에는 신유辛酉로 되어 있으나, 『고려사』 권54, 지 8, 오행 2에는 계유癸酉로 되어 있다.

○ 충렬왕忠烈王 6년(1280) {2월부터 5월까지 비가 내리지 않았다.}

○ (충렬왕) 13년(1287) {5월 초하루인 신묘일辛卯日에 기우제를 지냈더니 곧 비가 많이 내렸다.}

○ 충선왕忠宣王 원년(1309) {4월 정축丁丑에 원구圓丘에서 비가 내리게 해달라고 빌었다.}

○ (충선왕) 3년(1311) {4월부터 8월에 이르도록 비가 내리지 않았다.}

○ 충숙왕忠肅王 5년(1318) {2월 경진庚辰에 왕이 가뭄으로 인하여 강안전康安殿에서 크게 초제醮祭를 지내고 비를 빌었다. 왕이 말하기를, "내일은 반드시 비가 내릴 것이다."라고 하였는데, 과연 비가 내렸다. 5월 병술丙戌에 왕이 명령을 내려 사심첩事審貼(형사 사건의 예비 조사 기록)을 거두어 불태워버리게 했더니 비가 내렸다.}

○ 충혜왕忠惠王 후4년(1343)[28] {봄부터 여름까지 비가 내리지 않더니 4월에 이르러서야 우레가 울리고 비가 많이 내렸다.}

○ 공민왕恭愍王 14년(1365) {4월 신축辛丑에 날이 가물어서 기우제를 지냈다. 5월 갑술甲戌에 가뭄이 오래 계속되어 형인 추정 도감刑人推整都監을 설치하고 죄수들을 재심사하여 억울함을 풀어 주었다.}

○ 신우辛禑 2년(1376) {5월 신사辛巳에 오랫동안 가물고 비가 내리지 않으므로 음사淫祠[29]에서도 꽤 많이 기우제를 지냈다.}

○ 공양왕恭讓王 원년(1389) {4월 갑자甲子에 날이 가물어서 죄수들을 용서하자 비가 내렸다.}

(메뚜기)

○ 현종顯宗 7년(1018) {7월에 황충蝗蟲(메뚜기)이 발생하였다. 경신庚申에 교지를 내려 이르기를, "근래에 들으니 곡식이 당장 익어가는 때에 날아드는 황충의 피해를 입는다고

---

28 『휘찬여사』에는 충혜왕忠惠王 4년(1334)으로 되어 있으나, 『고려사』 권54, 지 8, 오행 2에 따르면 충혜왕 후4년(1343)이 맞다.

29 예전禮典에 없는 잡신에 대한 제사. 또는 부정한 귀신에게 지내는 제사.

한다. 어쩌면 형벌 정책이 혹시라도 잘못되어서 재앙이 오게 된 것은 아닌가. 전국의 죄수들 중에서 도형徒刑[30]과 유형徒流[31] 이하의 죄수에 대해서는 보증인을 세우고 감옥에서 석방시키고, 가벼운 죄인들에 대해서는 속히 판결하여 주도록 하라." 하였다.}

○ 인종仁宗 23년(1145) {7월에 북계北界의 창주昌州·삭주朔州·구주龜州·의주義州·정주靜州·용주龍州·철주鐵州 등 7개 주州와 서해도의 해주海州에서 황충이 발생하였다. 태사국太史局에서 아뢰기를, "지금 황충이 사방에서 일어났는데, 이것은 나라에 간사한 무리들이 많고 조정에는 충신이 없어서 관직에 있으면서 녹봉을 축내는 것이 벌레가 좀먹는 것과 같기 때문입니다. 마땅히 덕행이 높은 사람들을 등용하여 각 기관들에 배치하여 이 벌레의 재앙을 제거하여야 합니다."라고 하였다.}

○ 고종高宗 42년(1255) {7월에 강양군江陽郡에서 황충이 뽕잎을 먹고 고치를 지었다.}

○ 공민왕恭愍王 14년(1365) {5월에 경기도에서 황충이 발생하였다.}

○ 공양왕恭讓王 2년(1390) {5월에 황충이 발생하였다.}

(유언비어)

○ 현종顯宗 5년(1016) {11월 경인庚寅에 북산北山의 여러 사찰 승려들이 반란을 일으켜 온다는 거짓말이 떠돌아서 서울 안에서는 크게 놀라 계엄령을 내렸다.}

○ 예종睿宗 7년(1112) {11월 무인戊寅 어두울 무렵에 서울 안의 인가들에서 놀라서 시끄럽게 떠들다가 한참 만에 그쳤다.}

○ 명종明宗 13년(1183) {8월 초하루인 계사일癸巳日 밤에 서울 안에서 크게 놀라서 그 떠드는 소리가 온 도성을 진동하였다.}

○ 고종高宗 10년(1223) {3월에 서울에서 이번 달 초8일에 사람이 문밖을 나서면 반드시 죽는다는 요상한 말이 떠돌아서 이 날은 시장이 텅 비었다.}

○ (고종) 18년(1231) {10월 을축乙丑에 동경東京(경상도 경주)에서 급보로 왕에게 보고하기

30 일정한 기간 지정된 장소에서 노역에 종사하는 형벌.

31 죄인을 먼 곳으로 보내 그곳에 거주하게 하는 형벌. 유배流配라고도 함.

북을 치며 춤을 추었다.}

○ (원종) 7년(1266) {10월 임술壬戌에 여우가 침전寢殿에서 울었다.}

○ (원종) 10년(1269) {8월 신축辛丑에 사슴이 궁궐 안으로 들어왔다.}

○ 충렬왕忠烈王 5년(1279) {6월 을사乙巳에 사슴이 사판궁沙坂宮에 들어왔다.}

○ (충렬왕) 13년(1287) {4월 을해乙亥에 여우가 대낮에 대전大殿에 들어왔다.}

○ (충렬왕) 19년(1293) {2월 계사癸巳에 호랑이가 왕궁王宮에 들어왔다.}

○ (충렬왕) 22년(1296) {2월 계해癸亥에 호랑이가 수녕궁壽寧宮에 들어왔다.}

○ 충선왕忠宣王 5년(1313) {5월 기해己亥에 여우 두 마리가 연경궁延慶宮에 들어왔다.}

○ 충숙왕忠肅王 16년(1329) {4월 갑오甲午에 노루가 강안전康安殿에 들어왔다.}

○ (충숙왕) 후6년(1337) {11월 계축癸丑에 여우가 시좌궁時坐宮에서 울었다.}

○ 충목왕忠穆王 3년(1347) {8월 병자丙子에 노루 두 마리가 수덕궁壽德宮에 들어왔다.[33]}

○ 공민왕恭愍王 3년(1354) {9월 을해乙亥에 여우가 연경궁延慶宮에서 울었다.}

○ (공민왕) 16년(1367) {4월 임자壬子에 노루가 시좌궁時坐宮에 들어왔다.}

○ 신우辛禑 3년(1377) {3월 신사辛巳에 여우가 궁궐 안으로 들어왔다.}

○ (신우) 5년(1379) {정월 신묘辛卯에 여우가 대궐에서 울었다.}

○ (신우) 7년(1381) {4월 갑자甲子에 노루가 도성에 들어왔다. 일관日官이 아뢰기를, "비기秘記에 따르면 '노루가 도성 안에 들어오면 그 나라는 망한다.'라고 되어 있으니, 조심하여 몸과 마음을 바르게 갈고 닦아야 할 것이며, 밖에 나가 사냥하는 것은 즐기지 말아 주시기 바랍니다."라고 하였다.}

○ (신우) 13년(1387) {9월 기묘己卯에 여우가 시좌소時坐所에서 울었다.}

○ 공양왕恭讓王 2년(1390) {정월 신미辛未에 여우가 수창궁壽昌宮 서쪽 문에서 나와 사친관思親觀 서쪽 언덕으로 들어갔다.}

---

33 『휘찬여사』에는 충목왕 3년(1347)으로 되어 있으나, 『고려사』 권54, 지 8, 오행 2에는 충목왕 4년으로 되어 있다.

(개)

○ 희종熙宗 7년(1211) {2월 갑자甲子에 대궐 안 응명문應明門 남쪽에서 개 짖는 소리가 나기에 찾아보았으나 발견하지 못하였다.}

○ 고종高宗 29년(1242) {12월에 중부中部 남쪽 개천에 새끼 개가 있었는데, 몸뚱이는 하나이고 엉덩이는 둘이며, 발은 여섯 개이고, 생식기가 둘이었다.}

(흰 색의 이상한 현상)

○ 정종定宗 7년(952) {임진현臨津縣에서 흰 꿩을 바쳤다.[34]}

○ 현종顯宗 8년(1017) {11월 기미일己未日 밤에 비단 같은 흰 기체가 하늘에 가득하다가 갑자기 변하여 이상한 붉은 기체로 되었다.}

○ (현종) 20년(1029) {2월 병술丙戌에 흰 황새가 신봉루神鳳樓의 망새에 와서 둥지를 틀었다.}

○ 덕종德宗 3년(1034) {8월 계해癸亥에 혜성과 같이 생긴 흰 기체가 진수軫宿[35] 서쪽에서 나와 익수翼宿[36]·장수張宿[37] 두 별자리를 향하였다. 길이가 20여 자 정도 되었는데, 27일 만에 없어졌다.}

○ 정종靖宗 6년(1040) {3월 정축丁丑에 흰 기체가 하늘에 가득하였다.}

○ 문종文宗 27년(1073) {2월 을미일乙未日 밤에 흰 기체가 마치 도로 모양처럼 하늘에 뻗어있으면서 남쪽으로 흘러가다가 없어졌다.}

○ 인종仁宗 8년(1130) {8월 병신丙申에 흰 무지개가 서쪽에서 일어나 북쪽을 향하여 가다가 없어졌다. 일관日官이 아뢰기를, "개원점開元占[38]에 이르기를 '흰 무지개가 나타나는

---

34 『휘찬여사』와 『고려사』 권54, 지 8, 오행 2에는 정종定宗 7년(952)로 되어 있으나, 정종은 재위 기간이 4년에 불과하다. 한편 『고려사절요』 권2에 따르면 이는 광종光宗 7년(956)으로 되어 있다.

35 황도黃道에 따라 천구天球를 28개 부분으로 구분하여 28수二十八宿로 별자리를 나눈 가운데 남쪽에 있는 일곱 번째 별자리.

36 28수二十八宿의 하나로 남쪽 하늘에 있는 여섯 번째 별자리. 22개의 별로 이루어짐.

37 28수宿 가운데 하나로 남쪽에 있는 다섯 번째 별자리. 현재의 물뱀자리에 해당함.

38 『개원점경開元占經』을 말하는데, 당나라 현종玄宗 때에 천축天竺 역법을 맡고 있던 고다마 싯다르타[瞿曇悉達]가

것은 간신이 임금을 해하려는 징조이다.'라고 하였으니, 전하께서는 마땅히 스스로 반성하고 덕을 닦아서 하늘의 경고에 응답해야 할 것입니다."라고 하였다. 10월 무자일戊子日 밤 2경(밤 9시~11시 사이)에 흰 무지개가 서북쪽과 서남쪽에서 서로 마주쳐서 땅에 이르러서야 발견되었다가 밤 3경(밤 11시~새벽 1시 사이)에 없어졌다. 태사국太史局에서 아뢰기를, "흰 무지개가 나타나면 그 아래서는 흉한 일이 발생한다고 합니다. 흰 무지개는 모든 재앙의 근본이며 온갖 환란의 기초이니, 진실로 스스로 반성하고 덕을 닦아서 하늘의 뜻에 응답해야 할 것입니다."라고 하였다. 11월 임자일壬子日은 동짓날인데,[39] 날씨가 청명하고 바람이 없었으며 사방에 흰 구름이 있고 서풍이 약간 불었다. 태사국太史局에서 아뢰기를, "날씨가 청명하면 만물이 자라지 못하고, 서풍이 불면 가을에 전란의 고통이 많습니다."라고 하였다.}

○ 의종毅宗 12년(1158) {3월 갑술甲戌에 흰 안개가 하늘을 덮었다.}

○ 명종明宗 10년(1180) {10월 경인庚寅에 연기와 같은 기체가 광화문廣化門과 보정문保定門 두 문의 망새에서 일어났다. 신축辛丑에 연기와 같은 기체가 광화문의 좌우 망새에서 일어났다. 예전에 의봉문儀鳳門의 망새에서 연기가 일어나자 계사년癸巳年의 변란[40]이 있었으며, 광화문의 망새에서 연기가 일어났을 때에는 정중부鄭仲夫가 문신들을 대대적으로 학살한 사건이 있었다.[41] 이때에 봄부터 여름까지 또 광화문 망새에서 자주 연기가 일어나니, 중방重房에서 이것을 대단히 싫어하였다. 어떤 자가 말하기를, "이것은 연기가 아니다. 대개 모기나 벌레 따위가 뭉쳐 날아다니는 것이 연기처럼 보일 뿐이니 이상히 여길 것이 없다."라고 하였다. 중방에서 기뻐서 태사국太史局으로 하여금 제사를 지내게 하였다. 태사국에서 이에 중방의 뜻에 아부하여 말하기를, "날아다니는 벌레들입니다."라고 하였다. 식견 있는 사람들이 이를 한탄하였는데, 이때에 와서 연기가 다시 크게 일

천문이나 점술에 관하여 기록한 책.

39 『휘찬여사』에는 남지南至라고 되어 있으나, 『고려사』 권54, 지 8, 오행 2에 따르면 이는 동지冬至의 오기인 듯하다.

40 명종 3년(1173) 동북면 병마사東北面兵馬使로 있던 김보당金甫當이 무신정권에 항거하여 일으킨 반란.

41 의종 24년(1170) 정중부가 의종과 태자를 내쫓고 문신을 대량 학살한 사건을 말함.

어났다.}

○ (명종) 20년(1190) {정월 경오庚午에 흰 무지개가 하늘에 뻗쳤는데 그 형상이 비단결 같았다.}

○ 고종高宗 3년(1216)[42] {2월 갑자甲子에 수은水銀과 같은 비가 내렸다.}

○ 충렬왕忠烈王 9년(1283) {4월 을사乙巳에 고니와 같이 흰 색의 어떤 물건이 새 궁궐에서 일어나 하늘로 올라가서 남쪽으로 1리쯤 되는 곳에 떨어졌는데, 갑자기 보이지 않았다.}

○ 충숙왕忠肅王 8년(1321) {5월 초하루인 갑술甲戌에 이상한 흰 기체가 남쪽에 나타났는데, 길이가 20자 가량 되었다. 잠시 후에 활과 화살 모양으로 변하였는데, 그 가운데 별이 있었다. 처음에는 똬리를 틀고 있는 용과 같더니 다음에는 땅에 서려 있는 용과 같았다.}

○ (충숙왕) 9년(1322) {9월 병신丙申에 흰 안개가 사방에 덮였다.}

○ 공민왕恭愍王 6년(1357) {12월 신묘일辛卯日 밤에 흰 기체가 나타났는데, 바람이 불고 우레가 울면서 비가 내렸다.}

○ (공민왕) 16년(1367) {정월 병오일丙午日 밤에 서쪽 하늘이 매우 밝아서 대낮과 같았다.}

○ (공민왕) 22년(1373) {4월 정축일丁丑日 밤에 하늘에서 흰 털이 내렸는데, 그 길이가 2치[寸] 혹은 3~4치 정도 되고, 가늘기는 말갈기와 같았다.}

○ 신우辛禑 2년(1376) {11월 정미丁未에 서북면 만호西北面萬戶 김득제金得齊가 흰 노루를 바쳤다.}

○ (신우) 7년(1381) {4월 신유辛酉에 삼베와 같은 흰 기체가 달을 꿰뚫었다.}

42 『휘찬여사』에는 고종 3년으로 되어 있으나, 『고려사』 권54, 지 8, 오행 2에는 고종 43년(1256)으로 되어 있다.

흙[土]

오행의 다섯 번째는 흙[土]이다. 흙은 중앙에 위치하면서 만물을 생장시키는 것인데, 그중에서도 농사보다 중요한 일이 없다. 흙의 기운을 북돋우지 않으면 농사가 잘 되지 않으며, 쇠[金]·나무[木]·물[水]·불[火]도 이것에 따라 해를 끼치는 재앙이 된다. 그리하여 지진도 일어나고 흙비도 내리며, 때로는 밤에 요사스러운 기운이 나타나기도 하고, 때로는 병충해의 피해도 나타나며, 때로는 우화牛禍[43]가 생기기도 한다. 그 징조는 언제나 바람이 불고 그 색깔은 누르니, 이것을 황생 황상黃眚黃祥이라 한다.

(기근)

○ 인종仁宗 10년(1132) {7월에 서울에 기근이 들어 거리와 마을에 굶어죽은 시체가 서로 잇달았다.}

○ 고종高宗 17년(1230) {정월에 큰 기근이 들어서 길가에 굶어죽은 시체가 서로 잇달았다.}

○ (고종) 42년(1255) {봄에 큰 기근이 들었다.}

○ (고종) 44년(1257) {윤4월에 서울에 큰 기근이 들었다.}

○ (고종) 46년(1259) {정월에 큰 기근이 들었다.}

○ 충렬왕忠烈王 3년(1277) {3월 탐라耽羅(제주도)에 큰 기근이 들어서 백성 가운데에는 일가족이 모두 죽은 자도 있었다.}

○ (충렬왕) 13년(1287) {3월에 전라도에 기근이 들어서 간혹 자기 자식을 잡아먹는 사람도 있었다.}

○ 충목왕忠穆王 4년(1348) {4월에 서울에 큰 기근이 들었다.}

---

43 윗자리에 있는 사람의 마음이 밝지 않으면 일어나는 재앙.

○ 공민왕恭愍王 3년(1354) {6월에 기근이 들어 포목 한 필 값이 쌀 1말 3되[升]가 되었다.}

○ (공민왕) 8년(1359) {큰 기근이 들었다.}

○ (공민왕) 10년(1361) {4월 서북면西北面에 큰 기근이 들어서 도적이 벌떼처럼 일어났다.}

○ 신우辛禑 4년(1378) {5월 서울에 기근이 들었다.}

○ (신우) 6년(1380) {6월 서울에 기근이 들었다.}

○ (신우) 7년(1381) {5월 서울에 기근이 들었다.}

○ (신우) 8년(1382) {윤2월에 보리 싹이 나오지 않았다. 7월 서울에서 기근이 들어서 포목 한 필 값이 쌀 3~4되[升]였다.}

(전염병)

○ 명종明宗 17년(1187) {5월에 서울에 전염병이 크게 유행하였다. 5부五部(고려의 수도인 개경의 5개 행정구역)에 명령하여 명하여 도부신道符神(도교의 신)의 초제醮祭를 베풀어 액막이를 하도록 하였다.}

○ 고종高宗 41년(1254) {6월에 서울에 전염병이 크게 유행하여 죽은 자가 서로 겹쳐 있었다.}

○ (고종) 42년(1255) {서울에 전염병이 크게 유행하였다.}

○ 원종元宗 3년(1262) {서울에 전염병이 크게 유행하였다.}

○ 공민왕恭愍王 23년(1374) {3월에 서울에 전염병이 크게 유행하였다.}

(바람의 피해)

○ 태조太祖 15년(932) {5월 갑신甲申에 서경西京에 큰 바람이 불어서 관사가 무너지고 지붕 기와가 모두 날아갔다.}

○ 광종光宗 원년(950) {정월에 큰 바람이 불어 나무가 뽑혔다. 왕이 재앙을 물리칠 방도를 물으니, 사천대司天臺에서 아뢰기를, "덕을 닦는 것이 가장 좋습니다."라고 하였다. 이때부터 왕이 항상 『정관정요貞觀政要』[44]를 읽었다.}

○ 현종顯宗 2년(1011) {6월 정사丁巳에 폭풍이 불어 기왓장이 날리고 나무가 뽑혔다.}

○ (현종) 4년(1013) {4월 임신壬申에 바람이 거세게 불다가 3일만에야 멎었다.}

○ 정종靖宗 6년(1040) {7월 정축丁丑에 폭우가 내리고 강한 바람이 불어서 길 가던 사람이 거꾸러져 죽은 사람까지 있었으며, 광화문廣化門의 망새가 무너졌다.}

○ 선종宣宗 6년(1089) {4월에 찬바람이 세차게 불었다. 태사국太史局에서 아뢰기를, "반드시 전란과 한재가 있을 터이니 덕을 닦아서 이 재앙을 물리치시기를 바랍니다."라고 하였다.}

○ 예종睿宗 5년(1110) {8월 경진庚辰에 태풍이 불어 나무를 뽑고 곡식을 넘어뜨렸다.}

○ (예종) 7년(1112)[45] {10월 계축癸丑에 태풍이 불며 우박이 내리고, 개국사開國寺 탑이 벼락을 맞았다.}

○ 인종仁宗 2년(1124) {3월 병인丙寅에 태풍이 불고 흙비가 내렸다. 윤3월 임진壬辰에 낮이 밤같이 어두워졌다.}

○ (인종) 8년(1130) {6월 계미일癸未日 포시晡時(오후 3시~5시 사이)에 폭풍이 불어 나무가 꺾이고 모래가 날리고 우박이 내렸다. 태사국太史局에서 아뢰기를, "근래에 근거도 없이 음양설을 우겨대는 자들이 임금에게 번갈아 소식消息[46]을 올리고 예에 어긋난 재초齋醮[47]를 베풀고 있는데, 이는 비유하자면 약을 다 썼는데도 병은 차도가 없는 것과 같은데, 남녀노소 할 것 없이 사람들이 서로 모여서는 부처의 이름을 부르고 있습니다. 어사대御史臺와 가구소街衢所에 명령하여 금지시켜야 합니다."라고 하니 왕이 그 말을 따랐다. 7월 신해辛亥에 폭풍이 불어 나무가 뽑히고 우레와 번개가 치면서 오정리五正里 인가의 소나무가 벼락을 맞았다. 태사국太史局에서 아뢰기를, "입하立夏로부터 입추立秋가 지나도록 기후가 불순하여 바람과 비가 갑자기 닥쳐오며 간혹 우박까지 내렸습니다. 이 또한 물난리

---

44 당나라 태종이 여러 신하들과 나눈 정치에 대한 중요한 문답을 오긍吳兢이 40편으로 분류하여 정리한 책.

45 『휘찬여사』에는 예종 7년으로 되어 있으나, 『고려사』 권55, 지 9, 오행 3에는 예종 17년(1122)으로 되어 있다.

46 임금에게 인사人事의 잘잘못과 길흉 등을 자세히 보고하는 것을 말함.

47 재앙을 물리치고 복을 빌기 위해 여러 신에게 기도하는 도교의 제례의식.

나 가뭄 그리고 병란의 재해에 못지않으니 장래가 걱정스럽습니다. 제사를 지내고 액막이를 하는 것만으로 이 재앙을 없앨 수 없으니, 전하께서는 스스로 반성하시어 덕을 닦아서 하늘의 경고에 응답하시기를 바랍니다."라고 하였다. 왕이 그 말을 따랐다.}

○ (인종) 18년(1140) {6월 무진戊辰에 북동풍[艮風]이 무릇 5일 간이나 계속 불어 모든 곡식과 초목이 절반 이상 말라 죽었고, 지렁이가 길바닥에 나와 죽었는데 손으로 움켜쥘 정도로 많았다.}

○ 의종毅宗 12년(1158) {8월 경자庚子에 상서 형부尙書刑部에서 아뢰기를, "중형重刑을 판결하였더니, 비바람이 크게 일어 나무가 뽑히고 기와가 날아갔습니다."라고 하였다.}

○ 명종明宗 9년(1179) {7월 을유乙酉에 태풍이 불어 곡식이 상하였다. 9월 기미己未에 바람이 거세게 불고 우레가 울리며 눈이 내려서 태정문泰定門 오른쪽 망새가 무너졌다.}

○ (명종) 18년(1188) {10월 정축丁丑에 비바람이 크게 일어 2일간이나 계속되었다.}

○ 고종高宗 44년(1257) {3월에 바람이 항상 불었다. 소나무가 모두 뽑혔다.[48] 10월 경인庚寅에 바람이 불어 간악루看樂樓가 무너졌다.[49]}

○ 충렬왕 6년(1280) {8월에 전라도에서 태풍이 7일간 계속 불어 강물이 범람하여 벼가 상하였다.}

○ (충렬왕) 26년(1300) {9월 을사乙巳에 바람이 세게 불고 우레가 울리고 비가 내렸다.}

○ 충숙왕忠肅王 5년(1318) {5월 계미癸未에 태풍이 불어 길을 다니지 못하였다.}

○ (충숙왕) 후6년(1337) {10월 병신丙申에 북풍北風이 세게 불어 모래와 돌이 날리고 눈이 쌓였다. 바람 소리가 우레와 같았으며 사람과 말이 길에 다니지 못하였다.}

○ 충혜왕忠惠王 후2년(1341) {12월 정묘丁卯에 태풍이 불어 소나무 수천 그루가 뽑혔다.}

○ 충정왕忠定王 원년(1349) {윤7월 갑자甲子에 비바람이 거세게 일어나 도성 안의 지붕기와가 모두 날리고, 의봉루儀鳳樓가 무너졌으며, 송악松嶽과 용수산龍首山의 소나무가 모

---

48 『휘찬여사』의 이 기록은 잘못 기재된 것으로 『고려사』 권55, 지 9, 오행 3에 따르면 이는 충정왕 원년(1349)의 일이다.

49 『휘찬여사』에는 고종 44년의 일로 되어 있으나, 『고려사』 권55, 지 9, 오행 3에 따르면 이는 충정왕 원년(1349)의 일이다.

두 뽑혔다.}

○ 공민왕恭愍王 7년(1358) {2월 을묘乙卯에 폭풍이 불었다. 무술戊戌에 태풍이 불고 낮이 밤처럼 어둑하였다.}

○ (공민왕) 12년(1363) {3월[50] 기묘己卯에 회오리바람이 갑자기 일어나 시장 상점의 모든 물건들을 휘저어 높이 들어 공중으로 올려 갔다가 순군청巡軍廳 뜰에 떨어뜨렸다. 사람들이 앞 다투어 주워 가졌다.}

○ (공민왕) 16년(1367) {2월 임술壬戌에 큰 바람이 밤새도록 불었다. 계해癸亥에도 역시 그러하였다. 3월 신묘辛卯에 왕이 연복사演福寺에 행차하여 문수회文殊會를 크게 베풀었는데 신돈辛旽이 따라 갔다. 폭풍이 종일토록 불고 먼지가 하늘에 가득하여 사람들이 눈을 뜰 수 없을 정도였다. 문수회를 모두 7일간 하였는데 3일 간은 폭풍이 불었고 3일 간은 서리가 크게 내렸다.}

○ 신우辛禑 10년(1384) {6월 병술丙戌에 큰 바람이 밤새도록 불었다.}

(안개)

○ 목종穆宗 12년(1009) {9월에 안개가 항상 끼더니 겨울까지 계속되었다.}

○ 현종顯宗 5년(1014) {11월 무술戊戌에 짙은 안개가 끼더니 3일간 계속되었다.}

○ 문종文宗 7년(1053)[51] {12월 초하루인 신미辛未에 무지개가 나타나고 연일 안개가 끼었다.}

○ 예종睿宗 원년(1106) {11월 초하루인 무자戊子에 짙은 안개가 끼더니 3일간 계속되었다.}

○ 인종仁宗 7년(1129) {11월 경신庚申에 짙은 안개가 끼더니 이달 말까지 계속되었다.}

○ (인종) 11년(1133) {12월 병술丙戌에 안개가 끼더니 5일간 사방이 자욱하였고, 나무에 얼음이 맺혔다. 태사국太史局에서 아뢰기를, "하늘에서 비가 내리고 안개가 차가운 것

---

50 『휘찬여사』에는 3월로 되어 있으나, 『고려사』 권55, 지 9, 오행 3에는 윤3월로 되어 있다.

51 『휘찬여사』에는 문종 7년으로 되어 있으나, 『고려사』 권55, 지 9, 오행 3에는 문종 37년(1083)으로 되어 있다.

을 재앙을 내렸다고 이름 부르니 나라에 큰 근심이 있을 것입니다. 아마도 도적이 일어날 징조인 듯합니다."라고 하였다. 당시 묘청妙淸 등이 왕에게 서경西京으로 행차하도록 권하고 있었으므로 이와 같이 아뢴 것이다.}

○ 의종毅宗 18년(1164) {11월 무자戊子에 짙은 안개가 꼈다. 계묘癸卯에는 음침한 안개가 사방에 자욱하여 행인이 길을 잃었다. 태사국太史局에서 아뢰기를, "안개라는 것은 모든 사특한 기운인데, 이것이 연일 풀리지 않으면 나라가 혼란해집니다. 또 안개가 껴서 사방이 캄캄하여 10보 밖의 사람도 보이지 않으니, 이것은 낮이 밤처럼 어두운 것입니다. 대궐과 명당明堂(임금이 조회를 받는 정전正殿)은 조상 대대로 정치를 펼치던 곳으로 그 제도는 모두 천지 음양의 원리에 부합합니다. 그러므로 임금의 일거일동은 떳떳한 규례가 없어서는 안 됩니다. 그런데 지금 폐하께서는 거처하지 말아야 할 곳에 거처하시고, 신임하지 못할 사람을 신임하시며, 명당을 오랫동안 비워 두고 거처하지 않으십니다. 하늘에서 내리는 재앙을 두려워하면서도 반성하지 않으시고 옮겨 다님이 일정치 않으며 때 아닌 명령을 내리므로 이와 같은 재변이 있는 것입니다."라고 하였으나, 왕은 끝내 깨닫지 못하였다.}

○ 명종明宗 7년(1177) {2월부터 3월 기유己酉에 이르기까지 밤낮으로 항상 안개가 껴서 해와 달이 빛이 없었다.}

○ (명종) 15년(1185) {11월 경자庚子에 태사국太史局에서 아뢰기를, "입동立冬 때부터 계속해서 짙은 안개가 꼈는데, 또 이번 달 7일부터 10일까지 짙은 안개가 꼈습니다. 이는 간신이 임금을 해치려는 징조이므로 그 변고가 두렵습니다. 전하께서는 덕을 닦아서 재앙을 없애시기 바랍니다."라고 하였다. 왕은 다만 부처에게 기도하고 귀신들에게 빌고만 있을 뿐이었다.}

○ (명종) 23년(1193) {10월 경신庚申에 음침한 안개가 사방에 자욱하였다.}

○ 고종高宗 7년(1220) {정월 계축癸丑에 짙은 안개가 껴서 지척에서도 사람과 물건을 분간하지 못하였다.}

○ 공민왕恭愍王 3년(1354) {11월 임오壬午에 짙은 안개가 3일간 계속되었다.}

○ (공민왕) 11년(1362) {11월 정미丁未에 짙은 안개가 꼈다.}

○ (공민왕) 22년(1373) {4월 기묘己卯에 짙은 안개가 끼고, 흰 털이 비처럼 온 나라에

내렸다. 사람들이 모두 용의 털이라고 하였는데, 주어서 살펴보니 백마의 갈기였다.}

○ 신우辛禑 원년(1375) {정월 을해일乙亥日 아침에 짙은 안개가 껴서 지척에서도 사람과 물건을 분간하지 못하였다.}

○ (신우) 2년(1376) {11월 병술丙戌에 안개가 끼고 우박이 내리면서 번개와 벼락이 쳤다.}

○ (신우) 5년(1379) {10월 임진壬辰에 짙은 안개가 꼈는데 7일간이나 계속되었다.}

(낮인데도 캄캄한 현상)

○ 인종仁宗 2년(1124) {정월 병진丙辰에 낮이 캄캄하였다.}

○ 의종毅宗 12년(1158) {10월 을묘乙卯에 왕이 배주[白州]에 행차하여 병진丙辰에 중흥궐重興闕에 들어갔다. 정사丁巳에는 대화전大化殿에서 축하를 받았는데 이날 천지가 캄캄해지고 큰 바람이 불어 나무가 뽑혔다. 이에 왕이 자못 의심하여 다방면으로 기도하여 액막이를 하였다. 11월 병자丙子에 날이 밤과 같이 어두웠으며 따뜻하기가 3~4월 같았다.}

○ 신우辛禑 12년(1386) {11월 경오庚午에 하루 종일 컴컴하고, 나무에 얼음이 맺혀서 4일간 계속되었다.}

(흙비)

○ 선종宣宗 8년(1091) {4월 신축辛丑에 흙비가 내렸는데 3일간 계속되었다.}

○ 인종仁宗 2년(1124) {3월 병진丙辰에 흙비가 내렸는데 3일간 계속되었다.}

○ 신종神宗 3년(1200) {윤2월 무신戊申에 사방[52]이 어두컴컴해지고 흙비가 2일간 내렸다. 경오庚午에 사방이 어두컴컴해지며 하루 종일 흙비가 내렸다.}

(지진)

○ 광종光宗 22년(971) {12월 임인壬寅에 지진이 있었다.}

---

52 『휘찬여사』에는 사월四月로 되어 있으나, 『고려사』 권55, 지 9, 오행 3에 따르면 이는 사방四方의 오기인 듯하다.

○ (광종) 23년(972) {2월에 지진이 있었다.}

○ 정종靖宗 원년(1035) {6월 병진丙辰에 서울에서 지진이 있었다. 8월 신미辛未에 서울에서 지진이 있었는데, 그 소리가 우레 소리와 같았다.}

○ (정종) 2년(1036) {6월 무진戊辰에 서울과 동경東京(경주慶州) 및 상주尙州와 광주廣州 2개 고을과 안변부安邊府 등 관내 주州와 현縣에서 지진이 발생하여 많은 집들이 파괴되었다. 동경東京은 3일만에야 멎었다.}

○ 문종文宗 20년(1066) {4월 경인庚寅에 서울에서 지진이 있었다.}

○ 숙종肅宗 8년(1103) {11월 기축己丑에 서울에서 지진이 있었다. 12월 무오戊午에 서울에서 지진이 있었다.}

○ 인종仁宗 12년(1134) {6월 기묘己卯에 동경東京에서 지진이 있었다.}

○ (인종) 15년(1137) {3월 을해乙亥에 서경西京에서 지진이 있었다.}

○ 의종毅宗 6년(1152) {3월 초하루인 병신丙申에 지진이 있었다. 4월 병인丙寅에도 지진이 있었다.}

○ (의종) 13년(1159) {11월 을미乙未에 지진이 있었는데, 그 소리가 우레 소리와 같았다.}

○ (의종) 17년(1163) {10월 병인丙寅에 지진이 있었다.}

○ 명종明宗 9년(1179) {11월 무오戊午에 지진이 있었다.}

○ (명종) 14년(1184) {3월 신축辛丑에 서울에서 지진이 있었다. 점을 치자 그 괘에 "신하가 신하 노릇을 아니한다."라고 하였다.}

○ (명종) 26년(1196) {2월 정묘丁卯에 서울에서 지진이 있었다. 점을 치자 그 괘에 "나라의 모든 명령이 신하에게서 나온다."라고 하였다.}

○ 고종高宗 10년(1223) {8월 갑신甲申에 서경西京에서 큰 지진이 있었다. 기유己酉에도 또 지진이 있었다.}

○ (고종) 14년(1227) {2월 경인庚寅에 큰 지진이 있었다. 계묘癸卯에도 또 지진이 있었다.}

○ 원종元宗 원년(1260) {5월 경술庚戌에 큰 지진이 일어나서 집과 담이 무너졌는데, 서울이 더욱 심하였다.}

○ (원종) 11년(1270) {2월 무자戊子에 큰 지진이 있었다.}

○ 충숙왕忠肅王 7년(1320)[53] {6월 병인丙寅에 왕이 배주[白州] 등암사燈巖寺에 행차하였는데, 큰 지진이 있었다. 밤에도 또 지진이 있었다. 을해乙亥에도 세 차례나 지진이 있었다. 임오壬午에도 또 지진이 있었다. 병술丙戌과 정해丁亥에도 또 지진이 있었다.}

○ 공민왕恭愍王 6년(1357) {윤9월 병진丙辰에 큰 지진이 있었고, 바람이 세차게 불고 우레가 울리며 비가 내렸다.}

○ (공민왕) 7년(1358) {10월 임오壬午에 지진이 있었다. 우박이 많이 쏟아지고 우레와 번개가 쳤다.}

○ (공민왕) 15년(1366) {5월 갑오甲午에 큰 지진이 있었다. 을사乙巳에 서울에서 큰 지진이 있었다.}

○ (공민왕) 23년(1374) {11월 기사己巳에 큰 지진이 있었다.}

○ 신우辛禑 11년(1385) {7월 무인戊寅에 지진이 있었는데 그 소리가 군대에서 말이달리는 소리와 같았다. 집과 담이 무너져서 사람들이 모두 나와서 피했으며, 송악松嶽 서쪽 봉우리의 돌이 넘어졌다. 이에 신우가 "이 지진이 일어나는 것은 하늘이 요동遼東을 무너뜨리고자 함이 아닐까?"라고 하였다.}

(구멍이나 산이 갑자기 나타나는 현상/ 암석의 분열 등)

○ 목종穆宗 5년(1002) {6월 탐라耽羅(제주도)에서 산에 네 개의 구멍이 뚫어지며 붉은 물이 솟아 나오다가 5일만에야 멎었는데 그 물이 모두 용암으로 되었다.}

○ (목종) 10년(1007) {탐라의 바다 가운데에서 서산瑞山이 솟아 나왔다. 대학 박사大學博士 전공지田拱之를 보내어 살펴보게 하였는데, 탐라 사람들이 말하기를, "산이 처음 나올 적에는 구름과 안개가 자욱하여 날이 캄캄해지면서 땅이 흔들리는데 우레 소리와 같았으며, 무릇 7일만에야 날이 처음으로 개었다. 산의 높이는 백여 길[丈]이나 되고 주위는 40여 리 가량 되는데, 풀이나 나무는 없고 연기만이 산 위에 자욱하였다. 바라보니

53 『휘찬여사』에는 충숙왕 7년으로 되어 있으나, 『고려사』 권55, 지 9, 오행 3에는 충숙왕 후7년(1338)으로 되어 있다.

석류황石硫黃(유황) 같아서 사람들이 두려워하여 가까이 가지 못하였다."라고 하였다. 전공지가 직접 그 산 밑까지 가서 산의 형상을 그려 가지고 돌아와서 왕에게 바쳤다.}

○ 현종顯宗 18년(1027) {7월 계해癸亥에 송악松嶽이 무너졌다.}

○ 인종仁宗 10년(1132) {윤4월 정미丁未에 북숭산北崇山의 암석이 저절로 쪼개졌다.}

○ 명종明宗 6년(1176) {5월 을축乙丑에 송악의 두 신사 사이에 있는 큰 돌이 저절로 깨뜨려져서 세 개로 되었다.}

○ (명종) 18년(1188) {7월 기유己酉에 영평문永平門 앞길의 사자 바위師子岩가 저절로 쪼개져서 세 개로 되었다.}

○ 충렬왕忠烈王 19년(1293) {4월 신해辛亥에 마리산摩利山이 무너지면서 벼락 치는 소리가 났다.}

○ 충숙왕忠肅王 후원년(1332) {7월 병자丙子에 송악의 큰 암석이 무너지면서 다섯 개로 쪼개졌다.}

○ 공민왕恭愍王 23년(1374) {7월 계사癸巳에 삼각산三角山의 가운데 봉우리가 무너졌다.}

○ 신우辛禑 11년(1385) {7월 경진庚辰에 광주廣州 도미사渡迷寺의 산꼭대기에서 물이 솟아 나와서 인가가 잠기고 떠내려가기도 하였다.}

○ (신우) 14년(1388) {6월 임신壬申에 삼각산의 국망봉國望峰이 무너졌다.}

(두꺼비/ 지렁이/ 독충/ 개미/ 거미 등)

○ 태조太祖 8년(925) {3월 계축癸丑에 두꺼비가 궁성 동쪽 어제魚堤에 나타났는데 헤아릴 수 없이 많았다. 병진丙辰에 지렁이가 궁성에서 나왔는데 그 길이가 70자나 되었다. 당시 사람들이 발해국渤海國이 우리나라에 내투來投할 징조라고 하였다.}

○ 고종高宗 33년(1246) {5월에 비가 내렸는데 독 있는 벌레가 함께 내려 왔다. 그 벌레가 가느다란 그물 같은 것에 싸여 있어서 해체해 보니 흰 털이 잘린 것과 같았다. 음식물과 함께 사람의 뱃속에 들어가거나 사람들의 피부를 빨아먹든지 하면 사람이 즉시 죽었다. 그리하여 당시에 이 벌레를 식인충食人蟲이라고 불렀다. 여러 가지 약으로 시험해 보아도 죽지 않았는데, 파 즙[蔥汁]을 바르자 곧 죽었다.}

○ 공민왕恭愍王 8년(1359) {5월 정유丁酉에 붉고 검은 개미떼가 서로 싸웠다. 사천감司天監에서 아뢰기를, "병지兵志에 이르기를 '개미가 싸우면 전란이 크게 일어난다.'라고 하였습니다."라고 하였다.}

○ (공민왕) 9년(1360) {4월 임진壬辰에 붉고 검은 개미떼가 서로 싸웠는데, 전 해와 마찬가지로 모두 초6일이었다.}

(벼멸구)

○ 현종顯宗 8년(1017) {6월에 벼멸구가 생겼다.}

○ (현종) 9년(1018) {5월에 서북계西北界에서 벼멸구가 생겼다.}

(소)

○ 숙종肅宗 4년(1099) {2월 동북면東北面 정주定州의 민가에서 소가 송아지를 낳았는데, 몸뚱이는 하나이고 머리가 둘 달리고 귀는 세 개었다.}

○ 충렬왕忠烈王 5년(1279) {12월에 경상도에서 우역牛疫(소와 양 등에 생기는 급성 전염병)이 돌았다. 병든 소를 도살한 사람의 손이 문드러져서는 죽었다.}

○ 신우辛禑 13년(1387) {12월에 나라에서 제사용으로 기르던 가축이 저절로 죽었다.}

(누런색의 이상한 현상)

○ 현종顯宗 9년(1018) {4월 경오庚午에 누런 안개가 사방에 자욱하였는데, 4일간이나 계속되었다.}

○ 의종毅宗 10년(1166) {4월 정해丁亥에 누렇고 붉은 안개가 자욱하였다.}

○ 명종明宗 18년(1188) {7월 무신戊申에 동계東界의 진명鎭溟 지방에서 누런 벌레와 누런 쥐가 비와 함께 내려와서 곡식에 큰 손해를 주었다.}

○ 고종高宗 44년(1257) {6월 갑술甲戌에 누렇고 붉은 구름이 하늘을 둘렀는데 환하여 낮과 같이 밝았다.}

○ 원종元宗 14년(1273) {정월 을묘乙卯에 동쪽에서 누렇고 자줏빛의 기체가 나타났다.

그 중에서 한 줄이 곧추 서서 하늘에 닿았는데 탑과 같았다.}

○ 공민왕恭愍王 10년(1361) {6월 계묘癸卯에 개성의 큰 우물에서 물이 누렇게 끓어올랐다.}

○ (공민왕) 15년(1366) {12월 을축乙丑에 누런 안개가 사방에 자욱하였다.}

○ (공민왕) 17년(1368) {9월 병진丙辰에 누런 안개가 사방에 자욱하였다. 경신庚申 에도 또한 그러하였다.}

○ 신우辛禑 11년(1385) {3월 무인戊寅에 연주漣州의 징파도澄波渡에서 물이 3일간 누렇게 흐렸다.}

(땅의 함몰)

○ 목종穆宗 4년(1001) {중원부中原府 장연현長淵縣에서 논 3결이 함몰되어 못을 이루었는데 그 깊이를 헤아릴 수 없었다.}

○ 고종高宗 원년(1212) {5월 경진庚辰에 서경 법기사法器寺의 방 한 칸이 함몰되었는데, 둘레가 82자이고 깊이는 20자 가량 되었다.}

○ 충렬왕忠烈王[54] 3년(1277) {9월 신유辛酉에 옛 수녕궁壽寧宮 어좌御座가 무너지고 땅이 갈라졌는데, 그 길이가 몇 걸음步이나 되었다.}

(벼와 보리)

○ 숙종肅宗 3년(1098) {10월에 영광군靈光郡과 그 관내 군郡과 현縣에서는 벼를 한 번 심어서 두 번 추수를 하였다.}

○ 예종睿宗 11년(1116) {6월 병자丙子에 상주尙州에서 이상한 보리를 바쳤는데 보리 한 줄기에 네 이삭이 매달려 있었다.}

○ 공민왕恭愍王 15년(1366) {10월 임자壬子에 전라도 도순문사全羅道都巡問使 김유金庾가 열 마디나 되는 벼를 바쳤다.}

54 『휘찬여사』에는 충렬왕 3년으로 되어 있으나, 『고려사』 권55, 지 9, 오행 3에는 충선왕忠宣王 3년(1311)으로 되어 있다.

| 휘찬여사 권9 |

지리지 1

지리지地理志 1

(지리지론地理志論)

지리지에 대하여 다음과 같이 논한다.[論曰]

기자조선[箕氏]이 망한 이후에 우리나라에서 큰 나라는 삼한三韓이 있었고 작은 나라는 무려 100여 국이나 되었다. 뒤에 통합하여 세 큰 나라가 되었으니 고구려, 신라, 백제가 그것이다. 고려 시조가 고구려의 옛 땅에서 일어났다. 그래서 나라의 호를 "고려高麗"라고 정하고 신라, 백제를 병합하여 하나가 되었다. 개경에 도읍을 정하고 신라, 백제의 땅을 동남도東南道라고 하여 도부서사都部署使를 두어 거느리게 하고 다시 여러 주부州府의 칭호만을 바꾸었다. 나라를 세우는 큰 일만 겨우 정해졌고 그 경략經略은 아직 겨를이 없었다.

○ 성종 2년(983)에 12목牧을 두었다. 광주廣州, 충주忠州, 청주淸州, 공주公州, 진주晉州, 상주尙州, 양주楊州, 전주全州, 해주海州이다.{나머지 둘은 어느 지역인지 미상이다.}

○ (성종) 14년(995)에 경내를 10도로 나누었다. 관내關內{양주楊州, 광주廣州, 황주黃州, 해주海州 등지이다.}, 중원中原{충주忠州, 청주淸州 등이다.}, 하남河南{공주公州, 홍주洪州 등이다.}, 강남江南{전주全州, 영주瀛州, 순주淳州, 마주馬州}, 영남嶺南{상주尙州 소관 지역이다.}, 영동嶺東{경주慶州, 금주金州 소관 지역이다.}, 산남山南{진주晉州 소관 지역이다.}, 해양海陽{광주光州, 나주羅州, 담주潭州, 낭주朗州, 정주靜州, 승주昇州, 패주貝州 등이다.}, 삭방朔方{춘주春州 등의 군郡이다.}, 패서浿西{서경西京 소관 지역이다.}인데, 모두 전운사轉運使를 두고, 12군軍을 세웠다. 양주楊州를 좌신책군左神策軍, 해주海州를 우신책군右神策軍이라 하여 2보輔라고 칭하고, 황주黃州를 천덕군天德軍, 광주廣州를 봉국군奉國軍, 충주忠州를

창화군昌化軍, 청주淸州를 전절군全節軍, 공주公州를 안절군安節軍, 전주全州를 순의군順義軍, 상주尙州를 귀덕군歸德軍 , 진주晉州를 정해군定海軍, 나주羅州를 진해군鎭海軍, 승주昇州를 충해군充海軍이라고 하고 모두 절도사節度使를 두었으며, 동서북東西北에는 병마사兵馬使를 두었다.

○ 현종 3년(1012). 절도사를 폐지하고 5도호都護와 75도안무사道按撫使를 두었다가 곧 혁파하고, 4도호都護{영주안북대도호寧州安北大都護, 전주안남대도호全州安南大都護, 해주안서대도호海州安西大都護, 경주안동대도호慶州安東大都護}, 8목牧{광廣 · 충忠 · 청淸 · 진晉 · 상尙 · 나羅 · 황黃}을 두었다.

○ (현종) 20년(1029). 전운사를 혁파하였다. 이때부터 5도 양계를 정하였다. 관내關內 · 중원中原 · 하남河南을 합하여 양광도楊廣道, 영동嶺東 · 영남嶺南 · 산남山南을 합하여 경상도, 강남江南 · 해양海陽을 합하여 전라도, 삭방朔方을 교주도交州道, 관내關內의 소관인 황해黃海 등지를 할애하여 서해도西海道로 하였다. 대령大嶺의 동쪽으로 남쪽에는 평해平海, 북쪽으로는 등주登州까지를 동계東界라고 하고, 패서浿西를 북계北界로 하였다. 적현赤縣 6현과 기현畿縣 7현은 상서도성尙書都省에 직접 예속시켰다. 여러 도道에는 안찰사를 두어 통할하게 하였다.

○ 충렬왕 2년(1276)에 안무安撫를 순무巡撫로 바꾸었고, 안찰사按察使를 안렴사按廉使로 바꾸었다.

○ 충선왕 즉위년(1298)에 경상 · 전라 · 충청 3도의 땅이 커서 안렴부사按廉副使를 더 두었다.

○ 신창辛昌(1389) 8월에 안렴을 파하고 양부兩府 대신으로 도관찰출척사都觀察黜陟使로 삼았다.

○ 공양왕 원년(1389)에 비로소 (도관찰출척사를) 제수除授를 하여 그 임무를 전담하도록 하였다.

○ (공양왕) 2년(1390)에 관찰사를 두었다가 (공양왕) 4년에 혁파하고 안렴사를 복구하였다.

모두 경京이 4, 목牧이 8, 부府가 15, 군郡이 129, 현縣이 335이다. 동·서·남쪽은 바다와 접해있고, 북쪽은 육지와 이어져 있는데, 둘레가 7000리이다.

처음에 고구려의 땅이 서쪽으로는 요遼에 닿았고, 북쪽으로는 숙신肅愼의 땅에 닿았다. 고구려가 망하고 당 나라도 쇠퇴하자, 당 나라의 유幽·계薊 지역을 거란이 침식하였고, 고구려의 서북계는 여진이 점거한 바가 되었는데, 여진도 역시 고구려의 부락部落이다. 윤관尹瓘이 여진을 격파하여 선춘령先春嶺을 경계로 하였는데, 고구려 때의 비석의 자취[碑跡]이 아직도 있는 것이 있다. 어떤 역사가가 말하기를, 서북은 당 나라 이래로 압록강을 한계로 하고 동북쪽은 고구려 때보다 넘었다고 하였는데, 이는 역사가의 잘못이다. 대개 동북쪽에 이른 것은 역시 고구려에 미치지 못하였다. 고려 시조가 개마蓋馬(지명)를 복구할 수가 없었던 것은 예조藝祖(개국開國한 제왕帝王을 예조藝祖라 함. 여기에서는 당唐 고조高祖)가 유幽·계薊를 취할 수가 없었던 것과 같다.

본조(조선)가 개국하여 비로소 6진鎭을 두어 고구려 때의 옛 강토를 복구할 수가 있었다. 명나라에서 연경燕京에 자리를 잡을 때가 마침 그때였다. 아! 변경의 득실은 처음과 끝을 중국과 서로 같이 했음이 여기에서 볼 수 있으니, 그 성쇠와 치란을 가히 볼 수가 있다. 대개 천하 국가를 가진 자는 그 치란과 존망이 덕에 있는 것이지 토지의 광협에 있는 것이 아니다. 그래서 원래 가지고 있지 않던 것을 애써 넓히는 것을 공으로 한 자는 망하였고, 원래 가지고 있던 토지를 보기를 그다지 아깝게 보지 않고 버리는 것으로 남의 자산이 되게 했던 자도 망하였다. 아! 여기에서 그 기미機微를 살필 수 있지 않은가.

왕경개성부王京開城府

원래 고구려의 부소갑扶蘇岬인데, 신라 때에는 송악군松嶽郡으로 고쳤으며 (고려에 와서) 태조 2년에 수도를 송악산 남쪽에 정하면서 개주開州라 하고 여기다 궁궐을 새로 세웠다.{회경전會慶殿을 뒤에 승경전承慶殿으로, 응건전膺乾殿을 봉원전奉元殿으로, 장령전長齡殿을 천령전千齡殿으로, 사경전舍慶殿을 향복전向福殿으로, 건명전乾明殿을 저상전儲祥殿으로, 명경전明慶殿을 금명전金明殿으로, 건덕전乾德殿을 대관전大觀殿으로, 문덕전文德殿을 수문전修文殿으로, 연영전延英殿을 집현전集賢殿으로, 선정전宣政殿을 광인전廣仁殿으로, 선명전宣明殿을 목청전穆淸殿으로, 사원전舍元殿을 정덕전靜德殿으로, 만수전萬壽殿을 영수전永壽殿로, 중광전重光殿을 강안전康安殿으로, 연친전宴親殿을 목친전睦親殿으로, 오성전五星殿을 영헌전靈憲殿으로, 자화전慈和殿을 집희전集禧殿으로, 정양궁正陽宮을 서화궁書和宮으로, 수춘궁壽春宮을 여정궁麗正宮으로, 망운루望雲樓를 관상루觀祥樓로, 의춘루宜春樓를 소휘루韶暉樓로, 신봉문神鳳門을 의황문儀凰門으로, 춘덕문春德門을 체통문棣通門으로, 대초문大初門을 태정문泰定門으로, 창합문閶闔門을 운룡문雲龍門으로, 회일문會日門을 이빈문利賓門으로, 창덕문昌德門을 홍례문興禮門으로, 개경문開慶門을 황극문皇極門으로, 금마문金馬門을 연수문延水門으로, 천복문天福門을 자신문紫宸門으로, 통천문通天門을 영통문永通門으로, 경양문景陽門을 양화문陽和門으로, 안우문安祐門을 순우문純祐門으로, 좌우 승천문左右承天門을 통가문通嘉門으로, 좌우 선경문左右宣慶門을 부우문敷祐門으로, 좌우 연우문延祐門을 봉명문奉明門으로, 연수문延守門을 교화문敎化門으로, 장녕문長寧門을 조인문朝仁門으로, 선화문宣化門을 통인문通仁門으로, 홍태문興泰門을 분방문芬芳門으로, 양춘문陽春門을 광양문廣陽門으로, 태평문太平門을 중화문重化門으로, 백복문百福門을 보화문保化門으로, 통경문通慶門을 성덕문成德門으로, 동화문東化門을 경도문慶度門으로, 서화문西化門을 향성문向成門으로, 대청문大淸門을 청태문淸泰門로, 영안문永安門을 홍안문興安門으로 각각 개칭하였다.} 시전市廛을 세우고 방리坊里를 구분하여 5개의 부部로 나누었다.

○ 광종光宗 11년(960)에 개경開京을 황도皇都라고 고쳤다.

○ 성종成宗 6년(987)에 5부部의 방리를 개편하였다.

○ 성종 14년(995)에는 개성부開城府로 되어 적현赤縣 6개와 기현畿縣 7개를 관할하였다.

○ 현종 9년(1018)에 부府를 없애고 현령縣令을 두어 정주貞州, 덕수德水, 강음江陰 등 3개 현을 관할하고 또한 장단長湍 현령이 송림松林, 임진臨津, 토산兎山, 임강臨江, 적성積城, 파평坡平, 마전麻田 등 7개 현을 관할케 하면서 모두 상서도성尙書都省에 직속시켰는

데, 이것을 경기京畿라고 하였다.

○ (현종) 15년(1024)에는 다시 서울 5개 부部의 방리를 정하였다.{동부東部는 방坊이 7개요 리里가 70개인 바 그 7개의 방은 즉 안정방安定坊, 봉향방奉香坊, 영창방令昌坊, 송령방松令坊, 양제방楊堤坊, 창령방倉令坊, 홍인방弘仁坊이다. 남부南部는 방이 5개요 리가 71개인 바, 그 5개의 방은 즉 덕수방德水坊, 덕풍방德豊坊, 안흥방安興坊, 덕산방德山坊, 안신방安申坊이다. 서부西部는 방이 5개요 리가 81개인 바, 그 5개의 방은 즉 삼송방森松坊, 오정방五正坊, 건복방乾福坊, 진안방鎭安坊, 향천방香川坊이다. 북부北部는 방이 10개요 리가 47개인 바, 그 10개의 방은, 즉 정원방正元坊, 법왕방法王坊, 흥국방興國坊, 오관방五冠坊, 자운방慈雲坊, 왕륜방王輪坊, 제상방堤上坊, 사내방舍乃坊, 사자암방師子岩坊, 내천왕방內天王坊이다. 중부中部는 방이 8개요 리가 75개인 바, 그 8개의 방은 즉 남계방南溪坊, 흥원방興元坊, 홍도방弘道坊, 앵계방鸎溪坊, 유암방由岩坊, 변양방變羊坊, 광덕방廣德坊, 성화방星化坊이다.}

○ (현종) 20년(1029)에 서울의 나성羅城이 준공되었다.{왕이 처음 즉위하자 장정 30만 4천 4백 명을 징발하여 이 성 축조에 착수하였는 바, 이 해에 와서 공사가 끝났다. 성의 주위는 2만 9천 7백 보步요 나각羅閣은 1만 3천 간間이며 대문大門이 4개, 중문中門이 8개, 작은 문[小門]이 13개인 바 즉 자안紫安, 안화安和, 성도成道, 영창靈昌, 안정安定, 숭인崇仁, 홍인弘仁, 선기宣旗, 덕산德山, 장패長覇, 덕풍德豊, 영동永同, 회빈會賓, 선계仙溪, 태안泰安, 앵계, 선암仙巖, 광덕光德, 건복乾福, 창신昌信, 보태保泰, 선의宣義, 산예狻猊, 영평永平, 통덕通德문 등이다. 또 황성皇城은 2천 6백 간間이며 문이 20개인바 광화廣化, 통양通陽, 주작朱雀, 남훈南薰, 안상安祥, 귀인歸仁, 영추迎秋, 선의宣義, 장평長平, 통덕通德, 건화乾化, 금요金耀, 태화泰和, 상동上東, 화평和平, 조종朝宗, 선인宣仁, 청양靑陽, 현무玄武, 북소北小문 등이다. 어떤 사람은 이 성 구축에 동원된 장정이 23만 8천 9백 38명이요 공장工匠이 8천 4백 50명이며 성 주위는 1만 6백 60보步이고 높이는 27척尺, 두께는 12척, 낭옥廊屋은 4천 9백 10간이라고 하였다.}

○ 문종文宗 16년(1062)에 지개성부사知開城府事를 복구하여 (상서)도성尙書都省이 관할하던 11개 현을 모두 이에 소속시켰다. 또한 서해도 평주平州 임내任內인 우봉군牛峯郡

을 여기에 소속시켰다.

○ 충렬왕忠烈王 34년(1308)에 부윤府尹 이하의 관리를 두어 서울 성안을 맡아 보게 하고 따로 개성현을 설치하여 성 밖을 맡게 하였다.

○ 공민왕恭愍王 7년(1358)에 송도 외성外城을 수축하였다.

○ 공양왕恭讓王 2년(1390)에는 경기를 좌左, 우右 도로 나누어, 장단, 임강, 토산, 임진, 송림, 마전, 적성, 파평 등 현을 좌도로, 개성, 강음, 해풍海豊, 덕수, 우봉 등 현과 군을 우도로 만들었다. 또한 문종의 옛 제도에 의하여{문종 23년(1069) 정월에 양광도楊廣道의 한양漢陽·사천沙川·교하交河·고봉高峯·풍양豊壤·심악深岳·행주幸州·해주海州·견주見州·포주抱州·봉성峯城·김포金浦·양천陽川·부평富平·동성童城·석천石泉·황조荒調·황어黃魚·부원富原·과주果州·인주仁州·안산安山·금주衿州·남양南陽·수안守安, 교주도交州道의 영흥永興·토산兎山·안협安峽·승령僧嶺·삭령朔嶺·철원鐵原, 서해도西海道의 연안延安·백주白州·평주平州·협주俠州·신은新恩·우봉牛峯·통건通建·안주安州·봉주鳳州·서흥瑞興 등의 주현을 경기에 소속시켰다.}, 양광도의 한양·남양南陽·인주·안산·교하·양천陽川·금주衿州·과주果州·포주抱州·서원瑞原·고봉과 교주도의 철원·영평永平·이천伊川·안협安峽·연주漣州·삭령朔寧을 경기 좌도에, 양광도의 부평·강화·교동喬桐·김포·통진과 서해도의 연안·평주·백주·곡주谷州·수안遂安·재령載寧·서흥瑞興·신은新恩·협계俠溪를 경기 우도에 각각 소속시켰으며, 두 도에 각각 도관찰출척사都觀察黜陟使를 두고 수령관首領官으로 그를 보좌輔佐케 하였다.

○ 왕도王都의 진산鎭山은 송악松嶽{혹은 숭악崧嶽이라고도 하는 바 산마루에 귀신을 모신 사당이 있다.}이며, 또 용수산龍岫山, 진봉산進鳳山, 동강東江{정주貞州에 있다.}, 서강西江{즉 예성강禮成江이다.}, 벽란도碧瀾渡 나루가 있고, 본 개성부에 소속된 군이 1개, 현이 12개 있다.

개성현開城縣{원래 고구려 때의 동비홀冬比忽인데, 신라 경덕왕景德王 15년(756)에 개성군으로 고쳤다. 현종 9년에 개성부를 없애고 개성 현령縣令을 두어 정주貞州, 덕수德水, 강음江陰 등 3개 현을 관할케 하면서 상서 도성에 직속시켰다. 충렬왕忠烈王 34년에 개성부로 하여금 서울 성안을 맡아 보게 하고, 따로 개성현을 두어 성 밖을 맡아 보게 하였다. 이 현에 대정大井이란 우물이 있는데, 세간에서 전하기를 의조懿祖가 용녀龍女에게 장가들어 처음 개성산開城山 기슭에 이르러 은 바리[銀盂]로 땅을 팠더니 곧 물이 솟아 나왔으므로 이로써 우물을 만들었다고 한다. ○기평 나루岐平渡가 있다.}

우봉군牛峰郡{원래 고구려의 우잠군牛岑郡〈혹은 우령牛嶺 혹은 수지의首知衣라고도 한다.〉이었는데, 신라 경덕왕 때에 지금 명칭으로 고쳤다. 현종 9년에 평주平州의 속현으로 되었다가 문종 16년(1062)에 본 개성부에 소속시켰으며 예종睿宗 원년(1106)에 감무監務를 두었다. 구룡산九龍山 고려 왕의 조상인 성골 장군聖骨將軍의 사당이 있다. 그러므로 일명 성거산聖居山이라고도 한다. ○박연朴淵 상하 두 개의 못이 있는데 모두 그 깊이를 알 수 없으며 가물에 여기에서 기우제를 지내면 즉시 비가 온다. 윗 못 가운데에 올라가서 구경할 수 있을 만큼 넓고 편편한 바위가 있다. 문종이 어느 때 이곳에 와서 그 바위 위에 올라갔더니 갑자기 바람이 일고 비가 쏟아져서 바위가 진동하였다. 문종이 놀래고 겁에 질렸다. 이때 이영간李靈幹이 왕을 모시고 있다가 용의 죄상을 지적하는 글을 써서 못에 던졌더니 용이 즉시 그 등을 물 위에 드러내므로 곧 이를 곤장으로 두들겨서 물이 온통 빨개졌다.}

정주貞州{원래 고구려의 정주貞州인데, 현종 9년에 개성현의 속현으로 되었다가 문종 16년에 본 부에 소속되었으며 예종 3년(1108)에 승천부昇天府로 고쳐서 지부사知府事를 두었다. 충선왕忠宣王 2년(1310)에 강등되어 해풍군海豊郡이 되었다. 백마산白馬山, 장원정長源亭〈도선道詵의 『송악명당기松岳明堂記』에 이르기를 '서강西江 가에 군자가 말을 타고 있는 형상인 명당자리가 있는 바, 태조가 국토를 통일한 병신년(936)으로부터 120년이 지나 이곳에 정자를 정하면 고려 왕조가 오래 유지될 수 있다.'고 하였다. 그래서 문종이 태사령太史令 김종윤金宗允 등에게 명령하여 명당자리를 잡게 하여 서강의 병악餠岳 남쪽에 궁궐을 건축하였다.〉 ○하원 나루河源渡〈주의 남쪽에 있다.〉 ○중방제重房堤〈중방 비보重房裨補였다고 한다. 매년 봄과 가을에 반주班主가 부병府兵을 데리고 와서 이를 수축

한다.〉 등이 있다.}

덕수현德水縣{원래 고구려의 덕물현德勿縣〈인물현仁物縣이라고도 한다.〉인데, 신라 경덕왕 때에 지금 명칭으로 고쳤다. 현종 9년에 개성현의 소속 현으로 되었고 문종 10년(1056) 이 현에 흥왕사興王寺를 창건함에 따라 현 소재지를 양천楊川으로 옮겼다가 (문종) 16년에 본 부에 소속시켰고, 공양왕 원년(1389)에 감무監務를 두었다. 조강 나루祖江渡와 인녕 나루引寧渡가 있다.}

강음현江陰縣{원래 고구려의 굴압현屈押縣〈강서江西라고도 한다.〉인데, 신라 경덕왕 때에 지금 명칭으로 고쳐서 송악군松岳郡의 영현領縣으로 만들었다. 현종 9년에 개성현의 속현으로 되었고 문종 16년에 본 부에 소속시켰으며 인종 21년(1143)에 감무를 두었다.}

장단현長湍縣{원래 고구려의 장천성현長淺城縣〈야야耶耶 또는 야아夜牙라고도 한다.〉인데, 신라 경덕왕 때에 지금 명칭으로 고쳐서 우봉군의 영현으로 만들었다. 목종穆宗 4년(1001)에 시중侍中 한언공韓彦恭의 내향內鄕이라는 이유로 단주湍州로 승격시켰고, 현종 9년에 다시 현령으로 복귀하여 상서 도성에서 관할케 하였으며, 문종 16년에 본부에 소속시켰다.} 장단 나루長湍渡가 있다.〈강 양쪽 기슭에 푸른 바위가 벽처럼 솟아 있어서 수십 리 밖에서 바라보면 마치 그림과 같다. 세간에 전하기를 태조가 이곳에 와서 놀고 간 곳이라고 하는데, 민간에서는 지금까지도 당시의 노래 곡조를 전한다.〉}

임강현臨江縣{원래 고구려의 장항현獐項縣〈고사야홀차古斯也忽次라고도 한다.〉인데, 신라 경덕왕 때에 지금 명칭으로 고쳐서 우봉군의 영현으로 만들었다. 현종 9년에 장단현의 속현으로 되었고, 문종 16년에 본 부에 소속시켰으며, 공양왕 원년에 감무監務를 두었다. 영통사靈通寺〈경치가 매우 아름다운 점에서 송도 서울에서 첫째인데, 즉 아간阿干인 강충康忠 보육성인寶育聖人이 살던 마아갑摩阿岬 지역이다.〉가 있다.}

토산현兎山縣{원래 고구려의 오사함달현烏斯含達縣인데, 신라 경덕왕 때에 지금 명칭으로 고쳤다. 현종 9년에 장단현의 속현으로 되었다가, 문종 16년에 본 부에 소속시켰으며, 예종 원년에 감무監務를 두었다.}

임진현臨津縣{원래 고구려의 임진성현臨津城縣〈오아홀烏阿忽이라고도 한다.〉인데, 신라 경덕왕 때에 지금 명칭으로 고쳐서 개성군의 영현으로 만들었다. 현종 9년에 장단현의 속현으로 되었다가, 문종 16년에 본 부에 소속시켰으며, 공양왕 원년에 감무를 두었다. 신경新京의 옛 터〈공민왕이 남경南京에 수도를 옮길 마음이 있어서 전 한양윤漢陽尹 이안李安을 파견하여 성곽과 궁궐을 추측케 하였더니, 백성들이 매우 고통으로 여겼다. 그리하여 태묘太廟에 가서 점을 쳐 본즉 이곳에 궁궐을 짓는 것이 불길不吉하다는 점괘가 나왔으므로 수도를 이곳으로 옮기지 못하고 말았다. 이때 왕이 친히 현지에 가서 터를 잡고 마침내 궁궐을 지었는 바, 당시 사람들이 이것을 신경新京이라고 하였다.〉가 있고, 임진나루臨津渡가 있다.}

송림현松林縣{원래 고구려의 약지두치현若只豆恥縣〈지섬之蟾 또는 삭두朔頭라고도 한다.〉인데, 신라 경덕왕 때에 여비如羆로 고치고 송악군 관할 하의 현으로 만들었다. 고려 초에 지금 명칭으로 고쳤으며, 광종光宗이 이곳에 불일사佛日寺를 창건하고 현 소재지를 동북쪽으로 옮겼으며 현종 9년에 장단현의 소속현으로 시켰다가, 문종 16년에 본 부에 소속시켰고 후에 감무를 두었다. 오관산五冠山이 있다.〈세간에 전하기를 효자 문충文忠이 이 산 밑에서 살았다고 한다. 악부樂府에 오관산곡五冠山曲이 있다.〉}

마전현麻田縣{원래 고구려의 마전천현麻田淺縣〈니사파홀泥沙波忽이라고도 한다.〉인데, 신라 경덕왕 때에 임단臨湍으로 고쳐서 우봉군 관할 하의 현으로 만들었다. 고려 초에 다시 지금 명칭으로 고쳤고 현종 9년에 장단현의 소속현으로 되었다가 문종 16년에 본 부에 소속시켰다. 후에 감무를 두었으나 얼마 후 적성현積城縣에 병합되었고 공양왕 원년에 다시 감무를 두었다.}

적성현積城縣{원래 고구려의 칠중성七重城인데, 신라 경덕왕 때에 중성현重城으로 고치고 내소군來蘇郡의 관할 하의 현으로 만들었다. 고려 초에 다시 지금 명칭으로 고쳤고 현종 9년에 장단현의 소속 현으로 되었다가 문종 16년에 본부에 소속시켰으며 예종 원년에 감무를 두었다. 감악紺嶽이 있다. 〈신라 시기 이래 소사小祀로 되어 있다. 산마루에 사당이 있는데 매년 봄과 가을에 왕이 향과 축문을 보내 제사를 지낸다. 현종 2년(1011) 거란 침략군이 장단악長湍嶽 사당까지 이르니, 깃발[旌旗]과 군사[士馬]들이 있는 듯이 보여서 거란병이 겁을 먹고 감히 더 침입하지 못하였으므로 왕이 이 사당을 복구하여 귀신의 보호에 보답케 하였다고 한다. 세간에서 전하기를 신라 사람들이 당 나라 장수 설인귀薛仁貴를 모셔서 산신으로 삼았다고 한다.}

파평현波平縣〈파波는 파坡로도 쓴다.〉{원래 고구려의 파해평사현波害平史縣인데, 신라 경덕왕 때에 지금 명칭으로 고쳐서 내소군 관할 하의 현으로 만들었다. 현종 9년에 장단현의 소속 현으로 되었고 문종 16년에 본 부에 소속시켰으며 예종 원년에 감무를 두었는바 영평鈴平이라고도 부른다.}

양광도楊廣道

원래 고구려와 백제의 땅이다.{한강漢江 이북은 고구려 지역이며 그 이남은 백제 지역이다.} 성종 14년에 전국을 10개 도로 나누고, 양주楊州, 광주廣州 등의 주현은 관내도에, 충주忠州, 청주淸州 등의 주현은 충원도忠原道에, 공주公州, 운주運州 등의 주현은 하남도河南道에 각각 소속시켰다. 예종 원년에 이를 통합하여 양광충청주도楊廣忠淸州道로 만들었다. 명종明宗 원년(1171)에 다시 2개 도로 분할하였다가 충숙왕 원년(1314)에 양광도로 정했으며, 공민왕 5년에 충청도忠淸道로 만들고 경京 1개, 목牧 3개, 부府 2개, 군郡 27개, 현縣 78개를 관할하였다.

남경유수관 양주南京留守官楊州

원래 고구려의 북한산군北漢山郡{남평양성南平壤城이라고도 한다.}인데, 백제의 근초고왕近肖古王이 빼앗아서 (근초고왕) 25년(370)에 남한산南漢山으로부터 이곳으로 수도를 옮겼다. 개로왕蓋鹵王 20년(474)에 고구려 자비왕慈悲王이 군사를 거느리고 와서 한성漢城을 포위하므로 개로왕이 성을 벗어나 달아나다가 고구려 군사에게 살해당하였으며 이 해에 개로왕의 아들 문주왕文周王이 수도를 웅진熊津으로 옮겼다. 그 후 신라 진흥왕眞興王 15년(554)에 북한산성北漢山城에 이르러 국경을 정하였고, (진흥왕) 17년(556)에 북한산주北漢山州를 창설하여 군주軍主를 두었으며, 경덕왕 14년(755)에 개편하여 한양군漢陽郡으로 만들었다. 고려 초에 다시 양주楊州로 고쳤으며, 성종 14년에 처음으로 전국을 10개 도로 정하고 12개 주州에 절도사를 두면서 양주를 좌신책군左神策軍이라고 불러 해주海州와 함께 좌우 2보左右二輔로 삼아서 관내도에 소속시켰다. 현종 3년(1012)에 좌우 2보와 12개의 절도사를 폐지하고 안무사安撫使로 고쳤다가, (현종) 9년에는 지주사知州事로 낮추었으며, 문종 21년(1067)에 남경유수관南京留守官으로 승격시켜 인접 군의 인민들을 이주시켜 살게 하였다. 숙종 원년(1096)에 위위승 동정衛尉丞同正 김위제金謂磾가 『도선밀기道詵密記』에 근거하여 왕에게 수도를 남경으로 옮길 것을 요청하면서 말하기를, "양주에 목멱양木覓壤이 있는데 수도로 정할 만하다."고 하였으며, 천문을 맡은 관리[日者]인 문상文象이 그의 의견에 동의하였으므로, (숙종) 4년(1099) 가을에 왕이 친히 그곳에 가서 터를 잡고 평장사平章事 최사추崔思諏와 지주사知奏事 윤관尹瓘에게 명령하여 남경 건설 공사를 감독하게 하였다. 5년 만에 공사가 끝나자, 왕은 드디어 친히 그곳에 가서 살펴보았다. 충렬왕 34년에 한양부로 고쳤는 바, 광릉廣陵{성종 때에 정한 명칭이다.} 이라고도 부른다. 삼각산三角山{신라에서는 부아악負兒嶽이라고 불렀다.}, 한강漢江{즉 사평沙平 나루를 말한 것이다.}, 양진楊津{신라 때의 북독北瀆이던 한산하漢山河를 중사中祀로 올렸다.}이 있다. 본 주에 소속된 군이 3개, 현이 6개 있으며, 관할 하에 도호부都護府가 1개, 지사군知事郡이 2개, 현령관縣令官이 1개가 있다.

교하군交河郡{원래 고구려의 천정구현泉井口縣〈굴화군屈火郡 또는 어을매곶於乙買串이라고도 한다.〉인데, 신라 경덕왕 때에 지금 명칭으로 고쳤다. 현종 9년에 양주楊州에 소속되었는바 선성宣城이라고도 부른다. 오도성烏島城〈한강과 임진강 하류가 이 곳에서 합류된다.〉, 낙하 나루洛河渡〈이 현 북쪽에 있다.〉 등이 있다.}

견주見州{원래 고구려의 매성군買省郡〈창화군昌化郡이라고도 한다.〉인데, 신라 경덕왕 때에 내소군來蘇郡으로 고쳤다. 고려 초에 지금 명칭으로 고쳤고 현종 9년에 본 주에 소속시켰다가 후에 감무를 두었다.}

포주抱州{원래 고구려의 마홀군馬忽郡〈명지命旨라고도 한다.〉인데, 신라 경덕왕 때에 견성군堅城郡으로 고쳤다. 고려 초에 지금 명칭으로 고쳤고 성종 14년에는 단련사團練使를 두었다가 목종穆宗 8년(1005)에 이를 없앴으며 현종 9년에 본 주에 소속시켰다. 명종 2년에 감무를 두었는바 청화淸化〈성종 대에 정한 명칭이다.〉라고도 부른다.}

행주幸州{원래 고구려의 개백현皆伯縣인데, 신라 경덕왕 때에 우왕遇王〈왕봉王逢이라고도 한다.〉으로 고치고 한양군漢陽郡의 관할 하의 현으로 만들었다. 고려 초에 지금 명칭으로 고쳤으며 현종 9년에 본 주에 소속시켰는바 덕양德陽〈성종 대에 정한 명칭이다.〉이라고도 부른다.}

봉성현峯城縣{원래 고구려의 술미홀현述彌忽縣인데, 신라 경덕왕 때에 지금 명칭으로 고쳐서 교하군 관할 하의 현으로 만들었다. 현종 9년에 본 주에 소속시켰고 명종 2년에 감무를 두었으며 신우辛禑 13년(1387)에 서원 현령瑞原縣令으로 고쳤다. ○고구려가 백제 관미성을 함락시켰는데, 매우 가파른 절벽이 바다에 임하였다고 하였는데, 이곳인 것 같다.}

고봉현高峯縣{봉은 봉烽으로도 쓴다. 원래 고구려의 달을성현達乙省縣인데, 신라 경덕왕 때에 지금 명칭으로 고쳐서 교하군 관할 하의 현으로 만들었다. 현종 9년에 지금 이름으

로 불렀으며 본 주에 소속시켰다.}

심악현深嶽縣{옛날의 보신향寶薪鄕으로서 현종 9년에 지금 명칭으로 부르고 이때부터 본 주에 소속시켰다.}

풍양현豊壤縣{원래 고구려의 골의노현骨衣奴縣인데, 신라 경덕왕 때에 황양荒壤으로 고쳐서 한양군漢陽郡 관할 하의 현으로 만들었다. 고려 초에 지금 명칭으로 고쳤으며 현종 9년에 그대로 본 주에 소속시켰다가 후에 포주抱州에 소속시켰다.}

사천현沙川縣{원래 고구려의 내을매현內乙買縣〈내이미內爾米라고도 한다.〉인데, 신라 경덕왕 때에 지금 명칭으로 고쳐서 견성군堅城郡의 관할 현으로 만들었다. 현종 9년에 본 주에 소속시켰다.}

안남도호부安南都護府

수주樹州는 원래 고구려의 주부토군主夫吐郡인데, 신라 경덕왕 때에 장제군長堤郡으로 고쳤다. 고려 초에 수주로 고쳤고 성종 14년에 단련사團練使를 두었다가 목종 8년에 이를 없앴으며 현종 9년에 지주사知州事로 고쳤다. 의종毅宗 4년(1150)에 안남도호부로 고쳤고 고종 2년(1215)에 또다시 계양桂陽도호부로 고쳤으며 충렬왕 34년에 길주목吉州牧으로 승격시켰다가 충선왕 2년에 전국의 목牧이 폐지됨에 따라 낮추어서 부평부富平府로 되었는바 이에 소속된 현이 6개이다.

금주衿州{금衿은 금黔으로도 쓴다. 원래 고구려의 잉벌노현仍伐奴縣인데, 신라 경덕왕 때에 곡양穀壤으로 고쳐서 율진군栗津郡 관할 하의 현으로 만들었다. 고려 초에 지금 명칭으로 고쳤고 성종 14년에 단련사를 두었으며 목종 8년에 이를 없앴다. 현종 9년에 본 수주樹州에 소속되었으며 명종 2년에 감무를 두었다. 시흥始興이라고도 부르는데, 성종 대에 정한 명칭이다. ○양화 나루楊花渡가 있다.}

동성현童城縣{원래 고구려의 동자홀현童子忽縣인데, 일명 당산현幢山縣, 구사파의仇斯波衣라고도 한다. 신라 경덕왕 때에 지금 명칭으로 고쳐서 장제군長堤郡 관할 하의 현으로 만들었다. 고려에서도 그대로 소속시켰으며 공양왕 3년(1391)에 통진通津 감무를 두면서 그 소속 현으로 되었다.}

통진현通津縣{원래 고구려의 평회平淮이다. 회淮는 유唯로도 쓴다. ○압현押縣인데, 일명 북사성北史城, 별사파의別史波衣라고도 한다. 신라 경덕왕 때에 분진分津으로 고쳐서 장제군 관할 하의 현으로 만들었다. 고려에 와서 지금 명칭으로 고치고 그대로 본 주에 소속시켰다.}

공암현孔巖縣{원래 고구려의 제차파의현齊次巴衣縣인데, 신라 경덕왕 때에 지금 명칭으로 고쳐서 율진군栗津郡 관할 하의 현으로 만들었다. 현종 9년에 본 주에 소속시켰으며 충선왕 2년에 양천현陽川縣으로 고치고 현령을 두었다.}

김포현金浦縣{원래 고구려의 금포현黔浦縣인데, 신라 경덕왕 때에 지금 명칭으로 고쳐서 장제군 관할 하의 현으로 만들었다. 현종 9년에 그대로 본 주에 소속시켰고 명종 2년(1172)에 감무를 두었다가 신종神宗 원년(1198)에 왕의 태胎가 이 현에 묻혀 있다는 이유로 현령관縣令官으로 승격시켰다.}

수안현守安縣{원래 고구려의 수이홀首爾忽인데, 신라 경덕왕 때에 수성戍城으로 고쳐서 장제군 관할 하의 현으로 만들었다. 고려에서도 그대로 소속시켰고 명종 2년에 감무를 두었으며 공양왕 3년에 비로소 통진현에 감무를 두면서 소속 현으로 되게 하였다.}

인주仁州

원래 고구려의 매소홀현買召忽縣{미추홀彌趨忽이라고도 한다.}인데, 신라 경덕왕 때에 소성邵城으로 고쳐서 율진군 관할 하의 현으로 만들었다. 현종 9년에 수주樹州 관하에 소속시켰으며 숙종 때에 어머니[皇妣] 인예태후仁睿太后 이씨李氏의 내향內鄕이라는 이유로 경원군慶源郡으로 승격시켰으며 인종 때에 어머니[皇妣] 순덕 왕후順德王后 이씨李氏의 내향이라는 이유로 지금 명칭으로 고쳐서 지주사知州事를 두었다. 공양왕 2년에 경원부慶源府로 승격시켰다. {왕이 즉위한 초년에 이 주의 호장戶長에게 붉은 가죽 띠를 주었다.} 자연도紫燕島, 삼목도三木島, 용류도龍流島 등이 있으며 본 주에 소속된 군이 1개, 현이 1개 있다.

당성군唐城郡{원래 고구려의 당성군唐城郡인데, 신라 경덕왕 때에 당은군唐恩郡으로 고쳤다. 고려 초에 옛 명칭으로 고쳤으며 현종 9년에 수주水州의 소속 군으로 되었다가 후에 본 인주仁州에 소속시켰다. 명종 2년에 감무를 두었고 충렬왕 16년(1290)에 홍다구洪茶丘의 내향內鄕이라는 이유로 지익주사知益州事로 승격시켰으며 후에 또 승격시켜 강녕江寧도호부로 되었고 (충렬왕) 34년에 또 다시 승격시켜 익주목益州牧으로 되었는데 충선왕 2년에 전국의 목이 폐지됨에 따라 낮추어서 남양부南陽府로 되었다. 대부도大部島, 소우도小牛島, 선감미도仙甘彌島, 영흥도靈興島, 소물도召勿島, 승황도承黃島, 인물도仁物島, 이즉도伊則島, 잡량곶도雜良串島, 사야곶도沙也串島, 난지도難知島, 목력도木力島 등이 있다.}

재양현載陽縣{옛날의 안양현安陽縣으로서 현종 9년에 지금 명칭으로 부르고 수주水州 관하에 속하였다가 후에 본 주에 소속시켰다.}

수주水州

원래 고구려의 매홀군買忽郡인데, 신라 경덕왕 때에 수성군水城郡으로 고쳤다. 고려 태조가 남방을 정벌할 때 이 군 사람인 김칠金七, 최승규崔承珪 등 2백여 명이 태조에게 귀순歸順하여 협력하였으므로 그 공로로 하여 수주로 승격시켰다. 성종 14년에 도단련사都團練使를 두었다가 목종 8년에 없앴으며 현종 9년에 지주사知州事로 다시 고쳤다. 원종 12년(1271)에 착량窄梁을 방수防戍하는 몽골 군사들이 대부도大部島에 침입하여 그

곳 주민들을 약탈하므로 섬 사람들이 격분하여 원한을 품고 몽골 군사들을 살해하고 폭동을 일으켰을 때, 부사副使 안열安悅이 부대를 동원하여 폭동군을 진압하였는바 그 공로로 하여 수원도호부로 승격시켰으며 후에 또 승격시켜 수주목水州牧으로 되었다가, 충선왕 2년에 전국의 목牧이 폐지됨에 따라 낮추어서 수원부로 되었다. 공민왕 11년(1362)에 홍두적이 선봉 부대를 파견하여 양광도 내 각 주, 군에 항복할 것을 권유했을 때 이 부 사람들이 맨 먼저 적군을 맞아들여 항복하였으므로 마침내 낮추어 군으로 되었는데, 이 군 사람이 재신宰臣 김용金鏞에게 많은 뇌물을 주어 부府로 고치게 되었다. 한남漢南{성종 대에 정한 명칭이다.} 혹은 수성隋城이라고도 부르는 바, 소속된 현이 7개 있다.

안산현安山縣{원래 고구려의 장항구현獐項口縣인데, 신라 경덕왕 때에 장구군獐口郡으로 고쳤다. 고려 초에 안산군安山郡으로 고쳤고 현종 9년에 본 수주水州에 소속시켰으며 후에 감무를 두었다가 충렬왕 34년에 문종이 탄생한 곳이라는 이유로 지군사知郡事로 승격시켰다.}

영신현永新縣{오타五朶 또는 영풍永豊이라고도 한다. 현종 9년에 본 주에 소속시켰다.}

쌍부현雙阜縣{옛날의 육포六浦로서 현종 9년에 본주에 소속시켰다.}

용성현龍城縣{원래 고구려의 상홀현上忽縣인데, 차홀車忽이라고도 한다. 신라 경덕왕 때에 차성車城으로 고쳐서 당은군唐恩郡 관할 하의 현으로 만들었다. 고려 초에 지금 명칭으로 고쳤으며 현종 9년에 본 주에 소속시켰다.}

정송현貞松縣{옛날의 송산부곡松山部曲으로서 현종 9년에 지금 명칭으로 부르고 본 주에 소속시켰다.}

진위현振威縣{원래 고구려의 부산현釜山縣인데, 옛날의 연달 부곡淵達部曲인 바, 금산현金山縣 또는 송촌활달松村活達이라고도 한다. 신라 경덕왕 때에 지금 명칭으로 고쳐서 수성군水城郡 관할 하의 현으로 만들었다. 고려에서도 그대로 소속시켰고 명종 2년에 감무를 두었으며 후에 현령관縣令官으로 승격시켰다.}

양성현陽城縣{원래 고구려의 사복홀沙伏忽인데, 신라 경덕왕 때에 적성赤城으로 고쳐서 백성군白城郡 관할 하의 현으로 만들었다. 고려 초에 지금 명칭으로 고쳤고 현종 5년(1015)에 본 주에 소속시켰으며 명종 5년(1175)에 감무를 두었다.}

강화현江華縣

원래 고구려의 혈구군穴口郡{갑비고차甲比古次라고도 한다.}으로서 바다 가운데 있는 바, 즉 정주貞州의 서남쪽, 통진현通津縣의 서쪽에 있다. 신라 경덕왕 때에 해구군海口郡으로 고쳤다. 고려 초에 지금 명칭으로 고쳤으며 현종 9년에 현령縣令을 두었다. 고종 19년(1232)에 왕이 몽골 침략군을 피하여 이곳으로 수도를 옮기자 군으로 승격시키고 강도江都라고 불렀으며 37년(1250)에 주위의 길이가 2천 9백 60여 간間이 되는 중성中城을 쌓았고 원종 원년(1260)에 다시 송도松都{부府 동쪽 10리 지점인 송악리松嶽里에 옛 궁터가 있다.}를 수도로 하였다. 충렬왕 때에 인주仁州에 병합되었다가 얼마 후에 복구되었으며, 신우辛禑 3년(1377)에 부府로 승격시켰다. 마리산摩利山{부 남쪽에 있다. 산마루에 참성단塹星壇이 있는데 세간에 전하기를 단군檀君이 하늘에 제사 지내던 단이라고 한다.}, 전등산傳燈山{삼랑성三郞城이라고도 하는바 세간에 전하기를 단군이 그의 세 아들을 시켜서 이 성을 쌓게 하였다고 한다.}과 구음도仇音島, 파음도巴音島, 금음북도今音北島, 매잉도買仍島 등이 있으며 소속된 현이 3개 있다.

진강현鎭江縣{원래 고구려의 수지현首知縣으로서 강화도 안에 있는데 신라 경덕왕 때에 수진首鎭으로 고쳐서 해구군海口郡 관할 하의 현으로 만들었다. 고려에 와서 지금 명칭으로 고치고 그대로 본 강화현江華縣에 소속시켰다. 안도鞍島, 장봉도長峯島 등이 있다.}

하음현河陰縣{원래 고구려의 동음내현冬音奈縣인데, 아음현芽音縣이라고도 한다. 강화도 안에 있는데, 신라 경덕왕 때에 호음沍陰으로 고쳐서 해구군 관할 하의 현으로 만들었다. 고려에 와서 지금 명칭으로 고치고 그대로 본 현에 소속시켰으며 후에 개성현에 소속시켰다. 주을질도主乙叱島가 있다.}

교동현喬桐縣{원래 고구려의 고목근현高木根縣인데, 일명 대운도戴雲島인 바, 고림高林 또는 달을참達乙斬이라고도 한다. 바다 가운데 있는 바, 즉 강화현의 서북쪽, 염주鹽州의 남쪽에 있다. 신라 경덕왕 때에 지금 명칭으로 고쳐서 해구군 관할 하의 현으로 만들었다. 고려에 와서도 그대로 본 현에 소속시켰고 명종 2년에 감무를 두었다. 송가도松家島가 있다.}

광주목廣州牧

본래 백제 시조 온조왕溫祚王이 한漢나라 성제成帝 홍가鴻嘉 3년(기원전 18)에 나라를 창건하고 위례성慰禮城에 수도를 정하였다가 13년에는 한산漢山 아래에 가서 목책을 세우고 이곳에 위례성의 주민들을 이주시켜 마침내 궁궐을 짓고 살았으며 이듬해에 이곳으로 수도를 옮겨 남한산성南漢山城이라고 부르다가 근초고왕近肖古王 25년(370)에 이르러 수도를 남평양성南平壤城으로 옮겼다. 그러다가 신라 태종왕太宗王이 김유신金庾信을 보내 당나라 장군 소정방蘇定方과 함께 포위 공격하니 백제가 멸망되었다. 그 후 당나라 군사가 본국으로 돌아감에 문무왕文武王이 점차 이 지역을 접수하여 한산주漢山州라고 고쳤다가 다시 남한산주南漢山州로 고쳤고 경덕왕 15년에 한주漢州라고 이름을 고쳤다. 태조 23년에 지금 명칭으로 고쳤고 성종 2년에 처음으로 전국에 12개의 목牧을 설치할 때에 이 주州도 그 중의 하나였다. (성종) 14년에 12개 주에 절도사를 두면서 본 주는 봉국군奉國軍이라고 불러 관내도關內道에 소속시켰다. 현종 3년에 이를 폐지하고 안무사安撫使로 되었으며 (현종) 9년에 전국에 8개 목을 정함에 이르러 이 주는 그대로 목관牧官으로 되었는바 회안淮安{성종 대에 정한 명칭이다.}이라고도 불렀다. 일장성日長城{신라 문무왕 때에 축성한 것인 바, 즉 주장성晝長城이다.}이 있고 본 목에 소속된 군이

4개, 현이 3개 있다.

천녕군川寧郡{원래 고구려의 술천군述川郡인데, 성지매省知買라고도 한다. 신라 경덕왕 때에 소천군泝川郡〈소泝는 기沂로도 쓴다.〉으로 고쳤다. 고려 초에 지금 명칭으로 고쳤고, 현종 9년에 본 광주목廣州牧에 소속시켰으며 후에 감무를 두었다. 진강 나루鎭江渡가 있다.}

이천군利川郡{원래 고구려의 남천현南川縣인데, 남매南買라고도 한다. 신라가 이를 병합하였으며 진흥왕은 주州로 승격시켜 군주軍主를 두었고 경덕왕 때에 황무黃武라고 고쳐서 한주漢州 관할 하의 현으로 만들었다. 고려 태조가 남쪽을 정벌할 때 이 군 사람인 서목徐穆이 태조의 부대를 인도하여 강을 건너기에 편리하게 하였으므로 이천군이라는 명칭을 주고 그대로 본 목에 소속시켰다. 인종 21년에 감무를 두었고 고종 44년(1257)에 영창永昌이라고 불렀으며 공양왕 4년(1392)에 왕의 할머니 신씨申氏의 고향이라는 이유로 남천군南川郡으로 승격시켰다.}

죽주竹州{원래 고구려의 개차산군皆次山郡인데, 신라 경덕왕 때에 개산군介山郡으로 고쳤다. 고려 초에 지금 명칭으로 고쳤고 성종 14년에 단련사를 두었다가 목종 8년에 폐지했다. 현종 9년에 본 목에 소속시켰으며 명종 2년에 감무를 두었는바 음평陰平〈성종 대에 정한 명칭이다.〉 또는 연창延昌이라고도 한다.}

과주果州{원래 고구려의 율목군栗木郡인데, 동사힐冬斯肹이라고도 한다. 신라 경덕왕 때에 율진군栗津郡으로 고쳤다. 고려 초에 지금 명칭으로 고쳤고 현종 9년에 본 목에 소속시켰으며 후에 감무를 두었다. 부안富安〈성종 대에 정한 명칭이다.〉 또는 부림富林이라고도 부른다. 관악산冠嶽山이 있다. 충렬왕 10년(1284)에 이 주州의 용산처龍山處를 부원현富原縣으로 승격시켰다.}

지평현砥平縣{원래 고구려의 지현현砥峴縣인데, 신라 경덕왕 때에 지금 명칭으로 고쳐서 삭주朔州 관할 하의 현으로 만들었다. 현종 9년에 본 목에 소속시켰으며 신우 4년(1378)에 왕의 유모乳母 장씨張氏의 고향이라는 이유로 감무를 두었다가 후에 폐지했고 공양왕 3년에 이 현 경계선 지역에 철장鐵場을 설치하고 감무를 배치하여 이를 겸임케 하였다.}

용구현龍駒縣{원래 고구려의 구성현駒城縣인데, 멸오滅烏라고도 한다. 신라 경덕왕 때에 거서巨黍로 고쳐서 한주漢州 관할 하의 현으로 만들었다. 고려 초에 지금 명칭으로 고쳤고 현종 9년에 그대로 본 목牧에 소속시켰다. 명종 2년에 감무를 두었다가 후에 현령관으로 승격시켰다.}

양근현楊根縣{원래 고구려의 양근군楊根郡인데, 항양恒陽이라고도 한다. 신라 경덕왕 때에 빈양濱陽으로 고치어 소천군泝川郡 관할 하의 현으로 만들었다. 고려 초에 옛 명칭으로 고쳤고 현종 9년에 본 목에 소속시켰으며 명종 5년에 감무를 두었다. 고종 44년에 영화永化라고 불렀고 원종 10년(1269)에 위사 공신衛社功臣 김자정金自廷의 내향內鄕이라는 이유로 익화 현령益和縣令으로 승격시켰으며 공민왕 5년(1356)에 왕사王師 보우普愚 어머니의 고향이라는 이유로 양근군으로 승격시켰다. 용문산龍門山이 있고 용진 나루龍津渡가 있다. 공민왕 5년에 보우가 미원장迷元莊에 있는 소설암小雪庵에서 살았다고 하여 미원장을 현으로 승격시켜 감무를 두었으나 땅은 좁고 인가가 드물어 얼마 후 다시 이 현에 소속시켰다.}

충주목忠州牧

원래 고구려의 국원성國原城인데, 미을성未乙省 또는 완장성薍長城이라고도 한다. 신라가 탈취하였으며 진흥왕眞興王은 소경小京을 두었고 경덕왕 때에 중원경中原京으로 고쳤다. 태조 23년에 또 충주로 고쳤다. 성종 2년에 처음으로 전국에 12개의 목을 설치했을 때 이 주는 그 중의 하나로 되었으며 14년에 12개 주에 절도사를 두면서 본 주는 창화군昌化軍이라고 이름을 지었으며 중원도中原道라고 불렀다. 현종 3년에 이를 폐지하여 안무사로 되었고 (현종) 9년에 목으로 정해졌는 바 8개 목 중의 하나로 되었으며 고종 41년(1254)에 국원경國原京으로 승격시켰다. 양진 명소楊津溟所와 양진 연소楊津衍所가 있으며 대원大原{성종 대에 정한 명칭이다.} 또는 예성蘂城{고종 42년(1255)에 다인철소多仁鐵所 사람이 몽고 침략군을 방어함에 공로가 있었다고 하여 익안현翼安縣으로 승격시켰다.}이라고도 부른다. 본 목에 소속된 군이 1개, 현이 5개이고, 지사군知事郡이 1개를 관할한다.

괴주槐州{원래 고구려의 잉근내군仍斤內郡인데, 신라 경덕왕 때에 괴양군槐壤郡으로 고쳤다. 고려 초에 지금 명칭으로 고쳤고 현종 9년에 본 충주목忠州牧에 소속시켰으며 후에 감무를 두었는바 시안始安〈성종 대에 정한 명칭이다.〉이라고도 부른다.}

장연현長延縣{원래 고구려의 상모현上芼縣인데, 현종 9년에 지금 명칭으로 부르고 본 목에 소속시켰다. 온천이 있다.}

장풍현長豊縣{고구려 시기의 명칭은 알 수 없으나 현종 9년에 본 목에 소속시켰다.}

음죽현陰竹縣{원래 고구려의 노음죽현奴音竹縣인데, 신라 경덕왕 때에 지금 명칭으로 고쳐서 개산군介山郡 관할 하의 현으로 만들었다. 현종 9년에 본 목에 소속시켰으며 후에 감무를 두었다.}

음성현陰城縣{원래 고구려의 잉홀현仍忽縣인데, 신라 경덕왕 때에 지금 명칭으로 고쳐서 흑양군黑壤郡 관할 하의 현으로 만들었다. 고려에 와서 본 목에 소속시켰으며 후에 감무를 두었다.}

청풍현淸風縣{원래 고구려의 사열이현沙熱伊縣인데, 신라 경덕왕 때에 지금 명칭으로 고쳐서 내제군柰隄郡 관할 하의 현으로 만들었다. 현종 9년에 본 목에 소속시켰고 후에 감무를 두었으며 충숙왕 4년(1317)에 이 현의 중인 청공淸恭이 왕사王師로 됨에 따라 지군사知郡事로 승격시켰다. 월악月嶽〈신라는 월형산月兄山이라고 불렀다.〉이 있고 풍혈風穴이 있다.}

원주原州

원래 고구려의 평원군平原郡으로서 신라 문무왕은 이 곳에 북원 소경北原小京을 설치하였다. 태조 23년에 지금 명칭으로 고쳤고 현종 9년에 지주사知州事로 되었으며 고종 46년(1259)에 이 주에서 왕명을 거역하였다는 이유로 낮추어 일신현一新縣으로 되었다. 원종 원년에 옛 명칭인 지주사로 고쳤으며 10년에 임유무林惟茂의 외향外鄕이라는 이유로 정원 도호부靖原都護府로 승격시켰고 충렬왕 17년(1291)에 합단哈丹 침략군을 방어함에 공로가 있었다는 이유로 익흥 도호부益興都護府로 고쳤으며 (충렬왕) 34년에 원주목으로 승격시켰다. 충선왕 2년에 전국의 목이 폐지됨에 따라 낮추어서 성안부成安府로 되었고 공민왕 2년에 왕의 태胎를 이 주 내에 있는 치악산雉岳山에 묻고 다시 원주목으로 고쳤다. 평량경平涼京 또는 평경平涼{성종 대에 정한 명칭이다.}이라고도 부르며 본 주에 소속된 군이 2개, 현이 5개 있다.

영월군寧越郡{원래 고구려의 내생군柰生郡인데, 신라 경덕왕 때에 내성군柰城郡으로 고쳤다. 고려에 와서 지금 명칭으로 고치고 본 원주原州에 소속시켰으며 공민왕 21년(1372)에 이곳 사람 연달마실리延達麻實里가 원사院使로서 명나라에 있으면서 우리나라에 공로가 있었다 하여 지군사知郡事로 승격시켰다.}

제주堤州{원래 고구려의 내토군柰吐郡인데, 신라 경덕왕 때에 내제군柰堤郡으로 고쳤고 고려 초에 지금 명칭으로 고쳤다. 성종 14년에 자사刺史를 두었다가 목종 8년에 이를 없앴다. 현종 9년에 본 주에 소속시켰으며 예종 원년에 감무를 두었는바 의천義川〈성종 대에 정한 명칭이다.〉 또는 의원義原이라고도 부른다.}

평창현平昌縣{원래 고구려의 욱오현郁烏縣인데, 우오현牛烏縣이라고도 한다. 신라 경덕왕 때에 백오白烏라고 개칭하여 내성군柰城郡 관할 하의 현으로 만들었다. 고려에 와서 지금 명칭으로 고치고 본 주에 소속시켰으며 충렬왕 25년(1299)에 현령縣令을 두었고 신우 13년(1387)에 왕이 신임하는 내시 이신李信의 내향內鄕이므로 지군사知郡事로 승격시켰다가 후에 낮추어서 현령으로 되었는바 노산魯山이라고도 부른다.}

단산현丹山縣{원래 고구려의 적산현赤山縣인데, 적성현赤城縣이라고도 한다. 신라 때에는 내제군 관할 하의 현으로 만들었다. 고려 초에 지금 명칭으로 고쳤고 현종 9년에 본 주에 소속시켰다가 후에 충주忠州에 소속시켰다. 합단哈丹 침입 당시에 이 현 사람이 능히 적을 격퇴하였으므로 그 공로를 표창하기 위하여 처음으로 감무를 두었으며 충숙왕 5년(1318)에 지단양군사知丹陽郡事로 승격시켰다. 죽령산竹嶺山이 있다.}

영춘현永春縣{원래 고구려의 을아단현乙阿旦縣인데, 신라 경덕왕 때에 자춘子春으로 고치고 내성군 관할 하의 현으로 만들었다. 고려에 와서 지금 명칭으로 고치고 본 주에 소속시켰다.}

주천현酒泉縣{원래 고구려의 주연현酒淵縣인데, 신라 경덕왕 때에 지금 명칭으로 고쳐서 내성군 관할 하의 현으로 만들었다. 현종 9년에 본 주에 소속시켰는 바, 학성鶴城이라고도 부른다.}

황려현黃驪縣{원래 고구려의 골내근현骨乃斤縣인데, 신라 경덕왕 때에 황효黃驍라고 고치고 기천군沂川郡 관할 하의 현으로 만들었다. 고려 초에 지금 명칭으로 고쳤고, 황리현黃利縣이라고도 한다. 현종 9년에 본 주에 소속시켰다. 후에 감무를 두었으며 고종 44년에 영의永義라고 불렀고 충렬왕 31년(1305)에 어머니[皇妣] 순경 왕후順敬王后 김씨의 내향內鄕이라는 이유로 여흥군驪興郡으로 승격시켰다. 명나라 홍무洪武 21년(1388)에 위주僞主 신우를 이 군에 귀양보내고 황려부로 승격시켰다가 공양왕 원년에 다시 낮추어서 여흥

군으로 되었다. 이 현에 여강驪江이 있다.}

청주목清州牧

원래 백제의 상당현上黨縣인데, 신라 신문왕 5년(685)에 처음으로 서원 소경西原小京을 설치하였고 경덕왕 때에 서원경으로 승격시켰다. 태조 23년에 청주로 고쳤고 성종 2년에 처음으로 전국에 12개의 목을 설치하였는데 이 주는 그 중의 하나로 되었으며 14년에 전국의 12개 주에 절도사를 두면서 전절군全節軍이라고 불러 중원도中原道에 소속시켰다. 현종 3년에 이를 폐지하므로 안무사로 되었으며 9년에 목으로 정하여 8개 목 중의 하나로 되었다. 본 주에 소속인 군이 2개, 현이 7개 있으며, 관할 하에 지사부知事府가 1개, 지사군知事郡이 2개, 현령관縣令官이 2개 있다.

연산군燕山郡{원래 백제의 일모산군一牟山郡인데, 신라 경덕왕 때에 지금 명칭으로 고쳤다. 고려에 와서 본 청주목清州牧에 소속시켰으며 명종 2년에 감무를 두었고 고종 46년에 위사 공신衛社功臣 박희실朴希實의 내향이라는 이유로 문의현文義縣으로 승격시켜 현령을 두었으며 충렬왕 때에 가림현嘉林縣에 병합되었다가 얼마 후에 복구하였다.}

목주木州{원래 백제의 대목악군大木嶽郡인데, 신라 경덕왕 때에 대록군大麓郡으로 고쳤다. 고려에 와서 지금 명칭으로 고치고 본 목에 소속시켰으며 명종 2년에 감무를 두었는바 신정新定〈성종 대에 정한 명칭이다.〉이라고도 부른다.}

진주鎭州{원래 고구려의 금물노군今勿奴郡인데, 만노군萬弩郡이라고도 하며 수지首知 또는 신지新知라고도 한다. 신라 경덕왕 때에 흑양군黑壤郡으로 고쳤다. 흑黑은 황黃으로도 쓴다. 고려 초에 강주降州라고 칭하였으며 후에 지금 명칭으로 고쳤다. 성종 14년에 자사刺史를 두었다가 목종 8년에 폐지하였으며 현종 9년에 본 목에 소속시켰다. 고종 46년에 임연林衍의 내향內鄕이라는 이유로 창의현彰義縣으로 승격시켰고 현령을 두었으며 원종 10년에 또 임연의 관계로 하여 지의령군사知義寧郡事로 승격시켰다가 임연이 사형 당하자 도로 낮추어서 지금 명칭으로 불렀는 바, 상산常山〈성종 대에 정한 명칭이다.〉이라고도 부른다. 태령산胎靈山이 있다. 신라 때에 만노군 태수 김서현金舒玄의 아내 만명萬明이 김유신金庾信을 낳아 그 태를 이 현 남쪽 15리 지점에 묻었더니 귀신으로 되었다 하여 태령산이라고 불렀다 한다. 신라 때부터 사당을 설치하고 봄과 가을에 왕이 향을 보내 제사를 지냈으며 고려에서도 그대로 하였다.}

전의현全義縣{원래 백제의 구지현仇知縣인데, 신라 경덕왕 때에 금지金地라고 고치고 대록군大麓郡 관할 하의 현으로 만들었다. 고려에 와서 지금 명칭으로 고치고 본 목에 소속시켰다.}

청천현淸川縣{옛날의 살매현薩買縣으로서 고려에 와서 지금 명칭으로 고치고 본 목에 소속시켰다.}

도안현道安縣{원래 고구려의 도서현道西縣인데, 신라 경덕왕 때에 도서都西라고 고쳐서 흑양군 관할 하의 현으로 만들었다. 고려 초에 지금 명칭으로 고쳤으며 현종 9년에 본 목에 소속시켰다.}

청당현靑塘縣{일명 청연현靑淵縣인 바 고려초에 지금 명칭으로 고쳐서 본 목에 소속시켰으며 후에 감무를 두어 도안道安을 겸임케 하였다.}

연기현燕岐縣{원래 백제의 두잉지현豆仍只縣인데, 신라 경덕왕 때에 지금 명칭으로 고쳐서 연산군 관할 하의 현으로 만들었다. 현종 9년에 본 목에 소속시켰고 명종 2년에 감무를 두었으며 후에 목천木川 감무로 하여금 겸임케 하였다. 이 현에 원수산元帥山이 있다. 충렬왕 때에 한희유韓希愈, 김흔金忻 등이 현 남쪽 정좌산正左山 아래에서 합단 침략군을 크게 격파 하였는데, 세간에 전하기를 부대가 주둔해 있던 곳이라고 하여 원수산이라 하였다고 한다. 웅진熊津이 있다. 즉 신라 때의 서쪽 개천인 웅천하熊川河인 바 중사中祀에

기록되어 있다.}

회인현懷仁縣{원래 백제의 미곡현未谷縣인데, 신라 경덕왕 때에 매곡昧谷으로 고쳐서 연산군 관할 하의 현으로 만들었다. 고려 초에 지금 명칭으로 고쳤고 현종 9년에 본 목에 소속시켰으며 후에 회덕懷德 감무로 하여금 겸임케 하였다가 신우 9년에 따로 감무를 두었다.}

공주公州

원래 백제의 웅천熊川으로서 문주왕文周王이 한성漢城으로부터 이곳으로 수도를 옮겼고 성왕聖王 때에 이르러 다시 남부여南扶餘로 수도를 옮겼다. 신라가 당나라 군대와 함께 공격하여 백제를 멸망시키자 당나라가 이곳에 웅진 도독부熊津都督府를 설치하고 부대를 주둔시켜 수비하였는데 그 군대가 철거한 후 신라는 당나라가 강점했던 지역을 전부 접수하였다. 신문왕神文王은 웅천주熊川州로 고쳐서 도독을 두었고 경덕왕 때에 다시 웅주라고 고쳤다. 태조 23년에 지금 명칭으로 고쳤고 성종 2년에 처음으로 전국에 12개의 목을 설치하였는데 이 주는 그 중의 하나로 되었으며 14년에 12개 주에 절도사를 두면서 본 주는 안절군安節軍이라고 불러 하남도에 소속시켰다. 현종 3년에 절도사를 폐지하였고 9년에는 지주사知州事로 낮추었으며 충혜왕 후 2년(1341)에 원나라 평장平章 활활적闊闊赤의 아내인 경화 옹주敬和翁主의 외향外鄕이라는 이유로 목으로 승격시켰다. 계룡산鷄龍山{즉 신라의 서악西岳인바 중사中祀에 기록되어 있다.}과 웅진연소熊津衍所{상류는 금강錦江이다.}가 있다. 회도懷道라고도 한다.{성종 대에 정한 명칭이다. 명종 6년에 이 주의 명학소鳴鶴所 사람 망이亡伊가 그 도당들을 모아서 이 주를 공격 함락하자 정부에서는 명학소를 충순현忠順縣으로 승격시키고 영위令尉를 파견하여 농민군을 무마하였고 그 후에 망이 도당이 항복하였다가 얼마 후 다시 반항하자 이 현을 폐지하였다.} 본 주에 소속된 군이 4개, 현이 8개 있다.

덕은군德恩郡{원래 백제의 덕근군德近郡인데, 신라 경덕왕 때에 덕은군德殷郡으로 고쳤

다. 고려 초에 지금 명칭으로 고쳤으며 현종 9년에 본 공주公州에 소속시켰다. 견훤甄萱의 묘가 있다.}

회덕군懷德郡{원래 백제의 우술군雨述郡인데, 후천朽淺이라고도 한다. 신라 경덕왕 때에 비풍군比豊郡으로 고쳤다. 고려 초에 다시 지금 명칭으로 고쳤고 현종 9년에 본 주에 소속시켰으며 명종 2년에 감무를 두었다. 계족산鷄足山이 있다.}

부여군扶餘郡{원래 백제의 소부리군所夫里郡인데, 사비泗沘라고도 한다. 백제의 성왕聖王이 웅천熊川으로부터 이곳으로 수도를 옮기고 남부여南扶餘라고 불렀다. 의자왕義慈王 때에 와서 신라가 김유신을 보내 당나라 장군 소정방과 함께 포위 공격하여 백제를 멸망시켰으며 당나라 군사가 철수하자 신라는 백제의 옛 영토를 전부 접수하였다. 문무왕 12년(672)에 총관摠管을 두었고 경덕왕 때에 지금 명칭으로 고쳤다. 현종 9년에 본 주에 소속시켰으며 명종 2년에 감무를 두었다. 천정대天政臺, 조용대釣龍臺, 낙화암落花巖 등이 있다.}

연산군連山郡{원래 백제의 황등야산군黃等也山郡인데, 신라 경덕왕 때에 황산군黃山郡으로 고쳤다. 고려 초에 지금 명칭으로 고쳤고 현종 9년에 본 주에 소속시켰으며 후에 감무를 두었다. 개태사開泰寺가 있다. 태조가 후백제를 정복한 후 황산黃山 골짜기에 큰 절을 짓고 산 이름을 천호天護라고 고쳤으며 절 이름을 개태開泰라고 하였다.}

시진현市津縣{원래 백제의 가지내현加知柰縣인데, 가을내加乙乃 또는 신포薪浦라고도 한다. 신라 경덕왕 때에 지금 명칭으로 고쳐서 덕은군 관할 하의 현으로 만들었다. 현종 9년에 본 주에 소속시켰는 바, 시진포市津浦가 있다.}

덕진현德津縣{원래 백제의 소비포현所比浦縣인데, 신라 경덕왕 때에 적오赤烏라고 고치고 비풍군比豊郡 관할 하의 현으로 만들었다. 고려에 와서 지금 명칭으로 고치고 본 주에

소속시켰다.}

진잠현鎭岑縣{원래 백제의 진현현眞峴縣이다. 진鎭은 정貞으로도 쓴다. 신라 경덕왕 때에 진령鎭嶺으로 고치고 황산군黃山郡 관할 하의 현으로 만들었다. 고려 초에 지금 명칭으로 고쳤고 현종 9년에 본 주에 소속시켰으며 후에 감무를 두었다.}

유성현儒城縣{원래 백제의 노사지현奴斯只縣이다. 사斯는 질叱로도 쓴다. 신라 경덕왕 때에 지금 명칭으로 고쳐서 비풍군 관할 하의 현으로 만들었다. 고려에 와서도 옛 명칭을 그대로 부르면서 본 주에 소속시켰는 바, 온천이 있다.}

석성현石城縣{원래 백제의 진악산현珍惡山縣인데, 신라 경덕왕 때에 석산石山으로 고치고 부여군 관할 하의 현으로 만들었다. 고려 초에 지금 명칭으로 고쳤고 현종 9년에 본 주에 소속시켰으며 명종 2년에 감무를 두었다가 후에 이를 없앴다. 공민왕 20년(1371)에 부여 감무로 하여금 이 현을 겸임케 하였으며 공양왕 2년에 다시 감무를 두었다.}

정산현定山縣{원래 백제의 열기현悅己縣인데, 두릉윤성豆陵尹城이라고도 한다. 신라 경덕왕 때에 열성悅城으로 고치고 부여군 관할 하의 현으로 만들었다. 고려 초에 지금 명칭으로 고쳤고 현종 9년에 본 주에 소속시켰으며 후에 감무를 두었다.}

이산현尼山縣{원래 백제의 열야산현熱也山縣인데, 신라 경덕왕 때에 지금 명칭으로 고쳐서 웅주熊州 관할 하의 현으로 만들었다. 현종 9년에 본 주에 소속시켰으며 후에 감무를 두었다.}

신풍현新豊縣{원래 백제의 벌음지현伐音支縣인데, 무부현武夫縣이라고도 한다. 신라 경덕왕 때에 청음淸音으로 고치어 웅주 관할 하의 현으로 만들었다. 고려 초에 지금 명칭으로 고치고 본 주에 소속시켰다.}

홍주洪州

성종 14년에 운주도 단련사運州都團練使를 두었고 현종 3년에 지주사知州事로 고쳤다가 후에 지금 명칭으로 고쳤다.{『태조실록』에는 "10년 3월에 왕이 운주에 입성하였다."라고 쓰고 그 주에 "곧 지금의 홍주이다."라고 하였다.} 공민왕 5년에 왕사王師 보우普愚의 내향內鄕이라는 이유로 목으로 승격시켰고, (공민왕) 17년에 지주사로 낮추었다가 (공민왕) 20년에 목으로 복구하였다. 안평安平 또는 해풍海豊{모두 성종 대에 정한 명칭이다.} 또는 해흥海興이라고도 부른다. 본 주에 소속된 군이 3개, 현이 11개 있다.

혜성군槥城郡{원래 백제의 혜군槥郡인데, 신라 경덕왕 때에 지금 명칭으로 고쳤다. 현종 9년에 본 홍주洪州에 소속시켰고 후에 감무를 두었으며 충렬왕 19년(1293)에 이 현 사람 복규卜奎가 합단哈丹 침략군 방어에서 공을 세웠다고 하여 현령으로 승격시켰으며 후에 다시 지면주사知沔州事로 승격시켰는 바, 마산馬山 또는 해종海宗이라고도 부른다.}

대흥군大興郡{원래 백제의 임존성任存城인데, 금주今州라고도 한다. 신라 경덕왕 때에 임성군任城郡으로 고쳤다. 고려 초에 지금 명칭으로 고쳤고 현종 9년에 본 주에 소속시켰으며 명종 2년에 감무를 두었다. 당나라 장군 소정방의 사당이 대잠도大岑島에 있다. 봄과 가을에 정부에서 향축香祝을 보내 제사를 지낸다.}

결성군結城郡{원래 백제의 결기현結已縣인데, 신라 경덕왕 때에 결성군潔城郡으로 고쳤다. 현종 9년에 본 주에 소속시켰으며 명종 2년에 지금 명칭으로 고치고 감무를 두었다.}

고구현高丘縣{원래 백제의 우견현牛見縣인데, 신라 경덕왕 때에 목우目牛라고 고치고 이산군伊山郡의 관할 하의 현으로 만들었다. 고려 초에 지금 명칭으로 고쳤으며 현종 9년에 본 주에 소속시켰다.}

보령현保寧縣{원래 백제의 신촌현新村縣인데, 사촌현沙村縣이라고도 한다. 신라 경덕왕 때에 신읍新邑으로 고치고 결성군潔城郡 관할 하의 현으로 만들었다. 고려 초에 지금 명칭으로 고쳤고 현종 9년에 본 주에 소속시켰으며 예종 원년에 감무를 두었다. 고란도高鸞島가 있다.}

홍양현興陽縣{옛 명칭은 원군遠軍으로서 현종 9년에 지금 명칭으로 부르고 본 주에 소속시켰다.}

청양현靑陽縣{원래 백제의 고량부리현古良夫里縣인데, 신라 경덕왕 때에 청무靑武라고 고치어 임성군任城郡 관할 하의 현으로 만들었다. 고려 초에 지금 명칭으로 고쳤고 현종 9년에 천안부天安府 관할 하에 소속케 하였으며 후에 본 주에 소속시켰다.}

신평현新平縣{원래 백제의 사평현沙平縣인데, 신라 경덕왕 때에 지금 명칭으로 고쳐서 혜성군 관할 하의 현으로 만들었고 현종 9년에 본 주에 소속시켰다.}

덕풍현德豊縣{원래 백제의 금물현今勿縣인데, 신라 경덕왕 때에 금무今武라고 고치고 이산군伊山郡 관할 하의 현으로 만들었다. 현종 9년에 본 주에 소속시켰으며 명종 5년에 감무를 두었다.}

이산현伊山縣{원래 백제의 마시산군馬尸山郡인데, 신라 경덕왕 때에 지금 명칭으로 고쳐서 군으로 만들었고 현종 9년에 본 주에 소속시켰으며 후에 감무를 두었다. 가야산伽倻山이 있다.}

당진현唐津縣{원래 백제의 벌수지현伐首只縣인데, 부지군夫只郡이라고도 한다. 신라 경덕왕 때에 지금 명칭으로 고쳐서 혜성군 관할 하의 현으로 만들었다. 현종 9년에 본 주에 소속시켰으며 예종 원년에 감무를 두었다.}

여미현餘美縣{원래 백제의 여촌현餘村縣인데, 신라 경덕왕 때에 여읍餘邑으로 개칭하여 혜성군의 영현으로 만들었다. 고려 초에 지금 명칭으로 고쳤고 현종 9년에 본 주에 소속시켰으며 예종 원년에 감무를 두었다.}

여양현驪陽縣{여는 여黎로도 쓴다. 원래 백제의 사시량현沙尸良縣인데, 사라현沙羅縣이라고도 한다. 신라 경덕왕 때에 신량新良으로 고치어 결성군 관할 하의 현으로 만들었다. 고려 초에 지금 명칭으로 고치고 감무를 두었으며 현종 9년에 본 주에 소속시켰다.}

정해현貞海縣{세간에 전하기를, 태조 때에 한韓가 성을 가진 몽웅역夢熊驛의 역리驛吏가 나라에 큰 공을 세웠으므로 그에게 대광大匡 벼슬을 주고 고구현高丘縣 지역을 분할하여 이 현을 설치하고 그의 관향貫鄕으로 삼게 하였다고 한다. 현종 9년에 본 주에 소속시켰으며 후에 감무를 두었다.}

천안부天安府

태조 13년에 동서 두솔東西兜率을 통합하여 천안부를 만들고 도독都督{세간에 전하기를 풍수쟁이 예방藝方이 태조에게 말하기를, "3국의 한 가운데 다섯 용이 구슬을 차지하려고 싸우는 형상이 있으므로 만약 이 곳에 높은 관리를 배치하면 곧 후백제가 스스로 투항하여 올 것입니다."라고 하였으므로 태조가 산에 올라 두루 살펴보고 처음으로 이곳에 부府를 설치하였다고 한다.}을 두었으며, 성종 14년에 환주도단련사懽州都團練使로 고쳤다가 목종 8년에 단련사를 폐지하였다. 현종 9년에 옛 명칭으로 복구하여 지부사로 되었으며 고종 43년(1256)에 왕이 병란을 피하여 선장도仙藏島로 들어갔다가 후에 육지로 나왔으며, 충선왕 2년에 전국의 목이 폐지됨에 따라 본 부를 영주寧州로 고쳤고, 공민왕 11년에 다시 천안부로 복구되었다. 임환任歡이라고도 부른다. 본 부에 소속된 군이 1개, 현이 7개 있다.

온수군溫水郡{원래 백제의 탕정군湯井郡인데, 신라 문무왕은 주州로 승격시키고 총관을 두었으며 후에 주를 폐지하고 군으로 만들었다. 고려 초에 지금 명칭으로 고쳤고 현종 9년에 본 천안부天安府에 소속시켰으며 명종 2년에 감무를 두었다. 온천이 있다.}

아주牙州{원래 백제의 아술현迓述縣인데, 신라 경덕왕 때에 음봉陰峰으로 고치고 탕정군 관할 하의 현으로 만들었다. 고려 초에 인주仁州로 고쳤고 성종 14년에 자사刺史를 두었다가 목종 8년에 이를 폐지하였으며 현종 9년에 본 부에 소속시켰었다. 후에 지금 명칭으로 고치고 감무를 두었는 바, 영인寧仁〈성종 대에 정한 명칭이다.〉이라고도 부른다.}

신창현新昌縣{원래 백제의 굴직현屈直縣인데, 신라 경덕왕 때에 기량祈梁으로 고치고 탕정군 관할 하의 현으로 만들었다. 고려 초에 지금 명칭으로 고쳤으며 현종 9년에 본 부에 소속시켰다. 공양왕 3년에 이 현 서쪽에 있는 장포獐浦에 성을 쌓고 인근 주, 현의 세곡[租]을 이곳에 집합시켜 배에 싣고 서울까지 운반하게 됨에 따라 비로소 만호萬戶를 두어 감무를 겸임케 하였다. 도고산道高山이 있다.}

풍세현豊歲縣{원래 백제의 감매현甘買縣인데, 신라 경덕왕 때에 순치馴雉라고 고치어 대록군 관할 하의 현으로 만들었다. 고려 초에 지금 명칭으로 고쳤으며 현종 9년에 본 부에 소속시켰는바 자천秭川이라고도 부른다.}

평택현平澤縣{옛날의 하팔현河八縣으로서 고려에 와서 지금 명칭으로 부르고 본 부에 소속시켰다.}

예산현禮山縣{원래 백제의 오산현烏山縣인데, 신라 경덕왕 때에 고산孤山으로 고치고 임성군任城郡 관할 하의 현으로 만들었다. 태조 2년에 지금 명칭으로 고쳤고 현종 9년에 본 부에 소속시켰으며 후에 감무를 두었다.}

직산현稷山縣{원래의 위례성慰禮城이다. 백제의 시조始祖 온조왕溫祚王이 나라를 창건하고 이 곳에 수도를 정하였으며 후에 고구려가 탈취하여 사산현蛇山縣으로 고쳤고 신라에서도 그대로 부르면서 백성군白城郡 관할 하의 현으로 만들었다. 고려 초에 지금 명칭으로 고쳤고 현종 9년에 본 부에 소속시켰으며 후에 감무를 두었다. 고려는 하양창河陽倉을 경양현慶陽縣으로 고쳐서 현령縣令을 두어 염장관鹽場官을 겸임케 하였다.}

안성현安城縣{원래 고구려의 내혜홀柰兮忽인데, 신라 경덕왕 때에 백성군白城郡으로 고쳤다. 고려 초에 지금 명칭으로 고쳤고 현종 9년에 수주水州에 소속시켰다가 후에 본 부에 소속시켰으며 명종 2년에 감무를 두었다. 공민왕 10년(1361)에 홍두적紅頭賊이 송도松都에 침입하자 왕은 남쪽으로 피난하였으며 침략군이 선봉 부대를 파견하여 양광도 내각 주, 군에 투항할 것을 강요하였을 때 아무도 감히 적의 예봉을 꺾지 못하였었는데 오직 이 현 사람이 투항을 가장하고 연회를 베풀어 그들을 대접하다가 술에 취한 틈을 이용하여 적의 우두머리 6명을 죽이니 적들은 이로 말미암아 감히 더 남쪽으로 침입하지 못하였다. (공민왕) 11년에 그 공로로 하여 지군사로 승격시키고 수원 관하에 있던 양량陽良, 감미탄甘彌呑, 마전馬田, 신곡薪谷의 4개 부곡部曲을 분할하여 이 현의 소속으로 만들었다. 후에 김용金鏞이 뇌물을 받고 그 중 3개의 부곡을 도로 수원에 소속시켰다.}

가림현嘉林縣

원래 백제의 가림군加林郡인데, 신라 경덕왕 때에 가림加林을 가림嘉林으로 고쳤다. 성종 14년에 임주林州 자사를 두었고 현종 9년에 지금 명칭으로 고쳐서 현령을 두었으며 충숙왕 2년(1315)에 원나라 평장平章 아패해阿孛海의 부인 조씨趙氏의 내향內鄕이라는 이유로 지임주사知林州事로 승격시켰다. 본 현에 소속된 군이 1개, 현이 4개 있다.

서림군西林郡{원래 백제의 설림군舌林郡인데, 남양南陽이라고도 한다. 신라 경덕왕 때에 지금 명칭으로 고쳤다. 고려에 와서도 그대로 불렀고 현종 9년에 본 가림현嘉林縣에 소속시켰으며 후에 감무를 두었다. 충숙왕 원년에 이 현 사람 이언충李彦忠이 충선왕 때에 공로가 있었다고 하여 지서주사知西州事로 승격시켰다. 웅진명소熊津溟所가 있다.}

비인현庇仁縣{원래 백제의 비중현比衆縣인데, 신라 경덕왕 때에 지금 명칭으로 고쳐서 서림군西林郡 관할 하의 현으로 만들었다. 고려에 와서도 그대로 불렀으며 현종 9년에 본 현에 소속시켰고 후에 감무를 두었다.}

홍산현鴻山縣{원래 백제의 대산현大山縣인데, 신라 경덕왕 때에 한산翰山으로 고치어 가림군의 관할 하의 현으로 만들었다. 고려초에 지금 명칭으로 고쳤고 현종 9년에 그대로 본 현에 소속시켰으며 명종 5년에 한산韓山 감무로 하여금 이 현을 겸임케 하였다.}

남포현藍浦縣{원래 백제의 사포현寺浦縣인데, 신라 경덕왕 때에 지금 명칭으로 고쳐서 서림군 관할 하의 현으로 만들었다. 현종 9년에 본 현에 소속시켰으며 후에 감무를 두었다. 신우 6년에 왜구의 침입으로 말미암아 사람들과 가축들이 사방으로 흩어졌으며 공양왕 2년에 와서야 비로소 진성鎭城을 설치하고 피난 온 이곳 주민들을 불러 모았다.}

한산현韓山縣{원래 백제의 마산현馬山縣인데, 신라에서도 그대로 부르면서 가림군 관할 하의 현으로 만들었다. 고려에 와서 지금 명칭으로 고치고 그대로 본 현에 소속시켰으며 명종 5년에 감무를 두었고 후에 지한주사知韓州事로 승격시켰다.}

부성현富城縣

원래 백제의 기군基郡인데, 신라 경덕왕 때에 부성군으로 고쳤다. 고려에서도 그대로 불렀고 인종 22년(1144)에 현령을 두었으며, 명종 12년에 이 현 사람들이 폭동을 일으켜 영위令尉를 강박하여 가두었으므로, 담당 관청에서 왕에게 말하여 관호官號를 삭제하였다. 충렬왕 10년에 이 현 사람인 대호군大護軍 정인경鄭仁卿이 공로가 있었다고 하여 지서산군사知瑞山郡事로 승격시켰고, (충렬왕) 34년에는 서주목瑞州牧으로 승격시켰으며, 충선왕 2년에 전국의 목牧이 폐지됨에 따라 서녕부瑞寧府로 되었으며 후에 다시 지서주사知瑞州事로 낮추었다. 이 현에 소속된 현이 2개 있다.

지곡현地谷縣{원래 백제의 지륙현知六縣인데, 신라 경덕왕 때에 지육地育으로 고치고 부성군 관할 하의 현으로 만들었다. 고려에 와서 지금 명칭으로 고치고 그대로 소속시켰다.}

소태현蘇泰縣{원래 백제의 성대혜현省大兮縣인데, 신라 경덕왕 때에 지금 명칭으로 고쳐서 부성군 관할 하의 현으로 만들었다. 고려에 와서도 그대로 불렀으며 현종 9년에 운주運州에 소속시켰다. 충렬왕 때에 내시 이대순李大順이 원나라에 가서 황제의 사랑을 받았는데 이 현이 그가 살던 곳이라고 하여 지태안군사知泰安郡事로 승격시켰다.}

경상도慶尙道

경상도慶尙道는 삼한三韓때에는 진한辰韓이었고 삼국 시기에는 신라로 되었는 바, 태조(고려)가 신라와 후백제를 통합함에 이르러 이곳에 동남도도부서사東南道都部署使를 두고 경주慶州에 관청[司]을 두었다. 성종 14년에 전국을 10개 도道로 나누면서 상주尙州 관내를 영남도嶺南道로, 경주・금주金州 관내를 영동도嶺東道로, 진주晋州 관내를 산남도山南道로 만들었으며, 예종 원년에 경상진주도慶尙晋州道라고 불렀다. 명종 원년에 경상진합주慶尙晋陜州를 2개 도로 나누었다가 16년(1186)에 경상주도로 하였고, 신종神宗 7년(1204)에 상진안동도尙晋安東道로 하였으며, 그 후에 다시 경상진안도慶尙晋安道라고 불렀다. 고종 46년에 명주도溟州道의 화주和州, 등주登州, 정주定州, 장주長州의 4개 주가 몽골 침략자들에게 강점됨에 따라 본 도 내의 평해平海, 덕원德原, 영덕盈德, 송생松生 등을 나누어서 명주도溟州道에 소속시켰다. 충렬왕忠烈王 16년에는 다시 덕원, 영덕, 송생을 동계東界에 이속移屬시켰으며, 충숙왕 원년에 경상도로 정하였다. 본 도에 속한 경京이 1개, 목牧이 3개, 부府가 3개, 군郡이 30개, 현縣이 92개이다.

동경유수관 경주東京留守官慶州

원래 신라의 옛 수도이다. 신라 시조 박혁거세왕朴赫居世王이 나라를 세우고 이곳에 수도를 정한 후 국호를 서야벌徐耶伐, 혹은 사라斯羅 또는 사로斯盧라고 하다가, 후에 신라라고 불렀으며, 탈해왕脫解王 9년(65)에 시림始林에서 금닭이 운 이상한 일이 있었다고 하여 그 명칭을 계림으로 고치고 그대로 이것을 국호로 삼았으며, 기림왕基臨王 10년(307)에 다시 신라로 고쳤다. 태조 18년에 신라의 경순왕敬順王 김부金傅가 항복하여 왔으므로 나라를 없애고 경주로 하였으며, (태조) 23년에 대도독부大都督府로 승격시키고 그 주 6부六部의 명칭을 양부梁部는 중흥부中興部로, 사량부沙梁部는 남산부南山部로, 본피부本彼部는 통선부通仙部로, 습북부習北部는 임천부臨川部로, 한지부漢祇部는 가덕부加德部로, 모량부牟梁部는 장복부長福部로 각각 고쳤다. 성종 6년에 동경 유수東京留守로 고쳤다가 14년에 유수사留守使로 고쳐서 영동도嶺東道에 소속시켰다. 현종 3년에는 유수관을 없애고 낮추어서 경주 방어사防御使로 하였으며 5년에 안동대도호부安東大都護府로 고쳤다가 21년(1030)에 다시 동경 유수로 고쳤다. 그런데 당시 예방銳方이 왕에게 바친 『삼한회토기三韓會土記』에 "고려의 3개 경京"이란 문구가 있었으므로 거기에 맞추기 위하여 다시 동경으로 고쳤던 것이다. 신종 5년(1202)에 동경야별초東京夜別抄가 폭동을 일으켜 이 주의 군들을 점령하였으므로 정부는 군대를 보내 이를 진압하였으며, 7년에 동경 사람이 "신라가 다시 융성해질 것이다"라는 말을 퍼뜨리고 상주尙州, 청주淸州, 충주忠州, 원주도原州道에 격문을 전파시키면서 반역을 꾸몄다는 이유로 지경주사知慶州事로 낮추고 그 관할 하에 있는 주, 부, 군, 현, 향, 부곡 등을 전부 철수하여 이를 안동安東과 상주尙州에 각각 나누어서 소속시켰다가, 고종 6년에 다시 유수留守로 하였다. 충렬왕 34년에 계림부鷄林府로 고쳤고, 신우 2년에 계림부와 금주金州가 서로 방어사영防禦使營이 되려고 다투었다. 그러므로 도평의사都評議使가 아뢰기를, "금주金州의 적이 안렴사按廉使를 살해하였으며, 또한 방어사영이 설치된 연한으로 보아서도 금주는 계림부보다 짧습니다. 더구나 금주는 해변에 가까운 만큼 왜적의 침입이 심하여 위험하오니 방어사영을 계림부로 옮기기를 바랍니다."라고 요청하였으므로, 우왕은 그 말을 따랐다. 별도의 이름으로 낙랑樂浪{성종 대에 정한 명칭이다.}이라고도 한다. 여기에는 박혁거세

왕의 능과 김유신의 묘가 있고 첨성대瞻星臺{신라 선덕여왕 때에 축조한 것이다.}와 봉덕사奉德寺{신라 혜공왕惠恭王 때에 큰 종을 주조하였는데, 동銅 12만 근斤이 들어갔다. 이 종을 치면 그 소리가 100여 리까지 들린다.} 등이 있다. 본 주에 소속된 군이 4개, 현이 10개 있으며, 관할 하에 군郡이 5개{방어군防禦郡이 4개, 지사군知事郡이 1개 있다.} 있다.

홍해군興海郡{원래 신라의 퇴화군退火郡인데, 경덕왕 때에 의창군義昌郡으로 고쳤다. 고려 초에 지금 명칭으로 고쳤으며, 현종 9년에 본 주에 소속시켰고, 명종 2년에 감무를 두었으며, 공민왕 16년에는 국사國師 천희千熙의 고향이라는 이유로 지군사知郡事로 승격시켰다. 곡강曲江 또는 오산鰲山이라고도 부른다.}

장산군章山郡{원래 압량소국押梁小國〈압독押督이라고도 한다.〉인데, 신라 지미왕祗味王이 이것을 빼앗아서 군을 설치하였고, 경덕왕 때에 장산군獐山郡으로 고쳤다. 고려 초에 지금 명칭으로 고쳤고, 현종 9년에 본 주에 소속시켰으며, 명종 2년에 감무를 두었다. 충선왕이 왕으로 오르자 왕의 이름자인 장獐 자를 피하여 경산慶山으로 고쳤고, 충숙왕 4년(1317)에 국사國師 일연一然의 고향이라는 이유로 현령관縣令官으로 승격시켰으며, 공양왕 2년에는 왕비 노씨盧氏의 고향이라는 이유로 지군사知郡事로 승격시켰는 바, 옥산玉山이라고도 부른다.}

수성군壽城郡{원래 신라의 위화군喟火郡〈상촌창군上村昌郡이라고도 한다.〉인데, 경덕왕 때에 수창군壽昌郡으로 고쳤다. 고려 초에 지금 명칭으로 고쳤고, 현종 9년에 본 주에 소속시켰으며, 공양왕 2년에 감무를 두어 해안현解顔縣을 겸임케 하였다.}

영주永州{고려 초에 신라 시기의 임고군臨皐郡의 도동道同, 임천臨川 두 현을 합쳐서 설치한 것인데〈고울부高鬱府라고도 한다.〉, 성종 14년에 영주자사永州刺史로 하였으며, 현종 9년에 본 주에 소속시켰다. 명종 2년에 감무를 두었으며, 후에 지주사知州事로 승격시켰는 바, 익양益陽〈성종 때에 정한 명칭이다.〉 또는 영양永陽〈고려 말에 본 주의 이지은소梨旨銀所를 승격시켜 현으로 만들었다.〉이라고도 부른다.}

안강현安康縣{원래 신라의 비화현比火縣인데, 경덕왕 때에 지금 명칭으로 고쳐서 의창군義昌郡 관할 하의 현으로 만들었다. 현종 9년에 본 주에 소속시켰으며, 공양왕 2년에 감무를 두었다.〈신라 파사왕婆娑王이 음집벌국音什伐國을 정복하여 음집화현音什火縣을 설치하였으며 후에 이 현에 합쳤다.〉}

신녕현新寧縣{원래 신라의 사정화현史丁火縣인데, 경덕왕 때에 지금 명칭으로 고쳐서 임고군 관할 하의 현으로 만들었다. 현종 9년에 본 주에 소속시켰으며 공양왕 2년에 감무를 두었다.〈경덕왕 때에 매숙차현買熟次縣을 면백현麵白縣으로 고쳤는데 후에 이 현에 합쳤다.〉}

자인현慈仁縣{원래 신라의 노사화현奴斯火縣인데, 경덕왕 때에 지금 명칭으로 고쳐서 장산군 관할 하의 현으로 만들었다. 현종 9년에 본 주에 소속시켰다.}

하양현河陽縣{성종 14년에 하주자사河州刺史로 되었다. 현종 9년에 지금 명칭으로 고쳐서 본 주에 소속시켰으며 후에 감무를 두었다.}

청하현淸河縣{원래 고구려의 아혜현阿兮縣인데, 신라 경덕왕 때에 해아海阿로 고쳐서 유린군有隣郡 관할 하의 현으로 만들었다. 고려 초에 지금 명칭으로 고쳤으며 현종 9년에 본 주에 소속시켰다.}

연일현延日縣{원래 신라의 근오지현斤烏支縣〈오량우烏良友로도 쓴다.〉인데, 경덕왕 때에 임정臨汀으로 고쳐서 의창군義昌郡 관할 하의 현으로 만들었다. 고려 초에 지금 명칭으로 고쳤고 현종 9년에 본 주에 소속시켰으며 공양왕 2년에 감무를 두었는바 관군 만호管軍

萬戶로 하여금 이를 겸임케 하였다.}

해안현解顔縣{원래 신라의 치성화현雉省火縣〈미리美里라고도 한다.〉인데, 경덕왕 때에 지금 명칭으로 고쳐서 장산군 관할 하의 현으로 만들었다. 현종 9년에 본 주에 소속시켰으며, 공양왕 2년에 감무를 두었는 바, 수성壽城 감무로 하여금 이를 겸임케 하였다.}

신광현神光縣{원래 신라의 동잉음현洞仍音縣〈신을神乙이라고도 한다.〉인데, 경덕왕 때에 지금 명칭으로 고쳐서 의창군義昌郡 관할 하의 현으로 만들었다. 현종 9년에 본 주에 소속시켰다.}

기계현杞溪縣{원래 신라의 모혜현芼兮縣〈화계化鷄라고도 한다.〉인데, 경덕왕 때에 지금 명칭으로 고쳐서 의창군 관할 하의 현으로 만들었다. 현종 9년에 본 주에 소속시켰다.}

장기현長鬐縣{원래 신라의 지답현只沓縣인데, 경덕왕 때에 기립鬐立으로 고쳐서 의창군 관할 하의 현으로 만들었다. 고려에 와서 지금 명칭으로 고치고 본 주에 소속시켰으며 후에 감무를 두었다.}

울주

울주蔚州는 원래 굴아화촌屈阿火村으로서, 신라 파사왕이 이것을 탈취하여 현을 설치하였고 경덕왕 때에 이것을 하곡河曲{하서河西로도 쓴다.}으로 고쳐서 임관군臨關郡 관할 하의 현으로 만들었다. 고려 초에 지금 명칭으로 고쳤고, 현종 9년에 방어사를 두었다.{경덕왕 때에 우화현于火縣을 우풍현虞風縣으로, 율포현栗浦縣을 동진현東津縣으로 고쳐서 다 이 주에 합쳤다. 태조 때에 이 군 사람인 박윤웅朴允雄이 큰 공을 세웠으므로 하곡河曲, 동진東津, 우풍 등 현을 합하여 흥례부興禮府를 설치하였고, 후에 낮추어서 공화현恭化縣으로 하였다가 다시 지울주사知蔚州事로 고쳤다. 신라 말에 학이 날아 와서 울었으므로 신학성神鶴城이라고도 하며 계변성戒邊城, 개지변皆知邊 또는 화성군火城郡이라고도 한다.} 학성鶴城{성종 때에 정한 명칭이다.}이라고도 부른다. 여기에는 소속현이 2개 있다.

동래현東萊縣{원래 신라의 거칠산군居柒山郡인데, 경덕왕 때에 동래군으로 고쳤다. 현종 9년에 본 주에 소속시켰으며 후에 현령을 두었다. 이 현에 온천이 있다.}

헌양현巘陽縣{원래 신라의 거지화현巨知火縣인데, 경덕왕 때에 지금 명칭으로 고쳐서 양주良州 관할 하의 현으로 만들었다. 현종 9년에 본 주에 소속시켰으며 인종 21년에 감무를 두었으며 후에 언양彦陽으로 고쳤다.}

예주

예주禮州는 원래 고구려의 우시군于尸郡인데, 신라 경덕왕 때에 유린군有隣郡으로 고쳤다. 고려 초에 지금 명칭으로 고쳤고 현종 9년에 방어사를 두었으며, 고종 46년에 위사공신衛社功臣 박송비朴松庇의 내향內鄕이라는 이유로 덕원소도호부德原小都護府로 승격시켰다가 다음에 다시 예주목禮州牧으로 승격시켰으며, 충선왕 2년에 전국의 목이 없어짐에 따라 영해부寧海府로 고쳤는 바, 단양丹陽{성종 때에 정한 명칭이다.}이라고도 부른다. 관어대觀魚臺가 있으며, 본 주에 소속된 부府가 1개, 군이 3개, 현이 2개 있다.

보성부甫城府{재암성載岩城이라고도 한다. 신라 경덕왕 때에 칠파화현柒巴火縣을 진보현眞寶縣으로, 고구려 때의 조람현助攬縣을 진안현眞安縣으로 고쳤는데, 고려 초에 이 두 개 현을 합쳐서 보성부를 설치하였으며 현종 9년에 본 예주禮州에 소속시켰다.}

영양군英陽郡{영은 연延으로도 쓴다. 원래 고은현古隱縣으로서 후에 지금 명칭으로 고쳤다. 현종 9년에 본 주에 소속시켰으며 명종 5년에 감무를 두었는 바, 익양군益陽郡이라고도 한다. 수비부곡首比部曲은 원래 이 현에 속하여 있었는데, 문종 때에 울진蔚珍에 이속시켰다가 그 주변을 도로 여기에 소속시켰다.}

평해군平海郡{원래 고구려의 근을어斤乙於인데, 고려 초에 지금 명칭으로 고쳤고, 현종 때에 본 주에 소속시켰으며, 명종 2년에 감무를 두었다. 충렬왕 때에 이 현 사람인 첨의평리僉議評理 황서黃瑞가 왕을 잘 받들고 돕다가 조국으로 돌아 온 공로가 있다고 하여 지군사知郡事로 승격시켰다. 기성箕城이라고도 부른다. 온천이 있다.}

영덕군盈德郡{원래 고구려의 야시홀군也尸忽郡인데, 신라는 야성군野城郡으로 고쳤다. 고려 초에 지금 명칭으로 고쳤고 현종 9년에 본 주에 소속시켰으며 후에 감무를 두었다가 다시 현령관縣令官으로 고쳤다.}

청부현靑鳧縣{원래 고구려의 청기현靑己縣인데, 신라는 적선積善으로 고쳐서 야성군野城郡 관할 하의 현으로 만들었다. 고려 초에 부이현鳧伊縣으로 하였다가 다시 운봉현雲鳳縣으로 고쳤으며 성종 5년에 지금 명칭으로 고쳐서 본 주에 소속시켰다.}

송생현松生縣{현종 9년에 본 주에 소속시켰으며 인종 21년에 감무를 두었다.}

금주

금주金州는 원래 가락국駕洛國이었다. 신라 유리왕儒理王 18년(41)에 가락의 추장 아조간我刀干, 여조간汝刀干, 피조간彼刀干 등 9명이 부락 사람들을 데리고 제사[禊]를 지내고 술을 마시다가 구지봉龜旨峯에서 이상한 소리가 들리므로 곧 가서 보니 하늘에서 내려온 금합金榼이 있었는데 그 속에 해와 같이 둥근 금빛 나는 알卵이 들어있었다. 9명의 추장은 이를 신기한 일로 생각하고 그것을 아조간의 집에 가져다 모시었다. 이튿날 아홉 추장이 모두 모여서 합을 열어보니 15세 가량 되어 보이는 아이가 알껍질을 깨뜨리고 나왔는데 그는 매우 거룩하였으므로 모두 그에게 경축의 뜻으로 절하고 극진히 받들었다. 아이는 나날이 자라서 알에서 나온 지 10여 일 후에는 키가 9척이나 되었다. 이달 보름날 아홉 추장은 그를 받들어 임금으로 모셨는 바, 이가 곧 수로왕首露王이다. 국호를 가락駕洛 또는 가야伽倻라고 부르다가 후에 금관국金官國이라고 하였으며, 사방의 경계로써 동쪽은 황산강黃山江에 이르고 동북쪽은 가야산伽倻山에 닿았으며 서남쪽은 대해大海와 접하고 서북쪽은 지리산智異山으로써 경계를 삼았다. 수로왕은 즉위한지 158 년 만에 죽었으며 그의 9대 손인 구해왕仇亥王은 국고國庫의 일체 보물을 가지고 신라에 가서 항복하였다. 수로왕 이후의 역대 왕은 거등왕居登王, 마품왕麻品王, 거질미왕居叱彌王, 이시품왕伊尸品王, 좌지왕坐知王, 취희왕吹希王, 질지왕銍知王, 감지왕鉗知王을 거쳐 구해왕仇亥王에 이르렀으며, {『삼국유사三國遺事』에 실린 「가락국기駕洛國記」에는 해亥를 형衡으로 썼다.} 통치 연대는 491년간이었다. 신라 법흥왕은 구해왕의 투항을 접수한 후 그를 귀빈으로 대접하고 가락국의 옛 땅을 그의 식읍食邑으로 주었는데, 이것을 금관군金官郡이라고 불렀다. 문무왕은 금관소경金官小京을 설치하였고, 경덕왕 때에 김해소경金海小京으로 만들었다. 고려 태조 23년에 전국의 주, 부, 군, 현의 명칭이 고쳐짐에 따라 김해부金海府로 되었고, 후에 낮추어서 임해현臨海縣으로 되었다가 다시 군으로 승격되었다. 성종 14년에 금주안동도호부金州安東都護府로 고쳤고, 현종 3년에 지금 명칭으로 고쳤다. 원종 11년(1270)에 방어사 김훤金晅이 밀성密城의 반란을 진압하였고, 삼별초三別抄의 진출을 막아 내는 데 있어서도 공로가 있었다고 하여 금녕도호부金寧都護府로 승격시켰으며, 충렬왕 19년에 낮추어서 현으로 하였고, 34년에는 금주목金州牧으로 승격시켰다. 충선왕 2년에 전국의 목이 없어짐에 따라 다시 김해부로 되었다. 수로왕의 묘{주 서쪽에 있다.}와 초현대招賢臺{주 동쪽에 있다. 세상에서 전하기를 가락국의 거등왕이 이 돈대에 올라가서 칠점산七點山의 감시선인旵始仙人을 불렀더니, 그가 처음으로 배를 타고 왔다고 하여 이 돈대 명칭을 초현대라고 하였다.} 또 삼분수三分水{부 동쪽에 있는 황산강黃山江이 50여 리를 흘러내리다가 이곳에 이르러 3개 줄기로 갈라져서 바다로 들어간다. 민간에서는 삼차수三叉水라고 부른다.}가 있고, 본주에 소속된 군이 2개, 현이 3개 있다.

의안군義安郡{원래 신라의 굴자군屈自郡인데, 경덕왕 때에 지금 명칭으로 고쳤다. 현종 9년에 본 주에 소속시켰고, 후에 감무를 두었으며, 충렬왕 8년에 원나라 세조가 동정東征할 때 도와준 공로를 표창하기 위하여 의창義昌으로 고쳐서 현령으로 승격시켰다. 회산檜

山이라고도 부른다.}

함안군咸安郡{원래 아시량국阿尸良國〈아나 가야阿那加耶라고도 한다.〉인데, 신라 법흥왕이 빼앗아서 군으로 만들었으며, 경덕왕 때에 지금 명칭으로 고쳤다. 성종 14년에 함주 자사로 하였다가 현종 9년에 다시 지금 명칭으로 고쳐서 본 주에 소속시켰고, 명종 2년에 감무를 두었으며, 공민왕 22년에 이 현 사람인 주영찬周英贊의 딸이 명나라에 가서 궁인宮人이 되었다는 이유로 지군사知郡事로 승격시켰다. 금라金羅라고도 부른다.}

칠원현漆園縣{원園은 원原으로도 쓴다. 원래 신라의 칠토현漆吐縣인데, 경덕왕 때에 칠제漆隄로 고쳐서 의안군의 관할 하의 현으로 만들었다. 고려 초에 지금 명칭으로 고쳤고, 현종 9년에 본 주에 소속시켰으며, 공양왕 2년에 감무를 두었다. 구성龜城이라고도 부른다.}

웅신현熊神縣{원래 신라의 웅지현熊只縣인데, 경덕왕 때에 지금 명칭으로 고쳐서 의안군義安郡의 관할 하의 현으로 만들었으며, 현종 9년에 본 주에 소속시켰다. 고려는 성법부곡省法部曲을 구산현龜山縣으로 승격시켜서 금주金州 관할 하에 소속시켰는데, 공양왕 때에 칠원漆原에 이속移屬시켰다. 이 현에는 가덕도加德島가 있다.}

합포현合浦縣{원래 신라의 골포현骨浦縣인데, 경덕왕 때에 지금 명칭으로 고쳐서 의안군의 관할 하의 현으로 만들었다. 현종 9년에 본 주에 소속시켰고 후에 감무를 두었으며, 충렬왕 8년에 원나라 세조가 동정할 때 협조한 공로를 표창하기 위하여 회원會原으로 고치고 현령으로 승격시켰다. 환주還珠라고도 부르는 바, 여기에는 월영대月影臺가 있다. 고려에서는 완포향莞浦鄉을 현으로 승격시켰다.}

양주

양주梁州는 신라 문무왕 5년에 상주上州, 하주下州 땅을 나누어서 삽량주歃良州를 두었는데, 경덕왕 때에 양주梁州로 고쳐서 9주九州의 하나로 만들었다. 태조 23년에 지금 명칭으로 고쳤고, 현종 9년에 방어사防禦使를 두었다가 후에 원나라 중서성中書省에서 우리나라의 고을[官]이 번잡하여 백성들의 폐단이 된다고 하여 밀성密城에 합쳤다. 그러나 본 주현의 지방 관리들이 중앙에 명령 받으러 왕래하게 되어 그 폐단이 더욱 심해졌다. 그래서 충렬왕 30년에 와서 다시 원래대로 고쳤다. 의춘宜春{성종 때에 정한 명칭이다.} 또는 순정順正이라고도 부르는 바, 여기에는 가야진伽倻津, 황산강黃山江{무안務安의 용진강龍津江, 광양光陽의 섬진강蟾津江과 함께 반대로 흐르는 3개의 큰 강으로 되어 있다.} 및 가야진연소伽倻津衍所가 있고, 소속 현이 2개 있다.

동평현東平縣{원래 신라의 대증현大甑縣인데, 경덕왕 때에 지금 명칭으로 고쳐서 동래군東萊郡의 관할 하의 현으로 만들었으며, 현종 9년에 본 주에 소속시켰다. 절영도絶影島가 있다.}

기장현機張縣{원래 신라의 갑화량곡현甲火良谷縣인데, 경덕왕 때에 지금 명칭으로 고쳐서 동래군의 관할 하의 현으로 만들었다가 후에 본 주에 이속시켰다. 현종 9년에 다시 울주蔚州에 이속시켰고 후에 감무를 두었는바 차성車城이라고도 부른다.}

밀성군

밀성군密城郡은 원래 신라의 추화군推火郡인데, 경덕왕 때에 지금 명칭으로 고쳤다. 고려 초에도 그대로 부르다가 성종 14년에 밀주자사密州刺史로 하였고, 현종 9년에 지밀성군사知密城郡事로 하였다. 충렬왕 원년에 이 군 사람인 조천趙仟이 군수를 처단하고 진도珍島의 반적叛賊 삼별초에게 호응하였다 하여, 낮추어 귀화부곡歸化部曲으로 만들어 계림鷄林에 소속시켰다. 이보다 전에 대성臺省에서 이 군을 낮출 것을 수차 건의하였었으나, 일을 하는 사람이 밀성읍 사람으로부터 뇌물을 받고 그것을 중간에서 막아왔는데, 이때 다시 강력히 주장하여 왔으므로, 그 의견에 좇은 것이다. 후에 다시 밀성현으로 불렀고, (현종) 11년에 군으로 승격시켰다가 다시 낮추어서 현으로 하였으며, 공양왕 2년에 왕의 증조曾祖 익양후益陽侯의 부인 박씨의 내향內鄕이라는 이유로 밀양부密陽府로 승격시켰다.{고려에서는 수산부곡守山部曲을 수산현守山縣으로 만들었다.} 본 군에 소속된 군이 2개, 현이 4개 있다.

창녕군昌寧郡{원래 신라의 비자화군比自火郡〈비사벌比斯伐이라고도 한다.〉인데, 진흥왕 16년(555)에 하주下州를 설치하였다가 26년에 폐지하였으며, 경덕왕 때에 화왕군火王郡으로 개편하였다. 태조 23년에 지금 명칭으로 고쳤고, 현종 9년에 본 군에 소속시켰으며 명종 2년에 감무를 두었다.} 창성昌城 또는 하성夏城이라고도 부른다.

청도군淸道郡{도주道州라고도 한다. 고려 초에 신라 대성군大城郡의 오악烏岳, 형산荊山, 소산蘇山 3개 현을 합쳐서 군으로 만들어 본 군에 소속시킨 것인데, 예종 4년에 감무를 두었다. 충혜왕 후 4년(1343)에 이 군 사람인 상호군上護軍 김선장金善莊이 공이 있었다는 이유로 지군사知郡事로 승격시켰다가 이듬해에 다시 감무로 하였으며, 공민왕 15년에 이 군 사람인 김한귀金漢貴가 감찰대부監察大夫로 있으면서 왕에게 청하여 지군사로 승격시켰다.}

현풍현玄豊縣{풍豊은 풍風으로도 쓴다. 원래 신라의 추량화현推良火縣〈추는 삼三으로도 쓴다.〉인데, 경덕왕 때에 현효玄驍로 고쳐서 화왕군火王郡 관할 하의 현으로 만들었다. 고려 초에 지금 명칭으로 고쳤고, 현종 9년에 본 군에 소속시켰으며, 공양왕 2년에 감무를 두고 밀성군의 구지산부곡仇知山部曲을 나누어서 이 현에 소속시켰다.}

계성현桂城縣{현종 9년에 본 군에 소속되었으며, 공민왕 15년에 영산현靈山縣에 이속되었다가 공양왕 2년에 도로 본 군에 소속되었다.}

영산현靈山縣{원래 신라의 서화현西火縣인데, 경덕왕 때에 상약尙藥으로 고쳐서 밀성군의 관할 하의 현으로 만들었다. 고려에 와서 지금 명칭으로 고치고 그대로 본 군에 소속시켰으며 충경왕忠敬王 15년에 감무를 두었다. 이 현에 온천이 있고 가야진명소伽倻津溟所

가 있다.}

풍각현豊角縣{원래 상화촌현上火村縣으로서 고려에 와서 지금 명칭으로 고쳤고 현종 9년에 본 군에 소속시켰다.}

진주목

진주목晋州牧은 원래 백제의 거열성居列城{거타居陁라고도 한다.}인데, 신라 문무왕 2년에 빼앗아서 주를 설치하였고, 신문왕 4년에 거타주居陁州를 나누어서 청주총관菁州摠管을 설치하였으며, 경덕왕 때에 강주康州라고 고쳤는데, 혜공왕惠恭王이 다시 청주菁州로 고쳤다. 태조는 다시 강주로 고쳤고, 성종 2년에 처음으로 전국에 12개 목을 설치하였을 때 진주는 그 중의 하나였으며, 14년에 12개 주 절도사를 두면서 진주정해군晋州定海軍이라고 부르고 이를 산남도山南道에 소속시켰다. 현종 3년에 절도사를 폐지하고 안무사로 하였으며, 9년에 목으로 정하여 8개 목 중의 하나로 하였다. 진강晋康{성종 때에 정한 명칭이다.} 또는 청주菁州 및 진양晋陽이라고도 부른다. 여기는 화개花開, 살천薩川 2개의 부곡{그 우두머리는 다 머리를 깎고 승수僧首라고 불렀다.}이 있고, 또한 창선도彰善島{이 섬은 원래 고구려 때의 유질부곡有疾部曲인데, 고려에 와서 지금 명칭으로 고치고 현으로 승격시켜 본 주에 소속시켰다. 충선왕이 즉위하자 왕의 이름자를 피하여 흥선으로 바꾸었고, 그 후 왜적의 침입으로 말미암아 주민과 가축들이 모두 없어졌으므로 직촌直村으로 되었다.}가 있다. 이 주에 소속된 군이 2개, 현이 7개 있으며, 그 관할하에 지사군知事郡이 1개, 현령관縣令官이 3개 있다.

강성군江城郡{원래 신라의 궐지군闕支郡인데, 경덕왕 때에 궐성군闕城郡으로 고쳤다. 고려 초에 강성현으로 고쳤다가 후에 군으로 승격시켰고, 현종 9년에 본 목에 소속시켰으며 공양왕 2년에 감무를 두었다.}

하동군河東郡{원래 신라의 한다사군韓多沙郡인데, 경덕왕 때에 지금 명칭으로 고쳤다.

고려 초에도 그대로 부르다가 현종 9년에 본 목에 소속시켰으며, 명종 2년에 감무를 두었다. 청하淸河라고도 부른다.}

사주泗州{원래 신라의 사물현史勿縣인데, 경덕왕 때에 사수泗水로 고쳐서 고성군固城郡의 관할 하의 현으로 만들었다. 고려 초에 본 목에 소속시켰고 현종 2년에 지금 명칭으로 고쳤으며 명종 2년에 감무를 두었다.}

악양현岳陽縣{원래 신라의 소다하현小多河縣인데, 경덕왕 때에 지금 명칭으로 고쳐서 하동군河東郡의 관할 하의 현으로 만들었다. 현종 9년에 본 목에 소속시켰다.}

영선현永善縣{원래 신라의 일선현一善縣인데, 경덕왕 때에 상선尙善으로 고쳐서 고성군의 관할 하의 현으로 만들었다. 고려 초에 지금 명칭으로 고쳤으며 현종 9년에 본 목에 소속시켰다.}

진해현鎭海縣{현종 9년에 본 목에 소속되었으며, 공양왕 2년에 감무를 두었다. 팔진八鎭 혹은 우산牛山이라고도 한다.}

곤명현昆明縣{신라 때의 명칭은 알 수 없으며, 현종 9년에 본 목에 소속시켰다.}

반성현班城縣{신라 때의 명칭은 알 수 없으며, 현종 9년에 본 목에 소속되었다.}

의령현宜寧縣{원래 신라의 장함현獐含縣인데, 경덕왕 때에 지금 명칭으로 고쳐서 함안군咸安郡의 관할 하의 현으로 만들었다. 현종 9년에 본 목에 소속시켰으며, 공양왕 2년에 감무를 두고 신번현新繁縣을 이 현에 소속시켰다.}

합주

합주陜州는 원래 신라의 대량주군大良州郡{양은 야耶로도 쓴다.}인데, 경덕왕 때에 강양군江陽郡으로 고쳤다. 현종이 대량원군大良院君으로 책봉되었다가 왕위에 올랐으며, 또한 이곳이 왕의 어머니 효숙왕후孝肅王后의 고향이라는 이유로 지합주사知陜州事로 승격시켰다. 이 주에 소속 현이 12개 있다.

가수현嘉樹縣{수樹는 수壽로도 쓴다. 원래 신라의 가주화현加主火縣인데, 경덕왕 때에 지금 명칭으로 고쳐서 강주康州의 관할 하의 현으로 만들었다. 현종 9년에 본 주에 소속시켰는바 봉성鳳城이라고도 부른다.}

삼기현三岐縣{원래 신라의 삼지현三支縣〈마장麻杖이라고도 한다.〉인데, 경덕왕 때에 지금 명칭으로 고쳐서 강양군江陽郡의 관할 하의 현으로 만들었다. 현종 9년에 본 주에 소속시켰으며, 공민왕 22년에 감무를 두었다.}

산음현山陰縣{원래 신라의 지품천현知品川縣인데, 경덕왕 때에 지금 명칭으로 고쳐서 궐성군闕城郡의 관할 하의 현으로 만들었다. 현종 9년에 본 주에 소속시켰으며 공양왕 2년에 감무를 두었는바 산양山陽이라고도 부른다.}

단계현丹溪縣{원래 신라의 적촌현赤村縣인데, 경덕왕 때에 단읍丹邑으로 고쳐서 궐성군의 관할 하의 현으로 만들었다. 고려 초에 지금 명칭으로 고쳤고, 현종 9년에 본 주에 소속시켰으며 공양왕 2년에 강성현에 이속시켰다.}

가조현加祚縣{원래 신라의 가소현加召縣〈이 지방 사투리로는 발음이 비슷하므로 소召는 음이 변하여 조祚로 되었다.〉인데, 경덕왕 때에 감음減陰으로 고쳐서 거창군居昌郡의 관할 하의 현으로 만들었다. 고려 초에 다시 옛 명칭으로 고쳤고, 현종 9년에 본 주에 소속시켰다가 후에 도로 거창군에 소속시켰으며, 원종 12년(1271)에 거제巨濟에 이속시켰다.}

감음현減陰縣{원래 신라의 남내현南內縣인데, 경덕왕 때에 여선餘善으로 고쳐서 거창군의 관할 하의 현으로 만들었다. 고려 초에 지금 명칭으로 고쳤고 현종 9년에 본 주에 소속시켰으며 의종毅宗 15년(1161)에 이 현 사람인 자화子和 등이 허위 고발하기를 정서鄭敍의 아내가 현리縣吏 인량仁梁과 함께 왕과 대신들을 저주한다고 하였으므로 자화를 잡아서 강물에 던져 버리고 이 현을 낮추어 부곡으로 만들었다. 공양왕 2년에 다시 감무를 두고 이안현利安縣을 이 현에 소속시켰다.}

이안현利安縣{원래 신라의 마리현馬利縣인데, 경덕왕 때에 지금 명칭으로 고쳐서 천령군天嶺郡의 관할 하의 현으로 만들었다. 현종 9년에 본 주에 소속시켰으며 공양왕 2년에 감음현에 이속시켰다.}

신번현新繁縣{원래 신라의 신이현新尒縣〈주오촌朱烏村 또는 천천현泉川縣이라고도 한다.〉인데, 경덕왕 때에 의상宜桑으로 고쳐서 강양군江陽郡의 관할 하의 현으로 만들었다. 고려 초에 지금 명칭으로 고쳤으며 현종 9년에 본 주에 소속시켰다.}

야로현冶爐縣{원래 신라의 적화현赤火縣인데, 경덕왕 때에 지금 명칭으로 고쳐서 고령군高靈郡의 관할 하의 현으로 만들었다. 현종 9년에 본 주에 소속시켰다.}

초계현草溪縣{원래 신라의 초팔혜현草八兮縣인데, 경덕왕 때에 팔계八溪로 고쳐서 강양군의 관할 하의 현으로 만들었다. 고려 초에 지금 명칭으로 고쳤고, 현종 9년에 그대로 본 주에 소속시켰으며 명종 2년에 감무를 두었다. 충숙왕 3년에 이 현 사람인 정수기鄭守琪, 변우성卞遇成 등이 나라에 공이 있었다는 이유로 지군사로 승격시켰다. 청계淸溪〈성종 때에 정한 명칭이다.〉라고도 부르는 바, 여기에는 황둔진黃芚津이 있다.}

거창현居昌縣{원래 신라의 거열군居烈君〈거타居陁라고도 한다.〉인데, 경덕왕 때에 지금 명칭으로 고쳤다. 현종 9년에 본 주에 소속시켰고 명종 2년에 감무를 두었다.}

함양현含陽縣{함성군含城郡이라고도 한다. 원래 신라의 속함군速含郡인데, 경덕왕 때에 천령군天嶺郡으로 고쳤다. 성종 14년에 허주도단련사許州都團鍊使로 승격시켰고, 현종 3년에 낮추어서 함양군으로 하여 본 주에 소속시켰으며〈후에 함含을 함咸으로 고쳤다.〉 명종 2년에 낮추어서 현으로 만들고 감무를 두었다.}

고성현

고성현固城縣은 원래 소가야국小加耶國이었는데 신라가 빼앗아서 고자군古自郡을 설치하였으며, 경덕왕 때에 지금 명칭으로 고쳐서 군郡으로 만들었다. 성종 14년에 고주자사固州刺史로 하였다가 후에 낮추어서 현으로 하였고, 현종 9년에 거제巨濟에 소속시켰다가 후에 현령을 두었다. 원종 7년에 군이 주州로 승격되었으며, 충렬왕 때에 남해南海에 합쳤다가 얼마 후에 다시 원래대로 고쳤다. 철성鐵城이라고도 부른다.

남해현

남해현南海縣은 원래 바다 가운데 있는 섬인데, 신라 신문왕이 비로소 전야산군轉也山郡을 설치하였으며, 경덕왕 때에 남해군으로 고쳤다. 현종 9년에 현령을 두었고, 공민왕 7년에 왜적의 침입으로 말미암아 이 지역을 잃었으므로 진주 관내의 대야산부곡大也山部曲에 붙여 살았다. 여기에 소속 현이 2개 있다.

난포현蘭浦縣{원래 신라의 내포현內浦縣으로 남해도南海島 안에 있는데, 경덕왕 때에 지금 명칭으로 고쳐서 본 현에 소속시켰다. 고려 초에도 그대로 소속시켰다. 후에 왜적의 침입으로 말미암아 주민과 가축들이 다 없어졌다.}

평산현平山縣{원래 신라의 평서산현平西山縣〈서평西平이라고도 한다.〉으로서, 역시 남해도 안에 있는데, 경덕왕 때에 지금 명칭으로 고쳐서 남해군의 관할 하의 현으로 만들었다. 고려 초에도 그대로 불렀으며 후에 왜적의 침입으로 말미암아 주민과 가축이 다 없어졌다.}

거제현

거제현巨濟縣은 원래 바다 가운데 있는 섬으로 신라 문무왕이 비로소 이곳에 상군裳郡을 설치하였고, 경덕왕 때에 거제군으로 고쳤다. 현종 9년에 현령을 두었고 원종 12년에 왜적의 침입으로 말미암아 이 지역을 잃었으므로 주민들이 거창군 가조현에 붙여 살았으며 충렬왕 때에 관성管城에 합쳤다가 얼마 후 원래대로 고쳤다. 비가도比加島, 조음도助音島 등이 있으며 소속 현이 3개 있다.

아주현鵝洲縣{원래 신라의 거로현巨老縣으로서 거제도 안에 있는데, 경덕왕 때에 지금 명칭으로 고쳐서 거제군의 관할 하의 현으로 만들었으며 고려에서도 그대로 불렀다.}

송변현松邊縣{원래 신라의 송변현으로서 역시 거제도 안에 있는데, 경덕왕 때에 남수南垂로 고쳐서 거제군 관할 하의 현으로 만들었다. 고려에 와서 다시 옛 명칭으로 고쳐서 그대로 본 현에 소속시켰다.}

명진현溟珍縣{원래 신라의 매진이현買珍伊縣으로서 역시 거제도 안에 있는데, 경덕왕 때에 지금 명칭으로 고쳐서 거제군 관할 하의 현으로 만들었으며 고려에서도 그대로 소속시켰다.}

상주목

상주목尙州牧은 원래 사벌국沙伐國으로서 신라 점해왕沾解王이 빼앗아서 주州로 만들었고 법흥왕은 상주上州로 고치고 군주軍主를 두었으며, 진흥왕은 주를 없애고 상락군上洛郡으로 만들었다. 신문왕은 다시 주를 설치하였고, 경덕왕 때에 상주尙州로 고쳤으며, 혜공왕은 다시 사벌주로 고쳤다. 태조 23년에 다시 상주尙州로 고쳤다가 그 후에 안동도독부安東都督府로 고쳤으며, 성종 2년에 처음으로 전국에 12개의 목을 설치하였을 때, 이 주는 그 중의 하나로 되었으며, 14년에 전국 12개 주에 절도사를 두면서 귀덕군歸德軍이라고 부르고 영남도嶺南道에 소속시켰다. 현종 3년에 절도사를 없애고 다시 안동대도호부로 하였으며, 5년에 상주안무사로 고쳤고, 9년에 목으로 정하여 전국 8개 목 중의 하나로 하였다. 상락上洛{성종 때에 정한 명칭이다.} 또는 상산商山{세상에서 전하기를 이 주의 북면北面 임하촌林下村의 태太가 성을 가진 사람이 반역자를 잡은 공로가 있었으므로 그 촌을 영순현永順縣으로 승격시켰다고 한다.}이라고도 부르는 바, 여기에 낙동강洛東江이 있고 공검恭檢이라는 큰 제방堤이 있다.{명종 25년에 사록司錄 최정분崔正份이 옛 터를 따라 이 제방을 쌓았다.} 이 주에 소속된 군이 7개, 현이 17개 있으며, 관할 하에 지사부知事府가 2개 있다.

문경군聞慶郡{원래 신라의 관문현冠文縣〈관현冠縣 또는 고사갈이성高思曷伊城이라고도 한다.〉인데, 경덕왕 때에 관산冠山으로 고쳐서 고녕군古寧郡의 관할 하의 현으로 만들었다. 고려 초에 문희군聞喜郡으로 고쳤고 현종 9년에 본 목에 소속시켰으며 후에 지금 명칭으로 고쳤다. 공양왕 2년에 감무를 두고 가은현加恩縣을 이 군에 소속시켰다. 현 북쪽에 주흘산主屹山이 있다. 이 군에 길이 험한 요해처가 세 곳 있는 바, 즉 초호草岾〈현 서쪽에 있다.〉, 이화현伊火峴〈현 서쪽에 있다.〉, 관갑천串岬遷〈현 남쪽에 있다.〉이 그것이다.}

용궁군龍宮郡{원래 신라의 축산竺山〈원산園山이라고도 한다.〉인데, 성종 14년에 용주자사龍州刺史로 승격시켰다가 목종 8년에 이를 없앴고, 현종 3년에 지금 명칭으로 고쳐서 본 목에 소속시켰으며, 명종 2년에 감무를 두었다. 이 군에 하풍진河風津이 있다.}

개녕군開寧郡{원래 감문소국甘文小國으로서 신라가 탈취하였는 바, 진흥왕 때에는 군주軍主를 두어 청주青州로 하였고, 진평왕은 주를 폐지하였으며, 문무왕 때에는 감문군甘文郡으로 하였고, 경덕왕 때에 지금 명칭으로 고쳤다. 현종 9년에 본 목에 소속시켰으며 명종 2년에 감무를 두었다.}

보령군報令郡{원래 신라의 삼년산군三年山郡인데, 경덕왕 때에 삼년군三年郡으로 고쳤다. 고려 초에 보령군保齡郡〈후에 또 다시 지금 명칭으로 고쳤다.〉으로 고쳤고, 현종 9

년에 본 목에 소속시켰으며, 명종 2년에 감무를 두었다. 이 군에 속리산俗離山〈신라 때에는 속리악俗離岳이라고 불렀는 바, 중사中祀로 되어 있었다.〉이 있다.}

함창군咸昌郡{원래 고령 가야국古寧伽倻國으로서 신라가 빼앗아서 고동람군古冬攬郡〈고릉군古陵郡이라고도 한다.〉으로 만들었으며, 경덕왕 때에 고령군古寧郡으로 고쳤다. 광종光宗 15년(964)에 함녕군咸寧郡으로 하였으며, 현종 9년에 본 목에 소속시켰고, 후에 지금 명칭으로 고쳤다. 명종 2년에 감무를 두었다.}

영동군永同郡{원래 신라의 길동군吉同郡인데, 경덕왕 때에 지금 명칭으로 고쳤다. 성종 14년에 계주자사稽州刺史로 승격시켰다가 목종 8년에 자사를 폐지하였으며, 현종 9년에 본 목에 소속시켰다가 명종 2년에 감무를 두었고, 6년에 현령으로 승격시켰다가 후에 다시 감무로 하였으며, 얼마 후에 감무를 없앴다.}

해평군海平郡{현종 9년에 본 목에 소속되었다가 인종 21년에 일선현一善縣에 이속되었다.}

청산현青山縣{원래 신라의 굴산현屈山縣〈돌산이라고도 한다.〉인데, 경덕왕 때에 기산耆山으로 고쳐서 삼년군三年郡 관할 하의 현으로 만들었다. 고려 초에 지금 명칭으로 고치고 본 목에 소속시켰으며, 공양왕 2년에 감무를 두어 상주尙州의 주성부곡酒城部曲을 나누어서 이 현에 소속시켰다가 11년에 도로 상주에 소속시켰다.}

산양현山陽縣{원래 신라의 근품현近品縣〈품은 암巖으로도 쓴다.〉인데, 경덕왕 때에 가유嘉猷로 고쳐서 예천군醴泉郡의 관할 하의 현으로 만들었다. 고려 초에 지금 명칭으로 고쳤고 현종 9년에 본 목에 소속시켰으며 후에 감무를 두었다가 명종 10년에 없앴다.}

화녕군化寧郡{원래 신라의 답달비군答達匕郡〈답달沓達이라고도 한다.〉인데, 경덕왕 때

에 화녕군으로 고쳤다. 고려 초에도 그대로 불렀으며 후에 현으로 하여 본 목에 소속시켰다.}

공성현功城縣{원래 신라의 대병부곡大幷部曲인데, 고려 초에 지금 명칭으로 고쳤으며 현종 9년에 본 목에 소속시켰다.}

단밀현單密縣{단單은 단丹으로도 쓴다. 원래 신라의 무동미지현武冬彌知縣〈갈동미지曷冬彌知라고도 한다.〉인데, 경덕왕 때에 지금 명칭으로 고쳐서 문소군聞韶郡의 관할 하의 현으로 만들었다. 고려 초에도 그대로 불렀으며 현종 9년에 본 목에 소속시켰다.}

비옥현比屋縣{원래 신라의 아화옥현阿火屋縣〈병옥幷屋이라고도 한다.〉인데, 경덕왕 때에 지금 명칭으로 고쳐서 문소군의 관할 하의 현으로 만들었다. 고려 초에도 그대로 불렀으며 현종 9년에 본 목에 소속시켰다.}

안정현安定縣{정定은 정貞으로도 쓴다. 원래 신라의 아시혜현阿尸兮縣〈아을혜阿乙兮라고도 한다.〉인데, 경덕왕 때에 안현安賢으로 고쳐서 문소군 관할 하의 현으로 만들었다. 고려에 와서 지금 명칭으로 고쳤고, 현종 9년에 본 목에 소속시켰으며, 공양왕 2년에 감무를 두어 비옥比屋현을 겸임케 하였다.}

중모현中牟縣{원래 신라의 도량현刀良縣인데, 경덕왕 때에 도안道安으로 고쳐서 화녕군化寧郡 관할 하의 현으로 만들었다. 고려에 와서 지금 명칭으로 고쳤으며 현종 9년에 본 목에 소속시켰다.}

호계현虎溪縣{원래 신라의 호측현虎側縣〈배산성拜山城이라고도 한다.〉인데, 경덕왕 때에 지금 명칭으로 고쳐서 고녕군古寧郡 관할 하의 현으로 만들었다. 현종 9년에 본 목에 소속시켰다.}

어모현禦侮縣{원래 신라의 금물현今勿縣〈음달陰達이라고도 한다.〉인데, 경덕왕 때에 지금 명칭으로 고쳐서 개령군의 관할 하의 현으로 만들었다. 현종 9년에 본 목에 소속시켰다.}

다인현多仁縣{원래 신라의 달기현達己縣〈다기多己라고도 한다.〉인데, 경덕왕 때에 지금 명칭으로 고쳐서 본 목에 소속시켰다. 고려에 와서도 그대로 소속시켰으며 후에 보주甫州에 이속시켰다. 인양仁陽이라고도 부른다.}

청리현青理縣{원래 신라의 음리화현音里火縣인데, 경덕왕 때에 청효현青驍縣으로 고쳐서 본 목에 소속시켰다. 고려에 와서 지금 명칭으로 고쳤으며 현종 9년에 그대로 본 목에 소속시켰다.}

가은현加恩縣{원래 신라의 가해현加害縣인데, 경덕왕 때에 가선嘉善으로 고쳐서 고녕군의 관할 하의 현으로 만들었다. 고려 초에 지금 명칭으로 고쳤고 현종 9년에 본 목에 소속시켰으며 공양왕 2년에 문경聞慶에 이속시켰다.}

일선현一善縣{원래 신라의 일선군一善郡인데, 진평왕은 주州로 승격시켜 군주를 두었고 신문왕은 주를 폐지하였으며 경덕왕 때에 숭선군嵩善郡으로 고쳤다. 성종 14년에 선주자사善州刺史로 하였고, 현종 9년에 본 목에 소속시켰으며, 인종 21년에 지금 명칭으로 고치고 현령을 두었다가 후에 지선주사知善州事로 승격시켰다. 화의和義〈성종 때에 정한 명칭이다.〉라고도 부른다. 금오산金烏山이 있다.}

군위현軍威縣{원래 신라의 노동멱현奴同覓縣인데, 경덕왕 때에 지금 명칭으로 고쳐서 숭선군嵩善郡의 관할 하의 현으로 만들었다. 현종 9년에 본 목에 소속시켰고, 인종 21년에 도로 일선군에 소속시켰으며, 공양왕 2년에 감무를 두어 효령현孝靈縣을 겸임케 하였다.}

효령현孝靈縣{원래 신라의 모혜현芼兮縣인데, 경덕왕 때에 지금 명칭으로 고쳐서 숭선군의 관할 하의 현으로 만들었다. 현종 9년에 본 목에 소속시켰으며, 인종 21년에 도로 일선현에 소속시켰다.}

부계현缶溪縣{현종 9년에 본 목에 소속되었으며 후에 선주善州에 이속되었는 바, 부림缶林이라고도 부른다.}

경산부

경산부京山府는 원래 신라의 본피현本彼縣인데, 경덕왕 때에 신안新安으로 고쳐서 성산군星山郡의 영현으로 만들었으며 후에 벽진군碧珍郡으로 고쳤다. 태조 23년에 지금 명칭으로 고쳤고, 경종 6년(981)에 낮추어서 광평군廣平郡으로 하였으며, 성종 14년에 대주도단련사岱州都團練使라고 불렀다. 현종 3년에 도단련사를 폐지하였고, 9년에 지경산부사知京山府事로 고쳤다. 충렬왕 21년에 흥안도호부興安都護府로 승격시켰고, 34년에 다시 성주목星州牧으로 승격시켰으며, 충선왕 2년에 전국의 목이 없어짐에 따라 낮추어서 경산부로 하였다. 이 부에 가야산伽倻山이 있다. 이 부에 소속된 군이 1개, 현이 14개 있다.

고령군高靈郡{원래 대가야국大伽倻國으로서 시조始祖 이진아시왕伊珍阿豉王〈내진주지內珍朱智라고도 한다.〉으로부터 도설지왕道設智王에 이르기까지 무릇 16대 520년간 존속되었는데, 신라 진흥왕이 멸망시키고 그 지역을 대가야군으로 만들었다. 경덕왕 때에 지금 명칭으로 고쳤다. 고려 초에 본 부에 소속시켰으며, 명종 5년에 감무를 두었다.}

약목현若木縣{원래 신라의 대목현大木縣이다. 칠촌七村이라고도 한다. 경덕왕 때에 계자谿子로 고쳐서 성산군星山郡의 관할 하의 현으로 만들었다. 고려에 와서 지금 명칭으로 고치고 본부에 소속시켰다.}

인동현仁同縣{현종 9년에 본부에 소속되었다. 공양왕 2년에 감무를 두어 약목현을 여기에 소속시켰다. 『삼국사기』에는 "성산군星山郡 관할 하의 있는 수동현壽同縣은 원래 신라의 사동화현斯同火縣으로서, 경덕왕 때에 고친 것인데 지금의 어딘지 알 수 없다."라고 하였다. 이제 군현의 경계로 미루어 보건대 수동을 인동으로 고친 것이 아니겠는가 생각된다.}

지례현知禮縣{원래 신라의 지품천현知品川縣인데, 경덕왕 때에 지금 명칭으로 고쳐서 개령군開寧郡의 관할 하의 현으로 만들었다. 현종 9년에 본 부에 소속시켰으며 공양왕 2년에 감무를 두었는바 구성龜城이라고도 부른다.}

가리현加利縣{원래 신라의 일리군一利郡인데, 경덕왕 때에 성산군星山郡으로 만들었다. 고려 초에 지금 명칭으로 고쳤으며, 현종 9년에 본 부에 소속시켰는 바, 기성岐城이라고도 부른다.}

팔거현八莒縣{원래 신라의 팔거리현八居里縣이다. 북치장리北恥長里 또는 인리仁里라고도 한다. 경덕왕 때에 팔리八里로 고쳐서 수창군壽昌郡의 관할 하의 현으로 만들었다. 고려 초에 팔거八居〈후에 거居자는 발음이 같은 거莒자로 되었다.〉로 고쳤으며, 현종 9년에 본 부에 소속시켰다. 칠곡七谷이라고도 부른다.}

금산현金山縣{원래 신라의 금산현金山縣으로서 개령군의 관할 하의 현이었다. 고려에 와서도 그대로 불렀고, 현종 9년에 본부에 소속시켰으며, 공양왕 2년에 감무를 두었다. 금릉金陵이라고도 부른다.}

황간현黃澗縣{원래 신라의 소라현召羅縣인데, 경덕왕 때에 지금 명칭으로 고쳐서 영동군永同郡의 관할 하의 현으로 만들었다. 현종 9년에 본부에 소속시켰으며, 후에 감무를 두었고, 공민왕 3년에 다시 본부에 소속시켰으며, 공양왕 2년에 감무를 두었다.}

관성현管城縣{원래 신라의 고시산군古尸山郡인데, 경덕왕 때에 관성군으로 고쳤다. 현종 9년에 본부에 소속시켰고, 인종 21년에 현령을 두었으며, 명종 12년에 이 현의 아전과 백성들이 현령 홍언洪彦을 잡아 가둔 일이 있어서, 책임 기관에서 아뢰어 그 관호官號를 박탈하였다. 충선왕 5년에 지옥주사知沃州事로 승격시켜 경산부에 소속시켰던 이산利山, 안읍安邑, 양산陽山 3개 현을 나누어서 여기에 소속시켰다.}

안읍현安邑縣{원래 신라의 아동혜현阿冬兮縣인데, 경덕왕 때에 안정安貞으로 고쳐서 관성군의 관할 하의 현으로 만들었다. 고려 초에 지금 명칭으로 고쳤으며 현종 9년에 본부에 소속시켰다.}

양산현陽山縣{원래 신라의 조북천현助北川縣인데, 경덕왕 때에 지금 명칭으로 고쳐서 관성군의 관할 현으로 만들었다. 현종 9년에 본 부에 소속시켰으며 명종 6년에 현령을 두었다.}

이산현利山縣{원래 신라의 소리산현所利山縣인데, 경덕왕 때에 지금 명칭으로 고쳐서 관성군管城郡의 관할 하의 현으로 만들었다. 현종 9년에 본 부에 소속시켰으며 명종 6년에 감무를 두었다.}

대구현大丘縣{원래 신라의 달구화현達口火縣인데, 경덕왕 때에 지금 명칭으로 고쳐서 수창군壽昌郡의 관할 하의 현으로 만들었다. 현종 9년에 본 부에 소속시켰으며 인종 21년에 현령을 두었다.}

화원현花園縣{원래 신라의 설화현舌火縣인데, 경덕왕 때에 지금 명칭으로 고쳐서 수창군의 관할 하의 현으로 만들었다. 현종 9년에 본부에 소속시켰으며 후에 대구大丘에 이속시켰는바 금성錦城이라고도 부른다.}

하빈현河濱縣{원래 신라의 다기지현多期只縣〈답지沓只라고도 한다.〉인데, 경덕왕 때에 지금 명칭으로 고쳐서 수창군의 관할 하의 현으로 만들었다. 현종 9년에 본 부에 소속시켰으며 후에 대구大丘에 이속시켰다.}

안동부

안동부安東府는 원래 신라의 고타야군古陁耶郡인데, 경덕왕 때에 고창군古昌郡으로 고쳤다. 태조 13년(930)에 후 백제왕 견훤甄萱과 이 군 지역에서 싸워 승리하였는데 그때 이 군 사람인 김훤평金萱平, 권행權幸, 장길張吉 등이 태조를 도와 공로가 있었으므로 김훤평을 대광大匡으로, 권행과 장길은 각각 대상大相으로 임명하고, 군을 안동부로 승격시켰다가 후에 영가군永嘉郡으로 하였으며, 성종 14년에 길주자사吉州刺史라고 불렀다. 현종 3년에 안무사로 하였고, 9년에 지길주사知吉州事로 고쳤으며, 21년에 지금 명칭으로 고쳤다. 명종 27년(1197)에 남적南賊 김삼金三, 효심孝心 등이 주군州郡을 약탈하였으므로 정부는 군대를 파견하여 이를 진압하였는데, 이때 부府가 공을 세웠다고 하여 도호부로 승격시켰다. 신종 7년에 동경별초東京別抄인 패좌孛佐 등이 농민들을 규합하여 반란을 일으켰을 때, 이 부는 폭동군을 격퇴한 공로가 있다 하여 대도호부로 승격시켰고, 충렬왕 34년에 복주목福州牧으로 고쳤으며, 공민왕 10년에 왕이 홍두적의 침입을 피하여 남쪽으로 피난하여 이곳에 머물러 있었을 때, 이 주 사람들이 정성껏 왕을 접대하였다고 하여 다시 안동대도호부로 승격시켰다.{충렬왕은 가야향加也鄕 사람인 호군護軍 김인궤金仁軌가 공을 세웠다고 하여 가야향을 춘양현春陽縣으로 승격시켰고, 충선왕은 경화옹주敬和翁主의 고향이라는 이유로 덕산부곡德山部曲을 재산현才山縣으로 만들었다. 충혜왕은 내시 강금강姜金剛이 원나라에 갔을 때 왕에게 특별히 수고한 공로로 하여 그의 고향인 퇴곶부곡退串部曲을 내성현柰城縣으로 승격시켰으며, 그 후 길안부곡吉安部曲도 현으로 승격시켰다.} 능라군綾羅郡, 지평군地平郡, 석릉군石陵郡, 일계군一界郡, 화산군花山郡 또는 고장군古藏郡{모두 신라 시기의 칭호이다.} 등으로도 부르며, 이 부에 소속된 군이 3개, 현이 11개 있다.

임하군臨河郡{원래 고구려의 굴화군屈火郡인데, 신라 경덕왕 때에 곡성군曲城郡으로 고쳤다. 고려 초에 지금 명칭으로 고쳤으며 현종 9년에 본 부에 소속시켰다.}

예안군禮安郡{원래 고구려의 매곡현買谷縣인데, 신라는 선곡善谷으로 고쳐서 내령군柰靈郡의 관할 하의 현으로 만들었다. 고려 초에 지금 명칭으로 고쳤고, 현종 9년에 본 부에 소속시켰으며, 신우 2년에 왕의 태胎를 이 현에 묻었다 하여 군으로 승격시켰으며, 얼마 후 다시 주州로 승격시켰다. 공양왕 2년에 감무를 두고 의인현宜仁縣을 여기에 소속시켰다.}

의흥군義興郡{현종 9년에 본부에 소속되었다. 공양왕 2년에 여기에 감무를 두고 선주善州 관할 하의 있던 부계현缶溪縣을 여기에 소속시켰으며, 후에 의성현義城縣에 이속시켰다. 구산龜山이라고도 부른다.}

일직현一直縣{원래 신라의 일직현인데, 경덕왕 때에 직녕直寧으로 고쳐서 고창군古昌郡의 관할 하의 현으로 만들었다. 고려 초에 다시 옛 명칭으로 고쳤으며, 현종 9년에 본부에 소속시켰다.}

은풍현殷豊縣{원래 신라의 적아현赤牙縣인데, 경덕왕 때에 은정殷正으로 고쳐서 예천군醴泉郡의 관할 하의 현으로 만들었다. 고려 초에 지금 명칭으로 고쳤으며 현종 9년에 본부에 소속시켰다.}

감천현甘泉縣{신라 시기의 명칭은 알 수 없으며, 현종 9년에 본 부에 소속되었다.}

봉화현奉化縣{원래 고구려의 고사마현古斯馬縣인데, 신라 경덕왕 때에 옥마玉馬로 고쳐서 내령군柰靈郡의 관할 하의 현으로 만들었다. 고려 초에 지금 명칭으로 고쳤고, 현종 9년에 본 부에 소속시켰으며, 공양왕 2년에 감무를 두었는바 봉성鳳城이라고도 부른다.}

안덕현安德縣{원래 고구려의 이화혜현伊火兮縣인데, 신라 경덕왕 때에 연무緣武로 고쳐서 곡성군曲城郡의 관할 하의 현으로 만들었다. 고려 초에 지금 명칭으로 고쳤고, 현종 9년에 본부에 소속시켰으며, 공양왕 2년에 감무를 두었다. 공민왕 18년에 지도보부곡知道保部曲을 의인현宜仁縣으로 승격시켜 안동에 소속시켰으며, 공양왕 2년에 예안禮安에 이속시켰다.}

풍산현豊山縣{원래 신라의 하지현下枝縣이다. 하지산下枝山이 있다. 풍악豊岳이라고도 한다. 경덕왕 때에 영안永安으로 고쳐서 예천군醴泉郡의 관할 하의 현으로 만들었다. 태조 6년에 이 현 사람 원봉元逢이 귀순한 공이 있어서 순주順州로 승격시켰고, 13년에 견훤甄萱에게 점령당하게 되자 다시 낮추어서 하지현으로 하였으며, 후에 지금 명칭으로 고쳤다. 현종 9년에 본 부에 소속시켰으며 명종 2년에 감무를 두었다.}

기주현基州縣{신라 시기의 명칭은 알 수 없는 바, 혹은 기목진基木鎭이라고 불렀다 한다. 고려 초에 비로소 지금 명칭으로 불렀고 현종 9년에 본 부에 소속시켰으며, 명종 2년에 감무를 두었다가 후에 다시 본부에 소속시켰다. 공양왕 2년에 또 감무를 두고 은풍현殷豊縣을 여기에 소속시켰는 바, 영정永定〈성종 때에 정한 명칭이다.〉 또는 안정安定이라고도 부른다.}

흥주興州{원래 고구려의 급벌산군及伐山郡인데, 신라 경덕왕 때에 급산군岌山郡으로 고쳤다. 고려 초에 지금 명칭으로 고쳤고, 현종 9년에 본부에 소속시켰다가 후에 순안順安에 이속시켰으며 명종 2년에 감무를 두었다. 충렬왕 때에 이곳에 태胎를 묻고 흥녕현령관興寧縣令官으로 고쳤고, 충숙왕 때에도 이곳에 왕의 태를 묻고 지흥주사知興州事로 승격시켰으며, 충목왕忠穆王 때에도 이곳에 태를 묻고 순흥부順興府로 다시 승격시켰다. 순정順政〈성종 때에 정한 명칭이다.〉이라고도 부른다. 여기에는 소백산小白山이 있다.}

순안현順安縣{원래 고구려의 내기군柰己郡인데, 신라 파사왕婆娑王이 탈취하였으며 경덕왕 때에 내령군柰靈郡으로 고쳤다. 성종 14년에 강주도단련사剛州都團練使라고 불렀고 현종 9년에 본 부에 소속시켰으며, 인종 21년에 지금 명칭으로 고쳐서 현령관으로 하였다. 고종 46년에 위사공신衛社功臣 김인준金仁俊의 내향內鄕이라는 이유로 지영주사知榮州事로 승격시켰는 바, 구성龜城이라고도 하는데, 성종 때에 정한 명칭이다. 이 현에 마아령馬兒嶺이라는 험준한 지대가 있다. ○파사왕 때는 고구려의 국조왕國祖王 때에 해당하는데, 국조왕이 동옥저東沃沮를 정벌하여 경계를 넓혀 동쪽으로는 창해滄海에 이르렀다. 그렇지만 어찌 갑자기 남쪽 고을에까지 미쳤겠는가? 아마도 창해는 강릉을 뜻하는 것 같다. 대박大朴 이남의 몇 고을은 전에 창해에 속하였으므로 인하여 고구려의 경략 중에 들어간 것 같다. 그렇다면 몇 고을이 고구려에 속한지 겨우 50년 만에 회복된 것이다. 다만 진주 창선도가 고구려에 속하였다고 하였는데, 이는 구사舊史의 오류이다.}

의성현義城縣{원래 소문국召文國으로서 신라가 이를 빼앗았으며 경덕왕 때에 문소군聞韶郡으로 고쳤다. 고려 초에 의성부義城府로 승격시켰고, 현종 9년에 본 부에 소속시켰으며, 인종 21년에 현령을 두었다. 신종 2년에 일찍이 적에게 강점되었었다는 이유로 낮추어서 감무로 하였고, 충렬왕 때에 대구大丘에 병합되었다가 얼마 후 다시 원래대로 고쳤다. 『삼국사기』에는 "경덕왕 때에 구화현仇火縣을 고구현高丘縣으로 고쳤다가 뒤에 현에 병합시켰다."라고 하였다. 이 현에 풍혈風穴과 빙혈氷穴이 있다. 입하立夏 후에 얼음이 얼기 시작하여 한창 더운 때면 더욱 굳어지며, 겨울에는 따뜻하기가 봄 같다.}

기양현基陽縣{원래 신라의 수주현水酒縣인데, 경덕왕 때에 예천군醴泉郡으로 고쳤다. 고려 초에 보주甫州라고 고쳤고, 현종 9년에 본 부에 소속시켰으며, 명종 2년에 태자의 태胎를 이곳에 묻고 지금 명칭으로 고쳐서 현령관으로 승격시켰다. 신종 7년에 남도초토병마사南道招討兵馬使 최광의崔匡義가 동경東京(경주)의 적과 이 현 지역에서 싸워 승리하였으므로 지보주사知甫州事로 승격시켰다. 청하淸河 또는 양양襄陽이라고도 하는데, 성종 때에 정한 명칭이다.}

| 휘찬여사 권10 |

지리지 2

휘찬여사 권10

지리지地理志 2

전라도全羅道

원래 백제의 땅으로 의자왕義慈王 19년(660)에 신라 태종왕太宗王이 당唐 나라 장수 소정방蘇定方과 더불어 백제를 멸망시키고 드디어 그 땅을 병합하였다. 경덕왕景德王이 나누어 전주도독부全州都督府와 무주도독부武州都督府로 삼았다. 진성왕眞聖王 5년(891)에 서면 도통西面都統 견훤甄萱이 백제의 옛 땅에 웅거하여 후백제後百濟 왕을 칭하였다. (고려) 태조太祖 19년(936)에 친히 이를 쳐서 통합하였다. 성종成宗 14년(995)에 전주全州·영주瀛州·순주淳州·마주馬州 등의 주현州縣으로 강남도江南道를 삼고, 나주羅州·광주光州·정주靜州·승주昇州·패주貝州·담주潭州·낭주朗州 등의 주현州縣으로 해양도海陽道를 삼았다가 현종顯宗 9년(1018)에 합하여 전라도全羅道라 하였다. 2목牧, 2부府, 18군郡, 82현縣을 관할하였다.

전주목全州牧

원래 백제의 완산完山{비사벌比斯伐 또는 비자화比自火라고도 하였다.}이다. 위덕왕威德王 원년(554)에 완산주完山州로 삼았다가 11년(564)에 주州를 폐지하였다. 의자왕 19년(660)에 신라가 당 나라 장수 소정방과 더불어 백제를 멸망시키고 드디어 그 땅을 차지하였다. 진흥왕眞興王 16년(555)에 지금의 이름으로 고쳤고 26년(565)에 주를 폐하였다. 신문왕神文王 4년(684)에 다시 완산주完山州를 두었고 경덕왕景德王 15년(716)에 또 전주全州라 칭하였다. 후에 견훤이 이곳에 도읍을 세웠으나 고려 태조가 이를 멸하고 안남도호부安南都護府로 고쳤다가 23년(940)에 다시 전주全州라 하였다. 성종 12년(993)에 승화절도안무사承化節度安撫使라 칭하였다. (성종) 14년(995)에 12주 절도사節度使를 두고 이름을 순의군順義軍이라 하여 강남도江南道에 소속시켰다. 현종顯宗 9년(1018)에 올려 안남대도호부安南大都護府로 삼았고, (현종) 13년(1022)에 또 전주라 이름하였다. 공민왕恭愍王 4년(1355)에 원元 나라 사신 야사불화埜思不花를 잡아 가두었기 때문에 강등하여 부곡部曲으로 삼았다가 5년(1356)에 다시 완산부完山府로 하였다. 별호別號는 완산莞山{성종 때에 지정한 것이다.}과 견성甄城이다. 신창진新倉津이 있다. 본 주에 소속된 군 1개, 현이 11개 있으며, 관할 하에는 지사부知事府 1개, 지사군知事郡 1개, 현령관縣令官 4개가 있다.

금마군金馬郡{원래 마한국馬韓國. 후 조선왕後朝鮮王 기준箕準이 위만衛滿의 난리를 피하여 바다를 통해 남쪽으로 내려와 한韓의 땅에 이르러 나라를 세우고 마한馬韓이라 하였다. 백제 시조 온조왕溫祚王이 병합하여 이후부터는 금마저金馬渚라 하였다. 신라 경덕왕이 지금의 이름으로 고쳤다. 고려 때 (전주목에) 내속來屬시켰다. 충혜왕忠惠王 후5년(1344)에 원 나라 순제順帝의 기황후奇皇后 외향外鄕이므로 올려 익주益州라 하였다. 미륵산 석성彌勒山石城이 있다. 사람들은 기준箕準이 처음 쌓았기 때문에 기준성箕準城이라고도 한다. 또 후조선後朝鮮 무강왕武康王과 비妃의 무덤이 있다. 속칭俗號 말통대왕릉末通大王陵이라고 하며, 백제 무왕武王의 어릴 때의 이름이 서동薯童이었다고 한다.}

낭산현朗山縣{원래 백제의 알야산현閼也山縣이었다. 신라 경덕왕이 이름을 야산野山으로 고쳐 금마군金馬郡의 영현領縣(관할 현)으로 삼았다. 고려에서 지금 이름으로 고쳐, (전주목)에 소속시켰다. 공양왕恭讓王 3년(1391)에 여량감무礪良監務로 하여금 겸하여 다스리게 하였다.}

옥야현沃野縣{원래 백제의 소력지현所力只縣이었다. 신라 경덕왕이 지금 이름으로 고쳐 금마군金馬郡의 영현領縣으로 삼았으나 고려 초에 (전주목에) 소속시켰다. 명종 6년(1176)에 감무監務를 두었으나, 후에 다시 (전주목에) 소속시켰다.}

진안현鎭安縣{원래 백제의 난진아현難珍阿縣이었다. 혹은 월량현月良縣이라고도 하였다. 신라 경덕왕이 지금 이름으로 고쳐 장계군長溪郡의 영현으로 삼았으나 고려 초에 (전주목에) 소속시켰다. 뒤에 감무를 두어 공양왕 3년(1391)에 마령馬靈을 겸무兼務하였다. 마이산馬耳山이 있다. 신라에서는 서다산西多山이라 칭하고 소사小祀를 올렸다.}

우주현紆州縣{원래 백제의 우소저현于召渚縣이었다. 우紆는 오汚라고도 쓴다. 신라 경덕왕이 지금 이름으로 고쳐 금마군金馬郡의 영현領縣으로 삼았으나 고려 초에 (전주목에) 소속시켰다.}

고산현高山縣{원래 백제의 고산현高山縣이었다. 혹은 난등량難等良이라고도 하였다. 신라 때에 (전주목에) 소속시켰다. 현종 9년(1018)에 그대로 소속되었다가 뒤에 감무를 두어 진동珍同을 겸하여 다스리게 하였고 공양왕 3년(1391)에 운제雲梯도 겸하게 하였다.}

운제현雲梯縣{원래 백제의 지벌지현只伐只縣이었다. 지실지只失只라고도 하였다. 신라 경덕왕이 지금 이름으로 고쳐 덕은군德殷郡의 영현領縣으로 삼았다가 고려 초에 (전주목에) 소속시켰다.}

마령현馬靈縣{원래 백제의 마돌현馬突縣이었다. 마진馬珍 또는 마등량馬等良이라고도 하였다. 신라 경덕왕이 지금 이름으로 고쳐 임실군任實郡의 영현領縣으로 삼았다가 고려 초에 (전주목에) 내속來屬하였다.}

여량현礪良縣{량良은 양陽으로도 썼다. 원래 백제의 지량초현只良肖縣이었다. 신라 경덕왕이 지금 이름으로 고쳐 덕은군德殷郡의 영현領縣으로 삼았는데, 고려 초에도 그대로 두었다가 현종 9년(1018)에 (전주목)에 소속시켰다. 공양왕 3년(1391)에 낭산현朗山縣을 겸하여 다스리게 하였으며, 또 공촌피제公村皮堤의 권농사勸農使를 겸임케 하였다.}

이성현利城縣{원래 백제의 내리아현乃利阿縣이었다. 신라 경덕왕이 지금 이름으로 고쳐 김제군金堤郡의 영현領縣으로 삼았다가, 고려 초에 (전주목에) 소속시켰다.}

이성현伊城縣{원래 백제의 두이현豆伊縣이었다. 혹은 왕무王武라고도 하였다. 신라 경덕왕이 이름을 두성杜城이라 고쳐 소속시켰는데, 고려에서 지금 이름으로 고쳐 (전주목에) 그대로 속하게 하였다.}

함열현咸悅縣{원래 백제의 감물아현甘勿阿縣이었다. 신라 경덕왕이 지금 이름으로 고쳐 임피군臨陂郡의 영현領縣으로 삼았으나, 고려 초에 (전주목에) 소속시켰다. 명종 6년(1176)에 감무監務를 두었다. 별호는 함라咸羅이다. 충숙왕 8년(1321)에 이 현의 도내산 은소道乃山銀所 사람 백안부개伯顏夫介가 원 나라에 있으면서 본국(고려)에 공로가 있다하여 소所를 승격하여 용안현龍安縣으로 삼았다. 공양왕 3년(1391)에 전주全州의 속현屬縣인 풍저豊儲를 이곳에 주었다.}

남원부南原府

원래 백제의 고룡군古龍郡으로 후한後漢 건안建安 연간에 대방군帶方郡이 되었다가 조위曹魏 때 남대방군南帶方郡이 되었다. {후한後漢의 조위曹魏 말에 일찍이 남한南漢을 경략한 적이 없으니 이는 반드시 오류이다.}[1] 신라가 백제를 병합하니 당 나라 고종高宗이 유인궤劉仁軌로 검교 대방주 자사檢校帶方州刺史에 임명하였다.[2] 신문왕神文王 4년(684)에 소경小京을 두었다가 경덕왕景德王 16년(757)에 남원 소경南原小京으로 고쳤다. (고려) 태조太祖 23년(940)에 고쳐 남원부府로 하였다가 충선왕忠宣王 2년(1310)에 다시 대방군帶方

1 후한後漢 헌제獻帝 건안建安 년간(196~219)에 공손강公孫康이 설치한 대방군帶方郡은 지금의 봉산지방鳳山地方이다. 따라서 남원南原에 대방군 또는 남대방을 설치하였다는 것은 『삼국유사三國遺事』 권1, 기이紀異1, 남대방조南帶方條의 잘못된 내용을 그대로 인용한 것으로 많은 학자들에 의해 오류로 지적되고 있다.

2 당시 신라의 백제 공격은 당나라와의 연합 작전이었으므로 당시 당唐 고종高宗이 이곳의 통치를 유인궤劉仁軌에게 맡겼던 것이다.

郡이라 하였다. 뒤에 고쳐 남원군南原郡이라 하였다가 공민왕恭愍王 9년(1360)에 올려 부府로 삼았다. 별호別號를 용성龍城이라 하였다. 지리산智異山이 있다. {지리地異 또는 두류頭流 또는 방장方丈이라고도 하였다. 신라는 남악南嶽이라 하여 중사中祀에 올렸으며 고려도 이에 좇았다.} 순자진鶉子津이 있다. 본 부에 소속된 군이 2개, 현이 7개 있다.

임실군任實郡{원래 백제의 임실군任實郡이었다. 신라에서도 그대로 두었으나 고려에 이르러 남원부에 소속시켰고, 명종明宗 2년(1172)에 감무監務를 두었다.}

순창군淳昌郡{원래 백제의 도실군道實郡이었다. 신라 경덕왕이 순화군淳化郡으로 고쳤다. 고려에서 지금 이름으로 바꿔 현縣으로 삼아 남원부에 소속시켰고, 명종 5년(1175)에 감무를 두었다. 충숙왕 원년(1314)에 승려 국통國統 정오丁午의 고향이므로 지군사知郡事로 승격하였다. 별호는 옥천玉川 또는 오산烏山이다. 옛날에는 속현屬縣으로 복흥福興이 있었다.}

장계현長溪縣{원래 백제의 백해군伯海郡〈해海는 이伊로도 썼다.〉으로 신라 경덕왕이 고쳐 벽계군壁溪郡이라 칭하였고 고려가 지금 이름으로 바꿔 본 부에 소속시켰다가 뒤에 장수현長水縣에 소속시켰다.}

적성현赤城縣{적赤은 적磧 또는 적碛으로도 쓴다. 원래 백제의 역평현礫坪縣으로 신라 경덕왕이 지금 이름으로 고쳐 순화군淳化郡의 영현領縣으로 삼았다. 고려 초에 본 부에 속하게 하였다가 뒤에 다시 순창군淳昌郡에 환속시켰다.}

거령현居寧縣{거居는 거巨로도 쓴다. 원래 백제의 거사물현居斯勿縣으로 신라 경덕왕이 청웅青雄으로 고쳐 임실군任實郡의 영현領縣으로 삼았는데, 고려가 지금 이름으로 고치고 본 부에 소속시켰다.}

구고현九皐縣{원래 백제의 돌평현堗坪縣 〈돌堗은 누涙로도 썼다.〉으로 신라 경덕왕이 지금 이름으로 고쳐 순화군淳化郡의 영현領縣으로 삼았고 고려 초에 본 부에 소속시켰다. 공민왕 3년(1354)에 이곳 출신으로 원나라 사신이 된 임몽고불화林蒙古不花가 나라에 공을 세웠다하여 군郡으로 승격하였다.}

장수현長水縣{원래 백제의 우평현雨坪縣으로 신라 경덕왕이 이름을 고택高澤으로 고쳐 벽계군壁溪郡의 영현領縣으로 삼았다. 고려에서 지금 이름으로 고치어 본 부에 소속시켰다. 공양왕 3년(1391)에 장계長溪를 겸하게 하였다. 요해처要害處로 육십현六十峴이 있는데, 현의 동쪽으로부터 경상도慶尙道에 이른다.}

운봉현雲峯縣{원래 신라의 모산현母山縣 〈아영성阿英城 혹은 아막성阿莫城이라고 한다.〉으로 경덕왕이 지금 이름으로 고쳐 천령군天嶺郡의 영현領縣으로 삼았다. 고려에 이르러 본 부에 소속시켰다. 공양왕 3년(1391)에 아용곡 권농병마사阿容谷勸農兵馬使를 겸하게 하였다. 요해처로 팔량현八良峴이 있는데, 현縣으로부터 동쪽으로 경상도慶尙道에 이른다.}

구례현求禮縣{원래 백제의 구차례현仇次禮縣으로 신라 경덕왕이 지금 이름으로 고쳐 곡성군谷城郡의 영현領縣으로 삼았다. 고려 초에 본 부에 소속시켰다. 인종仁宗 21년(1143)에 감무監務를 두었다. 별호를 봉성鳳城이라 한다. 요해처로 잔수진潺水津과 미초율현未草栗峴이 있는데, 모두 이 현縣으로부터 순천順天으로 가는 길목이다.}

고부군古阜郡

원래 백제의 고사부리군古沙夫里郡으로 신라 경덕왕景德王이 지금 이름으로 고쳤다. 고려 태조太祖 19년(936)에 영주관찰사瀛州觀察使를 칭하였고 광종光宗 2년(951)에 안남도호부安南都護府로 고쳤다가 현종顯宗 10년(1019)에 지금의 이름으로 회복되었다. 충렬왕忠烈王 때에 영광靈光에 합쳐졌다가 곧 다시 독립되었다. 군郡 1개와 현縣 6개가 이 군에 속해있다.

보안현保安縣{원래 백제의 흔량매현欣良買縣으로 신라 경덕왕이 이름을 희안喜安으로 고쳐 고부군에 소속시켰다. 고려에서 지금 이름으로 고치고 그대로 본 군에 소속시켰다가 후에 부령감무扶寧監務로 하여금 이곳을 겸임케 하였다. 신우辛禑 12년(1386)에 각각 감무監務를 두었다. 별호別號를 낭주浪州라고 한다. 변산邊山이 있고 위도猬島가 있다.}

부령현扶寧縣{원래 백제의 개화현皆火縣으로 신라 경덕왕이 지금 이름으로 고쳐 고부군에 소속시켰다. 고려에서도 그대로 본 군에 소속시켰으나 뒤에 감무를 두어 보안현保安縣을 겸임케 하였다가 신우 12년(1386)에 각각 따로 감무를 두었다.}

정읍현井邑縣{본래 백제의 정촌현井村縣으로 신라 경덕왕이 지금 이름으로 고쳐 대산군大山郡의 영현領縣으로 삼았다. 고려에서 고부군에 속하게 하였으며 뒤에 감무를 두었다.}

대산군大山郡{원래 백제의 대시산군大尸山郡으로 신라 경덕왕이 지금 이름으로 고쳤다. 고려에 이르러 고부군에 속하게 하였으며, 뒤에 감무監務를 두어 인의현仁義縣을 겸임하게 하였다가 현종 10년(1019)에 각각 감무를 두었다. 공민왕 3년(1354)에 이 현縣 사람으로 원나라 사신이 된 임몽고불화林蒙古不花가 나라에 공로가 있어 군郡으로 승격하였다.}

인의현仁義縣{원래 백제의 빈굴현賓屈縣, 또는 부성현富城縣이라고도 하였다. 신라 경덕왕이 이름을 무성武城으로 고쳐 대산군大山郡의 영현領縣으로 삼았다. 고려에서 지금 이름으로 바꿔 고부군에 속하게 하고 대산감무大山監務가 겸임하게 하였다.}

상질현尙質縣{원래 백제의 상칠현上柒縣으로 신라 경덕왕이 지금 이름으로 고쳐 본 군에 속하게 하였고 고려에서도 그대로 고부군에 속하게 하였다. 뒤에 이름을 장덕章德〈장章은 창昌으로도 썼다.〉이라 고쳐 감무監務를 두어 고창현高敞縣을 겸임하게 하였다. 충선왕忠宣王이 즉위하매 왕의 이름을 피하여 홍덕興德이라 고쳤다.}

고창현高敞縣{원래 백제의 모량부리현毛良夫里縣으로 신라 경덕왕이 지금 이름으로 고쳐 무령군武靈郡의 영현領縣으로 삼았다. 고려에 이르러 고부군에 속하게 하였고 뒤에 상질 감무尙質監務가 와서 겸임하게 하였다.}

임피현臨陂縣

원래 백제의 시산군屎山郡{흔문忻文 또는 소도所島 또는 실오출失烏出 또는 피산陂山이라고도 하였다.}으로 신라 경덕왕景德王이 지금 이름으로 고쳐 군郡으로 삼았으나 고려에서 내려 현縣으로 삼아 영令을 두었다. 별호別號는 취성鷲城이다. 소속 현縣이 4개가 있다.

회미현澮尾縣{원래 백제의 부부리현夫夫里縣으로 신라 경덕왕이 지금 이름으로 고쳐 임피현에 속하게 하였는데, 고려에서도 그대로 두었다.}

부윤현富閏縣{원래 백제의 무근촌현武斤村縣으로 신라 경덕왕이 이름을 무읍武邑으로 고쳐 김제군金堤郡의 영현領縣으로 삼았다. 고려에 이르러서는 임피현에 속하게 하였다가 뒤에 만경현萬頃縣으로 옮겨 속하게 하였다.}

옥구현沃溝縣{원래 백제의 마서량현馬西良縣으로 신라 경덕왕이 지금 이름으로 고쳐 임피현에 속하게 하였고 고려에서도 그대로 소속시켰다.}

만경현萬頃縣{본래 백제의 두내산현豆乃山縣으로 신라 경덕왕이 지금 이름으로 고쳐 김제군金堤郡의 영현領縣으로 삼았다. 고려에 이르러 본 현에 소속시켰으며 예종睿宗 원년(1106)에 감무監務를 두었다.}

진례현進禮縣

원래 백제의 진내군進乃郡{진잉을현進仍乙縣이라고도 하였다.}으로 신라 경덕왕景德王이 고쳐 진례군進禮郡으로 삼았다. 고려에서는 낮추어 현령관縣令官으로 삼았더니, 충렬왕忠烈王 31년(1305)에 현縣 사람 김신金侁이 원나라에 벼슬하여 요양행성 참정遼陽行省參政이 되어 나라에 공이 있다 하여 지금주사知錦州事로 승격하였다. 5개의 현縣이 속해있다.

부리현富利縣{원래 백제의 두시이현豆尸伊縣 또는 부시이현富尸伊縣라고도 하였다. 신라 경덕왕이 이성현伊城縣으로 고쳐 본 진례현에 속하게 하였다. 고려에서 지금 이름으로 바꾸고 그대로 본 현에 소속시켰다. 명종明宗 5년(1175)에 감무監務를 두었다.}

청거현清渠縣{원래 백제의 물거현勿居縣으로 신라 경덕왕이 지금 이름으로 고쳐 본 진례현에 소속시켰고 고려에서도 그대로 두었다. 충선왕忠宣王 5년(1313)에 용담현龍潭縣으로 명칭을 바꾸고 현령縣令을 두었다. 별호別號는 옥천玉川이다.}

주계현朱溪縣{원래 백제의 적천현赤川縣으로 신라 경덕왕이 단천丹川으로 고쳐 진례현에 속하게 했다. 고려에서 다시 지금 이름으로 바꾸고 그대로 본 현에 소속시켰다. 명종 6년(1176)에 무풍감무茂豊監務가 겸하여 다스리게 하였다가 공양왕恭讓王 3년(1391)에 무풍현茂豊縣에 합쳤다.}

무풍현茂豊縣{원래 신라의 무산현茂山縣으로 경덕왕이 지금 이름으로 고쳐 개령군開寧郡의 영현領縣으로 삼았다. 고려 초에 진례현에 속하게 하였으며 명종 6년(1176)에 감무監務를 두어 주계현朱溪縣을 겸임하게 하였다가 공양왕 3년(1391)에 주계현을 합하여 속하게 하였다. 상산裳山이 있다. 〈사면이 벽으로 둘려져 층층이 가파른 것이 사람의 치마[裳]와 같으므로 이름한 것이다. 옛 사람이 험한 곳을 따라 성城을 쌓고 겨우 두 길로만 올라갈 수 있게 하였는데 성 가운데는 평평하고 넓으며 샘물이 네 곳에서 솟아 나왔다.〉}

진동현珍同縣{원래 백제의 진동현珍同縣이다. 동同은 동洞으로도 썼다. 신라 때 황산군黃山郡의 영현領縣이 되었다가 고려 때 진례현에 소속시켰다. 공양왕 2년(1390)에 고산감

무高山監務로 하여금 겸임케 하였다. 별호別號는 옥계玉溪이다. 옛적 속현屬縣으로 항산伉山이 있었다.}

김제현金堤縣

원래 백제의 벽골군碧骨郡으로 신라 경덕왕景德王이 김제군金堤郡으로 고쳤다. 고려 초에 전주全州의 속현屬縣이 되었다가 인종仁宗 21년(1143)에 현령縣令을 두었다. 벽골제碧骨堤가 있다.{신라 흘해왕訖解王 21년(330)에 만든 것인데 방죽의 길이가 1,800보步였다.} 소속 현縣이 1개 있다.

평고현平皐縣{원래 백제의 수동산현首冬山縣으로 신라 경덕왕이 지금 이름으로 고쳐 본현에 소속시켰다. 고려 초에는 전주全州의 속현屬縣이 되었다가 뒤에 다시 김제현의 속현이 되었다.}

금구현金溝縣

원래 백제의 구지지산현仇知只山縣으로 신라 경덕왕景德王이 지금 이름으로 고쳐 전주全州의 영현領縣을 삼았다. 고려 의종毅宗 24년(1170)에 이의방李義方의 외향外鄕이므로 현령관縣令官으로 승격시켰다. 별호別號는 봉산鳳山이다. 소속 현縣이 1개 있다.

거야현巨野縣{원래 백제의 야서이현也西伊縣으로 신라 경덕왕이 야서현野西縣로 고쳐 대산군大山郡의 영현領縣을 삼았다. 고려가 다시 지금 이름으로 고쳐 전주全州의 속현屬縣으로 삼았다가 후에 김제현金堤縣에 속현으로, 또 다시 금구현의 속현으로 하였다.}

나주목羅州牧

원래 백제의 발라군發羅郡인데 신라 경덕왕景德王이 고쳐 금산군錦山郡이라 하였다. 신라 말에는 견훤甄萱이 후백제왕을 칭하여 그 땅을 모두 거느렸으나 얼마 지나지 않아 군郡 사람들이 후고구려 왕 궁예弓裔에게 붙었다. 궁예가 태조太祖(왕건)를 정기대감

精騎大監에 임명하여 해군을 거느리고 가서 공격케 하니 빼앗아 나주羅州로 이름을 고쳤다. 성종成宗 14년(995)에 처음으로 10도道를 정하여 진해군 절도사鎭海軍節度使를 칭하고 해양도海陽道에 속하게 하였다. 현종顯宗 원년(1010)에 왕이 거란契丹의 군사를 피하여 남으로 피난하여 이곳에서 열흘을 머물다가 거란군契丹軍이 패하여 물러가니 왕이 개경開京으로 돌아갔다. (현종) 9년(1018)에 목牧으로 승격하였다. 별호別號는 통의通義, 금성錦城이다.{성종이 정한 것이다.} 금성산錦城山{산에 신사神祠가 있다.}과 남포진南浦津, 흑산도黑山島{섬 사람들이 육지에 나와 남포강변南浦江邊에 많이 거주하여 영산현榮山縣이라 칭하였는데 공민왕恭愍王 12년(1363)에 군郡으로 승격하였다.}가 있다. 이 목에 소속된 군郡이 5개, 현縣이 11개 있으며, 관할 하에 지사부知事府가 1개, 지사군知事郡이 4개, 현령관縣令官이 4개 있다.

무안군務安郡{원래 백제의 물아혜군勿阿兮郡인데 신라 경덕왕이 지금 이름으로 고쳤다. 고려 혜종惠宗 원년(944)에 물량군勿良郡으로 고쳤으며 성종 10년(991)에 다시 지금 이름으로 고쳐 본 나주목에 속하게 하였다. 명종明宗 2년(1175)에 감무監務를 두고 공양왕恭讓王 3년(1391)에 성산城山과 극포極浦의 권농방어사勸農防禦使를 겸하게 하였다.}

담양군潭陽郡{원래 백제의 추자혜군秋子兮郡인데 신라 경덕왕이 고쳐 추성군秋成郡으로 삼았다. 고려 성종 14년(995)에 담주도단련사潭州都團練使라 하였다. 뒤에 지금 이름으로 바꿔 나주목에 속하게 하였고 명종 2년(1175)에 감무를 두어 공양왕 3년(1391)에 원율현原栗縣을 겸하게 하였다.}

곡성군谷城郡{원래 백제의 욕내군欲乃郡인데 신라 경덕왕이 지금 이름으로 고쳤다. 고려 초에 승평군昇平郡에 속군이었으나 후에 나주목에 속하게 하였다. 명종 2년(1175)에 감무監務를 두었다. 별호別號는 욕천浴川이다.}

낙안군樂安郡{양악陽岳이라고도 한다. 원래 백제의 분차군分嵯郡 또는 분초군分抄郡이라고도 하였다. 신라 경덕왕이 고쳐 분령군分嶺郡으로 하였으며, 고려에 와서 지금 이름으로 바꿔 나주목에 속하게 하였다. 명종 2년(1175)에 감무를 두었다가 후에 지군사知郡事로 하였다. 이 군에는 장도獐島가 있다.}

남평군南平郡{영평군永平郡이라고도 한다. 원래 백제의 미동부리현未冬夫里縣인데 신라 경덕왕이 현웅玄雄으로 고쳐 무주武州의 영현領縣으로 삼았다. 고려에 와서 지금 이름으로 바꿔 나주목에 속하게 하였고 명종 2년(1175)에 감무를 두었으며 공양왕 2년(1390)에 화순 감무和順監務로 하여금 겸하여 다스리게 하였다.}

철야현鐵冶縣{원래 백제의 실어산현實於山縣인데 신라 경덕왕이 지금 이름으로 고쳐 나주목에 속屬하게 하였다. 고려에 와서도 그대로 하였으나 후에 능성현陵城縣에 소속시켰다.}

회진현會津縣{원래 백제의 두힐현豆肸縣인데 신라 경덕왕이 회진현으로 이름을 고쳐 나주목에 소속시켰다. 고려도 그대로 속하게 하였다.}

반남현潘南縣{원래 백제의 반내부리현半奈夫里縣인데 신라 경덕왕이 반남군潘南郡으로 고쳤다. 고려 초에 현縣으로 강등하여 나주의 속현屬縣으로 하였다.}

안로현安老縣{원래 백제의 아로곡현阿老谷縣인데 신라 경덕왕이 야로현野老縣으로 고쳐 반남군潘南郡의 관할 영현領縣으로 삼았다. 고려에 와서 지금 이름으로 바꾸고 나주목의 속현屬縣으로 하였다.}

복룡현伏龍縣{원래 백제의 복령현伏齡縣, 또는 배룡현盃龍縣이라고도 하였다. 신라 경덕왕이 용산龍山으로 고쳐 무주武州의 관할 영현으로 삼았다. 고려에 와서 옛 이름으로 회복시켜 나주목의 속현屬縣으로 하였다.}

원율현原栗縣{원래 백제의 율지현栗支縣이다. 신라 경덕왕이 율원현栗原縣으로 고치고, 추성군秋成郡의 관할 영현으로 삼았다. 고려에 와서 지금 이름으로 바뀌 나주의 속현으로 하였다.}

여황현餘艎縣{원래 백제의 수천현水川縣, 또는 수입이현水入伊縣이라고도 하였다. 신라 경덕왕이 지금의 이름으로 바꾸어 나주의 속현屬縣으로 하였고 고려에서도 그대로 속현으로 하였다.}

창평현昌平縣{명평현鳴平縣이라고도 한다. 원래 백제의 굴지현屈支縣으로 신라 경덕왕이 기양현祈陽縣으로 고쳐 무주武州의 관할 영현領縣으로 삼았다. 고려에서 지금 이름으로 바꾸어 나주목의 속현으로 하였다. 세상에 전해오기를 현리縣吏 차자보車自寶가 남적南賊을 막아낸 공이 있어 현령縣令으로 승격했다고 한다. 공양왕 3년(1391)에 장평長平과 갑향甲鄕의 권농사勸農使를 겸하게 하였다. 갑향甲鄕은 본래 속현屬縣이었는데 뒤에 나주羅州로 옮겨 속하게 하였다가 다시 광주光州로 이속하였으나 이때에 이르러 다시 나주의 속현으로 하였다.}

장산현長山縣{안릉安陵이라고도 한다. 원래 백제의 거지산현居知山縣〈거居는 굴屈로도 썼다.〉으로 신라 경덕왕이 안파현安波縣로 고쳐 압해군壓海郡의 관할 영현領縣으로 삼았다. 고려에서 지금 이름으로 바뀌 나주의 속현屬縣으로 하였다. 고참도古參島・신이량도新伊良島・상어도上於道・안창도安昌島・아어도阿於島・송도松島가 있다.}

진원현珍原縣{원래 백제의 구사진혜현丘斯珍兮縣인데 신라 경덕왕이 지금 이름으로 고쳐 갑성군岬城郡의 관할 영현領縣으로 삼았다. 고려에 와서 나주의 속현으로 하였으며, 명종 2년(1175)에 감무監務를 두었다.}

화순현和順縣{원래 백제의 잉리아현仍利阿縣인데 신라 경덕왕이 여미현汝湄縣으로 고쳐다. 또는 해빈현海濱縣이라고 하며, 능성군陵城郡의 관할 영현領縣으로 삼았다. 고려에서 지금 이름으로 바꿔 나주의 속현으로 하였다가 뒤에 능성현陵城縣에 다시 속하게 하였다. 공양왕 2년(1390)에 감무監務를 두어 남평현南平縣을 겸하여 다스리게 하게 하였다.}

장흥부長興府

원래 백제의 오차현烏次縣으로 신라 경덕왕景德王이 오아현烏兒縣으로 고쳐 보성군寶城郡의 관할 영현領縣으로 삼았다. 고려에서 정안현定安縣으로 고쳐 영암靈岩 임내任內의 속현으로 하였으나 인종仁宗 때에 공예태후恭睿太后 임씨任氏의 고향이라 하여 지장흥부사知長興府事로 승격하였다. 원종元宗 6년(1265)에 회주목懷州牧으로 승격하였다가 충선왕忠宣王 2년에 다시 장흥부長興府로 내렸다. 뒤에 왜구倭寇로 인하여 내지內地로 옮겨 살게 하였다. 별호別號를 정주定州라 하고{성종成宗 때에 정한 것이다.} 또 관산冠山이라고 한다. 천관산天冠山{옛 이름은 천풍天風이다.}이 있다. 속현縣이 4개 있다.

수령현遂寧縣{본래 백제의 고마미지현古馬彌知縣인데 신라 경덕왕이 이름을 마읍馬邑으로 고쳐 보성군寶城郡의 관할 영현領縣으로 삼았고 고려에 와서 지금 이름으로 고쳐 영암靈巖에 속현屬縣으로 하였다가 뒤에 옮겨 장흥부의 속현으로 하였다.}

회령현會寧縣{본래 백제의 마사량현馬斯良縣인데 신라 경덕왕이 이름을 대로代勞로 고쳐 보성군寶城郡의 관할 영현領縣으로 삼았다. 고려에 와서 지금 이름으로 바꿔 그대로 소속시켰다가 뒤에 옮겨 장흥부의 속현으로 하였다. 득산량도得山良島가 있다.}

장택현長澤縣{본래 백제의 계천현季川縣인데 신라 경덕왕이 이름을 계수季水로 고쳐 보성군寶城郡의 관할 영현領縣으로 삼았다. 고려에 와서 지금 이름으로 바꿔 그대로 소속시켰다가 뒤에 옮겨 장흥부의 속현으로 하였다.}

탐진현耽津縣{본래 백제의 동음현冬音縣인데 신라 경덕왕이 지금 이름으로 고쳐 양무군

陽武郡의 관할 영현領縣으로 삼았다. 고려에 와서 영암靈岩군의 속현으로 하였다가 뒤에 다시 옮겨 장흥부의 속현으로 하였다. 별호別號는 오산鼇山이다. 부인도富仁島·은파도恩波島·벽랑도碧浪島·선산도仙山島가 있고 또 완도莞島가 있다.}

영광군靈光郡

본래 백제百濟의 무시이군武尸伊郡인데 신라 경덕왕景德王이 고쳐 무령군武靈郡이라 하였고 고려高麗에 와서 지금 이름으로 고쳤다. 별호別號는 오성箕城이다. 대가질지도大加叱知島·진인이도珍人伊島·생의도省衣島·아질마도阿叱亇島가 있다. 2군郡과 8현縣이 속해있다.

압해군壓海郡{압壓은 압押으로도 쓴다. 원래 백제의 아차산군阿次山郡인데 신라 경덕왕이 지금 이름으로 고쳤다. 고려 초에 나주羅州의 속현屬縣이었으나 뒤에 옮겨 영광군에 속屬하게 하였다. 지상도只上島·도사도道沙島·근참도斤斬島·술지도述只島·모야도毛也島·팔흠도八欠島·청안니도靑安尼島가 있다.}

장성군長城郡{원래 백제의 고시이현古尸伊縣인데 신라 경덕왕이 이름을 갑성군岬城郡으로 고쳤다. 고려에 와서 다시 지금 이름으로 바꿔 영광군의 속현으로 하고, 명종明宗 2년(1172)에 감무監務를 두었다. 위령葦嶺이 있다.}

삼계현森溪縣{원래 백제의 소비혜현所非兮縣으로, 또는 소을부현所乙夫縣이라고도 하였다. 신라 경덕왕이 지금 이름으로 고쳐 갑성군岬城郡의 영현領縣으로 삼았고 고려에 와서 영광군의 속현으로 바꾸었다.}

육창군陸昌縣{원래 백제의 아로현阿老縣으로, 또는 갈초葛草 또는 가위加位라고도 하였다. 신라 경덕왕이 이름을 갈도碣島로 고쳐 압해군壓海郡 관할의 영현領縣으로 삼았다. 고려에 와서 지금 이름으로 바꿔 영광군의 속현으로 바꾸었다. 비이도比尒島·류도留島·

신위도神葦島 · 청도靑島 · 독도禿島 · 백양도白良島 · 자은도慈恩島 · 암타도嵒墮島 · 앵도櫻島 · 취도鷲島 · 내파도乃破島가 있다.}

해제현海際縣{원래 백제의 도제현道際縣으로, 또는 음해陰海, 대봉大峯이라고도 한다. 신라 경덕왕이 지금 이름으로 고쳐 무안군務安郡 관할의 영현領縣으로 삼았다가 고려에 와서 장성군의 속현屬縣으로 바꾸었다. 황저도荒楮島 · 두지도豆知島 · 율도栗島 · 능도菱島 · 독저도禿楮島가 있다.}

모평현牟平縣{원래 백제의 다지현多只縣인데 신라 경덕왕이 이름을 다기多岐로 고쳐 무안군務安郡 관할의 영현領縣으로 삼았다. 고려에 와서 지금 이름으로 바꿔 영광군의 속현으로 바꾸었다. 별호別號는 모양牟陽이다.}

함풍현咸豐縣{원래 백제의 굴내현屈乃縣인데 신라 경덕왕이 지금 이름으로 고쳐 무안군務安郡 관할의 영현領縣으로 삼았다. 고려에 와서 영광군의 속현屬縣으로 바꾸었다. 명종 2년(1172)에 감무監務를 두었고 공양왕 3년(1391)에 영풍永豐 · 다경多景 · 해제海際의 권농방어사勸農防禦使를 겸하게 하였다. 별호別號는 기성箕城이다.}

임치현臨淄縣{원래 백제의 고록지현古祿只縣인데 신라 경덕왕이 이름을 염해鹽海라 고쳐 압해군壓海郡 관할의 영현領縣으로 삼았다. 고려에서 지금 이름으로 바꿔 영광군의 속현으로 바꾸었다. 북사자도北師子島 · 남사자도南師子島 · 개요지도開要只島 · 마지도亇知島가 있다.}

장사현長沙縣{원래 백제의 상로현上老縣인데 신라 경덕왕이 지금 이름으로 고쳐 무령군武靈郡 관할의 영현領縣으로 삼았고 고려에 와서도 이를 따랐다. 뒤에 감무監務를 두어 무송현茂松縣을 겸임케 하였다.}

무송현茂松縣{원래 백제의 송미지현松彌知縣인데 신라 경덕왕이 지금 이름으로 고쳐 무령군武靈郡 관할의 영현領縣으로 삼았다. 고려에 와서도 이를 따랐으며 뒤에 장사감무長沙監務를 겸임케 하였다.}

영암군靈巖郡

원래 백제의 월내군月柰郡인데 신라 경덕왕景德王이 지금 이름으로 바꾸었다. (고려) 성종成宗 14년(995)에 낭주 안남도호부朗州安南都護府로 고쳤다가 현종顯宗 9년(1018)에 다시 내려 영암군靈巖郡으로 하였다. 월출산月出山이 있다. {신라에서 월내악月柰岳이라 칭하고 소사小祀에 올렸으며 고려 초에는 월생산月生山이라 칭하였다. 산에 구정봉九井峰이 있어 그 밑에 움직이는 돌 셋이 있었는데 홀로 층암層岩 위에 있어 높이는 몇 장丈이 되고 둘레는 10위圍가 되며 서쪽은 산골山骨에 이어지고 동쪽으로는 끝없는 낭떠러지이다. 한 사람이 흔들면 곧 떨어질듯 하면서도 떨어지지 않는다.} 이 군에 소속된 군郡이 2개, 현縣 3개가 있다.

황원군黃原郡{원래 백제의 황술현黃述縣인데 신라 경덕왕이 지금 이름으로 고쳐 양무군陽武郡 관할의 영현領縣으로 삼았고 고려에 와서 (영암군에) 내속來屬하였다. 삼내도三內島·죽도竹島·노도露島가 있다.}

도강군道康郡{원래 백제의 도무군道武郡인데 신라 경덕왕이 고쳐 양무군陽武郡이라 하였다. 고려에 와서 지금 이름으로 바꾸어 (영암군에) 내속來屬하여 명종明宗 2년(1172)에 감무監務를 두었다. 별호別號는 금릉金陵이다.}

곤미현昆湄縣{원래 백제의 고미현古彌縣인데 신라 경덕왕이 지금 이름으로 고쳐 (영암군)에 내속來屬하였고 고려에 와서도 이를 따랐다.}

해남현海南縣{원래 백제의 새금현塞琴縣인데 신라 경덕왕이 이름을 침명浸溟, 또는 투빈投濱이라고 고쳐 양무군陽武郡 관할의 영현領縣으로 삼았다. 고려에 와서 지금 이름으로

바꾸어 (영암군에) 내속來屬하였다.}

죽산현竹山縣{원래 백제의 고서이현古西伊縣인데 신라 경덕왕이 이름을 고안固安〈고固는 동同으로도 썼다.〉으로 고쳐 양무군陽武郡 관할의 영현領縣으로 삼았다. 고려에 와서 지금 이름으로 바꾸어 (영암군에) 내속來屬하였다.}

보성군寶城郡

원래 백제의 복홀군伏忽郡인데 신라 경덕왕景德王이 지금 이름으로 고쳤다. (고려) 성종成宗 14년(995)에 패주자사貝州刺史로 칭하였다가 뒤에 다시 보성군寶城郡으로 고쳤다. 별호別號는 산양山陽이다. {선종宣宗 5년(1088)에 타주부곡他州部曲을 승격하여 도화현道化縣으로 하였다. 또 고흥현高興縣은 원래 고이부곡高伊部曲인데 고이高伊란 것이 사투리로 고양이를 말한다. 당시 묘 부곡猫部曲 사람이 조정朝廷에 있으면 나라가 망한다는 참언이 있었는데 유비柳庇가 통역관으로서 원元 나라에 가서 공을 세웠으므로 충렬왕忠烈王 11년(1285)에 지금 이름으로 고쳐 감무監務로 승격시켰다. 충선왕忠宣王 2년(1310)에 또 원나라에 벼슬한 내시 이대순李大順의 요청으로 식촌부곡食村部曲을 풍안현豊安縣으로 승격시켰다.} 7개의 현縣이 속해있다.

동복현同福縣{원래 백제의 두부지현豆夫只縣인데 신라 경덕왕이 지금 명칭으로 고쳐서 곡성군谷城郡의 관할 영현領縣으로 삼았다. 고려 초에 본 군에 소속시켰는데, 세상에 전하기를 승려 조염祖琰의 고향이라고 하여 감무監務로 승격시켰다고 한다.}

복성현福城縣{원래 백제의 파부리군波夫里郡인데 신라 경덕왕은 부리富里로 고쳐서 능성군陵城郡 관할의 영현領縣으로 삼았다. 고려에 와서 지금 명칭으로 바꾸고 본 군에 소속시켰다.}

조양현兆陽縣{원래 백제의 동로현冬老縣인데 신라 경덕왕이 지금 명칭으로 고쳐서 분령군分嶺郡 관할의 영현領縣으로 삼았다. 고려에 와서 본 군에 소속시켰으며 후에 감무를 두었다. 어산도語山島와 토도兎島가 있다.}

남양현南陽縣{원래 백제의 조조례현助助禮縣인데 신라 경덕왕은 충렬忠烈로 고쳐서 분령군分嶺郡의 관할 영현領縣으로 삼았다. 고려에 와서 지금 명칭으로 고치고 본 군에 소속시켰다. 춘자도春子島가 있다.}

옥과현玉果縣{원래 백제의 과지현果支縣인데, 과혜果兮라고도 한다. 신라 경덕왕이 지금 명칭으로 고쳐서 추성군秋成郡 관할의 영현領縣으로 만들었다. 고려 초에 본 군에 소속시켰으며 명종 2년(1172)에 감무監務를 두었다. 이 현에 소내오도小乃烏島·대내오도大乃烏島·절음도折音島 등이 있다.}

태강현泰江縣{원래 백제의 비사현比史縣인데 신라 경덕왕은 백주栢舟로 고쳐서 분령군의 분령군分嶺郡 관할의 영현領縣으로 삼았다. 고려에 와서 지금 명칭으로 고치고 본 군에 소속시켰다.}

두원현荳原縣{원래 백제의 두힐현豆肹縣인데 신라 경덕왕은 강원薑原으로 고쳐서 분령군分嶺郡 관할의 영현領縣으로 삼았다. 고려에 와서 지금 명칭으로 고치고 그대로 소속시켰다가 후에 본 군에 소속시켰으며 인종 21년(1143)에 감무를 두었다.}

승평군昇平郡

원래 백제의 감평군歃平郡{감歃은 사沙 또는 무武로도 썼다.}인데 신라 경덕왕景德王이 지금 이름으로 고쳤다. (고려) 성종成宗 14년(995)에 승주 연해군절도사昇州兗海軍節度使{승화昇化라고도 하였다.}라고 하였다가 정종定宗 2년(1036)에 다시 승평군昇平郡으로 하였다. 충선왕忠宣王 원년(1309)에 승주목昇州牧으로 올렸다가 (충선왕) 2년(1310)에 순천부順天府로 강등하였다. 4개의 속현屬縣을 가지고 있다.

부유현富有縣{원래 백제의 둔지현遁支縣인데 신라 경덕왕이 지금 이름으로 고쳐서 곡성군谷城郡 관할의 영현領縣으로 삼았으나 고려高麗 초에 본 군의 속현으로 삼았다.}

돌산현突山縣{원래 백제의 돌산현突山縣인데 신라 경덕왕이 여산현廬山縣으로 고쳐서 본 군의 속현屬縣으로 하였다. 고려에 와서 다시 옛 이름으로 바꾸고 그대로 소속시켰다. 안록도安鹿島와 감물도甘勿島가 있다.}

여수현麗水縣{원래 백제의 원촌현猿村縣인데 신라 경덕왕이 고쳐 해읍현海邑縣이라 하여 본 군에 속현屬縣으로 하였다. 고려에 와서 지금의 이름으로 바꾸고 그대로 소속시켰다. 충렬왕忠定王[3] 10년(1284)에 현령縣令을 두었다. 오도吳島·이오도伊烏島·우근도亐斤島·안재도安才島·복도僕島가 있다.}

광양현光陽縣{본래 백제의 마로현馬老縣으로 신라 경덕왕이 고쳐 희양현晞陽縣이라 하여 본 군에 속현으로 하였다. 고려에 와서 지금 이름으로 바꾸고 그대로 소속시켰다. 섬진蟾津이 있고 대안도大安島가 있다.}

해양현海陽縣

원래 백제百濟의 무진주武珍州{노지奴只라고도 하였다.}로 신라新羅가 백제를 취하여 그대로 도독都督을 두었고 경덕왕景德王 16년(757)에 고쳐서 무주武州라 하였다. 진성왕眞聖王(진성여왕) 6년(892)에 견훤甄萱이 빼앗아 후백제後百濟를 칭하다가 얼마 후 전주全州로 도읍을 옮겼다. 그 후 후고구려後高句麗 왕 궁예弓裔가 (고려) 태조(왕건)를 정기대감精騎大監으로 삼아서 해군을 지휘하여 이곳을 공격하여 경계 지역까지 점령하였으나 견훤의 사위인 성주城主 지훤池萱이 굳게 성을 지키고 항복하지 않았다. (고려) 태조 23년

3 『휘찬여사』에는 충정왕 10년으로 되어 있으나 충정왕의 임기는 3년(서기 1349~1351)에 불과하다. 다른 기록과 비교했을 때 충렬왕 10년이 맞다.

(940)에 광주光州라고 불렀고 성종成宗 14년(995)에 강등하여 자사刺史로 하였다가 후에 다시 또 강등하여 해양 현령관海陽縣令官으로 하였다. 고종高宗 46년(1259)에 (당시 실권을 잡고 있던) 김인준金仁俊의 외향外鄕이라 하여 지익주사知翼州事로 승격시켰고 후에 광주목光州牧으로 승격시켰다. 충선왕忠宣王 2년(1310)에 낮추어서 화평부化平府로 하였으며 공민왕恭愍王 11년(1362)에 무진부茂珍府{혜종惠宗의 이름자를 피하여 무武를 무茂로 고쳤다.}로 하였으며 (공민왕) 22년(1373)에 다시 광주목光州牧으로 고쳤다. 별호別號는 광산光山 또는 익양翼陽이다. 이 현에 무등산無等山{무진악武珍岳 또는 서석산瑞石山이라고도 한다. 신라 때에는 소사小祀를 지냈고, 고려는 국가적인 제사를 지냈다.}이 있다.

진도현珍島縣

원래 백제의 인진오군因珍鳥郡으로 바다 가운데의 섬이다. 신라 경덕왕景德王이 지금 이름으로 고쳐서 무안군務安郡 관할의 영현領縣으로 삼았다. 고려에 와서는 나주羅州에 소속시켰다가 뒤에 현령縣令을 두었다. 충정왕忠定王 2년(1350)에 왜구倭寇로 인하여 내륙지방으로 옮겼다. 대진大津이 있고, 목지도目只島가 있다. 2개의 현縣이 속해있다.

가흥현嘉興縣{원래 백제의 도산현徒山縣으로 또한 원산猿山이라고도 하였다. 진도珍島의 경계界 안에 있었다. 신라 경덕왕景德王이 고쳐 뇌산군牢山郡이라 하였고 고려에 와서 지금 이름으로 바꾸어 진도에 내속來屬하였다. 가서도加西島·골응도鶻鷹島·미포도米浦島·월량도月良島가 있다.}

임회현臨淮縣{원래 백제의 매구리현買仇里縣으로 진도珍島의 경계界 안에 있었다. 신라 경덕왕이 이름을 첨탐瞻耽이라 고쳐 뇌산군牢山郡 관할의 영현領縣으로 삼았다. 고려에 와서 지금 이름으로 바꾸어 진도에 내속來屬하였다. 양도壤島와 파질마도巴叱ケ島가 있다.}

능성현陵城縣{능陵은 능綾으로도 쓴다.}

원래 백제의 이릉부리군尒陵夫里郡{죽수부리竹樹夫里 또는 인부리仁夫里라고도 하였다.}

인데 신라 경덕왕景德王이 고쳐 능성군陵城郡이라 하였다. 고려 초에는 나주羅州에 속하였다가 인종仁宗 21년(1143)에 현령縣令을 두었다. 인물도仁物島가 있다.

탐라현耽羅縣

전라도全羅道 남쪽 바다 가운데에 있다. 그 『고기古記』에 이르기를, "태초에 사람도 생물도 없었다. 세 신인神人이 땅으로부터 솟아나 {그 주산主山 (한라산의) 북쪽 산기슭에 구멍이 있어 모흥毛興이라고 하는데 바로 이것이 그 곳이다.} 첫째를 양을나良乙那, 둘째를 고을나高乙那, 셋째를 부을나夫乙那라고 하였다. 세 사람이 황량한 곳에서 사냥을 하여 가죽옷을 입고 고기를 먹고 살았다. 하루는 자주색으로 봉인한 나무상자가 바다에 떠서 동쪽 바닷가에 이르거늘 가서 열어보니 상자 안에는 또 석함石函이 있고 붉은 허리띠에 자색 옷을 입은 사자使者 한 사람이 따라와 있었다. 석함石函을 여니 푸른 옷을 입은 처녀 셋과 여러 망아지, 송아지, 오곡五穀의 종자種子들이 있었다. 그리고 말하기를 '나는 일본국日本國의 사신使臣입니다. 우리 임금님이 3명의 딸을 두셨는데 말씀하시기를 「서쪽 바다 가운데 악신嶽神이 아들 세 사람을 내려 보내 장차 나라를 열고자 하나 배필配匹이 없다.」라고 하시고 이에 신臣에게 명하여 3명의 딸을 모시고 가게 하였으니, 부디 배필로 삼아 대업大業을 이루도록 하소서.'라고 하고는 사자使者는 문득 구름을 타고 가버렸다. 세 사람이 나이순으로 차례대로 장가를 가서 샘물이달고 토지가 비옥한 곳에 나아가 화살을 쏘아 땅을 점치고 살았다. 양을나良乙那가 사는 곳을 제1도都, 고을나高乙那가 사는 곳을 제2도都, 부을나夫乙那가 사는 곳을 제3도都라 하여 이때 처음으로 오곡五穀을 씨 뿌리고 또한 망아지와 송아지를 길러 날로 살림이 부유해지고, 백성들이 많아졌다. 15대 후손인 고후高厚와 고청高淸, 곤제昆弟 3인이 배를 만들어 바다를 건너 탐진耽津에 이르니 때는 신라가 번성하던 시기였다. 이때에 객성客星이 남쪽 방향에 나타나므로 태사太史가 아뢰기를, '이국인異國人이 내조來朝할 징조입니다'라고 하였다. 드디어 신라에 들어오니 왕이 이를 가상히 여겨 첫째를 성주星主{성상星象을 움직인 때문이다.}라 칭하고 둘째를 왕자王子{왕이 고청高淸으로 하여금 가랭이 밑으로 지나게 하여 친자식처럼 사랑한 까닭으로 그 이름을 지었다.}라 칭하고 막내를 도내都內라 하였으며 읍호邑號를 탐라耽羅라 하니 그들이 올 때 처음 탐진耽津에 도착하였기 때문이다. 각각 보개寶蓋와 의대衣帶를 주어 보냈다. 이로부터 자손이 번성하여 신라를 공경하여 섬기니 고을나高乙那로 성주星主를 삼고 양을나良乙那로 왕자王子를 삼고 부을나夫乙那로 도상徒上을 삼았고 뒤에 또 양良을 고쳐 양梁으로 하였다."라고 하였다.

또 『삼국유사三國遺事』에는 『해동안홍기海東安弘記』를 인용하여 9한九韓을 열거하였는데 타라乇羅가 4번째에 있다. 백제 문주왕文周王 2년(476)에 탐라국耽羅國 사자에게 은솔恩率벼슬을 주고 동성왕東成王 20년(498)에 탐라가 공물과 부역을 바치지 않으니 왕이 친히 징벌하여 무진주武珍州에 이르니 탐라가 이 말을 듣고 사신을 보내어 죄를 빌거늘 이에 중지하였다 하고 주註에 말하기를, "탐라耽羅는 곧 탐모라耽牟羅이다."라고 하였다. 백제가 이미 망하니 신라 문무왕文武王 원년(661)에 탐라국주耽羅國主 좌평佐平 도동음률徒冬音律이 와서 항복하였다.

(고려) 태조 21년(938)에 탐라국 태자太子 말로末老가 와서 조회를 하니 성주왕자 星州王子의 작위를 내렸다. 숙종 10년(1105)에 타라乇羅를 고쳐 탐라군耽羅郡으로 하였고 의종毅宗 때에 현령관縣令官으로 하였다. 희종 7년(1211)에 현縣의 석천촌石淺村을 귀덕현歸德縣으로 삼았다. 원종 11년(1270)에 역적 김통정金通精이 삼별초三別抄를 거느리고 들어와 난을 일으키니 4년 후에 왕이 김방경金方慶으로 하여금 진압하게 하였다. 충렬왕 3년(1277)에 원元 나라가 목마장牧馬場으로 하였다. (충렬왕) 20년(1294)에 왕이 원나라에 들어가 탐라耽羅를 돌려 줄 것을 청하니 원 나라의 승상丞相 완택完澤 등이 아뢰어 황제의 승인을 받아 탐라를 우리에게 돌려주었다. 다음해 을미乙未(1295)에 고쳐 제주濟州라 하고 처음으로 판비서성사判秘書省事 최서崔瑞를 목사牧使로 삼았고 (충렬왕) 26년(1300)에 (원나라) 황태후가 또 황실의 말[馬]을 놓아 먹였고 (충렬왕) 31년(1305)에 우리에게 돌려 주였다. 충숙왕忠肅王 5년(1318)에 초적草賊 사용士用과 엄복嚴卜이 군사를 일으켜 난을 일으키니 이 지방사람 문공제文公濟가 병사를 일으켜 모두 죽이고 원나라에 알리니 원에서 다시 관리를 두었다. 공민왕恭愍王 11년(1362)에 원나라에 소속되기를 청하니 원나라가 부추副樞 문아단불화文阿但不花로 탐라 만호耽羅萬戶를 삼아 본국本國(고려) 천예賤隷인 김장로金長老와 더불어 제주濟州에 이르러 만호萬戶 박도손朴都孫을 볼기[杖]를 친

후에 바다에 던져 죽였다. (공민왕) 16년(1367)에 원나라가 제주濟州를 다시 내속來屬시켰다. 때에 이곳에 와 있던 목마장을 관리하는 오랑캐들[牧胡]이 사나워져서 국가에서 보낸 목사牧使 만호萬戶를 자주 죽이고 반란을 일으키니 김유金庾가 토벌하고, 원나라에 만호부萬戶府를 설치할 것을 청하니 왕이 아뢰기를 "우리나라 스스로 관청을 두게 하고 목호牧胡가 기른 말을 가려서 바치기를 이전과 같이 하겠다." 하니 원나라 황제가 이를 받아들였다. (공민왕) 18년(1369)에 원나라 목자牧子 합적哈赤이 발호跋扈하여 관리를 살해하니 6년 후 8월에 왕이 도통사都統使 최영崔瑩을 보내어 합적哈赤을 무찌르고 다시 관리를 두었다.

진산鎭山 한라漢拏는 제주현의 남쪽에 있다.{두무악頭無岳 또는 원산圓山이라고도 한다. 산꼭대기에 큰 연못이 있다.}

또 추자도楸子島가 있다.{무릇 탐라耽羅에 가는 사람은 나주羅州를 출발하면 무안務安의 대굴포大堀浦와 영암靈岩의 화무지와도火無只瓦島, 해남海南의 어란량於蘭梁을 지나 무릇 7일 밤낮 만에 추자도楸子島에 도착한다. 해남海南에서 출발하면 삼재포三才浦로부터 거요량巨要梁과 삼내도三內島를 거쳐 이 섬에 이르게 된다. 탐진耽津에서 출발하면 군영포軍營浦로부터 고자도高子島·황이도黃伊島·노슬도露瑟島·삼내도三內島를 지나 모두 3일 밤낮만에 추자도楸子島에 이른다. 이상 제주로 가는 3개의 항로는 모두 이 섬을 지나며 사서도斜鼠島와 대화탈도大火脫島·소화탈도小火脫島를 지나 애월포涯月浦의 조천관朝天館에 이른다. 대개 화탈도火脫島 사이에는 2수水가 서로 섞여 흘러 파도소리가 흉흉하니 오고가는 뱃사람들이 이를 어렵게 여겼다.}

교주도交州道

원래 맥貊의 땅인데 후에 고구려의 땅으로 되었다가 신라를 거쳐 고려에 이르렀다. 성종成宗 14년(995)에 전국을 10개 도로 나눌 때에 춘주春州 등 군, 현을 삭방도朔方道에 소속시켰으며 명종明宗 8년(1178)에 비로소 춘주도春州道라고 부르다가 후에 동주도東州道로 고쳤다. 원종元宗 4년(1263)에 교주도交州道라고 불렀고 충숙왕忠肅王 원년(1314)에 회양도淮陽道라고 하였으며 신우辛禑(우왕) 14년(1388)에 대관령 동쪽과 서쪽을 합쳐서 교주강릉도交州江陵道라 하고 충주忠州 관할 하에 있던 평창군平昌郡을 여기에 소속시켰다. 관할하는 소속군郡이 8개{방어군防禦郡이 1개, 지사군知事郡이 2개, 속군屬郡이 5개 있다.}, 속현屬縣이 20개 있다.

교주交州

원래 고구려의 각련성군各連城郡{각各은 객客으로도 쓰며 가혜아加兮牙라고도 한다.}인데 신라 경덕왕景德王이 연성군連城郡으로 고쳤다. 고려 초에 이물성伊勿城이라고 불렀고 성종 14년(995)에 지금 이름으로 고쳐서 단련사團練使를 두었으며 현종 9년(1018)에 방어사防禦使로 고쳤다. 충렬왕 34년(1308)에 철령鐵嶺어구[口子]로서 수비하는 일에 공을 세웠다고 하여 회주목淮州牧으로 승격시켰으나 충선왕 2년(1310)에 전국의 목牧을 폐지할 때 낮추어서 회양부淮陽府로 하였다. 이 주에 요해처要害處가 2개있는데, 철령鐵嶺과 추지령楸池嶺이 그것이다. 또한 의관령義館嶺과 덕진명소德津溟所{사전祀典에 실려 있다.}가 있으며, 관할하는 속군屬郡이 2개, 속현屬縣이 4개 있다.

장양군長楊郡{원래 고구려의 대양관군大楊管郡으로 마근압馬斤押이라고도 불렀다. 신라 경덕왕이 대양군大楊郡으로 고쳤고, 고려에서 지금 이름으로 바꾸어 (교주에) 내속來屬하였다. 금강산金剛山이 있다. 풍악楓岳이라고도 하며 개골皆骨이라고도 한다. 천봉千峰이 눈[雪]을 이고 서 있는 모습이 높고 준엄하며 기이한 절경을 이룬다. 사찰이 매우 많고, 이름이 중국에까지 알려졌다.}

금성군金城郡{원래 고구려의 모성군母城郡으로 야차홀也次忽이라고도 불렀다. 신라 경덕왕이 익성군益城郡이라 고쳤는데 후에 지금 이름으로 바꾸었다. (고려) 현종顯宗 9년

(1018)에 군郡으로 승격하였으나 뒤에 내려 현縣으로 하여 교주에 내속來屬하였다. 예종睿宗 원년(1106)에 감무監務를 두었다가 뒤에 영令을 두었다. 고종高宗 41년(1254)에 다시 내려 감무監務로 하였으며 (고종) 44년(1257)에 또 도령道寧이라 칭하였다.}

남곡현嵐谷縣{원래 고구려의 적목현赤木縣으로 사비근을沙非斤乙이라고도 불렀다. 신라 경덕왕이 단송丹松이라 고쳐 연성군連城郡 관할의 영현領縣으로 삼았다. 현종 9년(1018)에 지금 이름으로 바꾸어 그대로 교주에 소속시켰다.}

통구현通溝縣{구溝는 구口로도 썼다. 원래 고구려의 수입현水入縣, 또는 매이현買伊縣이라고도 하였다. 신라 경덕왕이 지금 이름으로 고쳐 기성군岐城郡 관할의 영현領縣으로 삼았다가 (고려) 현종 9년(1018)에 교주에 옮겨 소속시켰다.}

기성현岐城縣{본래 고구려의 동사홀군冬斯忽郡으로 신라 경덕왕이 지금 이름으로 고쳐 군郡으로 삼았다. 고려 초에 강등하여 현縣으로 삼아 교주에 소속시켰다. 보제진菩提津이 있다.}

화천현和川縣{원래 고구려의 수성천현藪狌川縣으로 신라 경덕왕이 수천藪川으로 고쳐 대양군大楊郡 관할의 영현領縣으로 삼았으나 고려 초에 지금 이름으로 바꾸어 교주로 옮겨 소속시켰다.}

춘주春州

춘주春州는 원래 맥국貊國인데 신라 선덕왕善德王(선덕여왕) 6년(637)에 우수주牛首州{수首는 두頭로도 썼다.}로 삼아 군주軍主를 두었고 문무왕文武王 13년(673)에 수약주首若州{수차약首次若 또는 조근내烏斤乃라고도 하였다.}라 칭하였는데 경덕왕景德王이 삭주朔州로 고쳤다가 뒤에 광해주光海州라 고쳤다. (고려) 태조太祖 23년(940)에 춘주春州라 하였다가 성종成宗 14년(995)에 단련사團練使를 칭하고 안변부安邊府에 소속시켰으나 주州의 사람들이 길이 험하여 왕래하기가 어려워하였다. 신종神宗 6년(1203)에 최충헌崔忠獻에게 뇌물을 주고 안양 도호부安陽都護府로 승격하였다가 후에 지춘주사知春州事로 강등하였다. 별호別號는 수춘壽春{성종成宗이 정한 것이다.}과 봉산鳳山이다. 소양강昭陽江이 있다. 2개의 속군屬郡과 9개의 속현屬縣이 있다.

가평군嘉平郡{가嘉는 가加로도 썼다. 원래 고구려의 근평군斤平郡으로 병평並平이라고도 하였다. 신라 경덕왕景德王이 지금 이름으로 고쳤으며, (고려) 현종 9년(1018)에 (춘주에) 내속來屬하였다. 화악산花岳山이 있고 또 청평산淸平山이 있다.}

낭천군狼川郡{원래 고구려의 성천군狌川郡으로 야호매也戶買라고도 하였다. 신라 경덕왕이 지금 이름으로 고쳤다. 고려 초에 (춘주에) 소속시켰다. 예종 원년(1106)에 감무監務를 두고 양구楊口를 겸임케 하였다.}

기린현基麟縣{원래 고구려의 기지군基知郡으로 고려에 와서 지금 이름으로 고쳐 (춘주에) 소속시켰다.}

조종현朝宗縣{원래 고구려의 심천현深川縣으로 복사매伏斯買라고도 하였다. 신라 경덕왕이 준천浚川으로 고쳐 가평군嘉平郡 관할의 영현領縣으로 삼았다. 고려에 와서 지금 이름으로 바꾸고 현종 9년(1018)에 (춘주)에 소속시켰다.}

인제현麟蹄縣{원래 고구려의 저족현猪足縣으로 오사회烏斯回라고도 하였다. 신라 경덕왕이 희제狶蹄로 고쳐 양록군楊麓郡 관할의 영현領縣으로 삼았다. 고려에 와서 지금 이름으로 바꾸어 (춘주)에 속하게 하였다가 뒤에 회양淮陽에 속하게 하였다. 공양왕恭讓王 원년(1389)에 감무監務를 두었다.}

횡천현橫川縣{원래 고구려의 횡천橫川으로 어사매於斯買라고도 하였다. 신라 경덕왕이 황천潢川으로 고쳐 삭주朔州 관할의 영현領縣으로 삼았다. 고려에 와서 다시 횡천橫川을 칭하여 그대로 삭주에 속하게 하였다가 뒤에 원주原州에 속하고 공양왕 원년(1389)에 감무監務를 두었다. 별호別號는 화전花田이다.}

홍천현洪川縣{원래 고구려의 벌력천현伐力川縣으로 신라 경덕왕이 녹효綠驍로 고쳐 삭주朔州 관할의 영현領縣으로 삼았다. (고려) 현종 9년(1018)에 지금 이름으로 바꾸고 소속은 그대로 두었으며 인종 21년(1143)에 감무監務를 두었다. 별호別號는 화산花山이다.}

문등현文登縣{원래 고구려의 문견현文見縣으로 근시파혜斤尸波兮라고도 하였다. 신라 경덕왕이 지금 이름으로 고쳐 대양군大楊郡 관할의 영현領縣으로 삼았다. (고려) 현종 9년(1018)에 (춘주에) 소속시켰다가 뒤에 회양淮陽으로 이속移屬하였다.}

방산현方山縣{원래 고구려의 삼현현三峴縣으로 밀파혜密波兮라고도 하였다. 신라 경덕왕이 삼령三嶺으로 고쳐 양록군楊麓郡 관할의 영현領縣으로 삼았다. 고려에 와서 다시 지금 이름으로 바꾸고 춘주로 내속來屬하였다가 뒤에 회양淮陽에 속하게 하였다.}

서화현瑞禾縣{화禾는 화和로도 썼다. 원래 고구려의 옥지현玉枝縣으로 개차정皆次丁이라고도 하였다. 신라 경덕왕이 이름을 치도馳道로 고쳐 양록군楊麓郡 관할의 영현領縣으로 삼았다. 고려에 와서 다시 지금 이름으로 바꾸고 (춘주에) 내속來屬하였다가 뒤에 회양淮陽에 속하게 하였다. 별호別號는 서성瑞城이다.}

양구현楊溝縣{본래 고구려의 양구군楊口郡으로 요은홀차要隱忽次라고도 하였다. 신라 경덕왕이 양록군楊麓郡으로 고쳤고, 고려에 와서 지금 이름으로 바꿔 (춘주)에 내속來屬하였다. 예종 원년(1106)에 감무監務를 두어 낭천감무狼川監務로 하여금 겸임兼任하게 하였다.}

동주東州

원래 고구려의 철원군鐵圓郡인데 {모을동비毛乙冬非라고도 한다.} 신라 경덕왕景德王이 철성군鐵城郡이라 고쳤다. 후에 궁예弓裔가 군사를 일으켜 고구려의 옛 땅을 빼앗고 송악군松岳郡으로부터 이곳으로 도읍을 옮기고 궁실을 지었는데 사치를 다하였으며, 나라 이름을 태봉泰封이라 하였다. 고려 태조太祖가 즉위하여서는 수도를 송악松岳으로 옮기고, 철원鐵圓을 동주東州로 고쳤다.{궁예 궁전의 옛 터는 이 주州의 북쪽 27리 지점인 풍천楓川 벌[原]에 있다.} 성종成宗 14년(995)에 단련사團練使를 두었다가 목종穆宗 8년(1005)에 폐지하였다. 현종顯宗 9년(1018)에 지동주사知東州事로 고쳤으며 고종高宗 41년(1254)에 현령관縣令官으로 강등하였다가 후에 목牧으로 승격시켰다. 충선왕忠宣王 2년(1310)에 전국의 목牧을 폐지할 때에 철원부鐵原府로 낮추었다. 별호別號는 창원昌原{성종이 정한 명칭이다.}, 또는 육창陸昌이다. 보개산寶盖山이 있다. 속군屬郡 1개와 속현屬縣 7개가 있다.

김화군金化郡{원래 고구려의 부여군夫如郡인데 신라 경덕왕이 부평군富平郡으로 고쳤다. (고려) 현종 9년에 다시 지금 이름으로 바꾸고 (동주에) 소속시켰다. 인종 21년(1143)에 감무監務를 두었으며 별호別號는 화산花山이다.}

삭녕현朔寧縣{원래 고구려의 소읍두현所邑豆縣인데 신라 경덕왕이 이름을 삭읍朔邑으로 고쳐 토산군兎山郡 관할의 영현領縣으로 삼았다. 고려에 와서 지금 이름으로 바꾸고 현종 9년(1018)에 동주에 소속시켰다. 예종 원년(1106)에 승령 감무僧嶺監務로 하여금 겸하여 다스리게 하였다.}

평강현平康縣{강康은 강江으로도 쓴다. 원래 고구려의 부양현斧壤縣으로 어사내현於斯內縣이라고도 하였다. 신라 경덕왕이 이름을 광평廣平이라 고쳐 부평군富平郡 관할의 영현領縣으로 삼았다. 현종 9년(1018)에 지금 이름으로 바꾸고 동주에 소속시켰으며, 명종明宗 2년(1172)에 감무監務를 두었다. 그 후 김화 감무金化監務로 하여금 겸임하게 하였으나 공양왕恭讓王 원년(1389)에 나누어 따로 감무監務를 두었다. 분수령分水嶺이 있다.}

장주현漳州縣{장漳은 장獐으로도 쓴다. 원래 고구려의 공목달현工木達縣으로 웅섬산熊閃山이라고도 하였다. 신라 경덕왕이 이름을 공성功城으로 고쳐 철성군鐵城郡 관할의 영현領縣으로 삼았다. 고려에서 지금 이름으로 바꾸었다. 성종 14년(995)에 단련사團練使를 두었으나 목종 8년(1005)에 이를 폐지하였고 현종 9년(1018)에 (김화군에) 소속시켰다. 명종 5년(1175)에 감무監務를 두어 승령僧嶺을 겸임兼任하게 하였다. 충선왕이 즉위하여 왕의 이름을 피하여 연주漣州로 고쳤다. 별호別號는 장포獐浦〈성종成宗이 정한 것이다.〉이다. 징파도澄波渡가 있다.}

승령현僧嶺縣{원래 고구려의 승량현僧梁縣으로 비물非勿이라고도 하였다. 신라 경덕왕이 이름을 동량幢梁으로 고쳐 철성군鐵城郡 관할의 영현領縣으로 삼았다. 고려에서 지금 이름으로 바꾸고 현종 9년(1018)에 (김화군에) 소속시켰다. 예종 원년(1106)에 감무監務를 두어 삭녕朔寧을 겸임하게 하였다.}

이천현伊川縣{원래 고구려의 이진매현伊珍買縣인데 신라 경덕왕이 지금 이름으로 고쳐 토산군兎山郡 관할의 영현領縣으로 삼았다. (고려) 현종 9년(1018)에 (김화군에) 소속시켰으며 후에 감무監務를 두었다. 별호別號는 화산花山이다. 온천溫泉이 있다.}

안협현安峽縣{원래 고구려의 아진압현阿珍押縣으로 궁악窮岳이라고도 하였다. 신라 경덕왕이 지금 이름으로 고쳐 토산군兎山郡 관할의 영현領縣으로 삼았다. (고려) 현종 9년(1018)에 (김화군에) 소속시켰으며 예종 9년(1114)에 감무監務를 두었다.}

동음현洞陰縣{원래 고구려의 양골현梁骨縣인데 신라 경덕왕이 지금 이름으로 고쳐 견성군堅城郡 관할의 영현領縣으로 삼았다. (고려) 현종 9년(1018)에 (금화군에) 속하게 하였으며 예종 원년(1106)에 감무監務를 두었다. 원종元宗 10년(1269)에 위사공신衛社功臣 강윤소康允紹의 내향內鄕이므로 영흥 현령관永興縣令官으로 승격하였다.}

서해도西海道

원래 고구려의 땅이었는데 당唐나라 고종高宗이 고구려를 멸망시켰으나 그 지역을 지키지 못하였으므로 신라가 드디어 이를 병합하였다. 신라 말에 이르러서는 궁예弓裔가 웅거하였으며, (고려) 태조가 나라를 세우고 이 지역을 다 소유하였다. 성종成宗 14년(995)에 전국을 10개 도道로 나눌 때에 황주黃州, 해주海州 등 주, 현을 관내도關內道에 소속시켰다가 후에 서해도로 고쳤으며 그 후 수안遂安, 곡주谷州, 은율殷栗 현 등을 원나라에 빼앗겼으나, 충렬왕忠烈王 4년(1278)에 원나라가 이를 돌려주었다. 서해도西海道의 관할 하에 대도호부大都護府가 1개, 목牧이 1개, 군이 6개, 현이 16개, 진鎭이 1개 있다.

안서대도호부 해주安西大都護府海州

원래 고구려의 내미홀內米忽{지성池城 또는 장지長池라고도 하였다.}인데 신라 경덕왕景德王이 고쳐 폭지군瀑池郡이라 하였다. (고려) 태조太祖가 군의 남쪽이 바다에 닿아있다 하여 해주海州라는 이름을 내려주었다. 성종成宗 2년(983)에 처음으로 12목牧을 설치했을 때 해주海州는 그 하나가 되었다. (성종) 14년(995)에 12주州 절도사節度使를 두어 우신책군右神策軍을 칭하고 양주楊州와 더불어 좌우보左右輔가 되었다. 현종顯宗 3년(1012)에 절도사節度使를 없애고 (현종) 9년(1018)에 4도호부都護府를 정하여 설치할 때 해주 안서도호부海州安西都護府로 고쳤다. 예종睿宗 17년(1122)에 대도호부大都護府로 승격하였으며 고종高宗 34년(1247)에 해주목海州牧이 되었다. 공민왕恭愍王 22년(1373)에 왜구倭寇가 쳐들어와 목사牧使 엄익겸嚴益謙을 죽였는데 이때 주리州吏로써 목사牧使를 구하지 않은 자를 죽이고 해주海州를 강등하여 군郡으로 삼았다가 뒤에 다시 올려 목牧으로 하였다. 별호別號는 대령서해大寧西海{성종成宗이 정한 것이다.}, 또는 고죽孤竹이라 하였다. 수양산首陽山·대수압도大首押島{수압睡鴨으로도 썼다. 아래도 이와 같다.}·소수압도小首押島·연평도延平島{평平은 또한 평坪으로도 썼다.}·용매도龍媒島가 있다. 이 주에 소속된 현縣이 3개, 관할 하에 방어군防禦郡이 1개, 현령관縣令官이 1개, 진鎭이 1개 있다.

염주鹽州{원래 고구려의 동음홀冬音忽로 음音은 삼彡으로도 쓰며 고염성鼓鹽城이라고도 하였다. 신라 경덕왕이 해고군海皐郡으로 고쳤다. 고려 초에 지금 이름으로 고쳤고 성종 14년(995)에 방어사防禦使를 두었다가 현종 초에 방어사를 없애고 본 주에 소속시켰다가 후에 감무監務를 두었다. 고종 4년(1217)에 거란군을 막은 공로가 있어 영응현령관永膺縣令官으로 승격시켰고 (고종) 46년(1259)에는 이 현縣의 사람 장군將軍 차송우車松祐가 위사衛社의 공이 있어 지복주사知復州事로 승격시켰다. 원종 10년(1269)에 또 위사공신衛社功臣 이분희李汾禧의 고향이므로 석주碩州로 고쳤다. 충렬왕 34년(1308)에 다시 온주목溫州牧으로 승격시켰으며 충선왕 2년(1310)에 전국의 목을 폐지할 때에 낮추어서 연안부延安府로 하였다. 별호別號는 오원五原{성종이 정한 것이다.} 이다. 여기에 큰 제방[大堤]이 있는데 남대지南大池라고 한다. 이 주 동쪽에는 전성氈城이 있는데 이는 옛날에 하늘에 제사를 지내던 제천단祭天壇이다.}

배주[白州]{원래 고구려의 도랍현刀臘縣으로 치악성雉嶽城이라고도 하였다. 신라 경덕왕이 이름을 구택雊澤으로 고쳐서 해고군海皐郡 관할의 영현領縣으로 삼았다. 고려 초에 지금 이름으로 바꾸고 현종 9년(1018)에 평주平州에 소속시켰다가 의종 13년(1159)에 토산兎山에 중흥궐重興闕을 창건하고 지개흥부사知開興府事로 승격시켰다가 뒤에 옛 이름을 회복하여 본 주에 내속來屬하였다. 고종 46년(1257)에 위사공신衛社功臣 이인식李仁植의 내향內鄕이므로 충익현령관忠翊縣令官으로 승격시켰고, 원종 10년(1269)에 또 위사공신衛社功臣 조오趙璈의 내향內鄕이므로 지복흥군사知復興郡事로 올렸다. 공민왕恭愍王 18년(1369)에 시중侍中 경복흥慶復興의 이름을 피하여 다시 배주[白州]라 칭하였다. 별호別號는 은천銀川이다. 〈성종成宗이 정한 것이다.〉 온천溫泉이 있다.}

안주安州{원래 고구려의 식성군息城郡으로 한성군漢城郡, 한홀漢忽 또는 내홀乃忽이라고도 하였다. 신라 경덕왕이 중반군重盤郡으로 고쳤다.[4] 고려 초에 지금 명칭으로 고쳤고 성종 14년(995)에 방어사防禦使를 두었다가 현종 초에 방어사를 없애고 본 주에 소속시켰다. 예종 원년(1106)에 감무監務를 두었고 고종 4년(1217)에 거란군을 물리치는 데 공이 있으므로 재령현령관載寧縣令官으로 승격시켰다. 별호別號는 안릉安陵〈성종이 정하였다.〉 또는 안풍安風이라고도 한다.}

풍주豊州

원래 고구려의 구을현仇乙縣{굴천屈遷이라고도 하였다.}인데, 고려 초에 지금 이름으로 고쳤고 성종成宗 14년(995)에 도호부都護府로 승격하였다가 현종顯宗 9년(1018)에 방어사防禦使를 두었다. 별호別號는 서하西河이다.{성종成宗이 정한 것이다.} 초도椒島와 석도席島가 있다. 속군屬郡 1개와 속현屬縣 5개가 있다.

안악군安岳郡{원래 고구려의 양악군楊岳郡인데 고려 초에 지금 이름으로 고쳐 현종 9년(1018)에 (풍주에) 소속시켰다. 예종 원년(1106)에 감무監務를 두었으며 충목왕忠穆王 4년(1348)에 지군사知郡事로 승격하였다. 별호別號는 양산楊山이다. 아사진阿斯津·생초곶省草串과 아사진阿斯津·도곶桃串이 있다. 모두 사전祀典에 실려 있다. 군郡 소속으로 연풍장連豊莊이 있는데 공양왕恭讓王 2년(1390)에 장長을 두고 연풍장장連豊莊長으로 감무를 겸할 것을 명하였다.}

유주儒州{원래 고구려의 궐구闕口인데 고려 초에 지금 이름으로 고쳐 현종 9년(1018)에 (풍주에) 소속시켰다. 예종 원년(1106)에 감무監務를 두었으며, 고종 46년(1259)에 위사공신衛社功臣 성균 대사성成均大司成 유경柳璥의 내향內鄕이므로 문화현령관文化縣令官으로 승격시켰다. 별호別號는 시령始寧으로 성종成宗이 정한 것이다. 구월산九月山이 있는데, 세상에 아사달산阿斯達山이라고 전한다. 장장평莊莊坪이 있는데 세상에서 단군檀君이 도읍한 곳으로 전해지지만 당장경唐莊京이 잘못 전해진 것이라 하겠다. 삼성사三聖祠가 있는데, 이곳에는 단인檀因·단웅檀雄·단군檀君의 사당祠堂이 있다.}

---

4 『삼국사기三國史記』 권35, 잡지4, 지리2 중반군重盤郡

은율현殷栗縣{원래 고구려의 율구栗口인데 율천栗川이라고도 하였다. 고려 초에 지금 이름으로 고쳤고 현종 9년(1018)에 (풍주에) 소속시켰다.}

청송현靑松縣{원래 고구려의 마경이麻耕伊인데 고려 초에 지금 이름으로 고쳤다. 현종 9년(1018)에 (풍주에) 소속시켰으며, 예종 원년(1106)에 감무監務를 두었다. 해안 현령관海安縣令官이 왜구倭寇의 침입으로 인하여 신우辛禑 9년(1383)에 이 현縣에 소속시켰다.}

가화현嘉禾縣{원래 고구려의 판마곶板麻串인데 고려 초에 지금 이름으로 고쳤다. 현종 9년(1018)에 (풍주에) 소속시켰으며, 예종 원년(1106)에 감무監務를 두어 영강 감무永康監務로 하여금 이를 겸임케 하였다.}

영녕현永寧縣{원래 고구려의 웅한이熊閑伊인데 고려 초에 지금 명칭으로 고쳤다. 현종 9년(1018)에 (풍주에) 소속시켰다가 후에 신천信川으로 이속移屬시켰다.}

옹진현瓮津縣

원래 고구려의 옹천瓮遷인데 고려 초에 지금 이름으로 고쳐 현종顯宗 9년(1018)에 현령縣令을 두었다. 기린도騏麟島·창린도昌麟島·어화도魚化島·고도孤島·모도謀島가 있다. 속현屬이 2개 있다.

장연현長淵縣{장담長潭이라고도 하였다. 원래 고구려의 땅으로 신라와 고려에서 모두 옛 이름을 그대로 사용하였다. (고려) 현종 9년(1018) (옹진현에) 내속來屬하여 예종 원년(1106)에 감무監務를 두었다. 장산곶長山串이 있는데, 봄과 가을에 향축香祝을 내려 제사를 지내며 『소사小祀』에 실려 있다. 3면面이 바다에 접해 있는 백사정白沙汀이 있다.}

영강현永康縣{원래 고구려의 부진이付珍伊인데 고려 초에 지금 이름으로 고쳤다. 현종 9년(1018)에 (옹진현에) 내속來屬하였고 예종 원년(1106)에 감무監務를 두어 가화嘉禾를 겸

임하게 하였다.}

백령진白翎鎭

원래 고구려의 곡도鵠島인데 고려에서 지금 이름으로 고쳐 진鎭으로 삼았다. 현종顯宗 9년(1018)에 진장鎭將을 두었으며 공민왕恭愍王 6년(1357)에 뱃길이 험난하므로 육지로 나와 문화현文化縣 동촌東村에 교우僑寓하다가 이어 땅이 매우 좁음으로 진鎭을 폐하고 장차 문화현文化縣 임내任內에 소속시키려 하다가 공양왕恭讓王 2년에 혁파하여 직촌直村으로 삼았다. 대청도大靑島{충목왕忠穆王 4년에 원元 나라가 위왕魏王 아목가阿木哥를 이곳에 유배하였다가 10년에 불러 들였고 11년에 패랄태자孛剌太子를 이곳에 유배하였다가 16년에 소환하였으며 17년에 도우첩목 태자陶于帖木太子를 이곳에 유배하였다가 충숙왕忠肅王 후 원년後元年에 소환하였다.}와 소청도小靑島가 있다.

황주목黃州牧

원래 고구려의 동홀冬忽{우동어홀于冬於忽이라고도 한다.}인데 신라 헌덕왕憲德王이 고쳐 취성군取城郡으로 하였다. 고려 초에 지금 명칭으로 고쳤고 성종成宗 2년(983)에 비로소 12목牧을 설치할 때 황주목도 그 하나이다. (성종) 14년(995)에 12주 절도사節度使를 두고 천덕군天德軍이라 칭하여 관내도關內道에 소속시켰다가 현종顯宗 3년(1012)에 폐지하여 안무사安撫使로 하였으며 현종 9년(1018)에 8목牧을 정하여 두니 그대로 목牧으로 하였다. 고종高宗 4년(1217)에 거란군契丹軍을 능히 막지 못함으로써 지고령군사知固寧郡事로 내렸다가 뒤에 다시 황주목黃州牧을 칭하였다.{철도鐵島 백성들이 육지로 건너 와서 주州 서촌西村에서 살았는데 충숙왕忠肅王 후 7년(1388)에 이곳을 철화현鐵和縣이라고 부르고 감무監務를 두었다가 후에 현을 없앴다. 또한 이 주의 속진屬鎭인 장명진長命鎭은 공양왕 2년(1390)에 장명長命과 연풍連豊을 겸임하는 감무를 두었다.} 별호別號는 제안齊安{성종이 정하였다.} 또는 용흥龍興이라고도 한다. 여기에는 아사진阿斯津과 송곶松串{사전祠典에 실려 있다.} 등이 있고 요해처로 극성棘城이 있다. 황주목에 소속된 속군屬郡이 2개, 속현屬縣이 1개, 관할 하에 지사군知事郡이 2개, 현령관縣令官이 1개 있다.

봉주鳳州{원래 고구려의 휴암군鵂嵒郡으로 조파의租坡衣 또는 휴류성鵂鶹城이라고도 한다. 신라 경덕왕이 서암군棲巖郡으로 고쳤으며 고려 초에 지금 이름으로 고쳤다. 성종 14년(995)에 방어사防禦使를 두었다가 현종 초에 방어사를 없애고 (황주목에) 내속來屬시켰다. 충렬왕 11년(1285)에 다시 방어사로 고쳤다가 얼마 후 지봉양군사知鳳陽郡事로 하였다. 별호別號는 지하池河인데 성종이 정한 것이다.}

신주信州{원래 고구려의 승산升山인데 고려에 와서 지금 명칭으로 고쳤다. 성종 14년(995)에 방어사防禦使를 두었다가 현종 초에 방어사를 폐지하고 (황주목에) 내속來屬시켰다가 뒤에 감무監務를 두었다. 별호別號는 신안信安으로 성종이 정한 것이다. 온천溫泉이 있다.}

토산현土山縣{원래 고구려의 식달息達인데 신라 헌덕왕憲德王이 지금 명칭으로 고쳤다. 현종 9년(1018) (황주목에) 내속來屬시켰으며 충숙왕 9년(1322)에 공신인 평양군平壤君 조인규趙仁規 할머니의 고향이라 하여 상원군祥原郡으로 승격시켰다. 여기에는 가수굴佳殊窟이 있다.}

평주平州

원래 고구려의 대곡군大谷郡{다지홀多知忽이라고도 하였다.}으로 신라 경덕왕景德王이 고쳐 영풍군永豊郡으로 삼았다. 고려 초에 지금 이름으로 바꾸고 성종成宗 14년(995)에 방어사防禦使를 두었다. 현종顯宗 9년(1018)에 정하여 지주사知州事로 삼았고 원종元宗 10년[5](1269)에 복흥군復興郡에 병합하였다가 충렬왕忠烈王 때에 복구하였다. 별호別號는 연

---

5 『휘찬여사』에는 원종 30년이라 되어 있으나 고려 원종의 재위기간은 15년간이다. 따라서 원종 30년은 오기誤記이다. 하지만 『고려사』 권 58, 지 12 지리 3 서해도 안서대도호부 평주조에도 원종 30년이라 되어 있어 『휘찬여사』의 오기가 아니라 『고려사』의 오기라 하여야 할 것이다. 하지만 같은 지리지 배주[白州]조에 보면 원종 10년(1269)에 배주를 복흥군에 병치하였다는 기록이 있는 바, 이 원종 30년은 원종 10년(1269)로 보는 것이 타당하다.

덕延德, 또는 동양東陽이다. 저천猪淺{패강浿江이라고도 하였다.}이 있고 온천溫泉이 있다. 속현屬縣이 1개 있다.

동주洞州{원래 고구려의 오곡군五谷郡으로 우차탄홀于次呑忽이라고도 하였다. 신라 경덕왕이 고쳐 오관군五關郡이라 하였고 고려에서 지금 이름으로 바꾸었다. 성종 14년(995)에 방어사防禦使를 두었다가 현종顯宗 초初에 방어사를 폐지하고 (평주에) 내속來屬하였다. 원종元宗 때에 임금의 태胎를 모신 곳이라 하여 서흥현령관瑞興縣令官으로 승격하였다. 별호別號는 농서隴西로 성종成宗이 정한 것이다. 요해처要害處로 절령岊嶺, 즉 자비령慈悲嶺이 있다.}

곡주谷州

원래 고구려의 십곡성十谷城 {덕돈홀德頓忽 또는 곡성현谷城縣, 고곡군古谷郡이라고도 하였다.}으로 신라 경덕왕景德王이 진서鎭瑞로 고쳐 영풍군永豊郡 관할의 영현領縣으로 삼았다. 고려 초에 지금 이름으로 바꾸고 성종成宗 14년(995)에 방어사防禦使를 두었다가 현종顯宗 9년(1018)에 지군사知郡事로 정하였다. 별호別號는 상산象山{성종이 정한 것이다.}이다. 속현屬縣이 3개 있다.

신은현新恩縣{(고려) 현종顯宗 9년(1018)에 (곡주에) 내속來屬하였다. 고종高宗 46년(1257)에 위사공신衛社功臣 이공주李公柱의 내향內鄕이므로 지담주사知覃州事로 승격하였다가 뒤에 다시 옛 이름을 고치고 곡주에 소속시켰다. 별호別號를 신성新城이다.}

협계현俠溪縣{원래 고구려의 수곡성현水谷城縣으로 매차홀買且忽이라고도 하였다. 신라 경덕왕이 이름을 단계檀溪로 고쳐 영풍군永豊郡 관할의 영현領縣으로 삼았다. 고려 초에 지금 이름으로 바꾸었으며, 현종縣宗 9년(1018)에 (곡주)에 내속來屬하여 뒤에 감무監務를 두었다. 북소 궁궐北蘇宮闕의 옛 터가 있다. 북소北蘇는 이 현縣 북쪽의 기달산箕達山으로 신우辛禑 때에 『도선밀기道詵密記』에 의거하여 권중화權仲和 등을 보내어 조사하여 찾은 곳이다. 좌소左蘇 백악산白岳山과 우소右蘇 백마산白馬山과 더불어 3소蘇라고 한다.} ○ 원래 백제 땅인데 고구려에서 취하여 현縣으로 삼았던 것인데 이를 누락하여 기록한다.

수안현遂安縣{원래 고구려의 장새현獐塞縣으로 고소어古所於라고도 하였다. 신라 때 천암군棲巖郡 관할의 영현領縣이 되었다. 고려 초에 지금 이름으로 고쳐 곡주谷州 임내任內에 속하였다가 뒤에 현령縣令을 두었다. 충선왕忠宣王 2년(1310)에 원元나라 폐환嬖宦 이대순李大順의 요청으로 수주遂州로 승격하였는데 일설一說에는 군郡 사람 이연송李連松이 나라에 공을 세웠으므로 군郡으로 승격하였다고 하기도 한다.}

동계東界

원래 고구려의 옛 땅으로 (고려) 성종成宗 14년(995)에 경내境內를 나누어 10도道로 정할 때 화주和州와 명주溟州 등의 군郡, 현縣으로서 삭방도朔方道를 삼았는데, 정종靖宗 2년(1036)에 동계東界) {북계北界와 더불어 양계兩界가 된다.}라 칭하였다가 문종文宗 원년(1047)에 동북면東北面 {혹은 동면東面, 동로東路, 동북로東北路, 동북계東北界라 칭하기도 하였다.}이라 칭하였다. 후에 함주咸州 위의 북쪽지역을 동여진東女眞에 빼앗겼으므로 예종睿宗 2년(1107)에 평장사平章事 윤관尹瓘을 원수元帥로 삼고 지추밀원사知樞密院事 오연총吳延寵을 부원수副元帥로 삼아 군사를 거느리고 여진女眞을 쳐서 쫓고 9성城을 설치하고 비碑를 공험진公嶮鎭의 선춘령先春嶺에 세워 경계로 삼았으며 명종明宗 8년(1178)에 이르러 연해명주도沿海溟州道라 칭하였다. 고종高宗 45년(1258)에 몽고의 군사가 쳐들어 왔을 때 용진현龍津縣 사람 조휘趙暉와 정주定州 사람 탁청卓青이 배반하여 병마사兵馬使 신집평愼執平을 죽이고 화주和州 위의 북쪽지역을 들어 몽골蒙古에 귀부歸附하니 몽골에서 쌍성총관부雙城摠管府를 화주和州에 두고 조휘趙暉를 총관摠管으로, 탁청卓青을 천호千戶로 삼아 이곳을 다스리게 하였다. 고종高宗 46년(1259)에 충청도忠淸道의 영월寧越과 평창平

昌을 이 도道에 속하게 하였다가 후에 충청도로 되돌려 속하게 하였다. 원종元宗 4년(1263)에 강릉도江陵道를 칭하고 충렬왕忠烈王 16년(1290)에 영월과 평창을 다시 이곳으로 내속來屬하고 공민왕恭愍王 5년(1356)에 강릉삭방도江陵朔方道라 칭하였다. (공민왕 5년) 7월에 추밀원부사樞密院副使 유인우柳仁雨를 보내어 쌍성雙城을 공격할 때 지도地圖를 상고하여 화주和州, 등주登州, 정주定州, 장주長州, 예주預州, 고주高州, 문주文州, 의주宜州와 선덕宣德, 원흥元興, 영인寧仁, 요덕耀德, 정변靜邊 등 진의 여러 성을 다시 찾았다. 이에 앞서 삭방도는 도련포都連浦로써 경계를 삼아 장성을 쌓고 정주·선덕·원흥 등 3개의 관문關門을 설치하였는데 이 지역을 원나라에 빼앗긴 이후 99년만인 이때에 와서 비로소 다시 찾은 것이다. 수춘군壽春君 이수산李壽山을 도순문사都巡問使로 임명하고 경계를 획정하여 다시 동북면東北面으로 고쳤으며 (공민왕) 9년(1360)에 삭방강릉도朔方江陵道라고 불렀다. 이로 살펴보건대 철령鐵嶺 이북은 삭방도朔方道로, 그 이남은 강릉도江陵道로 되었던 것으로, 고려시기에 삭방도 혹은 강릉도로 불렀으며 한 때는 이를 합쳐서 삭방강릉도, 혹은 강릉삭방도라고 불렀으며, 때로는 연해 명주도沿海溟州道라고도 불렀다. 이와 같이 어느 때는 분리되고 어느 때는 합쳐져서 비록 연혁과 명칭이 같지 않았으나 고려초부터 그 말년에 이르기까지 공험지公嶮池 이남으로부터 삼척三陟 이북까지의 지역을 공동으로 이름을 지어 동계東界라고 불러 왔다. 이 동계의 관할 하에는 도호부都護府가 1개, 방어군防禦郡이 9개, 진鎭이 10개, 현縣이 25개 있다. 예종 때에는 대도호부 1개, 방어군 4개, 진 6개를 설치하였으며, 공민왕 이후에는 부府 2개를 설치하였다.

안변도호부 등주安邊都護府 登州

원래 고구려의 비열홀군比列忽郡{천성군淺城郡이라고도 하였다.} 신라 진흥왕眞興王 17년(556)에 비열주比列州로 하여 군주軍主를 두었다가 경덕왕景德王이 삭정군朔庭郡으로 고쳤다. 고려 초에 등주登州라고 불렀으므로 성종 14년(995)에 단련사團練使를 두었다가 현종 9년(1018)에 지금 이름으로 고쳤다. 고종高宗 때에 정평定平 이남의 여러 성들이 몽골의 침입으로 피해를 입었으므로 그 소재지를 임시로 강릉도江陵道의 양주襄州로 옮겼다가 다시 간성杆城으로 옮겨 거의 40년이나 있다가 충렬왕 24년(1298)에 와서야 각기 해당 성城에 다시 소속시켰는바 삭방朔方{성종이 정하였다.}이라고도 부른다. 이 주에는 국도國島가 있고 소속된 속현屬縣이 7개 있으며, 관할 하의 방어군防禦郡이 9개, 진鎭이 10개 {사使가 3개, 장將이 7개 있다.} 현령관縣令官이 8개 있다.

서곡현瑞谷縣{원래 고구려의 경곡현京谷縣으로 수을탄首乙呑이라고도 한다. 신라 경덕왕이 지금 이름으로 고쳐서 삭정군朔庭郡의 관할의 영현領縣으로 만들었다. (고려) 현종 9년(1018)에 등주登州에 소속시켰다.}

문산현汶山縣{원래 고구려의 가지달현加支達縣인데 신라 경덕왕이 청산菁山으로 고쳐서 삭정군朔庭郡의 관할의 영현領縣으로 만들었다. 고려 초에 지금 이름으로 고쳤고 현종 9년(1018)에 등주登州에 소속시켰으며 후에 문산文山이라고 고쳤다.}

위산현衛山縣{고구려 때의 이름은 알 수 없으며, (고려) 현종 9년(1018)에 등주登州에 소속시켰다.}

익곡현翼谷縣{원래 고구려의 어지탄현於支呑縣인데 신라 경덕왕이 익계翊谿로 고쳐서 삭정군朔庭郡 관할의 영현으로 만들었다. 고려에 와서 지금 이름으로 고쳐 등주登州에 소속시켰다.}

파천현派川縣{원래 고구려의 기연현岐淵縣인데 신라 경덕왕이 지금 이름으로 고쳐서 금양군金壤郡 관할의 영현으로 만들었다. (고려) 현종 9년(1018)에 등주登州에 소속시켰다.}

학포현鶴浦縣{원래 고구려의 곡포현鵠浦縣인데 신라 경덕왕이 지금 이름으로 고쳐서 금양군金壤郡 관할의 영현으로 만들었다. (고려) 현종 9년(1018)에 등주登州에 소속시켰다.}

상음현霜陰縣{원래 고구려의 살한현薩寒縣인데 신라 경덕왕이 지금 이름으로 고쳐서 삭

정군朔庭郡 관할의 영현으로 만들었다. (고려) 현종 9년(1018)에 등주登州에 소속시켰다.}

화주和州

원래 고구려의 땅으로 혹은 장령진長嶺鎭이라 칭하고 혹은 당문唐文 {당唐은 당堂으로도 썼다.} 이라 칭하고 혹은 박평군博平郡이라고도 칭하였다. 고려 초에 화주和州로 하였다가 성종成宗 14년(995)에 화주안변도호부和州安邊都護府로 고쳤고 현종顯宗 9년(1018)에 내려 화주방어사和州防禦使로 삼아 본영本營으로 하였다. 고종高宗 때에 몽고에 빼앗기어 쌍성총관부雙城摠管府가 설치됨에 따라 이 주州를 등주登州에 합쳤다. 그러나 여전히 방어사防禦使를 칭하였으며, 뒤에 통주通州에 병합하였다가 충렬왕忠烈王 때에 복구하였다. 공민왕恭愍王 5년(1356)에 군사를 내어 (원으로부터) 되찾아 화주목和州牧으로 삼았고 (공민왕) 18년(1369)에 화령부和寧府로 승격하여 토관土官을 설치하였다. 횡강橫江이 있다.

고주高州

{옛 덕녕진德寧鎭으로 홍원군洪源郡이라고도 하였다. (고려) 성종 14년(995)에 고주방어사高州防禦使로 삼았고 현종 19년(1028)에 봉화산鳳化山 남쪽에 성城을 쌓고 주치州治를 옮겼다. 공민왕 5년(1356)에 지주사知州事로 고쳤다.}

의주宜州

{원래 고구려의 천정군泉井郡으로 어을매於乙買라고도 하였다. 신라 문무왕文武王 21년(681)에 이곳을 취하여 정천군井泉郡이라 고쳤으며, 고려 초에는 용주湧州라 칭하였다. 성종成宗 14년(995)에 방어사防禦使를 두었으며 뒤에 지금 이름으로 바꾸고, 예종睿宗 3년(1108)에는 성을 쌓았다. 별호別號는 동모東牟인데 성종成宗이 정한 것이다. 또 다른 호號는 의춘宜春, 의성宜城이다. 요해처要害處로 철관鐵關이 있고 바다 가운데 섬으로 죽도竹島가 있다.}

문주文州

{옛날에는 주성姝城이라 칭하였다. (고려) 성종 8년(989)에 문주방어사文州防禦使로 삼았다가 뒤에 의주宜州에 합쳤으며, 충목왕 원년(1345)에 다시 나누어 설치하였다.}

장주長州

{가림椵林 또는 단곡端谷이라고도 하였다. (고려) 현종 9년(1018)에 장주방어사長州防禦使로 삼았다가 뒤에 고쳐 현縣으로 삼고 정주定州에 소속시켰다.}

정주定州

{옛 칭호稱號는 파지巴只, 또는 선위宣威라고도 하였다. (고려) 정종靖宗 7년(1041)에 정주방어사定州防禦使로 삼아 관문關門을 두었으며, 공민왕 5년(1356)에 도호부都護府로 승격하였다. 별호別號는 중산中山이다. 비백산鼻白山이 있는데, 봄과 가을에 국가에서 향香과 축문祝文을 내려 제사를 지냈다.}

예주豫州

{(고려) 예종睿宗 11년(1116)에 예주방어사豫州防禦使로 삼았다가 뒤에 정주定州에 소속시켰다.}

덕주德州

{(고려) 문종 9년(1055)에 처음으로 선덕성宣德城을 쌓아 진鎭으로 삼았고 뒤에 덕주방어사德州防禦使를 칭하였다.}

원흥진元興鎭

{(고려) 정종靖宗 10년(1044)에 생천栍川에 성城을 쌓고 진鎭으로 삼아 진사鎭使를 두었다. 이하 진鎭의 경우도 마찬가지이다.}

영인진寧仁鎭

{청원淸源이라고도 하였다. (고려) 현종 22년(1031)에 설치하였다.}

요덕진耀德鎭

{현덕진顯德鎭이라고도 하였다. (고려) 현종 3년(1012)에 처음으로 성보城堡를 쌓았다.}

장평진長平鎭

{옛 이름은 고즐달古叱達인데 (고려) 광종 20년(969)에 처음으로 성보城堡를 쌓고 진장鎭將을 두었다. 이하 진鎭의 경우도 마찬가지이다. 공민왕 6년(1357)에 진鎭을 고쳐 현縣으로 삼아 현령縣令을 두었다.}

용진진龍津鎭

{옛 호포狐浦로 고려 초에 지금 이름으로 고쳐 진鎭으로 삼았다. 목종 9년(1006)에 성城을 쌓았으며, 뒤에 문주文州에 속하였으나 신우辛禑 5년(1379)에 나누어 현령縣令을 두었다. 별호別號는 용성龍城이다.}

영흥진永興鎭

{옛날에는 관방수關防戍로 칭하였다. (고려) 문종 15년(1061)에 처음으로 성보城堡를 쌓았다.}

정변진靜邊鎭

{(고려) 현종 22년(1031)에 설치하였다. 비류수沸流水가 있다. 봄과 가을에 나라에서 향香과 축문祝文을 내려 제사를 지냈다.}

운림진雲林鎭

{(고려) 현종 6년(1015)에 성보城堡를 쌓았다.}

영풍진永豊鎭

{원래 증대이甑大伊인데 (고려) 목종 4년(1001)에 설치하였고, 뒤에 현縣으로 고쳤다.}

애수진隘守鎭

{옛날에는 이병梨炳으로 칭하였다. (고려) 성종 2년(983)에 성城을 쌓았다. 처음에는 문주文州에 속屬하였으나 공민왕 9년(1360)에 고주高州에 소속시켰다.}

진명현鎭溟縣

{원산현圓山縣 또는 수강水江이라고도 하였다. (고려) 현종 9년(1018)에 지금 이름으로 고쳐 현령관縣令官으로 하였고 뒤에 의주宜州에 소속시켰다.}

명주溟州

원래 예국濊國{철국鐵國 또는 예국濊國이라고도 하였다.}인데, 한漢 나라 무제武帝가 군대를 보내어 우거右渠를 정복하고 그곳에 4군郡을 설치하였을 때 임둔臨屯으로 하였다. 고구려에서는 하서량河西良{하슬라주何瑟羅州라고도 하였다.}으로 불렀다. 신라 선덕왕善德女王은 소경小京으로 삼아 사신仕臣을 두었고 태종무열왕太宗武烈王 5년(658)에 말갈靺鞨 지역과 연결되어 경京을 폐지하고 주州를 만들어 도독都督을 두어 지키게 하였다. 경덕왕景德王 16년(757)에 지금 이름으로 고쳤다가 혜공왕惠恭王 12년(776)에 다시 옛 이름으로 고쳤다. (고려) 태조太祖 19년(936)에 동원경東原京이라고 부르다가 (태조) 23년(940)에 다시 명주溟州로 하였다. 성종成宗 2년(983)에 하서부河西府라고 불렀고 (성종) 5년(986)에 명주도독부溟州都督府로 고쳤고 (성종) 11년(992)에 다시 목牧으로 삼았으며 (성종) 14년(995)에 단련사團練使로 하였다가 뒤에 다시 방어사防禦使로 고쳤다. 원종元宗 원년(1260)에 공신功臣 김홍취金洪就의 고향이라 하여 경흥도호부慶興都護府로 승격시켰으며 충렬왕忠烈王 34년(1308)에 강릉부江陵府로 고쳤다가 공양왕恭讓王 원년(1389)에 대도호부大都護府로 올렸다. 별호別號는 임영臨瀛이다. 오대산五臺山{다섯 개의 봉우리가 서로 둘러 서 있는데 크고 작음이 서로 비슷하므로 이렇게 부른다. 서쪽 봉우리 아래에 샘물이 솟는데 곧 한수漢水의 발원지이다.} 대령大嶺과 경포鏡浦 등이 있다. 3개의 속현屬縣이 소속해 있다.

우계현羽溪縣{원래 고구려의 우곡현羽谷縣인데 신라 경덕왕景德王이 지금 이름으로 고쳐서 삼척군三陟郡 관할의 영현領縣으로 삼았다. (고려) 현종顯宗 9년(1018)에 (명주에) 내속來屬하였다. 별호別號는 옥당玉堂이다.}

정선현旌善縣{원래 고구려의 잉매현仍買縣인데, 신라 경덕왕이 지금 이름으로 고쳐서 명주溟州 관할의 영현領縣으로 삼았다. (고려) 현종 9년(1018)에 그대로 소속시켰고 뒤에 올려 군郡으로 삼았는데 별호는 삼봉三鳳이다. 풍혈風穴이 있다. 여름이 지나도록 이곳에 얼음을 저장하여 둔다. 또 그 곁에 수혈水穴이 있는데 남강南江 물이 이곳에서 갈라져서 땅 속으로 흘러들어 간다.}

연곡현連谷縣{원래 고구려의 지산현支山縣인데 신라 경덕왕은 옛 이름을 그대로 두고 명주溟州 관할의 영현領縣으로 삼았다. (고려) 현종 9년(1018)에 지금 이름으로 부르고 그대로 소속 시켰다. 이 현縣 사람들이 전하기를 옛날에는 양곡현陽谷縣이라고 한다.}

금양현金壤縣

원래 고구려의 휴양군休壤郡 {금뇌金惱라고도 하였다.}인데 신라 경덕왕景德王이 지금 이름으로 고쳐서 군郡으로 삼았다. 고려 초에 현령縣令을 두었으며 충렬왕忠烈王 11년(1285)에 통주방어사通州防禦使로 삼았다. 난도卵島가 있다. 영현領縣 3개가 속해 있다.

임도현臨道縣{원래 고구려의 도림현道臨縣으로 조을포助乙浦라고도 하였다. 신라 경덕왕이 지금 이름으로 고쳐서 금양군金壤郡 관할의 영현領縣으로 삼았다. 고려에 와서도 그대로 소속시켰다.}

운암현雲岩縣{원래 고구려의 평진현현平珍峴縣으로 천현仟縣이라고도 하였다. 신라 경덕왕이 편험偏險으로 고쳐서 고성군高城郡 관할의 영현領縣으로 삼았다. 고려에 와서 지금 이름으로 고치고 본 현에 소속시켰다.}

벽산현碧山縣{본래 고구려의 토상현吐上縣인데 신라 경덕왕景德王은 제상堤上으로 고쳐서 금양군金壤郡 관할의 영현領縣으로 삼고 고려에 와서도 그대로 두었다.}

흡곡현歙谷縣

원래 고구려의 습비곡현習比谷縣{곡谷은 탄呑으로도 썼다.}인데 신라 경덕왕이 습계習磎로 고쳐서 금양군金壤郡 관할의 영현領縣으로 삼았다. 고려에 와서 지금 이름으로 바꾸고 그대로 소속시켰으며 고종 35년(1248)에 현령縣令을 두었다. 별호別號는 학림鶴林이다. 천도穿島가 있다.

고성현高城縣

원래 고구려의 달홀達忽인데 신라 진흥왕眞興王 29년(568)에 주州로 삼아 군주軍主를 두었으며 경덕왕景德王이 지금 이름으로 고쳐서 군郡으로 만들었다. 고려에 와서 현령관縣令官으로 삼았다. 별호別號는 풍암豐巖이다. 삼일포三日浦와 온천溫泉이 있다. 속현屬縣이 2개가 있다.

환가현豢猳縣{원래 고구려 저수혈현猪迚穴縣으로 오사압烏斯押이라고도 하였다. 신라 경덕왕景德王이 지금 이름으로 고쳐서 고성군高城郡 관할의 영현領縣으로 삼았다. 고려에 와서 그대로 소속시켰으며 문종文宗 때에 현 소재지를[縣治]를 양촌陽村으로 옮기고 해적海賊 방어의 요충지로 삼았다.}

안창현安昌縣{원래 막이현莫伊縣이다. (고려) 현종顯宗 9년(1018)에 지금의 이름으로 불러 (고성현)에 소속시켰다.}

간성현杆城縣

원래 고구려의 수성군迂城郡{가라홀加羅忽이라고도 하였다.}인데 신라 경덕왕景德王이 수성군守城郡으로 고쳤다. 고려에서 다시 지금 이름으로 고치고 현령縣令을 두었다가 군郡으로 승격하여 고성高城을 겸하여 다스리게 하였다. 공양왕恭讓王 원년(1389)에 2개의 군郡으로 나누었다. 별호別號는 수성水城이다. 속현屬縣이 1개 있다.

열산현烈山縣{원래 고구려의 승산현僧山縣으로 소물달所勿達이라고도 하였다. 신라 경덕왕이 동산童山로 고쳐서 수성군守城郡 관할의 영현領縣으로 삼았다. 고려에 와서 지금 이름으로 고치고아 그대로 소속시켰다. 별호는 봉산鳳山이다.}

익령현翼嶺縣

원래 고구려의 익현현翼峴縣{이문현伊文縣이라고도 하였다.}인데 신라 경덕왕景德王이 지금 이름으로 고쳐서 수성군守城郡 관할의 영현領縣으로 삼았다. (고려) 현종顯宗 9년(1018)에 현령縣令을 삼고 고종高宗 8년(1221)에 거란契丹의 침입을 막아 내었다 하여 양주방어사襄州防禦使로 올렸다가 (고종) 41년(1254)에 낮추어서 현령縣令을 삼고 (고종) 44년(1257)에는 몽골 침략군에게 항복하였다 하여 다시 낮추어 덕녕감무德寧監務로 하였다. 원종元宗 원년(1260)에 지양주사知襄州事로 승격시켰다. 별호別號는 양산襄山이다. 동해신사東海神祠가 있다. 속현屬縣이 1개 있다.

동산현洞山縣{원래 고구려의 혈산현穴山縣인데 신라 경덕왕景德王이 지금 이름으로 고쳐 명주溟州 관할의 영현領縣으로 삼았다. (고려) 현종顯宗 9년(1018)에 (익령현에) 소속시켰다.}

삼척현三陟縣

원래 실직군悉直郡인데 신라 파사왕婆娑王 때에 항복하여 왔으며 지증왕智證王 6년(505)에 주州로 삼고 군주軍主를 두었으며 경덕왕景德王이 지금 이름으로 고쳐 군郡으로 만들었다. (고려) 성종成宗 14년(995)에 척주단련사陟州團練使로 고쳤고 현종顯宗 9년(1018)에 내려서 현령縣令으로 하였다. 신우辛禑 3년(1377)에 지군사知郡事로 올렸다. 별호別號는 진주眞珠이다. 태백산太白山 {신라 때에 오악五岳에 비교하여 북악北岳으로 삼았다.}과 황지黃池{낙동강洛東江의 발원지이다.}가 있다.

울진현蔚珍縣

원래 고구려의 우진야현于珍也縣{고혜이군古兮伊郡이라고도 하였다.}인데 신라 경덕왕景德王이 지금 이름으로 고쳐 군郡으로 삼았고 고려에서 내려 현縣을 삼아 영令을 두었다. 울릉도鬱陵島가 있다.{현縣의 정동쪽 바다 가운데에 있다. 신라 때 우산국于山國이라 칭하고 무릉武陵 또는 우릉羽陵이라고도 하였다. 넓이가 100리里이며 지증왕智證王 12년(511)에 항복하여 왔다. (고려) 태조太祖 13년(930)에 그 섬 사람들이 백길사두白吉士豆를 보내 방물方物을 바쳐 왔다. 의종毅宗 11년(1157)에 왕이 울릉도는 땅이 넓고 토지가 비옥하여 옛적에 주현州縣을 두었으며 사람이 살 수 있다는 말을 듣고 명주도 감창溟州道監倉 김유립金柔立을 보내어 가서 살피게 하였다. 김유립金柔立이 돌아와 보고하기를, "섬 가운데 큰 산山이 있어 산정山頂으로부터 동쪽으로 향해 가면 바다에까지 10,000여 보步가 되고 서쪽으로 향해 가면 13,000여 보步가 되고 남쪽으로 향해 가면 15,000여 보步가 되며 북쪽으로 향해 가면 8,000여 보步가 되며 촌락村落 터가 7개소 있으며 석불石佛·철종鐵鐘·석탑石塔이 있으며 시호柴胡·호본蒿本·석남초石南草가 많이 나서 있으나 그러나 바위가 많아 사람이 살 수 없다."고 하니 드디어 (사람들을 이주시키는) 의논이 중지되었다. 혹은 말하기를, "우산도于山島와 무릉도武陵島는 본래 두 섬으로 서로 거리가 멀지 않아 바람이 불지 않고 날씨가 맑으면 바라볼 수 있다."고 한다.}

함주 대도독부咸州大都督府

오랫동안 여진女眞이 점령하고 있던 곳으로 (고려) 예종睿宗 2년(1107)에 원수元帥 윤관尹瓘 등에게 명하여 군사를 거느리고 가서 쫓아내고, (예종) 3년(1108)에 주州를 두어 대도독부大都督府로 삼고 진동군鎭東軍이라 하고 큰 성城을 쌓고 남계南界의 정호丁戶 1,948명을 옮겨 살게 하였다가 (예종) 4년(1109)에 성을 철거하고 그 땅을 여진에게 돌려주었다. 뒤에 원元 나라에 빼앗겨 합란부哈蘭府라 칭하였는데 공민왕恭愍王 5년(1356)에 옛 땅을 다시 찾아 지함주사知咸州事로 삼았다가 이어 만호부萬戶府로 고치고 영營을 두어 강릉江陵·경상慶尙·전라全羅 등의 도道의 군마軍馬로 방수防守하게 하였다. (공민왕) 18년(1369)에 올려 목牧으로 승격시시켰다. 별호別號는 함평咸平이다. 요해처要害處가 두 곳 있으니 함관령咸關嶺{부府의 북쪽에 있다.}과 대문령大門嶺{홍헌洪獻에 있다.}이다.

영주英州

{(고려) 예종睿宗 3년(1108)에 주州를 두어 방어사防禦使로 삼고 이름을 안령군安嶺軍이라 하였다. (예종) 4년(1109)에 성城을 철거하고 그 땅을 여진女眞에게 돌려주었다가 뒤에 길주吉州에 합쳤다. ○ 지금의 길주吉州 서남쪽 덕만동德萬洞 입구에 옛 주州 터가 있는데 영주英州가 아닌가 생각된다.}

웅주雄州

{(고려) 예종睿宗 3년(1108)에 주州를 두어 방어사防禦使로 삼고 이름을 영해군寧海軍이라 하였다. (예종) 4년(1109)에 성城을 철거하고 그 땅을 여진女眞에게 돌려주었다가 뒤에 길주吉州에 합쳤다. ○ 지금은 길주吉州이다.}

길주吉州

{오랫동안 여진女眞의 웅거한 곳으로 궁한촌弓漢村이라 불리었다. (고려) 예종睿宗 3년(1108)에 주州를 두어 방어사防禦使로 삼고 (예종) 6년(1111)에 중성中城을 쌓았으나 이어 그 땅을 여진女眞에게 돌려주었다. 뒤에 원元 나라에 빼앗겨 해양海洋, 또는 해양海陽이라고도 하였다. 공민왕恭愍王 때에 옛 땅을 되찾고 공양왕恭讓王 2년(1390)에 웅길주등처 관군민 만호부雄吉州等處管軍民萬戶府를 두었다. 영주英州는 북쪽에, 웅주雄州는 남쪽에 있다. 난도卵島가 있다.}

복주福州

{오랫동안 여진女眞이 웅거하였던 곳으로 오림금촌吳林金村이라 불리었다. (고종) 예종睿宗 3년(1108)에 주州를 두어 방어사防禦使로 삼았으나 예종 4년(1109)에 성城을 철거하고 그 땅을 여진女眞에게 돌려주었다. 뒤에 원元 나라에 빼앗겨 독로궤禿魯兀라 칭하였다. 공민왕恭愍王 때에 미쳐 옛 땅을 다시 찾고 신우辛禑 8년(1382)에 단주 안무사端州安撫使로 삼았다. 요해처要害處가 두 곳인데, 주州의 동북쪽에 있는 이판령伊板嶺, 즉 마천령磨天嶺과 주州의 남쪽에 있는 두을외령豆乙外嶺, 즉 마운령磨雲嶺이다.}

공험진公嶮鎭

{(고려) 예종睿宗 3년(1108)에 성城을 쌓고 진鎭을 두어 방어사防禦使로 삼았으며 (예종) 6년(1111)에 산성山城을 쌓았다. (이 위치에 대해) 혹은 공주孔州, 또는 광주匡州라고도 하며, 혹은 선춘령先春嶺 동남쪽, 백두산白頭山 동북쪽에 있다고 하며 또는 소하강蘇河江 강변에 있다고도 한다.}

통태진通泰鎭

{(고려) 예종睿宗 3년(1108)에 성城을 쌓고 진鎭을 두었으나 (예종) 4년(1109)에 성城을 철폐하고 그 땅을 여진女眞에게 돌려주었다.}

평융진平戎鎭

{(고려) 예종睿宗 3년(1108)에 성城을 쌓았다.}.

숭녕진崇寧鎭

{(고려) 예종睿宗 4년(1109)에 성城을 철폐하고 그 땅을 여진女眞에게 돌려주었다.}

진양진眞陽鎭

{(고려) 예종睿宗 4년(1109)에 성城을 철폐하고 그 땅을 여진女眞에게 돌려주었다.}

선화진宣化鎭

{(고려) 예종睿宗 4년(1109)에 성城을 철폐하고 그 땅을 여진女眞에게 돌려주었다가 뒤에 다시 찾아 길주吉州에 병합倂合하였다.}

○ 구사舊史를 상고하면 9성城의 땅은 오래 여진女眞이 점령하여 거주한 곳으로 (고려) 예종睿宗 2년(1107)에 원수元帥 윤관尹瓘과 부원수副元帥 오연총吳延寵에게 명하여 군사 17만 명을 거느리고 가서 여진을 쳐서 쫓아내고 군사를 나누어 땅을 경략經略하여 동으로는 화곶령火串嶺에 이르고 북으로는 궁한령弓漢嶺에 이르며 서로는 몽라골령蒙羅骨嶺에 이르러 이것을 우리 영토로 삼고 몽라골령蒙羅骨嶺 아래에 성곽城廓 990칸[間]을 쌓아 이름을 영주英州라 하였으며, 화곶산火串山 아래에 992칸을 쌓아 이름을 웅주雄州라 하고 오림금촌吳林金村에 774칸을 쌓아 이름을 복주福州라 하였다. 궁한촌弓漢村에 670칸을 쌓아 이름을 길주吉州라 하였다. (예종) 3년(1108) 2월에 함주咸州 및 공험진公嶮鎭에 성을 쌓고 3월에 의주宜州·통태通泰·평융平戎의 3성城을 쌓으니 이에 여진이 살 곳을 잃고 맹세코 보복하고자 하여 먼 곳의 여러 추장酋長을 불러들여 해마다 침략해 오니 우리 군사 가운데 죽거나 다친 사람이 많았다. 또한 땅을 개척한 곳이 너무 넓고 9성城과의 거리가 너무 멀기 때문에 여진女眞이 자주 복병을 빽빽이 두고 오고 가는 사람을 약탈하니 국가에서 여러 모로 군사를 징발하여 중앙과 지방이 시끄러웠는데 (예종) 4년(1109)에는 여진에서 사신使臣을 보내어 화의를 청하였다. 이에 비로소 길주吉州로부터 점차로 9성城의 전쟁물자와 군량을 내지內地로 거둬들이고 드디어 숭녕崇寧·통태通泰·진양眞陽의 3진鎭 및 영주英州·복주福州 두 주州의 성城을 철수하고 또 함주咸州·웅주雄州 두 주州 및 선화진성宣化鎭城을 철수하여 이를 돌려주었다. 이로써 살피건대 함주咸·영주英·웅주雄·복주福·길주吉·의주宜 6주와 공험·통태·평융의 3진鎭, 이것이 9성城의 수數에 들어간다. 그 성을 철수하고 여진에게 돌려줄 때에 의주宜州 및 공험진과 평융진이 없고 숭녕진·진양진·선화진 등 3진鎭이 더 나타나고 배치한 호戶의 숫자 또한 각각 같지 않으니 이것이 의심스러운 일이다.

{예종睿宗 3년(1108) 2월에 도령할都鈴轄 임언林彦이 「영주기英州記」를 지어 이르기를, "이제 6성城을 새로 설치하여 첫째는 진동군鎭東軍 함주 대도독부咸州大都督府이니 병민兵

民이 1,948정호丁戶이며, 둘째 안령군安嶺軍 영주 방어사英州防禦使이니 병민이 1,238정호이며, 셋째 영해군寧海軍 웅주 방어사雄州防禦使이니 병민이 1,436정호이며, 넷째는 길주 방어사吉州防禦使이니 병민이 680정호이며, 다섯째는 복주 방어사福州防禦使이니 병민이 632정호이며, 여섯째는 공험진 방어사公嶮鎭防禦使이니 병민이 532정호이다." 하였다.

또 민지閔漬가 편찬한 『강목綱目』에서는, "윤관尹瓘이 9성을 쌓고 남계南界의 백성으로 채우니 함주咸州를 이름하여 진동군鎭東軍이라 하고 13,000호戶를 두고 영주英州를 이름하여 안령군安嶺軍이라 하고, 웅주雄州를 영해군寧海軍이라 하여 각각 10,000호를 두고 복주福州·길주吉州·의주宜州의 3진鎭에는 각각 7,000호戶를 두고 공험진公嶮鎭·통태通泰鎭·평융진平戎鎭의 3진에는 각각 5,000호를 두었다."고 하였다.}

또한 의주宜州 땅은 정주定州 남쪽에 있어 반드시 여진女眞을 쳐서 쫓은 뒤에 설치한 것이 아니고 이후에 설치한 것이다. 꼭 이에 이르러 성곽을 새로 건축한 것이라고 할 수 없으므로 함께 9성城으로는 칭하였으나 철거한 수數에는 들어 있지 않았다고 할 수 있다.

북청주부北青州府

{오랫동안 여진女眞이 웅거한 곳으로, 9성城 축성 당시의 이름은 알 수 없으나 원元 나라에 빼앗겼을 때는 삼산三散이라 불렀다. 공민왕恭愍王 5년(1356)에 옛 땅을 다시 찾아 안북 천호방어소安北千戶防禦所를 두었고, (공민왕) 21년(1372)에 지금 이름으로 고쳐 만호부萬戶府로 하였다.}

갑주부甲州府

{원래 허천부虛川府인데, 오랫동안 여진女眞이 웅거한 까닭에 여러 번 전쟁을 겪고 사람이 살지 않았다. (고려) 공양왕恭讓王 3년(1391)에 처음으로 갑주甲州라 부르고 만호부萬戶府를 두었다. 봉천대奉天臺가 있는데 혜산惠山 동쪽에 있다. ○ 북쪽에 백두산白頭山이 있다. 사면이 깎아지른 듯 하고 모두 돌이 쌓여 있는데 마치 돌을 묶어 놓은 것과 같다. 돌의 성질은 약하고 물러 마치 돌 같기도 하고 돌 같지 않기도 하다. 한 점의 흙도 없으

며, 초목이 나지 않는다. 짐승들의 모습도 모두 백두산과 같다. 멀리서 보면 마치 눈과 같아 산의 이름을 백두산이라 하였다. 산 정상에 못[池]이 있는데 못이 깊어 보는 사람들이 제대로 바로 볼 수가 없기 때문에 그 깊이와 넓이가 얼마나 되는지 알 수가 없다. 못의 물줄기는 셋으로 나뉘어 흘러내리는데, 남쪽으로 흐르는 것은 압록강鴨綠江 상류가 되고, 북쪽으로 흐르는 물줄기는 흑룡강黑龍江이 되며, 동쪽으로 흐르는 물줄기는 두만강豆滿江이 된다.}

북계北界

원래 조선朝鮮[6]의 옛 땅으로 3국三國 시대에는 고구려의 영토였다. 보장왕寶藏王 27년(668)에 신라 문무왕文武王이 당唐 나라 장수 이적李勣과 함께 공격하여 고구려를 멸망시키고 마침내 이곳을 병합하였다. (신라) 효공왕孝恭王 9년(905)에는 궁예弓裔가 철원鐵原을 근거지로 하여 후고구려 왕이라 스스로 칭하고 이 지역에 패서13진浿西十三鎭을 설치하였다. (고려) 성종成宗 14년(994)에는 경내境內를 나누어 10도道로 정할 때 서경西京 관할로써 패서도浿西道로 삼았고 뒤에 북계北界라 칭하였으며 숙종肅宗 7년(1102)에 또 서북면西北面을 칭하였으며 뒤에 황주黃州 · 안악安岳 · 철화鐵和 · 장명진長命鎭을 내속來屬시켰다. 신우辛禑 14년(1388)에는 다시 서해도西海道에 소속시켰다. 관할지역으로는 경京이 1개, 대도호부大都護府 1개, 방어군防禦郡 25개, 진鎭이 12개, 현縣이 10개가 있으며, (고려) 중엽 이후 설치된 부府가 2개, 군郡이 1개 있다.

서경유수관 평양부西京留守官平壤府

6 여기서 말하는 조선朝鮮은 고조선古朝鮮을 뜻한다.

원래 3조선三朝鮮의 옛 도읍이다. (중국) 요임금[唐堯] 무진戊辰년에 신인神人이 하늘로부터 신단수 아래로 내려 왔으므로 나라 사람들이 그를 임금으로 삼고 평양平壤에 도읍을 정하여 그를 단군檀君이라고 불렀으니 이것이 전조선前朝鮮이며, 주나라 무왕周武王이 상商 나라를 정복하고 기자箕子를 조선에 봉하니 이것이 후조선後朝鮮이며, 그 후 기자의 41대 손자인 준準 때에 연燕나라 사람 위만衛滿이 천여 명의 무리를 이끌고 와서 기준箕準의 땅을 빼앗고 왕험성王險城{험險은 검儉으로도 쓰니, 곧 평양이다.}에 도읍을 정하였는데 이것이 위만 조선衛滿朝鮮이다. 그의 손자 우거右渠가 중국 황제의 명령을 받들지 않으므로 한나라 무제漢武帝 원봉元封 2년(기원전 79년)에 군사를 보내 공격하여 이 지역에 4개의 군郡을 설치하여 왕검을 낙랑군樂浪郡으로 만들었다. 고구려 장수왕長壽王 15년(427)에 수도를 국내성國內城에서 이곳으로 옮겼으며, 보장왕寶藏王 27년(668)에 신라 문무왕文武王이 당나라와 함께 고구려를 쳐서 멸망시키고 신라의 영토로 만들었다. 고려 태조太祖 원년(918)에 평양이 황폐하였으므로 염주鹽州, 배주[白州], 황주黃州, 해주海州, 봉주鳳州 지역의 백성들을 이주시켜 대도호부大都護府로 하였다가 얼마 후 서경西京으로 하였다. 광종光宗 11년(960)에는 서도西都라고 불렀으며 성종成宗 14년(995)에 서경유수西京留守라고 불렀다. 목종穆宗 원년(998)에는 또 호경鎬京으로 고쳤고 문종文宗 16년(1062)에 다시 서경유수관西京留守官이라 하고 그 직할 아래 4개의 도道를 설치하였다. 숙종肅宗 7년(1102)에 문반文班, 무반武班 및 5부五部를 설치하였다. 인종仁宗 13년(1135)에 서경의 중 묘청妙淸과 유감柳旵 및 분사시랑分司侍郞 조광趙匡 등이 반란을 일으켜 절령岊嶺 길을 차단하였으므로 원수 김부식金富軾 등이 3군을 거느리고 가서 이를 진압하고 유수留守, 감군監軍, 분사分司, 어사御史 외의 관리를 전부 없앴으며, 얼마 후에 그 직할 하에 있던 경기 4개 도를 없애고 그 곳에 6개의 현을 설치하였다. 원종元宗 10년(1269) 서북면 병마사영西北面兵馬使營 기관記官 최탄崔坦과 삼화교위三和校尉 이연령李延齡 등이 반란을 일으켜 유수를 죽이고 서경과 여러 성들을 가지고 몽골에 투항하자 몽골에서는 서경을 동녕부東寧府로 만들어 관리를 배치하고 자비령慈悲嶺으로써 경계를 삼았다. 충렬왕忠烈王 16년(1290)에 원나라가 서경과 여러 성을 돌려주었으므로 다시 서경유수관西京留守官으로 고쳤으며 공민왕恭愍王 18년(1369)에 만호부萬戶府를 두었고 후에 평양부平壤府로 고쳤다. 여기에는 대동강大同江{즉 패강浿江인데, 왕성강王城江이라고도 한다. 이 강의 하류는 구진약수九津溺水이다.}, 대성산大城山{구룡산九龍山 또는 노양산魯陽山이라고도 한다. 『문헌통고文獻通考』에 "평양성 동북쪽에 노양산魯陽山이 있다."고 한 것이 곧 이 산을 가리킨 것이다. 산 정상에는 연못이 3개 있다.}, 2개의 옛 성터{하나는 기자箕子 때에 쌓은 것으로서 성 안은 구역을 나눠 정전제井田制를 실시하였으며 다른 하나는 고려 성종 때에 쌓은 것이다.}, 기자묘箕子墓{부성府城 북쪽 토산兎山 위에 있다.}, 동명왕묘東明王墓{부 동남쪽 중화中和와의 접경인 용산곡龍山谷에 있는데 진주묘眞珠墓라고도 부른다. 또한 인리방仁里坊에는 그 사당이 있는데 고려에서는 계절에 따라 왕이 신임장을 보내 제사를 지냈으며 매달 보름과 그믐에는 해당 관리에게 명령하여 제사를 지내게 하였다. 이 읍 백성들은 지금도 무슨 일이 있을 때마다 이곳에 와서 기도를 하는데 세상에서 전하기를 동명성제東明聖帝의 사당이라고 한다.}, 을밀대乙密臺{금수산錦繡山 정상에 있는데 이 대 아래 층층이 쌓인 낭떠러지 곁에 영명사永明寺가 있는데 이곳이 곧 동명왕의 구제궁九梯宮이며 그 안에 기찬굴麒贊窟이 있고 굴 남쪽은 백은탄白銀灘이며 이곳에 바위가 있어 조수가 드나들므로 조천석朝天石이라고 한다.} 등이 있으며 관할 속현屬縣이 4개 있다.

강동현江東縣{(고려) 인종仁宗 14년(1136)에 경기京畿를 나누어 6현縣을 만들 때 잉을사향仍乙舍鄕·반석촌班石村·박달관촌朴達串村·마탄촌馬灘村을 합하여 본 현縣으로 삼고 영令을 두어 그대로 속현屬縣으로 삼았는데 뒤에 성주成州에 속하였다가 공양왕恭讓王 3년(1391)에 다시 영令을 두었다.}

강서현江西縣{(고려) 인종仁宗 14년(1136)에 경기京畿를 나누어 6현縣을 만들 때 이악梨岳·대구大垢·갑악甲岳·각묘角墓·독촌禿村·증산甑山 등의 향鄕을 합하여 본 현縣으로 삼아 영令을 두고 그대로 속현屬縣으로 삼았다.}

중화현中和縣{원래 고구려의 가화압加火押인데 신라 헌덕왕憲德王이 고쳐 당악현唐岳縣으로 삼았다. 고려에 이르러 서경西京의 속촌屬村으로 삼았다가 인종仁宗 14년(1136)에 경기京畿를 나누어 6현縣을 만들 때 황곡荒谷·당악唐岳·송곶松串 등의 9촌村을 합하여 본 현縣으로 삼아 영令을 두고 그대로 속현屬縣으로 삼았다. 충숙왕忠肅王 9년(1322)에 태조의 통합공신統合功臣 김락金樂과 김철金哲의 내향內鄕이므로 올려 군郡으로 삼아 영令을 두기를 전과 같이 하였으며, 공민왕恭愍王 20년(1371)에 또 올려 지군사知郡事로 삼았다.}

순화현順和縣{(고려) 인종仁宗 14년(1136)에 경기京畿를 나누어 6현縣을 만들 때 추자도楸子島·앵천촌櫻遷村·용곤촌龍坤村·화산촌禾山村을 합하여 본 현縣으로 삼아 영令을 두고 그대로 속현屬縣으로 하였다. 뒤에 상원祥原에 속하였다가 충혜왕忠惠王 2년(1341)에 삼화三和로 이속移屬하였다.}

안북대도호부 영주安北大都護府寧州

원래 고려의 팽원군彭原郡으로 태조太祖 14년(931)에 안북부安北府를 설치하고 성종成宗 2년(983)에 영주 안북대도호부寧州安北大都護府를 칭하였다. 현종顯宗 9년(1018)에 안북대도호부安北大都護府를 칭하였으며 고종高宗 43년(1256)에 몽골군蒙古軍을 피하여 창린도昌麟島에 들어갔다가 뒤에 출륙出陸하였다. 공민왕恭愍王 18년(1369)에 안주만호부安州萬戶府를 두었다가 뒤에 올려 목牧으로 삼았다. 별호別號는 안릉安陵{성종이 정한 것이다.}이다. 청천강淸川江{옛적에는 살수薩水라 불렀으니 곧 고구려의 을지문덕乙支文德이 수隋 나라 백만 대군을 격파한 곳이다.}이 있다. 관할 하에는 방어군防禦郡이 25개, 진鎭이 12개, 현縣이 6개 있다.

구주龜州{원래 고려의 만년군萬年郡으로 성종成宗 13년(994)에 평장사平章事 서희徐熙에게 명하여 군사를 거느리고 여진女眞을 쳐서 쫓고 구주龜州에 성城을 쌓게 하고, 현종顯宗 9년(1018)에는 방어사防禦使로 삼았다. 고종高宗 3년(1216)에 거란병契丹兵이 침입하자 주州의 사람들이 싸워 죽이거나 사로잡은 것이 심히 많았다. (고종) 18년(1231)에 이르러 몽골蒙古 군사가 침략해 오니 병마사兵馬使 박서朴犀가 힘을 다하여 이를 막다가 힘이 꺾여

서도 오히려 항복하지 않으니 공功으로써 올려 정원 대도호부定遠大都護府를 삼았다. 뒤에 도호부都護府로 삼았다가 다시 정주목定州牧으로 고쳤다.}

선주宣州{원래 안화군安化郡으로 고려 초에 고쳐 통주通州로 삼았고 현종顯宗 21년(1030)에 선주 방어사宣州防禦使를 칭하였으며 고종高宗 18년(1231)에 몽골蒙古 군사를 피하여 자연도紫燕島에 들어갔다가 원종元宗 2년(1261)에 출륙出陸하였다. 목미도牧美島가 있다.}

용주龍州{원래 고려의 안흥군安興郡으로 현종顯宗 5년(1014)에 용주방어사龍州防禦使를 칭하였고 뒤에 고쳐 용만부龍灣府로 삼았는데 충선왕忠宣王 2년(1310)에 다시 용주龍州로 칭하였다.}

정주靜州{원래 고려의 송산현松山縣으로 덕종德宗 2년(1033)에 성城을 쌓고 민호民戶 1,000호戶을 이주시켰다. 문종文宗 32년(1078)에 또 정주靜州 등 5성城이 지역은 넓은데 인구가 적으므로 내지內地의 민호를 각각 100호씩 이주시켰다.}

인주麟州{원래 고려의 영제현靈蹄縣으로 현종顯宗 9년(1018)에 인주방어사麟州防禦使를 칭하였고 (현종) 21년(1030)에 영평진永平鎭 백성을 이주시켰다. 고종高宗 8년(1221)에 나라에 반역叛逆하였으므로 강등하여 함인含仁이라 칭하였고 뒤에 고쳐 지군사知郡事로 삼았다. 옛날 장성長城의 터가 있다. 덕종德宗 때에 평장사平章事 유소柳韶가 쌓은 것으로 주州의 압록강鴨綠江 입해처入海處로부터 시작하여 동계東界의 화주和州의 바닷가에 이른다.}

의주義州{원래 고려의 용만현龍灣縣이며, 화의和義라고도 하였다. 처음 거란契丹이 압록강 동쪽에 성城을 쌓고 보주保州라 칭하였는데 문종文宗 때에 거란契丹이 또 궁구문弓口門을 설치하여 포주抱州 또는 파주把州라고 칭하였다. 예종睿宗 12년(1117)에 요遼 나라 자사刺史 상효손常孝孫이 도통都統 야율녕耶律寧 등과 더불어 금金 나라 군사를 피하여 바다로 도망하면서 우리 영덕성寧德城에 공문을 보내어 내원성來遠城과 포주抱州를 우리에게 돌려

주거늘 우리 군사가 그 성에 들어가 병장기와 전곡錢穀을 거두어 들였다. 왕이 기뻐하여 고쳐 의주방어사義州防禦使로 삼고 남계南界의 인호人戶를 추쇄推刷하여 이곳을 이주시켰다. 이에 다시 압록강鴨綠江으로 경계를 삼고 관방關防을 설치하니 인종仁宗 4년(1126)에 금나라가 또한 주州를 돌려보내었다. 고종高宗 8년(1221)에 나라에 반역하였으므로 강등하여 함신咸新이라고 칭하였다가 이어 옛 이름으로 돌렸다. 공민왕恭愍王 15년(1366)에 올려 목牧을 삼았으며 (공민왕) 18년(1369)에 만호부萬戶府를 두었다. 별호別號는 용만龍灣이다. 압록강{마자수馬訾水, 또는 청하靑河라고도 한다.}이 있다.}

삭주朔州{원래 고려의 영새현寧塞縣으로 현종顯宗 9년(1018)에 삭주방어사朔州防禦使를 칭하였고 뒤에 올려 부府로 승격시켰다.}

창주昌州{원래 고려의 장정현長靜縣으로 정종靖宗 원년(1035)에 재전梓田에 성城을 쌓고 민호民戶를 옮겨 창주방어사昌州防禦使로 삼았다. 고종高宗 18년(1231)에 몽골蒙古의 침략으로 성읍城邑이 폐허가 되었다.}

운주雲州{원래 고려의 운중군雲中郡으로 옛날에는 원화진遠化鎭이라고도 하였다. 광종光宗 때에 위화진威化鎭이 되었고 성종成宗 14년(995)에 운주방어사雲州防禦使를 칭하였다. 고종高宗 18년(1231)에 몽골蒙古의 침략을 피하여 섬으로 들어갔다가 원종元宗 2년(1261)에 육지로 나와 가산嘉山 서촌西村에 우거寓居하여 연산부延山府에 소속시켰다가 공민왕恭愍王 21년(1372)에 다시 군郡으로 되었다. 별호別號는 운중雲中으로 성종이 정한 것이다.}

연주延州{원래 고려의 밀운군密雲郡으로 안삭군安朔郡이라고도 하였다. 광종光宗 21년(970)에 지금 이름으로 바꾸고 지주知州로 삼았다. 성종成宗 14년(995)에 방어사防禦使로 삼았으며 공민왕恭愍王 15년(1366)에 연산부延山府로 승격시켰다.}

박주博州{원래 고려의 박릉군博陵郡으로 옛날에는 덕창德昌이라고도 하였다. 성종成宗

14년(995)에 박주방어사博州防禦使를 칭하였고 고종高宗 18년(1231)에 몽골의 침략을 피하여 섬으로 들어갔다가 원종元宗 2년(1261)에 육지로 나와 가주嘉州에 속하였다. 공민왕恭愍王 20년(1371)에 다시 군郡으로 되었다. 별호別號는 박릉博陵으로 성종成宗이 정한 것이다. 대령강大寧江은 사람들이 박천강博川江이라고도 부른다.}

가주嘉州{원래 고려의 신도군信都郡으로 옛날에는 덕현德縣이라고도 하였다. 광종 光宗 11년(960)에 습홀濕忽에 성을 쌓고 올려 가주嘉州로 삼았으며 성종成宗 14년(995)에 방어사防禦使를 칭하였다. 고종高宗 8년(1221)에는 나라에 반역하였으므로 내려 무령撫寧이라 칭하였다. (고종) 18년(1321)에 몽골蒙古 침략을 피하여 섬으로 들어갔다가 원종元宗 2년(1261)에 육지로 나왔다. 태주泰州・박주博州・무주撫州・위주渭州 등의 주가 모두 본군本郡에 소속하여 5성 겸관五城兼官이 되었다가 뒤에 태주와 무주, 위주를 따로 두고 오직 박주만 그대로 속하게 하였다가 공민왕恭愍王 20년(1371)에 이르러 또 박주를 따로 두었다.}

곽주郭州{원래 고려의 장리현長利縣으로 성종成宗 13년(994)에 평장사平章事 서희徐熙에게 명하여 군사를 거느리고 여진女眞을 쳐서 쫓아내 곽주郭州에 성城을 쌓게 하였다. 현종顯宗 9년(1018)에 방어사防禦使로 삼았다. 고종高宗 8년(1221)에는 나라에 반역하였으므로 내려 정양定襄이라 칭하였다. (고종) 18년(1321)에 몽골의 침략을 피하여 섬으로 들어갔다가 원종元宗 2년(1261)에 육지로 나와 수주隋州에 예속隷屬하였고 공민왕恭愍王 20년(1371)에 군郡의 이름을 회복하였다.}

철주鐵州{원래 고려의 장령현長寧縣으로 동산銅山이라고도 하였다. 현종顯宗 9년(1018)에 철주방어사鐵州防禦使라고 불렀다.}

영주靈州{(고려) 현종顯宗 21년(1030)에 흥화진興化鎭으로 올려 주州로 삼고 방어사防禦使를 두었다.}

맹주孟州{맹孟은 맹猛으로도 썼다. 원래 고려의 철옹현鐵瓮縣으로 현종顯宗 10년(1019)에 맹주방어사猛州防禦使를 칭하였고 고종高宗 18년(1321)에 몽골 침략을 피하여 섬으로 들어갔다가 (고종) 44년(1257)에 은주殷州에 병합되었고 원종元宗 2년(1261)에 육지로 나와 안주安州의 속현屬縣이 되었다가 공양왕恭讓王 3년(1391)에 따로 현령縣令을 두었다.}

덕주德州{원래 고려의 요원군遼原郡으로 일명 장덕진長德鎭이라고도 하였다. 목종穆宗 4년(1001)에 덕주방어사德州防禦使를 칭하였고 원종元宗 원년(1260)에 몽골 침략을 피하여 안주安州의 노도蘆島에 들어갔다가 뒤에 무릇 다섯 번이나 옮겨 충렬왕忠烈王 6년(1280)에 이르러 옛 땅을 회복하고 성주成州에 속하였다가 공민왕恭愍王 20년(1371)에 따로 지주사知州事를 삼았다.}

무주撫州{원래 고려의 운남군雲南郡으로 옛날에는 청성靑城이라고도 하였다. 성종成宗 14년(995)에 무주방어사撫州防禦使를 칭하였고 고종高宗 18년(1321)에 몽골 침략을 피하여 섬으로 들어갔다가 원종元宗 2년(1261)에 육지로 나왔다. 위주渭州와 고성古城에 위치하여 가주嘉州에 속하다가 공민왕恭愍王 18년(1369)에 태주泰州에 이속移屬하고 공양왕恭讓王 3년(1391)에 따로 감무監務를 두었다.}

순주順州{원래 고려의 정융군靜戎郡으로 성종成宗 2년(983)에 순주방어사順州防禦使를 칭하였고 고종高宗 44년(1257)에 덕주德州에 병합하였다가 뒤에 고쳐 지군사知郡事로 삼았다.}

위주渭州{원래 낙릉군樂陵郡으로 옛날에는 덕성德城이라고도 하였다. 고려에서 지금 이름으로 고쳐 방어사防禦使를 삼았고 문종文宗 4년(1050)에 성을 쌓았다.}

태주泰州{원래 고려의 광화현光化縣으로 영삭寧朔 또는 연삭連朔이라고도 하였다. 광종光宗 21년(970)에 태주방어사泰州防禦使를 칭하였고 고종高宗 18년(1321) 몽골의 침략을 피하여 섬으로 들어갔다가 원종元宗 2년(1261)에 육지로 나와 가주嘉州에 속하였다. 공민왕

恭愍王 15년(1366)에 무주撫州·위주渭州 두 주를 군郡에 소속시켜 태주사泰州事를 칭하였는데 신우辛禑 7년(1381)에 따로 무주와 위주를 설치하였다.}

성주成州{원래 (백제) 비류왕沸流王 송양松讓의 옛 수도인데 (고려) 태조太祖 14년(931)에 강덕진剛德鎭을 두었고 현종顯宗 8년(1017)에 지금 이름으로 고쳐 방어사防禦使를 삼았다가 뒤에 지군사知郡事로 삼았다. 별호別號는 송양松讓으로 성종이 정한 것이다. 온천溫泉이 있다.}

은주殷州{원래 고려의 흥덕군興德郡으로 일명 동창군同昌郡이라 하였다. 성종成宗 2년(983)에 은주방어사殷州防禦使를 칭하였고 고종高宗 18년(1321) 몽골의 침략을 피하여 섬으로 들어갔다가 원종元宗 2년(1261)에 육지로 나와 성주成州 속현屬縣이 되었고, 공양왕恭讓王 3년(1391)에 감무監務를 두었다.}

숙주肅州{원래 고려의 평원군平原郡으로 태조太祖 11년(928)에 진국성鎭國城을 쌓고 이곳으로 주를 옮겨 통덕진通德鎭으로 고쳤다. 성종成宗 2년(983)에 지금 이름을 부르고 방어사防禦使로 삼았다가 뒤에 다시 지군사知郡事로 삼았다.}

자주慈州{원래 고려의 문성군文城郡으로 태조太祖 22년(939)에 고쳐 대안주大安州로 삼았다. 성종成宗 2년(983)에 지금 이름으로 고쳐 방어사防禦使로 삼았다가 뒤에 고쳐 지군사知郡事로 삼았다.}

영덕진寧德鎭{원래 (고려) 문종文宗 10년(1056)에 거란契丹 흥종興宗의 이름[諱]을 피하여 진鎭을 고쳐 성城으로 하니 진鎭이라는 글자가 진眞이라는 글자로 말미암기 때문이다. 진사鎭使가 있었다. 이하의 진鎭도 마찬가지이다.}

위원진威遠鎭{(고려) 현종顯宗 20년(1029) 유소柳韶를 보내어 옛 석성石城을 다시 쌓게

하여 진鎭을 두었다. 홍화진興化鎭의 서북西北에 위치한다.}

정융진定戎鎭{(고려) 현종顯宗 20년(1029)에 유소柳韶를 보내어 옛 석벽石壁을 고쳐 쌓게 하여 진鎭을 두고 영평성永平城 백성을 이주시켰다. 홍화진興化鎭의 북쪽에 위치해 있다.}

영삭진寧朔鎭{옛날의 진전榛田인데 고려에서 지금 이름으로 고쳐 문종文宗 4년(1050)에 성城을 쌓았다.}

안의진安義鎭{(고려) 현종顯宗 9년(1018)에 성을 쌓았다.}

청새진淸塞鎭{(고려) 고종高宗 4년(1217)에 거란병契丹兵을 막아낸 공로가 있어 위주 방어사威州防禦使로 승격시켰으나 뒤에 적에게 투항하여 나라를 배반하였으므로 희주熙州로 고치고 개주价州에서 겸하여 다스리게 하였다. 묘향산妙香山, 즉 태백산太伯山이 있다.}

평로진平虜鎭{(고려) 정종靖宗 7년(1041)에 최충崔忠에게 명하여 성을 쌓게 하고 뒤에 유원柔遠으로 고쳤다.}

영원진寧遠鎭{(고려) 정종靖宗 7년(1041)에 최충崔忠에게 명하여 성을 쌓게 하였다.}

조양진朝陽鎭{진장鎭將이 있었다. 이하의 진鎭도 마찬가지이다. (고려) 태조太祖 13년(930)에 마산馬山에 성城을 쌓았다. 안수진安水鎭이라고도 불렀다. 현종顯宗 9년(1018)에 연주방어사連州防禦使로 고쳤는데, 연連은 연漣으로도 썼다. 뒤에 지금 이름으로 고쳐 진鎭으로 하였다. 고종高宗 2년(1215)에 거란병契丹兵을 막아낸 공로가 있어 다시 연주방어사로 칭하였다. (고종) 4년(1217)에 고쳐 익주 방어사翼州防禦使로 삼았다가 뒤에 다시 개주价州로 고쳤다.}

양암진陽岩鎭{태조太祖 21년(938)에 성을 쌓았다.}

수덕진樹德鎭{성종成宗 2년(983)에 성을 쌓았다.}

안융진安戎鎭{광종光宗 25년(974)에 성을 쌓았다.}

통해현通海縣{태조太祖 17년(934)에 성을 쌓았다. 고종高宗 43년(1256)에 현령縣令을 파하고 안인진장安仁鎭將으로 이를 겸하여 다스리게 하였다.}

영청진永淸鎭{옛날 정수현定水縣인데, 뒤에 용강龍岡 관할의 속현屬縣이 되었다가 뒤에 현령縣令을 두었는데 고종高宗 43년(1256)에 현령縣令을 없애고 안인진장安仁鎭將으로 하여금 이를 겸임케 하였다가 공민왕恭愍王 7년(1358)에 다시 따로 현령縣令을 두었다.}

함종현咸從縣{원래 고려의 아선성牙善城인데 뒤에 지금 이름으로 고쳐 현령관縣令官으로 삼았다.}

용강현龍岡縣{원래 고려의 황룡성黃龍城으로 군악軍岳이라고도 하였다. 뒤에 지금 이름으로 고쳐 현령관縣令官으로 삼았다.}

삼화현三和縣{(고려) 인종仁宗 14년(1136)에 서경西京 기내畿內를 나누어 6현縣으로 만들 때 금당金堂·호산呼山·칠정漆井의 3부곡部曲을 합하여 본 현縣으로 삼고 현령縣令을 두었다.}

삼등현三登縣{인종仁宗 14년(1136)에 서경西京 기내畿內를 나누어 6현縣으로 만들 때 성주成州 소속의 신성新城·나평蘿坪·구아狗牙 등 3부곡部曲을 합하여 본 현縣으로 삼고 현령縣令을 두었다.}

강계부江界府{공민왕恭愍王 10년(1361)에 독로강 만호禿魯江萬戶를 칭하였고 (공민왕) 18년(1369)에 지금 이름으로 고쳐 만호부萬戶府로 삼았다.}

이성부泥城府{공민왕恭愍王 18년(1369)에 이성만호부泥城萬戶府를 두었다. 임토林土와 벽단碧團은 본래 모두 여진女眞이 살고 있었던 곳으로 공민왕恭愍王 6년(1357)에 이성만호泥城萬戶 김진金進 등을 보내어 쳐서 쫓아내고 임토를 고쳐 음동陰潼이라 하고 벽단을 예속隷屬시키고 남계南界의 인호人戶를 뽑아 이주시켰다.}

수주隨州{고종高宗 18년(1231)에 몽골蒙古군사가 쳐들어와 창주昌州를 함락시킬 때 주州의 사람들이 자연도紫燕島에 들어갔다. 원종元宗 2년(1261)에 육지로 나와 곽주郭州 바닷가에 거주하게 하였다. (그러나) 주州의 사람들이 땅을 잃었으므로 곽주 동쪽의 16촌村과 및 곽주 관할의 안의진安義鎭을 갈라서 이들에게 주고 지수주사知隨州事를 칭하고 그대로 곽주郭州를 겸하여 다스리게 하였다가 공민왕恭愍王 20년(1371)에 다시 따로 곽주郭州를 두었다.}

| 휘찬여사 권11 |

예지

예지禮志

(예지론禮志論)

옛날에 군자가 이 예를 만들 때 이 마음을 보존하는 것을 근본으로 삼았다. 무릇 예라는 것은 그 마음이 행하고자 하는 바를 삼가는 것이다. 예는 하늘에서 내려오지도 않았고 땅에서 솟아나지도 않았다. 인정에 연유하여 베풀어 예의를 제정하였다. 무릇 이理가 마음에 갖추어져 있다가 사물에 접촉하면 움직여 희로애락의 변화가 있다. 이에 성인이 상을 내리고 관작과 봉록俸祿을 주어 기쁨을 표현하고, 전쟁과 형벌로 성냄을 표현하며, 상복을 입고 곡하며 애도하여 슬픔을 표현하고, 종과 북을 치고 잔치를 베풀어 즐거움을 표현했다. 그 감정을 다 드러내지만 그 음란한 것을 절제하는 모든 것이 이 마음으로부터 밀고 나가서 되는 것이므로 예를 정할 때 마음을 보존하는 것으로 근본을 삼는다 말하였다.

그렇지만 마음이 발하여 감정이 되고, 감정이 일어나 격해지면 이理와 점차 어긋나서 적당하게 절제하는 것이 어렵게 된다. 이에 성인이 예를 만들어 그 드러나는 것이 이理에 반反하는 것을 제어하였다. 그러므로 이 마음이 천지와 조상에 제사를 지낼 때 예가 아니면 불경하게 되고, 조정에서 베풀 때 예가 아니면 엄숙하지 않으며, 가정에서 행할 때 예가 아니면 화목하지 않다. 자신에게 베풀 때 예가 아니면 공손하지 않고, 남에게 베풀 때 예가 아니면 겸손하지 않으며, 정사에 베풀 때 예가 아니면 다스려지지 않는다. 그러므로 예란 그 마음이 하고자 하는 것을 삼가는 것이라고 하였다. 이 때문에 이 마음이 있은 후에야 이 일이 있고 이 일이 있은 후에야 이 예가 있으며 이 예가 있은 후에야 예기禮器가 있다.

이에 움직일 때 서로 읍하고 사양하는 절차가 있으며 높고 낮은 등급의 분별이 있었다. 작게는 보고 듣고 말하고 행동하는 것이며 크게는 제도와 호령이니 어느 것도

이 마음에서 비롯하여 미루어 나가지 않은 것이 없다. 옛날의 군자가 마음에서 밝게 하여 이理에 통달하였으니 그 예를 보고 그 정치를 알고 그 사물을 보고 그 옳고 그름을 환히 알았다. 그 일에 익숙하고 그 기器에 편안하며 위에서 몸소 행하고 아래에서 보고 감화하였다. 백성들로 하여금 자신도 모르는 사이에 날마다 선한 쪽으로 옮겨가서 죄를 멀리하게 하였다. 이것이 어찌 그 근본이 없이 그렇게 되겠는가.

후세의 군자는 이理에 어둡고 마음에서 얻지 않아 근본을 알지 못하여 헛되이 말단만 힘썼다. 평소 생활할 때 어지럽기만 하여 예되는 것을 알지 못하다가 일에 닥쳐서는 유사有司에게 기물器物을 진설하고, 의식 절차를 들고 인도하게[唱] 하고는 그대로 따라한다. 그리고는 '이것이 예다.'라고 말하지만 물러나면 망연하여 무슨 물건인지도 알지 못한다. 이렇게 해서 자신에게 행하고 남을 다스리지만 그 교화가 바로서지 못하고 백성의 습속이 날로 경박해지는 것은 당연한 것이며 조금도 괴이할 것 없다.

고려 태조가 나라를 세우고 처음 다스릴 때는 예제를 논의할 겨를이 없었다. 성종대에 이르러 드디어 왕실의 의식을 모으고 교묘사직郊廟社稷을 세우니 제작制作이 날로 새로워져 가히 볼만하였다. 예종대에 예의상정소禮儀詳定所를 세워 예의를 정하였고, 의종대에 최윤의崔允儀에게 『상정례詳定禮』 50권을 편찬하게 하였는데 대개 당나라의 『개원례開元禮』[1]와 여러 책을 모범으로 삼았다. 그러나 고려 일대의 제도는 아녀자들이 바르지 않아 부부의 윤리가 어그러졌으며 임금은 약하고 신하는 강하여 군신의 도리가 부족하였다. 삼강三綱이 무너지고 나라를 다스리는 법이 쇠퇴하고 문란해져 예의 큰 근본이 없어졌다. 단지 한나라와 당나라의 의례들을 모아서 담당 관원에게 맡겨두었다가 필요할 때마다 시행하고는 교화가 행해지고 백성의 습속이 후해지기를 바랐으니 그대로 되기 어려운 일이다. 이것이 어찌 이른바 근본에 어두워 헛되이 말단만 일삼으며, 이理를 몰라 마음에서 얻지 못한다는 까닭이 아니겠는가. 『고려사高麗史』는 『상정례』와 고려시대 역사의 남겨진 것들을 근거로 하고 『주관육익周官六翼』[2] 『식목편

---

1 『개원례開元禮』는 당唐나라 현종玄宗대에 소추蕭樞 등이 명을 받아 편찬한, 예제禮制를 서술한 책이다.

2 고려후기 고려의 문물제도를 중국의 『주례周禮』를 모범으로 삼아 정리한 책으로 알려졌으며 현존하지 않는다.

록式目編錄』『번국예의蕃國禮儀』[3] 등의 책을 곁들여 길吉·흉凶·군軍·빈賓·가嘉례의 5례로 나누어 편찬하였다. 그러나 모두 실을 수는 없으므로 다만 그 개략만 취하여 이 편에 썼다.

길례吉禮

대사大祀

원구圓丘

○ 성종 2년(983) 정월 신미일에 왕이 친히 원구에 제사지내고 풍년을 빌었는데 태조太祖 신위를 배향配享하였다.

○ 원구단圓丘壇은 둘레가 6장丈 3척, 높이가 5척이고 12계단으로 되어 있다. 유壝[4]는 3개소에 있는데 매 유의 거리는 25보이다. 둘레 담[周垣]에는 문이 네 곳에 있다. 요단燎壇(희생을 태우는 단)은 신단神壇의 남쪽에 있는데 너비가 1장, 높이는 1장 2척이고, 사방 6자 크기의 문이 있는데 위로 열고 남쪽으로 드나든다.

○ 옥玉을 바칠 때 상제上帝에게는 창벽蒼璧을 쓰는데 네 모서리에 저邸(병풍 같이 가리는 것)가 있다. 폐백도 창蒼색을 쓴다. 청제靑帝는 청옥靑玉으로, 적제赤帝는 적장赤璋으로, 황제黃帝는 황종黃琮으로, 백제白帝는 백호白琥로, 흑제黑帝는 현황玄璜으로 하며 폐백은 그 옥색과 같다. 모든 폐백의 규격은 모두 길이 1장 8척이다. 희생은 송아지를 쓰는데 상제 및 배향한 신주[配主 : 태조]는 창색의 송아지를 각 1마리씩 쓰고 5방의 제帝는 5방색의 송아지를 각 1마리씩 쓴다. 축판은 '신 아무개가 밝혀 고합니다.'라고 쓴다. 방색을

3 고려시대 외국사신의 영접과 사신 파견 등의 절차를 서술한 책으로 현전하지 않는다.

4 제단 주변에 쌓은 낮은 담장을 이른다.

갖추기 어려우면 순색純色으로 대신한다. 왕을 대신하여 제사할 때는 양과 돼지를 쓴다.

○ 제사 7일 전 날이 밝을 때[質明]에 모든 관원이 상서성尙書省에 차례로 선다. 집사관은 북향하고 태위太尉는 서향하며 어사는 동향하여 서서 자리를 잡으면 태위가 자리로 나아가 다음과 같은 맹세문을 읽는다. '정월 모일 첫 신辛일에 기곡제를 친히 지내시는데 저희는 각자 그 직에 충실할 것입니다. 만약 그 일을 제대로 하지 못하면 나라의 마땅한 벌을 받겠습니다.' 읽기를 마치면 재배再拜한다.

왕은 4일 동안 별전에서 산재散齋[5]하고, 3일 동안 치재致齋[6]하는데 그 중 2일은 정전正殿에서 1일은 재궁齋宮에서 한다. 제사에 참여하는 모든 관원도 마찬가지로 7일 동안 재계한다.

○ 제사 3일전 대차大次[7]를 바깥 유의 동문 안의 길 북쪽에 남향하여 설치하고, 소차는 동쪽 계단의 동쪽에 서향하여, 모시는 신하들의 차次는 대차 앞에, 집사들의 차는 안쪽 유壝 동문 바깥 길 남쪽에 설치한다. 그리고 찬만饌幔(제수를 준비하는 곳)을 안의 유 동문 밖 길 북쪽에 남향하여 설치한다.

○ 그 다음 날에 단의 아래 위를 청소한다. 땔 나무를 쌓고, 임시로 쓸 불을 준비하며, 희생犧牲을 가둘 우리를 만든다. 단 위에 등가登歌[8]의 악기를 늘어놓고, 단 남쪽에 헌가軒架[9]의 악기를 늘어놓는다. 이 날 태위는 태조릉에 가서 사연을 고한다.{신에 배향하여 신주를 만든 뜻을 고하는 것이다.}

○ 그 다음 날에 모든 위衛는 각기 그 방위에 맞는 기물과 복색을 하고 유를 지키는데 문마다 2인씩 지킨다. 왕의 자리는 단 아래 동남쪽에 서향하여, 망료위望燎位(요단을 바라보는 자리)는 땔 나무를 둔 단 북쪽에 남향하여, 헌관의 자리는 왕 뒤 조금 남쪽에 설치한다. 집사는 두 줄로 서향하고, 어사 2인은 동서향하며, 봉례奉禮와 찬자贊者[10]는

---

5 제사 지내기 전 7일 동안 음악을 연주하지 않고, 조문弔問하지 않는 등 몸가짐을 가다듬는 것이다.

6 제사 지내기 전 마음을 깨끗이 하고 몸을 씻는 것을 이른다.

7 왕이 궁궐 밖에서 제사지낼 때 휴식을 취하는 장소로 임시로 설치하는 곳이다.

8 등가登歌는 단 위에 현악기를 위주로 배치하여 이 악기로 반주를 하여 가사 있는 노래를 불렀다.

9 헌가軒架는 단 아래에 관악기와 타악기를 주로 배치하여 악기 연주가 중심이었다.

서향하고, 협률랑協律郎은 동향한다. 태악령太樂令은 북향한다. 문무관의 자리는 유문 안의 동·서쪽 길 남쪽에 품계마다 자리를 달리하며 문신은 서향하고 무신은 북향한다.

희생 틀을 동쪽 유문 바깥에 문을 마주하고 서향하여 설치한다. 창생 한 마리를 그 앞에 둔다. 청생은 북쪽에 있는데 조금 남쪽으로 물려 위에 올리고 적·황·백·현생과 창생 한 마리는 남쪽에 있는데 조금 북쪽으로 물려 위에 올린다.

○ 태사령太史令이 신위판을 설치하고 교사령郊社令이 상제 신좌를 단 위 북쪽에 남향하여 설치하는데 자리는 짚[藁秸]으로 한다. 배위는 동쪽에 서향하여 설치하고 자리는 돗자리[莞]로 한다. 청제는 동쪽 계단 북쪽에, 적제는 남쪽 계단 동쪽에, 황제는 남쪽 계단 서쪽에, 백제는 서쪽 계단 남쪽에, 흑제는 북쪽 계단 서쪽에 신좌를 설치하며, 자리는 모두 짚으로 한다.

○ 정결하게 하는 것과 임시로 설치한 것을 치우는 것이 끝났다고 고하면 상제 앞에 보簠[11]와 궤簋[12] 각 2기器를 차린다. 보에는 벼[稻]와 메조[粱]를 담아 왼쪽에 차리되 메조를 벼 앞에 둔다. 궤에는 기장[黍]과 피[稷]를 담아 오른쪽에 차리되 피는 기장 앞에 놓는다.

변籩[13] 12기를 왼쪽에 3줄로 차리되 오른쪽을 위로 한다. 첫줄에는 형염形鹽,[14] 건어포[魚鱐], 시루떡[糗餌], 인절미[粉餈]를 담는다. 다음 줄에는 각각 개암[榛子], 마른 대추[乾棗], 흰떡[白餅], 검은떡[黑餅]을 담는다. 끝줄에는 각각 마름[菱仁], 가시연밥[芡仁], 밤, 노란사슴 포[黃鹿脯]를 담는다.

두豆[15] 12기를 오른쪽에 3열로 차리되 왼쪽을 위로 한다. 첫줄에는 미나리나물[芹菹], 죽순나물[筍菹], 비석脾析, 무나물[菁菹]을 담는다. 다음 줄에는 부추나물[韭菹], 미음[酏食],

---

10 제사 때 의식의 순서를 적은 홀기笏記를 맡은 임시 관원이다.

11 겉은 직사각형이나 안은 둥글게 패어 있으며 굽이달리고 뚜껑이 있는 제기이다.

12 안과 겉이 타원형으로 되어 있으며 굽이달리고 뚜껑이 있는 제기이다.

13 과실 따위를 담는 데 쓰는 제기祭器로 대나무 조각을 결어서 굽이 높다.

14 제사용으로 호랑이 모양으로 만든 소금이다.

15 나무로 만든 단지 모양의 제기로 물기가 있는 제물을 담는 데 쓰인다.

어해魚醢(생선으로 담근 젓갈), 토해兎醢(토끼 고기로 만든 젓)을 담는다. 끝줄에는 돼지갈비[豚拍], 녹해鹿醢, 안해雁醢, 삼식糝食[16]의 순서로 차린다.

등㽅 1기에 고깃국[大羹]을 담아 변과 두 사이에 놓는다.

조俎[17]는 2기로, 하나는 희생의 머리를 담은 쟁반을 올려 두의 오른편 남쪽에 두고 다른 하나는 희생 고기를 올려 두 앞에 놓는다. 두 1기에는 털과 피를 담는다.

포작匏爵은 3기인데 각각 받침대가 있다.

태준太尊은 2기로 명수明水[18]와 범제泛齊[19]를 담는다.

착준著尊은 2기로 명수와 예제醴齊[20]를 담는다.

희준犧尊[21]은 2기로 명수와 앙제盎齊[22]를 담는다.

산뢰山罍[23]는 2기로 현주玄酒(담박한 술)와 청주淸酒를 담는다. 이것들은 단 위 동남쪽 구석에 둔다.

상준象尊[24]은 2기로 명수와 제제醍齊[25]를 담는다.

호준壺尊은 2기로 명수와 침제沉齊[26]를 담는다.

산뢰 4기 중 2기에는 현주, 1기에는 사주事酒(새 술), 다른 1기에는 석주昔酒(묵은 술)를 담는다. 이것들은 단 아래 남쪽 계단의 동쪽에 차린다. 모든 준은 북향하여 서쪽을 위로 하고 구기[勺 : 술을 뜨는 도구]와 보자기를 올리고 받침대[坫]가 있으며 술잔[爵]을 둔다.

---

16 쌀가루에 쇠고기 등을 넣어 만든다.

17 도마처럼 생긴 제기로 여기에 소・돼지 등 희생의 날고기를 올린다.

18 제사를 지내거나 치성을 드릴 때 떠 놓는 깨끗한 물이다.

19 제사에 쓰던 다섯 가지 술을 오제五齊라 일렀는데 그 중 첫 번째가 범제로 술을 담가 놓으면 처음에 앙금이 허옇게 뜨는데 이것을 그대로 퍼서 제사에 썼다.

20 오제의 두 번째 술로 단술이다.

21 제례 때에 쓰는 술 항아리의 하나로 나무로 만들었고 짐승의 모양이다.

22 제사에 쓰는 술로 빛깔이 매우 엷고 푸르며, 오주五酒를 만들 때에 세 번째로 얻는 술이다.

23 구리로 되어 있는 단지 모양의 술그릇으로, 겉에 산과 구름문양을 그린 제기이다.

24 코끼리 모양으로 만든 제사용 술그릇이다.

25 오제의 네 번째 술로 빛이 붉고 단맛이 있는 맑은 술이다.

26 오제의 다섯 번째 술로 찌꺼기가 가라앉아 맑은 술이다.

옥과 폐백을 넣은 대광주리[篚]는 준 받침대[尊坫] 있는 곳에, 축祝 받침대는 신위의 오른쪽에 둔다.

배위配位 앞에는 착준, 희준, 상준, 산뢰를 모두 2기씩 차리는데 담는 것은 같다.{착준 하나만은 범제를 담는다.} 이것들은 상제 주준의 동쪽에 두며 나머지 사항은 모두 상제의 의제와 같으나 옥이 없다.

5방제五方帝 앞에는 태준, 착준, 희준을 각각 2기씩 차리는데 담는 것은 같다. 산뢰 하나에 청주를 담는다. 변과 두는 각 8기이며, 보와 궤는 각 1기이다.

왕이 씻는 자리를 남쪽 계단의 동남쪽 두 곳에 북향하여 설치하는데 손을 씻는[盥洗] 자리는 동쪽에, 잔을 씻는[爵洗] 자리는 서쪽에 있다. 손 씻기는 손대야[匜]로 하는데 뇌罍에 물을 담아 씻는 곳 동쪽에 두되 잔을 함께 놓는다. 대광주리[篚]를 씻는 곳 서남쪽에 두는데 대광주리에는 수건과 잔을 넣어둔다.

○ 이날 낮 주루晝漏의 상수上水 5각刻에 왕이 자황포赭黃袍를 입고 전에 앉는다. 노부鹵簿(왕이 거둥할 때의 의장)를 늘어놓고 채찍을 울리며 금위禁衛가 '재배再拜'라고 크게 외친다. 재배가 끝나면 사인舍人이 '추밀樞密과 시신侍臣은 일어서시오.'라고 외친다. 다 일어나면 태자 이하가 재배하고 나간다.

시중侍中이 "바깥 일이 모두 준비되었습니다[外辦]."라고 판에 따라 아뢰면 왕이 초요련軺輅輦을 타고 흥례문興禮門으로 나간다. 노輅(왕의 수레)는 의봉문儀鳳門 밖에 나아간다. 황문시랑黃門侍郎이 무릎을 꿇고 아뢰기를 "황문시랑 신 아무개는 난가鑾駕가 출발하기를 청합니다."라 한다. {노에서 내릴 때도 마찬가지다.} 난가가 움직이면 경필警蹕[27]은 평상시와 마찬가지로 하여 재궁齋宮에 이른다.

오후午後 8각에 행인을 금지시킨다. 미후未後 2각에 들어가 준尊, 받침대{坫}, 광주리[篚], 보자기[冪]을 제자리에 차린다. 미후 3각에 들어가 자리에 나아가 의식을 익힌다. 장생령掌牲令이 희생을 끌고 우리로 나간다. 태상경太常卿과 어사가 단에 가서 올라가

27 왕이 거둥할 때 경호를 위해 통행을 금하던 것을 이른다.

깨끗이 청소했는지를 살핀다. 이것이 끝나면 인도하여 내려와 희생을 살핀다. 다 살피고 나면 희생을 끌고 주방으로 간다. 광록경光祿卿이 솥[鼎]과 고기 삶는 가마[鑊]를 살피고 어사는 제물 담을 그릇[饌具]을 살핀다.

○ 다음날 미명未明 5각에 태관령太官令이 재인宰人에게 난도鑾刀로 희생을 나누게 하여 머리 일곱을 받아 각각 쟁반에 담아 들어가 단 위의 준소尊所(준상을 차려 놓은 곳)에 차린다. {들어가 변과 두에 제물을 올릴 때 7좌의 두 오른쪽의 남쪽에 받들어 진설한다.} 축사祝史들은 털과 피를 가져다 각각 두에 담아 찬소饌所(제물을 준비하는 곳)에 둔다. 끝으로 희생을 삶는다.

미명 3각에 들어가 준, 뇌, 보, 개, 변, 두에 제물을 담고 옥과 폐백을 차린다. 어사가 단 아래 위를 다니며 살펴서 의례대로 되지 않은 것을 규찰하고 다시 나온다.

미명 2각에 봉례가 찬자를 거느리고 먼저 들어가 재배한다. 찬인贊引, 어사, 교사령, 대축大祝과 모든 집사가 동문으로 들어가 악기가 걸린 곳 북쪽에 북향하여 서는데 서쪽이 위이다. 봉례가 "재배"하면 찬자가 그것을 받아 전한다. 어사 이하가 모두 재배를 마치면 집사들이 맡은 자리로 간다. 어사·대축이 계단으로 올라가 소제하고, 소제를 마치면 다시 자리로 간다. 종사하는 여러 신하들이 문 밖의 자리로 나아간다.

태악령이 문무文武 2무舞를 거느리고 들어와서 문무는 악기 걸린 곳 북쪽에서, 무무는 악기 걸린 남쪽에서 길 서쪽에 자리잡는다.

사공司空이 들어가 자리로 나아가 재배하고 단에 올라 소제한 후 내려와 악기 걸린 곳으로 갔다가 자리로 돌아간다.

알자와 찬인은 각각 제관祭官을 인도하는데 통사와 사인이 나누어 인도한다. 제사에 참여하는 모든 관리가 제 자리로 나아간다.

○ 이때 시중이 행궁行宮에 가서 "바깥 일이 모두 준비되었습니다." 하고 아뢰면 왕이 곤룡포袞龍袍를 입고 면류관冕旒冠을 쓰고 나온다. 태상경이 왕을 인도하여 대차에 들어간다. 축판祝板(축문판)을 올리면 서명하고 서명을 마치면 왕이 대차를 나온다. 왕이 안쪽 유문 밖에 당도하면 전중감殿中監이 환규桓圭를 올린다. 왕이 환규를 들고, 화개華蓋와 장위仗衛는 문 밖에 세워둔 채, 정문으로 들어간다.

협률랑이 무릎 꿇고 엎드렸다가 휘麾[28]를 들고 일어난다. {모든 물건을 취하는 자는 모두 엎드려서[俛伏] 취한 후에 (몸을) 일으킨다[興]. 물건을 드릴 때는 드리고 나서 엎드렸다가 일으킨다.} 악공이 축柷을 두드리면 헌가에서 황종궁黃鐘宮으로 정안곡正安曲을 연주한다. 왕이 단에 오르내리고 움직일 때 모두 정안지곡을 연주한다. {이하에서는 정안곡을 연주하는 것은 모두 따로 쓰지 않는다.} 왕이 판위版位로 가서 서향하여 선다. 매번 자리를 잡고 서면 음악은 멈춘다. 모든 음악은 협률랑이 휘를 들면 시작하고 휘를 내리고 어敔를 치면 그친다. 태상경이 재배할 것을 청하면 왕이 절하고, 왕이 절한 후 봉례가 '재배' 하면 모든 관원이 절하는데 다만 앞서 절한 자는 절하지 않는다. 태상경이 "유사가 삼가 준비하였으니 행사하시기를 청합니다." 하고 아뢴다. 헌가에서 협종궁夾鍾宮의 경안곡景安曲을 세 번 연주하고, 황종각黃鍾角, 대주치大簇徵, 고선우姑洗羽를 각 한 번씩 연주한다. 문무文舞를 여섯 번 추면 음악을 그친다.

대축이 올라가 희생의 머리를 연기로 그을린 후 그 소반을 들고 각각 그 계단으로 내려와 축사祝史에게 주고 요단燎壇으로 가서 섶을 더하여 그을린다.

왕 이하 모든 침여자가 재배한다. 모든 대축이 옥과 폐백을 가지고 각각 그 준이 있는 곳에 선다. 왕이 단으로 가서 남쪽 계단으로 올라가고 시중·중서령 이하가 좌우에서 시위하며 정해진 사람들이 따라 오른다. 왕이 단에 올라 북향하여 서면 시중이 옥과 폐백을 받들고 동향하여 무릎 꿇어 왕에게 바친다. 왕이 홀을 꽂고 옥과 폐백을 받으면 등가에서 대려궁大呂宮의 가안곡嘉安曲을 시작한다. 왕이 상제 신위 앞으로 가서 북향하여 무릎 꿇어 옥과 폐백을 드린다. 드리기를 마치고 홀을 집어 물러나 재배하면 음악이 그친다. 왕이 조금 동쪽으로 가서 동향하여 서면 시중이 북향하여 폐백을 드린다. 이때 등가에서 대려궁의 인안곡仁安曲을 시작한다. 왕이 배위의 신좌 앞으로 가서 드리기를 마치고 재배한다. 오제五帝의 대축이 각각 옥과 폐백을 받들어 무릎 꿇어 신좌 앞에 드린다. 모든 대축이 각자 그 방위에 맞는 계단을 통해 털과 피가 담긴 두를

28 악기를 연주할 때 시작과 끝을 지휘하던 기를 이른다.

가지고 받들어 드린다. 왕이 남쪽 계단으로 내려와 판위로 돌아간다.

사도司徒가 나와 상제의 조俎를 받들고 태관령太官令이 제물[饌]을 인도하여 들어간다. 조가 처음 문으로 들어갈 때 헌가가 황종궁의 풍안곡豐安曲을 연주하고 찬이 계단에 당도하면 음악을 그친다. 털과 피를 치워서 동쪽 계단으로 내려온다. 사도가 남쪽 계단으로 올라가 상제 앞으로 가서 무릎 꿇고 드린다. 대축들이 모두 조俎를 드리는데, 상제의 제물은 남쪽 계단[午陛]으로 오르고, 배위의 찬은 동쪽 계단으로 오르며, 오제의 찬은 각각 그 방위에 맞는 계단으로 오른다. 대축이 변과 두를 받아 드리는데 덮개[蓋]와 보자기[冪]을 벗긴다. 이어서 보와 궤를 올리는데 드린 후에는 덮개를 벗긴다.

○ 드리기를 마치면 왕이 뇌罍가 있는 손씻는 자리[洗位]로 가서 손을 씻는다. 황문시랑이 잔[爵]을 왕에게 드리면 시중이 뇌에 담긴 물을 따르고 왕이 잔을 씻는다. 닦기를 마치면 잔을 시중에게 주고, 그것을 축사가 받는다. 대축이 단상에서 잔을 넣은 광주리[篚]를 받아 제자리에 둔다. 왕이 홀을 들고 단에 올라 상제 준소로 간다. 시중이 잔을 드리면 왕이 받고, 시중은 태준에 있는 범제를 따르는 것을 돕는다. 이때 등가에서 대려궁 가안곡을 시작한다. 왕이 상제 앞으로 가서 잔을 드리고 엎드렸다가 일어나서 조금 물러나 북향하여 서면 음악이 그친다. 대축이 축판을 가지고 신좌 오른쪽으로 가서 동향하여 무릎 꿇고 읽는다. 다 읽으면 음악이 시작되고 왕이 재배하면 음악이 그친다.

왕을 인도하여 배위의 준소로 가면 시중이 착준에 담긴 범제를 따르는데 이때 등가에서 대려궁 인안곡을 시작한다. 왕이 배위 신좌 앞에 잔을 바친다. 오제의 대축들도 태준의 범제를 따라 각각 신좌 앞에 바친다. 왕이 조금 물러나 동향하면 음악이 그친다. 배위 대축이 신좌 왼쪽으로 가서 북향하여 무릎 꿇고 축문을 읽는다. 축문을 읽는 것이 끝나면 음악이 시작된다. 왕이 재배하고 나면 음악이 그친다.

○ 왕을 인도하여 음복위飮福位로 가서 북향하여 서면 등가에서 황종궁의 희안곡禧安曲을 시작한다. 대축들이 상준上尊의 복주福酒를 한 잔에 따라 시중에게 주면 시중은 서향하여 받들고 선다. 왕이 재배하고 시중이 무릎을 꿇는다. 왕도 무릎 꿇어 홀을 꽂고 잔을 받아 제주를 세 번 땅에 붓는다. 왕이 술을 맛보고 잔을 드린다. 대축들이 각각

조俎를 가지고 앞으로 가서 신좌 앞에 있는 제수 고기[胙肉]를 더는데 모두 앞 다리 두 번째 뼈를 가져다 한 조에 합쳐둔다. 다시 앞으로 가서 각각 기장과 피밥을 덜어 한 변에 합친다. 이 조와 변을 사도에게 주면 사도는 서향하여 무릎 꿇어 왕에게 드리고 왕이 받는다. {내시 2인이 남쪽 계단 아래에 서 있다가 단에 올라가 왕의 왼쪽으로 가서 받고 물러난다.} 사도가 내려온다. 왕이 잔을 들어 끝까지 마시고, 시중이 빈 잔을 받는다. 왕이 재배한 후 음악이 그친다. 왕을 인도하여 남쪽계단으로 내려온다. 정안곡正安曲이 그치고 문무文舞가 물러나는데 이때는 헌가에서 황종궁 숭안곡崇安曲을 연주한다. 문무가 물러나는 것이 끝나면 음악이 그친다. 무무武舞가 나오면 헌가에서 황종궁 숭안곡을 연주하는데 무용수들이 자리잡고 서면 음악이 그친다.

○ 앞서서 왕이 자리로 돌아올 때 알자謁者가 태위를 인도하여 잔을 닦고 재랑齋郎과 축사가 돕는다. 그리고 태위가 준소로 가서 착준의 예제를 따른다. 이때 헌가에서 황종궁 무안곡武安曲을 연주하는데 무무가 시작되면 향악鄕樂을 교대로 연주한다. 신좌 앞으로 가서 잔을 바치고 북향하여 재배한다. 다음에는 희준의 예제를 따라 배위에 바치고 동향하여 재배한다. 오제의 대축들이 각각 착준의 예제를 따라서 앞으로 나가 바친다. 바치는 것이 끝나면 음악이 그친다. 태위가 음복위로 가면 대축들이 뇌罍에 담긴 술을 따라 태위에게 준다. 태위는 재배하고 받아서 무릎 꿇고 땅에 조금 붓고 나서 끝까지 마시고 재배한 후 내려온다.

○ 알자가 광록경光祿卿을 인도하여 단에 올라가서 앙제를 따라서 종헌終獻하는데 그 절차는 아헌의 의례와 같다.

○ 종헌이 끝난 후 모든 대축들이 가서 무릎 꿇고 변과 두 각 1기씩을 처음 자리에서 조금 옮긴다. 이때 등가에서 대려궁 숙안곡肅安曲을 시작한다. 다 치우면 음악이 그친다.

봉례가 "제물을 내려주시니 재배하라[賜胙再拜]." 하면 자리에 있는 관원이 모두 절한다. 이미 음복한 자는 절하지 않는다.

○ 신을 보낼[送神] 때는 헌가에서 협종궁 영안곡永安曲을 연주하는데 향악을 교대로 연주한다. 왕이 재배하고 관원들이 모두 재배하는데 음악은 한 번만 연주하고 그친다.

○ 왕이 망료위로 나아가 남향하여 선다. 이보다 앞서 제물을 내린다고 재배하고 나서 대축들이 각각 대광주리를 가지고 가서 옥・폐백・축판을 넣고, 희생 고기, 기장밥과 피밥 및 잔에 있는 술을 조에 담아 각각 그 방위에 맞는 계단으로 내려와 시단柴壇으로 가서 남쪽 계단으로 올라가 옥, 폐백, 축판과 제물을 섶[柴] 위에 둔다. 봉례가 "불사르라[可燎]" 하면 동서 여섯 명이 권화權火(불 붙이는 불)를 든다.

태상경이 제례가 끝났음을 아뢰고 왕을 인도하여 {왕이 오르고 내릴 때 모두 태상경이 인도한다.} 대차大次로 돌아오는데 가운데 유문 밖에서 홀을 놓는다. 왕이 대차에 이르면 음악은 그친다. 제사에 참여한 관원들을 차례로 인도하여 나간다. 어사, 대축 이하는 모두 다시 제자리로 가서 재배하고 나온다. 악공들도 나온다. 다만 장사將士들은 바로 대오를 떠날 수 없다.

○ 왕이 재전齋殿에 돌아와 1각을 쉬고 나서 강사포絳紗袍를 입고 전에 앉으면 백관들이 일어선다. 다 일어서면 난가가 움직이고 북을 치고 나팔을 불며 음악을 크게 울리고 돌아온다.

○ 제사에 정해진 날이 있는 것은 풍년을 비는[祈穀] 제사이다. 정해진 날이 없는 경우는 초여름에 길일을 택하여 지내는 우사雩祀(기우제)로 의례는 위의 원구 제사와 같고 여기서 비롯되었다.

○ 현종 22년(1031) 정월에 왕이 방택方澤[29]에서 친히 제사를 지냈다.

○ 정종 2년(1036) 2월 경술일과 인종 5년(1127) 3월 무오일에 방택을 만들고 지신에게 제사 지냈다. 방택에서 제사지내는 것은 현종대에 시작되었으나 그 의례는 상고할 수 없다.

사직社稷

○성종 10년(991) 윤 2월 하교하기를 "내가 들으니 '사社가 토지의 주인이지만 땅이

---

29 토지신에게 제사지내는 단으로 모양이 네모여서 방택方澤이라 부른다.

넓어 모든 곳에서 다 공경할 수 없으므로 흙을 쌓아 올려[封土] 사社를 삼아 공덕에 보답한다. 직稷은 오곡의 으뜸이니, 곡식이 종류가 많아 두루 제사할 수 없으므로 직신을 세워 제사지낸다.' 하였다. 옛날 왕이 많은 백성을 위해 사를 세워 '대사大社'라 하였고 제후가 백성을 위해 사를 세워 '국사國社'라 하였으니 이것이 예禮다." 하였다. 그러므로 땅을 택해 이곳에 단을 두어 사직社稷을 세웠는데 사단은 동쪽에, 직단은 서쪽에 있으며 각각 너비는 5장, 높이는 3척 6촌이고 사면에 계단이 있으며 오색 흙으로 만든다. 예감瘞坎[30]은 2개인데 각각 두 단의 북쪽 계단의 북쪽에 있다. 남쪽으로 나오는 계단이 있으며 모가 나고 깊어서 물건을 넣기 충분하다.

○ 정해진 제사일은 2월과 8월의 첫 번째 무戊일과 납臘일이다.

○ 대사에 제사지낼 때 후토씨后土氏를 배향配享하고, 대직에 제사지낼 때 후직씨后稷氏를 배향한다. 대사와 대직의 신위는 단 위 북쪽에서 남향하며 바닥은 짚자리를 깐다. 후토와 후직의 신위는 단 위 서쪽에서 동향하며 바닥은 돗자리를 깐다.

옥은 두 모서리에 저邸가 있는 것으로 하고, 폐백은 검은 색, 희생은 돼지로 한다.

태위가 초헌관이 되고 제사 의식은 대략 원구圜丘와 같다.

○ 태준太尊 2기가 위이고 예제醴齊를, 착준著尊 2기가 그 다음이고 앙제盎齊를, 뇌罍 2기가 아래이고 청주淸酒를 담는다. 배위配位에는 상준象尊을 위로 하며 제齊를 담을 때는 모두 명수明水를 위에 더 담고, 술[酒]을 담을 때는 모두 현주玄酒를 위에 더 담아서 채운다. 보簠와 궤簋는 각 2기이고, 변籩과 두豆는 각 12기이다. 형鉶은 2기인데 국[羹]을 담고 나물[芼滑]을 올린다. 조俎는 2기인데 하나에는 희생 고기를 올리고 하나에는 비脾를 올린다. 포작匏爵은 3기이다.

○ 알자가 행사를 시작할 것을 청하면 헌가에서 임종궁林鍾宮 영안곡寧安曲을 연주하고 문무文舞가 들어간다. 옥과 폐백을 바칠 때 등가에서 응종궁應鍾宮 가안곡嘉安曲을 시작한다. 조俎가 문으로 들어올 때 대주궁大簇宮 풍안곡豐安曲을 연주한다. {헌가에서 하

30 제사 지낸 제물을 땅에 묻는 구덩이이다.

는 것을 연주한다[奏]고 한다.} 술을 따라 드릴 때 응종궁應鍾宮 가안곡嘉安曲을 시작한다. {등가에서 하는 것을 시작한다[作]고 한다.} 태위가 제물 고기를 받아서 내려놓으면 문무文舞가 나오고 대주궁 숭안곡崇安曲을 연주하고 음악이 그친다. 무무武舞가 들어간다. {들어갈 때 연주하는 모든 음악은 문무와 같다.}

○ 태상경太常卿이 앙제를 따르면 무무가 시작되고 무안곡武安曲을 연주하는데 향악鄕樂과 교대로 한다. {모든 향악은 아헌亞獻(두 번째 술잔을 올림)한 이후에 연주한다.}

마치면 광록경光祿卿이 올라가 앙제를 따르는데 절차의 위의 의식과 같다.

무무가 그치고 송신送神을 하는데 임종궁 영안곡을 연주하며 음악은 한 번만 연주한다. 태위가 망예위望瘞位로 나아가 북향하여 선다. 제사가 끝나면 축판을 재방齋坊에서 태운다. [태묘太廟의 축판도 같다.]

○ 문종 6년(1052) 2월 황성皇城(개경) 안 서쪽에 단을 새로 쌓고, 무자일에 왕이 몸소 제사하였다. 후토를 처음에는 구룡씨句龍氏라 불렀는데 이때 이르러 후토씨로 바꿔 불렀다.

○ 선종 4년(1087) 사직에서 신병神兵을 빌었다.

○ 인종 8년(1130) 4월에, 가뭄을 만나면 큰 산, 진鎭, 큰 바다, 큰 강의 산천 및 종묘, 사직에 7일에 한 번씩 빌고 그래도 비가 오지 않으면 처음처럼 산과 강에서부터 제사지내고 가뭄이 심하면 기우제를 지내도록 하였다.

○ 충혜왕 후 2년(1341) 12월 을사일에 사직에서 제사지냈으나 제물이 없었다.

태묘太廟

○ 성종 7년(988) 12월에 처음으로 5묘를 정했다. 성종 8년(989) 4월 처음으로 태묘를 만들었다. (성종) 11년(892) 12월 태묘가 완공되어 유신儒臣들에게 소목昭穆[31]의 위차位次 및 체제禘祭[32]와 협제祫祭[33]의 의례를 정하도록 명하였고 드디어 협례祫禮를 행하였다.

---

31 사당에 신주를 모시는 차례를 소목昭穆이라 하는데 왼쪽은 소, 오른쪽을 목이라 한다.

32 태묘에서 지내는 성대한 제사로 5년마다 지낸다.

이때부터 3년에 한 번 협제를 10월에, 5년에 한 번 체제를 4월에 지냈다. {체·협제를 지내는 달에는 시향時享[34]을 지내지 않는다.}

○ 태조실太祖室은 옥책玉册을 쓰는데 매 책은 24쪽에 길이는 1자 1치, 너비는 1치이며 은사로 꿰며, 나머지 실室에는 죽책竹册을 쓰고 홍색 실로 꿰고 홍색 비단으로 장식한다. {왕 대신 신하가 제사를 지낼 때는 소나무로 축판을 만드는데, 길이는 2자, 너비는 1자, 두께는 6푼이다.}

○ 옥, 폐백은 관규祼圭를 쓰는데 규에는 규 머리에 술잔[瓚]이 있어 울창주鬱鬯酒(제사에 쓰는 술)를 뜰 만하다. 희생은 돼지를 쓰는데 매 실마다 각 한 마리씩이다.

○ 모든 제사 중에서 체제가 가장 중요하다.

왕은 7일 동안 재계한다. 제사에 참여하는 신하들에게서는 재계하겠다는 맹세를 받는다. 문무文武 2무舞와 음악을 연주하는 공인工人 및 태묘의 문을 지키는 모든 자들은 각자 속한 관사에서 깨끗이 재계하게 한다.

○ 제사 3일 전에 태묘령太廟令이 소목昭穆의 신좌神座를 당상堂上의 문 밖에 서쪽에서부터 동쪽으로 늘어놓는다. 태조의 자리는 서쪽에서 동향하고 소昭의 자리는 남향하며 목穆의 자리는 북향한다. 매 자리에 보의黼扆를 두르고 선을 두르지 않은 돗자리, 선을 두른 무늬 있는 자리, 수놓은 자리를 두고 좌우에는 옥으로 만든 궤几를 놓는다. 당상과 당하에 설치할 것도 예법대로 설치한다.

○ 제사 전날 왕이 정전正殿에 머무는데 미명未明에 세 번 북이 울리면[三嚴] 노부鹵簿와 시위 군사[鈒戟]가 정전 뜰에 들어와 늘어서고 악기[樂部]는 대관전大觀殿 문 밖에 늘어놓는다.

왕이 전에서 내려오면 악기는 걸어두지만 연주하지는 않는다. 난가가 움직이면 경필警蹕하지만 북을 치거나 나팔을 불지 않으며 떠들 수 없다. 마침내 재궁齋宮에 이른다.

오후 8각에 사람들이 통행하지 못하도록 금한다. 궁위령宮闈令이 신좌의 휘장을 정

---

33 3년에 한 번씩 선왕의 신주를 모두 모시고 지내는 제사이다.

34 시향時享은 매년 4계절의 첫 달 즉 1월, 4월, 7월, 11월에 지내는 제사를 말한다.

리하고 먼지를 털어내고 의식을 익힌다. 태상경과 어사가 희생이 있는 자리로 나아가 남향하여 서면 장생령掌牲令이 조금 앞으로 나와 말하기를 "희생을 살펴주십시오." 하고 물러난다. 태상경이 희생을 살피고 나면 장생령이 다시 앞으로 나와 손을 들고 "살졌습니다[腯]."라고 말하고 물러난다. 모든 대축들이 각각 희생 주위를 한 바퀴 돌면서 살펴보고 서쪽을 향하여 손을 들고 말하기를 "충실하다[充]."고 한다. 장생령과 대축들이 희생을 끌고 주방으로 간다.[원구에서 희생을 살피는 예도 이와 같다.] 털, 피, 간을 가져다 울창수鬱鬯水에 씻고 기름덩어리[膟膋]와 함께 두豆에 올려둔다.

○ 다음날 미명 4각에 태묘령太廟令 양온령良醞令은 각각 그 관속을 거느리고 들어가 준이尊彝를 채우고, 유이蜼彝에 명수明水를, 호이虎彝에 울창주를 담는다. 희준犧尊 2기에 명수와 범제泛齊를, 상준象尊 2기에 명수와 예제醴齊를, 착준著尊 2기에 명수와 앙제盎齊를, 산뢰山罍 2기에 현주玄酒와 청주淸酒를 담는다. 당하堂下의 호준壺尊 2기에는 명수와 제제를, 태준太尊 2기에는 명수와 침제沈齊를, 산뢰 4기 중 2기에는 현주를 2기에는 사주事酒와 석주昔酒를 담는다. 신위 앞에 초[燭]를 배설한다.

태관령太官令이 보簠, 개簋와 변籩 12기를 2줄로, 두豆 12기를 2줄로 하여 제물을 담는다. 등㽅과 형鉶 각 6기는 변과 두 사이에 두는데 등에는 대갱大羹(맛을 내지 않은 국)을 담고 형에는 고기국[肉羹]을 담으며 모활芼滑[35]을 더한다. 변 남쪽에는 희생의 왼쪽 갈빗대를 담은 소반을 놓고, 변과 두 사이에는 희생 고기를 담은 소반을 놓는다. 옥으로 만든 잔[爵] 6기는 변과 두 남쪽에 둔다. 당하의 2기 중 1기에는 나유병糯油餠(찰떡)을, 1기에는 편육片肉을 담는다. 모든 제수품 중 철이 맞지 않아 구할 수 없는 것은 철에 맞는 물품으로 대신한다.

칠사七祀[36] 위는 태묘 뜰 서쪽에, 배향공신[37] 위는 태묘 뜰 동쪽에 있다. 보, 궤, 변, 두는 각 2기이며 희생 조는 1기, 나무 잔은 1기이다. 어사가 살펴본다.

---

35 국에 맛을 내기 위해 넣는 나물이다.

36 태묘에서 제사할 때 같이 제사하는 사명司命, 사호司戶, 사조司竈, 중류中霤, 국문國門, 공려公厲, 국행國行을 말한다.

37 각 왕대 별로 공로가 큰 신하들의 위패를 공신당功臣堂에 따로 모셨는데 여기에 모셔진 공신들을 의미한다.

○ 미명 2각에 들어가 감실埳室을 열고 요여腰輿[38]로 신주를 받들고 나와 신좌에 봉안하고 대축들이 향과 술을 드린다.

미명 1각에 왕이 대차에 들어가 축책祝冊에 서명하고 정문으로 들어가면 헌가에서 무역궁無射宮 정안곡正安曲을 연주한다. “담당한 관원이 삼가 모두 갖추었으니 행사를 진행하기를 청합니다.” 하면 헌가에서 황종궁黃鍾宮 흥안곡興安曲을 연주하고 문덕무文德舞를 춘다. 황종黃鐘은 세 번, 대려大呂·대주大簇·응종應鐘은 각 두 번 연주하여 모두 9번 음악을 연주한 후 그친다.

왕이 관세위盥洗位에 나간다. 왕세자의 관세위에는 대이[匜]가 있고 나머지는 그렇지 않다. 왕이 옥잔[瓚]을 닦아서 시중侍中에게 주면, 시중은 그것을 다시 축사祝史에 주어 받들고 계단으로 가게 한다.

왕이 이彝가 있는 곳으로 가면 등가登歌는 협종궁夾鍾宮 순안곡順安曲을 시작한다. 왕이 홀[圭]을 꽂고 옥잔에 울창주를 따라서 태실太室에 들어가 땅에 뿌린다.

조俎가 문으로 들어오면[교郊·사직社稷제에서 모두 사도司徒가 조를 받든다.] 무역궁 풍안곡豊安曲을 연주한다. 조에 있는 제물을 드리고 나서 쑥, 기장[稷], 피[黍]를 가져다 기름에 적셔서 화로에 있는 숯불에 굽는다.

왕이 범제를 따라서 무릎 꿇고 바치면 대정곡大定曲을 연주하고 문덕무文德舞를 시작한다. 왕이 조금 물러나 서향하여 서면 음악이 그친다. 대축이 북향하여 무릎 꿇고 축책을 읽고 나면 음악을 시작한다. 매 번 축책을 읽을 때는 음악이 그친다. 왕이 다음으로 소위昭位에 가면 대축이 동향하여 읽고, 목위穆位로 가면 서향하여 읽는다.

○ 왕이 음복위에 가서 서향하여 서면 등가에서 희안곡僖安曲을 시작한다. 왕이 내려와 서향하여 서면 음악이 그친다. 문무가 물러갈 때는 무역궁 숭안곡崇安曲을 연주한다. 무무武舞가 자리를 잡고 서면 음악이 그친다.

○ 태자나 공公, 후侯, 백伯 같은 이들이 예제醴齊를 따라 바칠 때는 무안곡武安曲을

38 혼백과 신주를 모시는 작은 가마를 이른다.

연주한다. 태위가 앙제를 따른다. 종헌終獻도 위와 같다.

○ 의례가 끝나면 헌관獻官이 배향공신 위로 가서는 교서敎書를 읽고, 칠사 위에 가서는 축문을 읽는다. 이때 등가에서는 협종궁 공안곡恭安曲을 시작한다.

제사지낸 고기[胙]를 거두어 하사한 후 신을 보낼[送神] 때 헌가에서 황종궁 영안곡永安曲을 연주한다.

왕이 나오면 신주를 모셔 들이고, 책문을 넣어두며 축판은 태운다.

협제祫祭의 의례도 마찬가지다.{체제에는 네 번 술을 땅에 붓고 드리는데 협제도 같다.}

○ 항상 같은 날에 제향이 있는 것은 한식寒食과 납향臘享이며{생선을 천신薦新하는 것을 겸한다.} 고정되지 않은 날은 4계절의 첫 달에 날을 택하여 제향하는데 의례는 체제, 협제와 대략 같다. 연주하는 음악도 대략 같다. 그러나 태실의 모든 신주는 차례로 한 줄로 늘어놓는다. 첫줄에 봄·여름에는 계이鷄彝·조이鳥彝를, 가을·겨울 및 납향제에는 가이斝彝·황이黃彝를 둔다.

○ 칠사의 봄 제사는 사명司命신과 호戶신을, 여름 제사는 조竈를, 6월 제사는 중류中霤를, 가을 제사는 문門과 여厲를, 겨울 제사는 행行을 지내되 납향제는 모두 지낸다.[공신을 더하면 시향時享은 지내지 않는다.]

○ 친진親盡[39]한 경우 별묘別廟를 만들되 체제와 협제, 시향은 하나같이 태묘의 예법대로 한다.

대신이 섭행攝行(대리로 행함)할 때는 음악을 연주하지 않는다.

○ 경령전景靈殿[40]에 왕이 친히 제사하는 것은 정월 초하루, 단오, 추석, 9월 9일이다.{왕[41]이 향을 피우고 삼배三拜한다.}

○ 여러 능에 제사할 때는 철에 맞는 여러 물품을 쓰되 풍성하고 깨끗하게 하는 것을 위주로 한다. 왕이 능에 참배하려 할 때는 별전別殿으로 가서 이틀 동안 마음을 재

---

39 제사를 모시는 대수代數가 다한 것을 이른다.

40 고려시대 궁궐 안에 있던 태조를 비롯한 사조四祖의 어진과 신위를 모신 사당이다.

41 본문에는 삼三으로 되어 있다.

계하고 관원들은 하루 동안 몸을 깨끗이 하여 재계하고 행한다.

○ 처음 태조가 나라를 세우고 팔관회八關會와 연등회燃燈會를 중하게 여겨 비록 4대조를 높이기는 하였으나 태묘를 건립할 겨를이 없었다. 성종대에 이르러 유신들에게 전례를 살펴 태묘를 만들도록 하였는데 그것이 훌륭하여 볼만하였다. 그러나 여러 대가 지난 후 소목제가 문란해져 차례를 잃었고 고려가 쇠망할 때에 미쳐서는 종묘를 버려두고 제사를 행하지 않았고, 예법도 엄격하거나 삼가지 않으며, 제물도 정성을 다하거나 깨끗하게 하지 않았다. 또 희생을 훔치는 경우도 있을 정도로 제사 전례가 문란해졌으니 신이 돌보고 흠향하지 않아 망할 때까지 그러하였다. 그러니 가히 살피지 않겠는가.

○ 성종 12년(993)에 하교하기를 "은殷나라는 열두 임금을 6대로 하였고, 당唐나라는 열 황제를 9실로 하였다. 『진서晉書』에 '형제간에 왕위를 전하는 것은 예의 임시변통이다.'라고 하였으니 신주神主를 위해 실室을 세워야지 실 때문에 신주를 제한해서는 안 된다. 형제가 한 항렬이라는 것은 예문禮文에도 이 이렇게 되어 있으니 혜종, 정종, 광종, 대종戴宗[42]의 네 신주를 합쳐 1실로 하여 태묘에 합사하라." 하였다.

○ 정종 2년(1036)에 덕종을 태묘에 합사하였다. 서눌徐訥, 황주량黃周亮 등이 말하기를 "현종을 합사할 때 혜종·정종·광종·대종은 같은 항렬[同班]로 소가 되었고 경종·성종이 목이 되었으며, 목종은 소가 되었고, 현종을 목에 합사하여 2소 2목에 태종의 묘와 함께 5묘가 되었습니다. 지금 덕종을 소위에 합사하면 3소 2목이 되어 예에 맞지 않습니다. 혜종·정종·광종의 신주를 옮겨[遷] 태조 묘의 서쪽 벽에 간직하고 대종은 추존한 왕의 신주이니 그 능으로 옮겨 제사하는 것이 맞습니다."라고 하였다. 유징필劉徵弼이 말하기를 "혜종·정종·광종은 아직 대수가 다하지[親盡] 않았으니 옮길 수 없고, 대종을 능으로 옮기고 덕종을 다음 실에 합사하는 것이 옳습니다." 하였다. 황주량이 다시 말하기를 "예법에서 아직 대가 다하지 않았다고 하는 것은 방계 친족[旁

42 고려 태조의 왕자로 혜종, 정종, 광종과 이복형제이고 성종의 생부이며 목종과 현종의 외조부이다.

親]을 들어서 논한 것이 아닙니다. 혜종·정종·광종은 종조從祖 항렬입니다. 진晉나라의 종아鍾雅가 '경황제景皇帝를 큰 할아버지[伯祖]라는 이유로 태묘에서 제사지낼 수는 없다'고 주장하였고 당시의 의논이 그것을 따랐으니 종조가 태묘에 들어갈 수 없는 것은 분명합니다. 혜종·정종·광종의 신주는 모두 마땅히 옮겨야 합니다." 하였다. 왕이 이르기를 "한꺼번에 4묘를 헐어버리는 것은 의리에 미안하다."라고 하며 유징필의 주장을 따르려 하였다. 황주량이 다시 말하기를 "현종은 목종에게 삼촌이어서 경종·성종과 같은 항렬이라고는 하지만 현종이 목종을 이었는데도 목종을 현종 사당보다 뒤로 하면 노魯나라 희공僖公의 역사逆祀[43]와 같은 일이 됩니다. 그러므로 현종을 목종 아래 제 2목위에 합사하고 이제 또 덕종이 소위가 되면 태조묘와 더불어 6묘가 되니 고제古制가 아닙니다. 유징필이 4묘를 옮기고 허는 곤란함을 말하고 소목의 수를 말하지는 않았습니다. 종묘의 예법은 나라의 큰일인데 어찌 근거 없이 판단하여 시행할 수 있겠습니까." 하였다. 서눌이 말하기를 "황주량의 주장이 고제에 합치합니다. 그러나 노나라는 제후국이었지만 소목 이외에 문세실, 무세실이 있었으니 혜종·정종·광종을 반드시 옮기지 않아도 됩니다." 하였다. 왕이 이 말을 따랐다. 그 후에 묘제는 9실로 정해졌다.

○ 인종 2년(1124) 7월에 태묘에서 체제禘祭를 지내고 혜종을 옮긴 후 덕종·정종·문종·예종을 소위로 하고, 현종·순종·선종·숙종을 목위로 하였다. 당시의 논의하는 자들이 말하기를 "체제는 가을 제사가 아니다. 혜종은 공덕이 있어서 불천위가 되어야 하는데 옮겼으니 예법에 어긋난다." 하였다.

○ 의종대에 혜종을 다시 태묘에 합사하고 체제와 협제를 지냈다. 태조위가 동향하였고, 혜종·문종·예종이 모두 남향으로 소위가 되었으며 현종·순종·선종·목종·인종이 모두 북향으로 목위가 되었다.

○ 희종 2년(1206)에 신종을 태묘에 합사하였다. 최충헌崔忠獻이 재신들과 더불어 의

43 제사의 차례가 어긋난 것인데, 여기서는 노魯나라 희공僖公이 아우인 민공閔公보다 뒤에 임금이 되었는데도, 민공의 신주神主를 희공의 신주 위에 올렸던 사실을 인용한 것이다.

논하여 공덕이 있는 경우는 불천위不遷位로 하고, 대가 다한 경우는 옮기기로 하여 순종順宗을 옮기고 신종을 제 9실에 합사하였다. 그리하여 혜종・현종이 함께 제1소위, 선종・숙종이 제2소위, 인종이 제3소위가 되었고, 문종이 제1목위, 예종이 제2목위, 신종이 제3목위가 되었다. 이에 소목의 순서가 크게 문란해졌다.

○ 희종 4년(1208) 10월에 조서를 내려 유신들에게 전례典禮를 참작하여 아뢰도록 하였다. 그러자 여러 주장이 분분하여 절충할 수 없었다. 예를 아는 자들이 말하기를 "『춘추공양전春秋公羊傳』에 '아버지가 소위가 되고, 아들이 목위가 된다.'고 하였으니 손자가 할아버지를 따르면 소목의 순서는 일정하여 바꿀 수 없는 것인데 어찌 때에 따라 변역할 수 있단 말인가. 지금 소를 목으로 하고, 목을 소로 하여 예법을 더럽히고 윤리를 어지럽히는 것이 이보다 심할 수 없다. 하물며 현종・혜종은 모두 공덕이 있으므로, 혜종을 태종으로 하고 현종을 세종으로 하여 백대가 되더라도 옮기지 않으며 그 나머지는 소위는 항상 소위로 하고 목위는 항상 목위로 하면 거의 예법에 맞을 것이다." 하였으나 결국 그대로 되지 않았다.

○ 충선왕 2년(1310) 9월에 태묘 5실 동쪽・서쪽에 협실을 만들었다. 그리고 서협실에 혜종과 현종의 신주를, 동협실에 문종과 명종의 신주를 모셨다.

○ 충숙왕 17년(1330) 6월 정미일에 충선왕을 침원寢園에 합사하고 인왕仁王(인종)의 신주를 옮겼으며 강왕康王(강종)의 신주를 동협실에 임시로 모셨다. 그리고 제례를 행하였으나 의례대로 할 수 없었고 많은 사람들이 태묘 뜰에 들어와 바친 제물을 다투고 빼앗아 갔지만 법을 맡은 관서에서 금지할 수 없었다. 애초에 전리좌랑典理佐郎 조렴趙廉이 말하기를 "태묘의 소목 순서가 고제에 어긋났으니 마땅히 태조를 중실中室로 하고 고종이 제1소위, 원종이 제1목위, 충렬왕이 제2소위, 충선왕이 제2목위가 되어야 합니다. 그리고 혜왕惠王[혜종]과 명왕明王[명종]이 동협실에 거하는 것은 주周나라 제도에 무왕武王이 동북협실에 거한 예와 같고, 현왕과 강왕이 서협실에 거하는 것은 문왕文王이 서북협실에 거한 예와 같습니다. 이렇게 하면 혜왕・현왕・명왕・강왕이 모두 동쪽, 서쪽에 나누어 거하는 것이 소목의 순서에도 맞습니다." 하였으나 왕이 따르지 않았다.

○ 충목왕 3년(1347) 4월에 신하가 왕을 대신해 태묘에서 제사를 지냈으나 희생소를

잡지 않았다.{참리參理 안자유安子由가 재물을 훔쳐서 다른 사람에게 주었다.}

○ 공민왕 2년(1353) 정월에 능원陵園에서 제향하였는데 소 한 마리, 양 다섯 마리, 돼지 아홉 마리, 사슴 열 마리를 썼다.

○ 공민왕 6년(1357) 8월에 이제현李齊賢에게 명하여 별묘別廟와 소목의 차례를 정하도록 하였다. 이제현이 의견을 말하기를 "삼가 종묘의 제도를 살펴보니 천자는 7묘, 제후는 5묘입니다. 태조는 백 대가 되어도 옮기지 않고 태조 이하로 아버지는 소위가 되어 왼쪽에 거하고 아들은 목위가 되어 오른쪽에 거하며 소·목과 왼쪽·오른쪽도 또한 백 대가 되어도 변하지 않는 예법입니다. 「대송협향위차도大宋祫享位次圖」를 보면 태조太祖와 태종太宗, 철종哲宗과 휘종徽宗, 흠종欽宗과 고종高宗의 위가 각 1세이니 이는 형제가 같은 반열에 서는 법입니다. 별묘 제도는 대개 강화도에서 물을 떠나 육지로 올 때 갑자기 설치한 것으로 1당 5실로 22릉의 신주를 한 줄로 늘어놓은 것입니다. 그러니 마땅히 종묘의 제도를 넓히고 위차를 바르게 정해야 합니다. 그러나 급작스럽게 할 수는 없습니다. 또 5실은 대략 동한東漢 이래의 동당이실제同堂異室制[44]를 따른 것으로 22신주를 각각 방 하나씩으로 구별한 것입니다. 태조의 소위가 정종·광종·대종으로 중실에 모시는데 서쪽부터 윗대로[西上] 합니다. 광종의 목위가 경종, 대종의 목위가 성종인데 두 왕은 종형제로 각각 서쪽 제1실의 제1, 제2방에 거합니다. 성종의 소위인 목종, 현종의 소위인 덕종·정종·문종은 각각 동쪽 제1실의 제1, 제2, 제3, 제4방에 거하는데 역시 종형제입니다. 문종의 목위인 순종·선종·숙종은 서쪽 제1실의 제3, 제4, 제5방에 거하고, 선종의 소위인 헌종, 숙종의 소위인 예종은 종형제로 동쪽 제5, 제6방에 거합니다. 예종의 목위인 인종은 서쪽 제6방에 거하며, 인종의 소위인 의종·명종·신종은 동쪽 제7, 제 8, 제9방에 거합니다. 신종의 목위인 희종, 명종의 목위인 강종도 종형제로 서쪽 제7, 제8방에 거합니다. 강종의 소위인 고종은 동쪽 제10방에 거합니다. 이렇게 하면 왼쪽이 소, 오른쪽이 목이 되는 좌소우목左昭右穆과 형제는 같은 반열로 한다

44 사당에서 한 건물 안에 실室을 따로 하여 여러 신위를 모시는 것을 이른다.

는 의에 맞으니 예관에게 널리 의논하게 하신 후 시행하소서." 하였다.

○ 왕이 (홍건적의 침입으로) 남쪽으로 갔을 때 태조·충선왕·충숙왕·충목왕의 신주 넷을 전쟁 중에 잃었다. 그래서 공민왕 12년(1363) 10월에 새로 신주 넷을 만들었다.

○ 공민왕 13년(1364) 5월 정해일에 상로象輅에 태조 신주를 태우고, 평로平輅에 8묘의 신주를 태워 태묘에 다시 봉안하였다. 9실을 합쳐 소 한 마리를 드리고, 태조실에는 양과 돼지 각 한 마리를, 나머지 8실에는 각 돼지 한 마리씩만을 드렸다. 술을 땅에 부으려[祼] 할 때 비가 와서 헌관과 집사들이 모두 건물[堂]에 올라가 서자 비가 그치므로 다시 각자 제자리로 갔다. 각 실에 초헌初獻 한 후 문 밖에서 음복하고 북향하여 절하니 어떤 이가 나무라기를 "음악을 9번 연주하고 당堂에 올라가 관례祼禮를 행해야 하는데 지금은 왜 이 예가 없는가. 또 술잔을 드리고[獻] 앞쪽 기둥 밖으로 나와서 각 실의 술을 가져다 하나에 합쳐서 음복하며 서향하여 절해야 하는데 지금은 어찌하여 각 실에서 음복하고 북향하여 절하는가." 하였다. 또 칠사七祀와 공신의 위를 모두 뜰 서쪽에 배설하니 나무라기를 "어찌하여 그 두 위가 모두 동향東向하는가." 하였다. 도감관都監官이 고쳐 칠사를 동쪽으로 옮기자 말하기를 "왜 그 자리를 바꾸었는가." 하였다. 아헌亞獻 할 때를 당해 등가登歌에 있는 자들을 내려오게 하였는데 악공들이 수긍하지 않으므로 억지로 내려오게 하였다. 예를 행할 때 삼가지 않은 것이 이와 같았다.

체제禘祭, 협제祫祭 때 태묘 뜰에 배향配享하는 공신

○ 태조 실室 : 태사太師 개국무열공開國武烈公 배현경裵玄慶, 태사太師 개국충렬공開國忠烈公 홍유洪儒, 태사太師 개국홍무공開國武恭公 복지겸卜智謙, 태사太師 개국장절공開國壯節公 신숭겸申崇謙, 태사太師 개국충절공開國忠節公 유금필庾黔弼, 태부太傅 희개공熙愷公 최응崔凝

○ 혜종 실 : 태사太師 개국엄의공開國嚴毅公 박술희朴述希, 태사太師 개국극익공開國克翼公 김견술金堅述

○ 정종 실 : 수태사守太師 개국위정공開國威靜公 왕식렴王式廉

○ 광종 실 : 태사太師 광위공匡衛公 유신성劉新城, 태사내사령太師內史令 개국정민공開國貞敏公 서필徐弼

○ 경종 실 : 태사太師 개국광익공開國匡益公 박양유朴良柔, 태사太師 개국민휴공開國敏休公 최지몽崔知夢

○ 성종 실 : 태사내사령太師內史令 광빈공光彬公 최량崔亮, 태사내사령太師內史令 문정공文貞公 최승로崔承老, 태위내사령太尉內史令 정헌공貞憲公 이몽유李夢游, 태사내사령太師內史令 장위공章威公 서희徐熙, 사도내사령司徒內史令 이지백李知白

○ 목종 실 : 태사내사령太師內史令 정신공貞信公 한언공韓彥恭, 태사문하시중太師門下侍中 충의공忠懿公 최숙崔肅, 태위문하시중太尉門下侍中 김승조金承祚

○ 현종 실 : 태사문하시중太師門下侍中 인헌공仁憲公 강감찬姜邯贊, 태사증문하시중太師贈門下侍中 절의공節義公 최항崔沆, 태사내사령太師內史令 정숙공貞肅公 최사위崔士威, 태사중서령太師中書令 영숙공英肅公 왕가도王可道

○ 덕종 실 : 태위문하시랑평장사太尉門下侍郎平章事 양의공襄懿公 유소柳韶

○ 정종 실 : 태사내사령太師內史令 원숙공元肅公 서눌徐訥, 태사문하시중太師門下侍中 경문공景文公 황주량黃周亮, 태사중서령太師中書令 문헌공文憲公 최충崔沖, 수사도문하시중守司徒門下侍中 정간공貞簡公 김원충金元沖

○ 문종 실 : 태위문하시중太尉門下侍中 순공공順恭公 최제안崔齊顏, 태사중서령太師中書令 장화공章和公 이자연李子淵, 태사중서령太師中書令 경숙공景肅公 왕총지王寵之, 태사중서령太師中書令 문화공文和公 최유선崔惟善

○ 순종 실 : 수사도문하시중守司徒門下侍中 문충공文忠公 이정공李靖恭

○ 선종 실 : 수태위문하시중守太尉門下侍中 장연현개국백長淵縣開國伯 정헌공貞獻公 문정文正, 수사도문하시중守司徒門下侍中 광숙공匡肅公 유홍柳洪, 수태위문하시랑평장사守太尉門下侍郎平章事 문정공文貞公 김상기金上琦

○ 헌종 : 없음

○ 숙종 실 : 수태위문하시중守太尉門下侍中 충겸공忠謙公 소태보邵台輔, 사공좌복야 참지정사司空左僕射參知政事 경렬공景烈公 왕국모王國髦, 수태위중서령守太尉中書令 충경공忠景公 최사추崔思諏

○ 예종 실 : 수사공중서시랑평장사守司空中書侍郎平章事 정간공貞簡公 유인저柳仁著,

수태사문하시중守太師門下侍中 영평백鈴平伯 문숙공文肅公 윤관尹瓘, 수태부문하시중守太傅門下侍中 문성공文成公 김인존金仁存, 수태부문하시중守太傅門下侍中 충렬공忠烈公 위계정魏繼廷

○ 인종 실 : 수태부중서령守太傅中書令 낙랑후樂浪侯 문렬공文烈公 김부식金富軾, 수태위문하시랑평장사守太尉門下侍郎平章事 장경공莊景公 최사전崔思全

○ 의종 실 : 평장사平章事 최윤의崔允儀, 평장사 공숙공恭肅公 유필庾弼, 평장사 문공원文公元

○ 명종 실 : 평장사 문정공文定公 윤인첨尹鱗瞻, 충숙공忠肅公 평장사 문극겸文克謙

○ 신종 실 : 문하시중門下侍中 문경공文景公 조영인趙永仁

○ 희종 실 : 평장사 문의공文懿公 최선崔詵, 평장사 양숙공良淑公 임유任濡

○ 강종 실 : 참지정사參知政事 익렬공翼烈公 정극온鄭克溫

○ 고종 실 : 평장사 문정공文正公 조충趙沖, 시중侍中 이항李杭, 시중侍中 위열공威烈公 김취려金就礪

○ 원종 실 : 평장사 이세재李世材, 평장사 채정蔡楨

○ 충렬왕 실 : 중찬中贊 문경공文敬公 허공許珙, 중찬 문량공文良公 설공검薛公儉

○ 충선왕 실 : 중찬 충정공忠正公 홍자번洪子藩, 중찬中贊 문정공文靖公 정가신鄭可臣

○ 충숙왕 : 없음

○ 충혜왕 실 : 정승政丞 사숙공思肅公 한악韓渥, 참리參理 이규李揆

○ 충목왕 : 없음

○ 충정왕 실 : 철성부원군鐵城府院君 문정공文貞公 이암李嵒, 흥안부원군興安府院君 문충공文忠公 이인복李仁復

○ 공민왕 실 : 정승政丞 정헌공正獻公 왕후王煦, 계림부원군鷄林府院君 문충공文忠公 이제현李齊賢, 익성부원군益城府院君 문충공文忠公 이공수李公遂, 하성부원군夏城府院君 양평공襄平公 조익청曹益淸, 서녕군瑞寧君 문희공文僖公 유숙柳淑

중사中祀

적전籍田

○ 성종 2년(983) 정월 을해일에 적전에서 친경親耕하고 신농씨神農氏에게 제사를 지냈는데 후직씨后稷氏를 배사配祀하였다.

○ 단壇은 사방 너비가 3장, 높이가 5척이며, 사방으로 계단을 내었다. 유壝는 둘이며 구덩이[坎]는 안쪽 유의 바깥 북쪽[壬地]에 있는데 남쪽으로 계단을 내었다.

신농씨의 자리는 북쪽, 후직씨의 자리는 동쪽이며 바닥에 돗자리를 깐다. 폐백은 청색으로 하고, 희생은 소·양·돼지 각 1마리를 쓴다. 축판에는 '신臣'이라 쓴다.{신하가 대행할 때는 소·양을 쓰지 않는다.}

○ 왕은 5일 동안 재계한다. 제향 2일 전 유 남문 밖 10보 떨어진 곳에 왕이 적전을 가는 자리[耕籍位]를 남향하여 설치하고, 쟁기 잡는 자리[耒席]을 그 동쪽에 설치하며, 밭갈이하는 것을 보는 자리[觀耕座]를 재전齋殿 남문에 설치한다. 왕태자와 삼공三公, 상서尙書 중 밭가는 자들의 자리와 쟁기 잡는 자리는 남쪽에서 조금 동쪽이고, 상서 중 밭갈이하지 않는 자들의 자리는 밭가는 자들의 동쪽이다. 여러 쟁기 잡는 자들의 자리는 밭가는 자들의 뒤쪽, 밭갈이하지 않는 자들의 앞쪽이며 서인庶人으로 밭갈이 하는 자들은 그 남쪽에 있다. 사농경司農卿이 쟁기 잡는 자리의 동쪽에, 장생령掌牲令은 그 남쪽에 있으며 상자를 받드는 관원[奉箱官]의 자리는 장생령의 뒤쪽인데 이들은 모두 서향한다.

상자 제도는 머리 양쪽에 손잡이[擡擧]가 있고 청색으로 꾸미며 덮개는 쓰지 않고 속은 9칸으로 나누어 9곡을 담고 청색 휘장[靑帊]으로 덮는다.

왕의 쟁기와 보습[耟]이 하나이고, 태자와 삼공, 여러 상서의 것이 각 하나씩으로 모두 열 개를 갖춘다. 밭가는 것을 돕는 자 12인은 진홍색[絳] 옷과 긴 귀가 있는 모자[介幘]를 착용한다. 서인으로 밭가는 자 40명은 모두 청색 옷을 입으며 소는 80마리이다. 쟁기의 보습은 나무로 날을 만드는데 밭가는 자들의 수와 같게 한다.

다음날 왕이 재전으로 행차한다.

○ 그 다음날 미명에 곤룡포와 면류관을 착용한다. 왕을 인도하여 대차大次에 들어간다. 승황령乘黃令이 쟁기를 장생령에게 주면 장생령은 그것을 가로로 잡되 보습을 왼쪽으로 하여 밭가는 곳[耕所]에 이르러 자리 위에 두고 사람을 시켜 지킨다. 대체로 쟁기를 잡을 때는 항상 가로로 하고, 줄 때는 쟁기를 앞으로 하고 보습을 뒤로 한다.

왕이 축판에 서명하고 나서 홀을 잡고 정문으로 들어간다. 유사가 행사를 시작할 것을 청하면 헌가軒架에서 고선궁姑洗宮 응안곡凝安曲을 세 번 연주하고 그친다. 왕이 잔을 드리려 할 때 등가登歌에서 대주궁大簇宮 성안곡成安曲을 시작한다.

종헌終獻을 마치고 왕이 망예위望瘞位로 가려 할 때 태자 이하는 동문으로 나가 각각 밭가는 자리[耕位]로 나아간다. 왕이 남쪽 유문으로 나가면 음악이 시작되고 적전을 가는 자리[耕籍位]이르러 남향하여 서면 태상경太常卿이 예를 행할 것을 청한다. 장생령이 쟁기가 있는 자리 남쪽으로 가서 북향하여 머리를 숙이고 엎드려 무릎 꿇고 홀을 꽂은 후 쟁기를 싼 것을 풀어 쟁기를 꺼내서 잡고 일어선다. 그리고 쟁기를 사농경에게 주면 사농경은 시중侍中에게 주고 시중은 쟁기를 받들어 왕에게 바친다. 왕은 홀을 놓고 쟁기를 받는다. 왕이 다섯 번 밀고[推] 나면 시중이 쟁기를 받아 사농경에게 주고 사농경은 다시 장생령에게 주며 장생령은 받아서 다시 자루에 넣어 자리에 둔다.

태상경이 앞에서 인도하여 왕이 밭가는 것을 보는 자리[觀耕位]로 나아간다. 이때 왕태자는 일곱 번 밀고, 삼공과 상서는 각 아홉 번 민다. 이것이 끝나면 제례를 마쳤다고 아뢴다. 왕은 대차로 돌아가고 이때 향사관들은 일을 끝내고 나간다.

사농소경司農少卿이 서인을 통솔하여 차례로 천千 이랑을 간다. 상자를 받는 관원이 청색 상자를 사농경에게 주고 사농경은 청색 상자를 받들어 피와 기장의 종자를 가지고 밭갈이 하는 장소로 가서 뿌리고 다시 자리로 간다. 사농소경이 마지막 이랑까지 검사하고 사농경이 가서 경작한 것을 살피고 재전齋殿으로 가서 일한 것을 다 살폈다고 아뢴다. 난가가 이에 돌아간다.

○ 적전의 예는 성종 2년(983)부터 시작되었다.

○ 선잠단先蠶壇의 단은 사방 2장이고 높이는 5척이다. 제향祭享은 3월 길한 사巳일에

있으며 폐백은 검은 색으로 하고 희생은 돼지를 쓴다. 태상경이 헌관이 되고 신위는 '선잠서릉씨先蠶舒陵氏'라 한다.

문선왕묘文宣王廟[45]

○ 문성왕묘 예감은 대성전의 북쪽 임지壬地에 있다. 신위를 배설할 때 문선왕의 자리는 대성전 위 북쪽 벽 앞에 남향하며 연국공兗國公 안회顏回를 배사配祀하였다.

낭야공琅琊公 민손閔損, 동평공東平公 염경冉耕, 하비공下邳公 염옹冉雍, 임치공臨淄公 재여宰予, 성백郕伯 증삼曾參은 모두 동쪽 벽 앞에 배설한다.

여양공黎陽公 단목사端木賜, 팽성공彭城公 염구冉求, 하내공河內公 중유仲由, 단양공丹陽公 언언言偃, 하동공河東公 복상卜商, 추국공鄒國公 맹가孟軻는 모두 서쪽 벽 앞에 모신다.

영창후穎昌侯 전손사顓孫師, 금향후金鄉侯 담대멸명澹臺滅明, 선보후單父侯 복불제宓不齊, 임성후任城侯 원헌原憲, 고밀후高密侯 공야장公冶長, 여양후汝陽侯[46] 남궁도南宮縚, 북해후北海侯 공석애公晳哀, 내무후萊蕪侯 증점曾點, 곡부후曲阜侯 안무유顏無繇 수창후須昌侯 상구商瞿, 공성후共城侯 고시高柴, 평여후平輿侯 칠조개漆雕開, 수장후壽長侯 공백료公伯寮, 수양후睢陽侯 사마경司馬耕, 익도후益都侯 번수樊須, 거야후鉅野侯 공서적公西赤, 평음후平陰侯 유약有若, 동아후東阿侯 무마시巫馬施, 남돈후南頓侯 진항陳亢, 천승후千乘侯 양전梁鱣, 양곡후陽穀侯 안신顏辛, 임기후臨沂侯 염유冉孺, 제성후諸城侯 염계冉季, 목양후沐陽侯 백건伯虔, 지강후枝江侯 공손룡公孫龍, 신식후新息侯 진염秦冉, 견성후甄城侯 진조창秦祖商, 복양후濮陽侯 칠조치漆雕哆, 뇌택후雷澤侯 안교顏驕, 고원후高苑侯 칠도보漆徒父, 상규후上邽侯 양사적壤駟赤, 장산후長山侯 임방林放, 추평후鄒平侯 상택商澤, 성기후成紀侯 석작촉石作蜀, 당양후當陽侯 임부제任不齊, 모평후毛平侯 공량유公良孺, 문등후文登侯 신정申棖, 상채후上蔡侯 조휼曹卹, 제양후濟陽侯 해용잠奚容箴, 부양후滏陽侯 구정강勾井彊, 치천후淄川侯 신당申黨은

---

45 문선왕文宣王은 당唐나라 현종玄宗이 공자孔子에게 내린 시호이며, 문성왕묘는 곧 문묘文廟이다.

46 『휘찬여사』 본문에는 목양후沐陽候로 되어 있으나 여양후로 고쳤다. 이 부분에는 이외에도 착오가 더 있으나 일일이 표시하지 않았다.

모두 동무東廡에 모신다.

즉묵후卽墨侯 공조구자公祖勾玆, 염차후厭次侯 영계기榮旂期, 무성후武成侯 현성縣成, 남화후南華侯 좌인영左人郢, 견원후汧源侯 연급燕伋, 구산후朐山侯 정국鄭國, 화정후華亭侯 진비秦非, 임한후臨濮侯 시상施常, 제음후濟陰侯 안쾌顔噲, 박창후博昌侯 보숙승步叔乘, 완구후宛勾侯 안지복顔之僕, 내황후內黃侯 거원蘧瑗, 박평후博平侯 숙중회叔仲會, 당읍후堂邑侯 안하顔何, 임려후林慮侯 적묵狄墨, 고당후高堂侯 규손邽巽, 운성후鄆城侯 공충孔忠, 임구후臨朐侯 공서여여公西輿如, 서성후徐城侯 공서잠公西箴, 양평후陽平侯 금장琴張, 중도백中都伯 좌구명左丘明, 난릉백蘭陵伯 순황荀況, 임치백臨淄伯 공양고公羊高, 수양백睢陽伯 곡량적穀梁赤, 승씨백乘氏伯 복승伏勝, 내무백萊蕪伯 고당생高堂生, 고성백考城伯 대성戴聖, 낙수백樂壽伯 모장毛萇, 곡부백曲阜伯 공안국孔安國, 팽성백彭城伯 유향劉向, 중모백中牟伯 정중鄭衆, 성도백成都伯 양웅楊雄, 구씨백緱氏伯 두자춘杜子春, 부풍백扶風伯 마융馬融, 양향후良鄕侯 노식盧植, 고밀백高密伯 정현鄭玄, 영양백滎陽伯 복건服虔, 기양백岐陽伯 가규賈逵, 임성백任城伯 하휴何休, 사공司空 왕숙王肅, 언사백偃師伯 왕필王弼, 사도司徒 두예杜預, 신야백新野伯 범녕范甯은 모두 서무西廡에 모신다.

이것은 모두 송宋나라 국자감國子監의 신위 차례를 따른 것이다.

○ 예종 9년(114) 8월에 왕이 국학國學에 가서 선성先聖, 선사先師에게 술을 부어드리고[酌獻] 강당으로 가서 열명편說命篇[47]을 강하게 하여 백관과 유생 700인에게 뜰에 서서 강을 듣게 하였다. 예종 11년(1116)에 최치원崔致遠을 내사령內史令으로 추증하고 배향[從祀]하도록 하였으며 설총薛聰과 함께 남벽南壁에 오르게 하였다. 예종 9년(1114)에 석전제는 춘추로 처음 정丁일에 지내도록 하고 폐백은 흰색으로 희생은 돼지를 쓰도록 하였다.

47 『서경書經』「상서商書」의 편명이다.

소사小祀

○ 풍사단風師壇의 높이는 3척, 너비는 23보이고 국성國城 동북쪽 영창문令昌門에 있다. 입춘立春 뒤 축丑일에 제사한다. 우사雨師 및 뇌사雷師는 단을 함께 하며 높이는 풍사와 같고 국성 안 서남쪽 월산月山에 있다. 입하立夏 뒤 신申일에 제사한다. 영성靈星(농업 신) 단은 어디에 있었는지 알 수 없고, 높이는 풍사단과 같으며 둘레가 8보 4척이고 입추立秋 뒤 진辰일에 제사한다. 이 단들은 모두 4면에 계단이 있다. 또 이 단들의 요단燎壇은 안쪽 유 밖 20보 남쪽에 있는데 너비는 5척이고, 크기가 사방 2척이며 위로 열리는 문을 남쪽으로 낸다. 축판祝版은 모두 신神이라 칭하고 희생은 돼지 한 마리를 쓴다.{모든 제사에서 변籩과 두豆를 대사에는 12기, 중사에는 10기, 소사에는 8기를 쓴다.}

○ 장마가 들면 국문國門에서 영제禜祭를 지내고, 비가 그치면 보답하는 제사를 지내며 소뇌小牢[48]를 쓴다.

○ 정종 5년 정월 신축일에 우사雨師에 제사를 지냈는데 이는 때가 맞지 않는 제사였다.

○ 사한司寒[49]에는 10월과 얼음을 저장할 때, 빙고를 열어 얼음을 쓰기 시작 할 때에 모두 제사한다.

○ 마조馬祖(말의 수호신) 단은 너비가 9보, 높이가 3척이고 요단은 신단 남쪽에 있다. 2월의 길일을 택해 천사天駟에 제사지낸다.

○ 선목先牧・마사馬社・마보馬步[50]의 단은 각각 높이가 너비가 9보이며 감坎은 임지에 있다. 5월에 선목에, 8월에 마사에, 11월에 마보에 제사지내며 희생은 돼지를 쓴다.

48 제사에서 소・양・돼지를 모두 쓰는 것을 대뇌大牢, 양・돼지만 쓰는 것을 소뇌小牢라 하였다.
49 사한司寒은 겨울을 관장하는 신이다.
50 선목先牧은 말을 처음 길렀고, 마사馬社는 말을 처음 탔으며, 마보馬步는 말을 해친다고 믿었다.

잡사雜祀

○ 고려의 과거 사실을 보면 궁궐 뜰에서 천지 산천에 두루 제사를 지냈는데 이것을 초제醮祭라 하였고 때로는 사신을 보내 산천에 제사를 지냈는데 이것을 질제秩祭라 하였다.

○ 현종 2년(1011)에 거란군이 장단長湍 감악산紺嶽山에 이르렀을 때 깃발[旌旗], 군사, 말이 있는 것 같아서 거란 군사가 두려워하여 감히 전진하지 못했다. 삼별초의 난 때 무등산無等山 산신이 도운 영험이 있어 이 두 산 모두 제사지내는 예전[祀典]에 실리게 되었다.

○ 현종 16년(1025)에 남해에서 산호珊瑚가 나와 이때부터 남해에 제사지냈다.

○ 선종 5년(1088) 염주鹽州 동쪽에 있는 전성氈城에 사신을 보내 초제를 지내게 했는데 이곳은 옛날 하늘에 제사지내던 단이 있는 곳이었다.

○ 숙종 7년(1102)에 예부禮部에서 아뢰기를 "우리나라의 교화와 예의는 기자箕子로부터 비롯되었는데 사전祀典에 실리지 않았습니다. 그 무덤을 수리하고 사당을 세워 제사하기를 바랍니다." 하였다. 왕이 이 말을 따랐다. 충숙왕 12년(1325) 10월에 평양부에 기자 사당을 세우도록 명하였다.

○ 예조藝祖(문덕의 시조) 사당에 제사를 지내는 것은 명종대 시작되었다. 충렬왕대부터 동명東明을 목멱木覓 사당에서 제사지냈다.

흉례凶禮

○ 고려에서는 국상[國恤]의 의례를 세우지 않고 나라에 큰 상이 나면 그때마다 전례와 고사를 모으고 골라 부비附比하여 일을 하였다. 일이 끝나면 감추고 전하지 않으므로 역사에서 볼 수 있는 것은 다만 줄거리일 뿐이다.

○ 태조 26년(943) 5월 병오일에 왕의 병이 위중해져 신덕전神德殿으로 가서 학사 김

악金岳에게 명하여 유조遺詔를 초하도록 하고 잠시 있다가 훙거薨去하였다. 태자와 여러 왕씨들과 근신들이 땅을 치며 슬피 부르짖었다. 이윽고 백관들에게 내의성內議省 문 밖에 줄지어 서게 하고 유명遺命을 선포하였다. 태자가 즉위하여 여러 신하를 거느리고 소리 높여 곡하며 애도하였다[擧哀]. 6월 무신일에 상정전詳政殿에서 상을 발표하고[發喪] 하고 유조遺詔를 선포하였다. 기유일에 상정전의 서쪽 계단을 빈전殯殿으로 하였다. 경오일에 조전祖奠[51]을 행하였는데 태상경이 시책諡册[52]을 읽고 섭시중攝侍中 원보元甫와 행예빈령行禮賓令 왕인택王仁澤이 태뢰太牢를 잡아 드렸다. 임신일에 현릉顯陵에 장사지냈다. 유명에 따라 상제와 장제, 능제는 한漢나라, 위魏나라의 고사에 의거해 모두 검약하게 하였다.

○ 현종의 상은 양암諒闇[53], 반곡反哭[54] 등을 하나같이 당나라 덕종德宗대의 일을 따라 하였다.

○ 문종 37년(1083) 7월 신유일에 왕이 중광전重光殿에서 훙거하여 선덕전宣德殿을 빈전으로 하였다. 이날 순종이 즉위하였고 8월에 경릉景陵에 장사지냈다. 10월 을미일에 순종이 상차喪次에서 훙거하였다. 병신일에 선종이 즉위하였고 무술일에 백관을 거느리고 성복成服하였다.[55] 11월 경신일에 왕이 몸소 가서 빈전을 열고 곡하였는데 애통하기 그지없었다. 성릉成陵에 장사지냈다. 송나라 황제가 좌간의左諫議 양경략楊景略, 예빈사禮賓使 왕순봉王舜封을 보내 문종을 제사지내게 하고, 우간의右諫議 전협錢勰, 서합문사西閤門使 송구宋球에게는 조문하고 위로하게 하였다. 사왕嗣王(뒤를 이은 왕)이 혼전魂殿에 제수를 진설하였는데 사使와 부사副使가 재배하고 사가 홀을 꽂고 분향하며 술을 따르고 축문을 읽었다. 사와 부사가 재배하고 나자 사왕이 궁궐을 향해 섰다. 사신이 칙서勅書가 있다고 하자 왕이 재배하였다. 사신이 말로 선포하고 나서 왕이 재배하였다. 사

---

51 발인하기 전에 영결을 고하는 제사 의식을 이른다.

52 왕과 왕비가 죽은 뒤 시호諡號를 올릴 때 쓰는 책이다.

53 왕이 부모의 상중에 있을 때 거처하는 방이나 기간을 이른다.

54 장지로부터 신주를 모시고 돌아와 영좌靈座에 모시고 곡하는 것이다.

55 상을 당한 뒤 초종初終, 습襲, 소렴小斂, 대렴大斂 등을 마친 뒤 상복으로 갈아입는 절차이다.

신이 부조賻詔를 받아서 왕에게 주었고 왕은 무릎 꿇고 받았다. 예가 끝난 후 조위사와 부사는 조금 물러나서 말로 선포하였다. 선포가 끝나면 위조慰詔를 받는 의식은 위와 같았다. 의식이 끝난 후 사와 부사는 각각 위로하는 글을 펼쳤다.

○ 명종 5년(1175) 5월 병신일에 의종의 상사를 발표하고 백관들이 3개월 동안 검은[玄] 관을 쓰고 흰 옷을 입게 하였다. 임인일에 희릉禧陵에 장사지냈다.

○ 명종 13년(1183) 11월 계미일에 임태후任太后[56]가 훙거하여 의창궁義昌宮 옆에 있는 개인집을 빈전으로 하였다. 윤11월에 순릉純陵에 장사지내고 상복을 벗었다. 14년(1184) 2월 임술일에 졸곡[57]하였다. 예관이 아뢰기를 "왕과 여러 신하들이 모두 검은[皂] 띠를 매어 하나같이 문종 때의 고사를 따르십시오." 하자 중서성에서 그 주장을 반박하기를 "왕후의 상제는 대왕의 상제와 같아서는 안 됩니다." 하였다. 왕이 말하기를 "자식의 부모에 대한 마음은 한가지이니 어찌 경중이 있을 수 있겠는가. 졸곡 후에 짐이 비록 홍색 띠를 허용하더라도 경들은 예법을 들어서 고사해야 하는데 하물며 상기喪期 내에 짐이 늘 검은 띠를 하는데 여러 신하들이 홍색 띠를 맬 수 있는가." 하였다. 이에 모두 검은 띠를 매었다. 5월 제향에 금나라 사신이 왔는데 채붕彩棚[58]을 매는 것과 음악을 연주하는 것은 하지 않았다.

○ 신종 5년(1202) 11월 무오일에 명종이 훙거하여 왕에 대한 예법으로 장례를 치르려 하였는데 최충헌이 허락하지 않으므로 등급을 낮추어 경순왕후景順王后(명종의 비)의 장례 의식을 따랐고 때때로 인종의 장례 의식을 썼다. 백관과 사서인士庶人은 3일 동안 상복을 입은 후 벗었으며 오직 장례도감葬禮都監은 장례를 마치고 나서 상복을 벗었다.

○ 충혜왕[永陵]이 중국 악양현岳陽縣에서 훙거하여 부고가 왔으므로 3일 동안 정사를 보지 않고 시장을 열지 않았다.

---

56 인종의 비인 공예태후恭睿太后로 명종의 생모이다

57 장사를 마치고 삼우제三虞祭를 재낸 뒤 무시애곡無時哀哭을 끝내는 제사이다.

58 나무로 단을 매고 오색 천으로 장식한 무대이다.

○ 공민왕 원년(1354) 3월 신해일에 충정왕[聰陵]이 강화도에서 독살당하여 모든 관청에서 한 사람씩 참최斬衰 복을 입었다. 7월에 장사지냈다.

군례軍禮

○ 예종 2년(1107) 10월에 윤관尹瓘을 원수로, 오연총吳延寵을 부원수로 삼아 여진女眞을 정벌하러 가게 하였다. 유사에게 태묘太廟에 고제告祭를, 대사大社에 의제宜祭를 지내도록 하였다. 왕이 경령전景靈殿에 가서 부월斧鉞[59]을 내주었다. 12월에 초하루 임오일에 왕이 위봉루威鳳樓로 가니 재신宰臣들은 동쪽 옆 계단으로, 추부樞府는 서쪽 옆 계단으로 전에 올랐다. 모두 전에 오르자 원수와 부원수가 선재정포宣齋征袍를 입고 전 뜰에 들어가 북향하여 서서 재배하였다. 칙명이 있다고 하면 재배하고 사인舍人이 '말로 선포하는 칙명을 직접 들어라' 외치면 재배하였다. 합문閤門이 원수를 인도하여 서쪽 계단으로 전에 올라 왕의 자리 오른쪽으로 나아가 모든 방략을 아뢰었다. 상장군이 부월斧鉞을 받들어 왕의 오른쪽으로 가서 무릎 꿇고 드렸다. 왕이 자리에서 내려와 부월을 잡아 원수에게 주었다. 원수는 무릎 꿇고 받은 후 전에서 내려와 부원수와 함께 정문으로 나왔다. 낭장郎將이 부월을 받들어 앞에서 인도하였다. 다음으로 검할鈐轄, 부판관副判官 이상을 인도하여 전 뜰에 들어가 절한 뒤 서쪽 옆문으로 나왔다. 녹사錄事 이하는 문 밖에서 절하였다. 이에 왕은 안으로 들어가고 의장대와 시위군사는 나왔다. 원수가 태정문泰定門 밖으로 나오면 음악을 시작하고 병부兵部에 이르면 음악이 그친다. 검할 이하가 의식을 마치면 군사들이 행진한다.

○ 출정한 군사들이 돌아올 때 재신을 임시로 주둔한 곳[宿亭]에 보내 연반사筵伴使를

59 장수가 출정할 때 왕이 통수권의 상징으로 주던 큰 도끼와 작은 도끼를 말한다.

삼아 잔치를 베풀어 준다. 원수 이하는 궁궐을 향해 왕의 건강이 어떤지 묻고 표문表文을 받들고 사례한다. 낮에 잠시 머무는 곳에 공후公侯를 보내 연반사로 삼는다. 연반사는 동쪽에 원수 자리는 서쪽으로 하며 표문을 부친다. 의식이 끝나면 원수는 거느린 군사를 통솔하여 개가凱歌를 부르며 좌, 우 2부로 나누어 차례로 줄지어 북을 치고 나팔을 불며 분위기를 돋우게 한다. 광화문廣化門에 이르면 음악을 멈춘다. 왕이 내전에서 나와 자리에 앉으면 원수 이하가 뜰에 들어간다. 원수가 서쪽 계단으로 올라가 왕의 오른쪽에 무릎 꿇고 부월을 바치고 전에서 내려와 전문殿門 밖으로 나온다. 각각 공복公服을 입고 전의 뜰에 들어가 재배하여 무도舞蹈[60]를 한다. 또 재배하며 '왕[聖躬]께 만복이 깃들길 빕니다.'라고 아뢴다. 원수가 재배하고 나와 왕의 덕을 찬양한다. 승지承旨가 동쪽 계단으로 내려와 선포하기를 "나라의 어려움을 평정한 공업을 짐朕은 가상하게 여긴다."라고 하면 재배하고 무도를 행하며 또 재배한다. 합문閤門이 왕이 하사한 술을 내려주면 또 무도를 행한 후 인도하여 나간다.

○ 인종이 김부식金富軾에게 서경西京(평양)을 토벌하도록 하였는데 천복전天福殿에 가서 부월을 주어 보냈다. 그 후에 정숙첨鄭叔瞻, 염제신廉悌臣이 장수가 되었을 때도 모두 부월을 주고 보냈다.

빈례賓禮

명明나라의 조서詔書를 가지고 오는 사신이 당도하기 전에 관원을 보내 멀리서 접대한다. 유사에게 국문國門 밖 공관公館에 장막을 치고 그 안에 용정龍亭을 두며, 길거리에 채붕彩棚을 매게 한다. 왕궁 안에 궐정闕庭을 설치하고 전 위에 향안香案을 두고 그

60 신하가 왕을 알현할 때의 예절의 일종이다.

앞의 좌우에 사향위司香位를 정한다. 개독안開讀案[61]을 전 계단 동북쪽에 두고 봉조관奉詔官의 자리를 개독안 북쪽에, 선조관宣詔官의 자리를 그 남쪽에, 전조관展詔官 2인의 자리를 더 남쪽에 정하는데 이들은 모두 서향한다.

조서가 공관에 오면 용정에 안치한다. 왕이 백관과 원로 대신[耆老]들을 거느리고 국문國門 밖으로 나가 조서를 맞아 앞서가는데, 징과 북이 제일 앞에, 그 다음에 기로들이, 그 다음에 여러 관원들이 조복을 갖춰 입고 가고, 그 다음에 왕이 면복冕服을 입고 가고, 그 다음에 의장대와 악대가 간다. 용정이 그 다음에 가고, 사신은 평상복平常服을 입고 용정의 뒤에 간다.

돌아와 궁문에 이르면 앞서 인도한 대열은 좌우로 나누어 들어가고 용정은 전 위에 둔다. 사신의 자리는 그 동쪽이다. 왕이 들어가 자리로 나아가고 사신이 앞으로 가서 남향하여 제서制書(황제의 명령)가 있다고 하면 음악이 시작된다. 왕 및 여러 신하 이하가 모두 4배하고 왕이 서쪽 계단으로 전에 올라 향안 앞으로 가 북향하여 선다. 무릎 꿇고 세 번 향을 올리고 내려온다. 사신이 용정으로 가서 조서를 받들어 봉조관에게 주고 봉조관이 그것을 받들어 개독안에 이른다. 선조관이 전 위로 올라가 개독안 남쪽에서 조서를 받아 전조관과 마주하여 조서를 펼친다. 왕이 무릎 꿇고 조서를 선포하고 나면 음악이 시작되고 4배 한다. 4배 후에 홀을 꽂고 몸을 굽히고, 세 번 무도舞蹈를 하고, 왼 무릎을 꿇고 세 번 머리를 땅에 조아린다. '산호만세山呼萬歲! 산호만세!' 하고 다시 '산호만세!' 한다. 음악이 시작되고 4배 한다. 예식이 끝나면 왕과 조사는 손님과 주인으로 나뉘어 예를 행한다.{북조北朝의 사신을 맞을 때는 왕의 자리가 동쪽이며, 명나라의 사신을 맞을 때는 왕이 동향하고 사신이 서향한다.}

61 조서를 꺼내 읽는 데 쓰는 책상이다.

가례嘉禮

○ 여정궁麗正宮에 책문을 올리는 날 왕이 전에 앉는다. 합사閤士가 선포하기를 "태위太尉와 사도司徒는 전에 올라와 공손히 기다리라[祗候]." 하면 모두 재배하고 동쪽 계단으로 올라가 전 위의 두 기둥 남쪽으로 나아간다. 추밀樞密이 제서制書를 받들어 읽기를 "짐朕이 옛 전례를 상고하여 모후를 왕태후王太后로 높이고자 한다. 이제 경들을 보내 예물을 갖추어 옥책玉册을 올리고자 한다."라고 한다. 다 읽으면 재추宰樞가 책함册函, 인장印章과 금보金寶, 예물 목록[物狀] 등을 받들어 앞으로 나가 무릎 꿇는다. 왕이 이것을 받아 몸소 전해주는데 태위가 무릎 꿇고 책함을 받고, 사도가 인보와 물장을 받는다.{모두 내시가 손잡이로 든다.} 서쪽 계단으로 전을 내려와 전 뜰 서쪽 탁자 위에 동향하여 올린다.{책이 북쪽에 있고 인이 남쪽에 있다.} 부신符信을 가진 자가 전을 내려와 옥책과 인보와 물장을 인도하여 중문으로 나와 누자樓子에 안치한다. 태위와 사도가 재배하고 따라서 나온다.

진헌할 물품을 실은 담상擔牀이 앞서고, 다음에 행로行爐와 차茶를 메고, 다음으로 교상絞牀과 수관자水灌子가, 다음으로 산마안散馬鞍, 자수대개紫繡大蓋, 홍소개紅小蓋, 연평련延平輦, 다음으로 옥책 인새 물장을 넣은 누자와 신부를 가진 자, 다음으로 태위와 사도 이하가 가는데 의장대와 시위대를 갖추고 음악을 울린다. 경문景門으로 들어가 대관전大觀殿 문 밖에 늘어선다.

재신과 추신, 문무백관들이 들어가 자리로 나아간다. 왕 및 태후가 모두 막차幕次에 있다. 밖의 준비가 다 되었다 아뢰면 음악이 시작된다. 상궁이 태후를 인도하여 정전正殿에 앉게 한다. 왕이 전 위에서 정중하게 절하고[肅拜] 문무관원들도 모두 정중하게 절한다. 숙배가 끝나면 태위와 사도가 내급사內給事 있는 곳으로 나아가 무릎 꿇고 아뢰기를 '신 아무개, 신 아무개가 보내심을 받아 예물과 책명册命을 가지고 왔습니다.' 하면 내급사가 전으로 올라가 태후의 영지令旨를 받아 내려와 말하기를 '좋다.' 한다. 태위와 사도가 전으로 올라 북향하고, 책문을 읽는 관리가 책문을 읽기를 마치면, 태위가 책문을 받들어 상궁에게 주고 사도司徒가 옥새를 받들어 상복尙服에게 준 후 내려온다.

왕이 전 위에서 진하하고 재추 이하는 재배한다. 재배하고 나면 내급사가 영지를 선포하기를 '공들이 보위寶位에 높여 올려주니 매우 고맙지만 한편으로 부끄럽다.' 한다. 모두 재배하고 예식을 마쳤다고 아뢰면 태후는 안으로 들어가고 왕은 막차로 들어간다. 문무반은 멀리서 진하하고 재배하며 걸어서 나아가며 치하하고 절하고 무도한다. 절이 끝나면 문무반이 인도되어 나간다.

○ 왕이 여러 신하들에게 잔치를 베푼다. 문무 3품, 성省, 대臺, 지제고知制誥 이상은 전殿 위에 앉고, 4품 이하는 서쪽 월랑月廊에 앉는다. 수준壽尊은 전 위 동남쪽에, 군신들의 준은 계단 아래 동쪽과 서쪽에 있다. 영공令公이 걸어 나아가서 아뢰기를 '신들이 엎드려 살피건대 성상께서 의식대로 옥책을 만드셔서 모후[璇宮]의 호를 높이셨으니 이는 국가가 함께 할 경사이며 사직을 영원히 이어가는 데 맞는 일입니다. 신들이 기쁨을 견디지 못해 껑충껑충 뛰며 환호합니다.' 한다. 영공이 다 아뢰고 자리로 돌아가면 전 위로 인도하여 재배한 후 무릎 꿇고 아뢰기를 '신들은 이 큰 경사에 기쁨을 이기지 못하며 삼가 천만세수를 비는 술을 올리고자 합니다.' 하면 전하여 이르기를 '좋다.' 한다. 백관이 재배한 후 영공이 물러나 손을 씻고 술을 따라 올리면 음악이 시작된다. 왕이 술을 들어 올리면, 문무백관이 재배하고 무도를 행하며, 모두 마치면 백관을 인도하여 나온다.

○ 선종 3년(1086) 2월 병인일에 왕태후에게 책문을 올리고 건덕전乾德殿에 가서 축하를 받았다. 조종조 이래 책봉하는 예를 많이 폐하였는데 이때 와서 회복하였다.

○ (왕비 책봉에서) 왕이 친히 정전에서 책문을 낼 때[臨軒發册]도 역시 태위를 책사册使로 삼고 사도를 부사로 삼으며 왕은 황포黃袍를 입고 전에 앉는다. 문무백관이 절을 끝낸 후 재신과 추밀을 나누어 인도하여 동쪽, 서쪽 옆 계단으로 전에 오르고 책사와 부사 이하 행례관이 처음 문으로 들어가서 음악이 시작되면 재배한다. 근신이 조안詔案 동쪽으로 가서 함을 받들어 시중에게 주고, 동쪽 계단으로 인도하여 내려가 제서制書를 전하는 자리[傳制位]로 가서 서향하여 선다. 책사와 부사가 자리로 나아가 북향하면 시중이 '제서가 있다' 말한다. 책사와 부사가 재배하면 시중이 제서를 선포하기를 '모씨를 왕비로 책봉하니 경들은 신부를 가지고 예를 행하라.' 한다. 선포하고 나서 함을 들어

책사册使에게 주면 책사는 무릎 꿇고 받아 부사에게 주고, 부사도 무릎 꿇고 받아{함을 가진 자가 받는다.} 일어나서 재배한다. 문하시랑이 부신을 담당한 2인을 거느리고 부신을 싼 것을 벗겨 전제위로 가서 서향하여 부신을 들어 책사에게 준다. 전해주는 절차는 위의 의식과 같다. 조서함은 책사의 남쪽에, 부신을 가진 자는 그 남쪽에 있다. 책함은 조서함 북쪽에 있고 도장과 끈[璽綬]을 가진 자는 그 북쪽에 있다. 길에서는 차례대로 간다. 책사와 부사가 제자리로 가면 자리에 있는 모든 자들이 재배한다.

○ 책사와 부사를 인도하여 정문으로 나가 궁문 밖으로 간다. 수책관受册官(책문을 받는 관원)이 조서에 절하고 나면 책사와 부사는 오른쪽에 북향하여 서고 수책관은 왼쪽에 남향하여 서서 서로 읍하고 동행하여 궁의 뜰로 들어간다. 책문을 받는 자가 무도를 행하고 나서 책사가 '제서가 있다.'고 하면 책문을 받는 자는 재배한다. 책사가 조서를 다 읽고 나서 부사가 조서를 들어 조금 앞에서 남향하여 선다. 책문을 받는 자는 북향하여 무릎 꿇고 받고 나서 무도舞蹈를 행한다. 독책관讀册官(책문을 읽는 관원)이 책문을 선포하는 자리[宣册位]로 가서 동향하여 무릎 꿇고 책문을 읽는다. 다 읽고 나면 책사와 부사는 마주하여 책함을 들고 무릎 꿇고 전해준다. 책함을 받는 자도 무릎 꿇고 받는다. 책사가 인장과 끈을 받들어 책문을 받는 자에게 전해준다.{이것을 모두 다시 궁관宮官이 받는다.} 모두 제자리로 돌아오면, 책문을 받은 자가 무도를 행하고 나서 서로 읍하고 문을 나간다.

○ 연반筵伴이 굴장屈狀을 바치면 책사와 부사는 답장을 보낸다. 연반이 문 밖 왼쪽에 남향하여 서고 책사와 부사는 오른쪽에 북향하여 서서 읍한다. 들어가 비단 요를 깔아둔 자리[褥位]로 나아가 자리잡고 서서 서로 문안글[起居狀]을 주고받는다. 손님과 주인이 모두 재배하고 한 걸음 나가 또 재배하고, 한 걸음 나가 또 재배한다. 이어서 자리로 나아가 읍하고 좌석으로 나아간다. 연반의 자리는 북쪽 벽 앞 중앙에 남향하고, 책사와 부사의 자리는 남쪽 벽 앞이며 동쪽을 상석으로 한다. 손님과 주인이 욕위로 나아가면 연반이 잔을 드리겠다고 청하며 손님은 사양한다. 세 번째 청하면 손님이 '감히 더 사양하지 못하겠습니다.' 하고 {손님과 주인이 사양하는 모든 경우에 집례자가 돕는다.} 서로 읍한다. 주전자와 잔을 든 자가 연반 왼쪽으로 가 서향하여 서서 읍한

다. 연반이 홀을 꽂고 술을 따르고 나서 홀을 빼서 읍한 후 잔을 들고 앞으로 나아가 무릎 꿇고 손님에게 준다. 손님이 앞으로 나아가 무릎 꿇고 홀을 꽂고 나서 잔을 받아 잔을 드는 사람[盞人]에게 준다. 손님의 종자從者가 잔을 받아 책사에게 가서 북향하여 서면 손님과 주인이 모두 몸을 일으켜 홀을 들고 서로 읍하고 선다. 부사와 독책관에게 헌작할 때도 마찬가지다.

손님이 수작酬酌할 것을 청하면 연반이 사양하고 세 번째 청하면 연반이 '감히 더 사양하지 못하겠습니다.' 하며 손님과 주인이 서로 읍한다. 주전자와 잔을 든 자가 손님 오른쪽으로 가서 서향하여 서면 책사가 읍하고 홀을 꽂고 나서 잔을 들어 부사에게 준다. 책사가 홀을 뽑아 읍하고 다시 홀을 꽂고 나서 술을 따른다. 따르고 나서 홀을 꺼내 읍하고 다시 잔을 준다. 부사가 홀을 꺼내 읍하고 홀을 꽂고 나서 술을 따른다. 독책관도 이와 같이 한다. 다 따르면 책사가 앞으로 나아가 무릎 꿇으며 연반도 무릎 꿇고 잔을 받아 잔 드는 사람에게 준다. 잔 드는 사람이 연반의 왼쪽에 남향하여 서면 손님과 주인이 모두 몸을 일으켜 물러나서 다시 자리로 돌아가 재배하고 각각 좌석으로 간다. 집례자가 '음飮'이라 말하면 음악이 시작된다.

다섯 번 잔을 주고받은 후에 왕이 보낸[宣送] 화주사花酒使가 도착하면 인도하여 들어오게 하는데 책사를 인도할 때와 마찬가지로 한다. 문을 들어오면 모두 재배한다. 권화사勸花使[62]가 말로 왕의 뜻을 전하면 책사 이하는 절하고 무도하고 다시 절한다. 모두 계단을 올라 머리에 꽃을 꽂는다. 권화사가 왕이 내린 술을 책사, 부사, 독책관, 연반 차례로 따라 준다. 책사 이하가 왕이 내린 술을 권화사에게 따라 준다. 이것이 끝나면 각각 제자리로 가 서서 마신 후 내려와 무도를 하고 기거장起居狀을 주고받는다. 여덟 가지 음식이 들어오고 나서 손님과 주인이 모두 몸을 일으켜 쉬는 곳으로 나아간다. 궁정에서 별도로 보낸 꽃과 술이 있으면 꽃을 머리에 꽂고 술을 마신다.

62 고려시대 각종의 책봉례册封禮를 행할 때 국왕이 보내는 사절단의 일원. 태후·왕비·태자·왕자·왕녀 등에 대한 책봉이 끝나고 축하 연회를 열 때, 주인主人·책사册使·부책사副册使 및 독책관讀册官 등에게 왕이 하사한 꽃[宣花]과 술[宣酒]을 압화사押花使로부터 넘겨 받아 꽂아 주고 따라 주는 책임을 맡았다.

잠시 쉬고 나서 영선악迎仙樂이 시작된다. 손님과 주인은 신발을 벗고 홀을 내려놓고 욕위로 가서 손님과 주인이 재배하고 한 걸음 나가서 재배한다. 좌석에 가서 술을 돌리는데 처음과 같이 한다. 손님 접대가 끝나면 손님은 막차로 가서 신발을 신고 홀을 들고 궁의 뜰로 들어간다. 연반이 감사하는 표문을 준다.{별도의 의식과 같다.} 이어서 모두 계단을 올라가 작별 인사하는 글을 주고 각자 자리로 나아가 재배한다. 또 재배하고 나서 모두 욕위로 나아가 손님과 주인이 모두 재배하고 한 걸음 나가 또 재배한다. 책사와 부사, 권화사를 인도하여 나간다.

○ 책사와 부사, 권화사가 표문을 받들어 전 문에 가서 올려드린다. 책사가 무릎 꿇고 복명復命하기를 '조서를 받들어 왕비를 책봉하는 예를 마쳤습니다.' 하고 나온다.

○ 다음날 문무백관이 대관전에서 축하하고 다음으로 왕비전에 가서 축하한다. 그 축사에 '왕비전하께서 조신하고 온화한 것이 일찍부터 드러났고 지극한 덕을 하늘로부터 받았는데 이제 좋은 달 길한 날에 영광스럽게 책봉을 받으셨으니 신들은 이 큰 경사의 기쁨을 이기지 못해 삼가 축하하는 표문을 받들어 아뢥니다.' 한다. 군신들이 왕에게 오래 살기를 비는 표문을 올리는데 그 내용은 '아무 관직에 있는 아무개 등은 머리를 조아리고 아뢥니다. 왕비께서는 그 덕이 왕의 덕처럼 높고, 두텁게 포용하시는데 좋은 달 길한 날에 영광스럽게 책봉받으셨으니 신들은 큰 경사의 기쁨을 이기지 못하며 삼가 천만세를 누리시기를 비는 술을 올립니다.'는 내용을 담는다.

○ 태자를 책봉할 때도 태묘太廟와 경령전景靈殿에 고유하는 것, 정전에서 책문을 보내는 것, 손님을 맞아 표문을 올리는 것, 왕이 군신을 위해 연회를 베풀고 신하들이 만세를 비는 것 등이 왕후를 책봉할 때와 마찬가지다.

○ 책봉을 선포할 때 책사가 남향하여 조금 서쪽으로, 부사와 독책관, 압책관이 모두 동향하며, 태자 및 삼사三師, 삼소三少, 궁신宮臣은 모두 북향한다. 책사가 말로 선포하고 나서 조함詔函을 부사에게서 받아 태자 앞으로 나아간다. 태자도 책사 남쪽으로 나아가 무릎 꿇고 조서를 받아 좌서자左庶子에게 준다. 책문을 읽고 나서 책사와 부사가 책함을 받들어 무릎 꿇고 왕태자에게 전한다. 왕태자가 책함을 받아 우서자右庶子와 중사인中舍人에게 준다. 책사와 부사가 각각 인과 보를 받들어 무릎 꿇고 왕태자에게

전하면 왕태자는 무릎 꿇고 받아 좌서자와 중윤中允에게 준다. 좌서자가 왕태자인王太子印을 받고 중윤이 좌춘방인左春坊印을 받는다.

○ 회빈례를 할 때 연반의 자리는 동벽 앞이고 책사의 자리는 서벽 앞이다.

○ 책봉이 끝나면 왕태자는 전 문 밖에서 조회하였다.

○ 다음날 문무백관이 표문을 받들고 축하하는데 그 내용은 '왕태자의 자질이 뛰어나게 높은 것이 일찍부터 드러났는데 좋은 달 길한 날에 영광스럽게 책봉을 받으셨으니 신들은 큰 경사의 기쁨을 이기지 못하겠습니다.'라는 것이다. 왕후 전에도 축하하는데 그 내용은 같지만 '신臣'이라 칭하지 않는다.

| 휘찬여사 권12 |

악지

악지樂志

(악지론樂志論)

옛날의 성왕聖王들은 공업이 이루어지고 다스림이 안정되면 예를 밝히고 법을 닦았다. 이에 악樂을 만들어서 팔풍八風[1]의 기를 펴서 천하의 인정人情을 평안케 하였다. 그러므로 성왕들은 음악을 귀하게 여겼다.

악에는 5성五聲 12율十二律 8음八音[2]이 있다. (6율六律의) 첫 번째는 황종黃鐘이니, 이는 널리 6기六氣[3]와 9덕九德[4]을 기르는 것으로 하늘과 땅의 가운데 소리[中聲]이다. 두 번째는 태주太簇이니, 이는 쇠[金]를 나오게 하여 양기를 도와서 막힌 데에서 뚫고 나오게 한다. 세 번째는 고선姑洗이니, 이는 모든 만물이 깨끗해져서 신에게 제사올리고 손님을 맞이하는 것이다. 네 번째는 유빈蕤賓이니, 이는 귀신과 사람을 편안하게 하여 술을 권하고 서로 따르며 권하는 것이다. 다섯 번째는 이칙夷則이니, 이는 9덕의 법칙을 노래하여 백성들이 두 마음을 갖지 않도록 하는 것이다. 여섯 번째는 무역無射이니, 이는 훌륭한 임금들의 법과 덕을 두루 펴서 사람들에게 법도와 의례를 나타내는 것이다.

---

1 팔방八方의 바람으로 동북풍은 염풍炎風, 동풍은 도풍滔風, 동남풍은 훈풍熏風, 남풍은 거풍巨風, 서남풍은 처풍淒風, 서풍은 유풍飂風, 서북풍은 여풍厲風, 북풍은 한풍寒風이라 한다. 『여씨춘추呂氏春秋』 유시람有始覽.

2 8개의 악기樂器 또는 그 소리를 말한다. 곧 종鐘 등의 금金, 경磬 등의 석石, 금琴・슬瑟 등의 사絲, 적笛 등의 죽竹, 생笙・우竽 등의 포匏, 부缶 등의 토土, 고鼓 등의 혁革, 축柷・어敔 등의 목木을 가리킨다.

3 음양에서 추위[寒]・더위[暑]・건조[燥]・습기[濕]・바람[風]・비[雨]의 6가지 기운. 또는 인간의 여섯 가지 감정 곧 좋음[好]・미움[惡]・기쁨[喜]・노여움[怒]・슬픔[哀]・즐거움[樂]을 가리키기도 한다.

4 9공九功의 덕德으로 수水・화火・금金・목木・토土・곡穀・정덕正德・이용利用・후생厚生의 덕. 또는 충忠・신信・경敬・강剛・유柔・화和・고固・정貞・순順의 아홉 가지 덕을 말하기도 한다.

6간六間이 있어서 가라앉고 숨어 있는 것을 드러내고 흩어지고 넘어서는 것을 제거한다. 첫 번째의 간間은 대려大呂로 양陽을 도와서 사물이 싹트는 것을 돕는다. 두 번째의 간은 협종夾鐘으로 사방의 좁은 틈 속에서 씨앗이 나오게 한다. 세 번째의 간은 중려中呂로 속에 있는 기운을 발산시키는 것이다. 네 번째의 간은 임종林鐘으로 모든 일을 조화로이 살펴 화합하여 순수하고 삼가지 않음이 없도록 한다. 다섯 번째의 간은 남려南呂로 양陽을 도와서 성숙하도록 한다. 여섯 번째의 간은 응종應鐘으로 시무時務가 고르게 이로우며 기물이 쓰여서 그 예에 응하며 평상을 회복하도록 한다.[5] 간間이라 이름 지은 것은 그것이 양률陽律(6률六律)의 사이에 있기 때문이다. 또 동同이라 이름 지은 것은 그것이 양陽과 같기 때문이다. 모두 합치면 12율十二律이 되는데, 삼분손익三分損益[6]하고 격팔상생隔八相生[7]하여 이 12율이 돌아가며 서로 궁宮이 된다[旋相爲宮].[8]

5성五聲의 차례는 궁성宮聲이 가장 크고 낮으며 탁하다. 우성羽聲은 가장 가늘고 가벼우면서 맑다. 상성商聲은 궁성 다음이며, 치성徵聲의 가는 소리는 우성 다음이다. 각성角聲은 네 소리의 가운데에 위치한다. 그러나 살펴보면 가운데 소리[中聲]는 각성으로 하지 않고 궁성으로 한다. 궁宮이라는 것은 군도君道이기 때문에 황종은 다른 음률을 위하여 수고하지 않고 길이와 부피와 무게를 만들 때 모두 황종을 기본으로 한다. 이에 취관吹管할 때에는 기후를 살펴 조사한다.

8음八音에 대해 살펴보면, 84성聲 60조調와 정성正聲과 변궁變宮[9]의 오묘함이 있어서

---

5 6률六律과 6간六間에 대한 설명은 『국어國語』 권3, 주어周語 하下에 나온다.

6 현의 길이를 3등분한 뒤에 1/3을 빼기도 하고 더하기도 하여 음률을 구하는 음률 산출법이다.

7 삼분손익한 뒤에 얻은 음으로부터 8률 곧 완전5도 상당의 음높이로 계속 쌓아올려 음률을 만든다는 음률 산출법이다.

8 60조調가 이루어지는 원리이다. 12율이 돌아가며 서로 궁이 되고 이것이 궁성 12, 상성 12, 각성 12, 치성 12, 우성 12의 60조調가 되니, 60조의 기본은 12율이고, 12율의 기본은 황종이다. 황종이 12율을 낳고, 12율이 5성五聲을 낳고, 5성이 60조를 이루니, 60조는 모두 황종을 더하기도 하고 빼기도 하여 생긴 것이기 때문이다.

9 7음 가운데 마지막 음으로 궁宮보다 11율 높고 우羽보다 2율 높다.

그 제작의 뜻이 은밀하다. 3대三代의 성왕으로부터 각각 더하기도 하고 빼기도 하였으나 그 법도는 대체로 거의 같다. 진秦나라와 한漢나라 이후로 악기와 소리가 함께 없어졌다. 무제武帝 때에 제씨制氏라는 사람이 있어서 대대로 악관樂官이 되어 그 음률을 전습하였으나 그 뜻은 알지 못하였으니 논자들이 애석히 여겼다. 위魏나라에서는 두기杜夔의 음률을 쓰고, 수隋나라에서는 정역鄭繹과 하타何妥의 음률을 썼다. 당唐나라에서는 수나라의 옛것을 그대로 따랐으며, 송나라에서는 화현和峴·호원胡瑗·완일阮逸·범진范鎭의 음률을 써서 종률鐘律을 상고하여 바로잡았으나, 역시 얻은 것이 없었다. 무릇 중국 왕조가 번성할 때에도 소리와 악기가 없어져버려 그 후에는 선왕의 아악을 다시는 볼 수 없었다. 이제 수천 년이 지난 데다 하물며 바다 멀리 떨어진 우리나라에서 비록 악기 개수와 같은 말단에 제도가 있다고 하더라도 어찌 족히 말할 정도이겠는가?

○ 고려 태조가 대업을 겨우 이룩한 초창기라서 예악에 대해서는 대체로 정비할 겨를이 없었다. 성종成宗 때에 이르러 교사郊祀(하늘과 땅을 대상으로 올리는 제사)·사직·종묘를 건립하니 문물文物이 비로소 갖추어졌다. 큰 제사에서는 모두 아악雅樂을 썼으나, 그 악률樂律 제도는 상고할 만한 전적典籍이 없다. 그러나 교사와 태묘에서의 등가登歌와 헌가軒架는 대개 당나라의 아악을 준용하였다.

○ 예종睿宗 11년(1116) 6월 을축乙丑에 왕자지王字之가 송나라로부터 돌아왔다. 송나라 휘종徽宗이 대성악大晟樂을 내려주고, 조서에 이르기를, "3대 이래로 예禮가 폐지되고 음악이 훼손되었다. 짐이 옛날을 상고하고 이것을 정리하여 밝혀 놓았으니 음악이 백 년 만에 부흥하였으며 대성악을 제작하였다. 천 년이나 지난 오늘날 선왕先王의 옛 법을 따라 율律을 고르고 음音을 맞추어 드디어 날짐승까지 감동시키게 되었으며, 고아하고 올바른 소리가 온 천하에 가득 찼다. 멀리 생각건대 너희 나라는 동쪽 바다 밖에 있는데 이것을 요청하여 사신을 여기에 보내왔다. 옛날의 제후들이 교화를 존숭하고 덕이 성대할 때에는 음악으로써 포상하였다. 이에 헌거軒簴를 보내 당신들의 복이 되기를 바란다. 무릇 풍속을 아름답게 하는 데에는 이것보다 더 좋은 것이 없다. 돌아가

서 나의 말대로 나라에서 실시하기 바란다. 비록 영토는 다르고 멀리 떨어져 있지만 다 같이 대화합을 이룩한다면 그 역시 훌륭한 일이 아니겠는가!" 하였다.

○ 경인庚寅에 왕이 회경전會慶殿에 행차하여 재추宰樞와 시신侍臣을 모아놓고 새로 연주하는 대성악을 관람하였다.

○ (예종 11년(1116)) 10월 계유癸酉에 왕이 태묘太廟에서 관제祼祭를 지내고 새로운 음악을 올렸다. 9실九室의 등가 악장登歌樂章을 새로 제작하였다. 태조실太祖室은 대정지곡大定之曲이고, 혜종실惠宗室은 소성지곡紹聖之曲이며, 현종실顯宗室은 흥경지곡興慶之曲이고, 덕종실德宗室은 엄안지곡嚴安之曲이며, 정종실靖宗室은 원화지곡元和之曲이고, 문종실文宗室은 대명지곡大明之曲이며, 순종실順宗室은 익선지곡翼善之曲이고, 선종실宣宗室은 청녕지곡淸寧之曲이며, 숙종실肅宗室은 중광지곡重光之曲이다. 정성正聲과 중성中聲에 각각 하나의 악장이 있다. 이때로부터 교사郊祀와 태묘太廟 및 조정의 의례에서는 모두 대성악으로 연주하였다. 그러나 왕자지가 올 때에 송나라에서 오직 의관衣冠과 악기樂器만 보내온 까닭에 우리나라 사람들이 어떻게 전습해야 할지 몰랐다. 승지承旨 서온徐溫이 송나라에 가서 개인적으로 춤추는 법을 배워가지고 와서 이것을 가르쳤는데, 춤출 때 나아가고 물러가며 빠르고 느린 것에 대한 절차는 신빙할 만한 표준이 없다.

○ 의종毅宗 신사년辛巳年(1161)에 한 유신儒臣이 멋대로 박자를 고쳐버려 율려律呂에 그 오르내리는 순서가 혼란스러웠다. 간干·척戚·약籥·무舞에서 나아가고 물러감이나 빠르고 느림이 모두 마땅한 절도가 없었다. 그 후에 악공樂工들이 처음 가져왔을 때의 음절에 따라 배우고 연주하기를 원하므로, 담당 관청에서 임금의 결재를 받았지만 능히 고칠 수가 없었다. 그리하여 8음八音 가운데 사絲와 토土 두 개의 성음이 빠져 있으며, 가사歌師들은 다만 악보의 높낮이만 암송할 뿐이지 대체로 그 가사는 이해하지 못하였다.

○ 명종明宗 때에 이르러 악공樂工들이 소속 부서에서 도피하여 다른 업業에 종사하니 음악의 결락과 혼란이 극심하였다. 이에 논자論者들은 말하기를, "이 음악은 송나라에서 신악新樂으로 예종에게 보내준 것이다. 본래 송나라 태조가 제정한 음악이 아니

다. 그런데 이 음악을 사용한지 얼마 안 되어 송나라가 어지러워졌고, 또 우리나라의 악관樂官이 함부로 개작하였다."라고 하며 전대前代에서 사용하던 음악을 쓰자고 요청하였다. 이때에 국가에 일이 많았고 무신武臣들이 혼란을 초래하면서 옛 일을 상고할 겨를이 없었기 때문에 식자들이 이를 한스러워 하였다.

○ 공민왕恭愍王 8년(1359)에 어사대御史臺에서 새로 악기를 제작할 것을 요청하였다. 그 후에 명나라에 사신을 보내어 악기를 요청하였다. 이때 명나라의 태조 황제가 냉겸冷謙 등에게 명하여 악률樂律을 살펴 바로잡았다.

○ (공민왕) 19년(1370) 5월에 성준득成准得이 명나라로부터 돌아왔는데 악기를 보내주었다. 편종編鍾 16가架 전부, 편경編磬 16가 전부, 종가鍾架 1개 전부, 경가磬架 1개 전부, 생笙 1개, 소簫 1개, 금琴 1개, 슬瑟 1개, 배소排簫 1개이다.

○ (공민왕 19년(1370)) 7월에 강사찬姜師贊을 명나라에 파견하여 모든 음률音律에 정통한 악공을 요청하였으나 명나라 황제가 허락하지 않고, 태상시太常寺 악공을 경사京師에 보내어 음악을 전습받도록 명하였다. 명나라의 악기는 종묘宗廟에 사용하고, 사직社稷·적전籍田·문묘文廟의 아악雅樂에서는 종鐘과 경磬이 빠졌다.

○ 공민왕 21년(1372)에 중서성中書省에 자문을 보내어 종鐘과 경磬을 구입하였다.

○ 공양왕恭讓王 3년(1391)에 조회朝會 때에 음악을 사용하자고 요청하므로 그대로 시행하였다.

○ 대체로 고려에서부터 당악唐樂을 섞어 썼는데, 당악으로는 헌선도獻仙桃·청평악淸平樂·오양선五羊仙·황하청黃河淸·포구락抛毬樂·임강선臨江仙·서강월西江月 등의 악곡이 있다. 향악鄕樂으로는 동동動動·서경西京을 비롯하여 24편 및 삼국시대의 향악이 있는데, 모두 선왕先王의 올바른 음률[正聲]이 아니다. 그런 까닭에 모두 갖추어 기록하지 않는다.

아악雅樂

왕이 친히 제사할 때의 등가악[10]과 헌가악[11][親祠登歌軒架]

등가登歌

금종가金鍾架 하나를 동쪽에 두고 옥경가玉磬架 하나는 서쪽에 두는데 모두 다 북쪽을 향하여 둔다. 축柷 하나는 금종의 북쪽에서 약간 서쪽으로 치우쳐 둔다. 어敔 하나는 옥경 북쪽에서 약간 동쪽으로 치우쳐 둔다. 박부搏拊는 두 개로, 하나는 축의 북쪽에 두고 하나는 어의 북쪽에 두는데, 동쪽과 서쪽에서 마주 보도록 한다. 1현금一絃琴·3현금三絃琴·5현금五絃琴·7현금七絃琴·9현금九絃琴은 각각 하나씩이다. 슬瑟은 두 개인데, 하나는 금종의 남쪽에서 서쪽을 위로 하여 두고, 하나는 옥경玉磬의 남쪽에서 또한 마찬가지로 동쪽을 위로 하여 둔다.

또 단 아래 동남쪽에는, 태묘太廟일 경우에는 앞 기둥의 계단 아래에 저[篴] 2, 지篪 1, 소생巢笙 1, 화생和笙 1을 일렬로 배치하는데 서쪽을 위로 하여 둔다. 훈塤 하나는 저의 남쪽에 둔다. 소簫 하나는 소생의 남쪽에 둔다. 또 단 아래 서남쪽에는 저 1, 지 1, 소생 1, 화생 1을 일렬로 배치하는데 동쪽을 위로 하여 둔다. 훈 하나는 저의 남쪽에 둔다. 소 하나는 소생의 남쪽에 둔다.

종·경·축·어·박부·금·슬을 연주하는 악공들은 각각 단 위에, 태묘일 경우에는 당상堂上의 앞 기둥 사이에 앉는다. 훈·지·생·저·소를 연주하는 악공들은 단 아래에, 태묘일 경우에는 앞 기둥 계단 아래에 나란히 선다. 악정樂正 한 명은 종과 경의 사이에서 북쪽을 향하여 선다. 협률랑協律郎 한 명은 악거樂簴 서쪽에서 동쪽을 향하여 선다. 가수歌工 네 명은 축柷과 어敔 사이에서 모두 동쪽과 서쪽으로 마주 보고 선다.

---

10 제사나 연회 때에 당堂에서 부르는 노래.

11 제사나 연회 때에 쓰던 풍악. 곧 종고鍾鼓를 걸어 놓고 관현管絃을 맞추어 치는 것.

헌가軒架

동쪽·서쪽·북쪽 세 방면에 각각 편종編鍾 세 개, 편경編磬 세 개를 설치하는데, 동쪽은 북쪽에서부터 편경으로 시작하여 편종이 그 사이에 들어가 동쪽을 향하여 둔다. 서쪽은 북쪽에서부터 편종으로 시작하여 편경이 그 사이에 들어가 서쪽을 향하여 둔다. 북쪽은 서쪽에서부터 편경으로 시작하여 편종이 그 사이에 들어가 북쪽을 향하여 둔다.

북[鼓]은 두 개를 세우는데 하나는 악현樂懸의 동남쪽에 세우고, 하나는 악현의 서남쪽에 세운다. 축柷과 어敔는 북쪽 시렁[架] 안에 설치하는데, 축은 동쪽에 두고, 어는 서쪽에 둔다. 슬瑟 열네 개는 두 줄로 하여, 한 줄은 축의 동쪽에 두고, 한 줄은 어의 서쪽에 둔다.

그 다음으로 1현금 일곱 개를 두는데, 왼쪽에 네 개를 두고, 오른쪽에 세 개를 둔다. 다음에는 3현금 10, 5현금 12, 7현금 14, 9현금 14를 차례대로 모두 왼쪽과 오른쪽으로 갈라 둔다. 소생巢笙 14, 소簫 14, 우생竽笙 12, 지篪 16, 훈塤 14, 저[笛] 14를 순서대로 모두 왼쪽과 오른쪽으로 갈라 둔다. 진고晉鼓 하나는 소생 사이에서 약간 남쪽으로 두는데 북쪽을 향하도록 한다.

악정樂正 한 명은 축과 어의 앞에 서는데 북쪽을 향하도록 한다. 가공歌工 12명은 축과 어의 다음에 서는데, 동쪽과 서쪽에서 서로 마주 보도록 하고, 네 줄로 만들어 왼쪽과 오른쪽에 각각 두 줄씩 둔다. 협률랑協律郎 한 명은 악거樂簴 서북쪽에서 동쪽을 향하여 선다.

문무文舞 48명은 약籥과 적翟을 잡고, 무무武舞 48명은 간干과 척戚을 잡는데, 모두 6줄[六佾]이 되게 한다. 문무는 표表의 좌우편으로 각각 3줄씩 나누어 선다. 인문무引文舞 2명은 독纛을 잡고 앞에서 동쪽과 서쪽에서 서로 마주 보고 선다. 인무무引武舞는 정旌 2명, 도鼗 2명, 단탁單鐸 2명, 쌍탁雙鐸 2명, 금순金錞 4명, 금순을 울리는 사람 2명, 요鐃 2명, 정鉦 2명, 상相 2명, 아雅 2명이 헌가軒架의 동쪽과 서쪽으로 나누어 북쪽을 향하고 북쪽을 위로 하여 선다. 무무들은 그 뒤에 선다.

대성악의 등가 악기[大晟樂登歌樂器]

편종編鍾에는 정성正聲 16개[顆], 중성中聲 12개, 홍선조결紅線條結[12] 전부, 담상擔床[13] 전부가 있다. 악가樂架 개수로는 탑뇌搭腦[14] 1개[條], 옆 기둥[頰柱] 2개, 정성곶이[正聲串]와 중성곶이[中聲串][15] 각 2개, 발가름대[脚桄][16] 2개, 고임발[脚趺][17] 2개, 요엽판耀葉板[18] 5쪽[段], 5주유소五珠流蘇[19] 2벌[件], 오색 선결五色線結로 각종 꽃무늬를 새겨놓고 도금한 놋쇠[鍮石] 화월華月[20] 1벌[副], 유주流珠 30개[顆], 쟁반[盤子] 7개箇, 홍선도 전부[21], 패牌 1벌[面], 뿔방망이[角槌][22] 한 쌍이 있다.

편경編磬에는 정성 16매枚, 중성 12매, 홍선조결 전부, 담상 전부가 있다. 악가 개수로는 탑뇌 1개, 옆 기둥 2개, 정성곶이와 중성곶이 각 2개, 발가름대 2개, 고임발 2개, 요엽판 5쪽, 5주유소 2벌, 오색 선결로 각종 꽃무늬를 새겨놓고 도금한 놋쇠 화월 1벌, 유주 30개, 쟁반 7개, 홍선도 전부, 패 1벌, 뿔방망이 한 쌍이 있다.

금琴에는 1현금一絃琴 2개, 3현금三絃琴 2개, 5현금五絃琴 2개, 7현금七絃琴 2개, 9현금九絃琴 2개가 있다.

슬瑟 2면面은 전면을 보석으로 단장[寶粧][23]하였고, 현안주絃鴈柱[24]와 홍금친현紅錦襯絃에는 금으로 도금한 은방울 4개를 홍선도로 매어 달았다.

---

12 붉은 실을 땋아서 만든 연결용 끈으로 여기서는 편경을 악가樂架에 달아맬 때 쓰는 끈.
13 편종이나 편경 등의 악기를 운반할 때 쓰는 용구.
14 악가樂架의 두 기둥 뒤에 가로질러 고정시킨 횡목橫木.
15 편종이나 편경을 달아맨 양쪽 기둥[頰柱] 중간에 고정되어 있는 횡목.
16 협주頰柱 끝에서 고임발[脚趺]을 고정시키기 위해 쓰는 횡목.
17 협주頰柱를 고정시키기 위해 그 끝에 다는 동물 형상의 물건.
18 탑뇌의 용머리 끝에 달린 짧고 납작한 장식물.
19 오색 비단에 구슬 5개가 끼어있는 장식품.
20 탑뇌의 장식물 가운데 하나.
21 『휘찬여사』에는 금金으로 되어 있으나, 『고려사』 권70, 지, 악 1에는 전全으로 되어 있다.
22 뿔로 만든 망치로 편종을 두드릴 때 사용함.
23 자개나 뼛조각[骨片] 또는 옥석玉石 등을 박아 넣어 장식한 것.
24 현악기의 줄을 고르는 용구.

지篪는 정성 2개, 중성 2개인데, 각각 도금한 은실을 두 줄씩 묶어 매어놓았으며, 홍현紅絃이 10줄이다.

저篴는 정성 2개[管], 중성 2개인데, 각각 도금한 은실을 두 줄씩 묶어 매어놓았으며 홍현이 13줄이다.

소簫는 정성 2개[面], 중성 2개인데, 모두 채색으로 나는 봉황飛鳳을 그려놓았고, 도금하여 꽃무늬를 새긴 방울 4개, 화환花環 굴월鈱鉞 결자結子[25]로 되어 있다.

소생巢笙은 정성 2개鑽, 중성 2개인데, 각각 도금하고 은으로 꽃무늬를 새겨놓았으며 능두정稜蚪頂[26]에는 도금한 은속자銀束子가 있다.

화생和笙은 정성 2개鑽, 중성 2개인데, 각각 도금하고 은으로 꽃무늬를 새겼으며 능두정에는 도금한 은속자가 있다.

훈壎은 정성 2개[枚], 중성 2개인데, 각각 금으로 꽃과 봉황을 새겼다.

박부搏拊 2개[面]는 각각 채색으로 꽃과 봉황을 그렸으며 홍선도가 전부이다.

축柷 1개[隻]는 오색으로 색칠한 사이에 금을 장식한 받침대[五綵間金座]와 아울러 도금하고 은으로 꽃무늬를 새긴 능형 방망이[稜椎] 한 자루[柄]로 이루어져 있다.

어敔 1개[隻]는 오색으로 색칠한 사이에 금을 장식한 받침대와 비단으로 손잡이를 싼 알자戛子[27]가 전부이다.

휘번麾幡(지휘하는 깃발) 1개[首]는 금가루로 색을 냈으며 간자竿子(기를 다는 대)가 전부이다.

등가악과 헌가악을 교대하여 연주하는 절차[登歌軒架樂法奏節度]

원구圓丘에서 왕이 친히 제사하는 의식[圓丘親祀]에서는 왕이 정문에 들어올 때, 손을 닦는[洗手] 곳으로 나아갈 때, 제단에 오르내릴 때, 망료위望燎位에 나아갈 때, 대차大次로 돌아올 때에는 헌가가 정안지곡正安之曲을 연주한다. 왕이 음복飮福할 때에는 등가가

25 꽃무늬가 새겨져 있고 고리로 된 묶개.

26 악기의 관管이 모여든 끝 부분.

27 어를 연주를 할 때 쓰는 기구.

희안지곡禧安之曲과 아울러 황종궁黃鍾宮을 연주한다. 영신迎神할 때에는 헌가가 협종궁夾鍾宮 경안지곡景安之曲을 3회 연주하고, 황종각黃鐘角・태주치[大簇徵]・고선우姑洗羽를 각 1회 연주하고, 문무文舞가 6회 춤춘다. 송신送神할 때에는 협종궁 영안지곡永安之曲을 연주하고 무무武舞가 1회 춤춘다. 옥폐玉幣를 드리고 상제上帝에게 술잔을 드릴 때에는 등가가 가안지곡嘉安之曲을 연주한다.

배위配位[28]와 5제五帝에게 제사지낼 때에는 인안지곡仁安之曲을 연주한다. 변두籩豆를 거둘 때에는 숙안지곡肅安之曲과 대려궁大呂宮을 연주한다. 제물상을 올릴 때에는 헌가가 풍안지곡豊安之曲을 연주한다. 문무가 물러나고 무무가 들어올 때에는 모두 숭안지곡崇安之曲을 연주한다. 아헌亞獻과 종헌終獻에는 모두 무안지곡武安之曲과 황종궁을 연주한다.

유사有司(담당 관리)가 의식을 대행할 때에도 이와 같다. 다만 정문에 들어올 때, 세수하는 곳으로 나아갈 때, 제단에 오르내릴 때, 망료위에 나아갈 때, 음복할 때에는 모두 연주하지 않는다.

태묘 악장太廟樂章

○ 예종睿宗 11년(1116) 10월에 9실九室의 등가 악장登歌樂章을 새로 제작하였다.

태조太祖 제1실

정성正聲 대정지곡大定之曲

하늘의 영부靈符 받으시고
이 나라 백성을 편안케 하였네!
덕화德化는 3무三無[29]와 같고
업적은 모든 왕을 초월하셨네!
복이 후손 대대로 내려와
그 혜택을 받들게 되었네!

28 천제(또는 상제)에게 배사하는 왕의 선조.
29 천天・지地・일월日月의 사사로움이 없음을 가리킨다.

아! 만년이 흘러가도록
정성으로 제사 받드오리다.

중성中聲

천명에 순응하여 나라를 여시니
원대한 계획 그 성과 찬란하네.
거룩하신 덕 신령하신 업적은
높고 높아 당당하게 빛납니다.
물려주신 은덕 빛나고 빛나서
후손이 매우 많이 번성하였네!
철 따라 사당에 드리는 제사
영원토록 끊임없이 받드오리다.

혜종惠宗 제2실

정성正聲 소성지곡紹聖之曲

진실로 저 선왕先王께서는
항상 씩씩하고 당당하셨네!
이내 흉악한 무리 제거하고
삼한을 통일하시었도다!
높고 높은 그 업적은
큰 은덕 이룩하시었도다!
자손들이 제향을 올리어
망극한 은혜 보답코자 하노라.

중성中聲

용기와 지혜가 걸출하여
태조의 사업을 도우셨도다!
씩씩한 깃발 아래에서
삼한이 통일되었도다!

길이 그 상서로움 드러내어
역대의 임금에게 비추었도다!
때 따라 정성껏 제향 올려
후손들의 복이 대를 잇도다!

현종顯宗 제3실

정성正聲 흥경지곡興慶之曲

크고 빛나는 우리 선조께서는
덕을 숨기다 왕위에 오르셨네!
여러 번 고난을 겪으시고
성현聖賢의 덕을 이어 일으켰네!
용산龍山의 옥작玉爵(옥으로 만든 술잔)이요
사수泗水의 부경浮磬(물에 떠오른 경석磬石)이로다.
증손이 효도하고 공경하니
복록福祿이 찾아들었네!

중성中聲

아! 아름다운 우리 성조
숨어계시다 왕위에 오르셨네!
난리 평정하여 바르게 돌리시니
훌륭하고도 뛰어난 문무의 덕
우리 왕업을 중흥시키시고
후손에게 길을 열어 도와주시네!
제사 받드는 일 변함 없이
자자손손 무궁토록 하리다.

덕종德宗 제4실

정성正聲 엄안지곡嚴安之曲

덕德은 천성으로 타고 나시고

무용武勇은 더불어 비길 바 없도다.
위엄을 벼락 치듯 떨치시니
이웃 나라들 무서워 떨었도다.
나라 영토 개척하시어
길고도 넓어졌도다.
지금도 우리 변경에서는
순라 돌며 빈틈없이 지키도다.

중성中聲

덕을 떨쳐 숨어있는 곳을 벗어나
용같이 날아 왕위에 오르셨네.
위엄은 먼 나라에까지 미치고
용맹 떨치시니 맞서는 자 없었네.
풍속이 다른 이방인들 소문 듣고
궁궐에 찾아와 예물 바쳤도다.
그리하여 나라 영토 넓히시어
대대로 그 복을 받게 하였도다.

정종靖宗 제5실

정성正聲 원화지곡元和之曲

왕위 이어받아 수성守成하시니
나라가 더욱 번창해졌네!
지극한 효성 신묘한 경륜은
길이길이 빛나고 훌륭하도다!
북방에 다섯 성 쌓으시어
변경을 편안케 어루만지시니
아! 공덕이 겹치고 겹쳐
아름다운 명성 영원히 전해지리.

중성中聲

진실로 공손하고 겸양하시어
훌륭한 인재를 많이 얻었네.
나라의 영토를 넓히시니
그 공덕 만세에 전하오리.
이에 악장에 그 성덕 늘어놓아
종묘에 고하오니
오시어 흠향하소서.
끝없이 그리워하는 효성을!

문종文宗 제6실

정성正聲 대명지곡大明之曲

진실로 문덕文德하신 문종께서는
진실로 총명하고 영특하셨네.
백성들을 인자롭게 돌보시어
곳간마다 노적가리 가득 찼도다.
나라 정치가 어질고 너그러우니
그 덕이 신령하시고 밝으셨도다.
자손 대대로 복이 흘러내려
하늘과 더불어 끝이 없으리.

중성中聲

아! 아름답도다.
밝고 밝은 우리 할아버지
무武와 문文을 겸하셨고
공덕과 은혜가 온 세상에 퍼졌다.
음악이 묘정에 마련되었으니
숭아崇牙[30]와 수우樹羽[31]로다.

우리에게 사모하는 마음 내려주고
어루만지며 많은 도움 주시네.

순종順宗 제7실

정성正聲 익선지곡翼善之曲

왕께서는 천명을 받들어[32]
공경과 순종을 앞세우셨다.
군대를 통솔하고 국정 대리를
30여 년 동안 하시었네.
왕위를 이어받아 홍성하실 때에
구름 타고 멀리 가버리셨다.
그 크고 훌륭한 덕을 형용하니
음악 속에서 흘러 나오는도다.

중성中聲

아! 아름다운 선왕先王께서는
덕이 태자로 계실 때 이미 드러났네.
온순한 성품과 문덕文德은 타고났으며
자애롭고 은혜로움이 날로 드러났도다.
백성들을 의약醫藥으로 구하시고
부왕父王을 모심에 효성을 다하였네.
철 따라 제사 드릴 때마다
태묘를 우러러 추모하리다.

선종宣宗 제8실

---

30 편종이나 편경을 거는 악기의 부속품.

31 편종이나 편경의 틀 위에 나무를 만들어 장식한 공작.

32 순종이 왕태자로 30여 년 있었던 사실을 말함.

정성正聲 청녕지곡淸寧之曲

요 임금의 어짊과 순 임금의 효성
그 도리 빨리 펴졌도다.
왕위에 계신 지 12년 세월
세상 떠나신 지 몇 해인가!
남기신 업적과 유풍遺風
천고千古에 넘쳐 흐르네.
궤연几筵을 우러러 뵈니
당신 모습 눈앞에 나타난 듯.

중성中聲

태묘에 악장을 마련하오니
그 음악 소리 새롭도다.
우리나라의 빛나는 영광
실로 신령의 도움 덕택이라.
이에 제사를 받들어 모시고
종묘에 고하오니
영원토록 내려 오셔서
우리 후손의 정성을 받으소서.

숙종肅宗 제9실

정성正聲 중광지곡重光之曲

위대하신 우리 숙종께서는
의로우시고도 어지시었네.
나라 사람들이 큰 공덕 찬양하니
위엄과 영명하심이 신명 같으셨네.
복된 나라의 기틀을 부흥시키시고
영명英明한 후손들을 보호하셨네.

종고鐘鼓를 울리며 제향을 드려
때때로 거룩한 도움 받고자 하네.

중성中聲

아! 거룩하신 우리 부왕父王
청명淸明하심은 하늘을 본받았네.
도를 위해서는 삼가고 근실하며
마음가짐 사려깊고 착실하셨다.
영명한 계책과 신묘한 용맹은
바람같이 빠르고 우뢰같이 울렸네.
우리는 그 성과를 받아들여
오늘의 복록을 가져왔다오.

○ 공민왕恭愍王 12년(1363) 5월 정해丁亥에 9실九室의 신주神主를 다시 태묘太廟로 모시면서 새로 악장樂章을 지었다.

태조太祖 제1실

아! 위대하신 우리 태조
크나큰 천명天命 받으셨네.
문득 삼한을 통일하시어
인정仁政 널리 베푸셨도다.
후손이 불초不肖하여
때로 어려움이 잇달아 일어나네.
흠향하시고 편안함 오게 하사
영원토록 나라를 잇게 하소서.

혜종惠宗 제2실

하늘이 우리나라 만들 때에
간혹 조정에 오지 않는 이 있었네.

태조를 곁에서 도우시며
무기 잡고 큰일을 경영하셨네.
성덕을 태묘에서 우러러 뵈오니
늠름하도다. 영명하신 영혼이여!
어려움 평정하고 태평의 길 여셨으니
영원토록 황명皇明을 앙모하오리다.

현종顯宗 제3실

하늘이 왕실의 대업을 도와서
막힌 운세 타개하여 번창하게 되었네.
우리나라가 다시 재건되어
온갖 제도 크게 밝아졌네.
큰 계획과 성대한 업적은
오늘에 와서 더욱 빛나네.
이 다음 천만 년 후세까지
우리에게 끝없는 복 되오리.

원종元宗 제4실

밝고 밝으신 우리 할아버지
그 성덕은 천지와 같도다.
크고 뚜렷한 그 은덕恩德
후손에게 행복을 내려주셨네
철따라 드리는 제향祭享에
서직黍稷이 향기롭도다.
이 제사 흠향하시고
무궁한 행복 누리게 하소서.

충렬왕忠烈王 제5실

저 원나라에 조회朝會하시고

처음으로 공주를 맞아 오시니
황제의 따님이 탄 수레가
우리나라에 오게 되었네.
자손들이 대대로 내려오면서
하늘이 내려주는 복 받네.
아! 천만 년 세월 흐르도록
만백성의 부모 되시리라.

충선왕忠宣王 제6실

이 선조를 생각하면
언제나 묘정에 계시는 듯
변변치 못한 제물 준비하여
우러러 뵈오며 존경을 드리네.
저 안주도 이미 좋은데
저 술 또한 맛 좋습니다.
이 정성 받아 흠향하시고
우리 손자들 돌보아주소서.

충숙왕忠肅王 제7실

아! 위대하신 할아버지
그 성덕은 아름답고 순수하셨네.
내가 왕위를 계승한 후에
밤이나 낮이나 조심했건만
어쩌다 외적의 침략을 받아
종묘를 모시고 피난하게 되었네.
편안해져서 이 제향을 드리니
하늘이 주는 복이 돌아오리라.

충혜왕忠惠王 제8실

이 병란이 평정되고
침묘寢廟가 편안하여졌네.
제향을 드려 제사하여
신령께 위안을 드리네.
아! 크고도 드러나시는 분
묘정에 오르내리시네.
흠향하시고 돌아보소서
서직黍稷의 향기로움을

충목왕忠穆王 제9실

영명하고 과단하시어
그 광채 찬란하시네.
아! 아름다워라
마음속에 진실로 잊지 않으리.
하물며 난리가 평정되어
종묘에 제향을 올리오니
정결한 이 제사 돌보소서.
오직 정성으로 받들겠나이다.

○ 공민왕 16년(1367) 정월 병오丙午에 왕이 휘의 공주徽懿公主[33] 혼전魂殿에 가서 석명錫命[34]을 고하고 아울러 큰 제사를 베풀었다. 이때 교방敎坊에서 새로 만든 악장樂章을 연주하였다.

초헌初獻

현숙하신 휘의 공주는

33 공민왕恭愍王의 정비인 휘의 노국 대장 공주徽懿魯國大長公主를 말한다.
34 중국 황제가 고명誥命을 내려 줌.

문황제[35]와 무황제[36]의 자손이고
위왕魏王의 따님이시며
군왕의 왕비이시다.
더없이 존귀하신 몸으로서
엄숙하면서도 화순하시니
진실로 왕비다우시도다.
이 나라 와서 같이 사시니[37]
응당 온갖 복록 받으리.

아헌亞獻

현숙하신 휘의 공주는
그 덕성 엄숙하시었네.
우리 군왕 지극히 사랑하여
언제나 극진하시었도다.
길이길이 하늘에 계시니
아! 잊지 못하겠나이다.
내가 받들고 제향 드리는데
온갖 범절 흡족하게 갖추어
영원토록 그 덕성 보살피리.

삼헌三獻

오호라! 휘의 공주님
그 명망 그치지 않으셨다.

---

35 원나라 제2대 태종 영문 황제[太宗英文皇帝].

36 원나라를 세운 태조 법천 계운 성무 황제[太祖法天啓運聖武皇帝].

37 『시경』 대아大雅 편에 나온다. 태강太姜은 주 문왕周文王의 할머니이며 고공 단보古公亶父(뒤에 태왕太王으로 추존됨)의 비妃인데, 서융西戎의 잦은 침노 때문에 태왕이 빈豳 땅에서 기산岐山 아래로 도읍을 옮길 때 함께 와서 집을 짓고 살 곳을 정하였는데, 정순貞順한 부덕婦德으로 뒤의 주나라의 왕업王業이 번창하는 기초를 만들었다.

열성적이신 우리 임금님
이제 공주께 제향 올리네.
음악은 부드럽게 연주되어
위안 드리며 많이 권하오니
신명은 음식을 즐기시네.
날마다 여기를 살피시니
어찌 정성에 때를 어기리오.

사헌四獻

명철하신 휘의 공주는
진실로 공손하고 총명하셨네.
정숙하고 신중한 데에 머무시니
그의 착한 명성 더욱 빛나네.
절주에 맞추어 북을 치며
정결하게 제향 드리오니
여기 내려와서 흠향하시고
나의 생각 이루도록 도우소서.
아름다워라 그 소리.

오헌五獻

둥둥 울리는 큰 북소리
우리 휘의 공주를 즐겁게 하네.
노래도 부르고 북도 치는데
경磬과 관악管樂이 간간이 섞이네.
밝히 이르심이 늦지 않으시니
우리의 좋은 음악 생각하시어
큰 복을 도우려 하심이라.
예의에 법도를 다하여

법칙 되지 않음이 없도록 하리라.

종헌終獻

그 예의는 어떠하던가.
정중하고도 아름답도다.
제물을 차리거나 폐백 올리는 데에
떠들지도 않고 소리치지도 않네.
경건하면서도 조심스러우니
제사지냄이 정성스럽도다.
훌륭하신 휘의 공주님
천만 년 오래도록
영원히 마음 변함 없으리.

○ 공민왕 20년(1371) 10월 을미乙未에 왕이 친히 태묘에 제향을 드리고 새로 악장樂章을 지었다.

왕이 태묘에 들어갈 때 연주하는 곡[王入門奏闕之曲]

아! 아름다운 우리 종묘[淸廟]
우리가 제향 드리고 나아가니
위엄 있는 거동 신중하고
종소리와 북소리 크게 울리네.
엄숙하고 공경함에 이르러 멈추는데
아름답고 또한 찬연히 빛나네.
반드시 공경하고 조심하면
큰 복이 끝이 없으리라.

왕이 손을 닦는 곳으로 나갈 때 연주하는 곡[王盥洗奏闕之曲]

맑고 차가운 궤천軌泉[38]의 물
진실로 몇 년 만이던가.

빨고 씻을 수 있으니
참으로 맑고 빛나도다.
이미 공경하고 경계하며
위엄있는 거동으로 도와주네.
격식의 차례로 자리에 계시니
증손曾孫은 독실할지어다.

왕이 전殿[39]에 오르내릴 때 연주하는 곡[王升殿降殿奏闕之曲]

아! 그윽히 깨끗한 묘당에서
처음으로 임금님 뵈오니
보불黼黻(임금의 제사 예복) 밝고 밝으며
행렬은 엄숙하도다.
제물은 향기롭고 정결하며
오르내리는 거동 정중하시네.
무엇으로 나에게 주시려는가.
(우리 임금의) 만수무강이리라.

왕이 소차小次에 출입할 때 연주하는 곡[王出入小次奏闕之曲]

오직 효도와 공경뿐이어서
소차에 있은들 감히 잊으리.
출입하는 것도 절차가 있으니
위엄있는 거동 크게 빛나시네.
정성 드린 제물은 가지가지요
아악 소리 크게 울려 퍼지네.
무엇으로 우리를 편안케 하려나.

38 일정한 길을 따라 흘러내리는 물로, 여기서는 세수하는 용도로 쓰이는 물을 가리킨다.
39 종묘의 제단이 마련되어 있는 제청祭廳을 가리킨다.

백 가지 경사 내려 주소서.

영신迎神할 때에 연주하는 곡[迎神奏闕之曲]

오직 정밀하고 순결하게
차려 입은 의관 깨끗하도다.
신령도 감동시키게 울려 퍼지는
아악소리 아홉 번 거듭하네.
어렴풋이 무슨 말씀 들리는 듯
지극한 효성이로다.
신명께서는 여기에 오시어
편안하게 흠향하소서.

폐백 드릴 때 연주하는 곡[奠幣奏闕之曲]

인륜에는 차례가 있나니
보답함이 아니라 오직 가까이 함이네.
효도하려는 생각 끝이 없어
엄숙하고도 맑고 순결하도다.
이제 공손히 폐백을 받들어
아름다운 옥 늘어놓노라.
감응은 메아리처럼 빠르니
좋은 경사 있는 대로 이르네.

사도司徒가 조두俎豆를 받들 때 연주하는 곡[司徒奉俎奏闕之曲]

아! 큰 황소 희생으로 바치고
제기와 제상 다 갖추었네.
제물을 차리거나 폐백 올리는 데에
효성으로 하고 제향을 지내네.
그 누가 이것을 주관하는가.
증손이 올리는 제향이라오.

이미 오셔서 흠향하시니
나에게 베푼 은혜 가히 없어라.

{빠진 글자가 있다.} 제1실에 연주하는 곡[第一室奏闕之曲]

아! 거룩하신 왕이시여
천명을 받아 나라를 여시니
멀리 동떨어져 있는 우리나라
사방의 강령綱領이 되셨네.
그 뒤를 잘 열어 주시어
왕위를 차례로 계승하였네.
아! 천만 년 흘러가도록
복 내려주심 끝이 없어라.

{빠진 글자가 있다.} 제2실에 연주하는 곡[第二室奏闕之曲]

아! 거룩한 무왕이시여
하늘의 뜻 받은 용龍이셨도다.
이미 위대한 부왕을 도와서
님의 공을 세움에 이르렀도다.
우리나라 모든 사람이
역시 다 같이 복종하였으니
끊임없이 길이 이어간다면
복록이 같이 따르리로다.

{빠진 글자가 있다.} 제3실에 연주하는 곡[第三室奏闕之曲]

아름답고 거룩한 부왕이시여
장차 그 밝은 은덕 받으리니
진실로 문채나고 진실로 씩씩하시어
그 신령함을 뚜렷이 나타내네.

두렵고도 위태함이 있더니
마침내 성공으로 끝내셨도다.
만 년하고도 또 천 년토록
우리 자손 보호하소서.

{빠진 글자가 있다.} 제4실에 연주하는 곡[第四室奏闋之曲]

진실로 거룩한 임금이시여
그윽하고도 거룩하시며
천명을 받아 나태하지 않아서
만민이 우러러보는 바일세.
새벽부터 밤까지 공경하오며
이에 삶아 이에 제향 올리니
우리를 편안케 하여 장수하도록
하늘로부터 복을 내리소서.

{빠진 글자가 있다.} 제5실에 연주하는 곡[第五室奏闋之曲]

훌륭한 임금님이시여!
온갖 복록이 다 모여 들었네.
진실로 하늘이 내신 아들이시라
대대로 덕을 쌓아 좋은 끝맺었네.
자손이 번창하고
평안히 쉬는도다.
길이 효도하리라 생각하니
아! 끝없이 영원하시리라.

{빠진 글자가 있다.} 제6실에 연주하는 곡[第六室奏闋之曲]

힘쓰고 힘쓰는 우리 왕이여
그 성덕 크고 뚜렷하도다.
밝게 베풀고 의롭게 분부하며

하늘의 법칙을 따르셨네.
이 큰 나라 임금님 되시어
아래 백성에 임하심 밝으시네.
자손에 훌륭한 경륜 내려주어
크나큰 복록으로 되었네.

{빠진 글자가 있다.} 제7실에 연주하는 곡[第七室奏闕之曲]

아! 거룩한 임금님이시여
그 성덕 찬란하셔라.
길이 천명에 합치되어
그 경사 돈독하도다.
나 효자를 편안케 하시어
복록을 누려 안락케 하시네.
우리 가문 영원히 번성하여
길이 그 이룩한 공 보리라.

왕이 음복할 때 연주하는 이성지곡[王飮福奏釐成之曲]

맑고 고요한 종묘에
제사 의식이 장엄한데
신명은 음식을 즐기시니
나의 뜻 이루게 하시네.
저 술잔에 술 담아 올리니
효손孝孫에게 경사 있으리라.
억만 년 길이길이
끝없이 복을 받으리라.

문무文舞가 물러가고 무무武舞가 들어올 때 연주하는 숙녕지곡[文舞退武舞進肅寧之曲]

아! 공적이 높으신 조상들
그 명성 빛나고 빛나시네.

문무의 덕을 겸비하시어
우리 후손을 보호하시네.
백로의 깃털 부채 꽂고[40]
방패와 창 큰 도끼 작은 도끼로
온갖 춤이 차례로 펼쳐지니
진실로 크게 이루로다.

송나라에서 새로 보내 준 악기들[宋新賜樂器]

○ 예종睿宗 9년(1114) 6월 초하루 갑진甲辰에 안직숭安稷崇이 송나라로부터 돌아왔다. 휘종徽宗이 조서를 내려 이르기를, "음악은 천지와 같이 유행하는 것이니, 백 년 이후에야 일어나고, 공이 이룩된 후에야 생겨난다. 선왕의 은택이 고갈된 후로 예가 폐지되고 악이 무너져서 주나라 이후로 오늘에 이르기까지 능히 이것을 정리한 이가 없었다. 짐은 역대 성왕의 기업基業을 계승하고 영원히 그 거룩한 덕화와 업적을 생각하면서 그 뜻을 계승하고 그 사업을 저술하여 그 이룩한 공을 고하고자 하였다. 이에 담당 기관에 명령하여 내 몸을 척도로 하고 그 척도에 의하여 솥도 만들고 음악도 만들어서 이것을 천지와 종묘에 드리게 하였더니, 날짐승도 때에 맞추어 나왔다. 대체로 지금의 음악은 옛날의 음악과 같다. 이에 짐은 이것을 없애지 않고 고아하고 바른 소리를 지금의 음악에 베풀어 처음으로 세상에 반포하여 백성들의 마음을 화평하게 하는 바이다. 경은 외국의 임금으로서 의리를 사모하여 우리에게 동화同化해 왔다. 사신이 와서 신악新樂을 듣기를 바라니, 그 정성스러운 마음을 가상히 여겨 선물을 보내주기로 하였다. 이제 귀국의 사신 안직숭이 돌아가는 편에 경에게 신악을 보내주노라.

철방향鐵方響 5가五架와 아울러 탁자卓子, 방망이[槌子], 주칠 누금 가자朱漆縷金架子,[41] 금

40 『시경』 진풍陳風 완구宛丘에 나온다. 백로의 깃털을 단 기를 세워 가무와 음악의 즐거운 의식이 거행됨을 나타낸다.

41 붉은 색으로 칠을 하고 금을 아로새겨 넣어 장식한 틀.

과책조錦裹册條, 금도은탁결자金鍍銀鐸子,[42] 조결條結, 자라협파紫羅夾杷, 자견단파紫絹單杷 전부. 석방향石方響 5가와 아울러 탁자·방망이·주칠 누금 가자·금과책조·금도은탁자·조결·자라협파·자견단파 전부. 비파琵琶 4면面과 금도 유석 봉구金鍍鍮石鳳鉤[43]·주칠 누금 가자·금도은탁자·조결·누금발자縷金撥子·자라협대紫羅夾袋 전부. 오현금五絃琴 2면과 금도 유석 봉구·주칠 누금 가자·금도은탁자·조결·누금발자縷金撥子[44]·자라 협대紫羅夾帶 전부. 쌍현금雙絃琴 4면과 금도 유석 봉구金鍍鍮石鳳鉤·주칠 누금 가자.

쟁箏 4면과 아울러 누금 탁자, 각각의 금도은탁자·조결·소금 생색 츤현銷金生色櫬絃·자라협대 전부. 공후箜篌 4좌座로 모두 금을 아로새겨 넣어 장식하였다. 피리[觱篥] 20관管과 금도은사찰전金鍍銀絲札纏·각종 자라협대를 담은 1상자[匣]·홍라욕자紅羅褥子·자라협복자紫羅夾複子 전부. 저[笛] 20관管. 지篪 20관. 소簫 10면으로 모두 붉은 칠에 금을 아로새겨 넣어 장식하였다. 금도은탁결자金鍍銀鐸結子·각종 자라 협대紫羅夾袋를 담은 1상자·홍라욕자紅羅褥子·자라협복자紫羅夾複子 전부. 포생匏笙(관악기로 생황笙簧의 일종) 10찬攢과 금도금속자金鍍金束子·각종 자라협대紫羅夾袋를 담은 2상자·홍라욕자紅羅褥子·자라협복紫羅夾複 전부. 훈壎 40매枚로 3갑에 담았다. 대고大鼓 1면面으로 오동기름으로 칠하고 전체에 꽃무늬를 새겨놓았다. 아울러 받침[座]·북채[鼓槌]·자견의紫絹衣 전부. 장고杖鼓 20면面과 금도유석구金鍍鍮石鉤·조색條索·장고채[杖子]·자단견파복紫單絹杷複 전부. 백판栢板 2관串과 금도은탁결자金鍍銀鐸結子를 담은 1상자·홍라욕자·자라협복 전부. 곡보曲譜(악보) 10책册·황릉장치黃綾裝褫·자라협파 전부. 지결도指訣圖 10책·황릉장치·자라협파 전부."라고 하였다.

○ 이 해(예종 9년, 1114) 10월 정묘丁卯에 왕이 태묘에서 친히 협제祫祭[45]를 거행할 때에 송나라에서 보낸 신악新樂도 같이 사용하였다.

---

42 금속 재료의 표면에 은으로 얇게 도금한 방울.

43 금속 재료의 표면에 놋쇠로 도금하여 만든, 비파 줄을 튕길 때 오른손 손가락에 끼우는 보조 손톱.

44 금을 아로새겨 넣어 장식한, 현악기의 줄을 튕길 때 쓰는 나무나 상아 따위로 만든 채.

45 임금들의 선조를 합쳐서 제향하는 의식.

당악唐樂

당악은 고려 때에 섞어 사용하였기 때문에 모아서 기록한다.

악기樂器

방향方響 {철방향 16가架} 퉁소[洞簫] {구멍이 8개} 저[笛] {구멍이 8개} 필률觱篥 {구멍이 9개} 비파琵琶 {현이 4줄} 아쟁牙箏 {현이 7줄} 대쟁大箏 {현이 15줄} 장고杖鼓 교방고敎坊鼓 박拍 {6매枚}

헌선도獻仙桃[46]

춤추는 대열 {검은 적삼[皂衫]을 입는다.} 이 악관樂官과 기녀 {악관은 검은 옷에 복두幞頭를 쓰고, 기녀는 검은 적삼에 붉은 띠를 두른다.} 들을 인솔하여 남쪽에 서고, 악관과 기녀들은 두 줄로 앉는다. 기녀 한 명이 왕모王母가 되고, 그 좌우로 각각 한 명씩 두 협무挾舞가 되어 한 줄로 나란히 서서 횡렬을 이룬다. 봉개奉蓋[47] 세 명이 그 뒤에 서고, 인인장引人杖[48] 2명, 봉선鳳扇 2명, 용선龍扇 2명, 작선雀扇 2명, 미선尾扇 2명이 좌우로 갈라서고, 봉정절奉旌節[49] 8명이 각 대열 사이에 선다.

악관이 회팔선인자會八仙引子[50]를 연주하면 봉죽간자奉竹竿子[51] 2명이 먼저 춤추면서 들어와서 좌우로 갈라섰다가 음악이 멎으면 다음과 같은 구호 치어口號致語[52]를 올린다.

---

46 정월 보름날 밤의 가회嘉會 때에 군왕을 송도頌禱하기 위하여 펼치는 당악정재의 하나. 서왕모西王母가 선계仙界에서 내려와 3천 년에 한 번 열리는 선도仙桃를 바친다는 내용이다.

47 귀한 사람이 거둥할 때 머리 위를 가리도록 차양을 떠받히고 따라가는데, 봉개는 그 차양을 치켜드는 사람이다.

48 앞에 서서 뒤따르는 사람들의 길을 인도하는 사람이다.

49 정절旌節을 받들고 따르는 사람이다.

50 회팔선會八仙이라는 악곡의 서곡을 말한다.

51 대나무 장대를 받들고 선두에서 가무대의 입장과 퇴장을 유도하는 사람이다.

머나먼 구대龜臺(신선이 사는 곳)에서 봉궐鳳闕(봉황이 사는 궁궐)에 찾아와
천 년의 아름다운 열매 받들어
온갖 복의 상서로움을 바치고자
감히 존안尊顔을 뵈옵고 삼가 구호를 올립니다.

마치고는 좌우로 마주보고 선다. 악관이 또 회팔선인자를 연주하면 봉위의奉威儀 18명이 앞서와 같이 춤추면서 들어와 좌우로 갈라선다. 왕모 3명과 봉개 3명이 춤추면서 들어와 좌우로 갈라선다. 음악이 멎으면 악관 1명이 선도반仙桃盤[53]을 받들어 기녀 1명{나이 어린 기녀를 골라서 정한다.} 에게 주면, 기녀는 그것을 왕모에게 받들어 전한다. 왕모는 선도반을 받들고 다음과 같은 정월 보름날 밤 축하회에 선도를 드리는 가사[獻仙桃元宵嘉會詞]를 부른다.

정월 보름 좋은 연회에 봄 경치 즐기니
훌륭한 행사 있던 상양궁上陽宮(당 고종 때에 건립한 궁궐) 생각나네.
요임금은 이마에 기쁨 띠고 북극北極 바라보고
순임금 옷 드리우고 깊이 궁전에 팔짱끼고 계시도다.
환성은 호탕하여 소곡韶曲에 뒤따르고
화기는 향기롭게 어향御香 내음 풍기도다.
장관 이룬 태평에 어떻게 보답하랴
반도蟠桃 한 떨기로 천 가지 상서 바치리.

노래가 끝나면 악관은 헌천수{만慢}를 연주하고, 왕모 3명은 일난풍화사日暖風和詞를 부른다.

햇빛 따스하고 바람 화창한 봄날 길기도 하다.
이것이 바로 태평 시절

---

52 구호는 7언 4구七言四句의 시詩 1장을 낭독하는 것이고, 치어致語는 대체로 변려체騈儷體로 되어 입장과 퇴장을 알리는 말이다. 그런데 『고려사』 악지의 당악정재에는 이러한 구분 없이 구호·치어·구호치어 등이 혼용되어 있다.

53 복숭아가 담긴 쟁반같이 생긴 목제 그릇.

우리는 봉래도蓬萊島에서 몸맵시 가다듬고
대궐에 하례하러 왔나이다.
다행히 정월 대보름 밤 좋은 연회 만나
임금님을 가까이 하게 되어 기쁘나이다.
신선의 수명은 한없는 것이오니
임금님께 천년만년의 수명을 드리옵니다.

노래가 끝나면 악관은 이어 헌천수령獻天壽令{최자嗺子[54]}을 연주한다.

낭원閬苑(신선이 사는 곳)은 인간 세상에서 멀리 떨어져 있으나
멀리서 들으니 성덕聖德이 더욱 높도다.
서쪽에서 선경 떠나 하늘을 내려와서
천년의 영도靈桃를 드리나이다.
임금님의 나이 하늘같이 오래되기를 축원하고
춤과 환희로써 성조聖朝에 하례하나이다.
이웃 나라 사신 사방에서 밀려오니
단정히 팔짱끼고서 나라가 길이 융성하리라.

연주가 끝나면 악관은 또 금잔자金盞子{만}를 연주하고, 왕모는 대열에서 벗어나지 않은 채 빙빙 돌며 춤을 춘다. 춤이 끝나면 연주도 멎는데, 왕모가 조금 앞으로 나오면서 소매를 들고 여일서장사麗日舒長詞를 부른다.

화창한 날 기나긴데
상서로운 기운 신경神京에 가득 찼네.
구중九重 천상의 오색구름 열린 곳에
단청한 누각 우뚝우뚝 솟아 있다.
성대한 잔치 막 시작하니

54 악곡의 특색을 나타내는 말이다.

비단 휘장 수놓은 장막이 서로 엇갈려 쳐 있다.
상원上元의 아름다운 시절에
임금과 신하 모여 함께 태평 즐기도다.
넓은 뜰에 비단옷 어지럽게 가득 움직이고
한 때의 생황 음률은 모두 새로운 가락이네.
봉래의 궁전이며 신선의 경치인데
호탕한 봄빛이 왕성王城에 감도는구나.
안개 걷히고 비 그치니
하늘빛 밤에 더욱 깨끗하네.
또 천 길 나무의 불[火樹]과 산의 등[燈山]이
들쑥날쑥 달빛 띠어 선명하도다.

노래가 끝나고 왕모가 물러서면 악관은 금잔자령{최자}을 연주하고, 협무挾舞 두 명이 춤추며 앞으로 나왔다가 춤추며 물러가서 제자리로 돌아간다. 연주가 멎으면 두 협무가 동풍보난사東風報暖詞를 부른다.

동풍東風에 실린 봄빛 따스하여
화창한 기운 사람 마음 풀어 주네.
웅대한 대궐 안에 오산鼇山[55]이 솟아나
만 길토록 드높아 구름 끝에 치솟았네.
이원제자梨園弟子[56]가 연주하는 새 곡조
그 반은 훈塤이고 지篪이다.
좌석에 가득 찬 대관들
취하고 배불러 녹명시鹿鳴詩[57]를 노래하네.

55 큰 바다거북의 등 위에 있는 삼신산三神山. 놀이를 하는 임시 무대인 산대山臺를 가리키기도 한다.

56 『구당서』 권28, 지 8, 음악 1에 따르면, 당 현종이 악공 300명과 궁녀 수백 명을 뽑아 이원梨園에서 음악과 무용을 연습시키고 그들을 황제제자 혹은 이원제자라 불렀다. 이때부터 이원은 연극과 극장의 대명사로 되었으며 교방敎坊을 가리키기도 한다.

노래가 끝나면 악관이 서자고瑞鷓鴣{만}를 세 번 연주한다. 연주가 끝나면 왕모가 조금 앞으로 나와서 해동금일사海東今日詞를 부른다.

우리나라의 오늘날은 태평 시절
임금과 신하의 아름다운 잔치 기뻐서 바라보네.
미선尾扇이 갓 펴지니 보좌黼座(임금이 앉는 자리) 밝아지고
주렴 높이 거둬 올리니 상서로운 기운 가득하네.
먼 외국의 사신들 단문端門[58] 밖에 모여들고
옥백玉帛이 대궐 섬돌 앞에 그득히 쌓여있네.
제가 임금님의 장수를 천만 세 드리오니
봉인封人[59]의 어찌 다시 축수를 할 것인가.

노래를 마치고 제자리로 돌아가면 악관이 서자고{만최자慢嗺子}를 연주한다. 협무 두 명이 나란히 서서 춤추며 앞으로 나왔다가 춤추며 물러가서 제자리로 돌아간다. 연주가 멎으면 협무 두 명이 북포동완사北暴東頑詞를 부른다.

북방과 동쪽의 포악한 무리들 성심으로 복종하고
덕의를 사모하여 앞다투어 내조하네.
나날이 새로운 성덕聖德 더욱 밝아지니
노랫소리 거리에 가득하도다.
천하가 태평하여 다른 일 없거니
백성과 함께 춘대春臺[60]에서 놀이하네.
해마다 맞이하는 정월 대보름날
만년 축하의 술에 취하시기 원하나이다.

---

57 『시경』 소아小雅의 편명篇名. 임금이 신하들과 가빈嘉賓에게 연향燕饗을 베풀 때 부르던 시.
58 궁궐의 정전正殿 앞에 있는 정문正門.
59 국경을 지키는 사람. 『장자莊子』 천지편天地篇에 화華 땅의 봉인封人이 요임금에게 장수하기를 청한 일이 있다.
60 봄날에 높이 올라 아름다운 봄 경치를 구경하는 곳.

악관이 천년만세인자千年萬歲引子를 연주하면 봉위의奉威儀 18명이 빙글빙글 돌면서 세 바퀴 춤을 추고 물러가서 제자리로 돌아간다. 연주가 멎으면 봉죽간자奉竹竿子가 조금 앞으로 나와서 치어致語를 올린다.

노을 빛 옷자락 여미고 잠시 물러나
구름 길 가리키며 하직인사 드리며
뜰 앞에서 재배하고
서로 이끌고 떠나가려 합니다.

치어를 마치면 악관은 회팔선인자會八仙引子를 연주한다. 죽간자가 춤추면서 물러가고 봉개와 왕모 각각 세 명도 뒤따라서 춤추며 물러간다. 봉위의 18명도 역시 그렇게 한다.

오양선五羊仙[61]

춤추는 대열 {검은 적삼皂衫을 입는다.} 이 악관과 기녀 {악관은 붉은 옷을 입고 기녀는 단장한다.} 들을 인솔하여 남쪽에 서고, 악관은 두 줄로 앉는다. 기녀 한 명이 왕모王母가 되고, 그 좌우로 각각 두 명씩 네 명이 협무挾舞가 되어 한 줄로 나란히 서서 횡렬을 이룬다. 봉개奉盖 5명이 그 뒤에 서고, 인인장引人丈 2명, 봉선鳳扇 2명, 용선龍扇 2명, 작선雀扇 2명, 미선尾扇 2명이 좌우로 갈라서고, 봉정절奉旌節 8명이 각 대열 사이에 선다.

각기 자리가 정해지고 춤추는 대열이 박拍을 치면, 악관은 오운개서조인자五雲開瑞朝引子를 연주하고, 봉죽간자 2명이 먼저 들어와서 좌우로 갈라섰다가 연주가 멎으면 다음과 같은 구호 치어를 올린다.

구름은 곡령鵠嶺[62]에서 일어나고

---

61 군왕의 수명이 무궁하기를 바라는 내용의 당악정재. 5명의 신선이 5색의 양羊을 타고 한 줄기에 여섯 이삭이달린 수수를 가지고 나타났다는 『태평환우기太平寰宇記』 권157, 광주조廣州條의 고사에서 유래한다.

62 따오기가 날아가는 높은 재.

해는 오산鼇山에서 비꼈는데
기쁘게도 양羊의 수레 탄 신선을 만나고
아울러 난참鸞驂[63] 위의 상려上呂(훌륭한 임금)를 뵙도다.
우아한 연주 소리는 봉황이 와서 춤추는 데에 걸맞고
화려한 무희의 자태는 나는 거리기처럼 절묘하도다.
너그러이 도량을 베푸시어
춤의 대열이 들어가도록 허락하소서.

마치고는 좌우로 마주보고 선다. 봉위의奉威儀 18명이 앞으로 나아가 좌우로 갈라서면, 왕모 5명과 봉개 5명이 앞으로 나아가서 제 자리에 선다. 왕모가 조금 앞으로 나아가 치어致語를 올린다.

노래도 부르고 춤도 추어서
애오라지 축하의 뜻을 표하려 합니다.
성황을 이루고 번창하게 하여서
영원무궁토록 복을 돕고자 합니다.
저희들은 감격하고 두려워서 어찌할 바를 모르겠나이다.

치어를 마치고는 물러간다. 악관이 다시 오운개서조인자를 연주하면, 왕모 5명이 손을 여미고 발을 구르면서 앞으로 나와 선다. 악관이 만엽치요도령萬葉熾瑤圖令{만}을 연주하면, 왕모 5명이 가지런히 줄지어 횡렬을 이루어 춤을 춘다. 왕모가 왼편을 향하여 춤추면 왼편의 2명이 왕모와 마주 보고 춤추고 오른편의 2명은 왕모의 뒤에서 춤춘다. 왕모가 오른편을 향하여 춤추면 오른편의 2명이 왕모와 마주 보고 춤추고 왼편의 2명은 왕모 뒤에서 춤춘다. 춤을 마치면 악관이 최자령嗺子令을 연주하고, 왕모는 춤을 추면서 복판에 서 있고 나머지 좌우편의 4명도 춤추면서 네 모퉁이에 선다. 악관이 중강령中腔令을 연주하면 왕모 5명은 자기 대열에서 벗어나지 않은 채 빙빙 돌면서 춤을 춘

63 난새가 모는 수레이니 곧 임금이 탄 수레를 가리킨다.

다. 춤이 끝나면 보허자령步虛子令으로 벽연롱효사碧烟籠曉詞를 부른다.

푸른 안개 새벽하늘에 자욱한데 바다 물결 잔잔하고
강가의 두어 개 산봉우리만 차갑구나.
패환佩環(몸에 차는 장식품) 소리 속에
기이한 향기 인간 세상에 나부끼는데
강절絳節[64]이 오색구름 끝에 멈추도다.
완연히 함께 아름다운 곡식의 상서 가리키며
한 차례 웃어 붉은 얼굴 웃음 띠도다.
구중궁궐 우러러 바라보며
높이 하늘 향해 세 번 축원하기를
남산南山과 같이 영원무궁할 지어다.

끝나고 박拍을 빠르게 치면 음악이 이에 따르고 그것이 끝나면 또 보허자령{중강}을 연주한다.

왕모가 앞쪽의 왼편 협무를 향하여 춤추면, 앞쪽 왼편의 협무가 빙글빙글 돌면서 왕모와 마주보고 춤을 춘다. 왕모가 앞쪽의 오른편을 향하여 춤추면, 앞쪽 오른편의 협무 역시 빙글빙글 돌면서 왕모와 마주보고 춤을 춘다. 뒤쪽의 왼편 협무를 향해서도 역시 그렇게 하고, 뒤쪽의 오른편 협무를 향해서도 역시 그렇게 한다. 춤이 끝나면 자기 자리로 돌아간다.

악관이 이어 중강령을 연주하면, 봉위의 18명이 중강령으로 동운영채색사彤雲映彩色詞를 부르고 춤을 주면서 빙글빙글 세 바퀴 돈다. 노래가 끝나면 자기 자리로 물러간다.

악관이 파자령破字令을 연주하면, 왕모 5명이 춤을 춘다. 춤이 끝나면 왕모들이 소매를 받들고 파자령으로 표묘삼산사縹緲三山詞를 부른다.

아득히 먼 삼산도三山島(신선이 사는 섬)

64 붉은 빛깔의 수레를 멈추는 도구인데, 여기서는 5명의 신선이 타고 있는 양羊 수레를 가리킨다.

십만 년이 비로소 하루라네.
봄바람에 벽도碧桃[65] 꽃 만발하여
동군東君 위해 한 번 웃도다.
상서로운 회오리바람 향기로운 먼지 끌어와
장수하시어 하늘에 뒤져 늙지 말라고 축원하네.
상서로운 안개는 푸른 기운 흩뿌리고
돌아가는 자취 구름 속에 사라지는데
한 마디의 긴 휘파람만 들리는구나.

노래가 끝나면 악관은 중강령을 연주하고 죽간자竹竿子가 조금 앞으로 나아가 구호치어를 올린다.

노래는 떠나는 학 소리 같이 맑고
춤은 돌아가는 난새처럼 오묘하도다.
백화百和는 안개 속에 가라앉고
붉은 해는 저물었는데
한 마디 먼 곳의 학鶴 소리
흰 구름 깊은 곳에서 들려오네.
뜰 앞에서 재배하옵고
서로 이끌고 떠나렵니다.

끝나면 춤추면서 물러간다. (봉위의) 18명이 서로 짝지어 조금 앞으로 나와 춤추면서 물러간다. 왕모 5명이 나란히 서서 횡렬을 이루면 왕모가 조금 앞으로 나와서 구호치어를 올린다.

온 나라에 먼지 깨끗이 가라앉아
온 백성 태평의 교화를 함께 느끼네.

65 선경仙境에 있다는 전설상의 복숭아.

요대瑤臺(신선이 사는 곳) 길 멀어
급히 들뜬 놀이 거두려 하여
엎드려 분부를 기다리옵니다.

춤추면서 물러간다. 봉개 5명도 역시 왕모를 따라 춤추면서 물러간다.

포구락抛毬樂

춤추는 대열 {검은 적삼[皂衫]을 입는다.} 이 악관과 기녀 {악관은 붉은 옷을 입고 기녀는 단장한다.} 들을 인솔하여 남쪽에 서고, (악관은) 동쪽을 위로 하여 두 줄로 앉는다. (악관이) 절화령折花令을 연주하면 기녀 2명이 죽간자竹竿子를 받들고 앞으로 나선다. 연주가 멎으면 구호 치어를 올린다.

아악雅樂 소리 아름다운 경치 속에 울리고
어여쁜 기녀의 대열 대궐 뜰에 늘어서서
앞 다투어 아름다운 자태 드러내며
다 같이 덩실거리는 춤을 추려 하오니
너그러이 대열을 등장시키시어
즐거움 나누도록 허락하여 주소서.

마치면 좌우로 갈라선다. 악관이 다시 절화령을 연주하면, 기녀 12명이 좌우편으로 대열을 나눈다. 한 대열이 6명씩으로 춤을 추면서 죽간자 뒤로 들어가서 네 개의 대열로 나뉜다. 연주가 멎으면 절화령折花令으로 삼대사三臺詞를 부른다.

푸른 장막 화려한 잔치자리
서로 이끄니 참으로 기쁘도다.
춤옷 소매 치켜들고 빙글빙글 돌고
비단옷 차림 가득 모여
관현에 맞추어 노래 부르니 더욱 청아하도다.
좋은 술 금잔에 철철 넘치니
실컷 취하는 것 아끼지 마오.

긴긴 날을 끝없이 놀아 보세.
좋은 손님 즐겁게 하기 위하여
좋은 손님에게 잔치를 베푸는도다.

끝나면 악관은 또 절화령을 연주한다. 대열 첫머리의 기녀 2명이 마주하여 춤을 추면서 화병花甁 앞으로 나와서 꽃을 꺾는 형상을 하며 춤추다가 물러간다. 악관이 수룡음령水龍唫令을 연주하면 두 대열의 12명이 빙글빙글 돌면서 춤춘다. 춤이 끝나면 수룡음령으로 동천경색사洞天景色詞를 부른다.

동천洞天(신선이 사는 곳)의 경치는 언제나 봄날
연하게 붉고 엷게 흰 꽃들 가벼운 꽃받침에 피어있네.
아름다운 자리의 금화로[金爐]에는 연기 피어나고
짙은 향기가 비단 장막에 엉키네.
아리따운 신선들의 노래와 춤 절묘한데
꽃가지 들고 무엇인가 서로 약속하네.
채색 구름에 달 흘러가는데
붉은 실그물에 비치도다.
편안히 담소하며 포구락을 하는데
비단 소매 바람에 펄럭이며 봉새같이 올라가네.
별빛 같은 눈동자 돌리며
버들 같은 허리는 부드럽고 가냘프다.
첫 번째로 점수 얻게 되면
환성이 우렁차고 얼굴 빛난다.
좌석을 가득채운 아름다운 손님들
신선의 음악 즐기며 술잔 주고받네.
노랫소리 끝나려 하니 채색 구름 나부끼고
서로 이끌고 하늘로 돌아가도다.

노래가 끝나면 악관은 소포구락령小抛毬樂令을 연주한다. 왼편 대열 6명이 한 번은 앞을 보고 한 번은 뒤를 보며 춤을 춘다. 끝나면 모두 나란히 선다. 연주가 멎으면 모든 대열이 소포구락령으로 양행화규사兩行花竅詞를 부른다.

두 줄의 꽃 구멍 풍류안風流眼[66]을 차지하고

금실 박은 비단 띠에 포구抛毬를 매었도다.

섬섬옥수로 붉은 실그물 높이 가리키면서

모두 첫 번째로 이기고자 마음먹도다.

노래가 끝나면 대열의 맨 앞에 있는 한 명이 구문毬門 앞으로 나서며 다음의 노래를 부른다.

뜰에 가득한 퉁소와 북 소리 나는 공에 모여들고

실 장대 붉은 그물은 대두臺頭[67]에 매어 있다.

공 넣기 유희를 하는데 공이 (풍류안에) 적중하면 모든 대열이 절한다. 끝나면 오른편 대열 6명이 한 번은 앞을 보고 한 번은 뒤를 보며 춤을 춘다. 끝나면 모두 나란히 선다. 연주가 멎으면 모든 대열이 소포구사小抛毬詞를 부른다. 끝나면 대열의 맨 앞에 있는 한 명이 구문毬門 앞으로 나서며 앞서 불렀던 노래를 부르며 공 넣기 유희를 한다. 공이 (풍류안에) 적중하면 모든 대열이 절한다. 끝나면 왼편의 두 번째 사람이 위의 절차와 같이 하면서 다음의 노래를 부른다.

노래 소리 잦고 손을 엎으며 공을 던져 보내면

양편의 사람들 회주回籌[68]를 기다리네.

끝나면 오른편의 두 번째 사람이 위의 절차와 같이 하면서 역시 앞서 불렀던 노래를 부른다. 끝나면 왼편의 세 번째 사람이 위의 절차와 같이 하면서 다음의 노래를 부른다.

오색 꽃 속의 포구를 바라보는데

향기 풍기는 볼 붉고 연하며

---

66 포구락을 할 때 포구문의 한가운데에 있어서 용알을 넘기는 구멍.

67 용알이 들어가는 그물을 고정시키는 틀의 윗부분을 가리킨다.

68 포구락의 공 넣는 순서는 한쪽에서 한번 공을 던지면 상대편에서도 한번 공을 던지도록 되어 있다. 회주는 상대편에서 공 넣기를 순서가 바뀌는 기

버들 안개 자욱하도다.

끝나면 오른편의 세 번째 사람이 위의 절차와 같이 하면서 역시 앞서 불렀던 노래를 부른다. 끝나면 왼편의 네 번째 사람이 위의 절차와 같이 하면서 다음의 노래를 부른다.

맑은 노래와 잦은 북소리는 공 던지기 재촉하네
이번에는 세 번째 던지는 공 양보하지 않으리라.

끝나면 오른편의 네 번째 사람이 위의 절차와 같이 하면서 역시 앞서 불렀던 노래를 부른다. 끝나면 왼편의 다섯 번째 사람이 위의 절차와 같이 하면서 다음의 노래를 부른다.

퉁소와 북소리 그다지 재촉하지 말아다오.
채색 공의 높고 낮음 판단하기 어렵다오.

끝나면 오른편의 다섯 번째 사람이 위의 절차와 같이 하면서 역시 앞서 불렀던 노래를 부른다. 끝나면 왼편의 여섯 번째 사람이 위의 절차와 같이 하면서 다음의 노래를 부른다.

행여나 연지 분 곱게 바른 이 얼굴을
분별없는 붓끝으로 먹칠하면 어찌할꼬.[69]

끝나면 오른편의 여섯 번째 사람이 위의 절차와 같이 하면서 역시 앞서 불렀던 노래를 부른다. 끝나면 악관은 청평령淸平令을 연주하고, 좌우의 대열은 북쪽을 향하여 서서 파자무破子舞를 춘다. 춤이 끝나면 다음의 노래를 부른다.

뜰에 가득한 비단 옷은 찬란한 광채 드러내고
맑은 아침에 단청한 누각에서 잔치 열렸도다.
갓 피어난 연꽃처럼 막 선명하고 화려한데
금 술잔에 자주 권하기를 아낌없이 하여라.
가까이 보니 가는 허리 꺾어질 것 같고

69 포구락에서 공 넣기 놀이에서 지면 벌칙으로 얼굴에 먹칠을 하기 때문이다.

다시 보니 춤 맵시 흐르는 눈과 같구나.

이는 즐겁게 잔치를 즐기며 노는 시절이니

환희의 노랫소리 그치라고 재촉하지 말라.

노래가 끝나면 악관은 소포구락령을 연주한다. 죽간자 2명이 조금 앞으로 나와서 음악이 멎으면 구호 치어를 올린다.

온갖 오묘한 춤으로 이미 비연飛燕[70]의 기묘함을 보였고

몇 가락의 맑은 노래로 또 관주貫珠[71]의 아름다움 바라면서

섬돌 아래에서 재배하고 서로 이끌고 물러가려 하옵니다.

끝나면 물러간다. 왼편과 오른편의 12명도 차례로 춤추며 물러간다.

속악俗樂

고려의 속악은 여러 악보들을 상고하여 수록한다. 동동動動 및 서경西京 이하 24편은 모두 이어俚語[72]를 사용하였다.

악기

현금玄琴 {현이 6줄} 비파琵琶 {현이 5줄} 가야금伽倻琴 {현이 12줄} 대금大琴 {구멍이 12개} 장고杖鼓 아박牙拍 {6매枚} 무애無导 {장식이 있다.} 무고舞鼓 해금嵇琴 {현이 2줄} 필률觱篥 {구멍이 7개} 중금中笒 {구멍이 12개} 소금小笒 {구멍이 7개} 박拍 {6매}

---

70 전한前漢 효성제孝成帝의 황후인 조비연趙飛燕을 가리킨다. 그녀는 몸이 가볍고 춤과 노래를 잘하였는데 그 모양이 마치 나는 제비[飛燕]와 같았다고 한다.

71 글이나 글자가 잘 되었을 경우 그 글자 옆에 치는 고리 같은 둥근 표.

72 비속한 말이라는 뜻인데, 여기서는 당시 쓰이던 우리나라 말을 가리킨다.

무고舞鼓

춤추는 대열 {검은 적삼皂衫을 입는다.} 이 악관과 기녀 {악관은 붉은 색의 옷을 입고 기녀는 단장한다.} 들을 인솔하여 남쪽에 서고, 악관들은 두 줄로 앉는다. 악관 2명이 북과 북 받침을 가져다가 전殿 중앙에 놓으면, 여러 기녀들이 정읍사井邑詞를 노래하고 향악鄕樂으로 그 곡조를 연주한다.

기녀 2명이 먼저 나와 좌우로 갈라져 북의 남쪽에 서서 북쪽을 향하여 절한다. 끝나면 꿇어 앉아 손을 여몄다가 일어나서 춤을 춘다. 연주가 1회 끝날 때를 기다려 기녀 2명이 북채를 잡고 일어나서 춤을 추면서 좌우로 갈라지며 북을 끼고 앞으로 나아갔다가 뒤로 물러났다 한다. 끝나면 북을 둘러싸고 혹은 마주서기도 하고 혹은 등지기도 하면서 빙글빙글 돌며 춤을 춘다. 그러다가 북채로 북을 치는데 음악의 절차에 따라 장고杖鼓와 서로 가락을 맞추다가 연주가 끝나면 그친다. 음악이 다 끝나면 기녀 2명은 앞서 했던 것처럼 엎드렸다가 일어나서 물러간다.

무고舞鼓는 시중侍中 이혼李混[73]이 영해寧海(지금의 경상북도 영덕)에 적환謫宦[74]할 때에 바다에 떠도는 나무토막을 얻어 가지고 무고를 만들었는데, 그 소리가 굉장하였다. 그 춤은 즐겁게 돌아가는 것으로 한 쌍의 나비가 꽃을 감돌며 훨훨 춤추는 듯하고, 두 마리의 용이 용맹하게 여의주如意珠를 다투는 듯하다. 악부樂部에서 가장 기묘한 춤이다.

서경西京

서경은 고조선古朝鮮의 땅으로 기자箕子가 봉해진 곳이다. 그 백성들은 예양禮讓을 배워 임금을 높이고 어른을 받드는 의리를 알아서 이 노래를 지었다. 그 뜻은 인애仁愛와 은혜가 충만하여서 그것이 초목草木에까지 미치므로 비록 꺾이고 넘어진 버들가지라도

73 1252년(고종 39)~1312년(충선왕 4). 고려 후기의 문신. 본관은 전의全義. 뒤에 예안백禮安伯에 봉해져 예안이씨의 시조가 되었다.

74 이혼이 충선왕 때에 실시한 관제 개혁으로 실직당한 사람들로부터 원망을 받아오던 중 숙비淑妃의 미움을 받아 예주 목사禮州牧使로 좌천되었던 일을 말한다. 예주는 지금의 경상북도 영덕 지역이다.

또한 되살아날 기운[生意]이 있다는 것이다.

대동강大同江

주周나라 무왕武王이 은殷나라 태사太師인 기자箕子를 조선에 봉하였다. (기자가) 8조의 교화를 시행하여 예절 있는 풍속을 일으키자, 조정과 백성들에게 일이 없었다. 백성들이 기뻐하고 즐거워하며 대동강을 황하黃河에 비하고, 영명령永明嶺[75]를 숭산嵩山에 비기면서 그들의 임금을 칭송하고 축복하였다. 이 노래는 고려에 들어온 이후에 지은 것이다.

오관산五冠山[76]

오관산은 효자 문충文忠이 지은 노래이다. 문충은 오관산 아래에서 살았는데 어머니를 지극히 효성스럽게 섬기었다. 그가 살고 있는 곳에서 서울까지는 30리 거리였다. 어머니를 봉양하기 위하여 벼슬살이를 하면서 아침에 나갔다가 저녁에 돌아오곤 하였으나, 아침저녁으로 문안을 조금도 게을리 하지 않았다. 그는 자기 어머니가 늙어가는 것을 한탄하면서 이 노래를 지었다.

이제현李齊賢[77]이 다음의 시를 지어 그 노래의 뜻을 풀이했다.

나무 조각으로 자그마한 당계唐鷄 만들어
젓가락으로 집어 벽의 횃대에 꽂아 두었네.
이 새가 울면서 시간을 알려주니
어머니 얼굴이 비로소 지는 해 같네.[78]

---

75 지금의 평양平壤 금수산錦繡山을 가리키는 것으로 여겨진다.

76 당계곡唐鷄曲 혹은 목계가木鷄歌라고도 일컬어진다.

77 이제현(1287~1367) : 고려 후기의 시인이자 성리학자. 본관은 경주慶州. 초명은 지공之公이고 자는 중사仲思이며 호는 익재益齋이다.

78 『익재난고益齋亂藁』 권4, 시詩, 소악부小樂府에 실려 있다.

양주楊州

양주는 고려의 한양부漢陽府로 북쪽으로는 화산華山에 기대어 있고, 남쪽으로는 한강漢江에 임해 있다. 토지가 평탄하고 물산이 풍부하여 번화한 것이 다른 고을에 견줄 바 아니라 이 고을 사람들은 남녀가 봄을 맞이하여 놀기 좋은 시절을 서로 즐거워하면서 이 노래를 불렀다.

처용處容

신라 헌강왕憲康王(재위 875~886)이 학성鶴城(지금의 울산)에 갔다가 돌아오는 길에 개운포開雲浦[79]에 이르렀는데, 갑자기 어떤 사람 한 명이 기괴한 형용에 이상한 옷을 입고 왕의 앞으로 나와서 노래와 춤으로 왕의 덕을 찬양한 후 왕을 따라 서울로 들어왔다. 그는 자기를 처용處容이라 부르며 달 밝은 밤마다 저자에서 노래 부르고 춤을 추었다. 나중에는 그가 간 곳을 알지 못하였다. 그래서 당시에 그를 신인神人이라고 생각하였다. 후세 사람도 그 일을 기이하게 여겨 이 노래를 지었다. 이제현李齊賢이 다음의 시를 지어 그 노래의 뜻을 풀이하였다.

옛날 신라의 처용 늙은이
바다 속에서 왔노라 말하고
자개 이빨 붉은 입술로 달밤에 노래하고
솔개 어깨 자주 소매로 봄바람에 춤췄다.[80]

송산松山

송산松山(개경의 송악산)은 개경의 진산鎭山이다. 태조太祖가 개경에 도읍을 정한 이후에 대대로 서로 계승하여 나라의 운명이 연장되었다. 이 노래는 그 연유로 지어진 것이다.

---

79 지금의 울산광역시 울주군에 있던 포구浦口.

80 『익재난고益齋亂藁』 권4, 시詩, 소악부小樂府에 실려 있다.

예성강禮成江{가사가 두 편으로 되어 있다.}

옛날에 중국 상인[唐商] 하두강賀頭綱이 있었는데 바둑을 잘 두었다. 일찍이 예성강에 이르러 한 아름다운 부인을 보게 되었다. 바둑으로 빼앗고자 하여 그 남편과 바둑으로 도박을 걸었다. 그리하여 거짓으로 지고는 물건을 갑절로 주자, 그 남편이 이롭다고 생각하고 자기 처를 걸었다. 이때 하두강이 단번에 바둑을 이기고 그의 처를 배에 싣고 갔다. 이에 그 남편이 후회하고 한탄하면서 이 노래를 지었다고 한다.

세상에 전하기를 그 부인이 떠나갈 때 옷매무새를 매우 견고하게 하여 하두강이 범하고자 하였으나 목적을 이루지 못하였다. 배가 바다로 들어섰을 무렵에 뱃머리가 돌기만 하고 앞으로 나아가지를 않았다. 점을 치자 "정절 있는 부녀가 신명을 감동시켰기 때문이다. 그 부인을 돌려보내지 않으면 배가 반드시 파선되리라"고 하였다. 이에 뱃사람들이 두려워서 하두강에게 권고하여 그녀를 돌려보냈다. 그 부인 역시 노래를 지었는데 후편이 바로 그것이라 한다.

한송정寒松亭

세상에서 전하는 말에 따르면, 이 노래는 비파[瑟] 밑바닥에 써둔 것이 중국 강남江南에까지 흘러갔는데 강남 사람들이 그 가사를 해석하지 못하였다. 광종光宗 때에 고려 사람 장진공張晉公[81]이 사신이 되어 강남에 가자, 강남 사람들이 가사의 뜻을 물었다. 장진공이 다음과 같은 시를 지어 이를 풀이하여 주었다고 한다.

한송정의 달 밝은 밤에
경포대 물결 고요하네.
구슬피 울며 오고 가느니
믿음 있어라. 한 마리 갈매기.

81 『동문선東文選』 권19, 오언절구五言絶句에 장연우張延祐의 작품으로 한송정곡寒松亭曲이 실려 있다. 이로 볼 때 장진공은 고려 전기의 문관인 장연우張延祐(?~1015)로 여겨진다. 본관은 흥덕興德이다.

정과정鄭瓜亭

정과정은 내시 낭중內侍郎中 정서鄭敍가 지은 노래이다. 정서는 스스로 과정瓜亭이라는 호號를 지었는데 왕실의 외척과 혼인하여[82] 인종仁宗의 총애를 받았다. 그 후 의종毅宗이 왕의 자리에 오르자 고향인 동래東萊로 돌려보내면서[83] "오늘 가게 된 것은 조정의 공론에 압박되어 하는 일이니 오래지 않아 소환할 것이다."라고 말하였다. 그런데 정서가 동래에 머무른 지 오래 되었는데도 소환 명령이 오지 않았다. 이에 거문고[琴]를 어루만지며 노래 불렀는데 그 가사가 매우 처량하였다. 이제현李齊賢이 다음과 같이 시를 지어 이를 풀이하였다.

매일같이 님 생각에 옷깃이 젖어
흡사 봄 산에 두견새 같구나.
옳고 그릇됨은 묻지를 마오.
응당 새벽달과 별만은 알리라.[84]

삼국三國의 속악俗樂

신라新羅

동경東京{곧 계림부雞林府이다.}

신라는 오랫동안 태평하고 정치와 교화가 순후하고 아름다워서 신령한 상서가 자주 나타나고 봉새가 날아와 울었다. 이에 나라 사람들이 이 노래를 지어 찬미하였다. 가

82 인종의 비인 공예 태후恭睿太后의 언니와 혼인하였다.

83 『고려사』 권90, 열전3, 종실1, 대녕후 왕경王暻의 전기에 자세한 내용이 나타난다.

84 『익재난고益齋亂藁』 권4, 시詩, 소악부小樂府에 실려 있다.

사에 나오는 월정교月精橋와 백운도白雲渡는 모두 왕궁王宮 근처에 있었던 곳으로 세상에서 전하기로는 봉생암鳳生巖이 있었다고 한다.[85]

동경東京

동경은 찬미하고 축복하는 노래이다. 혹은 신하와 아들이 임금과 어버이에게, 혹은 비천한 자와 젊은이가 귀한 이와 어른에게, 혹은 부인이 남편에게 모두 통용하는 노래이다. 가사에 나오는 안강安康은 계림부에 소속된 현縣인데, 역시 동경이라고 이름한 것은 큰 지명에 통합시켰기 때문이다.

목주木州{지금의 청주淸州에 딸린 현縣이다.}

목주는 효녀가 지은 노래이다. 딸은 아버지와 계모를 섬김에 효도가 지극한 것으로 소문났다. 아버지가 계모의 거짓말에 혹하여 딸을 쫓아냈는데, 딸은 차마 가지 못하고 집에 머무르면서 부모 봉양을 더욱 부지런히 하고 게을리 하지 않았다. 그러나 부모는 더욱 노하여 드디어 내쫓았다. 딸은 부득이 하직하고 떠나가서 어떤 산중에 이르러 석굴 속에 사는 노파를 만났다. 딸이 사정을 말한 다음 의탁하기를 청하자, 노파는 그녀의 곤궁한 사정을 불쌍히 여기고 허락하였다. 처녀는 노파를 자기 부모 섬기듯이 섬겼다. 노파는 그녀를 사랑하여 자기 아들과 혼인시켰다. 부부가 한 마음으로 근면 절약하여 부자가 되었다. 딸은 친정 부모가 매우 가난하다는 말을 듣고 시집으로 모셔다가 지극히 봉양하였다. 부모가 그래도 기뻐하지 않자 효녀는 이 노래를 지어 (자기의 효성이 부족하다고) 스스로를 원망하였다.[86]

---

85 『임하필기林下筆記』 권38, 해동악부海東樂府에 실려 있는 동경곡東京曲에는 다음의 가사가 전한다.
태평 세월 오래되고 정치가 순미하니
온갖 상서 겹쳐서 귀신을 감동시키네.
월정교 가에는 흰 구름 두둥실 떠가고
군신과 온 백성 모두 화기애애하여라.

86 『임하필기林下筆記』 권38, 해동악부海東樂府에 실려 있는 목주가木州歌에는 다음의 가사가 전한다.
목주의 소녀 어버이에게 효도하고

여나산余那山

여나산은 계림鷄林의 경내에 있다. 세상에서 전하기를 어떤 서생書生이 이곳 산에서 글공부하다가 과거에 급제하고 세족世族과 혼인하였다. 후에 그가 과거의 시관이 되었을 때에 잔치를 베풀자 그의 처가에서 기뻐서 이 노래를 불렀다고 한다. 그 후부터 과거 시험을 맡은 사람이 연회를 베풀 때에는 먼저 이 노래를 불렀다.

장한長漢[87]

장한성은 신라의 국경인 한산漢山[88]의 북쪽 한강 상류에 있다. 신라에서 이곳에 중진重鎭을 두었는데 후에 고구려에게 점령당하였다. 신라가 군사를 일으켜 그곳을 되찾고는 이 노래를 지어 그 공적을 기념하였다.

이견대利見臺[89]

세상에서 전하기를 신라 왕 부자가 오랫동안 헤어져 만나지 못하고 있다가 상봉하게 되자 이 대臺를 쌓아서 서로 바라보며 부자 상봉의 기쁨을 다하고 이 노래를 지어 부르고 그곳을 이견대라 이름 지었다고 한다. 이는 대개 『주역』의 대인大人을 이롭게 본다[利見大人][90]는 뜻을 취한 것으로 보인다. 왕의 부자가 서로 오랫동안 헤어져 만나지 못할 까닭이 없는데, 이웃나라에서 만났거나 혹은 볼모로 아들을 보냈던 것인지도 알 수 없는 일이다.[91]

근검하고 열심히 농사지어 부자 되었네.
석굴의 노파 어루만져 사랑해 주니
그녀는 온화한 얼굴로 효성 다했네.

87 장한성長漢城 또는 장한성가長漢城歌라고도 한다.

88 신라시대의 지방 행정 구역으로 9주九州 가운데 하나. 지금의 경기도 광주廣州 지역.

89 경상북도 경주시 감포읍 대본리에 있는 신라시대의 유적으로 감은사지感恩寺址 앞에 있다.

90 『주역』 건괘乾卦의 구이九二에 "나타난 용이 밭에 있으니, 대인을 보아야 이롭다[見龍在田 利見大人]."라고 하였으며, 구오九五에는 "용이 날아올라 하늘에 있으니, 대인을 만나는 것이 이롭다[飛龍在天 利見大人]."라고 하였는데 이는 성군聖君과 현신賢臣이 만나 선정善政을 베푸는 것을 비유한다.

91 『임하필기林下筆記』 권38, 해동악부海東樂府에 실려 있는 이견대가利見臺歌에는 다음의 가사가 전한다.

백제百濟

선운산禪雲山

장사長沙(지금의 전라북도 고창 지역) 사람이 병역兵役하러 가서 기한이 지나도록 돌아오지 않자, 그의 아내가 남편을 사모하여 선운산에 올라가 바라보면서 이 노래를 지어 불렀다.

무등산無等山

무등산은 광주光州의 진산鎭山이며, 광주는 전라도의 거읍巨邑이다. 무등산에 성을 쌓고 주민들이 이 성城을 믿고 안락하게 살 수 있었으므로 이 노래를 불렀다.

고구려高句麗

내원성來遠城[92]

내원성은 정주靜州(지금의 평안북도 의주)에 있다. 곧 강 가운데 있는 섬으로 북방 오랑캐가 귀순하여 오면 이곳에 두었다. 이에 그 성 이름을 내원성이라 불렀으며, 이 노래로써 기념하였다.

토성 몇 곳이 왕도를 거쳤던가
조석으로 뜻밖의 헤어짐 경계하네.
남국의 대인들 대 위에서 상봉했으니
이견이란 이름 주어져 세상에서 부르네.

92 압록강의 검동도黔同島에 설치되었던 성.

| 휘찬여사 권13 |

여복지

휘찬여사 권13

여복지輿服志

(여복지론輿服志論)

우리나라는 삼한三韓 시대부터 의장儀章과 복식 제도를 자기 나라 풍속대로 지켜 왔다. 그러나 신라 태종太宗(654~661) 때에 이르러 왕이 당唐나라의 의장 제도를 도입하겠다고 한 뒤로부터는 관복冠服 제도가 점차 중국과 비슷하게 되었던 것이다. 고려 태조(918~943)가 개국할 때에 모든 일이 새로 시작하는 것이 많아서 관복 제도도 우선 신라의 옛 것을 그대로 썼다. 광종光宗(950~975) 때에 와서 비로소 백관의 공복公服을 제정하였는데, 이에 높고 낮음과 위아래의 등급과 위세가 명확하여졌다. 그러다가 현종顯宗(1010~1031)이 남으로 피난[1]하게 된 뒤에 문헌들이 흩어지고 없어져서, 그 제도와 실시한 상황을 자세히 알 길이 없다. 의종毅宗(1147~1170) 때에 와서 평장사平章事 최윤의崔允儀가 선대 임금들의 법전들을 수집하고 당나라의 제도에서 다양하게 채택하여 고금의 예문[古今禮]을 자세히 정하였는데, 거기에는 위로는 국왕의 면복冕服, 의관과 수레[輿輅] 및 왕이 거둥할 때의 의장 시위[儀衛]와 노부鹵簿, 아래로 백관의 관복에 이르기까지 빠짐없이 기재하여 한 시대의 제도가 갖추어졌다. 그 뒤에 원元나라를 섬긴 이후에, 개체 변발開剃辮髮[2]하고 몽골 옷을 입는 풍속이 거의 백여 년쯤 지속되었다. 명明나라 태조 고황제太祖高皇帝가 공민왕恭愍王에게 면복을 하사했으며, 왕비와 모든 관리들에게도 다 해당한 의관을 하사하였다. 이리하여 고려의 의관 문물은 점차로 다시 새로워졌으며 예전보다 훌륭하게 되었다. 나는 삼가 국사國史 가운데서 골라 여복지輿服志를 편찬한다.

---

1 현종남행顯宗南行, 1010~1011년 거란군을 피하여 전라도로 감.

2 머리 변두리 털을 깎고 정수리 털만 땋아 늘인 것.

관복冠服 {왕의 관복[王冠服], 제복祭服, 시조지복視朝之服, 왕비의 관복[王妃冠服], 왕세자의 관복[王世子冠服], 백관의 제복[百官祭服], 조복朝服, 공복公服, 장리의 공복[長吏公服], 관복에 관한 일반 규정[冠服通制]}

(왕의 관복)

○ 정종靖宗 9년(1043) 11월에, 거란 임금이 관복을 하사하였다.

○ 문종文宗 19년(1065) 4월에, 거란 임금이 구류관九旒冠[3], 구장복九章服[4], 옥규玉圭를 하사하였다.

○ (문종) 32년(1078) 6월에, 송宋나라 신종神宗이 옷 두 벌對을 하사하였는데, 그것은 금 은박 잎으로 장식한 칠갑柒匣에 각각 한 벌씩 담았다. 그 외에도 자화라紫花羅(자색 나는 얇고 부드러운 비단)로 만든 겹으로 된 공복公服 한 벌, 색이 연한 화라花羅(고급 비단의 일종) 한삼汗衫 한 벌, 홍화라紅花羅(붉은 빛의 얇고 부드러운 비단)에 수를 놓아 세 겹으로 만든 첨襜[5] 하나, 홍화라에 수를 놓아 겹으로 만든 포두包肚(배싸개) 하나, 홍화라에 수를 놓은 늑백勒帛(허리띠의 일종) 하나, 백면릉白綿綾(흰 능직) 겹바지 하나, 화靴[6] 한 켤레 등을 붉은 투배대透背袋('투배'라는 직물로 지은 자루)에 넣었으며, 홍라紅羅(붉은 비단)에 수를 놓은 협복夾複(솜옷의 일종) 둘, 그리고 허리띠 둘을 각각 붉은 투배대에 넣었다. 수놓은 비단 솜옷 한 벌은 도금한 은갑銀匣에 담았다. 또한 옥에다가 16개의 벼이삭을 잘게 새겨 넣고 그 위에 아이들의 여러 가지 노는 모습을 새긴 것이 위 아래 도합 10개 들어 있었으며, 대모玳瑁를 붙이고 금으로 장식한 것을 못으로 고정시킨 붉은 띠 하나가 있었다.

○ 인종仁宗 20년(1124) 5월에, 금나라 임금이 구류관 하나, 구장복 한 벌, 옥규玉圭 하

---

3 왕관에 구슬을 꿴 줄을 드리우는데 그것을 아홉 줄 드리운 것이 구류관임. 구류면九旒冕도 같음.

4 산山, 용龍, 화충華蟲(꿩), 종이宗彝(술잔의 한 종류), 조藻(마름풀), 화火(불), 분미粉米(쌀), 보黼(도끼), 불黻('亞'자 형) 등 아홉 가지 그림을 수놓은 옷.

5 예복 앞에 드리우는 치레.

6 관복에 받쳐 신는 목이 길쭉한 신.

나를 하사하였다.

○ 명종明宗 2년(1172) 5월에, 금나라 임금이 구류면 하나, 구장복 한 벌, 옥규 하나를 하사하였다.

(왕의) 제복祭服

○ 인종仁宗 18년(1122) 4월에, 조서詔書로써 체례禘禮(나라의 큰 제사 예식)에 입는 옷차림을 규정하였는데, 왕은 구류면을 쓰고 칠장복七章服(구장복에서 산과 불을 뺀 것)을 입기로 하였다. 의종毅宗 때에 의례儀禮를 다음과 같이 자세히 정하였다. 무릇 원구圓丘(하늘에 제 지내는 곳), 사직社稷(토신, 곡신에게 제 지내는 곳), 태묘太廟(역대 임금의 신주를 모신 사당), 선농단先農壇(신농씨와 후직의 신에게 제 지내는 곳)에 제사 지낼 때에 왕은 곤룡포[袞]를 입고 구류면을 쓴다. 구류면의 각 늘어트린 줄에는 12개의 구슬을 꿰었는데 붉은빛, 흰빛, 검푸른 빛을 서로 엇바꾸어 꿰었다. 옥받침[綖]도 이와 같이 만드는데, 너비가 8촌 길이가 1척 6촌이고, 앞은 둥글며 뒤는 모나고, 앞 높이는 8촌 5분 뒤 높이는 9촌 5분이다. 앞이 숙여지고 뒤가 들리며 겉은 검고 안은 붉다. 앞뒤로 깊숙하게 뻗었고, 푸른 끈[紘 – 면류관의 끈]이 달렸으며, 푸른 느림[紞 – 면류관 느림], 푸른 구슬[瑱 – 귀막이달린 구슬], 푸른 솜[纊 – 면류관에 달아 귀를 덮게 된 고운 솜]을 달았다. 무소뿔로 만든 잠도簪導(관을 머리털에 고정시키는 비녀)의 길이는 한 자 두 치이다. 곤룡포의 현의玄衣(검붉은 상의)에는 산, 용, 꿩[火蟲], 불, 종이宗彝 등 다섯 가지 문양이 그려 있고, 훈상纁裳(분홍색 치마)에는 마름풀[藻], 쌀, 도끼, 아亞자 모양의 네 가지 문양을 분홍색으로 수놓았으며 작위爵韋로 선을 둘렀다.

지금은 두꺼운 비단으로 하고 순純 대신에 깁素을 사용하여 다섯 가지 채색五采 실로 된 실띠를 달고 산과 불을 수놓아 혁대에 꿰어 맸으며 백라白羅(흰 나직)로 지은 중단中單(두루마기와 비슷한 옷)에는 깃에 도끼[黼]를 수놓고 큰 띠[大帶 – 넓은 띠]는 깁으로 만드는데, 끝을 매는 데는 끈을 쓰며, 그 끈은 적 · 백 · 창의 3색 실로 짜는데, 그 느림의 길이는 큰띠[紳]와 가지런하게 한다. 가죽 띠에는 백색의 한 쌍 패옥[雙佩玉]을 붉은 끈으로 달고 사망옥환絲網玉環[7]을 옷 위에 매며 붉고 푸른 띠를 중단 위에 매고 흰 버선素襪에 대님

[綦帶]을 맨다. 붉은 신[赤舃 – 예복에 받쳐 신는 왕의 신]에는 붉은 변자[繶], 붉은 혼솔을 두르고 푸른 코[絇]에 신들메[綦帶]를 달게 하였다.

○ 공민왕恭愍王 19년(1370) 5월에 명나라 태조가 면복을 하사하였는데, 규圭가 아홉 치요, 면류관에는 푸른 구슬 아홉 줄이 늘어졌으며, 푸른 상의와 훈상纁裳에는 아홉 개 문양이 그려 있는데 산, 용, 꿩, 불, 종이의 다섯 가지 문양은 상의에 그려져 있고, 마름풀과 쌀, 도끼, 아亞자 모양의 네 가지 문양은 치마에 수놓아져 있었다. 그 외에 백사白紗(생사로 짠 희고 얇은 비단) 중단이 있었는데 깃에는 도끼를 수놓았으며, 또 소매에 푸른 선을 두른 난삼襴衫(웃옷의 일종)이 있었고, 폐슬蔽膝(예복 앞에 드리우는 헝겊의 하나)은 분홍색인데 불과 산의 두 문양을 수놓았다. 혁대에는 금고리를 썼고, 패옥은 적색·백색·옥색·녹색의 네 가지 채색 끈으로 달았으되, 작은 끈을 두 사이에 끼워서 금환金環을 달았다. 대대大帶는 안팎이 흰 나직 바탕에다가 홍녹색을 쓴 것이고, 흰 버선과 붉은 신도 있었으니 이상은 다 제사 때나 조근朝覲(신하가 왕께 뵈는 것) 때에 착용하는 의복이다.

왕의 시조지복視朝之服(조회 받을 때에 입는 옷)

○ 건국 초기에 자황포柘黃袍(황적색의 도포)를 제정하여 사용하였는데, 문종文宗 12년(1058) 4월, 예사禮司(예식을 맡은 부서)에서 아뢰기를, "'왕의 복장 중 예절을 갖출 때에는 응당 홍색과 황색을 쓸 것이나 그 외에 착용할 수 있는 색을 널리 이전 문헌을 상고하여 보고하라.'는 명령에 따라, 이제 살펴보건대 『율력지律曆志』[8]에는 '누른빛은 중앙을 상징하는 것으로서 임금의 옷 빛이다.'라고 하였고, 『당사唐史』에는 '황제의 옷은 적황색을 사용하기로 되어 있어 사서士庶(관리와 서민)들은 3황색三黃色(웅황색, 자황색, 황금의 황색)의 사용을 금지하였다.'고 하였으며, 또 이르기를 '강사의絳紗衣(홍포)는 초하룻날 조하朝賀를 받을 때에 착용한다.'고 하였습니다. 『개원례開元禮』에 이르기를, '황제가 원구

7 정교하게 조각한 옥환玉環. 환環은 구멍 뚫린 구슬.

8 악률 역법의 제도와 연혁에 관한 중국의 기록.

圜丘에서 풍년 비는 제사를 지낼 때에는 강사포絳紗袍(홍포)를 입는다.'고 하였으며, 또 『고사古史』[9]에 의하면, '한 번 염색한 것을 강絳이라 한다.'라 하고, 그 주석에 '강絳은 붉은빛이다.'라고 하였습니다. 그렇다면 제왕의 의복은 예절을 갖출 때에는 누른 빛, 검붉은 빛赭色, 붉은 빛의 3색을 쓸 것이요, 연회 등 작은 모임인 경우에는 적당히 변경할 수 있는 것이지만, 결국 지금 입으시는 붉은 빛과 누른 빛 외에는 따로 쓸 만한 색깔이 없습니다."라고 하였다.

○ 의종毅宗 때 의례를 자세히 정하였다. "대체로 정지正至(정월 초하룻날과 동짓날)나 절일 축하 때[節日朝賀]라든가 대관전大觀殿에서 큰 연회를 할 때, 의봉문儀鳳門에서 대사령 선포할 때, 봉은사奉恩寺에서의 조진 배알祖眞拜謁(선대 임금의 초상화를 예배함), 팔관회八關會[10], 연등 대회燃燈大會[11], 그리고 원구에서 풍년 비는 제사에 왕이 궁문을 나올 때, 왕태자의 결혼식[納妃醮戒], 왕비 및 왕태자를 세우는 의식에서 왕이 임헌臨軒[12]하여 칙명을 내릴 때에는 자황포赭黃袍를 입으며, 연등 소회燃燈小會 때에는 치황색 옷梔黃色을 입는다."라고 하였다.

○ 충렬왕忠烈王 27년(1301) 5월에, 복색을 원나라 제도에서 본따 자주황색[芝黃]으로 검붉은 색 겉옷[赭袍]을 대신하였다가 얼마 후에 다시 누른 색 겉옷[黃袍]으로 복귀하였다.

공민왕 19년(1370) 5월에, 명나라 태조가 다음과 같은 관복을 선사하였다. 원유관遠遊冠(임금이 축하를 받으러 나올 때 쓰는 관)을 하사하였는데, 그것은 양梁[13]이 일곱이며 금을 올린 박산博山[14]과 일곱 마리의 매미를 붙이고 그 위를 주취珠翠(진주, 취옥)로 꾸미고 무소

---

9 송나라 사람 소철蘇轍이 지은 책.

10 신라, 고려 시기 매 년 1월에 성대하게 거행하던 국가적인 제사.

11 신라, 고려 시기 년중 경축 행사의 하나. 2월 보름(초기에는 정월 보름)에 전국에서 집집마다 등불을 켜고 춤과 노래로 밤을 즐기었다.

12 왕이 정좌正座를 떠나 평대平臺에 나감.

13 관冠의 앞이마에서부터 둥긋하게 마루가 져서 뒤에 닿은 선.

14 산山모양의 장식 흔히 이기彝器(제기) 위에 장식으로 새겨 넣던 것.

뿔로 만든 잠도犀簪導를 달았다. 강사포絳紗袍와 홍상紅裳은 깃이 검고 소매 끝은 푸른 선을 두르고 백사白紗(비단의 일종)로 만든 중단中單, 치마[帬], 유사孺紗(치밀하고 얇은 비단의 일종)로 만든 폐슬蔽膝, 백가대白假帶, 방심 곡령方心曲領, 금고리를 단 붉은 혁대, 흰 버선, 검은 신 등이다. 이것을 왕은 모든 신하들의 축하朝賀를 받을 때 입었다.

왕비의 관복王妃冠服

○ 공민왕 19년(1370) 5월에, 명나라 태조의 효자 황후孝慈皇后가 관복冠服을 하사하였는데, 관冠은 칠휘七翬(일곱 마리의 채색 새, 꿩 등속)로 장식하였으며, 두 마리의 봉鳳으로 장식한 꽃비녀花釵에는 아홉 나무가 있는데 같은 갯수의 작은 꽃과 큰 꽃이 수 놓였다. 양쪽 귀밑털[兩博鬢]에 쓰는 아홉 개의 비녀九鈿도 있었다. 그리고 적의翟衣도 있었는데 푸른 바탕에 구등九等[15]의 꿩이 수놓아졌다. 엷은 비단[素紗]으로 만든 중단中單에는 그 깃에다 도끼[黼]를 수놓고 나곡羅縠(고운 비단)으로 선을 둘렀는데 붉은색이다. 폐슬의 빛깔은 치마의 빛깔과 같으며, 그 끈이달린 부분은 검붉은 색[緅]이고 이등二等의 꿩을 수놓았다. 큰 띠大帶는 의복의 빛깔대로 하였으며, 금고리가 달린 혁대와 패수珮綬(끈 달린 패옥), 푸른 버선과 푸른 신 등이 있었다.

왕세자의 관복王世子冠服

○ 문종文宗 11년(1057) 3월에, 거란 임금이 관복을 하사하였고, 19년(1065) 4월에도 거란 임금이 구류관과 구장복과 상아로 만든 홀을 하사하였다.

백관의 제복百官祭服

○ 인종 18년(1140) 4월에, 조서를 내리어 체례 복장禘禮服章[16]의 제도를 규정하였는데,

---

15 여기에서는 아홉 가지라는 뜻. 동시에 이는 등급을 표시하는 것으로서 예를 들어 황후의 그것은 십이등十二等으로 되어 있다.

16 나라의 큰 제사 때의 의복의 꾸밈새.

1품복一品服은 아헌관亞獻官[17] 이하로, 시중侍中 이상 6명이 칠류면에 오장복五章服을 입고, 2품복二品服은 태상경太常卿 이하로, 오사 헌관五祀獻官 이상 15명이 오류면五旒冕에 삼장복三章服을 입고, 3품복三品服은 공신 헌관功臣獻官으로, 통사사인通事舍人, 감찰어사監察御史 이하 41명이 무류면無旒冕을 썼다.

○ 의종毅宗 때 (의례를) 자세히 정하였다. 칠류면七旒冕은 매 늘어트린 줄에 12개의 옥을 꿰었는데 적색, 백색, 창蒼색을 서로 엇바꿔 꿰었다. 옥받침도 이와 같이 만드는데, 앞이 숙고 뒤가 들리며 겉은 검고 안은 붉다. 앞뒤로 길고 푸른 굉紘이달렸고 푸른 담紞, 푸른 진瑱, 푸른 광纊을 달았으며 무소뿔로 만든 잠도簪導를 쓴다. 현의玄衣에는 꿩과 불, 종이宗彝를 그리며, 훈상纁裳에는 마름풀과 쌀, 도끼, 아亞자의 모양을 수놓는다. 그리고 분홍색 작위爵韋로 선을 둘렀는데 그 선을 깁素으로 두르고 다섯 가지 채색실로 된 실띠[紃]를 달고 산과 불을 수놓아 혁대에 꿰어 맨다. 백라白羅로 지은 중단에 큰띠[大帶]는 깁으로 만드는데 끝을 매는 데는 끈을 쓰며 그 끈은 적, 백, 창蒼의 삼색실로 짜는데 그 느림의 길이는 큰띠[紳]와 혁대가 가지런하게 한다. 패옥佩玉을 현의 위에 매고 붉고 푸른 띠는 중단 위에 붙인다. 패옥을 짜서 만든 붉은 끈으로 달게 하고 흰 버선에 대님[綦帶]을 매고 붉은 신에는 붉은 변자, 붉은 혼솔을 두르고 푸른 코에 푸른 신들메[綦帶]를 달게끔 한다. 이상은 아헌관 이하 태위太尉, 사도司徒, 사공司空, 중서령中書令, 시중들이 입는다.

오류면五旒冕의 매 늘어트린 줄에도 12개의 옥을 꿰어 달되 적색, 백색, 창색을 서로 엇바꿔 꿰고 옥받침도 이와 같이 만드는데 앞이 숙고 뒤가 들렸다. 겉은 검고 안은 붉으며 앞뒤로 길고 푸른 굉紘이달렸고 푸른 담紞, 푸른 진瑱, 푸른 광纊을 달았으며 뿔로 만든 잠도簪導를 쓴다. 검은 옷에는 종이宗彝와 마름풀, 쌀을 그렸으며 훈상에는 도끼와 아亞자의 모양을 수놓았다. 분홍색 작위爵韋로 선을 둘렀는데 그 선을 깁[素]으로 두르고 다섯 가지 채색실로 된 실띠를 달고 산을 수놓아 혁대에 꿰어 맨

17 제사를 지낼 때 술잔을 드리는 사람을 헌관獻官이라 하는데 아헌관은 두 번째로 술잔을 드리는 일을 맡은 임시 벼슬, 초헌관, 종헌관終獻官도 이에 준함.

다. 백라白羅로 지은 중단에 큰띠[大帶]는 깁으로 만드는데 그 끝을 매는 데는 끈을 쓰며 그 끈은 적, 백, 창蒼의 삼색 실로 짜고 그 느림의 길이는 큰띠[紳]와 혁대가 가지런하게 한다. 패옥을 현의 위에 붙이고 검누른 띠를 중단 위에 매며 패옥은 짜서 만든 검은 끈으로 달게 하고 흰 버선에 대님을 매고 붉은 신[赤舃]에는 붉은 변자, 붉은 혼솔을 두르고 푸른 코에 푸른 신들메를 달게끔 한다. 이상은 태상경太常卿, 광록경光祿卿, 황문 시랑黃門侍郎, 전중감殿中監, 그리고 적전籍田[18] 제사 때는 사농경司農卿 등이 착용한다.

삼류면三旒冕, 삼장복三章服의 상의上衣에는 마름풀과 쌀을 그리고, 치마에는 아亞자 모양을 수놓는데, 이것은 대축大祝, 태사령太史令, 태상 박사太常博士, 집례執禮, 봉례奉禮, 당상 협률堂上協律, 그리고 원구圜丘제 때에는 상제上帝와 배주配主의 두 대축大祝이 입는다. 삼류면三旒冕, 일장복一章服은 상의上衣에 문채[紋章]가 없고 치마에만 도끼와 아亞자 모양을 수놓는데, 이것은 상의尙衣, 봉어奉御, 찬인贊引, 찬자贊者, 통사 사인通事舍人, 어사御史 그리고 원구제 때에는 오제五帝 대축 등이 착용한다. 평면平冕에는 유旒가 없고 상의와 치마에 문채가 없으며 혁대를 띠는데 당하 협률堂下協律, 대악령大樂令, 칠사 공신 헌관七祀功臣獻官, 알자謁者, 대관령大官令, 양온령良醞令, 수궁령守宮令, 교사령郊社令, 장생령掌牲令, 대관승大官丞, 축사祝史 등과 대묘大廟 제사 때는 대묘령大廟令, 궁위령宮闈令이 착용한다. 검은 개적介幘(머릿수건)과 진홍색 견직으로 된 상의와 진홍색 견직으로 된 바지 그리고 백철에 구리를 올려 장식한 적색 혁대와 진홍색 부드러운 가죽으로 지은 신[韋舃]은 재랑齋郎이 입는다.

○ 공민왕 19년(1370) 5월에, 명나라 태조가 모든 신하들의 제사를 모실 때 쓰는 관복冠服을 하사하였는데, 중국 관리들의 9등급에서 2등급을 감한 왕국王國 7등급의 보통 복장이었다. 그것은 푸른 나직 상의, 희고 얇은 생견직 중단中單, 검은 깃과 소매를 단 난삼[襴], 붉은 나직 치마, 검은 선을 두른 붉은 비단 폐슬, 붉고 흰 큰띠[大帶],

18 왕이 직접 소속 농민을 두고 농사하여 그 곡식으로 제사하는 제전祭田.

방심 곡령方心曲領, 혁대와 끈[綬]과 고리 옥[環], 흰 버선, 검은 신이었다. 관冠은 오정五頂인데 5량梁에서 1량까지의 것이었고, 뿔로 만든 잠도簪導가 있었다. 그리고 복장 견본이 한 벌 있었는데, 나직 상의, 중단, 치마, 폐슬, 큰띠, 방심 곡령, 흰 버선, 검은 신 등 일습이었다. 옷감으로서는 푸른 나직 11필, 흰 나직 11필, 붉은 나직 6필, 검은 나직 4필, 푸른 견직 35필, 흰 견직 35 필, 붉은 견직 17필, 검은 견직 10필, 생견직 71필이었다. 또 술 견본[綬樣]이 세 벌인데, 자색 비단 술 한 벌에 그에 달린 은환銀環이 둘, 적색 비단 술 한 벌에 그에 달린 유석 황동 고리[鍮石銅環] 둘, 녹색 비단 술 한 벌에 그에 달린 유석 황동 고리가 둘이다. 술 재료로서 자색 비단 술 5벌분, 적색 비단 술 6벌분, 녹색 비단 술 35벌분, 오색 실 7근, 혁대에 은고리 한 벌, 유석 황동 고리 한 벌이었다.

제1등급의 관직[官秩]은 중국 관리 제3 등급에 해당되는 옷으로, 5량관五梁冠(양이 다섯으로 된 관)과 은고리가 달린 혁대, 자색 비단 술에 비단환을 착용하고, 제2 등급의 관직은 중국 관리의 제4 등급에 해당되는 4량관에 그 외는 앞의 것과 같다. 제3 등급의 관직은 중국 관리의 제5 등급에 해당되는 3량관과 동으로 된 고리, 단 혁대, 자색 비단 술, 동환銅環을 착용하고 제4 등급, 제5 등급의 관직은 중국 관리의 제6 등급, 제7 등급에 해당되는 2량관, 적색 비단 술 동환을 착용하며, 제6 등급, 제7 등급의 관직은 중국 관리의 제8 등급, 제9 등급에 해당되는 1량관, 녹색 비단 술, 구리 고리를 사용한다.

조복朝服(조회할 때 입는 예복)

○ 의종毅宗 때 자세히 정한 의례에는, "조복은 대체로 설날과 동짓날의 조하朝賀, 매월 초하룻날 삼대조하三大朝賀 등의 행사시에 착용한다."고 제정하였다.

○ 공민왕 21년(1372) 11월에, 왕이 하교하기를, "상홀象笏(상아로 만든 홀)과 붉은 띠, 검은 띠, 그리고 초라綃羅(생사 비단, 생초) 조복은 다 우리나라에서 생산되는 것이 아니니, 앞으로는 시신侍臣 이외의 동서반東西班(문관, 무관의 반열) 5품관 이하는 목홀木笏(나무로 만든 홀)과 각띠 그리고 명주나 모시로 만든 조복을 입을 것이다."라고 하였다.

공복公服(관리들의 정복)

○ 광종光宗 11년(960) 3월에, 백관의 공복을 규정하였다. 원윤元尹 이상은 자삼紫衫(자색 웃옷의 일종), 중단경中壇卿 이상은 단삼丹衫(적색 웃옷의 일종), 도항경都航卿 이상은 비삼緋衫(진홍색 웃옷의 일종), 소주부小主簿 이상은 녹삼綠衫(녹색 웃옷의 일종)을 착용한다.

○ 의종毅宗 때 자세히 정한 의례에는 다음과 같이 규정하였다. "문관 4품 이상은 자색 옷에 붉은 띠를 띠고 금어金魚[19]를 차며, 상참관常參官 6품 이상은 진홍색[緋紅] 옷에 붉은 띠를 띠고 은어銀魚를 찬다. 관직이 아직 6품 이상 되지 못했더라도 왕명으로 특별히 허가받은 자는 이에 구애되지 않는다. 9품 이상은 녹색 옷을 입고 각문閣門(통례문)의 무신武臣들은 다 자색 옷을 입으나 어부魚符를 차지 못하며, 내시內侍·다방茶房 등의 관원들도 규정한 정복 이외에는 모두 자색 옷을 입으나 어부를 차지 못한다. 서경西京(평양) 유수留守는 상서尙書(정 3품관)에 준하고, 부유수副留守는 3품관에 준하며, 그 이하는 각기 본 직품에 의거한다. 동경東京(경주)과 남경南京(한양)의 부유수, 대도호부大都護와 목牧의 부사副使 이상은 자색 옷에 금어를 차고, 도호부都護와 목의 판관判官, 지주사知州事 이상의 옷과 띠와 어부는 해당 본 직품에 의하여 자색, 진홍색 옷을 임시 착용할 수 있으나 어부는 차지 못한다. 지주부사知州副使 이하로서 자색, 진홍색 옷을 착용하는 자는 붉은 띠를 띨 수 없다.

대체로 띠는 공작公爵, 후작侯爵, 백작伯爵은 통서通犀(빛이 흰 구슬 이름), 금, 옥, 반서班犀(무소뿔로 된 장식품의 일종)를 쓰고 어부를 차지 않으며, 재상이나 추밀樞密(추밀원의 장관)은 금, 옥, 반서 및 모나고 둥근 구로毬路(구슬의 일종)를 쓴다. 문관 팔좌八座(육조 및 그 등급의 관원 2명을 합한 8관원), 좌상시左常侍, 우상시右常侍와 어사대부御史大夫, 한림학사翰林學士, 승지承旨, 시신侍臣의 3품관 이상, 무관의 상장군上將軍 이상은 금과 반서를 쓰며 문무관의 3품 및 시신의 급사給舍, 중승中丞 이상은 반서와 도금한 은을 쓰고 문무관의 4품 이하 상참관은 도금한 은과 무소뿔을 쓴다. 각문의 통사사인通事舍人 이하 지후祗

---

19 옷 위에 차는 물고기 모양으로 된 장식품. 직위에 따라 재료를 달리 한 금어, 은어銀魚, 동어銅魚, 목어木魚 등이 있는데 이를 어부魚符라고 한다.

候이상은 도금한 은을 쓰고 참외관參外官(7품 이하의 관직)은 무소뿔 제품의 착용을 허가하지 않으며 양부兩府(중서문하성과 밀직사) 및 승제承制(왕명을 받아 선포하는 관원), 문무관의 2품 이상과 4품관으로서 지제고知制誥, 한림翰林, 동궁東宮의 시강 학사侍講學士 및 시독 학사侍讀學士, 보문각寶文閣의 직학사直學士와 대제待制, 그리고 정 4품관인 지각문知閣門, 내시 행두원內侍行頭員, 다방시랑茶房侍郎 이상은 검은 웃옷에 붉은 띠를 착용한다. 아직 직품이 4품이 못 되더라도 왕명으로 특별히 허가받은 자는 이에 구애되지 않는다. 대체로 홀笏은 자색이나 진홍색 옷을 입은 자는 상아로 만든 홀을, 녹색 옷을 입은 자는 나무로 만든 홀을 드는데 그 제작 방법은 위는 모서리를 죽이고 아래는 모나게 한다.

장리의 공복長吏公服

○ 현종 9년(1018)에 장리의 공복을 제정하였다. 주州, 부府, 군郡, 현縣의 호장戶長은 자삼紫衫을 입고 부호장副戶長 이하 병창정兵倉正 이상은 비삼緋衫을 입으며 호정戶正 이하 사옥 부정司獄副正 이상은 녹삼綠衫과 화靴에 홀笏을 가진다. 주, 부, 군, 현의 사史(집사를 달리 부른 이름)는 짙은 청색 옷에 홀을 가지고 병창사兵倉史, 모든 단사壇史는 하늘빛 옷을 입고 화靴와 홀은 없다.

관복에 관한 일반 규정冠服通制

○ 성종成宗 8년(989) 3월에 처음으로 동서북면東西北面 병마사兵馬使는 옥띠에 자색 깃을, 병마부사兵馬副使는 자색 옷에 칼을 찰 것을 규정하였다.

○ 공민왕 16년(1367) 7월에, 왕이 다음과 같이 하교하였다. "우리나라 모든 신하들의 관복은 이미 우리나라의 풍토에 알맞게 제정하여 여기에 따라 상하를 구별하게 하였으니, 이것을 변경해서는 안 될 것이다. 그런데 근래에 의관을 경솔히 고쳐 편리할 대로만 한 결과 높고 낮은 것이 뒤섞였다. 앞으로는 제군諸君과 재추, 대언代言, 판서判書, 상호군上護軍, 대호군大護軍, 판통례문사判通禮門事, 삼사 좌윤三司左尹, 삼사 우윤三司右尹, 지통례문사知通禮門事는 검은 갓에 백옥정자白玉頂子[20]를 달고, 삼친종三親從[21]과 모든

총랑摠郎, 삼사三司, 부사副使, 팔비신八備身, 전배호군前陪護軍, 후전호군後殿護軍은 검은 갓에 청옥정자靑玉頂子를 달며 모든 정랑正郎, 좌랑佐郎은 검은 갓에 수정정자水精頂子를 달 것이다. 성대省臺(상서성), 성균관成均館, 전교시典校寺, 지제교원知製敎員과 지방의 각 관원들은 검은 갓에 각자의 품계에 따르는 정자를 달되, 현령縣令이나 감무監務는 검은 갓에 꾐이 없는 수정정자를 달 것이다"라고 하였다.

○ (공민왕 16년) 9월에, 백관이 처음으로 갓을 쓰고 조알하였다.

○ (공민왕) 21년(1372) 5월에, 대언代言, 반주班主 이상에게 모두 검은 초립草笠, 방립方笠을 쓰라고 명령하였다.

○ (공민왕) 23년(1374) 4월에, 재상과 대성臺省, 중방重房, 합문閤門 관원들에게 갓을 쓰라고 명령하였다.

○ 신우辛禑 원년(1375) 12월에, 비로소 각 사司의 서리胥吏들에게 흰 방립을 쓰라고 명령하였다.

○ (신우) 8년(1382) 7월에, 사헌부司憲府와 서운관書雲觀에서 아뢰기를, "우리나라는 목성木性(오행설에서 목의 성질)에 속하므로 황색, 백색, 적색의 옷을 입는 것이 좋지 않습니다."라고 하였다.

○ (신우) 13년(1387) 6월에, 비로소 호복胡服(몽골복)을 폐지하고 명나라 제도와 같이 하였다. 1품에서 9품까지는 모두 사모紗帽(사로 만든 예모의 한 가지)에 둥근 깃의 옷을 착용하나 그들의 띠[品帶]에서 차등을 설정하였다. 1품인 중대광重大匡 이상은 꽃을 새긴 금띠[鈒花金帶]요, 2품인 양부兩府(문하부와 밀직사)의 장관 이상은 장식을 새겨 넣지 않은 금띠[素金帶]요, 개성윤開城尹 및 3품인 대사헌大司憲으로부터 상시常侍에 이르기까지는 꽃을 새긴 은띠[鈒花銀帶]요, 판사判事로부터 4품에 이르기까지는 장식을 새겨 넣지 않은 은띠[素銀帶]다. 5~6품에서 7품까지인 문하 녹사門下錄事, 주서注書, 밀직사密直司의 당후관堂後官, 삼사三司의 도사都事, 그리고 예문춘추관藝文春秋館, 전교시典校寺, 성균관成均

20 정자頂子란 모자 위에 꼭지처럼 만든 꾸밈새이다. 품계에 따라 금, 은, 옥, 돌 등의 차이가 있다.

21 응양군鷹揚軍, 용호군龍虎軍의 상장군上將軍(정3품), 대장군大將軍(종3품), 장군將軍(정4품).

館의 8~9품 관원들과 지방의 현령縣令, 감무監務들은 각띠角帶를 띠고, 동서반東西班 7품 이하는 전으로 만든 모자[氈帽]와 실띠[絲帶]를 띠며, 서반의 5~6품은 위가 높은 갓[高頂笠]과 전으로 된 모자와 실띠를 띤다. 그리고 모든 도감都監이나 여러 부서에서 복무하는 자는 사모에 공복에 띠는 띠[品帶]를 띤다. 지유指諭, 행수行首, 내시內侍, 다방茶房 및 왕명을 받고 지방에 나가는 자는 문관이거나 무관이거나 또는 현직 관리거나 산관散官(일정한 사무 분담이 없는 벼슬아치)이거나를 막론하고 참상관이면 사모에 공복에 띠는 띠를 띠며 참외관參外官이면 각띠를 띠고, 양부兩府의 대언代言과 반주班主, 대간臺諫과 각 도의 안렴사按廉使는 비나 눈이 내리는 때이면 위가 높은 갓에 옥정자를 달며, 3도감三都監(궁궐 도감, 창고 도감, 연등 도감)과 5군五軍(전, 후, 좌, 우, 중의 5군영)의 녹사錄事와 재추소宰樞所의 지인知印은 각두건角頭巾을 쓰며, 녹관祿官(녹만 받는 관원)이 근무할 때에는 삼관三館(예문관, 춘추관, 성균관)의 관원과 같은 차림을 한다. 각 영領(군영에 속한 편제)의 오위伍尉와 대정隊正은 감두坎頭(탕건 비슷한 쓰개의 일종)와 위가 높은 갓과 직령直領(깃을 곧게 만든 무관의 옷)과 전대纏帶[22]를 착용하며 백갑白甲, 견룡牽龍, 인가引駕 및 서울과 지방의 전함前啣이 정순대부正順大夫(정3품) 이하 해당자는 위가 높은 갓에 실띠를 띤다. 양부의 전함은 현직과 동일하되, 양부 관원으로서 봉군封君된 자와 전함이 봉익奉翊(종2품), 통헌通憲(종2품)된 자는 그 본래의 직품에 해당하는 관복을 착용하고, 성균관 생원生員과 서울과 지방의 학생, 권무權務 및 직임職任이 없는 선비들은 위가 높은 갓과 평정 두건平頂頭巾(위가 평평한 두건)에 실띠를 띤다. 별감別監(궁중에 딸린 하인)과 소친시급사小親侍給事(작은 심부름꾼)는 자주색 나직 두건[紫羅頭巾]과 세조띠[細條帶(실로 짠 가는 띠)]와 전대를 착용하고, 악관樂官은 녹색 나직 두건[綠羅頭巾]을 쓰며, 반방飯房, 수방水房(궁중의 음료를 맡아 보던 직임), 등촉상소燈燭上所{궁중에서 등촉을 주관하는 사람을 등촉상소라고 한다.}는 위가 높은 갓과 곧은 깃, 전으로 만든 모자와 전대, 감두를 착용한다. 모든 사司의 서리들은 평정 두건을 쓰는데, 수공업자와 장사치들도 그와 같다. 백성들은 비록 직함이 있다 할지라도

---

22 어깨에 메거나 허리에 두르기 편리하도록 만든 긴 자루.

위가 높은 갓과 실띠와 곧은 깃의 옷과 전대를 착용한다. 순군巡軍, 나장螺匠은 둥근 깃의 검은 옷과 전대를 착용하는데, 오직 소유所由만은 둥근 깃의 검은 옷만 착용한다. 정리丁吏는 누른 옷을 입고, 초抄(대궐 안의 심부름하는 남자 하인)는 자색 옷을 입는데, 그의 두건과 띠는 그냥 원나라의 제도 그대로이다. 그들의 신분이 미천하여 고치지 않은 것이다.{'초抄'라는 것은 대내大內(왕궁 사령노使令奴)의 명칭인데, 늘 자색 옷과 오건烏巾(검은 사로 지은 쓰개) 차림으로 근무하며, 왕명을 받아 밖에 나가는 내시가 데리고 다니기도 한다.}

○ 공양왕 3년(1391) 정월에 도평의사사都評議使司에서 평양부平壤府 토관土官(토관직)의 관복을 정할 것을 왕에게 청하였다. 동서반의 우두머리 각 1명씩 사모에 공복에 띠는 띠를 띠고, 기타 5~6품 관원은 위가 높은 갓에 공복에 띠는 띠를 띠며, 7품 이하는 위가 높은 갓에 조아條兒(실로 땋은 끈)을 쓰고, 지인知印과 주사主事는 평정건을 쓰기로 하였다.

여로輿輅 {왕의 수레, 왕세자의 수레, 명부命婦(봉작을 받은 부인)의 수레}

왕의 수레[王輿輅]

○ 정종靖宗 9년(1043) 11월에, 거란 임금이 수레를 하사하였다.

○ 문종 19년(1065) 4월에, 거란 임금이 상로象輅(상아로 장식한 수레)를 하사하였다.

○ 인종 20년(1142) 5월에, 금나라 임금이 상로를 하사하였는데, 10월에 대묘大廟에 참배하러 갈 때에 탔다.

○ (인종) 22년 정월에, 상로를 타고 원구圓丘에 가서 제사를 지내었다.

의종 때 자세히 정한 의례에는, "상로는 붉은 칠[朱漆]을 하며 금으로 도금하고 은으로 장식하며 각 부분의 말단들은 상아로 장식한다. 자백마赭白馬(검붉은 빛을 띤 흰 말)를 사용하는데 이것은 교묘郊廟에서 6사六祀(천지와 사방에 대한 제사)를 드릴 때에 타는 것이다. 초요련軺轄輦은 종려椶梠나무로 뚜껑을 만들고 붉은 칠을 하였으며 금으로 도금한 구리[銅]로 용과 봉鳳을 만들어 장식하였다. 금실, 은실로 누런 반룡盤龍(서리고 있는 용)을 짜 넣은 모직으로 만든 요褥 하나, 책상[案] 하나, 장대[長竿] 하나를 비치한다. 모두 붉은 칠을 하며 책상에는 붉은 비단을 깔고 장대는 은빛 용의 머리로 장식하는데, 이것은 상원上元(음력 정월 15일)과 연등燃燈, 팔관회八關會 때와 다락에 나아가 대사大赦를 내릴 때에 왕이 타는 것이다. 대궐로 돌아올 때에는 평련平輦을 타는데 그 제도는 초요軺轄와 같으나 뚜껑이 없다."라고 하였다.

○ 명종明宗 2년(1172) 5월에, 금나라 임금이 상로를 하사하였다.

○ 신종神宗 즉위년(1197)에, 재상에게 묻기를 "사왕嗣王(선왕의 대를 이은 임금)이 대묘에 참배할 때에는 중국에서 하사한 상로를 타는 것이 예로 되어 있는데, 지금 중국으로부터는 그것을 아직 받지 못하였고, 체禘 제사 날짜는 얼마 남지 않았으니 옛것을 수리하여 쓸 것인가 그렇지 않으면 새로 제조할 것인가?"라고 하니, 재상이 대답하기를, "인종仁宗이 쓰던 옛 것을 쓰는 것이 좋을 것입니다."라고 하였으므로, 왕이 그대로 좇았다.

(신종) 2년(1199) 4월에, 금나라 임금이 수레를 하사하였다.

○ 강종康宗 원년(1212) 7월에, 금나라 임금이 수레를 하사하였다.

왕세자의 수레[王世子輿輅]

○ 문종 11년(1057) 3월에, 거란 임금이 수레를 하사하였다.

○ (문종) 19년(1065) 4월에, 거란 임금이 혁로革輅를 하사하였다.

○ 숙종肅宗 5년(1100) 10월에, 요나라 임금이 수레를 하사하였고, 9년(1104) 4월에도 또 하사하였다.

명부의 수레[命婦車]

○ 충렬왕 29년(1303) 5월에, 원元나라의 규례에 의하여, 제왕, 재추, 승지, 반주班主[23]의 부인들은 붉은 칠 한 수레를 타고, 3~4품 관원의 부인들은 검은 칠 한 수레를 탈 것을 제정하였으나, 그대로 실행되지는 않았다.

인장印章 {왕의 인장, 왕세자의 인장, 각 아문의 도장[諸衙門印], 부험符驗}

왕의 인장王印章

○ 정종 9년(1043) 11월에, 거란 임금이 인수印綬(도장과 도장 꼭지에 달린 끈)를 하사하였다.

○ 인종 20년(1142) 5월에, 금나라 임금이 금도장金印 하나에 낙타 가죽끈을 하사하였다.

○ 충렬왕 7년(1281) 3월에, 원나라에서 "부마국왕선명정동행중서성인駙馬國王宣命征東行中書省印"이라고 새긴 도장을 보내 왔는 바, 이보다 앞서 왕이 원나라 황제에게 아뢰기를, "신이 이미 공주[24]에게 장가들었으니, 도장에다가 '부마'라는 두 글자를 더 넣어 주기를 바랍니다."라고 하였으므로 허락한 것이다.

○ (충렬왕) 8년(1282) 9월에, 원나라에서 "부마국왕인駙馬國王印"이라고 새긴 도장을 하사하였다.

○ 공민왕 19년(1370) 5월에, 명나라 태조[太祖高皇帝]가 금도장 하나를 보내 왔는데, 그것은 도장 꼭지를 거북의 모양으로 꾸민 것이었고 초록색 인끈을 달았으며, 도장에는 "고려국왕지인高麗國王之印"이라고 새겼다.

왕세자의 도장王世子印章

○ 숙종 5년(1100) 10월에, 요나라 임금이 인수를 하사하였다.

○ 충렬왕 17년(1291) 9월에, 원나라에서 금도장을 하사하였다.

각 아문의 도장諸衙門印

○ 충렬왕 5년(1279) 5월에, 원나라에서 첨의부僉議府 정4품의 구리도장 하나를 하사하였으며, 동 7년(1281) 9월에는 원나라에서 첨의부를 종3품으로 승격시키는 동시에 해

---

23 응양군鷹揚軍의 상장군上將軍으로서 군부전서軍簿典書를 겸임한 자.

24 원나라 세조世祖 홀필렬忽必烈의 딸 도로게 이미실都魯揭里迷失 공주.

당한 도장을 주조하여 하사하였다.

○ (충렬왕) 19년(1293) 3월에, 원나라에서 양대兩臺(문하성, 밀직사)의 은도장銀印 하나씩을 하사하였다.

○ 공민왕 18년(1369) 6월에, 각 아문에서 쓰는 도장의 규격이 작다 하여 모두 거두어다가 예의사禮儀司에서 새로 만들어 하사하였다.

○ 신우辛禑 2년(1376) 5월에, 육조六曹의 도장을 새로 만들어 주었는데, 그것은 그전 도장이 작았던 까닭이다.

○ (신우) 7년(1383) 9월에, 중앙이나 지방 관청의 도장이 규격에 차등이 없다 하여 고쳐 만들었다.

부험符驗(증표)

○ 신우 12년(1388) 정월에, 명나라 태조가 이전 원나라에서 고려에 발급한 몽골 문자로 된 포마鋪馬(말타는 증명서) 8통을 회수하고, 다시 쌍마패雙馬牌 포마 증명서 4통을 보내 왔는데, 그것은 현자玄字 47호, 현자 48호, 현자 49호, 현자 50호요, 단마패單馬牌가 2통인데, 그것은 홍자洪字 22호, 홍자 23호이다. 배를 사용할 증표가 2통인데, 그것은 안자安字 1336호, 안자 1337호였다.

의위儀衛[25] {조회朝會 때의 의장儀仗[26], 법가法駕[27]의 위장衛仗, 연등 때의 위장, 팔관회 때의 위장, 서경 및 남경을 순행巡幸할 때의 위장, 왕을 영접할 때의 위장, 대사령을 선포할 때의 의장}

---

25 의식을 장엄하게 하기 위하여 정렬시키는 의장 기구를 가진 호위원.

26 의식에 쓰는 무기 또는 기타 도구들의 총칭. 넓은 의미로는 참석 인원도 포함됨.

27 왕의 거둥은 그 의위와 의장이 복잡하고 간단한데 따라 대가大駕, 법가, 소가小駕로 구별되는데, 예를 들어 문묘文廟나 전시殿試에 거둥하는 것을 법가라고 함.

조회 때의 의장

대체로 큰 예식이나 큰 조회 때에는 내외 의장內外儀仗을 세운다. 의종 때 자세히 정한 의례에는 다음과 같이 규정하였다. 대관전大觀殿에서의 조회 절일節日(임금의 생일)과 정월 초하룻날 및 동짓날 축하례를 행할 때에는, 궁전 뜰 왼쪽에 수정장水精杖(은칠한 막대기 끝에 수정 구슬을 달고 또 도금한 철사를 붙여 불꽃 모양으로 만든 것)을, 오른쪽엔 월부鉞斧(의장의 일종인 도끼)를 설치하는데, 여기에 도장都將 각각 2명씩{방각放角 모자(옆으로 귀가 나게 만든 모자)와 자색 옷을 입고 띠를 띤다.}이 있고, 대산大傘(자루가 길고 큰 양산) 하나를 왼쪽에, 양산陽傘[28] 하나를 오른쪽에 세우는데, 군사軍士가 6명{조사皂紗 모자와 자색 소매 좁은 옷에 띠를 띤다.}이 있고, 한罕[29] 하나를 왼쪽에, 필畢[30] 하나를 오른쪽에 세우는데, 군사는 4명{옷과 띠는 위와 같음.}이다. 장엄궁莊嚴弓(장식이 훌륭한 활)이 12개인데, 장교將校 12명{방각 모자를 쓰고 자색 옷에 띠를 띰.}이 좌우에 갈라선다. 백갑대白甲隊(흰 갑옷 입은 부대)는 영도장領都將 2명{방각 모자를 쓰고 자색 옷을 입으며 칼을 차고 기를 가진다.}, 장교 2명{옷은 위와 같음.}, 군사 50명{갑옷을 입고 소기창小旗槍(작은 기를 단 긴 창)을 가진다.}인데 좌우로 갈라선다. 은장 장도대銀粧長刀隊는 영장교領將校 2명{방각 모자를 쓰고 자색 옷에 띠를 띠며 칼을 차고 기를 가진다.}, 군사 10명{입각 모자[立角]와 보상화寶祥花[31] 수를 놓은 옷과 가은대假銀帶를 띤다.}인데 좌우로 갈라선다. 은골타자대銀骨朶子隊[32]는 영장교 2명{복장과 휴대품은 앞에서 말한 은장장도대와 같음.}, 군사 10명{검은 비단 모자에 자색 소매 좁은 옷, 띠를 착용.}이 좌우로 갈라선다. 흑간작자홍라호대黑幹斫子紅羅號隊는 영장교 2명{복장, 휴대품은 은장장도대와 같음.}, 군사 10명{자색관[紫冠]에 홍배

---

28 일산과 비슷한데 변두리에 넓은 천을 둘러 꾸며서 아래로 늘인 것.

29 의장의 앞에 세우는 기의 일종. 검은 칠을 한 장대 끝에 둥글고 엷은 널쪽을 대고 푸른 모시 수건을 씌우고 띠로 묶어서 그 두 끝을 드리우게 한 것.

30 의장의 앞에 세우는 기의 일종. 붉은 칠을 한 장대 끝에 엷은 널쪽을 대고 녹색 모시 수건을 씌우고 띠로 묶어서 그 두 끝을 드리우게 한 것.

31 장미의 일종. 중국 원나라에서 이 꽃무늬를 병사들의 옷에 수놓기 시작하였음. 보상화寶相花.

32 중국 옛날 병기의 맥도脈度(매떠우. 철퇴의 일종)가 전음轉音되어 골타骨朶(꾸뚜어)로 된 것인데 막대기 끝에 은칠을 한 마늘 머리 모양을 만들어 꽂은 의장.

자紅背子[33], 녹색 나직 한삼[綠羅汗衫]을 착용한다.}이 좌우로 갈라선다. 가서봉哥舒捧[34]이 20인데, 군사가 20명{입각 모자, 보상화를 수놓은 소매 넓은 옷에 가은대를 착용한다.}이 좌우로 갈라선다. 교상絞床(휴대용 걸상의 일종) 하나에 군사 2명{검은 비단 모자, 자색 소매 좁은 옷, 띠를 띤다.}, 필연안筆硏案(붓, 벼루 등을 놓는 책상) 하나에 군사 2명{의복은 앞의 것과 같음.}이 따르며, 은구장銀毬仗[35]이 있다. 전성남반원殿省南班員[36] 20명{자색 공복公服과 붉은 띠를 착용.}이 좌우로 갈라선다. 위장衛仗이 100명{방각 모자, 자색 공복, 검은 띠를 착용하고 장자杖子(의장의 일종, 막대기)를 휴대함.}이고, 중금반中禁班(액정국의 별감別監 아래에 달린 인원)에 영지유領指諭가 2명{방각 모자, 자색 옷과 띠를 착용하고 칼을 찬다.}, 행수行首 2명{옷, 띠는 위와 같고 기를 잡음.}, 반사班士 14명{방각 모자, 자색 옷, 띠를 착용하고 8명은 칼을 차며 앞장 선 6명은 탄궁彈弓[37]을 휴대함.}, 도지반都知班(하급 대열 중에서 우두머리의 명칭)에 영지유가 2명{옷과 띠가 중금반 영지유와 같음.}, 행수 2명{의복이 중금반 행수와 같음.}, 반사 10명{방각 모자, 자색 옷과 띠를 착용하고 흑간홍라호작자를 휴대함.}이다. 전상殿上에는 상장군上將軍 2명, 천우대장군千牛大將軍[38] 2명{방각 모자, 자색 옷, 붉은 띠를 착용.}이 좌우로 갈라서고, 천우비신장군千牛備身將軍 4명, 비신장군備身將軍 4명{방각 모자, 자색 옷과 띠를 착용하고 칼을 찬다.}이 좌우로 선다.

궁전문 밖에서의 의위는 보통 때 의식과 같다.

선마宣麻[39] 조회 때에는 상장군 2명, 대장군 2명{자색 옷과 붉은 띠를 착용.}, 비신장

---

33 조복朝服 삼자衫子 위에 입는 덧옷. 넓은 소매는 삼자보다 짧고 길이는 삼자와 같은 옷. 중국 진秦 나라에서 착용하기 시작하였음.

34 붉은 칠한 장대 위에 철사를 대고 동전 22닢을 꿰어 자색명주 수건을 씌운 다음 자색 띠로 묶어서 그 두 끝을 드리우게 한 것.

35 은빛을 칠하고 꼭대기에 손잡이 끈을 붙인 의장용 막대기.

36 고려 때 액정국掖庭局과 내시부內侍府의 벼슬아치들인데 동서 양 반에 소속되지 않았다.

37 탄환을 발사하는 활의 일종. 대[竹]와 짐승의 뿔과 힘줄 등으로 만드는 것이 본식이며 길이가 4척 정도이다.

38 육위六衛의 하나로서 천우위千牛衛를 두었고, 또 천우비신장군千牛備身將軍(천우도를 잡고 왕을 호위하는 장군) 등의 직임을 두었음.

39 대신을 임명하는 것. 본시 당나라, 송나라에서 삼麻으로 만든 황백색 종이에다 대신 임명 칙서를 쓴 것에서 생긴 이름.

군 8명{자색 옷과 띠를 착용하고 칼을 찬다.}이 전상 좌우에 갈라서고, 중금中禁 10명, 도지都知 10명이 각각 궁전 뜰 좌우에 갈라서며, 의위로서는 양산, 우산, 교상絞床, 필연안筆硯案만을 설치한다.

입춘 및 인일人日(정월 초이렛날) 같은 때에 궁전 문 밖에서 거행하는 조회에는 상장군 2명, 대장군 2명, 비신장군 8명이 궁전 뜰 좌우에 갈라서고, 중금 10명, 도지 10명은 궁전 문 안팎에 갈라선다. 그리고 모든 의장 범절[儀注]은 위의 절차와 같다.

고종高宗 16년(1229) 11월에, 조서를 내려 비신장군, 상장군, 대장군, 지유指諭, 견룡牽龍, 인가引駕들에게 다시 비단옷을 입게 하였다.

○ 공양왕恭讓王 2년(1390) 정월에, 위위판사衛尉判事 이민도李敏道가 중국 제도를 본따서 새로운 의장을 만들었는데, 의장을 잡은 사람들은 모두 청홍색으로 물들인 베옷을 입고 비단무늬를 그리며 모자 혹은 갓을 쓰기로 하였다.

○ 문종文宗 원년(1047) 7월에, 문하성에서 아뢰기를, "삼가 예전 문헌들을 상고하건대, '극戟이란 것은 그 형태가 창과 같으나 두 갈래로 되었고, 그 끝에 날을 단 것인데, 중국 위무제魏武帝(조조)의 문극門戟[40]에는 청개구리 머리[蝦蟆頭]를 그린 드림기[旛]를 달았으며, 기드림[旒－드림기를 둘러 싼 것]의 길이는 1장丈 2척尺이고, 청색, 황색을 섞어서 만들었던 것입니다. 그런데 지금 궁전 및 대묘의 문극에 모두 귀신 얼굴 모양을 만들어 놓은 것은 실로 근거가 없는 것입니다. 옛 제도에 의하여 고쳐 청개구리 머리를 그리기 바랍니다."라고 하였다.

법가의 의장

의종毅宗 때에 다음과 같이 자세히 규정하였다.

선배대先排隊(앞장 선 대열)에 영장군領將軍 1명{비단 옷에 띠를 띠고 긴 칼[長刀]을 차며

40 고관의 집 장식의 하나로서 문 앞에 선반을 매고 나무로 만든 극戟(두 가닥 창)을 배열한 것.

기旗를 잡고 말을 탐.}에 장교 6명{방각 모자, 자색 옷과 띠를 착용하고 칼을 차고 기를 듬.}, 군사 100명{자색 옷을 입고 긴 칼을 잡음.}이 좌우로 갈라선다.

청유대淸遊隊에 영도장이 2명{자색 옷에 군도를 차고 기를 잡고 말을 탐.}, 장교 10명{자색 옷에 띠를 띠고 칼을 차고 기를 잡고 말을 탐.}, 군사 200명{푸른 옷을 입고 동심결同心結을 한 활집弢鞬(활을 넣은 전대)을 휴대하며 말을 탐.}이 있다.

금오절충도위장군金吾折衝都尉將軍 2명{자색 갑옷을 입고 긴 칼을 차며 기를 잡고 말을 탐.}, 장교 4명{의복은 앞의 것과 같음}, 군사 80명{활집을 휴대하고 철갑鐵甲을 입고 말을 탐.}, 금오과의장교金吾果毅將校 2명{복색은 앞의 대와 같음.}, 군사 80명{갑옷 입고 말을 타는 것은 절충대와 같음.}이 좌우로 갈라선다.

행루여行漏輿 하나를 길 복판에 세우고 청도淸道(길을 청소하고 통행을 차단시킴)가 1명{삽각모자揷角帽子(뿔 낸 모자) 자색 옷에 띠를 착용하며 막대기를 휴대함.}, 군사 8명{입각 모자, 자색 보상화를 수놓은 옷, 가은대를 착용.}, 태사국리太史局吏(행렬에서 물시계를 맡음) 2명{방각 모자, 자색 옷을 착용.}이 좌우로 갈라선다.

우후차비대虞候佽飛隊에 영장교 2명{갑옷 입고 칼 차고 기 잡고 말을 탐.}, 군사 48명{활집을 휴대하고 갑옷 입고 말을 탐.}이 좌우로 갈라서고, 방패대防牌隊의 영도장 2명{갑옷 입고 칼 차고 기를 잡고 말을 탐.}에 장교 6명{의복은 앞의 것과 같음.}, 군사 100명{피갑皮甲(가죽 갑옷)입고 작은 기창旗槍(작은 기를 단 창)을 휴대함.}, 차비 장교佽飛將校 2명{철갑을 입고 기를 잡고 말을 탐.}, 군사 24명{갑옷 입고 칼 차고 말을 탐.}이 좌우로 갈라선다.

전항 수안마前行繡鞍馬(수 놓은 안장을 갖추고 앞장 선 말) 12필, 갑마甲馬(무장한 말) 8필에 공군사控軍士(말 다루는 군사)가 40명{입각 모자, 자색 보상화 수를 놓은 소매 넓은 옷, 가은대를 착용.}, 경령전景靈殿 판관判官이 길 복판에 서며, 청도가 1명{삼각 모자, 자색 옷, 붉은 띠를 띠고 막대기를 듬.}에 군사 9명{검은 나사 모자, 자색 소매 좁은 옷, 띠를 띤다.}이고, 행로行爐(가지고 다니는 화로), 다담茶擔(다과 짐)이 각기 하나씩, 군사가 4명{의복은 앞의 항마의 공군사와 같음.}, 채라번彩羅幡(채색 비단 표식기)이 10, 그 오른쪽에 군사가 20명{입각 모자 수놓은 머리 수건, 채라번과 같은 색깔의 소매 넓은 옷, 구리에 도금한 띠를 띤다.}, 인장교引將校(인도하는 장교)가 2명{방각 모자, 자색 옷을 입고 칼차고 기를 잡음.}, 황수번黃繡幡(누른 수를 놓은 표식기)이 10인데, 그 좌우에 군사 20명, 인장교 2명{의복 기타는 이상과 같음.}이다.

청곡병 대산靑曲柄大傘(푸른 색이고 자루가 굽은 대산) 하나는 길 복판에, 청양산靑陽傘 둘은 좌우로 갈라서고, 공학拱鶴이 8명{금화金畵(금분을 아교에 풀어 그린 그림) 모자, 비단옷, 띠를 착용.}, 평련平輦(수레의 하나) 하나에 인가(수레를 끄는 사람) 1명{방각 모자, 비단 옷과 띠를 착용하고 막대기를 잡음.}, 호련 도장護輦都將(수레를 호위하는 도장) 2명, 장교 2명이 앞뒤로 갈라서고{모두 방각 모자, 비단 옷에 띠를 띠고 긴 칼을 참.}, 공학拱鶴이 22명{입각 모자, 보상화 수를 놓은 옷에 가은대를 띤다.}, 은구장이 40인데, 전성殿省 남반원南班員{자색 공복에 붉은 띠를 띠고 말을 탐.}이 좌우로 갈라선다.

어갑담御甲擔(왕의 갑옷을 담은 짐) 하나를 길 복판에, 여기 딸린 공학이 4명{입각 모자, 보상화 수를 놓은 소매 넓은 옷에 가은대를 띤다.}, 청곡병 대산 하나를 길 복판에, 누른 양산 하나를 왼쪽에, 붉은 양산 하나를 오른쪽에 세우고 여기 따르는 공학이 8명{금화 모자, 비단 옷에 띠를 띤다.}, 초요련 하나를 길 복판에 세우고, 인가 1명, 호군 도장護軍都將 2명, 장교 2명, 공학 48명{옷과 띠는 모두 평련에 딸린 사람의 것과 같음.}이 여기에 따른다.

은장장도대에 영장교 2명{방각 모자, 자색 옷에 띠를 띠며 칼을 차고 기를 든다.}에 군사가 20명{입각 모자, 보상화를 수놓은 소매 넓은 옷에 가은대를 띤다.}, 교상絞床과 수관자水灌子(물주전자)가 각 하나씩인데 좌우로 갈라 세우고, 여기 따르는 군사가 4명{금화 모자, 비단 옷에 가은대를 띤다.}, 국인國印과 서조보書詔寶 짐이 각각 하나씩인데 좌우로 갈라 세우고 중서주보리中書主寶吏(왕의 인장을 맡은 관리)가 1명{자색 옷과 검은 혁띠를 띠고 그 뒤를 따른다.}인데, 여기 따르는 군사가 16명{입각 모자, 자색 보상화를 수놓은 소매 넓은 옷에 가은대를 띤다.}, 부보랑符寶郞 1명{공복을 갖추고 말을 탐.}이 길 오른쪽에 선다.

중위 군기中衛軍旗 하나를 왼쪽에 세우는데, 여기 따르는 군사 2명{갑옷, 투구 착용.} 공학 군기拱鶴軍旗 하나를 오른쪽에 세우는데, 여기 따르는 군사가 2명{의복은 앞의 것과 같음.}, 청룡당靑龍幢 둘, 백호당白虎幢 둘, 주작당朱雀幢 둘, 현무당玄武幢 둘, 홍수당紅繡幢(붉은 수를 놓은 기) 둘을 좌우로 갈라 세우고, 여기 따르는 군사가 20명{입각 모자, 수놓은 머리 수건, 소매 넓은 옷을 각기 같은 당幢과 같은 빛깔로 착용하고 가은대를 띰.}, 청당靑幢 10, 적당赤幢 10, 백당白幢 10, 황당黃幢 10, 흑당黑幢 10을 좌우로 갈라 세우고, 여기 따르는 군사가 100명{복색은 앞의 것과 같음}, 인장교가 2명{복색은 은장장도대의 장교와 같음.}이다.

은골타자대銀骨朶子隊에 영장교가 2명{의복은 앞의 것과 같음.}, 군사 40명{금화 모자에 자색 착수의窄袖衣(좁은 통소매로 된 옷)에 가은대를 띤다.}이다.

은장장도대銀粧長刀隊에 영장교가 2명{방각 모자, 자색 옷에 띠를 띠고 칼을 차고 기를 듬.}, 군사 20명{입각 모자, 보상화를 수놓은 소매 넓은 옷에 가은대를 띤다.}이 좌우로 갈라선다.

은작자홍라호대銀斫子紅羅號隊에 영장교가 2명{의복과 휴대품은 앞에 말한 대열과 같음.}, 군사가 20명{자라관紫羅冠(자색 나직으로 만든 관), 비라 배자緋羅背子(진홍색 나직 배자), 녹라 한삼綠羅汗衫(녹색 나직 한삼), 자수 포두紫繡包肚(자색 수를 놓은 배싸개)를 띤다.}이다.

사극소기창대絲戟小旗槍隊(작은 극戟으로 만든 기창을 가진 부대)에 영장교 2명{의복과 휴대품은 앞에 말한 대열과 같음.}, 군사 40명{철갑을 입었다.}이 좌우로 갈라선다. 은작자홍라호銀斫子紅羅號가 넷이고, 여기 따르는 군사가 8명{주갑朱甲(붉은 갑옷)을 입는다.}, 장엄궁莊嚴弓이 12이고, 여기 따르는 장교 12명{방각 모자, 비단 옷에 띠를 띤다.}이 좌우로 갈라선다. 극번戟幡(창에 단 기)이 넷이고, 여기 따르는 군사 8명{흰 갑옷을 입는다.}, 한罕기 하나는 왼쪽에, 필畢기 하나는 오른쪽에 있는데, 여기 따르는 군사가 4명{비단 모자, 비단 옷에 붉은 띠를 띤다.}, 정편 승지靜鞭承旨 4명{방각 모자, 비단 옷에 띠를 띤다.}이 좌우로 갈라선다. 절節 여섯과 정旌 둘을 좌우로 갈라 세우되, 여기 따르는 정절랑旌節郎이 8명{자색 공복, 붉은 띠를 띠고 말을 탐.}이고, 수정장 하나를 왼쪽에 세우고, 여기에 낭장郎將이 1명, 월부鉞斧 하나를 오른쪽에 세우고, 여기에 낭장이 1명{모두 방각 모자, 비단 옷에 띠를 띤다.}이다. 중금반中禁班에 영지유領指諭 2명{방각 모자, 비단 옷에 띠를 띠고 칼을 참.}, 행수 2명{자색 갑옷을 입고 칼을 차고 기를 듦.}, 반사班士

36명{자색 갑옷을 입고 칼을 차며 앞장 선 사람들은 탄궁彈弓을 듦.}인데, 모두 좌우로 갈라서고 도지반都知班에 영지유 2명{의복은 중금반 지유와 같음.}, 반사 20명{방각 모자, 비단 옷을 착용하고 흑간홍라호작자黑簳紅羅號斫子를 듦.}이 좌우로 갈라서며, 여기 행수가 2명{칼을 차고 기를 듦.}, 붉은 수를 놓은 부채 열 둘, 공작을 그린 부채 넷, 반룡선(서리고 있는 용을 그린 부채) 둘에 승지 36명{방각 모자, 비단 옷에 띠를 띤다.}이 좌우로 갈라선다.

공작을 그린 양산 둘을 좌우로 갈라 세우는데, 누른 양산 하나를 왼쪽에 세우고, 붉은 양산 하나는 오른쪽에 세운다. 여기 따르는 군사가 12명{금화 모자, 비단 옷에 띠를 띤다.}, 어견룡御牽龍(왕의 수레에 따르는 의장병의 일종)이 22명{금화 모자, 비단 옷에 도금한 은장식한 띠를 띤다.}인데, 왕의 수레 하나를 길 복판에 세우고, 여기에 봉로 도장奉輅都將(왕의 수레를 호위하는 도장) 2명, 장교가 2명{방각 모자, 비단 옷에 띠를 띠고 칼을 찬다.}, 공학이 150명{무변관武弁冠(무관이 쓰는 관의 일종), 진홍색 보상화를 수놓은 옷, 구리 도금한 띠를 띤다.}, 은작자홍라호가 넷인데, 여기 따르는 낭장 4명{금화 모자, 비단 옷을 착용하는데 혹 별장別將으로써 여기 충당시키기도 함.}이 좌우로 갈라서며, 내시관內侍官도 좌우로 갈라선다.

어궁전장군御弓箭將軍(왕의 활을 맡은 관리) 1명{비단 옷에 띠를 띠고 말을 탐.}이 길 복판에 서고, 승제원承制員은 의장 대열의 내부를 횡행하는데, 우산 둘이 현무당玄武幢의 뒤에 있어 좌우로 갈라서고, 협산夾傘이 4명{금화 모자, 비단 옷에 띠를 띤다.}이 여기에 따른다.

후행마後行馬(뒤 대열에 선 말)가 8필에, 여기 따르는 공군사控軍士가 16명{입각 모자, 보상화 수를 놓은 소매 넓은 옷에 가은대를 띤다.}, 후옹마後擁馬(후방을 호위하는 말) 4필을 좌우로 갈라 세우는데, 여기 따르는 공군사가 8명{비단 모자, 보상화 수를 놓은 옷에 가은대를 띤다.}이다. 좌상장군左上將軍 1명, 우상장군右上將軍 1명, 천우대장군 2명{모두 비단 옷에 붉은 띠를 띠고 말을 탐.}이 좌우에 갈라서고, 천우비신장군 4명, 비신장군 4명{모두 자색 갑옷을 입고 긴 칼을 차고 기를 들고 말을 탐.}이 좌우로 갈라선다.

용호위신대龍虎衛身隊에 영도장 2명{갑옷을 입고 칼을 차고 기를 들고 말을 탐.}, 장교

30명{갑옷을 입고 칼을 차고 기를 들고 말을 탐.}, 군사 600명{활집을 휴대하고 갑옷입고 말을 탐.}과 백철갑소기창대白鐵甲小旗槍隊에 영도장 2명, 장교 12명{모두 갑옷을 입고 칼을 차고 기를 든다.}, 군사 200명이 좌우로 갈라서며, 후전지응관後殿祗應官(후방에서 왕명을 받드는 관원)이 좌우로 갈라선다. 감찰어사監察御史 2명이 좌우로 갈라서고, 가후駕後(행차의 뒤행렬) 금오절충도위金吾折衝都尉 2명{피갑을 입고 칼을 차고 기를 들고 말을 탐.}, 장교 4명{의복은 앞에 말한 것과 같고 말을 탐.}, 군사 80명{철갑을 입고 말을 탐.}이다. 현무대玄武隊에 영도장 2명{갑옷을 입고 칼을 차고 기를 듦.}, 장교 6명{의복은 앞에서 말한 것과 같음.}, 군사가 200명{갑옷을 입음. 익위 응양군翊衛鷹揚軍을 여기에 충당함.}이며, 태복마太僕馬(왕의 거마를 맡은 부서의 말) 20필에 공군사가 40명{모자, 소매 좁은 옷에 띠를 띤다.}, 우산雨傘 스물에 여기 따르는 군사가 20명{의복은 앞에 말한 것과 같음.}이다. 후전後殿(후방)에 영장군이 1명{비단옷, 붉은 띠를 띠고 칼을 차고 기를 듦.}인데, 장교 5명{방각 모자, 자색 옷을 착용하고 군도를 차며 기를 듦.}, 군사 100명{자색 옷을 입고 군도를 듦.}이다.

교묘郊廟에서는 책축교서루자冊祝敎書樓子(축문 및 교서 등을 담는 층으로 된 함) 몇이 노부鹵簿(왕의 거둥 때의 의장)의 적룡 대기赤龍大旗의 다음에 자리 잡아 길 복판에 서고, 청도 1명{삽각 모자, 자색 옷을 착용하고 막대기를 듦.}, 루자를 호위하는 장교 약간 명{방각 모자, 자색 옷에 띠를 띠며, 칼을 차고 기를 든다.}, 군사가 약간 명{입각 모자, 진홍색 소매 넓은 옷에 가은대를 띤다.}이며 인가引駕와 교방악관敎坊樂官(전악서의 관원) 100명{방각 모자, 자색 공복에 붉은 띠를 띤다.}이 좌우로 갈라서고, 또 안국기安國伎 1부部, 잡기雜伎 1부, 각 40명이 좌우로 갈라서며, 고창기高昌伎 1부 16명은 왼쪽에 서고, 천축기天竺伎 1부 18명은 오른쪽에 서며, 연악기宴樂伎 1부 40명이 좌우로 갈라선다.

취각군吹角軍 1부 20명{입각 모자, 자색 보상화 수를 놓은 소매 넓은 옷에 가은대를 띤다.}이 모두 왕의 수레 앞 좌우에 갈라서고, 취라군吹螺軍 1부 24명{검은 비단으로 지은 모자, 자색 옷에 가은대를 띤다.}은 왕의 수레 뒤에 선다. 그리고 왕의 수레 뒤 길 복판에는 태자와 공작公爵, 후작侯爵, 백작伯爵과 재상들이 서며, 왼쪽에 문반文班이, 오른쪽에 무관이 선다. 왕이 교묘에서 친히 제사를 지내고 돌아오면서 의봉문儀鳳門에 도착하여 교서를 내릴 적에 대열을 둘러 세워 충정充庭의 의식을 거행한다.

고종高宗 12년(1225) 9월에, 왕이 건성사乾聖寺에 거둥하는데 최우崔瑀(당시의 권신)가 자기 집 다락 위에서 왕의 행차 앞에 선 공가군拱駕軍(의장군의 일종)이 검은 모자를 쓴 것을 바라보고 말하기를, "이것도 또한 근위近衛인데 검은 모자를 쓰는 것은 적당하지 않다." 고 하면서, 이어 왕에게 아뢰어 "모시고 따라 가는 공학군供鶴軍도 견룡牽龍과 같이 금화 모자를 쓰게 하기 바랍니다."라고 하니, 왕이 그대로 좇았다. 법가法駕 행렬이 아닌데 금화 모자를 쓰는 것이 이때부터 시작되었다.

충렬왕忠烈王 27년(1301) 5월에, "누런 양산은 중국을 본뜬 것이다."라고 하며 붉은 양산으로 이를 대신케 하고 마침내 무도舞蹈[41], 경필警蹕[42]의 예禮도 폐지하였다가, 동 30년(1304)에 와서 다시 누런 양산을 사용하였다.

노부鹵簿 {법가法駕의 노부}

법가의 노부

○ 법가의 노부는 의종毅宗 때 다음과 같이 자세히 정하였다.

제1인第一引(인은 인도한다는 뜻)은 개성령開城令(관직명)이 길 복판에 서고, 청도공학淸道拱鶴 1명{삽각揷角 모자, 자색 옷에 띠를 띠고 막대기를 듦.}, 금락봉의군錦絡縫衣軍 10명, 냉리군冷里軍 6명{검은 비단 모자, 자색 소매 좁은 옷에 가은대를 띤다.}이 좌우로 갈라선다. 산수군散手軍 10명{입각 모자, 보상화 수를 놓은 소매 넓은 옷에 가은대를 띤다.}이 좌우로 갈라선다.

---

41 조회 때에 신하가 임금 앞에서 행하는 의례儀禮 절차의 하나.

42 임금의 거둥 때에 노상에서 행인을 경계하고 교통을 차단시키는 일.

제2인第二引은 개성윤開城尹(관직명)이 길 복판에 서고, 청도공학 1명, 금락봉의군 10명, 냉리군 10명, 산수군 10명{옷차림은 개성령의 의례 절차의 옷과 같음.}이 모두 좌우로 갈라선다.

제3인第三引은 어사대부御史大夫가 길 복판에 서고, 청도공학 1명{옷차림은 개성윤과 같음.}, 지휘의장사정랑指揮儀仗使正郎 2명{공복을 갖추고 말을 탐.}, 지휘원指揮員 22명{자색 옷}, 청도 전리淸道電吏(전리는 하인의 일종) 20명{방각 모자, 자색 옷에 막대기를 든다.}이 좌우로 갈라선다.

홍문 대기紅門大旗 둘을 좌우로 갈라 세우는데, 인장교引將校가 각각 1명씩{방각 모자, 자색 옷에 띠를 띠고 군도를 차며 기를 듦.}, 협군사夾軍士가 각각 20명씩{평건책 머리수건平巾幘抹額, 진홍색 웃옷, 한고扞袴를 입는다.}, 오방기五方旗 각각 하나씩을 그 방색方色[43]에 따라 홍문 대기 사이에 세우는데, 인장교가 각각 1명, 협군사 10명, 주작 중기朱雀中旗(남쪽을 상징하는 봉황새를 그린 중기) 하나를 길 복판에 세우고, 인장교 1명, 협군사 10명, 채기彩旗 10을 좌우로 갈라 세우는데, 인장교가 2명이며, 백택기白澤旗[44] 둘을 좌우로 갈라 세우는데, 협군사가 24명이요, 황기린 중기黃麒麟中旗(기린을 그린 누른 중기) 하나를 길 복판에 세우는데, 인장교가 1명이며 협군사가 10명이요, 백상 대기白象大旗(코끼리를 그린 흰 대기) 둘을 좌우로 갈라 세우는데, 인장교가 각기 1명, 협군사가 40명이다.

좌우 용기龍旗(용을 그린 기)가 각각 5인데, 인장교가 2명이며, 좌우 채기가 각각 5에 인장교 2명이며 협군사가 40명이요, 백룡대기白龍大旗를 좌우로 갈라 세우는데, 인장교가 2명, 협군사가 40명이며, 천하태평대기天下太平大旗[45] 하나를 길 복판에 세우는데, 인장교가 1명이며 좌우서왕모대기左右西王母大旗가 각각 1인데, 인장교 2명, 협군사가 60

---

43 동, 서, 남, 북, 중 다섯 방위에 따른 청, 백, 적, 흑, 황의 다섯 가지 빛.

44 옛날 중국 황제가 발견하였다는 사자 비슷하게 생긴 상상 동물을 그린 기. 의장기들의 공통점으로서는 대체로 흰 바탕에 기의 명칭에 해당하는 그림과 아울러 청, 적, 황, 백색의 구름을 그리고 세 가장자리에 불꽃 모양의 술을 달고 두 귀퉁이에 짧은 기각을 단 것이다. 그러나 세모진 바탕에 명칭 해당의 그림과 구름을 그리고 기류와 불꽃 모양의 술을 단 것도 있으며 또 현무기玄武旗, 후전기後殿旗 따위는 그 방색方色에 따라 검은 바탕을 쓴다.

45 흰 바탕에다가 원을 그리고 가운데에다가 '천하태평天下太平'의 네 글자를 쓴 큰 기.

명이요, 가운집백선인대기駕雲執拍仙人大旗(신선을 상징한 큰기) 2를 좌우로 갈라 세우는데, 여기 따르는 인장교 2명, 협군사 40명이며, 채기 10을 좌우로 갈라 세우는데, 인장교 2명, 협군사 20명이요, 봉보주선인대기捧寶珠仙人大旗를 좌우로 갈라 세우는데, 인장교 2명, 협군사가 40명이다. 사해영청대기四海永清大旗[46] 하나를 길 복판에 세우는데, 인장교 1명, 협군사가 20명이며, 백택 대기 2를 좌우로 갈라 세우는데, 인장교 2명, 협군사가 40명이요, 채기 10을 좌우로 갈라 세우는데, 인장교가 2명, 협군사가 20명이며, 이의교태대기二儀交泰大旗[47] 1을 길 복판에 세우는데, 인장교 1명, 협군사 20명이요, 봉여의주선인대기捧如意珠仙人大旗 둘을 좌우로 갈라 세우는데, 인장교 2명, 협군사가 40명이며, 오방룡중기五方龍中旗 5는 각각 그 방위의 빛에 따라 세우는데, 여기 따르는 인장교 각각 1명, 협군사 50명이며, 채기 10을 좌우로 갈라 세우는데, 인장교가 2명, 협군사 20명이며, 쌍무선인대기雙舞仙人大旗 2를 좌우로 갈라 세우는데, 인장교 2명, 협군사 40명이요, 채기 20을 좌우로 갈라 세우는데, 인장교 4명, 협군사 40명이다. 적룡대기赤龍大旗 1을 길 복판에 세우는데, 여기 따르는 인장교 1명, 협군사 20명이며, 공작대기孔雀大旗(공작을 그린 큰 기) 둘을 좌우로 갈라 세우는데, 인장교 2명, 협군사 40명이요, 채기 10을 좌우로 갈라 세우는데, 인장교 2명, 협군사 20명이며, 좌청룡중기左青龍中旗 1, 우백호중기右白虎中旗 1인데 인장교 2명, 협군사 20명이요, 벽봉대기碧鳳大旗 둘을 좌우로 갈라 세우는데, 인장교 2명, 협군사 40명이며, 채기 10을 좌우로 갈라 세우는데, 인장교 2명, 협군사 20명이다. 금계기金鷄旗 2, 보주기寶珠旗 2, 화주기火珠旗[48] 2, 적표기赤豹旗 2, 호인기胡人旗 2를 각각 좌우로 갈라 세우는데, 인장교가 2명, 협군사가 20명이며, 가운취적선인대기駕雲吹笛仙人大旗(구름을 타고 피리를 부는 신선을 그린 큰 기) 2를 좌우로 갈라 세우는데, 인장교 2명, 협군사 40명이며, 화주기 2, 신구부서기神龜負書旗[49] 2, 채기 10을 좌

46 흰 바탕에다가 원을 그리고 가운데에다가 '사해영청四海永清'의 네 글자를 쓴 큰 기.

47 이의는 음양 또는 천지요 교태는 크게 서로 통한다는 뜻. 즉 천지 음양이 크게 서로 통함을 상징한 기.

48 모양이 계란 같고 수정 같이 맑으며 낮에 쑥을 대면 불을 일으킨다고 하는 화주라는 구슬을 그린 기.

49 옛날 중국 낙수洛水에서 나온 거북의 등에 있었다는 9무더기로 된 45개의 점 즉 낙서洛書를 등에 진 거북을 그린 기.

우로 갈라 세우는데, 인장교 4명, 협군사 28명이요, 황룡 대기黃龍大旗가 2인데, 여기 따르는 인장교가 2명, 협군사가 40명이며, 군왕만세중기君王萬歲中旗[50]가 2인데, 인장교 2명, 협군사 20명이며, 각단기角端旗[51] 2, 백상기 2, 현학기玄鶴旗 2, 봉기鳳旗 2에 협군사가 16명이요, 보주선인대기 2를 좌우로 갈라 세우는데, 인장교 각각 1명, 협군사 40명이다. 금계기 2를 좌우로 갈라 세우는데 인장교 2명, 협군사 20명이요, 난대기鸞大旗[52] 2에 인장교 2명, 협군사가 40명이며 백기린기白麒麟旗 2, 신구함주기神龜含珠旗 2, 난기鸞旗 2, 황사자기黃獅子旗 2, 적사자기赤獅子旗 2, 적표기赤豹旗 2를 각각 좌우로 갈라 세우는데, 인장교가 2명, 협군사가 24명이다. 용마대기龍馬大旗[53]가 2인데 인장교 2명, 협군사 40명이요 흑사자기黑獅子旗 2, 백사자기白獅子旗 2, 청사자기青獅子旗 2, 기린기麒麟旗 2, 봉기鳳旗 2를 각기 좌우로 갈라 세우는데, 인장교 2명, 협군사 20명이요, 오색 용기五色龍旗 각 2를 좌우로 갈라 세우는데, 인장교가 2명, 협군사가 20명, 황룡부도기黃龍負圖旗 2, 공작기 2, 추아기騶牙旗[54] 2, 해치기獬豸旗[55] 2, 천록기天鹿旗[56] 2를 각각 좌우로 갈라 세우는데, 인장교 2명, 협군사 20명, 신룡함주기神龍含珠旗 2, 벽사도기辟邪圖旗[57] 2, 황룡부도기 2, 백학기 2, 현학기 2를 각각 좌우로 갈라 세우는데, 인장교가 2명, 협군사 20명, 악작기鸑鷟旗[58] 2, 주잡기周匝旗 2, 삼각수기三角獸旗[59] 2, 용마기 2, 흑기黑旗 2를 각각 좌우로 갈라 세우는데, 인장교가 2명, 협군사가 20명, 현기玄旗 1을 길 복판에 세

50 흰 바탕에 원을 그리고 그 가운데 '군왕만세君王萬歲'의 네 글자를 쓴 기.

51 돼지 같으나 코 위에 뿔이 있고 사람의 말을 알아들으며 하루에 180,000리를 간다는 상상 동물을 그린 기.

52 봉황새의 일종인 난조라는 새를 그린 큰 기.

53 용마 즉 옛날 중국 황하에서 하도河圖를 등에 지고 나왔다는 용과 같이 생긴 말을 그린 큰 기.

54 소위 성인의 덕에 감응되어 생겨난다는 상상 동물인 추아를 그린 기. 추아는 흰 바탕에 검은 문채가 있고 몸보다 꼬리가 길다.

55 뿔이 하나이며 사람들의 옳고 그름을 잘 안다는 짐승 해태를 그린 기.

56 천록을 그린 기. 천록은 범과 같이 생기고 뿔 하나가 있는 누른 빛의 상상 동물.

57 천록 모양으로 생겼으나 뿔 두 개가 있다는 짐승을 그린 기.

58 옛날 중국에서 상서로운 새로 인정되었다는 오색이 문채를 가진 새 악작을 그린 기. 악작은 봉鳳의 작은 것이라고 한다.

59 머리는 백택과 같으나 녹색의 털 푸른 바탕으로 된 세 개의 뿔, 흰 배 녹색의 꼬리를 가진 삼각수라는 짐승을 그린 기.

우는데, 이 기에는 거북과 뱀이 합쳐진 형상을 수놓았으며, 인장교 1명, 협군사가 10명이요 백탁기 2, 용마기 2, 일각수기一角獸旗[60] 1, 백학기 1, 채기 5에 인장교 1명, 협군사 18명을 왼쪽에 세운다. 백택기 1, 삼각수기 1, 주작기 1, 천록기 1, 채기 5에 인장교가 1명, 협군사 18명을 오른쪽에 세운다. 흑대기黑大旗 4를 좌우로 갈라 세우는데 인장교가 4명, 협군사가 80명이다.{이상 의복은 모두 홍문대기대와 같음.} 궁전弓箭(활과 화살) 20에 군사가 20명{이두관貍頭冠[61]을 쓰며 의복은 앞에 말한 것과 같음.}, 표미창豹尾槍[62] 20에 군사 20명이 좌우로 갈라 서며, 금정金鉦 10에 군사가 10명, 강고捆鼓(작은 북) 10에 군사 30명이 좌우로 갈라 서고, 도고鼗鼓[63] 20에 군사 20명이 좌우로 갈라서며, 은간창銀幹槍(나무 자루에 은빛 올린 창) 20에 군사 20명이 좌우로 갈라선다. 반검班劍[64] 20에 군사 20명{이상 의복은 협기 군사의 것과 같음.}이 좌우로 갈라서고, 가서봉哥舒捧 20에 군사 20명{입각 모자, 보상화 수놓은 옷에 가은대를 띤다.}이 좌우로 갈라 선다. 은작자銀斫子 20에 군사 20명{평건책 머릿수건을 쓰고 진홍색 상의와 한고를 착용함.}이 좌우로 갈라 선다. 등장자鐙杖子[65] 20, 유석 월부鍮石鉞斧 20을 각각 좌우로 갈라 세우는데 군사 40명{의복은 앞에 말한 것과 같음.}, 와마번蛙螟幡(청개구리를 그린 기) 20에 군사 20명이 좌우로 갈라 선다. 은장장도銀粧長刀 20에 영장교가 2명{방각 모자, 자색 옷에 띠를 띠고 칼을 차고 기를 듦.}, 군사 20명{입각 모자, 진홍색 보상화 수를 놓은 소매 넓은 옷에 가은대를 띤다.}이 따른다."

60 기린의 일종으로서 태평세월에야 나타난다는 상서로운 짐승 일각수를 그린 기.

61 삵의 머리 모양으로 꾸민 관. 옛날 중국 진시황이 동순東巡할 때에 생긴 고사故事의 유래와 결부되어 의장용으로 된 것.

62 표범 꼬리 모양을 그려 장식한 창.

63 나무 막대기로 꿰고 귀를 달아 흔들면 소리가 나게 된 작은 북.

64 나무로 칼 모양을 만들고 문채를 그린 것.

65 금동金銅으로 만든 등자 모양의 물건을 장식한 막대기.

| 휘찬여사 지1 |

영인본

木齋家塾彙纂麗史卷之七

司天考論

嗚呼堯典定四時禹貢叙九州而天地位矣東國雖陋豈曰無徵今有必欲知之者不可以遺也作司天職方考

司天掌日月星辰之象推步以候之察其吉凶災祥以爲占而圭臬測景驗氣朔盈虛以爲曆曆者有常之數也占者非常之兆也夫爲國家者履端立極必體其元布政考績必因其歲三農百工必順其時庶務有爲必從其日月是以聖人受命必治曆數見於

經者可考也至於後世其學一出於陰陽之家然天運有差其差甚微而逕於遼絕故中國之精於曆者每苦於差况乎東方曆家精識筭法不及中國遠甚故其法尤差此不可不審也麗朝不别治曆承用唐宣明曆宣明曆者長慶中所作也迄麗初已逾百年前此唐已改曆自是凡二十二改而麗朝仍用之嘉祐四年正月丙申朔日食而麗朝以丙申爲去年十二月晦則未覺其差至此也至忠宣王改用元授時曆而開方之術不傳故交食一節尚循宣明舊術虧食加時不合於天日御失日久矣而終麗之世莫能改焉其考黃道審朓朒校遲疾雖載於曆經而不足爲後世法故今姑略焉若夫日月五星之凌犯盈縮及氣候之兆眹要之玄遠幽恍莫可推測然其吉凶災祥有關於中州者有專於我國者精於其學則中國之安危盛衰可坐而知以寓夫先天下之憂而自我之所以應不可不預講至其天意仁愛小邦所以譴告懇切者則又惡得以忽焉莫之省乎

高麗日食一百三十二及彗孛飛流多與宋元史符者如顯宗十五年五月丁亥朔日當食不應天聖二年甲子宋朝羣臣表賀者卽此靖宗六年正月丙辰日食契丹罷宴宋帝溪悔則三國之推步同也恭愍王二年九月乙丑朔元告日食不果食是日大都日食

文宗三十年十一月彗見于軫卽熙寧九年王安石上疏引晉武事以爲天變不足畏肅宗二年七月火入輿鬼卽紹聖四年章惇擅權羣奸滿朝太史奏賊在君側六年正月壬戌朔有赤氣起東址亘西方占曰遼宋有兵喪之兆而任伯雨上疏以爲夷狄竊發之證睿宗元年正月彗見于西南長十尺許宋史云在西方長竟天汴京之西爲松都之西南故也五年六月彗星入紫微時張商英拜相彗滅而雨至忠烈王十九年十月彗見于太微左掖門長尺五寸許而元史

記彗入紫微抵斗魁光芒尺餘則自東國而斜望之雖有斗魁掩門之誤別而松都距燕京近分野同故所見尺數絶似汴都稍遠故長短差異南渡以後則日食星變多不相應其以隔海萬里星土逈別而然乎天勢有升降而眼力不及者耶抑以曆法頓差推步未精者耶後考理宗末彗孛度宗朝日食與東史合由是觀之日星凌犯之可推步者彗孛之四海共覩者其吉凶休咎不專在於東國審矣至於日暈氣祲凡氣候之兆睽太白經天及流星之各在其國者如日赤暈而肅宗謀變狼星見而仲夫搆亂此類又不可勝記所謂天意

彙纂麗史卷之七 三

之譴告小邦而王者宜警懼而修德也東國素無星翁術士妙解緯文考驗分野界屬彼此故凡有灾咎逢君諱言者一切諉諸他國而包藏禍心者譸張不經之論以動衆聽此不可不辨也高宗朝撰明宗實錄權尚書敬中博通緯術其論最爲析衷故附著云其說曰臣謹按春秋日食書月食不書豈以日實也無待而明君象也月闕也有待而明臣象也陽虧爲變而月闕不足忌歟丁未七月之日食卽日而驗曹石之黨宵犯宮闈此乃陰侵陽臣犯君之效也曾昭公二十四年五月日食梓愼曰水也昭子曰旱也

日過分而陽猶不克克必甚能無旱乎陽不克莫若積聚也是歲果爲旱說者曰二至二分日有食之不爲灾日月之行春秋分日夜等故同道而食輕而不爲灾水旱而已己酉二月之日食在於春分是以至閏五月而旱此其應也日赤薄無光日旁有背氣外赤内黃日有東西珥者按前漢書日旁氣在傍直對曰珥向日爲抱向外爲背背者背象也氣往迫之爲薄晉志曰其君無德其臣亂國則日赤無光天之譴告豈不丁寧乎雖去曹石復有東南煽亂故譴告如此當此時而覺悟豈非令終之兆乎月食昴月食心

彙纂麗史卷之七 四

犯前星食後星月貫心而行者按星傳上國當有因刑罰失中之事胡兵踐蹂天街波及於外又天王失位而嫡庶子孫蕩析不振者故罰之所示者如此其多也歲犯執法太白經天熒惑犯鎭辰現房之東者按志曰仁虧貌失則罰見歲星義虧言失則罰見太白禮虧視失則罰見熒惑智虧聽失則罰見辰星仁義禮智以信爲主貌言視聽以心爲主故四星皆失鎭乃爲之動五星之應大抵如此但仁義禮智之虧與貌言視聽之失果誰之爲歟將爲君天下者之應乎擅一國者之應乎不可知也星傳月食五星其國

皆亾其國者分野之國也今不書分野則不可以論其應也又曰太白經天天下革民更主則凡五星之變多屬上國非專爲本國之變也氣之變者按周禮赤祲乃憂氣之所應則當時必有憂患而謀亂者乎按晉志白虹百殃之本白虹霧奸臣謀君夜霧虹臣有憂晝霧虹君有憂以此鑑戒可也木之變則傳曰妄興徭役以奪其時則木失其性而爲變怪僖成公十六年正月雨木冰劉向以爲冰者陰之盛而水滯者也木者少陽貴臣卿大夫之象也此人將爲害則陰氣脅木木先寒故得雨而冰也或以木冰爲介介

者甲也甲兵之象也衆壯方之果蟲食其葉則壯方之臣當憂讒賊而震社者棟撓之凶也火之變傳曰棄法律以妾爲妻則火不炎上說曰火南方揚光耀爲明其於王者南面向明而理之象也或耀虛僞讒夫昌邪勝正則火失其性而爲灾明宗早喪中壼七嬖爭寵牝雞女謁樞機不密是以火樞密而示譴也水之變傳曰簡宗廟不禱祠廢祭祀逆天時則水不潤下而失其性說曰水壯方終藏萬物者也王者卽位必郊祀天地望秩山川懷柔百神此所以順陰陽和神人也明宗四時之享不躬行者有年矣宜水之爲沴也其他金石鳥獸之怪可以類推也大抵世治則天變略世亂則天變繁道勝之君以人理天德衰然後天且譴告之矣而或有爲天下而垂象者有爲一國而示警者有天下國家者可不鑑哉

歐陽子曰春秋雖書日食星變之類孔子未嘗道其所以然者故其弟子之徒莫得有述於後世也聖人既歿而異端起自秦漢以來學者惑於灾異天文五行之說不勝其繁也書曰天視自我民視天聽自我民聽未有民心悅於下而天意怒於上者未有人理逆於下而天道順於上者然則王者君天下子生民

布德行政以順人心是之謂奉天至於三辰五星常動而不息不能無盈縮差忒之變而占之有中有不中不可以爲常者有司之事也謹按斯說固有得於儒者之論然朱子述綱目於天變輒謹書之亦春秋之意夫史所以奉天道而作也豈可以此專爲有司之事也哉蓋東國俗以星緯爲賤技士大夫絕無學習者簡冊所載特爲滅裂亦可恨也權尚書少時辟穀學仙李奎報作詩責之然權自清修寡慾類有道者故其所論頗亦卓絕有見解處非諸人之所及至其占太陰之貫心而料中國之變者亦自有理明宗

十九年卽壽皇傳授之際父子之變可謂極矣所謂天王失位嫡妾蕩析可謂暗符矣是時與宋絕不通久故權公特未聞其詳焉爾丘文莊曰紫微北極不干外國事以此驗權說益信然心者東方中宿也歲星尤主東方而權謂之皆屬中國此亦非通論也嗚呼天道遠矣學之未精則流而爲灾異當以歐陽說爲正

日食

穆宗十二年二月己丑日色如張紅幕

顯宗三年八月丙申朔日食　四年十二月戊午朔日食　五年三月庚寅

白虹貫日辛丑白氣貫日壬寅日旁赤氣相盪　六年正月丙申日旁有青赤氣六月己酉朔日食上有白氣如虹良久乃滅十月甲午日旁有氣相背　七年三月壬午朔日食九月甲寅朔太史奏日食陰雲不見　十一年閏十二月戊申日重暈　十二年七月甲戌朔日食　十五年五月丁亥朔日當食不食十一月乙酉朔日當食不食　十六年十一月己卯朔太史奏日當食不食　十七年十月癸酉朔日食　二十年八月丁亥朔日食

德宗元年九月癸亥朔日色如彗

靖宗二年十月戊申日旁有青赤氣環繞　六年正月丙辰朔日食二月壬子日暈白虹貫暈十一月甲子日暈有兩珥　八年十二月乙巳日有四抱白虹貫日　九年五月丁卯朔日食　十一年四月丁亥朔太史奏日當食陰雲不見　十二年三月辛巳朔日食王避殿素襴救食

文宗元年三月乙亥朔日食　二年十二月甲午晦日食　七年十月丙申朔日食　十二年閏十二月丙申晦日食宋嘉祐四年正月丙申朔日食今爲去年十二月晦日是高麗造曆差也○十五年六月日食四分麗史失之　十三年十二月辛酉朔日食　十九年十月乙巳日重暈赤氣貫日又有兩珥　二十二年正月甲戌朔日食　二十三年七月乙丑朔日食　二十七年四月甲戌朔日食　二十九年八月庚寅朔日食　三十年二月丁亥朔日食　三十三年六月丁酉朔日食　三十四年十一月己丑朔日食

宣宗八年五月己未朔日食　十一年正月丙子日冠左右珥壬辰日旁東西有彗白虹衝日戊戌亦如之

獻宗元年正月戊戌日有暈兩傍有彗太史奏日有彗近臣亂諸侯有欲篡者

肅宗元年五月辛卯朔日暈三重　五年四月丁酉朔日食　六年正月己丑日暈四月辛卯朔日食　七年十月乙亥日東出有青赤虹庚辰日有兩珥十二月乙亥赤虹貫日　十年正月庚寅日正中無光而重暈有珥

睿宗元年三月丙申日有重暈白虹貫之十一月甲午日有暈十二月戊午朔日食　四年四月己卯日色赤而無光動搖　五年三月乙卯日色如血無光　八年三月壬子朔太史奏日當食密雲不見十二月庚申日有左右珥　十年二月丁未日暈三重有珥白虹貫之七月戊辰朔日食　十三年五月癸未朔日食　十五年十月戊辰朔日食　十七年正月甲申日暈有珥二月庚寅朔日食四月丙申日有重輪

仁宗元年八月辛巳朔日食　二年正月丙寅日有三珥閏三月甲申日赤無光

三年四月丁卯日月同出東西相距五丈許　四年正月甲午白虹貫日重暈三月
甲午日色如血　七年正月丁亥三日並出相連如虹三月辛巳白虹貫日九月丙午朔日食十
二月乙酉日東西有背氣外有環暈戊子日有兩珥東有背氣上有半暈中貫青赤色　八年
八月戊寅日三珥色青赤十一月壬子日南至日珥　九年二月辛巳白虹貫日　十一
年十一月戊寅兩日並出　十二年正月戊寅白虹貫日二月乙酉白氣貫日十月戊子
白虹貫日日暈有珥　十三年正月乙巳朔日食密雲不見二月壬午日有暈白虹貫之
十五年十一月丁巳青赤暈貫日　十九年四月丙戌白暈貫日　二十一
年正月己丑朔日食十二月癸未日當食不食　二十三年六月乙亥朔日食
毅宗二年三月戊辰日無光　三年三月癸未朔日食　五年三月癸酉
日有黑子大如雞卵癸未日中有黑子大如雞卵翌日亦如之　八年五月癸丑朔日食

彙纂麗史卷之七　九

九年五月丁未朔日食　十二年三月辛酉朔日食癸酉日無光五月己巳白虹貫日
六月庚戌日無光　十三年正月丙辰日暈有珥色青赤白西北方有二背氣三重皆去日
輪不數尺間人望之皆謂三日並出　十四年正月己亥日中有怪氣三日八月丙午朔日食
十六年正月戊辰朔日食　十七年六月庚申朔日食　十八年
正月庚子白虹貫日六月甲寅朔日食十一月甲午白虹圍日南西北各有珥如日相貫
一年四月戊辰朔日食　二十三年八月甲申朔日食　二十四年
七月己卯朔日食
明宗元年九月辛卯日有黑子大如桃　三年五月壬辰朔日食　四年
十一月甲申朔日食　六年三月丙午朔日食　七年三月辛丑朔日無光己酉日月
無光　九年正月癸未日抱三珥色青白又赤五月丙寅日有三珥南北赤黑西方白又南西北
有抱氣色白　十三年十一月壬戌朔日食己卯日有黑子二日　十四年四月
己未朔日食　十五年正月甲午日有黑子大如梨十月庚戌朔日食庚午日有黑子
十七年三月乙卯日赤薄無光已月已比臨日食太史奏此退食非災不足憂唯局數之
十九年二月辛酉朔日食　二十五年正月丙戌朔日食　二十七
年二月乙巳朔日食
神宗元年正月己亥朔日食　三年八月癸巳日有黑子大如李　四年
十一月戊申朔日食隱不見　五年八月丙子日中有黑子大如棗十二月甲申日北有朱暈
如斷虹外有直氣東西有珥　七年正月乙丑朔日中有黑子大如李凡三日太史以晉咸康
八年正月日中有黑子夏帝崩惡其徵不敢斥言但奏日人君之象若有瑕必露其隱
熙宗五年六月癸亥朔日食　六年二月庚辰日暈有兩珥北有白氣交暈貫日十

彙纂麗史卷之七　十

二月乙卯朔日食
高宗元年九月壬戌朔日食　三年二月甲申朔日食　四年三月壬辰
日赤無光四月庚戌日傍有赤氣大如車輪南北射氣如日七月丙子朔日食　五年六月辛亥
虹霓環日七月庚午朔日食　六年十一月甲寅白虹貫日十二月癸亥日珥　七年
二月戊辰白虹貫日　八年五月甲申朔日食　十年九月庚子朔日食
四年六月戊申朔日官奏日食雨不見　十五年十二月庚子朔日食　十七
年四月壬戌朔日食　二十一年八月丁卯日食密雲不見　三十年二月
乙丑虹貫日三月丁丑朔日食十月甲午白虹貫日　三十二年七月癸巳朔日食既
三十三年正月辛卯朔日食　三十六年四月朔日食　三十九
年二月乙卯朔日食　四十年十月己未日暈有五色二十二月壬子日珥癸丑日暈二重

色如虹東址有背氣太史奏一背在內一背在外中人與外人同謀 四十五年二月壬辰
日青無光三月丁卯日色赤如血八月癸巳日中黑子大如雞子翌日又如人形
元宗元年正月甲午日昏無光三月戊辰朔日食四月己亥日珥乙巳日有暈白虹貫日
九年十月戊寅朔日食 十一年三月庚子朔日食 十二年八月壬辰
朔日食 十三年二月壬寅日珥乙巳虹抱日八月丙戌朔日食 十五年十月
戊午白氣貫日
忠烈王元年六月庚子朔日食宋日食既晝晦如夜八月甲辰日傍有氣如虹直立如柱
二年十二月庚午日暈如虹 三年十月丙辰朔日食 四年八月癸亥
日中有黑子大如雞卵 七年二月乙亥白虹挾日 八年七月戊午朔日食
九年正月丙辰朔日官奏日當食停宴會 十二年五月丁卯朔日食 十

三年十月戊午朔日食雨不見 十五年三月庚辰朔日食日官不奏有司劾罪之
十六年八月辛未朔日食 十八年正月甲午朔日食 二十年六月
庚辰朔日食 二十三年四月癸巳朔日食 二十五年八月己酉朔日
食 二十七年十月丙戌五色虹圍日長三尺許日沒猶未滅 二十八年
六月癸亥朔日食陰雨不見 二十九年閏五月戊午朔日食 三十年五月
壬子朔日食 三十一年十一月辛未雙虹挾日 三十二年正月辛酉
虹挾日五色交輝三月癸未朔日食
忠宣王四年六月乙丑朔日食
忠肅王二年二月己卯朔日有二珥四月戊寅朔日食五月壬戌白虹貫日 六年
二月丁亥朔日食 七年正月辛巳朔元來告日當食故停賀正禮百官素服以待不食元史

云是日日食帝齋居損膳輟朝賀 八年四月辛未白虹貫日五月丁酉太白晝見抱日六月
癸卯朔日食既 九年十一月甲午朔日食 十六年三月丁卯虹貫日七月丙辰朔
日食
忠惠王元年十一月壬申朔日食
忠肅王後六年七月癸卯白虹貫日
忠惠王後元年二月甲午日赤 四年四月丙申朔日食 五年九月
丁亥朔日食
忠穆王二年二月庚戌朔日食 三年正月甲辰朔日食 四年十二
月辛未虹貫日○元史至正八年戊子七月丙申朔日食卽忠穆四年東史闕
忠定王元年三月乙巳日有五色重輪相貫 二年十一月壬子朔日食

恭愍王元年四月癸卯朔元告日食不果食 二年九月乙丑朔元告日食不果食
四月戊申日無光 三年三月癸亥朔日食 五年正月甲午赤氣挾日長數尺餘
其中有日輪人言三日並出三月甲申日無光中有黑子乙酉亦如之丙戌日澹無光直視不眩十二月
戊午酉時日左右有氣如日光 六年六月甲辰朔日食閏九月庚午日珥 七年正月
庚子朔日暈六月戊辰朔日食十二月乙丑朔日食司天臺夏官正魏元鏡奏日當食會天陰不見御史
臺言先時者殺無赦不及時者殺無赦今術者元鏡其術不明請罪之厥後全羅道人有見日食故得免
十年四月辛巳朔日食既 十一年四月辛丑白虹貫日九月己未日有黑子
十五年七月辛巳朔日食既 十六年正月庚寅日下有環如日白虹亙其外二月巳
酉日有兩珥虹圍日十一月乙亥白虹貫日十二月癸卯朔日食天陰不見 十八年五月
甲午朔日食 二十年閏三月丁卯白虹貫日 二十二年三月癸卯朔日

食

二十三年二月丁酉朔日食十月辛亥日暈有珥庚申虹圍日日旁又有大小二日

辛禑元年二月戊申日有黑子已酉亦如之七月己未朔日食甲申日暈十一月甲戌日珥日背白虹貫日書雲觀奏日近者日珥日背白虹貫日以本文考之宜釋文樂入賢良 二年三月癸亥日無光七月癸亥日背有冠有珥 三年十二月乙巳朔日食 五年正月庚寅日抱日背日冠日戴日珥有纓環之壬辰日珥五月丁卯朔白祲貫日 六年八月甲申白虹貫日 七年十月壬子朔日食 八年二月甲戌日有黑子大如雞卵凡三日十一月甲寅星入日中 九年六月丙申日暈有珥有抱有背已亥日旁西有半暈 十二年正月丙寅日珥白虹貫日十二月癸未朔日食陰雲不見 十四年五月甲戌朔日食

恭讓王二年四月戊戌白虹貫日九月庚寅朔日食既 三年三月戊子朔日食

月五星淩犯及星變

太祖十五年九月庚辰大星見東方俄變爲白氣 十七年九月丁巳老人星見

成宗八年九月甲午彗星見赦王責已修行養老弱恤孤寒進用勳舊褒賞孝子節婦放逋懸蠲欠負彗不爲灾宋史云彗出東井八月丙辰大赦彗滅 十一年十二月夜天門開

穆宗六年二月丁巳有流星光燭于地 九年彗星見 十二年三月庚午月食

顯宗元年閏二月甲子月食十二月庚申大流星隕于郭州 二年四月癸丑月犯鎭星熒惑無光 四年三月癸卯有大流星自東而西聲如雷 五年正月壬子彗見于五車二月庚申彗入大陵五月辛卯太白晝見鎭星犯鍵閉 七年二月辛丑太白經天壬寅月犯歲星四月巳丑月食既大流星自東徂西八月乙酉太白犯軒轅大星辛丑流星如雹其光照地見者驚譟九月壬子流星大如月出張星入明堂靈臺 八年五月庚申飛星出河鼓南行聲如雷

十一月巳亥太白經天 九年六月丁酉流星出天市入比斗庚戌彗出北斗第二星光射文昌天牢長四文餘七月丁卯月犯心後星辛未飛星出王良過壁聲如雷羣犬驚吠十二月丁巳彗見于天市垣宗正宗人市樓間指西 十年正月戊寅月犯心星五月丙寅太白晝見正月以來月行陽道至是犯左服次將星九月巳卯月犯歲星是月歲星入太微犯右執法十一月壬戌太白入氐丙寅歲星犯左執法十二月辛亥彗見宗正宗人市樓間 十二年十一月戊戌月貫心後星 十三年三月戊子歲星犯房右驂 十四年正月戊子月貫心星 十五年十一月天門開 十七年三月丙午飛星大如缶色白出攝提入尾聲如雷四月辛酉月食太史不告命御史臺鞫之 十八年十一月戊申月呑歲星 十九年八月戊寅歲星犯井鉞 二十年五月丙子白氣貫北斗射室壁六月壬辰有飛星大如燈籠自外屏入立司空 二十一年二月戊辰月當食不食四月乙酉敎曰上年十二月宋曆以爲大盡

而我國太史所進曆以爲小盡又今正月十五日奏大陰食而卒不食此必術家未精也御史臺推鞫以聞 二十二年二月辛巳歲星犯軒轅大星鎭星犯天關

德宗元年二月丁未太白晝見 二年五月庚辰月食 三年三月丁卯鎭星入輿鬼凡二十三日四月壬子歲星犯房右驂

靖宗三年二月乙丑月入南斗癸酉彗星五出長各五六尺七月乙巳月貫心星庚申辰星熒惑太白聚于張七月丁卯有三流星大如杯一出卷舌入五車一出天船入句陳一出八穀入句陳皆色赤色白 四年八月癸酉流星大如半月出天苑 六年七月戊午歲星臨東井 七年八月彗星見東方長三十尺許二十餘日乃滅十月彗星長三十尺許出東方十餘白 九年二月乙卯熒惑太白並失度

文宗二年二月癸酉流星卯將東入大角攝提間大如木瓜光芒照地 四年九月

乙酉黑氣經天衝乾巽方貫虛危歲星 六年 六月辛卯月入哭星巳亥流星大如木瓜出大微入天市色赤 七年 二月乙亥彗出庫樓入翼長丈餘八月乙巳熒惑犯南斗十二月乙卯歲星犯鬼宿 十五年 正月戊子太白晝見辛丑晡時有流星大如木瓜向乾而滅 十七年 五月庚戌有星出大角孛于氐七月乙丑有星尾長數尺出坎孛于氐大如斗 十九年 六月乙卯有客星大如燈八月戊子朔歲星熒惑失度醮毬庭以禳之 二十年 二月庚子月食三月丁丑有星出乾方大如月餓變爲彗孛 二十一年 七月辛巳流星出壘歷危疾行入織女分爲六七如紅纓貫白王其前者大如木瓜後者如雞卵有聲如雷良久乃止 二十四年 正月丁酉月入天庭犯左執法熒惑犯房北右驂歲星行入陰道守天江庚子星隕于大丘縣化爲石 二十五年 十一月丙申月食不見 二十七年 九月庚戌夜天苑星南天裂廣可五六寸中有赤色 二十八年 二月乙酉月暈光芒如彗長三十餘尺 二十九年 九月戊子流星入華蓋大如燈十月癸巳流星出天南入軫大如木瓜丙申彗見于軫星長七尺餘宋熙寧九年十一月星孛于軫詔求直言王安石上疏引晉武時事以爲不足畏 三十二年 正月庚申月食六月甲寅月食宋使救之國人不之覺以日官挈壺正崔士謙撰曆失於推步不以聞奏有司請論如法宥之 三十三年 八月壬寅月犯心星

宣宗三年 六月辛卯流星出文昌貫危哭長十餘尺曲如環東缺色赤俄變爲白良久乃滅 六年 五月乙酉月隱食 八年 三月壬午流星出織女抵天津四月庚寅熒惑入羽林辛卯亦如之丁巳流星或青或赤尾長十餘尺出房星入軒轅有聲如雷五月己未朔太白赤色搖光晝見經天至十七日乃滅 九年 十一月庚子太白晝見經天犯壘壁陣太史奏曰太白晝見三年必有大喪 十年 二月戊辰月犯心大星三月庚寅流星出造父抵王良色赤大如木瓜尾長七尺許

獻宗元年 六月乙酉流星大如木瓜色赤尾長九尺許出室西入南斗魁亦有衆小星南流

肅宗二年 七月庚午熒惑犯輿鬼宋紹聖四年丁丑七月火入輿鬼太史奏賊在君側時編管元祐諸賢八月丁未彗星見氐房間光芒射天市垣 四年 十一月癸未流星色白前小後大出張星抵天廟大如椀乙未熒惑守氐 五年 七月甲午夜天狗墜乾方聲如雷十月壬戌流星出羽林入虛星長五尺許色青赤甚有光芒聲如雷宋建中靖國元年正月流星入尾其光燭地麗人不見 六年 十二月乙巳歲星犯軒轅大星 七年 九月辛卯歲星入太微十二月丁卯月暈素氣如輪貫北斗 八年 八月辛亥流星一出北極入天津大如炬尾長三丈許一出內諸侯入上台大如椀尾長一丈許一出王良入文昌大如木瓜又小星百餘流行 九年 十月乙丑太白歲星同舍于氐 十年 六月庚午初夜流星出紫微垣中入郎位色赤圓徑五寸許尾長一丈二更出天津入天市色白尾長二丈五夜出河鼓入南斗魁色赤大如雞子九月庚子流星出五車入騰蛇大如椀長一丈許辛丑流星一出北斗魁入郎詩色青徑五寸許尾長一丈許一出中台入郎將色赤大如炬尾長一丈許一出北河入北極色赤大如炬尾長一丈半戊午夜太白下陽道行南斗度辛酉食南斗魁第四星壬戌入魁中 十二年 十二月戊辰太白晝見經天月犯壘戊寅月食月犯輿鬼鎮星犯氐

睿宗元年 正月丁酉彗見于西南長十尺許月餘乃滅宋史云有星孛于西方則汴京之西郎松都之西南也云長竟天則松都遠故不盡見也詔求直言毀元祐黨人碑六月甲申流星出王良入營室長二丈許乙酉杜矢飛行見者皆驚譟流星出天津入宗人大如盃尾長二丈許又二流星出虛入九坎大如雞子又自昏至曉衆星流四方十一月己巳彗星見癸未月入輿鬼 二年 正月丁酉流星出宮者歷大微東入屏星大如雞子長二尺許辛丑歲星鎮星犯南斗 三年 四月辛丑月入羽林己酉太史奏自三月以來歲星行羽林內熒惑鎮星越舍乍在南行陽道入 四年

四月庚辰月入輿鬼辛巳衆星無光

五年 五月巳酉彗星入紫微乙卯夜二更彗星發天將軍閣道星間至曉乃滅丁巳夜彗星發路策星戊午夜發于王良星西北已滅未夜發蓋傳舍間庚申夜發華蓋中辛酉發華蓋下六甲星北癸亥夜行女御宮星內丁卯太白犯軒轅夫人十月甲辰太白晝見經天

六年 六月丁酉月犯心星

七年 七月甲子太白食東井北轅第二星月犯心大星甲申太白犯輿鬼是月太白歲星熒惑同舍九月丁丑流星出畢東入天苑大如盃月犯軒轅女主巳卯流星出河鼓近天紀而滅大如盃壬午流星出軒轅入紫微大如盃尾長三尺許十月壬辰辰星見氐星度歲星守輿鬼三十日十一月庚申熒惑入太微月食鎭星

八年 四月甲子月薄心星南相距二尺七月辛巳有星孛于營室九月庚子月犯歲星

九年 二月丙辰流星出北斗紫微入王良大如梡三月庚子流星出鼓旗入天雞狗國辛亥月犯歲星入軒轅女主

十二年 八月戊午黃昏流星如月落於巽方

十三年 九月丙戌天狗墜坤方

十五年 八月壬午月食戊子壽星見

十六年 十月太白晝見經天三十餘日

十七年 七月乙亥天狗出艮方抵坤方十二月戊子流星出軒轅入輿鬼星長四尺許乙未月犯畢大星戊申犯罰星及東咸太白入羽林十二月金主陷燕京

仁宗元年 二月壬寅西京留守奏老人星見六月戊申太白晝見七月巳巳有星孛于北斗

二年 八月辛酉天狗自東北發向翔都城內外所過人皆鼓譟無幾向西南墜地聲如雷九月甲午太白晝見經天六日乙未月犯軒轅又有流星大如炬十二月戊午月食既王素服出殿庭救食

四年 三月壬辰流星出天市入心星四月丙辰天狗墜地有聲人駭譟六月壬寅太白歲星並行犯右執法入太微宋史云六月天狗隕彗出紫微九月庚寅太白晝見經天十一月丁亥流星出水位入張聲如雷大如梡長一丈許聞月癸巳流星出大微入帝座大如燈

五年 八月戊午朔熒惑犯輿鬼又犯積尸終月乃沒十二月辛未月犯輿鬼

六年 正月丁亥熒惑犯軒轅自丁未

年十二月太白晝見經天光芒日大熒惑犯小微星至于是月四月甲戌太白晝見經天五月甲申朔自四月下旬至今月太白晝見經天六月丁丑流星大如缶色白有光出紫微宮長十尺許疾行入離室星又流星大如鉢出天市星色赤長五尺許疾行入氐星又流星大如燈盃出軫星色赤長七尺許疾行入左角星四更流星大如鉢出天津星色如火長三尺許疾行入河鼓星五更流星大如燈盞出壘壁陣色白入羽林又流星大如燈盞長十尺許入昴星八月自六月至是月太白晝見經天十月乙丑月食既十二月戊辰夜赤氣起自艮方經斗杓入紫微宮三月苗劉作亂四月高宗復位

七年 七月丁丑熒太白晝見經天凡十五日乃滅八月戊辰流星出奎大如梡尾長五尺許閭巷驚譟又流星出胃入天廩大如炬是月熒惑入太微四旬乃滅十二月丁丑流星自坤方指東北墜地聲如雷大如盆長六尺許

八年 六月戊寅月犯熒惑辛巳犯心星流星出紫微西藩入河鼓長五尺許有聲如雷十一月丁卯五車入轂星間有氣如彗長六尺許

九年 五月乙丑太白晝見經天百餘日七月巳未流

星出危入牛大如炬長十餘尺太白經天十二月癸未月入犯左角甲申天狗墜坤方聲如雷

十年 正月庚戌月暈有珥流星出七公入亢又熒惑自是月初三日入亢星中二月丙子月食既四月丁丑月珥自是月初熒惑逆行至入氐中五月辛未月犯心星八月癸巳月犯心星壬子彗星見八轂指東南

十一年 五月丙寅月食心星八月丙戌月犯熒惑戊子食心星十一月巳亥流星出南河中入狼星如中物破碎狼星搖動甲辰月食心星

十二年 三月巳未流星墜地大如斗是月星再晝隕於太初門營造處其時上在西京駕幸永明寺次晝隕亦一時也六月辛巳太白晝見經天營星犯狗國九月巳酉天狗墜于京城東北庚戌月犯心星十三年妙清據西京

二十年 八月丁丑月犯鎭星九月丙申熒惑入輿鬼犯積尸

二十一年 正月癸卯月食既閏四月丁未流星出句陳入帝座又出招搖入北斗六月庚子月食既九月壬戌月犯哭星庚午天狗墜地聲如雷

二十二年 十一月壬子辰星犯太白星

二十三年 四月丙申彗星

見乾方十五日長丈餘九月辛亥太白犯心星 二十四年四月甲寅月食旣十一月己酉白氣貫月及天市垣紫微宮

毅宗元年六月丙辰流星出河鼓入須女七月太史奏太白自六月望後晨見經天今又連日晝見八月戊戌太白晝見己未歲星犯東井九月甲申太白經天二日 二年七月己未流星出奎入羽林十一月甲辰白氣貫月長丈餘是月熒惑入氐星十餘日 三年六月甲戌流星自西而東大如缶有二小星隨之滅後有聲如雷十月乙丑歲星守太微西蕃上將五日丙寅白虹貫月壬申流星出婁入天棓大如鉢尾長丈許聲如雷十二月丙辰歲星犯大微西蕃上將五日 四年正月壬辰月犯歲星九月丁丑太白晝見經天二日十月癸丑太白犯歲星 五年正月丙申歲星犯進賢戊戌歲星食進賢二日二月乙巳有流星都人驚躁八月戊辰朔流星出紫微東蕃入句陳癸巳流星出角亢間經大微中下台文昌天船大陵八穀天將軍抵奎婁間大如盃尾長七尺許

六年十一月甲寅熒惑犯歲星 七年十二月庚午月食 八年十一月甲子月食 十年七月丙寅彗見東方八月丁丑以彗星未滅赦二罪以下流者量移十月甲申月食日官不報春州道按察使朴育和驛聞有司請論日官從之 十一年三月辛巳月食 王素服率近臣救之五月乙酉流星犯帝座北大如木瓜長十尺許 十二年二月丙辰歲星入月穿道七月己未太白晝見 十三年二月己丑流星出中台入紫微東蕃大如鉢尾長三尺許 十四年正月甲午月食七月辛卯月食 十五年八月戊辰太白經天九日己亥歲星犯大微西蕃上將十一月己酉熒惑犯歲星十一月癸酉太白鎭星聚尾甲戌太白晝見經天十二月丁巳月犯歲星 十六年二月戊戌朔歲星犯大微上將閏月己卯月食歲星十二月癸亥朔太白經天 十七年十月癸未太白與歲星同度十二月癸酉星隕聲如雷 十八年十月丁巳太白晝見 二十三年五月壬戌流星出翼入河鼓大星大如炬尾長

五尺許 二十四年正月甲申狼星見于南極西海道按察使朴純瑕以爲老人星馳驛以聞四月甲申忠州牧副使崔光鈞奏前月二十八日祭老人星于竹杖寺其夕壽星見至三獻乃沒王大喜百官稱賀

明宗元年十月丙辰歲星犯天樽門 二年十月丁巳太白經天 三年九月癸卯歲星入太微右掖門庚戌鎭星逆行入天溷 四年四月壬申月食十月戊辰月食 五年閏九月己巳太白犯南斗第五星十二月癸未太白晝見經天乙未流星出稷五星南入天際 六年二月癸巳月犯歲星六月乙亥流星出帝座入宦者丙子流星出須女入泣大如木瓜庚子流星出壘壁入蓍大如缶尾長十尺許七月己酉月犯氐左星太白熒惑同舍東井八月癸酉流星一出壘壁入羽林大如木瓜一出天囷入太陰尾長三尺許丙子太白犯軒轅壬午歲星守氐十二月丁酉流星出三公入紫微大如缶尾長十五尺許 七年正月丙寅熒惑逆行入太微三月戊申流星出右角入北斗杓危星大如槊是月太史奏熒惑自正月二十五日從大微東大陽門入逆行於屏星南右執法臣等以爲熒惑常以十月十一月朝大微天庭受制而出行列宿司無道之國罰失禮之臣又其常度當行於翼軫北丈三尺許今失度入大微四十五日又從二月十二日至三月九日霧氣昏濁日月無光考諸舊占讖告不細固非祈禳小數所能消去當遵聖祖遺訓側身修德然後災變可弭八月丁丑太史奏太白自七月五日至是常見壬午歲星與熒惑同舍于尾累旬十月辛巳鎭星犯天關十一月己亥流星出畢入羽林大如缶尾長一丈許 八年正月丙辰太白歲星聚斗八月乙未流星一出奎星入土司空大如木瓜一出內平入軒轅尾長一丈許一出星七星入張大如木瓜尾長七尺許一出闕五星入弧尾長五尺許一出相入常陳大如木瓜尾長十五尺許一出東井入五諸侯大如木瓜尾長五丈許一出翼指南入天際尾長一丈許又衆星流于四方不可勝數十一月甲子太白與歲星行牛星度太史奏云金木合於一舍有蝗明年東西北面果蝗十二月庚戌太史奏太白失度火星入氐鎭

星自十一月掩行東井南轅漸至越星古云大二入氐臣子亂又云火失度有兵喪宜修德消變

九年正月甲戌月食既六月庚戌歲星犯壘壁陣七月甲戌太白經天六日壬午月犯太白太史奏避正殿設仁王道場于明仁殿十日以禳災變九月丁卯太白犯大微左執法庚辰月入大微犯右執法辛巳犯大微東藩上相太史請光巖寺大觀殿內殿三處設消災道場以禳之十一月辛未熒惑犯歲星十二月丁亥月食歲星

十年九月乙卯太白犯房第二星癸亥熒惑入太微流星出九游入天狗大如盃尾長七尺許十一月甲戌太白晝見十二月癸未又晝見經天

十一年四月丙辰太白與歲星同舍七月己亥太白犯辰星十月丁未流星出危入天津大如木瓜長六尺許戊申流星出太微西垣上將入五諸侯

十二年正月己亥歲星與熒惑入胃五月丁亥太白晝見

十三年十一月丁巳太白經天

十四年正月甲午太白經天二月辛未月入大微西藩太白自去年十月常晝見七月庚戌太白歲星相犯八月癸酉太白犯太微西藩上將十一月辛亥

彙纂麗史卷之七 二十一

歲星犯軒轅

十五年三月乙酉太白犯月五月壬辰歲星犯軒轅八月丙辰太白經天十月辛亥歲星犯太微右執法

十六年正月戊子歲星犯右執法二月丁丑太史奏歲星自乙巳十月守太微至十二月十五日退行至今年二月丁巳犯右執法實爲咎徵請修德消變七月己卯月犯歲星九月辛酉鎭星犯歲星太史奏恐有內亂請於光巖摠持兩寺設佛頂消災道場又於明仁殿講仁王經以禳之

十七年七月丁卯太白晝見經天九月癸卯月犯箕西北星甲辰入南斗魁中又犯箕星流星自乾向巽疾行尾長二十尺許俄而無雲而雷國人皆謂天狗墮己酉太白犯太微十月癸巳太白與歲星同舍

十八年三月乙丑熒惑犯輿鬼精尺四月庚辰月犯心星辛巳又食心後星七月癸丑太白犯熒惑九月庚子歲星犯房上相十月辛未太白犯南斗辛卯太白晝見十一月庚子太白晝見

十九年五月乙巳太白犯熒惑八月甲寅流星大如甕自乾向巽光芒照地

二十年九月戊寅太白晝見二日丙戌月犯歲星十二月甲辰犯心大星

二十一年六月庚戌歲星犯壘壁十二月己丑太白犯歲星

二十二年八月乙卯太白犯西藩上將壬戌太白經天

二十三年三月丁丑太白掩辰星七月太白晝見經天十二月壬寅太白晝見經天

二十四年十二月己未流星出紫微西藩分爲二貫紫微宮又侵北極至紫微東藩

二十五年九月戊子太白與熒惑犯太微右掖門甲辰熒惑犯太微左執法太史奏云熒惑是月初七日入太微右掖門留十日又犯左執法此兵象也將有兵起切宜愼之十一月乙酉太白犯房第一星及鉤鈐十二月乙卯流星出攝提入天市垣戊辰太史奏云熒惑自甲寅入氐守十九日東出當有臣叛者

二十六日六月己酉朔有星流下城中呼譟七月癸未天狗墜地甲申月入氐星入月壬戌月食太史不奏御史臺劾之九月己卯歲星犯軒轅

二十七年八月己亥歲星犯太微右執法十月乙酉歲星犯太微左執法庚寅流星騰蛇入河大星十一月乙卯月暈內青外赤四方有赤白氣如杵長十尺許西南方有珥乙丑熒惑犯房上相丙寅犯鉤鈐十二月壬午流星入天際大如缶聲如鼓庚寅歲星犯大微左執法月入氐

彙纂麗史卷之七 二十二

神宗元年四月歲星犯大微五月己酉太白入軒轅大星六月丁卯朔太白晝見八月壬午太白經天十月癸酉太白經天二日

二年三月戊申月入氐星四月乙酉與鎭星相犯鄭通元云六月下旬當有女主喪至六月癸未壽安公主卒果驗七月戊午太白晝見九月庚寅朔歲星與太白同舍于亢十二月壬戌太白經天庚辰歲星守房凡六十餘日

三年二月甲子太白經天三月戊寅太白經天二日入月甲申朔歲星犯房鉤鈐流星入輿鬼

四年二月甲辰太白晝見五月庚申太白熒惑同舍七月辛亥太白晝見八月癸卯太白犯房星十二月丁丑朔流星出南河入天狗大如盃

五年正月甲子歲星與熒惑太白同舍于南斗閏月甲辰太白晝見

六年正月癸酉月與太白鎭星同舍于奎三月辛卯歲星與月同入羽林七月辛巳太白晝見

七年九月庚辰熒惑入輿鬼

熙宗三年四月乙亥流星出北斗入文昌大如缶尾長十尺許其尾化爲白氣如龍形須臾滅　四年二月乙卯太白晝見經天、四月戊辰歲星入輿鬼　五年正月丙辰月犯心大星又犯心後星十月乙丑天狗墜地月食熒惑十二月甲戌月犯輿鬼　六年十一月已亥月食　七年二月癸亥月犯東井鉞星又犯南轅

康宗元年十月戊子月食　二年八月癸酉日暮有星大如日見於乾方俄而墮地

高宗二年九月丁卯月與歲星同舍于危　四年三月庚辰月犯畢星壬午天狗隕于五軍營中丁亥白虹貫北斗第五星六月庚戌月與太白同舍于張戊辰有星疾流北斗武曲入攝提間大如木瓜尾長一丈許月與歲星同舍于畢七月壬午大白犯左角熒惑歲星同舍于昴　五年七月癸巳月與歲星同舍于東井八月甲辰月與鎭星同舍于亢乙巳入氐戊申掩南斗己酉犯津星壬子入羽林戊午犯畢歧辛酉犯東井又與歲星同舍流星出五車入紫微大如缶　六年六月

乙丑太白晝見經天七月戊申歲星犯輿鬼八月己丑流星出艮歷箕斗貫南斗而墮大如牛長三百尺許九月癸巳太白入太微辛丑犯左執法壬子月犯熒惑日官奏貴人死崔忠獻果死　七年正月壬辰彗出鉤星尾指西北長三尺許六月辛酉太白晝見經天戊寅太白晝見經天八月甲子亦如之己卯天狗墜於市街十月己未熒惑太白犯南斗十一月辛未太白晝見經天　八年六月乙卯太白晝見經天九月丁未月與歲星犯太微左執法　九年三月丙寅歲星入太微犯右執法七月壬申彗星出三台中尾指西長三尺許乙亥彗星見西北長三尺許八月戊寅太白晝見經天乙巳太白晝見、　十年六月丁酉歲星犯亢南第一星八月丙戌歲星犯氐西南第一星月暈四重內赤外青丁酉歲星犯氐西南星十一月己酉歲星犯房上相甲寅歲星犯鉤鈐　十一年正月乙丑太白晝見二月庚辰月犯軒轅七月乙丑太白犯輿鬼閏月庚子熒惑犯心星　十二年正月甲申歲星犯建六月丁巳太白經天八月丙申月犯心大星及後星十一月甲戌月犯輿鬼辛巳太白經天　十三年正月庚子太白歲星鎭星與須女同舍二月丙戌朔歲星犯鎭七月甲戌歲星與須女同舍十一月辛酉熒惑與歲星同舍于女十二月甲申月犯歲星　十四年四月丁亥月犯軒轅閏月丙午太白晝見七月壬寅太白經天累句乃滅甲辰流星出織女大如木瓜尾長五尺許十一月丙申流星出大微帝座抵紫微句陳大如木瓜尾長十餘尺　十五年十月己巳太白晝見經天十二月壬寅月與太白同舍己酉掩昴星癸卯掩心星　十六年正月甲戌天狗墜地聲如雷三月辛卯流星出天紀入河鼓大如缶五月戊辰朔流星出營室入婁大如木瓜長七尺許十月己未流星犯紫微西藩又犯句陳帝座　十七年六月辛巳天狗墮地　十八年十二月辛酉天狗墮地聲如雷　十九年六月丁卯天狗墮地聲如雷　二十二年十二月甲辰月犯軒轅女御　二十九年十二月戊午月犯昴星乙丑犯軒轅大星　三十年二月甲戌流星出尾入天際大如木瓜尾長三尺許　三十

一年正月丁未歲星犯大微西藩上將三月辛亥天狗墮松嶽北八月丙戌月犯輿鬼東北星九月壬寅流星自西抵東大如缶尾長十餘尺　三十三年四月丁酉流星出氐向南入天際大如缶　三十七年十月乙巳流星入東方其下有聲　三十八年四月癸丑月犯歲星六月癸卯太白晝見經天　三十九年七月乙未流星自北抵南光芒如電　四十年五月己亥流星出天紀北入紫微大如梨八月癸亥流星出天船北入五車大如梨九月辛巳流星出參入天苑大如木瓜尾長五尺許十月甲戌流星出天囷入天倉　四十一年七月癸亥太白晝見經天九月乙巳太白犯太微左執法乙丑太白犯月十月癸酉流星出柳入星大如木瓜　四十二年八月乙酉月食歲星　四十三年正月丙午太白晝見經天三月癸丑太白晝見經天八月甲申月入軒轅大星太白犯歲星　四十四年四月癸亥月入軒轅大星六月戊子太白歲星同舍太微右掖門十月丁亥流星出土司空入天際大如缶尾長十

尺許十一月戊午歲星與熒惑相犯庚申亦如之

四十五年 三月丁卯月色赤如血八月乙巳熒惑掩南斗九月壬申月入太微端門流星一貫諸王入畢昴間一出文昌入天牢二月戊戌流星出翼西北第三星大如梨尾長二尺而黃

四十六年 正月甲子流星出天節入天園七月己巳太白晝見經天八月庚子太白犯軒轅九月壬寅朔月與歲星同舍于氐流星出北極入句陳十月庚辰月入羽林與鎭星同舍流星出天闕入參星十一月丙寅太白歲星犯心

元宗元年 正月辛巳月犯軒轅大星癸未犯太微西藩次將甲申入太微丁亥犯氐星戊子犯房次相太史奏云前日月犯房星又火星將犯木星太孫憂懼赦殺人強盜已下壬辰歲星與熒惑相犯于箕二月癸亥流星出三台入北斗魁中四月戊午歲星犯天江星六月己未流星出七公入攝提乙丑流星出亢氐間南入天際熒惑還入南斗魁中八月庚申月犯軒轅十月辛酉流星出北斗魁入紫微中大如木瓜十二月辛丑辰星歲星行箕斗間

二年 二月己亥月犯五車天狗墮太廟前癸卯流星出平道入庫樓四月己亥月入軒轅

三年 七月壬戌流星一出天津入離珠一出天棓入天紀九月庚辰太白犯月晝見閏九月乙酉流星出諸侯入輿鬼一出積水文昌入輿鬼十一月乙巳流星出北河入狼

四年 五月甲申月犯軒轅十一月乙未太白晝見經天

五年 正月甲申月犯五車四月戊辰太白晝見經天月與熒惑同舍于奎六月丙午流星出天津紫微宮入北極七月甲戌彗星始見于艮方尾長七八尺漸分爲五向西北方丙申熒惑犯鎭星太白犯軒轅八月壬寅彗星光芒復合爲一而漸長壬戌彗星光芒益熾竟天流星出參貫中央正星癸亥流星出東方大如梳尾長十五尺許九月乙酉彗星滅自七月至是凡七十二日十月乙巳流星出王良入紫微辰星見于東方與太白犯行鎭星熒惑同舍逆行昴畢間

六年 三月丙戌太白歲星同舍于婁

九年 十月庚寅熒惑入軒轅流星入角十一月己未流星出軫貫樓庫入天際大如缶

十年 正月庚戌流星出太微犯東藩次將抵郎位犯大角四月壬寅太白晝見經天與月同舍八月乙未飛星出奎

入東方天際大如缶

十一年 九月丙寅熒惑鎭星犯軒轅十月戊寅太白入太微左執法流星出郎位入太微上相

十二年 十月癸巳流星出王良入織女

十三年 四月甲寅太白經天與月同舍十月丁酉鎭星入太微右執法熒惑入太微與鎭相犯

十四年 正月壬午彗星見于東方八月戊辰流星出織女入天市垣九月戊申歲星與熒惑相犯十月己酉朔流星出上台入下台十二月甲寅流星出房犯天市垣西藩

忠烈王元年 七月丁酉流星大如缶自東至西而墮光芒照地

二年 六月壬申流星大如盆墮路寢庭七月甲午流星自西而東大如椀甲寅流星出天弁入天江八月癸丑月犯輿鬼十月甲戌月犯歲星

三年 二月丙戌蚩尤旗見四月丙寅白氣如虹貫北斗月犯軒轅戊辰入太微癸酉日官奏月當食雨不見五月庚戌太白歲星犯畢十二月甲子流星一出五車入北河一出翼入七公大如鉢

四年 三月丁亥太白晝見夜又犯月六月丁巳太白晝見經天八月丙子流星出文昌入北極大如梨色赤有光尾長五尺許十月戊寅太白犯月又晝見經天閏月戊寅流星自南抵西大如木瓜

五年 正月癸亥流星出太微入氐星三月甲寅流星出匏瓜入天市垣帝座十月乙未月與歲星同舍軒轅十一月戊申太白犯哭泣癸丑熒惑食月

六年 八月丙子太白犯軒轅十月辛卯月犯太微西藩上將壬辰與歲星同舍于太微歲星自七月至八月守太微自九月至是月守端門

七年 四月甲午流星犯天狗十月丁未與熒惑同舍東井戊申掩輿鬼十一月甲戌月犯五車

八年 四月己未流星出箕入天狗九月癸亥流星出天弁入天市垣宗人

十年 三月己巳月犯南斗

十一年 十月癸亥鎭星犯歲星

十三年 十一月壬子太白鎭星相犯

十五年 七月壬午太白晝見癸未亦如之夜流星出大角入庫樓大如梨長一尺許丁酉流星出河鼓入北極句陳

十七年 五月辛亥月食甲子長庚犯月八月癸未歲星犯軒轅丁亥太白歲星犯軒轅又流星入軒轅大如木瓜尾長五尺許

十八

年三月丁未歲星犯軒轅八月甲辰歲星犯太微右執法乙巳月入太微犯右執法乙卯入太微犯東
藩上相丙辰入太微九月壬戌熒惑犯哭星十月丙申月與熒惑同舍　十九年正月庚辰
歲星犯太微左執法二月庚子月入太微庭中四月壬寅太白歲星相犯六月壬辰歲星出大微端門犯
左執法八月己酉晝有星流于西北隅十月甲辰彗見東方戊申彗星見于大微左掖門長尺五寸許熒
惑犯氐左星十一月丁卯歲星入亢留守乙亥熒惑犯上相丙子彗星犯紫微又犯北斗　二十
年四月壬辰月與歲星同舍于亢六月己亥月與歲星同舍丙午犯東井北垣七月壬子入太微十二
月乙酉歲星犯房北第一星　二十一年閏四月戊申月與太白同舍歲星逆行犯房星
及鉤鈐十一月乙亥鎭星犯天官太白犯哭泣　二十二年五月癸未白虹貫北斗八月甲
子月犯太白　二十三年二月辛亥彗見東井六日乃滅三月甲子彗見東井四月癸卯
月入太微十月乙巳太白晝見經天甲寅月入太微　二十四年二月辛酉太白歲星相犯

十月戊寅流星出與鬼入紫微十一月甲辰熒惑犯五諸侯十二月丁巳月犯歲星甲戌彗見南方
二十五年正月丙戌太白貫月　二十七年八月戊寅彗星見于北斗紫微壬午
見于北斗乙未見于上台入天市垣九月癸卯彗星見于天市垣天狗墮地　二十八年
七月庚子月犯太白　二十九年二月戊辰月入東井庚午與歲星同舍又與歲星光芒相
射乙亥熒惑鎭星逆行入太微端門中十一月甲寅朔太白犯哭十二月庚戌彗見西方　三十
年正月甲寅彗見于奎五月壬戌流星出紫微入虛危間十二月戊寅彗星犯虛庚辰流星貫虛辛巳入危
三十一年正月甲戌歲星逆行犯東藩上相二月癸卯歲星入太微左掖門五月辛酉歲
星犯左執法十月辛丑太白晝見　三十二年四月庚子歲星犯亢八月乙巳歲星犯氐
十月乙巳熒惑犯進賢鎭星入氐十一月庚午歲星入房上相　三十三年六月己酉白虹
貫紫微北斗七月戊子彗星見于尾庚寅熒惑入南斗太白犯與鬼十月己亥熒惑犯哭星十一月壬申

歲星與太白同舍于心　三十四年二月甲辰歲星犯泣星十二月甲子月犯熒惑
忠宣王元年正月庚辰歲星犯危十一月甲申月與歲星同舍是月流星隕于西南明如晝
二年十月戊辰月犯太微東藩上相　三年二月乙卯月貫軒轅右角　四年
十月丙申太白犯哭星十一月己未太白晝見　五年七月乙卯月與歲星同舍　六年
二月戊辰月犯天關三月丁未有星彗于東井
忠肅王元年正月丙申月與歲星熒惑同舍東井三月己亥白虹貫月閏月癸未天狗墜地
六月壬辰歲星入與鬼留二十日　二年正月壬子歲星入與鬼犯積尸凡二十餘日
五年二月辛丑月犯魁南北河柳星　六年十二月乙卯太白犯月　七年八月
己酉流星大如缶色赤入閣道九月癸卯歲星熒惑同舍南斗　八年五月己巳歲星犯哭星十
二月乙巳白虹自西貫月有二　九年七月丁酉熒惑犯天江　十年正月戊申太白

晝見經天十月癸酉月食既　十一年八月癸酉月犯畢星鎭星犯天關九月癸巳鎭星犯
天關十二月癸亥月犯畢星甲子又犯天關　十二年十二月癸亥月犯畢甲子犯天關
十四年二月庚辰月與歲星同舍辛巳犯軒轅與歲星同舍　十五年八月丙辰
太白歲星相犯　十六年三月辛酉枉矢墜于西北五月己未哺時星隕艮方狀如火庚辰太
白熒惑同舍與軒轅大星如鼎足熒惑與大星西北相對十一月丁卯月犯畢大星太白歲星相對
十七年五月癸丑流星出心星落地丁巳鎭星貫月　後六年五月丙寅彗見長文
餘自天船北至王良閣道六月庚午朔彗見艮方癸酉又見紫微西藩華蓋句陳北極七月癸巳又見紫
微東藩八月庚子彗見天市垣四十日乃滅十二月辛未月與熒惑同舍于危歲星犯天樽
忠惠王後元年二月庚戌彗見東方入太微甲寅又見東方　二年十月己未
歲星入氐　四年四月丁丑月犯房星

忠穆王元年 二月乙丑歲星鎭星同舍于虛戊寅歲星鎭星相犯七月甲申彗見紫微垣丁亥太白晝見彗見北河北八月丁卯月食旣 二年 八月壬戌月與歲星同舍歲星犯壁十二月庚寅天狗墮庫安殺西 三年 二月乙酉月犯太微端門 四年 十月庚辰月與歲星同舍

忠定王元年 正月壬辰朔流星出奎南大如缶七月庚戌熒惑犯歲 二年 七月丁丑有星晝見 三年 正月丙寅月犯太微十月己丑熒惑入太微右掖門犯歲星歲星熒惑近太微右執法

恭愍王元年 正月丙寅歲星逆行犯太微右執法 二年 三月乙亥月在鬼北暈北河軒轅右角五月辛未太白在柳歲星在角月犯軒轅天屛六月己酉月犯南斗七月己巳月犯大微東藩上相次相間太白犯上相東十一月辛巳太白歲星犯氐 三年 正月乙丑歲星熒惑相犯戊辰亦如之五月己巳月犯太微右掖門八月壬辰月犯太微東熒惑犯箕流星出王良墜于良方大如缶十二月庚寅太白犯哭星 四年 五月丙申月掩房星六月癸酉太白鎭星犯東井 五年 四月癸丑客星犯月辛未月在虛星南與熒惑相犯太白犯五車月犯虛星 六年 九月乙未月犯輿鬼 七年 五月戊戌朔太白鎭星相犯歲星熒惑入羽林 八年 九月甲辰流星出東市東光如鏡 十年 五月甲戌太白熒惑相犯 十一年 三月癸酉鎭星犯太微右掖門凡三日六月辛巳彗見紫微垣華蓋下長尺許凡三日九月癸卯朔熒惑犯五諸侯歲星犯軒轅太白夕見西方乙丑歲星犯軒轅己巳熒惑犯輿鬼積尸十一月丙午歲星犯軒轅鎭星犯太微東藩 十二年 閏三月甲午歲星犯軒轅四月癸卯歲星熒惑相犯壬戌歲星犯軒轅丙寅太白晝見經天二日客七星並見三小星相闘 十三年 二月辛酉彗見一在太微南一在大角邊一在北斗東北一在氐北色赤長尺餘三月乙丑朔歲星犯太微右掖門鎭星犯角五月庚午

月冠歲星守太微 十四年 七月丙子歲星熒惑相犯閏十月壬戌歲星鎭星入氐二日丙寅歲星鎭星犯氐十一月丙申歲星鎭星犯氐 十五年 八月丙辰太白晝見經天至于九月九月辛巳西方流星晝隕 十六年 二月甲子月色如血八月壬子歲星犯月十二月丙午月冠赤黑氣 十七年 二月己未彗見于西方長文餘三月甲申見西方庚寅出太陵積尸間辛卯出大陵卷舌間射天船九星七月癸亥天狗墜地 十八年 九月己亥月與熒惑相守十一月庚戌歲星熒惑相犯 十九年 正月甲午彗見東北方 二十一年 十月己卯流星出胃北墜地大如鉢 二十二年 九月辛亥歲星入輿鬼十二月丙午月暈野雞星入參 二十三年 二月戊戌彗見東方長文餘凡四十五日乃滅四月庚子太白歲星熒惑聚于東井癸丑太白經天三日五月己巳歲星太白熒惑同舍于鬼六月己未太白晝見經天八月庚申太白晝見貫月九月壬午太白犯左執法歲星犯軒轅二日丙戌月與歲星犯軒轅太白犯太微上

相辛卯歲星犯軒轅左角十二月戊申月犯歲星

辛禑元年 正月壬戌歲星犯軒轅九月甲子歲星犯太微右執法甲亦如之 二年 二月丙戌歲星犯太微左執法九日丙申歲星入天庭三月丁巳歲星犯太微端門庚辰歲星犯太微端門五月癸未流星大如壺出軒轅指東而沒六月丙戌歲星犯太微右執法戊申彗見文昌光芒射紫微垣七月甲寅彗星見文昌西隱四五尺光射斗魁九月戊寅太白歲星犯軫凡十日 四年 四月壬戌歲星犯房上相五月丁亥月食旣八月丙午歲星犯房及鉤鈐九月己卯有星孛于紫微西藩犯四輔北極出東藩犯天棓天紀 五年 十二月丁亥熒惑犯軒轅凡五日 六年 六月戊辰流星出南方經太微垣南向乾方大如斗分爲四七月辛卯太白晝見經天 七年 三月丙戌太白歲星相犯七月辛亥歲星入羽林九月庚子辰星入軒轅天星比隔一尺餘十月壬申彗見于氐長文餘十五日乃滅 八年 二月丁卯月犯太白熒惑逆行入太微六月戊戌歲星貫月七

月甲戌星見于晝夜瑞星見于西方十一月甲寅月掩歲星 九年 八月癸巳鎮星犯天關
十年 閏十月辛亥鎮歲挾鉞星 十一年 六月丙申太白經天戊午鎮星犯天樽七
月壬申太白經天乙亥又晝見八月丁酉歲星入輿鬼己亥歲星入輿鬼犯積尸辛亥歲星入輿鬼十一
月癸未歲星入輿鬼 十二年 五月己未月掩歲星 十三年 八月戊申朔歲星熒
惑入太微端門庚午歲星熒惑犯太微端門太白犯太微入西藩九月乙酉歲星犯左執法十一月戊戌熒
惑犯房鈎鈐 十四年 二月己酉歲星光芒射北其色白辛未歲星犯左執法四月庚申月
食既戊辰太白晝見八月乙丑鎮星犯軒轅大星熒惑退入羽林十月丙辰月食既
恭讓王元年 六月乙巳月犯歲星 二年 四月丁酉太白貫月六月庚辰太白晝見
經天七月辛卯朔太白晝見丙申亦如之辛丑晝見終月九月庚寅太白晝見經天丁酉太白犯鎮星又
犯太微右執法 三年 四月甲子彗見十餘日乙亥客星犯紫微十月癸亥鎮星出太微右掖門

彙纂麗史卷之七 三十一

犯上相十一月壬辰鎮星出太微左掖門犯上相 四年 二月丁卯月食既丙子彗星見竟天
七月丙戌鎮星入大微又犯東藩上相

木齋家塾彙纂麗史卷之七

木齋家塾彙纂麗史卷之八

五行志

天有五運地有五材其用不窮人之生也具爲五性著爲五事修之則吉不修則凶吉者休徵之所應也凶者咎徵之所應也此箕子所以推演洪範之疇而拳拳於天人之際者也厥後孔子作春秋災異必書天人感應之理豈易言哉今但據史氏所書當時之災祥作五行志

五行一曰水

潤下水之性也失其性爲沴時則雨水暴出百川逆溢壞鄉邑溺人民時則有鼓妖時則有豕禍及凡雷電霜雪雨雹之變是爲水不潤下其徵恒寒其色黑是爲黑眚黑祥

顯宗十七年七月丁未大雨凡四日京城民家漂毀者甚多九月己酉西京大水漂毀民家八十餘戶 文宗十年五月大水 宣宗五年五月甲戌夜風雨暴作海水漲溢緣江居民廬舍舟楫漂溺覆敗者不可勝計禮成江尤甚 肅宗元年六月甲戌大雨水湧山崩 仁宗二年七月己亥大雨雷電市道水漲一丈震迎恩館及德山坊人 十年八月戊子大雨漂沒人家不可勝數又水湧奉恩寺後山上古井奔流入國學廳漂沒經史百家文書 二十三年六月甲申大水 毅宗元年七月戊辰京畿大水人馬多溺死 明宗十六年閏七月壬子安邊府大水漂民屋百餘死者千餘人 十八年七月戊申定長宣豫高和六州大水城郭頹圮民屋漂流者不可勝數八月辛未大水 二十一年八月清州大水 高宗四十三年七月庚寅都城大水多漂沒人家 忠烈王二十二年二月丁巳大水 忠宣王元年六月庚午大水 二年七月丙戌大雨水暴漲人多溺死松嶽南崖崩爲壑 忠穆王四年五月乙丑大雨松嶽崩水溢城中人家多漂沒 恭愍王元年五月乙未雨雷震人家京城大水漂流民戶及橋梁溺死者頗多 七年五月慶尚道大水六月丁亥城中大水 十一年十月癸未大雨震雷清州城內水漲有死蛇漂出蝸上樹梢氣候如夏 辛禑四年六月壬戌京城大水 恭讓王二年五月戊午清州忽雷雨大作前川暴漲毀城南門直衢北門城中水漲丈餘漂沒官舍民居殆盡 三年秋七月辛亥大水

明宗六年三月庚戌東海水黃濁三日變爲血色 高宗二十二年四月庚午慈州池水三日變色鳴吼陷漏盡涸十月癸亥北界溪澗江河冰厚至四五尺忽坼裂流下父老以

謂狄兵入境之兆 忠烈王十九年十二月朴淵水忽盡涸 恭愍王十一年四月丙申開城大井濁沸 恭讓王二年四月壬戌籍田甑池沸湧聲如雷閏月丙寅甑池振動兩虹並見水聲如鼓色如血氣如烟蒸氐子菜房里井鳴如牛吼

仁宗二十一年三月丙申大雨雪人有凍斃者 毅宗十九年三月辛酉移御普賢院天寒雨甚衛卒凍死者九人 明宗八年八月庚申冰 十五年夏無蠅 熙宗七年正月己酉大雪寒甚小雀入城市皆墮地而死雀黃而小前所未見 忠烈王四年三月壬辰大雪甲午川水皆凍 忠肅王十一年四月戊辰雨雹雪人有凍死者 恭愍王十七年三月己卯風大寒冰堅絕流又大雪辛巳又大風壬午冰八月庚寅冰 恭讓王四年六月己亥寒風起終夜大吹候如九秋

太祖九年四月西京東部禪院鍾自鳴九十聲 文宗三年六月丙辰京城東北

山鳴聲如鼓向日而止　仁宗二十三年十二月丁巳立春夜天有聲如雷
毅宗二年十二月庚午天鳴　神宗元年正月甲子長興庫香爐足獅子鳴如
狗吠　忠烈王十九年四月辛亥南方有聲如鼓動地羣雞驚雊　恭愍王
十六年正月辛丑漏壺有聲如牛吼　辛禑元年八月己丑松嶽祠有哭聲
八年三月癸丑闕內地中有鬼嘯
明宗十八年四月庚午乾坤二方虹霓垂地　高宗四十年十月己巳東有
蝃蝀　忠烈王十九年五月壬戌夜有物墜于松嶽其氣如虹八月庚午虹見而雷
忠穆王三年七月丙午夜天霓自東起墜于南山俄而復起爲二分向南北　恭
愍王二十三年正月戊辰東南間青天虹見
仁宗九年七月女眞地羣蛇涉鴨綠江入義州境　高宗四十五年五月

彙纂麗史卷之八　三

北界葦島有黃蛇大如柱穴於假山有二樵童過歸聞喚聲四顧無人就視之則乃蛇也人語謂曰此島
之人近必亂歸告監倉切須慎之監倉使李承璉聞而召問童以狀對怪之而秘至是州人果叛投蒙古
元宗二年四月丁巳太子行至西京黑龍見于大同江　高宗十五年
六月癸丑龍化院池魚盡出浮水數日而死人有食者亦死
太祖二十三年十一月薛發縣百姓汶會莊有馬生駒一身兩頭前兩足後四足
辛禑八年二月癸酉東北面進有角馬一曲一角長寸餘　九年四月壬辰西京元帥
蔡有一牝馬死屠而視之孕一身二頭駒
顯宗九年四月丙子竹州民家猪生子一首二身四耳八足　辛禑七年十月
乙亥山猪入時坐宮南邊
顯宗十年十一月丙子鸚溪坊民崔老妻一產三男　靖宗元年二月癸酉晉州

民得麻妻一產三男准舊例賜三男租各四十碩　仁宗七年四月癸酉長平鎭官婢產
卵三斗許大者如鴨卵小者如雀卵皆圻出小蛇長寸許　高宗十年正月辛亥水金洞有
女生兒人首蛇身　毅宗十七年二月丁丑惠民局左右街巷有小兒分東西二隊各
結草爲人形如三歲童女衣以錦繡繒綵又裝一娫子隨其後前有几案方丈飾以金銀珠玉仍設餞食
觀者如堵二隊爭媚鬪巧至於呼譟作亂如是者五六日乃罷不知所之
穆宗九年六月戊戌震天成殿鴟吻　顯宗四年五月戊戌無雲而雷　德
宗三年六月己丑朔震皇城朱雀門廊屋　靖宗二年七月戊子震會賓門十一
月丁丑雷　五年十一月庚子雷　六年七月乙丑震宜春樓十月乙酉同天少監知太
史局事林匡漢奏據曆八月中氣雷乃收聲今自秋季殷殷不絕有乖時令願省躬修德以禳災變
文宗六年十月丁酉雪而雷　八年五月乙酉震會慶殿　睿宗十七

彙纂麗史卷之八　四

年十一月辛巳雷電　仁宗十二年六月甲申震西京太華闕乾龍殿　十
四年十月戊申雷電風雨　毅宗十八年十月戊辰震人　十九年九月
己未震雷雨雹　明宗七年六月辛卯震太廟　二十五年十一月己丑雨
土而雷　二十七年九月癸丑雷甲寅夕大雷電雨雹旋風暴起多拔樹木步廊十八間
壞　熙宗二年六月丙寅震將軍朴挺謨挺謨爲人貪婪詐僞　高宗三十
三年十月戊戌雷十一月甲戌大雷電　四十三年九月庚辰震國子監西廊
元宗十一年十二月丙申朔有物墮地聲如雷光如電　忠烈王十四年
九月癸卯雷十一月甲午大雷電風雪晝晦震人　二十九年六月癸丑震西北面安集
使金堅　忠宣王五年十月癸酉大雷電以雨　恭愍王十四年
九月辛未雷震十月乙未雷電丙申亦如之閏月壬戌震電以雪　辛禑二年七月庚辰

大風拔木震漢川君王暵及其妻朴氏　十二年十二月丁酉震雷地震木冰
顯宗四年四月丙子隕霜殺草　十八年五月公州隕霜殺苗　靖宗八
年四月丙戌霜　十一年三月丙子以穀雨節降霜錄囚　宣宗六年四月
辛丑朔隕霜太史奏天之垂變必因民怨宜以法天行化審政教之得失寬刑宥罪不使下民有怨嘉納
之　肅宗十六年三月丙辰隕霜如雪　高宗二十一年九月己未
隕霜不殺草　忠烈王六年四月癸未隕霜殺禾　恭愍王十五年
八月丁卯隕霜殺菽　十七年閏七月壬戌隕霜殺菽　辛禑十三年四月
乙未隕霜暴風

文宗二十九年三月戊申雪　肅宗六年四月癸卯東路州鎭雪深一寸
睿宗十三年三月戊子大雨雪　仁宗十八年三月甲申大雪丁亥

大雪雨土　毅宗十三年三月戊寅雨雪霰雹平地三寸許草木盡枯　神宗
五年四月壬午雨雪　高宗二年四月癸巳雨雪　忠烈王五年三月
丁卯大雪　恭愍王十七年八月甲午雨雪　辛禑七年三月戊戌大雪
二日　恭讓王二年五月辛亥松嶽山頭雨雪

文宗二十六年四月甲子大雨雹　肅宗四年六月辛巳大雨雹
仁宗四年五月乙亥大雨雹　五年四月丙寅大雨雹　七年九月甲寅
大雨雹雷震　二十四年四月庚戌大雨雹　毅宗十二年五月丙寅
大雨雹　十三年四月庚寅大雨雹　十四年八月丁未雨雹大如拳
明宗二年十二月丙寅大雨雹　七年五月癸丑大雨雹　十年九月湖庚
戌大雨雹　十三年四月戊午大雨雹如杏子　十六年五月壬午雨雹八月雨雹

于東漳二州大如拳屋瓦皆碎　十八年四月丁卯朔雨雹辛未大雨雹　高宗二
十三年四月己亥雨雹大如栗烏鵲有中而死者　四十年八月丙寅雨雹無雲而雷
忠烈王二年閏三月乙卯雨雹于寧越縣大如鵠卵鳥雀中者皆死　十二
年四月丁酉朔雨雹而冰　十四年四月癸亥大雨雹　十五年五月辛巳
雨雹微雪　二十七年五月慶尚道安東界大雨雹麋鹿鳥雀中者皆死有雹一枚數人不
能舉又退弗部曲大風拔大樹置二里許枝幹不折摇　忠肅王七年五月癸巳大雨
雹　九年八月己丑大雨雹　十年五月[illegible]子[illegible]雹　十六年三月
丙戌大雨雹　忠惠王後四年四月丙午大雨雹大如李梅戊子大雨雹　忠
穆王三年五月癸亥雨雹大如梨大風飛瓦震人及木　恭愍王六年閏九
月乙巳大雨雹　十五年四月壬戌大雨雹　十六年四月乙卯大雨雹壬戌大

雨雹震電平壤大甚田頭饁器皆碎時辛旽以相宅方在平壤　二十二年五月丙寅雨冰
于平州大如升　辛禑元年三月甲申雨雹大如彈丸　三年五月庚寅大雨雹
恭讓王二年四月乙卯雨雹隕霜庚申亦如之

光宗九年五月玄鶴集舍德殿　神宗二年十月辛酉雷俄而有怪氣中黑邊赤　高宗四十三年七月甲寅
從鵠嶺出漸大彌滿京都遂雨雹黑氣下地咫尺不見人
無雲有黑氣廣四尺許　元宗元年十一月己未自朝至暮黑雲漫天二更乾巽二方赤
氣竟天三更乾方衝天　忠烈王十五年閏十月庚辰大雷雨雨如黑水　恭
愍王十六年十月丙寅黑祲四日　辛禑元年九月己未政坐坊里井熱沸色
黑

宣宗三年五月西京龍德坊南街地鏡見凡七十餘步如水有影月餘乃滅　肅宗

十年五月辛丑西京龍德部梯淵路地鏡又見俗相傳此地爲明月里

五行二曰火炎上火之性也失其性爲沴陽失節則濫炎妄起災宗廟燒宮館時則有草妖時則有羊禍時則有羽蟲之孼是爲火不炎上其徵恒燠其色赤是爲赤眚赤祥

穆宗十二年正月壬申御詳政殿觀燈大府油庫災延燒千秋殿　顯宗十二年二月癸亥仁壽門外二千戶災　十九年三月甲辰延州民家二百餘戶火丁未龜州官倉及民家八百四十餘戶火　靖宗四年二月庚寅中部民家八百六十戶火　六年二月庚寅昇平門廊屋數百間災延燒御史臺　文宗十二年十二月甲子內史門下省火延燒會慶殿東南廊　宣宗七年三月戊子夜大震電新興倉災囷稾鉅萬都盡

飛焰蔽空　獻宗十二年十二月戊寅左牧監火壬午大寧宮災　睿宗元年十二月丁丑大寧宮災　十四年十月辛巳乾明殿火尋滅之　仁宗六年二月癸亥南京宮闕災　七年十一月庚子日官奏白州兔山西南方火從地中出焚草木燃沙石泥土赤如灰入地二尺其下潤濕而土色黑東西一千三百二十尺許南北三千三百六十尺自六月二十日至九月十五日晝夜光明遍地至今月三日因雨漸息　毅宗六年三月癸亥夜禁苑林木間有光爛然如火焰外人疑爲失火聚闕門外欲救知非火乃退時人謂以王好秉燭故有此異　七年六月庚申穆清殿災　十二年十一月癸未萬寶殿災　明宗元年十月壬子夜宮闕災諸寺僧徒及府衛軍人詣闕將救火鄭仲夫李俊儀等入直義方兄弟恐有變走入內閤紫城門不納諸救火者故殿宇悉火王出山呼亭慟哭　十五年八月乙丑戶部版籍庫災　十九年五月辛亥大倉災連三日燒六十二廒　高宗十

二年十月丁未儲祥奉元睦親舍元四殿災　十七年七月戊午大倉八稾地庫皆災　二十一年正月丙午大風闕南里數千家火　三十二年三月甲子江都見子山北里民家八百餘戶火老弱焚死者八十餘人延燒延慶宮法王寺御醫庫太常府輸養都監　四十二年十二月丙戌弓弩都監兵庫火　元宗七年二月丙戌造成都監災時請元木匠以修宮室今已三歲民不堪苦人以爲天示災以警之　九年四月戊申夜有物赤如火大如斗漸廣如席墜順昌宮流星相繼而隕既而風暴作火起宮中焚蕩無餘　辛禑二年十一月癸未夜義成倉酒庫再火無餘　十一年三月己巳海州通糧庫災

睿宗十六年十一月無冰　仁宗九年十二月壬辰大雨溝渠解凍如三月時　毅宗十一年十二月無冰　恭愍王十一年十一月無冰氣暖如春至有田中遺豆生葉者　二十三年十一月戊辰溫暖如春丁亥霧氣如春

辛禑四年十二月無冰

顯宗七年十一月丙辰祈雪于羣望　宣宗八年十一月庚子祈雪于社稷　毅宗十一年十月溫無雪　高宗四十三年冬無雪飢疫相仍僵尸蔽路　恭愍王二十一年冬無雪山崩井泉皆渴布一疋直米一斗五升

景宗五年十二月杜鵑花開　顯宗二年十一月全州黑石寺牡丹花開冐雪不落　毅宗五年八月闕南李樹華　忠惠王元年十月桃李華

辛禑八年二月癸亥雨穀有似黑黍小豆蕎黍者王以問日官對曰謹按占書饑饉荐至人將相食之兆

顯宗六年二月壬子朔羣烏成隊西飛五日乃止　十二年二月辛亥雉入壽昌宮　宣宗六年三月甲午有鳥如烏而白翼者集于乾德殿門前　仁宗四

年二月丁巳羣鳥集靈通寺北山相鬪咬死數日乃上 九年四月乙未西京林原闕內自庭除沙土至宮內幽深塵埃之處皆有鳥雀之跡人以謂將爲丘墟鳥獸聚集之兆 十四年十二月庚子羣鳥集靈通寺南嶺飛鳴相鬪凡五日往往墮山谷間而死 明宗十年二月丁酉有鶴巢于廣化門鴟尾 十三年十月丙申雉升于宣慶殿識者謂雉火屬殿必復災 十四年六月癸酉西部香川坊民家有小雀生雛大如山鵲占曰羽蟲之孽生非其類國家擾亂之兆 二十七年五月有山鳥羣飛入城形如戴勝觜黑而長人以其聲名之曰獵人足項命有司禳之世謂之兵鳥 神宗六年五月壬申鵂鶹鳴于宣慶殿乙亥亦如之 高宗十年十月丙申鵂鶹鳴于儀鳳門 元宗八年八月丙寅雉入寢門 十四年四月丙午怪鳥鳴于闕內 忠烈王十三年三月辛酉有怪鳥鳴于大殿南俗云山休鳥 忠穆王二年十月庚午鵂鶹鳴于時坐宮北 四年九月

彙纂麗史卷之八 九

丁巳鶹鳴于寢殿 恭愍王十八年十一月乙未鴦飛蔽天集白鹿山分爲三隊一隊可五千許 辛禑七年七月羣鳥東來其飛蔽天集進鳳龍首等山又至社稷壇旬日而止命書雲觀禳之 恭讓王四年六月羣鳥集于演福寺及花園白鹿山其飛蔽天 太祖元年六月戊辰一吉粲能允家園生瑞芝一本九莖三秀獻于王賜內倉穀 文宗十六年五月朱草叢生于重光殿王命詞臣賦詩 肅宗六年正月壬戌朔夜赤氣自北指西紛布漫天白氣間作良久乃散占者曰遼宋有兵喪之災 仁宗八年八月乙未初更赤氣如火影發自坎方覆入北斗 十二年五月戊寅雨血于廣州 高宗四年六月戊子紫氣漫天 十一年九月乙丑赤雲自坤方至北如火影占云所向兵至 十四年六月癸丑赤虹衝天頭尾垂地 三十七年十二月乙未童津山有血祲 四十四年二月癸未赤氣竟天光明如晝

四十六年五月乙卯慈雲寺右小池赤沫如血寶文校勘姜度云新羅虎景王時大觀寺池水赤其年王薨今茲王疾殆不瘳乎 元宗十一年五月丙午慈恩寺池水赤如血 忠肅王

忠烈王三年三月甲寅東方赤氣經天其上白氣如劒長五尺 恭愍王七年正月己未夜紫 十年七月丁未紫氣如虹見于西北俄變爲黃漫空 氣自西北方騰上 十一年十二月甲戌夜紫氣見于西北方 十五年九月辛巳西北有物赤如血大如簞自天而下隕于鹽白州之境白氣射天良久乃散 十六年五月丙子朔雨血于泥峴六月庚午連州澄波渡水赤三日 二十三年正月癸巳赤氣見于南方白氣見于北方 辛禑三年十月癸亥開城大井赤沸 五年五月癸巳梅介井水赤沸三日 七年二月己未西南北方赤氣如血騰空 十四年五月甲申大同江水赤 恭讓王二年六月甲戌碧瀾渡潮水赤

彙纂麗史卷之八 十

忠烈王十三年十月乙丑夜明西南野雞皆鳴

五行三曰木曲直木之性也失其性爲沴故生不暢茂及爲變怪者有之時則有雞禍時則有鼠妖是爲木不曲直其徵恒雨其色青是爲青眚青祥

太祖二十一年八月大內柳院偃槐自起 顯宗七年四月司憲臺庭栢樹枯死有年至是復生 肅宗六年四月蟲食首押山松辛丑太史奏蟲食松此兵徵也 睿宗五年二月癸巳雨木冰 仁宗三年二月丁丑雨木冰 十五年正月丁丑雨木冰 十七年十二月丁卯雨木冰 毅宗五年八月海州蟲食松自去歲至是爲蝗蟲所損太史奏曰海東古賢讖記鵠嶺有松城松爲君臣蠶螅爲小人蠰食松之時文虎亂政松變鵠木之歲天下白色 明宗十一年二月丁酉妙通寺南菩提樹鳴

如紛聲十七年正月丙午木介丙寅亦如之二十五年正月癸巳西京
監軍使颮北榆木自鳴凡十餘日熙宗四年二月壬寅木冰高宗三十
九年十一月己丑木介四十一年十二月戊寅木冰忠烈王三
十一年十一月乙卯雨木冰三十四年正月癸未雨木冰二月丁未雨木冰
忠宣王二年十二月丁未雨木冰戊辰雨木冰二日忠肅王十五年
十一月戊寅木冰後八年六月辛卯大觀殿銀杏樹自顛恭愍王二年
十一月戊辰木稼大霧咫尺未辨人物三年六月蟲食松岳松命捕之十年十一
月庚午雨木冰十六年四月晉州斷俗寺僵松自起辛禑五年十月己巳
雨木冰八年二月全羅道錦州有木結實色如粉狀如手指人以爲木實餅味不如餅
恭讓王二年四月蟲食松岳山松三年十二月宜州有大樹枯朽累年是年復條

彙纂麗史卷之八 十一

達敷榮時人以爲開國之兆四年五月丙申蟲食松岳松葉丙午蟲食大廟松旣蟲之食松
五六年于茲而大廟之松未嘗食至是始食之
顯宗十三年十月庚戌大雨暴風折木是日以霖雨不止祈晴于羣望靖宗元
年五月甲辰祈晴于川上每水旱祭百神於松岳溪上號曰川上祭文宗三年四月
乙丑大雨有雹震人及樹木二十一年十一月壬午日南至大雷雨肅宗
元年十月辛未大雨雷震睿宗元年五月丙辰以大雨踰旬祈晴于社稷八陵
八年六月己巳祈晴于社稷羣望仁宗二十二年十月庚辰大雨雷電
毅宗三年九月丁亥大雷雨七年九月壬辰大雨雷電十二年十月
乙未大雨震雷明宗二十年九月癸丑大雨震電二十三年十月甲寅
大風雨雷電高宗三十二年九月戊戌大雨雷電暴風飛瓦忠肅王

五年八月甲午大風雨禾偃拔木凡二日六年九月戊申大雨雷電忠穆王
元年十月丙辰大雷雨恭愍王十一年十一月乙巳大雨震電甲寅雷雨虹
見地震辛禑元年六月丙午漢陽府大雨三角山國望峯崩九月癸亥驛雨大風天大
震動十一月辛巳朔大雨震電祔敬孝大王于太廟不克祔九年五月丁未無雲而雨十月
乙亥大雨震雷恭讓王元年十月丁酉大雨震電四年六月庚午大雷電雨
震城中人畜
顯宗十一年十一月壬戌卿雲見忠烈王三年昇平郡大冲家雌雞化爲
雄大冲云此雞生二十年每年生雛前歲不乳今忽變爲雄
元宗二年正月北人言羣留渡江皆入我境恭讓王二年四月甲寅日旁
有青赤氣中大而端尖

彙纂麗史卷之八 十二

靖宗九年五月庚辰興國寺門廊二十一間自頹壓死八十餘人明宗十四
年八月乙酉龜州富壽門自動凡三日屋瓦皆飄落
五行四曰金從革金之性也失其性爲沴時則冶鑄
不成爲變怪者有之時則有訛言時則有毛蟲之孽
時則有犬禍其徵恒暘其色白是爲白眚白祥
太祖十一年八月原州山濶寺鐵佛汗三日顯宗二十年七月聞喜縣出
水精玉璞四萬餘枚文宗十年正月辛未隕石于黃州聲如雷十一年正月
乙未隕石于黃州聲如雷仁宗二年三月東海中西石進退相擊高宗六
年閏三月壬寅有石出西京長命浦水中登陸向北轉行一百六十七尺又有二石出多慶樓南淵中
轉沙石間宛然成蹊始則並行百步許終則一石向北行八十三步一石向東南行八十三步十

七年正月壬辰隕石于中原府二聲如雷　元宗十二年四月丁巳西京羊皿浦石出水陸行　忠烈王十九年三月己丑崇教寺東路橋石自裂聲如牛吼　忠穆王元年正月己亥有大石自涉長湍渡

太祖十七年西京旱蝗　成宗十年七月旱　顯宗二年四月旱丁未禱雨于宗廟移市肆禁屠宰斷繖扇審冤獄恤窮匱辛酉禱雨于松岳大雨　十二年五月庚辰造土龍於南省庭中集巫覡禱雨　十八年五月乙卯再雩　德宗元年四月辛酉親醮于毬庭禱雨　文宗五年五月辛未再雩　二十年四月癸巳再雩　宣宗五年四月丙申以旱甚王備法駕率百僚如南郊再雩　肅宗六年四月癸巳以旱禱雨于天地宗廟山川丙辰大雩　睿宗元年七月辛卯大雩　六年四月己亥王率兩府臺省兩制及三品官親祀昊天上帝於會慶殿配以太祖禱雨　六年四月旱庚

戌再雩　十五年六月辛未雩七月庚戌又禱于圓丘　十六年閏五月辛巳命有司雩祀圓丘　仁宗八年四月戊子詔再雩祈雨太史奏必先祈川上松岳東神諸神廟栗浦朴淵而後再雩可也宜當兩京內外公私罷土木興作之役從之　十一年六月乙巳再雩庚戌三雩　十二年五月己巳再雩　毅宗三年五月辛卯再雩　十二年四月戊戌再雩　十四年五月戊戌再雩　十五年六月癸丑再雩　二十三年四月辛卯雩自正月不雨至于是月　明宗三年自正月至四月不雨川井皆渴禾麥枯槁疾疫並興人多飢死至有市人肉者　八年五月辛酉再雩　十一年四月辛酉望祭北郊于玄虎門樓禱雨五月辛巳再雩　十九年閏五月丁丑雩　二十一年七月己酉再雩　二十五年六月辛酉再雩　神宗元年六月辛未再雩　四年六月辛巳再雩　五年五月丁亥再雩　康宗二年五月丙寅以旱再雩　高宗十八年五月戊子再雩　十九年五月丁亥再雩　二十九年八月壬子以久旱徙市　三十七年五月癸未再雩辛卯又雩　四十二年自三月至七月清州以南大旱　忠烈王六年自二月至五月不雨　十三年五月辛卯朔雩大雨　忠宣王元年四月丁丑禱雨于圓丘　三年自四月不雨至于八月　忠肅王五年二月庚辰王以旱大醮于康安殿王曰明日必雨果驗五月丙戌王命收事審貼燒之雨　忠惠王四年四月自春徂夏不雨至是雷雨大至　恭愍王十四年四月辛丑以旱雩五月甲戌以久旱置刑人推整都監雪冤抑　辛禑二年五月辛巳以久旱不雨因祈雨淫祀頻多　恭讓王元年四月甲子以旱宥雨

顯宗七年七月蝗庚申教曰比聞秋稼將成飛蝗爲害豈刑政之或戾將災沴之使然其內外

因徒流以下取保出獄疏理速決　仁宗二十三年七月北界昌朔龜義靜龍猛等七州及西海道海州蝗太史奏曰今蝗蟲四起此乃國多邪人朝無忠臣居位食祿如蟲宜擧有道之人置之列位以弭其災　高宗四十二年七月江陽郡蝗食桑葉成繭　恭愍王十四年五月京畿蝗　恭讓王二年五月蝗

顯宗五年十一月庚寅訛言北山諸寺僧擧兵來京城大駭戒嚴　睿宗七年十一月戊寅昏時京中人家忽然驚動呼號久而乃止　明宗十三年八月癸巳朔夜城中大驚譟聲震都　高宗十年三月京城妖言今月初八日人出門外則輒死是日市肆爲空　十八年十月乙丑東京馳奏有木郎言我已到敵營元帥某某人也我等五人欲與交戰期以十月十八日若送兵仗鞍馬我等便當報捷因以詩寄崔瑀曰壽夭災祥非一貫人人居此未曾知除災致福是難事天上人間捨我誰瑀傾信私備畫韉鞍馬授內侍金之蒂送之其後無驗木郎卽木

魅 忠烈王二十年正月童謠云萬壽山烟霧蔽未幾世祖皇帝訃至 恭
愍王十六年民間訛言五六月人當盡死人各美衣食待之憲司禁之益譁 二十
二年四月義成庫洞有巫女夜夢蝦蟆無數聚于一處有一青衣女來蝦蟆向青衣女死餓而黃衣
女夾青衣女承命於黃衣女傳於巫女曰汝言於上雖作大家九吾不居之速罷影殿役翼日午有神降
于巫女曰今國多妖孽亡徵吾見矣吾受國恩有陰騭故國尚不亡盍告王吾還正陵矣 辛禑
十四年童謠有木子得國之軍民無少老皆歌之語 恭讓王三年十一月民
間訛言帝使求童女而舉國疑懼嫁女之家燈燭相連輝映街里有不備禮而婚娶者不可勝計
太祖元年八月戊辰虎入都城黑倉垣內射獲之望之日虎猛獸不祥是主兵也 德
宗元年二月壬戌虎入宣喜門 睿宗十三年二月戊午虎入太子行宮
仁宗十五年二月辛丑狐鳴壽昌宮中 毅宗元年七月壬申夜虎入選軍太史奏

彙纂麗史卷之八 十五

通來猛虎入選軍兵刑部與國寺及閭巷夫虎者山林之獸也握鏡曰虎狼入國府中將空荒八月己亥
夜虎入大明宮 明宗六年九月甲辰虎入大明宮 十九年十一月乙丑虎
入延慶宮內 二十七年正月癸卯虎入穆清殿 高宗七年四月丙子
虎入壽昌宮寢殿 二十二年二月辛巳虎入御井 元宗二年正月虎聚
固城縣石泉寺洞擊鼓而舞 七年十月壬戌狐鳴于寢殿 十年八月辛丑有鹿
入宮中 忠烈王五年六月乙巳鹿入沙坂宮 十三年四月乙亥有狐
晝入大殿 十九年二月癸巳虎入王宮 二十二年二月癸亥虎入壽寧宮
忠宣王五年五月己亥二狐入延慶宮 忠肅王十六年四月甲午
獐入康安殿 後六年十一月癸丑狐鳴時坐宮 忠穆王三年八月丙子
二鹿入壽德宮 恭愍王三年九月乙亥狐鳴于延慶宮 十六年四月壬子

獐入時坐宮 辛禑三年三月辛巳狐入宮中 五年正月辛卯狐鳴于本闕
七年四月甲子獐入成日官奏按秘記云獐入國中其國亡願小心修省毋事遊畋 十
三年九月己卯狐鳴于時坐所 恭讓王二年正月辛未狐出壽昌宮西門走入思
親觀西岡
熙宗七年二月甲子禁內應明門南有犬吠聲搜而不得 高宗二十九年
十二月中部南渭有狗兒一身兩臀六足二陰
定宗七年臨津縣獻白雉 顯宗八年十一月己未夜白氣如練竟天俄變爲赤
祲 二十年二月丙戌白鸛來巢于神鳳樓鵲吻 德宗三年八月癸亥白氣
如彗從軫西指翼張長二丈餘二十七日而滅 靖宗六年三月丁丑白氣經天 文
宗二十七年二月乙未夜白氣竟天若道路南流而滅 仁宗八年八月丙申

彙纂麗史卷之八 十六

白虹起自西方向北行滅日者奏開元占云白虹露姦臣謀君宜反身修德以答天譴十月戊子二更白
虹相衝乾坤方至地發見三更乃滅太史奏曰白虹出其下有血白虹是百殃之本象亂所基固當修省
以答天意十一月壬子日南至天氣清明無風四方有白雲小有西風太史奏天氣清明萬物不遂風從
兌來秋多苦兵 毅宗十二年三月甲戌白霧塞天 明宗十年十月庚寅
有氣如烟生廣化保定二門鴟吻辛丑有氣如烟生廣化門左右鴟尾先是儀鳳門鴟尾生烟而有癸巳
之亂又於廣化門鴟尾生烟而致仲夫之戮至是春夏以來又廣化門鴟尾比比生烟故重房大惡之或者
謂此非烟也蓋蚊蚋聚飛使然不足怪也重房喜令太史局祀之太史乃阿其意曰飛蟲也識者恨之及
是大烟氣復出 二十年正月庚午白虹竟天狀如練 高宗三年二月甲子
雨水銀 忠烈王九年四月乙巳有物白如鵠鷺起於新殿騰空而上南墜一里所忽
不見 忠肅王八年五月甲戌朔白祲見于乾方長二丈許須臾變爲弓矢狀中有星初

如卷龍如蟠龍後九年九月丙申白霧四塞恭愍王六年十二月辛卯夜
有白氣一風雷雨十六年正月丙午夜酉方大明如晝二十二年四月丁丑
夜天雨白毛長二寸或三四寸細如馬鬣辛禑二年十一月丁未西北面萬户金得齊獻
白犢七年四月辛酉白氣如布貫月

五行五曰土土居中央生萬物者也而莫重於稼穡
土氣不養則稼穡不成金木水火沴之而爲異爲地
震爲雨土時則有夜妖時則有臝蟲之孽時則有牛
禍其徵恒風其色黃是爲黃眚黃祥

仁宗十年七月京城饑街巷餓莩相望高宗十七年正月大饑道殣相望
四十二年春大饑四十四年閏四月城中大饑四十六

彙纂麗史卷之八 十七

年正月大饑忠烈王三年三月耽羅大饑民有闔門而死者十三年
三月全羅道饑人或有食其子者忠穆王四年四月京城大饑恭愍王
三年六月饑布一疋直米斗三升八年大饑十年四月西北面大饑盜賊蠭
起辛禑四年五月京城饑六年六月京城饑七年五月京城
饑八年閏二月無麥苗七月京城饑布一疋直米三四升
明宗十七年五月京城大疫命五部設道衕神醮以禳之高宗四十一
年六月京城大疫死者相枕四十二年京城大疫元宗三年京城大疫
恭愍王二十三年三月京城大疫
太祖十五年五月甲申西京大風官舍頹毁屋瓦皆飛光宗元年正月大風
拔木王問禳灾之術司天奏曰莫如修德自是常讀貞觀政要顯宗二年六月丁巳暴風

飛民拔木四年四月壬申大風三月乃止靖宗六年七月丁丑暴雨疾風路人
至有僵死者廣化門鴟吻頹宣宗六年四月寒風大起太史奏當有兵革旱灾請修德
以禳之睿宗五年八月庚辰大風拔木偃禾七年十月癸丑大風雨雹震開
國寺塔仁宗二年三月丙寅大風雨土閏月壬辰晝晦八年六月癸未晡時
暴風折木揚沙雨雹太史奏近來有聽說陰陽者交上消息讀行齋醮譬如藥盡而病不盡老弱男女往
往聚集互唱佛號宣命御史臺及街衢所巡行禁止從之七月辛亥暴風拔木雷電震五正里人家松木
太史奏自立夏至立秋後時令不調風雨暴作或以下雹此亦水旱兵喪之灾將來可畏齋祭修禳不足
消變願殿下省躬修德以答天譴從之十八年六月戊辰有艮風凡五日百穀草木枯死
過半蚣蚓出死於道中可掬毅宗十二年八月庚子尚書刑部奏決重刑大風雨拔
木飛民明宗九年七月乙酉大風傷穀九月已未大風雷雪奉定門右鴟尾頹

彙纂麗史卷之八 十八

十八年十一月丁丑大風雨二日高宗四十四年三月恒風松晝拔十月庚
寅風看樂樓頹忠烈王六年八月全羅道大風七日川溢損禾二十六
年九月乙巳迅風雷雨忠肅王五年五月癸未大風行路不能行後六
年十月丙申北風大作揚沙石積雪聲如雷人馬不能前忠惠王後二年二十
一月丁卯大風拔松樹數千章忠定王元年閏七月甲子大風雨城中屋瓦皆飛儀鳳
樓頹松岳龍首兩山松盡拔恭愍王七年二月乙卯暴風戊戌大風晝晦十
二年三月已卯旋風忽起吹亂市貫諸物高擧空中落巡軍庭人爭拾取之十六年
二月壬戌大風終夜癸亥亦如之三月辛卯王幸演福寺大設文殊會辛丑從焉暴風終日黃塵漲天人
不能開目會凡七日而暴風三日大霜三日辛禑十年六月丙戌大風連夜一
穆宗十二年九月恒霧至冬顯宗五年十一月戊戌大霧三日文

宗七年十二月辛未朔虹見大霧連日 睿宗元年十一月戊子朔大霧三日
仁宗七年十一月庚申大霧終月 十一年十二月丙戌霧塞五日木冰太史奏
天雨霧冷名降陝國有大憂惟寇之祥時妙清等據西京叛故有此奏 毅宗十八年十一
月戊子大霧癸卯陰霧四塞行者失路太史奏云霧者衆邪之氣連日不解其國𠋣亂又霧起昏亂十步
外不見人是謂晝昏大闕明堂者祖宗布政之所其制皆法天地陰陽故王者出入起居不可無常今陛
下處非其位任非其人明堂久曠而不居天災可懼而不省移徙無常號令不時故有此異王竟不悟
明宗七年二月至三月己酉晝夜恒霧日月無光 十五年十一月庚子太史奏
自立冬以來沉霧又自今月七日至十日蒙霧茲臣謀君其變可畏請修德消變王但禱佛祈神而已
二十三年十月庚申陰霧四塞 高宗七年正月癸丑大霧咫尺不辨人物
恭愍王三年十一月壬午大霧三日 十二年十一月丁未大霧

二十二年四月己卯大霧雨白毛遍國中庶人皆曰龍毛拾而視之乃白馬鬛也 辛
禑元年正月乙亥朝沉霧咫尺不辨人物 二年十一月丙戌霧雨雹震電 五
年十月壬辰大霧凡七日
仁宗二年正月丙辰晝晦 毅宗十二年十月乙卯幸白州丙辰入衙中興闕
丁巳受賀于大化殿是日天地昏黑大風拔木王頗疑之多方祈禳十一月丙子天晴如夜溫如三四月
辛禑十二年十一月庚午終日昏黑木稼如冰四日
宣宗八年四月辛丑雨土三日 仁宗二年三月丙辰雨土三日 神宗
三年閏二月戊申四月昏濛雨土一日庚午雨土四方昏濛竟日
光宗二十二年十二月壬寅地震 二十三年二月地震 靖宗
元年六月丙辰京城地震八月辛未京城地震聲如雷 二年六月戊辰京城及東京尚

廣二州安邊府等管內州縣地震多毀屋廬東京三日而止 文宗二十年四月庚寅
京城地震 肅宗八年十一月己丑京城地震十一月戊午京城地震 仁宗十
二年六月己卯東京地震 十五年三月乙亥西京地震 毅宗六年三月
丙申朔地震四月丙寅地震 十三年十一月乙未地震聲如雷 十七年十月
丙寅地震 明宗九年十一月戊午地震 十四年三月辛丑京城地震占曰
臣下不臣 二十六年二月丁卯京城地震占曰號令從臣出 高宗十年
八月甲申西京地大震牆大震己酉亦如之 十四年二月庚寅地大震癸卯亦如之 元宗
元年五月庚寅地大震屋崩頹京都尤甚 十一年二月戊子地大震 忠
肅王七年六月丙寅幸白州燈巖寺地大震夜又震乙亥地三震壬午又震丙戌丁亥亦如之
恭愍王六年閏九月丙辰地大震疾風雷雨 七年十月壬午地震大雨雹雷

電 十五年五月甲午地大震乙巳京城地大震 二十三年十一月己巳地
大震 辛禑十一年七月戊寅地震聲如陣馬之奔牆屋頹圮人皆出避松岳西嶺石崩
禑曰此地震無乃天欲陷遼東耶
穆宗五年六月耽羅山開四孔赤水湧出五日而止其水皆成瓦石 十年耽羅瑞山
湧出海中遣大學博士田拱之往視之耽羅人言之始出也雲霧晦冥地動如雷凡七晝夜始開霽山
高可百餘丈周圍可四十餘里無草木烟氣冪其上望之如石硫黃人恐懼不敢近拱之躬至山下圖其
形以進 顯宗十八年七月癸亥松岳頹 仁宗十年閏四月丁未北
崇山巖石自裂 明宗六年五月乙丑松岳洞間大石自坼爲三 十八年
十月己酉求平門路獅子巖自裂爲三 忠烈王十九年四月辛亥摩利山崩聲如
震 忠肅王後元年七月丙子松岳大石頹裂爲五 恭愍王二十

三年七月癸亥三角山中峯崩 辛禑十一年七月庚辰廣州渡迷寺山頂水湧漂沒人家 十四年六月壬申三角山國望峯崩 太祖八年三月癸丑蟾出宮城東魚堤多不可限丙辰蚯蚓出宮城長七十尺時謂瀚海國來投之應 高宗三十三年五月雨毒蟲其蟲褁細綱剖之如斫白毛隨飲食入人腹中或支膚人輙死時號食人蟲試以諸藥不死塗以葱汁便死 恭愍王八年五月丁酉赤黑羣蟻相戰司天監奏兵志曰螻蟻戰兵大興 九年四月壬辰赤黑羣蟻相戰與前年皆初六日也

顯宗八年六月蝗 九年五月西北界蝗

肅宗四年二月東北面定州民家牛生犢一身兩頭三耳 忠烈王五年十二月慶尚道牛疫屠者爛手而死 辛禑十三年十二月祭牲自死

顯宗九年四月庚午黃霧四塞凡四日 毅宗十年四月丁亥黃赤霧塞

明宗十八年七月戊申東界鎭溟境內黃蟲黃鼠隨雨而下大損禾稼 高宗四十四年六月甲戌黃赤雲周天光明如晝 元宗十四年正月乙卯東方有黃崇氣中有直竪衡天者如塔 恭愍王十年六月癸卯開城大井黃沸 十五年十二月乙丑黃霧四塞 十七年九月丙辰黃霧四塞庚申亦如之

辛禑十一年三月戊寅連州澄波渡黃濁三日

穆宗四年中原府長湍縣水田三結陷爲池淺不可測 高宗元年五月庚辰西京法器寺屋一間地陷周八十二尺深二十尺許 忠烈王三年九月辛酉毀古壽寧宮御座地坼長數步

肅宗三年十月靈光郡及管內郡縣稻一種再熟 睿宗十一年六月丙子尚州獻瑞麥一莖四穗 恭愍王十五年十月壬子全羅道都巡問使金庾獻十節稻

木齋家塾彙纂麗史卷之九

地理志

論曰自箕氏亾東方有大國曰三韓小者無慮百餘國後合而爲三大國曰高句麗新羅百濟麗祖興於句麗舊地故定有國之號曰高麗並羅濟而一之都于開京以羅濟地爲東南道置都部署使以領之更諸州府號而已鴻業甫定其於經略蓋未遑焉成宗二年置十二牧曰廣州曰忠州曰清州曰公州曰晉州曰尚州曰楊州曰全州曰海州曰黃州(其二未詳其地)十四年分境內爲十道曰關內(楊廣黃海等地)曰中原(忠清等州)曰河南(公洪等州)曰江南(全州瀛州淳州馬州)曰嶺南(尚州所管)曰嶺東(慶州金州所管)曰山南(晉州所管)曰海陽(光羅潭朗靜昇貝等州)曰朔方(春州等郡)曰浿西(西京所管)皆置轉運使建十二軍以楊州爲左神策軍以海州爲右神策軍稱二輔以黃州爲天德軍廣州爲奉國軍忠州爲昌化軍清州爲全節軍公州爲安節軍全州爲順義軍尚州爲歸德軍晉州爲定海軍羅州爲鎮海軍昇州爲兗海軍皆置節度使於東西北置兵馬使顯宗三年廢節度使置五都護七十五道按撫使尋罷之置四都護(寧州安北大都護全州安南大都護海州安西大都護慶州安東大都護)八牧(廣忠清晉尚羅黃全)二十年罷轉運使

自是以後定爲五道兩界合關內中原河南而爲楊廣道合嶺東嶺南山南而爲慶尚道江南海陽而爲全羅道以朔方爲交州道割關內所管黃海等地爲西海道自大嶺以東南至平海北至登州曰東界浿西爲北界赤縣六畿縣七直隷尚書都省諸道置按察使以統之忠烈二年改安撫爲廵撫而以按察使爲按廉使忠宣卽位以慶尚全羅忠清三道地大加置按廉副使辛昌八月罷按廉以兩府大臣爲都觀察黜陟使恭讓元年始用除授以專其任二年置觀察使四年罷之復按廉使摠京四牧八府十五郡百二十九縣三百三十五東西南距海北連陸周可七千里初句麗之地西極於遼北極於肅愼之地句麗亾唐亦衰唐之幽薊爲契丹所侵蝕而句麗西北界爲女眞所據女眞亦句麗之部落也尹瓘破女眞以先春嶺爲界句麗時碑跡尚有存者史氏謂西北自唐以來以鴨綠爲限東北則過於句麗史誤也蓋東北所至亦不及句麗也麗祖不能復蓋焉(地名)猶藝祖不能取幽薊也　本朝龍興始置六鎭思復句麗氏舊疆而　皇明定鼎燕京適與時會噫邊境得失與中國相爲終始觀於此其盛衰治亂可以見矣蓋有

天下國家者其治亂存亡在德不在於地之廣狹然務廣其非所固有以爲功者亡其視所固有之土不甚愛惜棄之爲人資者亦亡嗚呼可不於此審其機也哉

王京開城府 本高句麗扶蘇岬新羅改松嶽郡太祖二年定都于松嶽之陽爲開州刱宮闕 會慶殿後改承慶齋乾殿改奉元長齡殿改千齡舍慶殿改向福乾明殿改儲祥明慶殿改金明乾德殿改大觀文德殿改修文延英殿改集賢宣政殿改廣仁宣明殿改穆清含元殿改靜德萬壽殿改永壽重光殿改康安宴親殿改睦親五星殿改靈憲慈和殿改集禧正陽宮改書和壽春宮改麗正望雲樓改觀祥宜春樓改韶暉神鳳門改儀鳳春德門改褘通太初門改奉定閶闔門改雲龍會日門改利賓昌德門改興禮開慶門改皇極金

馬門改延水天福門改紫宸通天門改永通景陽門改陽和安祐門改純祐左右承天門改通嘉左右宣慶門改敎祐左右延祐門改奉明延守門改敎化長寧門改朝仁宣化門改通仁興奉門改芬芳陽春門改廣陽大平門改重化百福門改保化通慶門改成德東化門改慶度西化門改向成大清門改清泰永安門改興安 立市廛辨坊里分五部光宗十一年改開京爲皇都成宗六年更定五部坊里十四年爲開城府管赤縣六畿縣七顯宗九年罷府置縣令管貞州德水江陰三縣又長湍縣令管松林臨津兎山臨江積城坡平麻田七縣俱直隷尚書都省謂之京畿十五年又定京城五部坊里 東部坊七里七十曰安定坊奉香坊令昌坊松令坊楊堤坊倉令坊弘仁坊南部坊五里七十一曰德水坊德豐坊安興坊德山坊安申坊西部坊五里八十一曰

森松坊五正坊乾福坊鎭安坊香川坊北部坊十里四十七曰正元坊法王坊興國坊五冠坊慈雲坊王輪坊堤上坊舍乃坊獅子巖坊內天王坊中部坊八里七十五曰南溪坊興元坊弘道坊鸎溪坊由巖坊變羊坊廣德坊星化坊 二十年京都羅城成 王初卽位徵丁夫三十萬四千四百人築之至是功畢城周二萬九千七百步羅閣一萬三千間大門四中門八小門十三曰紫安曰安和曰成道曰靈昌曰安定曰崇仁曰弘仁曰宣旗曰德山曰長霸曰德豐曰永同曰會賓曰仙溪曰泰安曰鸎溪曰仙巖曰光德曰乾福曰昌信曰保券曰宣義曰狻猊曰永平曰通德又皇城二千六百間門二十曰廣化曰通陽曰朱雀曰南薰曰安祥曰歸仁曰迎秋曰宣義曰長平曰通德曰乾化曰金耀曰泰和曰上東曰和平曰朝宗曰宣仁曰青陽曰玄武曰北小門一云丁夫二十三萬八千九百三十八人工匠八千四百五十人城周一萬六百六十步高二十七尺厚十二尺廊屋四千九百一十間 文宗十六年復知開城府事都省所掌十一縣皆屬焉又割西

海道平州任內牛峯郡以隷之忠烈王三十四年設府尹以下官掌都城內別置開城縣掌城外恭愍王七年修松都外城恭讓王二年分京畿爲左右道以長湍臨江兎山臨津松林麻田積城坡平爲左開城江陰海豐德水牛峯爲右道又依文宗舊制 文宗二十三年正月以楊廣道漢陽沙川交河高峯豐壤瀼岳幸州海等州見州抱州峯城金浦陽川富平童城石泉菀調黃魚富原果州仁州安山衿州南陽守安交州道永興兎山安峽僧嶺朔寧鐵原西海道延安白州平州俠州新恩牛峯通津安州鳳州瑞興等州縣屬京畿 以楊廣道漢陽南陽仁州安山交河陽川衿州果州抱州瑞原高峯交州道鐵原永平伊川安峽漣州朔寧屬左道以楊廣道富

平江華喬桐金浦通津西海道延安平州白州谷州遂安載寧瑞興新恩俠溪屬右道各置都觀察黜陟使以首領官佐之王都鎭山松嶽一名崧嶽巓有神祠又有龍岫山進鳳山東江在貞州西江卽禮成江碧瀾渡屬郡一縣十二

開城縣本高句麗冬比忽新羅景德王十五年改爲開城郡顯宗九年罷開城府置開城縣令管貞州德水江陰三縣直隷尙書都省忠烈王三十四年以開城府掌都城內別置開城縣掌城外有井名曰大井世傳懿祖娶龍女初到開城山麓以銀盂掘地水隨涌因以爲井○有岐平渡

牛峯郡本高句麗牛岑郡一云牛嶺一云首知衣新羅景德王改今名顯宗九年爲平州屬縣文宗十六年來屬睿宗元年置監務有九龍山國祖聖骨將軍祠在焉故又號聖居山○朴淵有上下淵深皆不測遇旱禱雨輒應上淵心有盤石可登覽文宗嘗登其上忽風雨暴作石震動文宗驚怖時李靈幹扈從作書數龍之罪投于淵龍卽出其脊乃杖之淵水爲之盡赤

貞州本高句麗貞州顯宗九年爲開城縣屬縣文宗十六年來屬睿宗三年改爲昇天府置知府事忠宣王二年降爲海豐郡有白馬山長源亭道詵松岳明堂記云西江邊有君子御馬明堂之地自太祖統一丙申之歲至百二十年就此剏搆國業延長文宗命太史令金宗允等相地搆之於西江餠岳南○河源渡在州南○重房堤稱重房裨補每春秋班主率府兵修築

德水縣本高句麗德勿縣一云仁物縣新羅景德王改今名顯宗九年爲開城縣屬縣

彙纂麗史卷之九 五

文宗十年剏興王寺于縣移縣治於揚州十六年來屬恭讓王元年置監務有祖江渡引寧渡

江陰縣本高句麗屈押縣一云江西新羅景德王改今名爲松岳郡領縣顯宗九年爲開城縣屬縣文宗十六年來屬仁宗二十一年置監務

長湍縣本高句麗長淺城縣一云耶耶一云夜牙新羅景德王改今名爲牛峯郡領縣穆宗四年以侍中韓彦恭內鄕陞爲湍州顯宗九年復爲縣令爲尙書都省所管文宗十六年來屬有長湍渡兩岸靑石壁立數十里望之如畫世傳太祖遊幸之地民間尙傳其歌曲

臨江縣本高句麗獐項縣一云古斯也忽次新羅景德王改今名爲牛峯郡領縣顯宗九年爲長湍縣屬縣文宗十六年來屬恭讓王元年置監務有靈通寺山水之勝爲松京第一郞阿干康忠寶育聖人所居摩阿岬之地

兎山縣本高句麗烏斯含達縣新羅景德王改今名顯宗九年爲長湍縣屬縣文宗十

彙纂麗史卷之九 六

六年來屬睿宗元年置監務

臨津縣本高句麗津臨城縣一云烏阿忽新羅景德王改今名爲開城郡領縣顯宗九年爲長湍縣屬縣文宗十六年來屬恭讓王元年置監務有新京舊址恭愍王欲遷都南京遣前漢陽尹李安修其城闕民甚苦之乃卜于太廟不吉不果遷於是親幸相地遂營宮闕時人謂之新京○有臨津渡

松林縣本高句麗若只豆恥縣一云之蟾一云朴頭新羅景德王改名如羆爲松岳郡領縣高麗初改今名光宗剏置佛日寺于其地移縣治於東北顯宗九年爲長湍縣屬縣文宗十六年來屬後置監務有玉冠山世傳孝子文忠居是山下樂府有玉冠山曲

麻田縣本高句麗麻田淺縣一云泥沙波忽新羅景德王改名臨湍爲牛峯郡領縣高麗初更今名顯宗九年爲長湍縣屬縣文宗十六年來屬後置監務尋併于積城縣恭讓王元

年復置監務

積城縣本高句麗七重城新羅景德王改名重城爲來蘇郡領縣高麗初更今名顯宗九年爲長湍縣屬縣文宗十六年來屬睿宗元年置監務有紺嶽自新羅爲小祀山上有祠宇春秋降香祝行祭顯宗二年以丹兵至長湍嶽神祠若有旌旗士馬丹兵懼而不敢前命修報祀諺傳羅人祀唐將薛仁貴爲山神云

波平縣波一作坡本高句麗波害平史縣新羅景德王改今名爲來蘇郡領縣顯宗九年爲長湍縣屬縣文宗十六年來屬睿宗元年置監務別號鈴平

楊廣道本高句麗百濟之地漢江以北高句麗以南百濟成宗十四年分境內爲十道以楊州廣州等州縣屬關內道忠州清州等州縣爲忠原道公州運州等州縣爲河南道睿宗元年合爲楊廣忠清州道明宗元年分爲二道忠肅王元年定爲楊廣道恭愍王五年爲忠清道領京一牧三府二郡二十七縣七十八

高麗史卷之九 七

南京留守官楊州本高句麗北漢山郡一云南平壤城百濟近肖古王取之二十五年自南漢山徙都之至蓋鹵王二十年高句麗慈悲王來圍漢城蓋鹵出走爲麗兵所害是歲子文周王移都熊津後新羅眞興王十五年至北漢山城定封疆十七年以北漢山州置軍主景德王十四年改爲漢陽郡高麗初又改爲楊州成宗十四年初定十道置十二州節度使號左神策

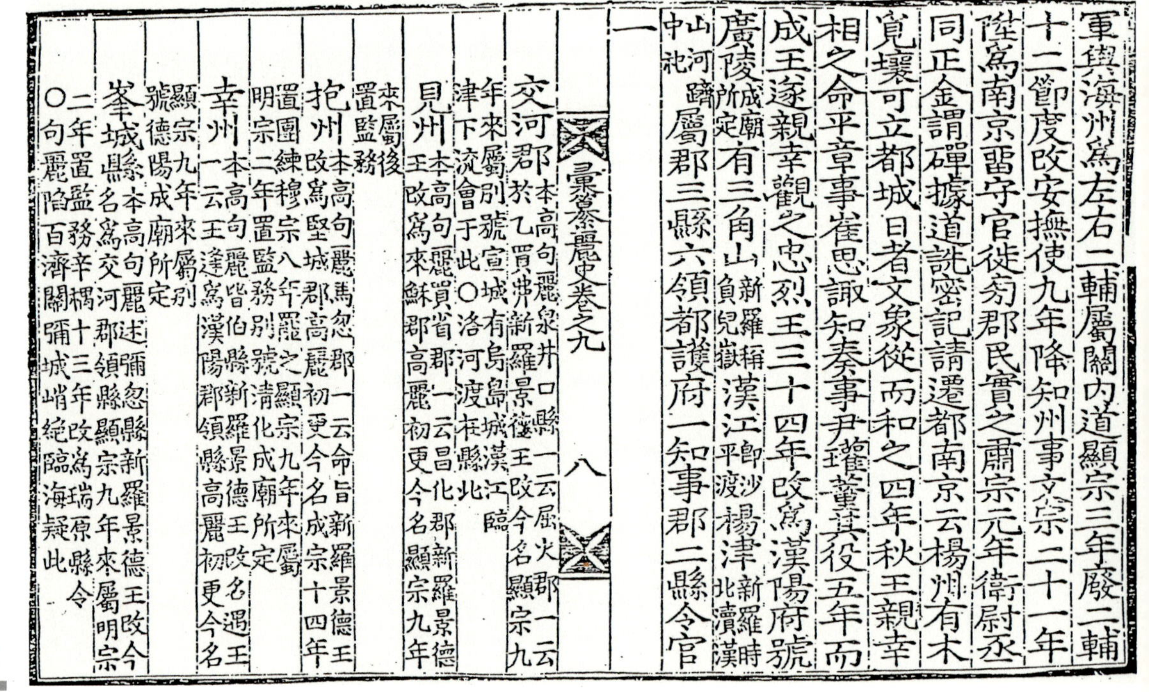

軍與海州爲左右二輔屬關內道顯宗三年廢二輔十二節度改安撫使九年降知州事文宗二十一年陞爲南京留守官徙旁郡民實之肅宗元年衛尉丞同正金謂磾據道詵密記請遷都南京云楊州有木覓壤可立都城日者文象從而和之四年秋王親幸相之命平章事崔思諏知奏事尹瓘董其役五年而成王遂親幸觀之忠烈王三十四年改爲漢陽府號廣陵成廟所定有三角山新羅稱負兒嶽漢江卽沙平渡楊津新羅時北瀆漢山河中祀隸屬郡三縣六領都護府一知事郡二縣令官一

高麗史卷之九 八

交河郡本高句麗泉井口縣一云屈火郡一云於乙買串新羅景德王改今名顯宗九年來屬別號宣城有烏島城漢江臨津下流會于此○洛河渡在縣北

見州本高句麗買省郡一云昌化郡新羅景德王改爲來蘇郡高麗初更今名顯宗九年來屬後置監務

抱州本高句麗馬忽郡一云命旨新羅景德王改爲堅城郡高麗初更今名成宗十四年置團練使穆宗八年罷之顯宗九年來屬明宗二年置監務別號淸化成廟所定

幸州本高句麗皆伯縣新羅景德王改名遇王一云王逢爲漢陽郡領縣高麗初更今名顯宗九年來屬別號德陽成廟所定

峯城縣本高句麗述爾忽縣新羅景德王改今名爲交河郡領縣顯宗九年來屬明宗二年置監務辛禑十三年改爲瑞原縣令○句麗陷百濟關彌城峭絶臨海疑此

高峯縣峯一作烽本高句麗達乙省縣新羅景德王改今名爲交河郡領縣顯宗九年來屬
深嶽縣古寶新鄕顯宗九年稱今名來屬
豐壤縣本高句麗骨衣奴縣新羅景德王改名荒壤爲漢陽郡領縣高麗初更今名顯宗九年仍屬之後移屬抱州
沙川縣本高句麗內乙買縣一云內尒米新羅景德王改今名爲堅城郡領縣顯宗九年來屬
安南都護府樹州本高句麗主夫吐郡新羅景德
王改爲長堤郡高麗初改樹州成宗十四年置團
練使穆宗八年罷之顯宗九年改知州事毅宗四

彙纂麗史卷之九　九

年更爲安南都護府高宗二年又改爲桂陽都護
府忠烈王三十四年陞吉州牧忠宣王二年汰諸
牧降爲富平府屬縣六
衿州衿一作黔本高句麗仍伐奴縣新羅景德王改名穀壤爲栗津郡領縣高麗初更今名成宗十四年置團練使穆宗八年罷之顯宗九年來屬明宗二年置監務別號始興成廟所定○有楊花渡
童城縣本高句麗童子忽縣一名幢山縣一云仇斯波衣新羅景德王改今名爲長堤郡領縣高麗仍屬恭讓王二年置通津監務以縣屬之
通津縣本高句麗平淮淮一作唯○押縣一名北史城一云別史波衣新羅景德王改名分津爲長堤領縣高麗更今名仍屬之

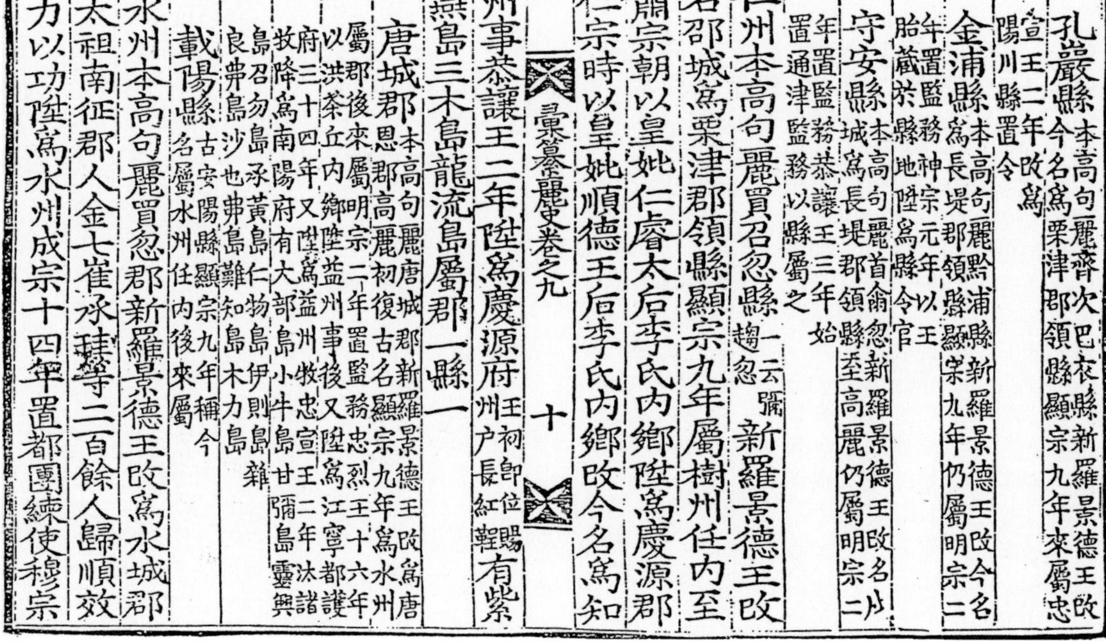
孔巖縣本高句麗齊次巴衣縣新羅景德王改今名爲栗津郡領縣顯宗九年來屬忠宣王二年改爲陽川縣置令
金浦縣本高句麗黔浦縣新羅景德王改今名爲長堤郡領縣顯宗九年仍屬明宗二年置監務神宗元年以王胎藏於縣地陞爲縣令官
守安縣本高句麗首尒忽新羅景德王改名城爲長堤郡領縣至高麗仍屬明宗二年置監務恭讓王三年始置通津監務以縣屬之
仁州本高句麗買召忽縣一云彌趨忽新羅景德王改
名邵城爲栗津郡領縣顯宗九年屬樹州任內至
肅宗朝以皇妣仁睿太后李氏內鄕陞爲慶源郡
仁宗時以皇妣順德王后李氏內鄕改今名爲知

彙纂麗史卷之九　十

州事恭讓王二年陞爲慶源府王初即位賜州戶長紅鞓有紫
燕島三木島龍流島屬郡一縣一
唐城郡本高句麗唐城郡新羅景德王改爲唐恩郡高麗初復古名顯宗九年爲水州屬郡後來屬明宗二年置監務忠烈王十六年以洪茶丘內鄕陞益州事後又陞爲江寧都護府三十四年又陞爲益州牧忠宣王二年汰諸牧降爲南陽府有大部島小牛島甘彌島靈興島召勿島承黃島仁物島伊則島雜良弗島沙也弗島難知島木力島
載陽縣古安陽縣顯宗九年稱今名屬水州任內後來屬
水州本高句麗買忽郡新羅景德王改爲水城郡
太祖南征郡人金七崔承珪等二百餘人歸順效
力以功陞爲水州成宗十四年置都團練使穆宗

八年罷之顯宗九年復知州事元宗十二年窖梁
防戍蒙古兵入大部島侵略居民島人憤怨殺蒙
古以叛副使安悅率兵討平之以功陞爲水原都
護府後又陞爲水州牧忠宣王二年汰諸牧降爲
水原府恭愍王十一年紅賊遣先鋒招降楊廣道
州郡府最先迎降遂降爲郡郡人重賂宰臣金鏞
復爲府別號漢南成廟所定又號隋城屬縣七
安山縣本高句麗獐項口縣新羅景德王改爲獐口郡高麗初改爲安山郡顯宗九年來屬後置監務忠烈王三十四年以文宗誕生之地陞知郡事
永新縣一云五朵一云永豐顯宗九年來屬

彙纂麗史卷之九 十一

雙阜縣古六浦顯宗九年來屬
龍城縣本高句麗上忽縣一云車忽新羅景德王改名車城爲唐恩郡領縣高麗初改今名顯宗九年來屬
貞松縣古松山部曲顯宗九年稱今名來屬
振威縣本高句麗釜山縣古淵達部曲一云金山縣又松村活達新羅景德王改今名爲水城郡領縣至高麗仍屬明宗二年置監務後陞爲縣令官
陽城縣本高句麗沙伏忽新羅景德王改名赤城爲白城郡領縣高麗初更今名顯宗五年來屬明宗五年置監務
江華縣本高句麗穴口郡一云甲比古次在海中直貞州
之西南通津之西新羅景德王改爲海口郡高麗

初更今名顯宗九年置縣令高宗十九年避蒙古
兵入都陞爲郡號江都三十七年築中城周回二
千九百六十餘間元宗元年復還松都府東十里松嶽里有
故宮基忠烈王時併于仁州尋復舊辛禑三年陞爲
府有摩利山在府南山頂有塹星壇世傳檀君祭天壇傳燈山一名三郎城世傳檀君使三子築之有仇音島巴音島今音北島買仍島屬
縣三
鎭江縣本高句麗首知縣在江華島內新羅景德王改名首鎭爲海口郡領縣高麗更今名仍屬有鞍島長峯島
河陰縣本高句麗冬音柰縣一云芽音縣在江華島內新羅景德王改冱陰爲海口郡領縣高麗更今名仍屬後屬開城縣有主乙叱島

彙纂麗史卷之九 十二

喬桐縣本高句麗高木根縣一名戴雲島一云高林一云達乙斬在海中直江華縣之西北鹽州之南新羅景德王改今名爲海口郡領縣高麗仍屬之明宗二年置監務有松家島
廣州牧初百濟始祖溫祚王以漢成帝鴻嘉三年建
國都于慰禮城至十三年就漢山下立柵移慰禮城
民戶遂建宮闕居之明年遷都號南漢山城至近肖
古王二十五年移都南平壤城及新羅太宗王遣金
庾信與唐將蘇定方夾攻百濟滅之後唐師還文武
王漸收其地改爲漢山州又改爲南漢山州景德王
十五年改名漢州太祖二十三年更今名成宗二年

初置十二牧州其一也十四年置十二州節度使號奉國軍屬關內道顯宗三年廢爲安撫使九年定八牧仍爲牧官別號淮安成廟所定有日長城新羅文武王築晝長城屬郡四縣三

川寧郡本高句麗述川郡一云省知買新羅景德王改爲泝川郡泝一作沂高麗初更今名顯宗九年來屬後置監務有鎭江渡

利川郡本高句麗南川縣一云南買新羅倂之眞興王陞爲州置軍主景德王改名黃武爲漢州領縣太祖南征郡人徐穆導之利涉故賜號利川郡仍屬焉仁宗二十一年置監務高宗四十四年稱永昌恭讓王四年以祖妣申氏之鄉陞爲南川郡

竹州本高句麗皆次山郡新羅景德王改爲介山郡高麗初更今名成宗十四年置團練

彙纂麗史卷之九 十三

使穆宗八年罷之顯宗九年來屬明宗二年置監務別號陰平成廟所定又號延昌

果州本高句麗栗木郡一云冬斯肹新羅景德王改爲栗津郡高麗初更今名顯宗九年來屬後置監務別號富安成廟所定又號富林有冠岳山忠烈王十年陞州之龍山處爲富原縣

砥平縣本高句麗砥峴縣新羅景德王改今名爲朔州領縣顯宗九年來屬辛禑四年以乳媪張氏之鄉置監務後罷之恭讓王三年置鐵場于縣境設監務以兼之

龍駒縣本高句麗駒城縣一云滅烏新羅景德王改名巨黍爲漢州領縣高麗初更今名顯宗九年仍屬明宗二年置監務後陞爲縣令官

楊根縣本高句麗楊根郡一云恒陽新羅景德王改名濱陽爲泝川郡領縣高麗初復古名顯宗九年來屬明宗五年置監務高宗四十四年稱永化元宗十年以衛社功臣金自廷內鄉陞爲益和縣令恭愍王五年以王師普愚母鄉陞爲楊根郡有龍門山有龍津渡恭愍王五年以普愚寓居于迷元莊之小雪庵陞莊爲縣置監務尋以地窄人稀還屬于縣

忠州牧本高句麗國原城一云未乙省一云託長城新羅取之眞興王置小京景德王改爲中原京太祖二十三年又改爲忠州成宗二年初置十二牧州其一也十四年置十二州節度使號昌化軍稱中原道顯宗三年廢爲安撫使九年定爲牧爲八牧之一高宗四十一年陞爲國原京有楊津溟所楊津衍所別號大原成廟所定又號蘂城高宗四十二年以多仁鐵所人禦蒙兵有功陞所爲翼安縣屬郡一縣五領知事郡一

彙纂麗史卷之九 十四

槐州本高句麗仍斤內郡新羅景德王改爲槐壤郡高麗初更今名顯宗九年來屬後置監務別號始安成廟所定

長延縣本高句麗上芼縣顯宗九年稱今名來屬有溫泉

長豐縣本高句麗時稱號未詳顯宗九年來屬

陰竹縣本高句麗奴音竹縣新羅景德王改今名爲介山郡領縣顯宗九年來屬後置監務

陰城縣本高句麗仍忽縣新羅景德王改今名爲黑壤郡領縣至高麗來屬後置監務

清風縣本高句麗沙熱伊縣新羅景德王改今名爲奈堤郡領縣顯宗九年來屬後置監務忠肅王四年因縣僧清恭爲王師陞知郡事有月嶽新羅稱月兄山有風穴

原州本高句麗平原郡新羅文武王置北原小京

太祖二十三年改今名顯宗九年爲知州事高宗
四十六年以州逆命降爲一新縣元宗元年復知
州事十年以林惟茂外鄉陞請原都護府忠烈王
十七年以禦丹兵有功改爲益興都護府三十四
年陞原州牧忠宣王二年汰都牧降爲成安府恭
愍王二年安胎于州之雉岳山復原州牧別號平
凉京又號平凉成廟所定屬郡二縣五
寧越郡本高句麗柰生郡新羅景德王改柰城郡至高麗更今名來屬恭愍王二十一
年以鄉人延達麻實里院使在大明有功於我陞知郡事
堤州本高句麗柰吐郡新羅景德王改柰堤郡高麗初更今名成宗十四年置刺史穆宗

彙纂麗史卷之九　十五

八年罷之顯宗九年來屬睿宗元年置監務別號義川成廟所定又號義原
平昌縣本高句麗郁烏縣一云于烏縣新羅景德王改名白烏爲柰城郡領縣至高麗
更今名來屬忠烈王二十五年置縣令辛禑十三年以寵官李信內鄉陞知郡事後降爲縣令
別號魯山
丹山縣本高句麗赤山縣一云赤城縣新羅爲柰堤郡領縣高麗初改今名顯宗九年
來屬後移屬忠州哈丹之亂以縣人能拒敵賞其功始置監務忠肅王五年陞知丹陽郡事有
竹嶺山
永春縣本高句麗乙阿旦縣新羅景德王改名子春爲柰城郡領縣高麗更今名來屬
酒泉縣本高句麗酒淵縣新羅景德王改今名爲柰城郡領縣顯宗九年來屬別號鶴
城

黃驪縣本高句麗骨乃斤縣新羅景德王改名黃驍爲沂川郡領縣高麗初更今名一
云黃利縣顯宗九年來屬後置監務高宗四十四年稱永義忠烈王三十一年以皇妣順敬王
后金氏內鄉陞爲驪興郡至大明洪武二十一年遷僞主辛禑于郡陞爲黃驪府恭讓王元
年復降爲驪興郡有驪江
清州牧本百濟上黨縣新羅神文王五年初置西原
小京景德王陞西原京太祖二十三年改爲清州成
宗二年初置十二牧州其一也十四年置十二州節
度使號全節軍屬中原道顯宗三年廢爲安撫使九
年定爲牧爲八牧之一屬郡二縣七領知事府一知
事郡二縣令官二

彙纂麗史卷之九　十六

燕山郡本百濟一牟山郡新羅景德王改今名至高麗來屬明宗二年置監務高宗四
十六年以衛社功臣朴希實內鄉陞爲文義縣置令忠烈王時併于嘉林尋復舊
木州本百濟大木嶽郡新羅景德王改爲大麓郡至高麗更今名來屬明宗二年置監務
別號新定成廟所定
鎭州本高句麗今勿奴郡一云萬弩郡一云首知一云新知新羅景德王改爲黑壤郡黑
一作黃高麗初稱降州後改今名成宗十四年置刺史穆宗八年罷之顯宗九年來屬高宗四
十六年以林衍內鄉陞爲彰義縣置令元宗十年又以衍之故陞知義寧郡事及衍誅還降稱
今名別號常山成廟所定○有胎靈山新羅時萬弩郡太守金舒玄妻萬明生庾信藏胎於縣
南十五里化爲神仍號胎靈山自新羅置祠宇春秋降香行祭高麗仍之
全義縣本百濟仇知縣新羅景德王改名金地爲大麓郡領縣至高麗更今名來屬

清川縣古薩買縣至高麗稱今名來屬

道安縣本高句麗道西縣新羅景德王改名都西為黑壤郡領縣高麗初更今名顯宗九年來屬

青塘縣一名青淵縣高麗初稱今名來屬後置監務兼任道安

燕岐縣本百濟豆仍只縣新羅景德王改今名為燕山郡領縣顯宗九年來屬明宗二年置監務後以木川監務來兼有元帥山忠烈王時韓希愈金忻等大敗哈丹賊于縣南正左山下俗號駐軍之地為元帥山〇有熊津卽新羅西瀆熊川河載中祀

懷仁縣本百濟未谷縣新羅景德王改名昧谷為燕山郡領縣高麗初更今名顯宗九年來屬後以懷德監務來兼辛禑九年別置監務

公州本百濟熊川文周王自漢城徙都之至聖王

彙纂麗史卷之九　十七

又移都南扶餘新羅與唐夾攻滅之唐置熊津都督府留兵鎮之唐師既去新羅盡有其地神文王改為熊川州置都督景德王又改熊州太祖二十三年更今名成宗二年初置十二牧州其一也十四年置十二州節度使稱安節軍屬河南道顯宗三年廢節度使九年降知州事忠惠王後二年以元闊闊赤平章妻敬和翁主外鄉陞為牧有雞龍山卽新羅西岳載中祀熊津衍所上流為錦江一別號懷道成廟所定明宗六年州鳴鶴所人亡伊嘯聚黨與攻陷本州朝廷陞其所為忠順縣置令尉以撫之後降而復叛尋削之屬郡四縣八

德恩郡本百濟德近郡新羅景德王改為德殷郡高麗初更今名顯宗九年來屬有甄萱墓

懷德郡本百濟雨述郡一云朽淺新羅景德王改為比豐郡高麗初更今名顯宗九年來屬明宗二年置監務有雞足山

扶餘郡本百濟所夫里郡一云泗泚百濟聖王自熊川來都之號南扶餘至義慈王時新羅遣金庾信與唐將蘇定方夾攻滅之唐師既出新羅盡得百濟舊地文武王十二年置摠管景德王改今名顯宗九年來屬明宗二年置監務有天政臺釣龍臺落花巖

連山郡本百濟黃等也山郡新羅景德王改為黃山郡高麗初更今名顯宗九年來屬後置監務有開泰寺太祖既平百濟創大刹於黃山之谷改山為天護名寺為開泰

市津縣本百濟加知奈縣一云加乙乃一云新浦新羅景德王改今名為德恩郡領縣

彙纂麗史卷之九　十八

顯宗九年來屬有市津浦

德津縣本百濟所比浦縣新羅景德王改名赤烏為比豐郡領縣高麗更今名來屬

鎮岑縣本百濟眞峴縣一作貞新羅景德王改名鎮嶺為黃山郡領縣高麗初更今名顯宗九年來屬後置監務

儒城縣本百濟奴斯只縣一作叱新羅景德王改今名為比豐郡領縣高麗仍舊名來屬有溫泉

石城縣本百濟珍惡山縣新羅景德王改名石山為扶餘郡領縣高麗初更今名顯宗九年來屬明宗二年置監務後罷之恭愍王二十二年以扶餘監務來兼恭讓二年復置監務

定山縣本百濟悅已縣一云豆陵尹城新羅景德王改名悅城為扶餘郡領縣高麗初更今名顯宗九年來屬後置監務

尼山縣本百濟熱也山縣新羅景德王改今名爲熊川領縣顯宗九年來屬後置監務
新豐縣本百濟伐音支縣一云武夫縣新羅景德王改名清音爲熊州領縣高麗初更今名來屬
洪州成宗十四年置運州都團練使顯宗三年改知州事後改今名太祖實錄十年三月王入運州註云卽今洪州恭愍王五年以王師普愚內鄕陞爲牧十七年降知州事二十年復爲牧別號安平又海豐皆成廟所定又號海興屬郡三縣十一
槥城郡本百濟槥郡新羅景德王改今名顯宗九年來屬後置監務忠烈王十九年以縣人卜奎禦丹兵有功陞爲縣令後又陞知沔州事別號馬山又號海宗

大興郡本百濟任存城一云今州新羅景德王改爲任城郡高麗初更今名顯宗九年來屬明宗二年置監務唐䅣定方祠在大岑島春秋降香祝致祭
結城郡本百濟結已縣新羅景德王改爲潔城郡顯宗九年來屬明宗二年更今名置監務
高丘縣本百濟牛見縣新羅景德王改名目牛爲伊山郡領縣高麗初更今名顯宗九年來屬
保寧縣本百濟新村縣一云沙村縣新羅景德王改名新邑爲潔城郡領縣高麗初更今名顯宗九年來屬睿宗元年置監務有高鸞島
興陽縣古名遠乎顯宗九年稱今名來屬
青陽縣本百濟古良夫里縣新羅景德王改名青武爲任城郡領縣高麗初更今名顯宗九年屬天安府任內後來屬
新平縣本百濟沙平縣新羅景德王更名爲槥城郡領縣顯宗九年來屬
德豐縣本百濟今勿縣新羅景德王改名今武爲伊山郡領縣顯宗九年來屬明宗五年置監務
伊山縣本百濟馬尸山郡新羅景德王改今名爲郡顯宗九年來屬後置監務有伽倻山
唐津縣本百濟伐首只縣一云夫只郡新羅景德王改今名爲槥城郡領縣顯宗九年來屬睿宗元年置監務
餘美縣本百濟餘村縣新羅景德王改名餘邑爲槥城郡領縣高麗初更今名顯宗九年來屬睿宗元年置監務

驪陽縣驪一作黎本百濟沙尸良縣一云沙羅縣新羅景德王改名新良爲潔城郡領縣高麗初更今名置監務顯宗九年來屬
貞海縣世傳太祖時夢熊驛吏韓姓者有大功賜號大匡割高丘縣地置縣爲其鄕貫顯宗九年來屬後置監務
天安府太祖十三年合東西兜率爲天安府置都督諺傳術師藝方啓太祖云三國中心五龍爭珠之勢若置大官則百濟自降太祖乃登山周覽始置府成宗十四年改爲懽州都團練使穆宗八年廢團練使顯宗九年復舊名爲知府事高宗四十三年避兵入仙藏島後出陸忠宣王二年汰諸牧府改爲寧州恭愍王十一年復爲天安府別號任

歡屬郡一縣七

温水郡本百濟湯井郡新羅文武王陞爲州置總管後廢州爲郡高麗初改今名顯宗九年來屬明宗二年置監務有温泉

牙州本百濟迂述縣新羅景德王改名陰峯爲湯井郡領縣高麗初改爲仁州成宗十四年置刺史穆宗八年廢刺史顯宗九年來屬後置更今名置監務別號寧仁成廟所定

新昌縣本百濟屈直縣新羅景德王改名祈梁爲湯井郡領縣高麗初更今名顯宗九年來屬恭讓王三年築城縣西獐浦收旬近州縣租載舟浮海達于京師始置萬户兼監務有道高山

豐歲縣本百濟甘買縣新羅景德王改名馴雉爲大麓郡領縣高麗初更今名顯宗九年來屬別號秭川

平澤縣古河八縣高麗稱今名來屬

禮山縣本百濟烏山縣新羅景德王改名孫山爲任城郡領縣太祖二年更今名顯宗九年來屬後置監務○句麗所侵獨山疑即孫山

稷山縣本慰禮城百濟始祖温祚王開國建都後高句麗取之改爲蛇山縣新羅因之爲白城郡領縣高麗初更今名顯宗九年來屬後置監務高麗改河陽倉爲慶陽縣置令兼任監場官

安城縣本高句麗柰兮忽新羅景德王改爲白城郡高麗初更今名顯宗九年屬水州後來屬明宗二年置監務恭愍王十年紅賊入松都王南巡賊遣先鋒招降楊廣道州郡所至莫敢拒其鋒唯縣人佯爲降附設宴犒之乘其醉斬魁首六人賊由是不敢南下十一年以功陞知郡事割水原任内陽良甘彌呑馬田薪谷四部曲以與之後金鏞受賂以三部曲還屬水

原

嘉林縣本百濟加林郡新羅景德王改加爲嘉成宗十四年置林州刺史顯宗九年更今名置令忠肅王二年以元阿孛海平章妻趙氏內鄉陞知林州事屬郡一縣四

西林郡本百濟舌林郡一云南陽新羅景德王改今名高麗因之顯宗九年來屬後置監務忠肅王元年以縣人李彦忠有勞於忠宣陞知西州事有熊津溟所

庇仁縣本百濟比衆縣新羅景德王改今名爲西林郡領縣高麗因之顯宗九年來屬後置監務

鴻山縣本百濟大山縣新羅景德王改名翰山爲嘉林郡領縣高麗初更今名顯宗九年仍屬明宗五年以韓山監務來兼

藍浦縣本百濟寺浦縣新羅景德王改今名爲西林郡領縣顯宗九年來屬後置監務辛禑六年因倭寇人物四散至恭讓王二年始置鎭城招集流亡

韓山縣本百濟馬山縣新羅因之爲嘉林郡領縣高麗更今名仍屬明宗五年置監務後陞爲知韓州事

富城縣本百濟基郡新羅景德王改爲富城郡高麗因之仁宗二十二年置縣令明宗十二年縣人逼令尉幽之有司奏除官號忠烈王十年以縣人大護軍鄭仁卿有功陞知瑞山郡事三十四年陞爲瑞州牧忠宣王二年汰諸牧降爲瑞寧府後又

降知瑞州事屬縣二

地谷縣 本百濟知六縣新羅景德王改名地育爲富城郡領縣高麗更今名仍屬

穌奉縣 本百濟省大芳縣新羅景德王改今名爲富城郡領縣高麗仍之顯宗九年屬運州忠烈王時宦者李大順有寵於元以縣爲居鄉陞知奉安郡事

慶尚道在三韓爲辰韓在三國爲新羅及太祖幷新羅百濟置東南道都部署使置司慶州成宗十四年分境內爲十道以尚州所管爲嶺南道慶州金州所管爲嶺東道晉州所管爲山南道睿宗元年稱慶尚晉州道明宗元年分爲慶尚晉陜州兩道十六年爲慶尚州道神宗七年爲尚晉安東道其後又改爲慶尚晉安道高宗四十六年以和登定長四州沒於蒙古割道之平海德原盈德松生隷溟州道忠烈王十六年又以德原盈德松生移隷東界忠肅王元年定爲慶尚道領京一牧二府三郡三十縣九十二

東京留守官慶州本新羅古都始祖赫居世王開國建都國號徐耶伐或稱斯羅或稱斯盧後稱新羅脫解王九年始林有雞怪更名雞林因以爲國號基臨王十年復號新羅太祖十八年敬順王金傅來降國除爲慶州二十三年陞爲大都督府改其州六部名梁部爲中興部沙梁爲南山部本彼爲通仙部習比部爲臨川部漢祇爲加德部牟梁爲長福部成宗六年改爲東京留守十四年稱留守使屬嶺東道顯宗三年廢留守官降爲慶州防禦使五年改安東大都護府二十一年復爲東京留守時銳方所上三韓會土記有高麗三京之文故復置之神宗五年東京夜別抄作亂攻掠州郡遣師討平之七年以東京人造新羅復興之言傳檄尚清忠原州道謀亂降知慶州事奪管內州府郡縣鄉部曲分隷安東尚州高宗六年復爲留守忠烈王三十四年改稱雞林府辛禑二年府與金州爭使營都評議使奏金州賊殺按廉且置

營歲月不及雞林況近海濱倭賊可畏乞移置雞林禑從之別號樂浪成廟所定有赫居世王陵金庾信墓又有瞻星臺新羅善德女主所築奉德寺新羅惠恭王鑄大鍾重銅一十二萬斤撞之聲聞百餘里屬郡四縣十領郡五 防禦郡四知事郡一

興海郡 本新羅退火郡景德王改爲義昌郡高麗初改今名顯宗九年來屬明宗二年置監務恭愍王十六年以國師千熙之鄉陞知郡事別號曲江又號鰲山

章山郡 本押梁小國一云押督新羅祗味王取之置郡景德王改爲獐山郡高麗初更今名顯宗九年來屬明宗二年置監務忠宣王即位避王嫌名改慶山忠肅王四年以國師一然之鄉陞爲縣令官恭讓王二年以王妣盧氏之鄉陞知郡事別號玉山

壽城郡 本新羅喟火郡一云上村昌郡景德王改爲壽昌郡高麗初更今名顯宗九年

來屬恭讓王二年置監務兼任解顏

永州高麗初合新羅臨皋郡道同臨川縣置之一云高鬱府成宗十四年爲永州刺史顯宗九年來屬明宗二年置監務後陞爲知州事別號益陽成廟所定又號永陽麗季陞本州梟旨銀所爲縣

安康縣本新羅比火縣景德王改今名爲義昌郡領縣顯宗九年來屬恭讓王二年置監務新羅婆娑王取音汁伐國置音汁火縣後合屬於縣

新寧縣本新羅史丁火縣景德王改今名爲臨皋郡領縣顯宗九年來屬恭讓王二年置監務景德王改買熟次縣爲毘白縣後合屬於縣

慈仁縣本新羅奴斯火縣景德王改今名爲獐山郡領縣顯宗九年來屬

河陽縣成宗十四年爲河州刺史顯宗九年改今名來屬後置監務

彙纂麗史卷之九　二十五

清河縣本高句麗阿兮縣新羅景德王改名海阿爲有鄰郡領縣高麗初更今名顯宗九年來屬

延日縣本新羅斤烏支縣一作烏良友景德王改名臨汀爲義昌郡領縣高麗初更今名顯宗九年來屬恭讓王二年置監務以管軍萬戶兼之

解顏縣本新羅雉省火縣一云美里景德王改今名爲獐山郡領縣顯宗九年來屬恭讓王二年置監務以壽城監務兼之

神光縣本新羅東仍音縣一云神乙景德王改今名爲義昌郡領縣顯宗九年來屬

杞溪縣本新羅芼兮縣一云化雞景德王改今名爲義昌郡領縣顯宗九年來屬

長鬐縣本新羅只沓縣景德王改名鬐立爲義昌郡領縣高麗更今名來屬後置監務

蔚州本屈阿火村新羅婆娑王取之置縣景德王改名河曲一作河西爲臨關郡領縣高麗初更今名顯宗九年置防禦使景德王改于火縣爲虞風縣栗浦縣爲東津縣皆合屬太祖時郡人朴允雄有大功乃幷河曲東津虞風等縣置興禮府後降爲恭化縣又改知蔚州事一云羅季有鶴來鳴故稱神鶴城一云戒邊城一云皆知邊一云火城郡別號鶴城成廟所定屬縣二

東萊縣本新羅居柒山郡景德王改爲東萊郡顯宗九年來屬後置縣令有溫泉

巘陽縣本新羅居知火縣景德王改今名爲良州領縣顯宗九年來屬仁宗二十一年置監務後改爲彥陽

禮州本高句麗于尸郡新羅景德王改爲有鄰郡高麗初更今名顯宗九年置防禦使高宗四十六

彙纂麗史卷之九　二十六

年以衛社功臣朴松庇內鄉陞爲德原小都護府後陞爲禮州牧忠宣王二年汰諸牧改爲寧海府別號丹陽成廟所定有觀魚臺屬府一郡三縣二

甫城府一云載巖城新羅景德王改柒巴火縣爲眞寶縣又改高句麗助攬縣爲眞安縣高麗初合二縣置府顯宗九年來屬

英陽郡英一作延本古隱縣後改今名顯宗九年來屬明宗五年置監務別號益陽首比部曲元屬於縣文宗朝移屬蔚珍以附近還屬

平海郡本高句麗斤乙於高麗初改今名顯宗朝來屬明宗二年置監務忠烈王時縣人僉議評理黃瑞隨駕入元翊戴回還以功陞知郡事別號箕城有溫泉

盈德郡本高句麗也尸忽郡新羅改爲野城郡高麗初更今名顯宗九年來屬後置監

務又改爲縣令官
青鳧縣本高句麗青巳縣新羅改名積善爲野城郡領縣高麗初爲鳧伊縣又改爲雲
鳳縣成宗五年更今名來屬
松生縣顯宗九年來屬仁宗二十一年置監務
金州本駕洛國新羅儒理王十八年駕洛之長我
刀干汝刀干彼刀干等九人率其民禊飮望見龜
旨峯有非常聲氣就視之有金榼自天而降中有
金色卵圓如日輪九人拜而神之奉置我刀干家
翼日九人咸會開榼而視有一童子剖殼而生年
可十五容貌甚偉衆皆拜賀盡禮童子日就岐嶷

歷十餘日身長九尺是月望九人遂奉以爲主卽
首露王也國號駕洛又稱伽倻後改爲金官國四
境東至黃山江東北至伽倻山西南際大海西北
界智異山卽位一百五十八年薨至九代孫仇亥
賚國帑寶物降于新羅自首露以後居登王麻品
王居叱彌王伊尸品王坐知王吹希王銍知王鉗
知王至仇亥王亥三國遺事駕洛國記作衡有國凡四百九十
一年新羅法興王旣受降待以客禮以其國爲食
邑號金官郡文武王置金官小京景德王爲金海
小京太祖二十三年改州府郡縣名爲金海府後

降爲臨海縣又陞爲郡成宗十四年改爲金州安
東都護府顯宗三年更今名元宗十一年以防禦
使金晅平密城之亂又拒三別抄有功陞爲金寧
都護府忠烈王十九年降爲縣三十四年陞爲金
州牧忠宣王二年汰諸牧復爲金海府首露王墓在州西
招賢臺在州東世傳駕洛國居登王登此臺招七點山旵始仙人旵始乘舟而來
因名焉又有三分水府東黃山江水奔流五十餘里分三浦入海俗號爲三叉水
屬郡二縣三
義安郡本新羅屈自郡景德王改今名顯宗九年來屬後置監務忠烈王八年更名義
昌陞爲縣令以賞元世祖東征供億之勞別號檜山

咸安郡本阿尸良國一云阿那加耶新羅法興王滅之以爲郡景德王改今名成宗十
四年爲咸州刺史顯宗九年復今名來屬明宗二年置監務恭愍王二十二年以縣人周英贊
之女入大明爲宮人遂陞爲知郡事別號金羅
漆園縣本新羅漆吐縣景德王改名漆隄一作原爲義安郡領縣高麗初更今名顯
宗九年來屬恭讓王二年置監務別號龜城
熊神縣本新羅熊只縣景德王改今名爲義安郡領縣顯宗九年來屬高麗陞省法部
曲爲龜山縣屬金州任內恭讓王朝移屬漆原有加德島
合浦縣本新羅骨浦縣景德王改今名爲義安郡領縣顯宗九年來屬後置監務忠烈
王八年更名會原陞爲縣令以賞元世祖東征供億之勞別號還珠有月影臺高麗陞莞浦鄉
爲縣

梁州新羅文武王五年割上州下州地置歃良州景德王改爲良州備九州之一太祖二十三年更今名顯宗九年置防禦使後元中書省以本國官繁民弊爲言故併于密城然州縣稟命守宰勞於往來其弊愈甚至忠烈王三十年復舊別號宜春成廟所定又號順正有伽倻津黃山江與務安之龍津光陽之蟾津稱爲背流三大江水又有伽倻津衍所屬縣二

東平縣本新羅大甑縣景德王改今名爲東萊郡領縣顯宗九年來屬有絶影島

機張縣本新羅甲火良谷縣景德王改今名爲東萊郡領縣後移屬顯宗九年又移屬蔚州後置監務別號車城

密城郡本新羅推火郡景德王改今名高麗初因之成宗十四年爲密州刺史顯宗九年稱知密城郡事忠烈王元年以郡人趙仟殺郡守以應珍島叛賊三別抄降爲歸化部曲屬之雞林先是臺省屢請降號用事者受邑人賂每沮之至是復極論從之後復稱密城縣十一年陞爲郡又降爲縣恭讓王二年以曾祖益陽侯妃朴氏内鄉陞爲密陽府高麗以守山部曲爲守山縣屬郡二縣四

昌寧郡本新羅比自火郡一云比斯伐眞興王十六年置下州二十六年州廢景德王改爲火王郡太祖二十三年更今名顯宗九年來屬明宗二年置監務別號昌城夏城

清道郡一云道州高麗初合新羅大城郡烏岳荊山穌山三縣爲郡來屬睿宗四年置監務忠惠王後四年以郡人上護軍金善莊有功陞知郡事明年復爲監務恭愍王十五年郡人金漢貴爲監察大夫復請陞爲知郡事

玄豐縣豐一作風本新羅推良火縣一作三景德王改名玄驍爲火王郡領縣高麗初更今名顯宗九年來屬恭讓王二年置監務割密城仇知山部曲屬之

桂城縣顯宗九年來屬恭愍王十五年移屬靈山恭讓王二年還屬

靈山縣本新羅西火縣景德王改名尙藥爲密城郡領縣高麗更今名仍屬忠敬王十五年置監務有溫泉又有伽倻津溟所

豐角縣本上火村縣高麗改今名顯宗九年來屬

晋州牧本百濟居列城一名居陁新羅文武王二年取而

置州神文王四年分居陁州置菁州摠管景德王改爲康州惠恭王復爲菁州太祖又改康州成宗二年初置十二牧州其一也十四年置十二州節度使號晋州定海軍屬山南道顯宗三年廢爲安撫使九年定爲牧爲八牧之一別號晋康成廟所定又號菁州又號晋陽有花開薩川兩部曲其長皆剃頭稱爲僧首又有彰善島島本高句麗有疾部曲高麗更今名陞爲縣屬于州忠宣王卽位避王嫌名改爲興善後因倭寇人物俱亡爲直村屬郡二縣七領知事郡一縣令官三

江城郡本新羅闕支郡景德王改闕城郡高麗初改爲江城縣後陞爲郡顯宗九年來屬恭讓王二年置監務

河東郡本新羅韓多沙郡景德王改今名高麗初因之顯宗九年來屬明宗二年置監務別號清河

泗州本新羅史勿縣景德王改名泗水為固城郡領縣高麗初來屬顯宗二年更今名明宗二年置監務

岳陽縣本新羅小多沙縣景德王改今名為河東郡領縣顯宗九年來屬

永善縣本新羅一善縣景德王改名尚善為固城郡領縣高麗初更今名顯宗九年來屬

鎭海縣顯宗九年來屬恭讓王二年置監務別號八鎭一云牛山

昆明縣新羅時稱號未詳顯宗九年來屬

班城縣新羅時稱號未詳顯宗九年來屬

彙纂麗史卷之九　三十一

宜寧縣本新羅獐含縣景德王改今名為咸安郡領縣顯宗九年來屬恭讓王二年置監務以新繁縣屬之

陝州本新羅大良州郡良一作耶景德王改為江陽郡顯宗由大良院君卽位又以皇妃孝肅王后之鄕陞知陝州事屬縣十二

嘉樹縣樹一作壽本新羅加主火縣景德王改今名為康州領縣顯宗九年來屬別號鳳成

三岐縣本新羅三支縣一云麻杖景德王改今名為江陽郡領縣顯宗九年來屬恭愍王二十二年置監務

山陰縣本新羅知品川縣景德王改今名為闕城郡領縣顯宗九年來屬恭讓王二年置監務別號山陽

丹溪縣本新羅赤村縣景德王改名丹邑為闕城郡領縣高麗初更今名顯宗九年來屬恭讓王二年移屬江城縣

加祚縣本新羅加召縣因方言相近變召為祚景德王改名咸陰為居昌郡領縣高麗初復古名顯宗九年來屬後還屬居昌元宗十二年移屬巨濟

咸陰縣本新羅南内縣景德王改名餘善為居昌郡領縣高麗初更今名顯宗九年來屬毅宗十五年縣人子和等誣告鄭叙妻與縣吏仁梁呪詛上及大臣投子和于江降縣為部曲恭讓王二年復置監務以利安縣屬之

利安縣本新羅馬利縣景德王改今名為天嶺郡領縣顯宗九年來屬恭讓王二年移屬咸陰

彙纂麗史卷之九　三十二

新繁縣本新羅新尒縣一云朱烏村一云泉州縣景德王改名宜桑為江陽郡領縣高麗初更今名顯宗九年來屬

冶爐縣本新羅赤火縣景德王改今名為高靈郡領縣顯宗九年來屬

草溪縣本新羅草八兮縣景德王改名八溪為江陽郡領縣高麗初更今名顯宗九年仍屬明宗二年置監務忠肅王三年以縣人鄭守琪卞遇成有功陞知郡事別號清溪成廟所定有黃芚津

居昌縣本新羅居烈郡一名居陁景德王改今名顯宗九年來屬明宗二年置監務

含陽縣一云含城郡本新羅速含郡景德王改為天嶺郡成宗十四年陞為許州都團練使顯宗三年降為含陽郡來屬後含改為咸明宗二年降為縣置監務

固城縣本小加耶國新羅取之置古自郡景德王

改今名爲郡成宗十四年爲固州刺史後降爲縣顯宗九年屬巨濟後置縣令元宗七年以郡陞爲州忠烈王時併于南海尋復舊別號鐵城

南海縣本海中島新羅神文王初置轉也山郡景德王改爲南海郡顯宗九年置縣令恭愍王七年因倭失土僑寓晉州任內大也川部曲屬縣二

蘭浦縣本新羅内浦縣在南海島景德王改今名來屬高麗初因之後因倭寇人物俱亾

平山縣本新羅平西山縣一云西平亦在南海島景德王改今名爲南海郡領縣高麗初因之後因倭寇人物俱亾

巨濟縣本海中島新羅文武王初置裳郡景德王改爲巨濟郡顯宗九年置縣令元宗十二年因倭失土僑寓居昌縣之加祚縣忠烈王時併于管城尋復舊有比加助音島屬縣三

鵝洲縣本新羅巨老縣在巨濟島景德王改今名爲巨濟郡領縣高麗因之

松邊縣本新羅松邊縣亦在巨濟島景德王改名南垂爲巨濟郡領縣高麗復舊名仍屬

溟珍縣本新羅買珍伊縣亦在巨濟島景德王改今名爲巨濟郡領縣高麗因之

尚州牧本沙伐國新羅沾解王取以爲州法興王改爲上州置軍主眞興王廢州爲上洛郡神文王復置州景德王改爲尚州惠恭王復爲沙伐州太祖二十三年復改爲尚州其後又改爲安東都督府成宗二年初置十二牧尚州卽其一也十四年置十二州節度使號歸德軍屬嶺南道顯宗三年廢節度使復爲安東大都護府五年改爲尚州安撫使九年定爲牧爲八牧之一別號上洛成廟所定又號商山諺傳州北面林下村人姓明大者捕賊有功陞其村爲永順縣有洛東江又有大堤名曰恭檢明宗二十五年司錄崔正份因舊址而築之屬郡七縣十七領知事府二

聞慶郡本新羅冠文縣一云冠縣一云高思曷伊城景德王改名冠山爲古寧郡領縣高麗初改爲聞喜郡顯宗九年來屬後更今名恭讓王二年置監務以加恩縣屬之縣北有主

屹山險阻處三草岾在縣西伊火峴在縣西弗岬遷在縣南

龍宮郡本新羅竺山一云園山成宗十四年陞爲龍州刺史穆宗八年罷之顯宗三年改今名來屬明宗二年置監務有河風津

開寧郡本甘文小國新羅取之眞興王置軍主爲青州眞平王廢州文武王爲甘文郡景德王改今名顯宗九年來屬明宗二年置監務

報令郡本新羅三年山郡景德王改爲三年郡高麗初改保齡郡後轉而爲今名顯宗九年來屬明宗二年置監務有俗離山新羅時稱俗離岳爲中祀

咸昌郡本古寧加耶國新羅取之爲古冬攬郡一云古陵郡景德王改爲古寧郡光宗十五年爲咸寧郡顯宗九年來屬後更今名明宗二年置監務

永同郡本新羅吉同郡景德王改今名成宗十四年陞爲稽州刺史穆宗八年廢刺史

顯宗九年來屬明宗二年置監務六年陞爲縣令後復爲監務尋罷之
海平郡顯宗九年來屬仁宗二十一年移屬一善
青山縣本新羅屈山縣一云埃山景德王改名耆山爲三年郡領縣高麗初更今名來
屬恭讓王二年置監務析尚州酒城部曲以隸之十一年還屬
山陽縣本新羅近品縣品一作呂景德王改名嘉猷爲醴泉郡領縣高麗初更今名顯
宗九年來屬後置監務明宗十年罷之
化寧縣本新羅荅達匕郡一云沓達景德王改爲化寧郡高麗初因之後爲縣來屬功
城縣本新羅大幷部曲高麗初改今名顯宗九年來屬
單密縣單一作丹本新羅武冬彌知一云曷冬彌知景德王改今名爲聞韶郡領縣
高麗初因之顯宗九年來屬

高麗史卷之九 三十五

比屋縣本新羅阿火屋縣一云幷屋景德王改今名爲聞韶郡領縣高麗初因之顯宗
九年來屬
安定縣定一作貞本新羅阿尸兮縣一云阿乙兮景德王改安賢爲聞韶郡領縣高麗
更今名顯宗九年來屬恭讓王二年置監務兼任比屋
中牟縣本新羅刀良縣景德王改名道安爲化寧郡領縣高麗更今名顯宗九年來屬
虎溪縣本新羅虎側縣一云拜山城景德王改今名爲古寧郡領縣顯宗九年來屬
禦侮縣本新羅今勿縣一云陰達景德王改今名爲開寧郡領縣顯宗九年來屬
多仁縣本新羅達巳縣或云多巳景德王改今名來屬至高麗仍屬後移屬甫州別號
仁陽
青理縣本新羅音理火縣景德王改爲青驍縣來屬高麗更今名顯宗九年仍屬

加恩縣本新羅加害縣景德王改名嘉善爲古寧郡領縣高麗初更今名顯宗九年來
屬恭讓王二年移屬聞慶
一善縣本新羅一善郡眞平王陞爲州置軍主神文王廢州景德王改爲嵩善郡成宗
十四年爲善州刺史顯宗九年來屬仁宗二十一年改今名置縣令後陞爲知善州事別號和
義成廟所定有金烏山
軍威縣本新羅奴同覓縣景德王改今名爲嵩善郡領縣顯宗九年來屬仁宗二十一
年還屬一善恭讓王二年置監務兼任孝靈
孝靈縣本新羅芼兮縣景德王改今名爲嵩善郡領縣顯宗九年來屬仁宗二十一年
還屬一善
缶溪縣顯宗九年來屬後移屬善州別號缶林

高麗史卷之九 三十六

京山府本新羅本彼縣景德王改名新安爲星山
郡領縣後改爲碧珍郡太祖二十三年更今名景
宗六年降爲廣平郡成宗十四年稱岱州都團練
使顯宗三年廢團練使九年改知京山府事忠烈
王二十一年陞爲興安都護府三十四年又陞爲
星州牧忠宣王二年汰諸牧降爲京山府有伽倻
山屬郡一縣十四
高靈郡本大伽倻國自始祖伊珍阿豉王一云內珍朱智至道設智王凡十六世五百
二十年新羅眞興王滅之以其地爲大伽倻郡景德王改今名高麗初來屬明宗五年置監務
若木縣本新羅大木縣一云七村景德王改名谿子爲星山郡領縣高麗改今名來屬

仁同縣顯宗九年來屬恭讓王二年置監務以若木縣屬之三國史記云星山郡領內壽同縣本新羅斯同火縣景德王改今名未詳今以境土考之疑壽同改爲仁同也

知禮縣本新羅知品川縣景德王改今名爲開寧郡領縣顯宗九年來屬恭讓王二年置監務別號鷄城

加利縣本新羅一利郡景德王改爲星山郡高麗初更今名顯宗九年來屬別號岐城

八莒縣本新羅八居里縣一云北恥長里一云仁里景德王改名八里爲壽昌郡領縣高麗初改爲八居後居音轉而爲莒顯宗九年來屬別號七谷

金山縣本新羅金山縣爲開寧郡領縣高麗仍舊名顯宗九年來屬恭讓王二年置監務別號金陵

黃澗縣本新羅召羅縣景德王改今名爲永同郡領縣顯宗九年來屬後置監務恭愍

王三年復來屬恭讓王二年置監務

管城縣本百濟古尸山郡景德王改爲管城郡顯宗九年來屬仁宗二十一年置縣令明宗十二年縣吏民執縣令洪彥幽之有司奏除官號忠宣王五年陞知沃州事割京山府所屬利山安邑陽山三縣以屬之

安邑縣本新羅阿冬兮縣景德王改名安貞爲管城郡領縣高麗初更今名顯宗九年來屬

陽山縣本新羅助比川縣景德王改今名爲管城郡領縣顯宗九年來屬明宗六年置縣令

利山縣本新羅所利山縣景德王改今名爲管城郡領縣顯宗九年來屬明宗六年置監務

大丘縣本新羅達句火縣景德王改今名爲壽昌郡領縣顯宗九年來屬仁宗二十一年置縣令

花園縣本新羅舌火縣景德王改今名爲壽昌郡領縣顯宗九年來屬後移屬大丘別號錦城

河濱縣本新羅多斯只縣一云沓只景德王改今名爲壽昌郡領縣顯宗九年來屬後移屬大丘

安東府本新羅古陁耶郡景德王改爲古昌郡太祖十三年與後百濟王甄萱戰於郡地敗之郡人金宣平權幸張吉佐太祖有功拜宣平爲大匡幸吉各爲大相陞郡爲安東府後改爲永嘉郡成宗

十四年稱吉州刺史顯宗三年爲安撫使九年改知吉州事二十一年更今名明宗二十七年南賊金三孝心等剽略州郡遣使討平之以府有功陞爲都護府神宗七年東京別抄孛佐等聚衆叛以府有捍禦功陞爲大都護府忠烈王三十四年改爲福州牧恭愍王十年避紅賊南巡駐蹕以州人盡心供頓復陞爲安東大都護府忠烈王以加也鄉人護軍金仁軌有功陞其鄉爲春陽縣忠宣王以敬和翁主鄉德山部曲爲才山縣忠惠王以宦者姜金剛入元有負戟之勞陞其鄉退弗部曲爲禁城縣後又陞吉安部曲爲縣別號綾羅郡地

平郡石陵郡一界郡花山郡古藏郡皆新羅時稱號屬郡

三縣十一

臨河郡 本高句麗屈火郡新羅景德王改爲曲城郡高麗初更今名顯宗九年來屬

禮安郡 本高句麗買谷縣新羅改名善谷爲柰靈郡領縣高麗初更今名顯宗九年來屬辛禑二年藏其胎於縣陞爲郡尋陞爲州恭讓王二年置監務以宜仁縣屬之

義興郡 顯宗九年來屬恭讓王二年置監務以善州任内缶溪縣屬之後移屬義城縣別號龜山

一直縣 本新羅一直縣景德王改名直寧爲古昌郡領縣高麗初復舊號顯宗九年來屬

殷豐縣 本新羅赤牙縣景德王改名殷正爲醴泉郡領縣高麗初更今名顯宗九年來屬

彙纂麗史卷之九　三十九

甘泉縣 新羅時稱號未詳顯宗九年來屬

奉化縣 本高句麗古斯馬縣新羅景德王改名玉馬爲柰靈郡領縣高麗初更今名顯宗九年來屬恭讓王二年置監務別號鳳城

安德縣 本高句麗伊火兮縣新羅景德王改名緣武爲曲城郡領縣高麗初更今名顯宗九年來屬恭讓王二年置監務恭愍王十八年陞知道保部曲爲宜仁縣屬安東恭讓王二年移屬禮安

豐山縣 本新羅下枝縣有下枝山一名豐岳景德王改名永安爲醴泉郡領縣太祖六年縣人元逢有歸順之功陞爲順州十三年陷於甄萱復降爲下枝縣後更今名顯宗九年來屬明宗二年置監務

基州縣 新羅時稱號未詳或曰基木鎭高麗初始稱今名顯宗九年來屬明宗二年置

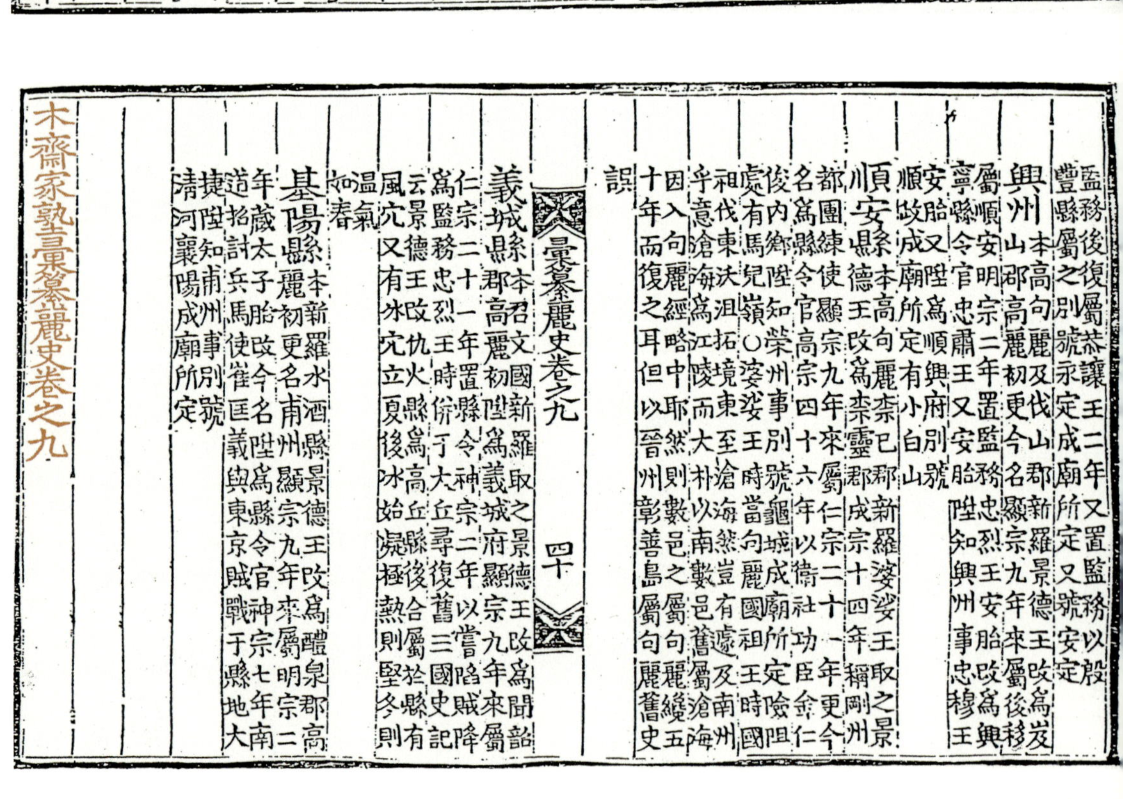

監務後復屬恭讓王二年又置監務以殷豐縣屬之別號永定成廟所定又號安定

興州 本高句麗及伐山郡新羅景德王改爲岌山郡高麗初更今名顯宗九年來屬後移屬順安明宗二年置監務忠烈王安胎改爲興寧縣令官忠肅王又安胎陞知興州事忠穆王安胎又陞爲順興府別號順政成廟所定有小白山

順安縣 本高句麗柰已郡新羅婆娑王取之景德王改爲柰靈郡成宗十四年稱剛州都團練使顯宗九年來屬仁宗二十一年更今名爲縣令官高宗四十六年以衛社功臣金仁俊内鄕陞知榮州事別號龜城成廟所定處有馬兒嶺○婆娑王時當句麗國祖王時險阻祖伐東沃沮拓境東至滄海然豈有遠及南州乎意滄海爲江陵而大朴以南數邑舊屬滄海因入句麗經略中耶然則數邑之屬句麗纔五十年而復之耳但以晉州彰善島屬句麗舊史誤

彙纂麗史卷之九　四十

義城縣 本召文國新羅取之景德王改爲聞韶郡高麗初陞爲義城府顯宗九年來屬仁宗二十一年置縣令神宗二年以嘗陷賊降爲監務忠烈王時併于大丘尋復舊三國史記云景德王改仇火縣爲高丘縣後合屬於縣有風穴又有氷穴立夏後氷始凝極熱則堅冬則溫氣如春

基陽縣 本新羅水酒縣景德王改爲醴泉郡高麗初更名甫州顯宗九年來屬明宗二年藏太子胎改今名陞爲縣令官神宗七年南道招討兵馬使崔匡義與東京賊戰于縣地大捷陞知甫州事別號淸河襄陽成廟所定

木齋家塾彙纂麗史卷之十

地理志

全羅道本百濟之地義慈王十九年新羅太宗王與唐將蘇定方滅百濟遂倂其地景德王分爲全武二州都督府眞聖王五年西面都統甄萱悉據舊地稱後百濟王太祖十九年親征克之成宗十四年以全州瀛州淳州馬州等州縣爲江南道羅州光州靜州昇州貝州潭州朗州等州縣爲海陽道顯宗九年合爲全羅道領牧二府二郡十八縣八十二

全州牧本百濟完山一云比斯伐一云比自火威德王元年爲完山州十一年州廢義慈王十九年新羅與唐將蘇定方滅百濟遂有其地眞興王十六年改今名二十六年州廢神文王四年復置完山州景德王十五年又稱全州後甄萱立都於州太祖滅之改安南都護府二十三年還爲全州成宗十二年稱承化節度安撫使十四年置十二州節度使號順義軍屬江南道顯宗九年陞安南大都護府十三年又名全州恭愍王四年以因元使埜思不花降爲部曲五年復爲完山府別號完山成廟所定又號甄城有新倉津屬郡一縣十一領知事府一郡一縣令官四

金馬郡本馬韓國後朝鮮王箕準避衛滿之亂浮海而南至韓地開國號馬韓百濟始祖溫祚王幷之自後號金馬渚新羅景德王改今名至高麗來屬忠惠王後五年以元順帝奇皇后外鄕陞爲益州有彌勒山石城諺傳箕準始築故謂之箕準城又有後朝鮮武康王及妃陵俗號末通大王陵一云百濟武王小名薯童

朗山縣本百濟閼也山縣新羅景德王改名野山爲金馬郡領縣高麗更今名來屬恭讓王三年以礪良監務來兼

沃野縣本百濟所力只縣新羅景德王改今名爲金馬郡領縣高麗初來屬明宗六年置監務後復來屬

鎭安縣本百濟難珍阿縣一云月良縣新羅景德王改今名爲長溪郡領縣高麗初來屬後置監務恭讓王三年兼任馬靈有馬耳山新羅稱西多山載小祀

紆州縣本百濟于召渚縣紆一作汙新羅景德王改今名爲金馬郡領縣高麗初來屬

高山縣本百濟高山縣一云難等良新羅時來屬顯宗九年仍屬後置監務兼任珍同恭讓王三年又兼雲梯

雲梯縣本百濟只伐只縣一云只失只新羅景德王改今名爲德殷郡領縣高麗初來屬

馬靈縣本百濟馬突縣一云馬珍一云馬等良新羅景德王改今名爲任實郡領縣高麗初來屬

礪良縣良一作陽本百濟只良肖縣新羅景德王改今名爲德殷郡領縣高麗初因之顯宗九年來屬恭讓王三年兼任朗山又兼公村皮堤勸農使

利城縣本百濟乃利阿縣新羅景德王改今名爲金堤郡領縣高麗初來屬

伊城縣本百濟豆伊縣一云往武新羅景德王改名杜城來屬高麗改今名仍屬

咸悅縣本百濟甘勿阿縣新羅景德王改今名爲臨陂郡領縣高麗初來屬明宗六年置監務別號咸羅忠肅王八年縣之道乃山銀所人伯顏夫介在元有功於本國陞所爲龍安縣恭讓王三年以全州屬縣豐儲與之

南原府本百濟古龍郡後漢建安中爲帶方郡曹魏時爲南帶方郡後漢曹魏末嘗經略南韓此必誤新羅幷百濟唐高宗詔劉仁軌檢校帶方州刺史神文王四年置小京景德王十六年改南原小京太祖二十三年改爲府忠宣王二年復爲帶方郡後又改爲南原郡恭愍王九年陞爲府別號龍城有智異山一云地理一云頭流一云方丈新羅爲南嶽躋中祀高麗仍之有鶉子津屬郡二縣七

任實郡本百濟任實郡新羅仍之至高麗來屬明宗二年置監務

淳昌郡本百濟道實郡新羅景德王改爲淳化郡高麗更今名爲縣來屬明宗五年置監務忠肅王元年以僧國統丁午鄉陞知郡事別號玉川又烏山古屬縣有福興

長溪縣本百濟伯海郡一作伊新羅景德王改爲壁溪郡高麗更今名來屬後移屬長水縣

赤城縣赤一作磧又作碌本百濟礫坪縣新羅景德王改今名爲淳化郡領縣高麗初來屬後還屬淳昌郡

居寧縣居一作巨本百濟居斯勿縣新羅景德王改名青雄爲任實郡領縣高麗更今名來屬

九皐縣本百濟埃坪縣埃一作淚新羅景德王改今名爲淳化郡領縣高麗初來屬恭愍王三年以縣人元使林蒙古不花有功於國陞爲郡

長水縣本百濟雨坪縣新羅景德王改名高澤爲壁溪郡領縣高麗更今名來屬恭讓王三年兼任長溪要害處有六十峴自縣東至慶尚道

雲峯縣本新羅毋山縣或云阿英城或云阿莫城景德王改今名爲天嶺郡領縣至高麗來屬恭讓王三年兼任阿容谷勸農兵馬使要害處有八良峴自縣東至慶尚道

求禮縣本百濟仇次禮縣新羅景德王改今名爲谷城郡領縣高麗初來屬仁宗二十一年置監務別號鳳城要害處有潺水津末草栗峴皆自縣指順天境

古阜郡本百濟古沙夫里郡新羅景德王改今名太祖十九年稱瀛州觀察使光宗二年爲安南都護府顯宗十年復今名忠烈王時俘子靈光尋復舊屬郡一縣六

保安縣本百濟欣良買縣新羅景德王改名喜安來屬高麗更今名仍屬後以扶寧監務來兼辛禑十二年各置監務別號浪州有邊山有猬島

扶寧縣本百濟皆火縣新羅景德王改今名來屬至高麗仍屬後置監務兼任保安辛禑十二年各置監務

井邑縣本百濟井村縣新羅景德王改今名爲大山郡領縣至高麗來屬後置監務

大山郡本百濟大尸山郡新羅景德王改今名至高麗來屬後置監務兼任仁義縣宗十年各置監務恭愍王三年以縣人元使林蒙古不花有功於國陞爲郡

仁義縣本百濟賓屈縣一云賦城縣新羅景德王改名武城爲大山郡領縣高麗更今名來屬以大山監務來兼

尚質縣本百濟上柒縣新羅景德王改今名來屬至高麗仍屬後更名章德章一作昌置監務兼任高敞忠宣王即位避王嫌名改爲興德

高敞縣本百濟毛良夫里縣新羅景德王改今名爲武靈郡領縣至高麗來屬後以尚質監務來兼

臨陂縣本百濟屎山郡一云所文一云所鳥一云失烏出一云陂山新羅景德王改今名爲郡高麗降爲縣置今別號鷲城屬縣四

澮尾縣本百濟夫夫里縣新羅景德王改今名來屬高麗因之

富潤縣本百濟武斤村縣新羅景德王改名武邑爲金堤郡領縣高麗更今名來屬後移屬萬頃

沃溝縣本百濟馬西良縣新羅景德王改今名來屬高麗因之

萬頃縣本百濟豆乃山縣新羅景德王改今名爲金堤郡領縣至高麗來屬睿宗元年置監務

進禮縣本百濟進乃郡一云進仍乙縣新羅景德王改爲進禮郡高麗降爲縣令官忠烈王三十一年以縣人金侘仕元爲遼陽行省參政有功於國陞知錦州事屬縣五

富利縣本百濟豆尸伊縣一云富尸伊新羅景德王改爲伊城縣來屬高麗更今名仍屬明宗五年置監務

清渠縣本百濟勿居縣新羅景德王更今名來屬高麗因之忠宣王五年改爲龍潭縣置令別號王川

朱溪縣本百濟赤川縣新羅景德王改名丹川來屬高麗更今名仍屬明宗六年以茂豐監務來兼恭讓王三年併于茂豐

茂豐縣本新羅茂山縣景德王改今名爲開寧郡領縣高麗初來屬明宗六年置監務兼任朱溪恭讓王三年以朱溪縣合屬有裳山四面壁立層層峻截如人之裳故名古人因險爲城僅有二路可上其中平坦寬曠泉水四出

珍同縣本百濟珍同縣同一作洞新羅爲黃山郡領縣高麗來屬恭讓王二年以高山監務來兼別號王溪古屬縣有伉山

金堤縣本百濟碧骨郡新羅景德王改爲金堤郡高麗初爲全州屬縣仁宗二十一年置縣令有碧骨堤新羅訖解王二十一年始開岸長一千八百步屬縣一

平皐縣本百濟首冬山縣新羅景德王改今名來屬國初爲全州屬縣後復來屬

金溝縣本百濟仇知只山縣新羅景德王改今名爲全州領縣毅宗二十四年以李義方外鄉陞爲縣令官別號鳳山屬縣一

巨野縣本百濟也西伊縣新羅景德王改名野西爲大山郡領縣高麗更今名爲全州屬縣後屬金堤縣又後來屬

羅州牧本百濟發羅郡新羅景德王改爲錦山郡羅

孶甄萱稱後百濟王盡有其地未幾郡人附于後高
麗王弓裔弓裔命太祖爲精騎大監率舟師攻取改
爲羅州成宗十四年初定十道稱鎭海軍節度使屬
海陽道顯宗元年王避丹兵南巡至州留旬日丹兵
敗去王乃還都九年陞爲牧別號通義錦城成廟所定有
錦城山山有神祠南浦津黑山島島人出陸僑寓南浦江邊稱榮山縣恭愍王十
二年陞爲郡屬郡五縣十一領知事府一郡四縣令官四
務安郡本百濟勿阿兮郡新羅景德王更今名惠宗元年改勿良郡成宗十年復稱今
名來屬明宗二年置監務恭讓王三年兼城山極浦勸農防禦使
潭陽郡本百濟秋子兮郡新羅景德王改爲秋成郡成宗十四年爲潭州都團練使後

更今名來屬明宗二年置監務恭讓王三年兼任原栗
谷城郡本百濟欲乃郡新羅景德王改今名高麗初爲昇平郡屬郡後來屬明宗二年
置監務別號谷川
樂安郡一云陽岳本百濟分嵯郡一云分妙新羅景德王改爲分嶺郡高麗更今名來
屬明宗二年置監務後爲知郡事有獐島
南平郡一云永平郡本百濟未冬夫里縣新羅景德王改名玄雄爲武州領縣高麗更
今名來屬明宗二年置監務恭讓王二年以和順監務來兼
鐵冶縣本百濟實於山縣新羅景德王改今名來屬高麗因之後屬陵城縣
會津縣本百濟豆盻縣新羅景德王改今名來屬高麗因之
潘南縣本百濟半柰夫里縣新羅景德王改爲潘南郡高麗初降爲縣來屬

安老縣本百濟阿老谷縣新羅景德王改名野老爲潘南郡領縣高麗更今名來屬
伏龍縣本百濟伏龍縣一云孟龍新羅景德王改名龍山爲武州領縣高麗復古名來
屬
原栗縣本百濟栗支縣新羅景德王改名栗原爲秋成郡領縣高麗更今名來屬
餘艎縣本百濟水川縣一云水入伊新羅景德王改今名來屬高麗仍屬
昌平縣一云鳴平本百濟屈支縣新羅景德王改名祈陽爲武州領縣高麗更今名來
屬諺傳縣吏車自寶有制南賊之功陞爲縣令恭讓王三年兼長平甲鄉勸農使甲鄉本屬縣
後移屬羅州又移屬光州至是復來屬
長山縣一云安陵本百濟居知山縣居一作屈新羅景德王改名安波爲壓海郡領縣
高麗更今名來屬有古參島新伊良島上於島安昌島阿於島松島

珍原縣本百濟丘斯珍兮縣新羅景德王改今名爲岬城郡領縣至高麗來屬明宗二
年置監務
和順縣本百濟仍利阿縣新羅景德王改名汝湄一云海濱爲陵城郡領縣高麗更今
名來屬後還屬陵城縣恭讓王二年置監務兼任南平
長興府本百濟烏次縣新羅景德王改名烏兒爲
寶城郡領縣高麗改爲定安縣屬靈巖任內仁宗
朝以恭睿太后任氏之鄕陞知長興府事元宗六
年又陞懷州牧忠宣王二年復降爲長興府後因
倭寇僑徙內地別號定州成廟所定又號冠山有天冠
山舊名天風屬縣四

遂寧縣本百濟古馬彌知縣新羅景德王改名馬邑爲寶城郡領縣高麗更今名屬靈巖後來屬

會寧縣本百濟馬斯良縣新羅景德王改名代勞爲寶城郡領縣高麗更今名仍屬後來屬有得山良島

長澤縣本百濟季川縣新羅景德王改名季水爲寶城郡領縣高麗更今名仍屬後來屬

耽津縣本百濟冬音縣新羅景德王改今名爲陽武郡領縣高麗移屬靈巖後來屬別號鼇山有富仁島恩波島碧浪島仙山島又有莞島

靈光郡本百濟武尸伊郡新羅景德王改爲武靈郡高麗更今名別號筽城有大加叱知島珍人伊島省衣島阿叱乍島屬郡二縣八

壓海郡壓一作押本百濟阿次山郡新羅景德王改今名高麗初爲羅州屬縣後來屬有只上島道沙島代斬島迷只島毛也島八欠島青安尼島

長城郡本百濟古尸伊縣新羅景德王改爲岬城郡高麗更今名來屬明宗二年置監務有葦嶺

森溪縣本百濟所非兮縣一云所乙夫縣新羅景德王改今名爲岬城郡領縣至高麗來屬

陸昌縣本百濟阿老縣一云葛草一云加位新羅景德王改名碣島爲壓海郡領縣高麗更今名來屬有比介島蓍島神葦島青島禿島白良島慈恩島品墮島櫻島鷲島乃破島

海際縣本百濟道際縣一云陰海一云大峯新羅景德王改今名爲務安郡領縣至高

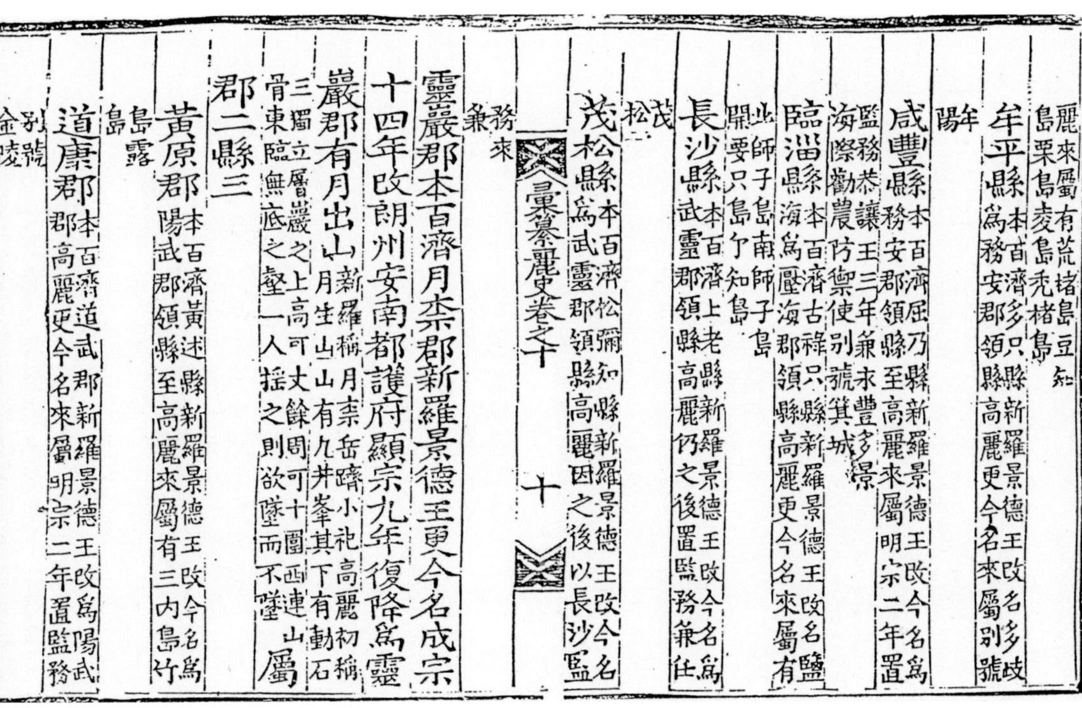

麗來屬有荒楮島豆知島栗島麥島禿楮島

牟平縣本百濟多只縣新羅景德王改名多岐爲務安郡領縣高麗更今名來屬別號牟陽

咸豐縣本百濟屈乃縣新羅景德王改今名爲務安郡領縣至高麗來屬明宗二年置監務恭讓王三年兼求豐多景海際勸農防禦使別號箕城

臨淄縣本百濟古祿只縣新羅景德王改名鹽海爲壓海郡領縣高麗更今名來屬有比師子島南師子島闕要只島亇知島

長沙縣本百濟上老縣新羅景德王改今名爲武靈郡領縣高麗仍之後置監務兼任茂松

茂松縣本百濟松彌知縣新羅景德王改今名爲武靈郡領縣高麗因之後以長沙監

務來兼

靈巖郡本百濟月柰郡新羅景德王更今名成宗十四年改朗州安南都護府顯宗九年復降爲靈巖郡有月出山新羅稱月柰岳躋小祀高麗初稱月生山山有九井峯其下有動石三獨立層巖之上高可丈餘周可十圍西連山骨東臨無底之壑一人搖之則欲墜而不墜屬郡二縣三

黃原郡本百濟黃述縣新羅景德王改今名爲陽武郡領縣至高麗來屬有三內島竹島露島

道康郡本百濟道武郡新羅景德王改爲陽武郡高麗更今名來屬明宗二年置監務別號金陵

昆湄縣本百濟古彌縣新羅景德王改今名來屬高麗仍之
海南縣本百濟塞琴縣新羅景德王改名浸溟一云投濱爲陽武郡領縣高麗更今名
來屬
竹山縣本百濟古西伊縣新羅景德王改名固安固一作同爲陽武郡領縣高麗更今
名來屬
寶城郡本百濟伏忽郡新羅景德王改今名成宗
十四年稱貝州刺史後復爲寶城郡別號山陽宣宗
五年陞他州部曲爲道化縣又高興縣本高伊部曲高伊者方言猫也時有猫部曲人仕朝則國亡
之讖柳庇以譯語通事于元有功忠烈王十一年改今名陞爲監務忠宣王二年又以仕元宦者李
大順之請陞食村部曲爲豊安縣屬縣七

同福縣本百濟豆夫只縣新羅景德王改今名爲谷城郡領縣高麗初來屬諺傳以僧
祖珙之鄕陞爲監務
福城縣本百濟波夫里郡新羅景德王改名富里爲陵城郡領縣高麗更今名來屬
兆陽縣本百濟冬老縣新羅景德王改今名爲分嶺郡領縣至高麗來屬後置監務有
語山島、兎島
南陽縣本百濟助助禮縣新羅景德王改名忠烈爲分嶺郡領縣高麗更今名來屬有
春子島
玉果縣本百濟果支縣一云果分新羅景德王改今名爲秋成郡領縣高麗初來屬明
宗二年置監務有小乃島大乃島折音島
奉江縣本百濟比史縣新羅景德王改名栢舟爲分嶺郡領縣高麗更今名來屬

荳原縣本百濟豆肹縣新羅景德王改名荳原爲分嶺郡領縣高麗更今名仍屬後來
屬仁宗二十一年置監務
昇平郡本百濟欿平郡欿一作沙一作武新羅景德王改
今名成宗十四年爲昇州兖海軍節度使一云靖昇化立
宗二年復爲昇平郡忠宣王元年陞昇州牧二年
降爲順天府屬縣四
富有縣本百濟遁支縣新羅景德王改今名爲谷城郡領縣高麗初來屬
突山縣本百濟突山縣新羅景德王改爲廬山縣來屬高麗復稱古名仍屬有安鹿島
甘勿島
麗水縣本百濟猿村縣新羅景德王改爲海邑縣來屬高麗更今名仍屬忠定王十年

置縣令有呉島伊烏島弓斤島安才島模島
光陽縣本百濟馬老縣新羅景德王改爲晞陽縣來屬高麗更今名仍屬有蟾津有大
安島
海陽縣本百濟武珍州一云奴只新羅取百濟仍置都
督景德王十六年改爲武州眞聖王六年甄萱襲
據稱後百濟尋移都全州後後高麗王弓裔以太
祖爲精騎大監帥舟師略定州界城主池萱以甄
萱壻堅守不降太祖二十三年稱光州成宗十四
年降爲刺史後又降爲海陽縣令官高宗四十六
年以金仁俊外鄕陞知翼州事後陞爲光州牧忠

宣王二年復降爲化平府恭愍王十一年改茂珍
府避惠宗諱改武爲茂二十二年復爲光州牧別號光山又
號翼陽有無等山一云武珍岳一云瑞石山新羅爲小祀高麗致國祭
珍島縣本百濟因珍島郡海中島也新羅景德王
改今名爲務安郡領縣高麗屬羅州後置縣令忠
定王二年因倭寇遷內地有大津有目只島屬縣
二
嘉興縣本百濟徒山縣一云猿山在珍島界新羅景德王改爲牢山郡高麗更今名來
屬有加西島鶻鸛島米浦島月良島
臨淮縣本百濟買仇里縣亦在珍島界新羅景德王改名瞻耽爲牢山郡領縣高麗更

彙纂麗史卷之十 十三

今名來屬有壤島巴叱个島
陵城縣陵一作綾本百濟尒陵夫里郡一云竹樹夫里一云仁夫里
新羅景德王改爲陵城郡高麗初屬羅州仁宗二
十一年置縣令有仁物島
耽羅縣在全羅道南海中其古記云太初無人物
三神人從地聳出其主山北麓有穴曰毛興是其地也長曰良乙那
次曰高乙那三曰夫乙那三人遊獵荒僻皮衣肉
食一日見紫泥封藏木函浮至于東海濱就而開
之函內又有石函有一紅帶紫衣使者隨來開石
函出現青衣處女三及諸駒犢五穀種乃曰我是

日本國使也吾王生此三女云西海中嶽降神子
三人將欲開國而無配匹於是命臣侍三女以來
爾宜作配以成大業使者忽乘雲而去三人以年
次分娶之就泉甘土肥處射矢卜地良乙那所居
曰第一都高乙那所居曰第二都夫乙那所居曰
第三都始播五穀且牧駒犢日就富庶至十五代
孫高厚高清昆弟三人造舟渡海至于耽津蓋新
羅盛時也于時客星見于南方太史奏曰異國人
來朝之象也遂朝新羅王嘉之稱長子曰星主以其動星也
二子曰王子王令清出胯下愛如己子故名之季子曰都內

彙纂麗史卷之十 十四

邑號曰耽羅蓋以來時初泊耽津故也各賜寶蓋
衣帶而遣之自此子孫蕃盛敬事國家以高爲星
主良爲王子夫爲徒上後又改良爲梁又三國遺
事載海東安弘記列九韓乇羅居四百濟文周王
二年拜耽羅國使者恩率東城王二十年以耽羅
不修貢賦親征至武珍州耽羅聞之遣使乞罪乃
止註云耽羅卽耽牟羅百濟既滅新羅文武王元
年耽羅國主佐平徒冬音律來降太祖二十一年
耽羅國太子末老來朝賜星主王子爵肅宗十年
改乇羅爲耽羅郡毅宗時爲縣令官熙宗七年以

縣之石淺村爲歸德縣元宗十一年逆賊金通精
領三別抄入據作亂越四年王命金方慶討平之
忠烈王三年元爲牧馬場二十年王朝元請還耽
羅元丞相完澤等奏奉聖旨以耽羅還隸于我是
年乙未改爲濟州始以判祕書省事崔瑞爲牧使
二十六年皇太后又放廐馬三十一年還屬于我
忠肅王五年草賊士用嚴卜起兵搆亂土人文公
濟擧兵盡誅之聞于元復置官吏恭愍王十一年
請隸于元元以副樞文阿但不花爲耽羅萬戶與
本國賤隸金長老到州枚萬戶朴都孫沈于海十

六年元以州復來屬時牧胡強數殺國家所遣牧
使萬戶以叛及金庾之討牧胡訴于元請置萬戶
府王奏請令本國自署官擇牧胡所養馬以獻如
故事帝從之十八年元牧子哈赤跋扈殺害官吏
越六年八月王遣都統使崔瑩討滅哈赤復置官
吏鎭山漢拏在縣南一曰頭無岳又云圓山其巓有大池又有楸子
島凡往耽羅者發羅州則歷務安大堀浦靈巖火無只瓦島海南於蘭梁凡七晝夜至楸子島發
海南則從三寸浦歷巨要梁三內島發耽津則從軍營浦歷高子黃伊露琵島三內島皆三晝夜至
楸子島右三處舟船皆經此島過斜鼠島大小火脫島至于涯月浦朝天館蓋火脫之間二水交流
波濤洶湧凡往來者難之

交州道本貊地後爲高句麗所有歷新羅至高麗成
宗十四年分境內爲十道以春州等郡縣屬朔方道
明宗八年始稱春州道後稱東州道元宗四年稱交
州道忠肅王元年稱淮陽道辛禑十四年幷嶺東西
爲交州江陵道以忠州所管平昌郡來屬領郡八防禦
郡一知事郡二屬郡五縣二十
交州本高句麗各連城郡一作客 一云加兮牙新羅景德王
改爲連城郡高麗初稱伊勿城成宗十四年更今名
爲團練使顯宗九年改爲防禦使忠烈王三十四年
以鐵嶺口子把截有功陞淮州牧忠宣王二年汰諸

牧降爲淮陽府要害處二鐵嶺楸池嶺又義館嶺德
津溟所載祀典屬郡二縣四
長楊郡本高句麗大楊管郡一云馬斤押新羅景德王改爲大楊郡高麗更今名來屬
有金剛山一云楓岳一云皆骨千峯雪立高峻奇絶寺剎甚多名聞中國
金城郡本高句麗母城郡一云也次忽新羅景德王改爲益城郡後更今名顯宗九年
陞爲郡後降爲縣來屬睿宗元年置監務後置令高宗四十一年復降爲監務四十四年又稱道寧
嵐谷縣本高句麗赤木鎭一云沙非斤乙新羅景德王改名丹松爲連城郡領縣顯宗
九年更今名內屬
通溝縣溝一作口本高句麗水入縣一云買伊縣新羅景德王改今名爲岐城郡領縣

顯宗九年來屬

岐城縣本高句麗冬斯忽郡新羅景德王改今名爲郡至高麗初降爲縣來屬有菩提津

和川縣本高句麗藪狌川縣新羅景德王改名藪川爲大楊郡領縣高麗初更今名來屬

春州本貊國新羅善德王六年爲牛首州置軍主文武王十三年稱首若州一云首次若一云烏斤乃景德王改朔州後改光海州太祖二十三年爲春州成宗十四年稱團練使屬安邊府州人以道塗艱險難於往來至神宗六年賂崔忠獻陞爲安陽都護府後降知春州事別號壽春成廟所定又號鳳山有昭陽江屬郡二縣九

嘉平郡嘉一作加本高句麗斤平郡一云並平新羅景德王改今名顯宗九年來屬有花岳山又有清平山

狼川郡本高句麗狌川郡一云也尸買新羅景德王改今名高麗初來屬睿宗元年置監務兼任楊口

基麟縣本高句麗基知郡高麗改今名來屬

朝宗縣本高句麗深川縣一云伏斯買新羅景德王改名浚川爲嘉平郡領縣高麗更今名顯宗九年來屬

麟蹄縣本高句麗猪足縣一云烏斯回新羅景德王改名狶蹄爲楊麓郡領縣高麗更今名來屬後屬淮陽恭讓王元年置監務

橫川縣本高句麗橫川一云於斯買新羅景德王改名潢川爲朔州領縣高麗復稱橫川仍屬後屬原州恭讓王元年置監務別號花田

洪川縣本高句麗伐力川縣新羅景德王改名綠驍爲朔州領縣顯宗九年更今名仍屬仁宗二十一年置監務別號花山

文登縣本高句麗文見縣一云斤尸波兮新羅景德王改今名爲大楊郡領縣顯宗九年來屬後移屬淮陽

方山縣本高句麗三峴縣一云密波兮新羅景德王改名三嶺爲楊麓郡領縣高麗更今名來屬後屬淮陽

瑞禾縣禾一作和本高句麗王岐縣一云皆次丁新羅景德王改名馳道爲楊麓郡領

縣高麗更今名來屬後屬淮陽別號瑞城

楊溝縣本高句麗楊口郡一云要隱忽次新羅景德王改爲楊麓郡高麗更今名來屬睿宗元年置監務以狼川監務來兼

東州本高句麗鐵圓郡一云毛乙冬非新羅景德王改爲鐵城郡後弓裔起兵略取高句麗舊地自松岳郡來都修葺宮室窮極奢侈國號泰封及太祖卽位徙都松岳改鐵圓爲東州弓裔宮殿古基在州北二十七里楓川之原成宗十四年置團練使穆宗八年罷之顯宗九年改知東州事高宗四十一年降爲縣令官後陞爲牧忠宣王二年汰諸牧降爲鐵原府別號昌原成廟所定又號陸昌有寶

蓋山屬郡一縣七

金化郡 本高句麗夫如郡新羅景德王改爲富平郡顯宗九年更今名來屬仁宗二十一年置監務別號花山

朔寧縣 本高句麗所邑豆縣新羅景德王改名朔邑爲兎山郡領縣高麗更今名顯宗九年來屬睿宗元年以僧嶺監務來兼

平康縣 康一作江本高句麗斧壤縣一云於斯内縣新羅景德王改名廣平爲富平郡領縣顯宗九年更今名來屬明宗二年置監務有後爲金化監務所兼恭讓王元年析置監務有分水嶺

漳州縣 漳一作獐本高句麗工木達縣一云熊閃山新羅景德王改名功成爲鐵城郡領縣高麗更今名成宗十四年置團練使穆宗八年罷之顯宗九年仍屬明宗五年置監務兼

任僧嶺忠宣王即位避王嫌名改爲漣州別號僮浦成廟所定有澄波渡

僧嶺縣 本高句麗僧梁縣一云非勿新羅景德王改名幢梁爲鐵城郡領縣高麗更今名顯宗九年仍屬睿宗元年置監務兼任朔寧

伊川縣 本高句麗伊珍買縣新羅景德王改今名爲兎山郡領縣顯宗九年來屬後置監務別號花山有溫泉

安峽縣 本高句麗阿珍押縣一云窮岳新羅景德王改今名爲兎山郡領縣顯宗九年來屬睿宗九年置監務

洞陰縣 本高句麗梁骨縣新羅景德王改今名爲堅城郡領縣顯宗九年來屬睿宗元年置監務元宗十年以衛社功臣康允紹内鄉陞爲永興縣令官

西海道 本高句麗之地唐高宗滅高句麗而不能守新羅遂幷之及其季世爲弓裔所據太祖旣立盡有其地成宗十四年分境内爲十道以黃州海州等州縣屬關内道後改爲西海道後遂安谷州殷栗等縣沒于元至忠烈王四年元乃歸之領大都護府一牧一郡六縣十六鎭一

安西大都護府 海州本高句麗内米忽一云池城一云長池新羅景德王改爲瀑池郡太祖以郡南臨大海賜名海州成宗二年初置十二牧州其一也十四年置十二州節度使稱右神策軍與楊州爲左右輔顯宗三年廢節度使九年定置四都護府改爲海州安西都護

府睿宗十七年又陞爲大都護府高宗三十四年爲海州牧恭愍王二十二年倭寇入侵殺牧使嚴益謙於是誅州吏之不救者降州爲郡復陞爲牧別號大寧西海成廟所定又號孤竹有首陽山大首押島一作睡鴨下同小首押島延平島平一作坪龍媒島屬縣三領防禦郡一縣令官一鎭一

鹽州 本高句麗冬音忽音一作乡一云豉鹽城新羅景德王改爲海皐郡高麗初更今名成宗十四年置防禦使顯宗初廢防禦使來屬後置監務高宗四年以禦丹兵有功陞爲永膺縣令官四十六年以縣人將軍車松祐有衛社之功陞知復州事元宗十年又以衛社功臣李汾禧之鄉改爲碩州忠烈王三十四年又陞爲溫州牧忠宣王二年汰諸牧降爲延安府別號

五原成廟所定有大堤號曰南大池州東有甑城古祭天壇

白州本高句麗刀臘縣一云雉岳城新羅景德王改名雊澤爲海皋郡領縣高麗初更今名顯宗九年屬平州毅宗十三年稱兔山重興闕陞知開興府事後復舊名來屬高宗四十六年以衛社功臣李仁植內鄉陞爲忠翊縣令官元宗十年又以衛社功臣趙琡內鄉陞知復興郡恭愍王十八年避侍中慶復興之名還稱白州別號銀川成廟所定有溫泉

安州本高句麗息城郡一云漢城郡一云漢忽一云乃忽新羅景德王改爲重盤郡高麗初更今名成宗十四年置防禦使顯宗初癈防禦使來屬睿宗元年置監務高宗四年以禦丹兵有功陞爲載寧縣令官別號安陵成廟所定又號安風

豐州本高句麗仇乙縣一云屈遷高麗初改今名成宗十四年陞爲都護府顯宗九年置防禦使別號西河成廟所定有椒島庯島屬郡一縣五

安岳郡本高句麗楊岳郡高麗初改今名顯宗九年來屬睿宗元年置監務忠穆王四年陞爲知郡事別號楊山有阿斯津省草串阿斯津桃串皆載祀典郡屬有連豐莊恭讓王二年置長命連豐兼監務

儒州本高句麗闕口高麗初改今名顯宗九年來屬睿宗元年置監務高宗四十六年以衛社功臣成均大司成柳璥內鄉陞爲文化縣令官別號始寧成廟所定有九月山世傳阿斯達山莊莊坪世傳檀君所都卽唐莊京之訛三聖祠有檀因檀雄檀君祠

殷栗縣本高句麗栗口一云栗川高麗初改今名顯宗九年來屬

青松縣本高句麗麻耕伊高麗初改今名顯宗九年來屬睿宗元年置監務海安縣令官因倭寇侵擾辛禑九年屬于縣之

嘉禾縣本高句麗板麻串高麗初改今名顯宗九年來屬睿宗元年置監務以永康監務來兼

永寧縣本高句麗熊閑伊高麗初更今名顯宗九年來屬後移屬信川

瓮津縣本高句麗瓮遷高麗初改今名顯宗九年置縣令有麒麟島昌麟島魚化島孤島謀島屬縣二

長淵縣一云長潭本高句麗地新羅及高麗皆仍舊名顯宗九年來屬睿宗元年置監務有長山串春秋降香祝行祭載小祀白沙汀三面際海

永康縣本高句麗付珍伊高麗初改今名顯宗九年來屬睿宗元年置監務兼任嘉禾

白翎鎭本高句麗鵠島高麗改今名爲鎭顯宗九年置鎭將恭愍王六年以水路艱險出陸僑寓文化縣東村尋以地窄廢鎭將屬文化縣任內恭讓王二年革爲直村有大青島忠肅王四年元流魏王阿木哥于此十年召還十一年流孛刺太子于此十六年召還十七年流陶于帖木兒太子于此後元年召還小青島

黃州牧本高句麗冬忽一云于冬於忽新羅憲德王改爲取城郡高麗初更今名成宗二年初置十二牧州其一也十四年置十二州節度使稱天德軍屬關內道顯宗三年廢爲安撫使九年定置八牧仍爲牧高宗四年以不能禦丹兵降知固寧郡事後復稱黃州牧鐵島

人出陸寓居州西村忠肅王後七年稱鐵和縣置監務後革之又州屬有長命鎭恭讓王二年置長命連
豐兼監務別號齊安成廟所定又號龍興有阿斯津松弗載祀典
要害處有棘城屬郡二縣一領知事郡二縣令官一
鳳州本高句麗鵂嵒郡一云祖坡衣一云鵂鶹城新羅景德王改爲棲巖郡高麗初更今
名成宗十四年置防禦使顯宗初廢防禦使來屬忠烈王十一年復稱防禦使尋知鳳陽郡事
別號池河成廟所定
信州本高句麗升山郡高麗更今名成宗十四年置防禦使顯宗初廢防禦使來屬後置監
務別號信安成廟所定有溫泉
土山縣本高句麗息達新羅憲德王改今名顯宗九年來屬忠肅王九年以功臣平壤
君趙仁規祖母鄕陞爲祥原郡有佳殊窟

平州本高句麗大谷郡一云多知忽新羅景德王改爲
永豐郡高麗初更今名成宗十四年置防禦使顯
宗九年定爲知州事元宗三十年倂于復興郡忠
烈王時復舊別號延德又號東陽有猪淺一云淏江有
溫泉屬縣一
洞州本高句麗五谷郡一云于次呑忽新羅景德王改爲五關郡高麗更今名成宗十四
年置防禦使顯宗初廢防禦使來屬元宗朝以安胎陞爲瑞興縣令官別號瓏西成廟所定要
害處有岊嶺即慈悲嶺
谷州本高句麗十谷城一云德頓忽一云谷城縣一云古谷郡新羅
景德王改名鎭瑞爲永豐郡領縣高麗初更今名

成宗十四年置防禦使顯宗九年定爲知郡事別
號象山成廟所定屬縣三
新恩縣顯宗九年來屬高宗四十六年以衛社功臣李公柱內鄕陞知覃州事後復舊
名還屬別號新城
俠溪縣本高句麗水谷城縣一云買旦忽新羅景德王改名檀溪縣爲永豐郡領縣高麗
初更今名顯宗九年來屬後置監務有北鮮宮闕舊址北鮮即縣之箕達山辛禑時據道詵密
記遣權仲和等審得之與左鮮白岳山右鮮白馬山爲三鮮○本百濟地句麗取以爲縣此必
漏
遂安縣本高句麗獐塞縣一云古所於新羅時爲棲巖郡領縣高麗初改今名屬谷州
任內後置縣令忠宣王二年以元嬖宦李大順之請陞爲遂州一云以縣人李連松有勞於國

陞爲郡
東界本高句麗舊地成宗十四年分境內爲十道以
和州溟州等郡縣爲朔方道靖宗二年稱東界與北界爲
兩界文宗元年稱東北面或稱東面東路東北路東北界後咸州迆北
沒於東女眞睿宗二年以平章事尹瓘爲元帥知樞
密院事吳延寵副之率兵擊逐女眞置九城立碑于
公嶮鎭之先春嶺以爲界至明宗八年稱沿海溟州
道高宗四十五年蒙古兵來侵龍津縣人趙暉定州
人卓靑叛殺兵馬使愼執平以和州迆北附于蒙古
蒙古乃置雙城摠管府于和州以暉爲摠管靑爲千

户以治之四十六年以忠淸道之寧越平昌來隷後還其道元宗四年稱江陵道忠烈王十六年以寧越平昌復來屬恭愍王五年稱江陵朔方道七月遣樞密院副使柳仁雨攻破雙城於是按地圖收復和登定長預高文宜州及宣德元興寧仁耀德靜邊等鎭諸城前此朔方道以都連浦爲界築長城置定州宣德元興三關門沒于元凡九十九年至是始復之以壽春君李壽山爲都巡問使定疆域復號東北面九年稱朔方江陵道以此考之鐵嶺以北爲朔方道以南爲江陵道高麗時或稱朔方道或稱江陵道或合爲朔方江陵道或稱爲江陵朔方道又或稱沿海溟州道一分一合雖沿革稱號不同然自高麗初至于末年公嶮迆南三陟迆北通謂之東界云領都護府一防禦郡九鎭十縣二十五睿宗朝所置大都護府一防禦郡四鎭六恭愍王以後所置府二

安邊都護府登州本高句麗比列忽郡一云淺城郡新羅眞興王十七年爲比列州置軍主景德王改朔庭郡高麗初稱登州成宗十四年置團練使顯宗九年更今名高宗時定平以南諸城被蒙兵侵擾移寓江陵道襄州再移杆城幾四十年忠烈王二十四年各還本城別號朔方成廟所定有國島屬縣七領防禦郡九鎭十使三將七縣令官八

瑞谷縣本高句麗原谷縣一云首乙呑新羅景德王改今名爲朔庭郡領縣顯宗九年仍屬

汶山縣本高句麗加支達縣新羅景德王改名菁山爲朔庭郡領縣高麗初更今名顯宗九年仍屬後改文山

衛山縣高句麗時稱號未詳顯宗九年來屬

翼谷縣本高句麗於支呑縣新羅景德王改名翊谿爲朔庭郡領縣高麗更今名仍屬

派川縣本高句麗岐淵縣新羅景德王改今名爲金壤郡領縣顯宗九年來屬

鶴浦縣本高句麗鵠浦縣新羅景德王改今名爲朔庭郡領縣顯宗九年來屬

霜陰縣本高句麗薩寒縣新羅景德王改今名爲朔庭郡領縣顯宗九年仍屬

和州本高句麗之地或稱長嶺鎭或稱唐文唐作堂一或稱博平郡高麗初爲和州成宗十四年改和州安邊都護府顯宗九年降爲〻州防禦使爲本營高宗時沒于蒙古爲雙城摠管府州因合于登州猶稱防禦使後併于通州忠烈王時復舊恭愍王五年出師收復爲和州牧十八年陞爲和寧府設土官有橫江

高州古德寧鎭一云洪原郡成宗十四年爲高州防禦使顯宗十九年城鳳化山南以徙州治恭愍王五年改知州事

宜州本高句麗泉井郡一云於乙買新羅文武王二十一年取之改爲井泉郡高麗初稱湧州成宗十四年置防禦使後更今名睿宗三年築城別號東牟成廟所定又號宜春宜城要害處有鐵關海島有竹島

文州古稱妹城成宗八年爲文州防禦使後合于宜州忠穆王元年復析置

長州一云椵林一云端谷顯宗九年爲長州防禦使後改爲縣屬定州

定州古稱巴只一云宣威靖宗七年爲定州防禦使置關門恭愍王五年陞都護府別號中山有鼻白山春秋降香祝行祭

豫州睿宗十一年爲豫州防禦使後屬定州

德州文宗九年始築宣德城爲鎭後稱德州防禦使

元興鎭靖宗十年城杜川爲鎭有鎭使下同

寧仁鎭一云清源顯宗二十二年置

耀德鎭一云顯德鎭顯宗三年始築城堡

長平鎭古稱古叱達光宗二十年始築城堡有鎭將下同恭愍王六年改鎭爲縣置令

龍津鎭古狐浦高麗初改今名爲鎭穆宗九年築城後屬文州辛禑五年析置縣令別號龍城

永興鎭古稱關防戍文宗十五年始築城堡

靜邊鎭顯宗二十二年置有沸流水春秋降香祝行祭

雲林鎭顯宗六年築城堡

永豐鎭本甑大伊穆宗四年置後改爲縣

隘守鎭古稱梨柄成宗二年築城初隸文州恭愍王九年屬高州

高麗史卷之十　二十七

鎭溟縣一云圓山縣又名水江顯宗九年改今名爲縣令官後屬宜州

溟州本濊國一云鐵國一云蘂國漢武帝遣將討右渠定四郡時爲臨屯高句麗稱河西良一云何瑟羅州新羅善德王爲小京置仕臣太宗王五年以地連靺鞨罷京爲州置都督以鎭之景德王十六年改今名惠恭王十二年復古太祖十九年號東原京二十三年又以爲溟州成宗二年稱河西府五年改溟州都督府十一年更爲牧十四年爲團練使後又改防禦使元宗元年以功臣金洪就鄉陞慶興都護府忠烈王三十四年改江陵府恭讓王元年陞爲大都護府別號臨瀛有五臺山五峯環列大小均敵故名西臺之下有泉湧出卽漢水之源有大嶺有鏡浦屬縣三

羽溪縣本高句麗羽谷縣新羅景德王改今名爲三陟郡領縣顯宗九年來屬別號玉堂

旌善縣本高句麗仍買縣新羅景德王改今名爲溟州領縣顯宗九年仍屬後陞爲郡別號三鳳有風穴置氷經夏其菊又有水穴南江水至此分入地中

連谷縣本高句麗支山縣新羅景德王仍舊名爲溟州領縣顯宗九年稱今名仍屬縣人諺傳古陽谷縣

金壤縣本高句麗休壤郡一云金惱新羅景德王改今名爲郡高麗初置縣令忠烈王十一年陞通州防

高麗史卷之十　二十八

禦使有卯島屬縣三

臨道縣本高句麗道臨縣一云助乙浦新羅景德王改今名爲金壤郡領縣高麗仍之

雲巖縣本高句麗平珍峴縣一云遷峴新羅景德王改名偏險爲高城郡領縣高麗更今名來屬

碧山縣本高句麗吐上縣新羅景德王改名堤上爲金壤郡領縣高麗仍之

歙谷縣本高句麗習比谷縣谷一作呑新羅景德王改名習磎爲金壤郡領縣高麗更今名仍屬高宗三十五年置縣令有穿島別號鶴林

高城縣本高句麗達忽新羅眞興王二十九年爲州置軍主景德王改今名爲郡高麗爲縣令官別

彙纂麗史卷之十 二十九

號豐巖有三日浦有温泉屬縣二

豢猳縣本高句麗猪迌穴縣一云烏斯押新羅景德王改今名爲高城郡領縣至高麗仍屬文宗朝移縣治于陽村以扼海賊之衝

安昌縣本莫伊縣顯宗九年稱今名來屬

杆城縣本高句麗迌城郡一云加羅忽新羅景德王改爲守城郡高麗更今名置縣令後陞爲郡兼任高城恭讓王元年析爲二郡別號水城屬縣一

烈山縣本高句麗僧山縣一云所勿達新羅景德王改名童山爲守城郡領縣高麗更今名仍屬別號鳳山

翼嶺縣本高句麗翼峴縣一云伊文縣新羅景德王改今名爲守城郡領縣顯宗九年置縣令高宗八年以能禦丹兵陞襄州防禦使四十一年降爲縣令四十四年以降賊又降爲德寧監務元宗元年陞知襄州事別號襄山有東海神祠屬縣一

洞山縣本高句麗穴山縣新羅景德王改今名爲溟州領縣顯宗九年來屬

三陟縣本悉直國新羅婆娑王時來降智證王六年爲州置軍主景德王更今名爲郡成宗十四年改陟州團練使顯宗九年降爲縣令辛禑三年陞知郡事別號眞珠有太白山新羅擬五岳爲北岳有黃池卽洛東江之源

彙纂麗史卷之十 三十

蔚珍縣本高句麗于珍也縣一云古亐伊郡新羅景德王改今名爲郡高麗降爲縣置令有蔚陵島在縣正東海中新羅時稱于山國一云武陵一云羽陵地方百里智證王十二年來降太祖十三年其島人使白吉土豆獻方物毅宗十一年王聞鬱陵地廣土肥舊有州縣可以居民遣溟州道監倉金柔立往視柔立回奏云島中有大山從山頂向東行至海一萬餘步向西行一萬三千餘步向南行一萬五千餘步向北行八千餘步有村落基址七所有石佛鐘石塔多生柴胡蒿本石南草然多巖石民不可居遂寢其議一云于山武陵本二島相距不遠風日清明則可望見

咸州大都督府久爲女眞所據睿宗二年命元帥尹瓘等率兵擊逐三年置州爲大都督府號鎭東軍築大城徙南界丁戶一千九百四十八以實之

四年撤城以其地還女眞後又沒於元稱哈蘭府恭愍王五年收復舊疆爲知咸州事尋陞萬户府置營聚江陵慶尙全羅等道軍馬防守十八年陞爲牧別號咸平要害處二咸關嶺在府北大門嶺在洪獻

英州睿宗三年置州爲防禦使號安嶺軍四年撤城以其地還女眞後倂於吉州○今吉州西南德萬洞口有舊州基疑卽英州

雄州睿宗三年置州爲防禦使號寧海軍四年撤城以其地還女眞後倂於吉州○今吉州

吉州久爲女眞所據號弓漢村睿宗三年置州爲防禦使六年築中城尋以地還女眞後沒於元稱海洋一云三海陽恭愍王時收復舊疆恭讓王二年置雄吉州等處管軍民萬户府英州在北雄州在南有卯島

福州久爲女眞所據號吳林金村睿宗三年置州爲防禦使四年撤城以其地還女眞後沒於元稱秃魯几及恭愍王時收復舊疆辛禑八年改端州安撫使要害處二有伊板嶺在州東北卽磨天嶺豆乙外嶺在州南卽磨雲嶺

公嶮鎭睿宗三年築城置鎭爲防禦使六年築山城一云孔州一云匡州一云在先春嶺東南白頭山東北一云在蘇下江邊

通泰鎭睿宗三年築城置鎭四年撤城以其地還女眞

平戎鎭睿宗三年築城置之

崇寧鎭睿宗四年撤城以其地還女眞

眞陽鎭睿宗四年撤城以其地還女眞

宣化鎭睿宗四年撤城以其地還女眞後收復倂于吉州

按舊史九城之地久爲女眞所據睿宗二年命元帥尹瓘副元帥吳延寵率兵十七萬擊逐女眞分兵略地東至火弗嶺北至弓漢嶺西至蒙羅骨嶺以爲我疆於蒙羅骨嶺下築城廊九百九十間號英州火弗山下築九百九十二間號雄州吳林金村築七百七十四間號福州弓漢村築六百七十間號吉州三年二月城咸州及公嶮鎭三月築宜州通泰平戎三城於是女眞失其窟穴誓欲報復乃引遠地酋長連歲來侵我兵喪失者亦多且拓地旣廣九城相距遼遠女眞數設伏叢薄抄掠往來國家調兵多端中外騷擾四年女眞亦遣使請和於是始自吉州以次收入九城戰具資糧于內地遂撤崇寧通泰眞陽三鎭及英福二州城又撤咸雄二州及宣化鎭城以還之以此考之咸英雄福吉宜六州及公嶮通泰平戎三鎭此九城之數也其撤城還女眞之時則無宜州及公嶮平戎二鎭而崇寧眞陽宣化三鎭乃加現焉置户之數又各不同是可疑也睿宗三年二月都鈐轄林彦作英州記云今新置六城一曰鎭

東軍咸州大都督府兵民一千九百四十八丁戶二曰安嶺軍英州防禦使兵民一千二百三十八丁戶三曰寧海軍雄州防禦使兵民一千四百三十六丁戶四曰吉州防禦使兵民六百八十丁戶五曰福州防禦使兵民六百三十二丁戶六曰公嶮鎭防禦使兵民五百三十二丁戶又閔漬所撰綱目云尹瓘築九城從南界民實之號咸州曰鎭東軍置戶一萬三千號英州曰安嶺軍雄州曰寧海軍各置戶一萬福吉宜三鎭各置戶七千公嶮通泰平戎三鎭各置戶五千且宜州之地在定州以南不必擊逐女眞而後置也豈非適至是乃刱築城堡故倂稱爲九城而不在撤去之數歟

北青州府亦爲女眞所據九城時名號未詳後沒於元稱三散恭愍王五年收復舊疆置安北千戶防禦所二十一年改今名爲萬戶府

彙纂麗史卷之十 三十三

甲州府本虛川府亦爲女眞所據屢經兵火無人居恭讓王三年始稱甲州置萬戶府有奉天臺在惠山東○北有白頭山四面斗削山皆積石如東石性脆腴似石非石無一點土不產草木翕戢皆白山體瑩白望之如雪故名峯頂有池淵泫崩涌觀者悼要不敢正視故未測淺廣幾許分爲三派南流者爲鴨綠上流北流爲黑龍江東流爲豆滿江

北界本朝鮮故地在三國爲高句麗所有寶藏王二十七年新羅文武王與唐將李勣夾攻滅之遂倂其地孝恭王九年弓裔據鐵圓自稱後高麗王分定浿西十三鎭成宗十四年分境內爲十道以西京所管爲浿西道後稱北界肅宗七年又稱西北面後以黃州安岳鐵和長命鎭來屬辛禑十四年復屬西海道

領京一大都護府一防禦郡二十五鎭十二縣十中葉以後所置府二郡一

西京留守官平壤府本三朝鮮舊都唐堯戊辰歲神人降于檀木之下國人立爲君都平壤號檀君是爲前朝鮮周武王克商封箕子于朝鮮是爲後朝鮮逮四十一代孫準時有燕人衛滿亡命聚黨千餘人來奪準地都于王險城險一作儉卽平壤是爲衛滿朝鮮其孫右渠不肯奉詔漢武帝元封二年遣將討之定爲四郡以王險爲樂浪郡高句麗長壽王十五年自國內城徙都之寶藏王二十七年新羅文武王與唐夾攻

彙纂麗史卷之十 三十四

滅之地遂入於新羅太祖元年以平壤荒廢量徙鹽白黃海鳳諸州民以實之爲大都護府尋爲西京光宗十一年改稱西都成宗十四年稱西京留守穆宗元年又改鎬京文宗十六年復稱西京留守官置京畿四道肅宗七年設文武班及五部仁宗十三年西京僧妙淸及柳旵分司侍郎趙匡等叛遣兵斷岊嶺道於是命元帥金富軾等將三軍討平之除留守監軍分司御史外悉汰官班尋削京畿四道置六縣元宗十年西北面兵馬使營記官崔坦三和校尉李延齡等作亂殺留守以西京及諸城叛附于蒙古蒙古

以西京爲東寧府置官吏畫慈悲嶺爲界忠烈王十
六年元歸我西京及諸城遂復爲西京留守官恭愍
王十八年設萬戶府後改爲平壤府有大同江卽浿江又
名王城江江之下流爲九津弱水有大城山一云九龍山一云曾陽山文獻通考云平壤城
東北有曾陽山卽此也山頂有三池謂古城基二一箕子時所築城內畫區用井田制一高
麗成宗所築箕子墓在府城北兎山上東明王墓在府東南中和境龍山谷號眞
珠墓又仁里坊有祠宇高麗以時降御押行祭朔望亦令其官行祭邑人至今有事輒禱世傳東明聖帝
祠乙密臺臺在錦繡山頂臺下層崖之旁有永明寺卽東明王九梯宮內有麒麟窟窟南白銀
灘有巖出沒潮水名曰朝天石屬縣四
江東縣仁宗十四年分京畿爲六縣以仍乙舍鄕班石村朴達串村馬灘村合爲本縣

置令仍爲屬縣後屬於成州恭讓王三年復置令
江西縣仁宗十四年分京畿爲六縣以梨岳大垢甲岳角墓禿村甑山等鄕合爲本縣
置令仍爲屬縣
中和縣本高句麗加火押新羅憲德王改爲唐岳縣至高麗爲西京屬村仁宗十四年
分京畿爲六縣以荒谷唐岳松串等九村合爲本縣置令仍爲屬縣忠肅王九年以太祖統合
功臣金樂金哲內鄕陞爲郡置令如故恭愍王二十年又陞爲知郡事
順和縣仁宗十四年分京畿爲六縣以秋子島櫻還村龍坤村禾山村合爲本縣置令
仍爲屬縣後屬於祥原忠惠王二年移屬三和
安北大都護府寧州本高麗彭原郡太祖十四年置
安北府成宗二年稱寧州安北大都護府顯宗九年
稱安北大都護府高宗四十三年避蒙兵入昌麟島
後出陸恭愍王十八年置安州萬戶府後陞爲牧別
號安陵成廟所定有清川江古稱薩水卽高句麗乙支文德敗隋兵百萬之地領
防禦郡二十五鎭十二縣六
龜州本高麗萬年郡成宗十三年命平章事徐熙率兵攻逐女眞城龜州顯宗九年爲防禦使
高宗三年丹兵來寇州人拒戰斬獲甚多至十八年蒙兵來侵兵馬使朴犀盡力禦之力屈猶不降
以功陞爲定遠大都護府後爲都護府又改定州牧
宣州本安化郡高麗初改爲通州顯宗二十一年稱宣州防禦使高宗十八年避蒙兵入于紫
燕島元宗二年出陸有牧美島
龍州本高麗安興郡顯宗五年稱龍州防禦使後改爲龍灣府忠宣王二年復稱龍州

靜州本高麗松山縣德宗二年築城徙民千戶實之文宗三十二年又以靜州等五城城大
民小徙內地民各百戶實之
麟州本高麗靈蹄縣顯宗九年稱麟州防禦使二十一年移來平鎭民實之高宗八年以叛逆
降稱含仁後改爲知郡事有古長城基德宗朝平章事柳韶所築起自州之鴨綠江入海處至東界
和州海濱
義州本高麗龍灣縣又名和義初契丹置城于鴨綠江東岸稱保州文宗朝契丹又設弓口門
稱抱州一云把州睿宗十二年遼刺史常孝孫與都統耶律寧等避金兵泛海而遁移文于我寧德
城以來遠城及抱州歸我我兵入其城收拾兵仗錢穀王悅改爲義州防禦使推刷南界人戶以實
之於是復以鴨綠江爲界置關防仁宗四年金亦以州歸之高宗八年以叛逆降咸新尋復古恭
愍王十五年陞爲牧十八年置萬戶府別號龍灣有鴨綠江一云馬訾水一云青河

朔州本高麗寧塞縣顯宗九年稱朔州防禦使後陞爲府

昌州本高麗長靜縣靖宗元年城梓田移民戶爲昌州防禦使高宗十八年被蒙兵城邑丘墟

雲州本高麗雲中郡一云古遠化鎭光宗時爲威化鎭成宗十四年稱雲州防禦使高宗十八年避蒙兵入于海島元宗二年出陸寓于嘉山西村肄延山府恭愍王二十年復立郡別號雲中成廟所定

延州本高麗密雲郡一云安朔郡光宗二十一年更今名爲知州成宗十四年爲防禦使恭愍王十五年陞延山府

博州本高麗博陵郡一云古德昌成宗十四年稱博州防禦使高宗十八年避蒙兵入于海島元宗二年出陸屬于嘉州恭愍王二十年復郡號別號博陵成廟所定有大寧江俗呼博州江

嘉州本高麗信都郡一云古德縣光宗十一年城濕忽陞爲嘉州成宗十四年稱防禦使高宗八年以叛逆降稱撫寧十八年避蒙兵入于海島元宗二年出陸以奉博撫渭等州皆屬本郡爲五城兼官後析置奉撫渭三州惟博州仍屬至恭愍王二十年又析置博州

郭州本高麗長利縣成宗十三年命平章事徐熙率兵攻逐女眞城郭州顯宗九年爲防禦使高宗八年以叛逆降稱定襄十八年避蒙兵入于海島元宗二年出陸隷隋州恭愍王二十年復郡號

鐵州本高麗長寧縣一云銅山顯宗九年稱鐵州防禦使

靈州顯宗二十一年陞興化鎭爲州置防禦使

孟州孟一作猛本高麗鐵瓮縣顯宗十年稱猛州防禦使高宗十八年避蒙兵入海島四十四年徙于殷州元宗二年出陸爲安州屬縣恭讓王三年析置縣令

德州本高麗遼原郡一云長德鎭穆宗四年稱德州防禦使元宗元年避蒙兵入于安州之蘆島後凡五遷至忠烈王六年復舊地屬于成州恭愍王二十年析爲知州事

撫州本高麗雲南郡一云古青城成宗十四年稱撫州防禦使高宗十八年避蒙兵入于海島元宗二年出陸處渭州古城屬嘉州恭愍王十八年移屬奉州恭讓王三年別置監務

順州本高麗靜戎郡成宗二年稱順州防禦使高宗四十四年徙于德州後改爲知郡事

渭州本樂陵郡一云古德城高麗改今名爲防禦使文宗四年築城

泰州本高麗光化縣一云寧朔一云連朔光宗二十一年稱奉州防禦使高宗十八年避蒙兵入于海島元宗二年出陸屬于嘉州恭愍王十五年以撫渭二州屬于郡稱泰州事辛禑七年析置撫渭二州

成州本沸流王松讓之故都太祖十四年置剛德鎭顯宗九年改今名爲防禦使後爲知郡事別號松讓成廟所定有溫泉

殷州本高麗興德郡一云同昌郡成宗二年稱殷州防禦使高宗十八年避蒙兵入于海島後出陸爲成州屬縣恭讓王三年置監務

肅州本高麗平原郡太祖十一年移築鎭國城改名通德鎭成宗二年稱今名爲防禦使後更爲知郡事

慈州本高麗文城郡太祖二十二年改爲大安州成宗二年改今名爲防禦使後改爲知郡事

寧德鎭文宗十年避契丹興宗諱改鎭爲城以鎭字從眞字也有鎭使下同

威遠鎭顯宗二十年遣柳韶修古石城置之鎭在興化鎭西北

定戎鎭顯宗二十年遣柳韶修古石壁置鎭徙永平城民實之鎭在興化鎭北

寧朔鎭古榛田高麗改今名文宗四年築城

安義鎭顯宗九年築城

清塞鎭高宗四年以禦丹兵有功陞威州防禦使後設狄背國改稱撫州爲价州兼官有妙
香山郞太伯山
平虜鎭靖宗七年命崔冲築城又改柔遠
寧遠鎭靖宗七年命崔冲築城
朝陽鎭有鎭將下向太祖十三年城馬山號安水鎭顯宗九年改連州防禦使連一作漣後
更今名爲鎭高宗三年以禦丹兵有功復稱連州防禦使四年改爲翼州防禦使後又改价州
陽巖鎭太祖二十一年築城
樹德鎭成宗二年築城
安戎鎭光宗二十五年築城
通海縣太祖十七年築城高宗四十三年罷縣令以安仁鎭將兼之

高麗史卷之十　三十九

永清縣古定戎縣後爲龍岡屬縣後置縣令高宗四十三年罷縣令以安仁鎭將兼之恭愍
王七年復析置縣令
咸從縣本高麗牙善城後改今名爲縣令官
龍岡縣本高麗黃龍城一云軍岳後改今名爲縣令官
三和縣仁宗十四年分西京畿爲六縣以金堂呼山漆井三部曲合爲本縣置令
三登縣仁宗十四年分西京畿爲六縣以成州所屬新城蘿平狗牙等三部曲合爲本縣置
令
江界府恭愍王十年稱禿魯江萬戶十八年改今名爲萬戶府
泥城府恭愍王十八年置泥城萬戶府林土碧團本皆女眞所居恭愍王六年遣泥城萬戶
金進等擊走之改林土爲陰潼以碧團隸焉抄南界人戶以實之

隨州高宗十八年蒙兵陷昌州州人入于紫燕島元宗二年出陸寓于郭州海濱以州人失土
割郭州東十六村及郭州所屬安義鎭以與之稱知隨州事仍兼郭州恭愍王二十年復析置郭州

木齋家塾高麗史卷之十

高麗史卷之十　四十

木齋家塾彙纂麗史卷之十一

禮志論

昔者君子之爲是禮也存是心而爲本焉夫禮也者謹其心之所由施也夫禮非從天降非從地出緣人情而設爲之節文者也夫理具於心而觸事而動而有喜怒哀樂之變焉於是聖人爲之慶賞爵祿以飾喜爲之干戈鈇鉞以飾怒爲之衰麻哭泣以飾哀爲之鍾鼓燕飲以飾樂凡所以達其情而節其淫者皆自夫是心而推之也故曰爲禮以存心爲本雖然心發而爲情情動而勝則理漸差而中節難矣於是聖

人爲之禮以制其所發而反於理故是心也施之於郊廟非禮不敬施之於朝廷非禮不肅施之於家庭非禮不睦施之於身非禮不恭施之於人非禮不謙施之於政非禮不治故曰禮也者謹其心之所由施也是故有是心然後有是事有是事然後有是禮有是禮然後有是器於是乎有動作揖讓之節焉有尊卑等威之辨焉微而視聽言動大而制度號令何莫非自夫是心而推之也古之君子明諸心而達諸理見其禮而知其政睹其物而曉其義習於其事安於其器躬行於上觀感於下使民日遷善遠罪而不自知者豈無其本而然哉後之君子闇於理而不得於心昧其本而徒事乎末平居貿貿不知所以爲禮及其臨事令有司陳其器物執簿而唱之依以從事曰是禮也退而恣然不知爲何物由是而行之身由是而治乎人其教化不立而民俗日偷固也無怪也高麗太祖立國經始未遑議禮至于成宗聿稽典禮立郊廟社稷制作日新有可觀者睿宗立局定禮儀毅宗命崔允儀撰詳定禮五十卷蓋以唐開元禮諸書爲法然高麗一代之制閨門不正而夫婦之倫乖君弱臣強而君臣之道缺三綱淪九法斁而禮之大本

亡焉特取漢唐儀注藏於有司時出而施之欲望教化行而民俗厚難矣豈非所謂昧其本而徒事乎末闇於理而不得於心之故歟舊史據詳定禮及本史遺編旁采周官六翼式目編錄蕃國禮儀等書分纂吉凶軍賓嘉五禮今不能悉載特取其槩著于篇

吉禮大祀　圓丘

成宗二年正月辛未親祀圓丘祈穀配以太祖圓丘壇周六丈三尺高五尺十有二陛三壝每壝二十五步周垣四門燎壇在神壇南廣一丈高一丈二尺戶方六尺開上南出奠玉上帝以蒼璧四圭有邸幣以

蒼靑帝以靑玉赤帝以赤璋黃帝以黃琮白帝以白
琥黑帝以玄璜幣如其玉凡幣之制皆長一丈八尺
牲用犢上帝及配主用蒼犢各一五方帝方色犢各
一祝板稱臣某明告方色難備以純色代攝事用羊
豕前祀七日質明百官序立於尙書省執事官北向
太尉西向御史東向立定太尉就位讀誓文曰正月
某日上辛親祀祈穀于圓丘各揚其職不供其事國
有常刑讀訖再拜王散齋四日於別殿致齋三日二
日於正殿一日於齋宮凡預祀之官亦齋七日前祀
三日設大次於外壝東門內道北南向小次於卯陛

之東西向侍臣次於大次之前執事次於內壝東門
之外道南設饌幔於內壝東門之外道北南向越明
日埽除壇上下積柴設權火具牲牢陳登歌之樂於
壇上軒架於壇南於是太尉奏告太祖陵辭告以配神作主
之越明日諸衛各以其方器服守壝每門二人設王
位於壇下東南西向望燎位柴壇北南向獻官位王
後稍南執事重行西向御史二人東西向奉禮贊者
西向協律郎東向太樂令北向文武官位於壝門內
東西道南每等異位文臣西向武臣北向乃設牲牓
於東壝門外當門西向蒼牲一居前靑牲在北少退

南上赤牲黃牲白牲玄牲又蒼牲一在南少退北上
太史令設神位板郊社令設上帝神座於壇上北方
南向席以藁秸配位於東方西向席以莞靑帝於東
陛北赤帝於南陛東黃帝於南陛西白帝於西陛南
黑帝於北陛西並結席告潔畢權徹上帝簠簋各二
簠實稻粱在左粱在稻前簋實黍稷在右稷在黍前
籩十二在左三行右上第一行實形鹽魚鱐糗餌粉
餈次實榛子乾棗白餠黑餠次實蔆仁芡仁栗黃鹿
脯豆十二在右三行左上第一行實芹菹筍菹脾析
菁菹次實韭菹酏食魚醢兎醢次實豚拍鹿醢鴈醢

糝食㽅一實大羹在籩豆間俎二一載牲首盤在豆
右之南一載牲肉在前豆一實毛血匏爵三每爵有
坫太尊二實明水泛齊著尊二實明水醴齊犧尊二
實明水盎齊山罍二實玄酒淸酒在壇上東南隅象
尊二實明水醍齊壺尊二實明水沈齊山罍四二實
玄酒一實事酒一實昔酒在壇下南陛東凡尊皆北
向西上皆加勺冪有坫以置爵設玉幣篚於尊坫之
所祝坫於神位之右配位前著尊犧尊象尊山罍皆
二所實同惟著尊實泛齊一在上帝酒尊之東餘並如上帝
儀無玉五方帝前太尊著尊犧尊各皆二所實同山

罍一實淸酒籩豆各八簠簋各一設王洗二於午陛東南北向盥洗在東爵洗在西盥洗以匜罍水在洗東加勺篚在洗西南肆篚實巾爵是日晝漏上水五刻王服赭黃袍坐殿陳鹵簿鳴鞭禁衛大喝再拜訖舍人喝樞密侍臣起居訖太子以下再拜出侍中版奏外辦王升輅輅輦出興禮門輅進於儀鳳門外王乘輅黃門侍郎跪奏稱黃門侍郎臣某言請鑾駕進發(降輅亦如之)鑾駕動警蹕如常至齋宮午後八刻令禁斷行人未後二刻入設尊坫篚冪於位未後三刻入就位肆儀掌牲令牽牲就廚位太常卿御史詣壇升

彙纂麗史卷之十一　五

視滌濯引降省牲訖牽牲詣廚光祿卿省鼎鑊御史省饌具越明日未明五刻太官令令宰人以鑾刀割牲取牲首七各盛於盤入設於壇上尊所(入實籩豆時奉設七)(座豆之廟)右祝史以豆取毛血各置饌所遂烹牲未明三刻入實尊罍簠簋籩豆置玉幣御史按視壇上下糾察不如儀者還出未明二刻奉禮率贊者先入再拜贊引御史郊社令大祝諸執事入自東門於樂懸北北向西上立奉禮曰再拜贊者承傳御史以下皆再拜訖執事就位御史大祝升陛行埽除訖復位從祀羣官就門外位太樂令率二舞入陳文舞於懸北武

舞於懸南道西司空入就位再拜升壇行埽除降行樂懸復位謁者贊引各引祀官通事舍人分引從祀羣官入就位於是侍中詣行宮奏外辦未明一刻王服袞冕以出太常卿引王入大次進祝版署訖王出次至內壝門外殿中監以桓圭進王執圭華蓋仗衛停於門外王入自正門協律郎跪俛伏舉麾興(凡取物者皆俛伏而取興奠物則奠訖俛伏而興)工鼓柷軒架奏黃鍾宮正安之曲王升降行止皆作正安之曲(自此以下正安曲皆不書)王至版位西向立每立定樂止凡樂皆協律郎舉麾而作偃麾戞敔而後止太常卿請再拜王拜奉禮曰再拜衆

彙纂麗史卷之十一　六

官皆拜先拜者不拜太常奏有司謹具請行事軒架奏夾鍾宮景安之曲三成黃鍾角大簇徵姑洗羽各一成文舞作六成樂止大祝升烟燔牲首舉其盤各由其陛授祝史詣燎壇加柴燔之王以下再拜諸大祝取玉幣各立尊所王詣壇升自南陛侍中中書令以下左右侍衛量人從升王升壇北向立侍中奉玉幣東向跪進王搢圭受玉幣登歌作大呂宮嘉安之曲王詣上帝神位前北向跪奠訖執圭退再拜樂止王少東東向立侍中北向進幣登歌作大呂宮仁安之曲王詣配座前奠訖再拜五帝大祝各奉玉幣跪

奠神座前諸大祝各由其陛取毛血豆奉奠王降自
南陛還版位司徒出奉上帝之俎太官令引饌入俎
初入門軒架奏黃鍾宮豐安之曲饌至陛樂止徹毛
血自東陛降司徒升自午陛詣上帝前跪奠諸大祝
皆奠俎上帝饌升自午陛配位饌自卯陛五帝饌各
由其陛大祝迎奠籩豆徹蓋冪乃升簠簋旣奠却其
蓋冪訖王詣罍洗位盥手黃門侍郞進爵侍中酌罍
水王洗爵拭訖授侍中祝史受之大祝自壇上受篚
置於坫王執圭升詣上帝尊所侍中進爵王受侍中
贊酌太尊之泛齊登歌作大呂宮嘉安之曲王詣上

帝前奠爵俛伏興少退北向立樂止大祝持祝版進
神座右東向跪讀訖樂作王再拜樂止引王詣配位
尊所侍中酌著尊之泛齊登歌作大呂宮仁安之曲
王詣配位前奠爵五帝大祝酌太尊之泛齊各奠於
神座前王少退東向立樂止配位大祝進神座左北
向跪讀祝文訖樂作王再拜樂止引王詣飮福位北
向立登歌作黃鍾宮禧安之曲大祝酌上尊福酒合
注一爵授侍中西向奉立王再拜侍中跪王跪搢圭
受爵祭酒三祭于地啐酒奠爵大祝各持俎進減神
前胙肉皆取前脚第二骨合置一俎進減黍稷飯合

置一籩授司徒西向跪進王受之以侍二人立午陛下升詣王左受退
司徒降王取爵飮卒爵侍中受虛爵王再拜樂止引
王降自午陛正安曲止文舞退軒架奏黃鍾宮崇安
之曲退訖樂止武舞進軒架奏黃鍾宮崇安之曲舞
者立定樂止初王將復位謁者引太尉拭爵齋郞祝
史贊之詣尊所酌著尊之醴齊軒架奏黃鍾宮武安
之曲武舞作鄕樂交奏詣神座前跪奠北向再拜訖
酌犧尊之醴齊奠配位東向再拜五帝大祝各酌著
尊之醴齊進奠訖樂止詣飮福位大祝酌罍酒進太
尉再拜受跪祭遂飮卒爵再拜訖降謁者引光祿卿

升酌盎齊終獻如亞獻儀訖諸大祝進跪徹籩豆各
一少移故處登歌作大呂宮肅安之曲卒徹樂止奉
禮曰賜胙再拜在位皆拜飮福者不拜送神軒架奏
夾鍾宮永安之曲鄕樂交奏王再拜衆官皆再拜樂
一成止王就望燎位南向立初賜胙拜訖諸大祝各
執篚取玉帛祝版以俎載牲體黍稷飯及爵酒各由
其陛降詣柴壇自南陛升以玉幣祝版饌物置於燎
柴奉禮曰可燎東西六人擧爟火太常卿奏禮畢引
凡王升降皆太常引之王還大次出中壝門外釋圭王至大次
樂止從祀羣官以次引出御史大祝以下俱復位再

拜出工人乃出將士不得輒離部伍王還齋殿停一刻服絳紗袍出坐殿百官起居訖鑾駕動鼓吹樂部振作而還祀有常日者祈穀是也無常日者孟夏擇吉雩祀儀同上圓丘之祀始此顯宗二十二年正月親祭方澤靖宗二年二月庚戌仁宗五年三月戊午制方澤祭地祇方澤自顯宗始其儀不可考

社稷

成宗十年閏二月教曰予聞社土地之主也地廣不可盡敬故封土爲社以報功也稷五穀之長也穀多不可徧祭故立稷神以祭之古之王者爲羣姓立社

曰大社諸侯爲百姓立社曰國社禮也擇地置壇於是立社稷社壇在東稷壇在西各廣五丈高三尺六寸四出陛五色土爲之瘞坎二各在兩壇子陛之壬南出陛方深取足容物祭有常日以仲春仲秋上戊臘日祭大社以后土氏配祭大稷以后稷氏配大社大稷位壇上北方南向席以藁秸后土后稷位西方東向席以莞奠玉以兩圭有邸幣以黑牲以豕以太尉爲初獻官祭儀略與圓丘同太尊二爲上實以醴齊著尊二次之實以盎齊罍二爲下實以清酒配座以犧象尊爲上齊皆加明水酒皆加玄酒各實於上盦

簋各二籩豆各十二鉶二實以羹加芼滑俎二載牲體一載左胖匏爵三謁者請行事軒架奏林鍾宮寧安之曲文舞入成奠玉帛登歌作應鍾宮嘉安之曲俎入門奏(軒架曰奏)大簇宮豐安酌獻作(登歌曰作)應鍾宮嘉安太尉受胙降文舞出奏大簇宮崇安之曲樂止武舞入(凡入時奏樂與文舞同)太常卿酌盎齊武舞作奏武安之曲鄕樂交奏(凡鄕樂亞獻後奏之)亞訖光祿卿升酌盎齊如上儀武舞止送神奏林鍾宮寧安之曲樂一成太尉就望瘞位北向祭訖燔祝於齋坊(太廟社稷同)文宗六年二月新築壇於皇城內西戊子親行祀事后土始稱句

龍氏至是改稱后土氏宣宗四年祈神兵於社稷仁宗八年四月制凡遇旱祈嶽鎭海瀆山川及宗廟社稷每七日一祈不雨則還從嶽瀆如初旱甚乃修雩忠惠王後二年十二月乙巳有事于社稷享需闕焉

太廟

成宗七年十二月始定五廟八年四月始營太廟十一年十二月太廟成命儒臣議定昭穆位次及禘祫儀遂行祫禮自是三年一祫以孟冬五年一禘以孟夏(其禘祫之月卽不時享)太祖室用玉冊每冊二十四簡長尺有一寸濶一寸貫以銀絲餘室用竹冊貫以紅絲絛

裝以紅錦[攝事用松木爲祝版長二尺廣一尺厚六分]玉幣以祼圭圭有
瓚於圭頭爲器可以挹鬯牲用豕每室各一凡饗奠
重於禘將饗王齋七日羣臣受誓戒二舞工人及諸
衛守廟門者悉令淸齋於各屬官司前享三日大廟
令布昭穆之座於堂上戶外自西而東太祖位在西
東向昭位南向穆位北向每位設黼扆莞席紛純藻
席繢純次席黼純左右玉几堂上下陳設如禮越明
日王在正殿越明日未明奏三嚴鹵簿鈒戟入陳於
殿庭樂部陳於大觀殿門外王降殿樂部懸而不作
鑾駕動稱警蹕不鳴鼓吹不得諠譁遂至齋宮午後

八刻禁斷行路宮闈令整拂神幄肆儀訖太常卿御
史就省牲位南向立掌牲令少前曰請省牲退太常
卿省牲令又前擧手曰腯退諸大祝各巡牲一匝西
向擧手曰充令與祝宰牲詣廚[圜丘省牲禮與此同]取毛血肝
洗於鬱鬯並膟膋實豆越厥明未明四刻太廟令良
醞令各帥其屬入實尊彝雞彝實明水虎彝實鬱鬯
犧尊二實明水泛齊象尊二實明水醴齊著尊二實
明水盎齊山罍二實玄酒淸酒堂下壺尊二實明水
醍齊太尊二實明水沈齊山罍四二實玄酒二實事
酒昔酒設燭於神位前太官令實簠簋籩十二爲二

行豆十二爲二行甑鉶各六在籩豆間甑實大羹鉶
實肉羹加芼滑籩南俎載牲左膞盤籩豆間俎載牲
肉盤王爵六在籩豆南堂下豆二一實糯油餅一實
片肉凡享品當時所無者以時物代之七祀位在廟
庭西配享功臣位在廟庭東簠簋籩豆各二牲俎一
木爵一御史按視之未明二刻入開埳室以腰輿奉
出神主安於座大祝薦香酒未明一刻王入大次署
祝冊入自正門軒架奏無射宮正安之曲有司謹具
請行事軒架奏黃鍾宮興安之曲文德之舞作黃鍾
三奏大呂大簇應鍾各再奏樂九成而止王詣盥洗

位凡王世子盥有匜餘否王拭瓚侍中援祝史詣奉
階王詣彝所登歌作夾鍾宮順安之曲王搢圭受瓚
酌鬱鬯入太室祼俎入門[郊社稷享皆司徒奉俎]奏無射宮豐
安之曲奠俎饌取蕭稷黍擩於脂燔於爐炭王酌泛
齊跪奠奏大定之曲文德之舞作王少退西向立樂
止大祝北向跪讀冊訖樂作每讀冊時止王次詣昭
位祝東向讀詣穆位祝西向讀王至飮福位西向立
登歌作僖安之曲王降西向立樂止文舞退奏無射
宮崇安之曲武舞進立定樂止太子若公侯伯酌獻
醴齊奏武安之曲太尉酌盎齊終獻如上儀訖獻官

諂配位讀教書七祀位讀祝於是登歌作夾鍾宮恭
安之曲徹賜胙送神奏黃鍾宮永安之曲王出奉納
神主藏冊而燔祝禘祫禮如之禘有肆祼獻祫亦同凡享有常日
者寒食臘兼薦鮮無常日者四孟月禫日而享儀略同
禘祫奏樂亦同而太室諸主以次並列一行春夏陳
雞彝鳥彝秋冬及臘陳斝彝黃彝七祀春祀司命戶
夏祀竈季夏祀中霤秋祀門厲冬祀行惟臘享徧祭
之功臣加享不祭時親盡者爲別廟禘祫時享一如太廟禮
大臣攝行不奏樂景靈殿親奠以正朝端午秋夕重
九三點香三拜祀諸陵用時羞庶品以豐潔爲主王將拜

彙纂麗史卷之十一　十三

陵御別殿齋心兩日衆官清齋一日而行初太祖立
國以八關燃燈爲重雖追尊四親未遑建大廟至于
成宗命儒臣稽典禮制作彬彬有可觀者數世之後
昭穆紊亂失次及其衰也遺厥先宗廟不祀禮不嚴
恪物不虔潔攘竊牷牲媟瀆祀典神不顧歆以迄于
亡可不監哉成宗十二年教曰殷以十二君爲六代
唐以十帝爲九室晉書曰兄弟旁及禮之變也則宜
爲主立室不可以室限神兄弟一行禮文斯在宜奉
惠定光戴四主通爲一廟祔於大廟靖宗二年祔德
宗於大廟徐訥黃周亮等言顯宗之祔也惠定光戴

同班爲昭景成爲穆穆宗爲昭而顯宗祔於穆廟二
昭二穆與太祖之廟而五今祔德宗於昭位三昭二
穆不合於禮宜遷惠定光主藏于太祖廟西壁戴追
王之主遷祭於其陵可也劉徵弼言惠定光親未盡
不可遷遷戴宗於陵而祔德宗於次室可矣周亮言
禮親未盡之義非以旁親論惠定光在從祖行晉鍾
雅論景皇帝伯祖不當祭於廟時議從之則從祖不
入於廟明矣惠定光俱當遷王謂一時毀四廟於義
未安將從徵弼議周亮復言顯宗於穆宗爲叔可與
景成同班而顯宗繼穆宗後躋顯廟則僖公逆祀之

彙纂麗史卷之十一　十四

類也故祔顯宗於穆宗下第二穆位今以德宗爲昭
則與太祖廟爲六非古制也徵弼論四廟遷毀之難
而不論昭穆之數宗廟之禮國之大事何可以臆斷
行之乎徐訥曰周亮之議合於古制然魯以諸侯昭
穆之外有文世室武世室惠定光三宗不必遷王從
之其後廟制定爲九室仁宗二年七月禘于大廟遷
惠宗以德靖文睿爲昭顯順宣肅爲穆議者曰禘非
秋祭也惠宗有功德不當毀而毀之皆非禮也毅宗
時以惠宗還祔大廟禘祫太祖東向惠文睿並南向
爲昭顯順宣穆仁並北向爲穆熙宗二年祔神宗于

大廟崔忠獻與宰臣議有功者不遷親盡者毁之遷
順宗以神宗祔第九室惠顯同爲第一昭宣肅同爲
第二昭仁宗爲第三昭文宗爲第一穆睿宗爲第二
穆神宗爲第三穆於是昭穆之序大紊四年十月詔
儒臣參酌典禮以聞衆議紛紜莫能折衷識者曰公
羊傳云父爲昭子爲穆孫從王父則昭穆之序一定
不易豈可隨時而變易乎今者以昭爲穆以穆爲昭
瀆禮亂倫莫此爲甚況顯惠皆有功德宜以惠爲太
宗顯爲世宗百世不遷其餘則昭常爲昭穆常爲穆
庶合於禮事不果行忠宣二年九月太廟五室東西

置夾室安惠顯二宗于西室文明二宗于東室忠肅
十七年六月丁未祔忠宣王于寢園遷仁王主權安
康王主于東夾室行禮不能如儀衆入廟庭爭奪奠
物而去法司不能禁初典理佐郎趙廉言太廟昭穆
之序有乖古制宜以太祖居中室高宗爲第一昭元
宗爲第一穆忠烈爲第二昭忠宣爲第二穆惠王明
王居東夾室如周制武王居東北夾室之例顯王康
王居西夾室如文王居西北夾室之例如是則惠顯
明康皆分居東西合於昭穆之序不從忠穆三年四
月攝享于太廟不宰犧牛參理安子由竊與他人恭愍王二年

正月享寢園牛一羊五豕九鹿十六卒八月命李齊
賢定別廟昭穆之次齊賢議曰謹按宗廟之制天子
七廟諸侯五廟太祖百世不遷太祖而下父爲昭居
左子爲穆居右昭穆左右亦百世不變禮也大宋祫
享位次圖太祖與太宗哲徽欽高各位一世是則兄
弟同班之法也別廟之制蓋自江都去水而陸倉卒
所置一堂五室二十二陵神主一行而列宜廣廟制
釐定位次然不可造次而就且於五室略依東漢以
來同堂異室之制二十二神主各爲一房以別之太
祖之昭定光戴安居中室西上光宗之穆景宗戴宗

之穆成宗爲從兄弟居西第一室之第一第二房成
宗之昭穆宗顯宗之昭德靖文居東第一室之第一
第二第三第四房亦從兄弟也文宗之穆順宣肅居
西第一室之第三第四第五房宣宗之昭獻宗肅宗
之昭睿宗爲從兄弟居東第五第六房睿宗之穆仁
宗居西第六房仁宗之昭毅明神居東第七第八第
九房神宗之穆熙宗明宗之穆康宗亦爲從兄弟居
西第七第八房康宗之昭高宗居東第十房合於左
昭右穆兄弟同班之義乞下禮官博議施行王南幸
太祖忠宣忠肅忠穆四神主失於兵亂十二年十月

新作四神主十三年五月丁亥以象輅載太祖主平輅載八廟主還安大廟九室合薦一牛太祖室羊豕各一八室豕一而已將祼兩獻官執事並升堂立兩止乃復位初獻於各室戶外飲福北向拜或譏之曰樂九成升行祼禮今何無此禮獻畢出前楹取各室酒合酌飲福西向再拜今何各室飲福北向拜乎七祀功臣位皆設於庭西譏之曰何其兩位皆向東乎都監官改之移七祀於東曰何其易位乎當亞獻令登歌者下工人不肯強下之行禮不恪如此

禘祫功臣配享於庭

太祖室太師開國武烈公裴玄慶太師開國忠烈公洪儒太師開國武恭公卜智謙太師開國壯節公申崇謙太師開國忠節公庾黔弼太傅熙愷公崔凝惠宗室太師開國嚴毅公朴述熙太師開國克翼公金堅術定宗室守太師開國威靜公王式廉光宗室太師匡衛公劉新城太師內史令開國貞敏公徐弼景宗室太師開國匡益公朴良柔太師開國敏休公崔知夢成宗室太師內史令匡彬公崔亮太師內史令文貞公崔承老太尉內史令貞憲公李夢游太師內史令章威公徐熙司徒內史令李知白穆宗室太師內史令貞信公韓彥恭大師門下侍中忠懿公崔肅太尉門下侍中金承祚顯宗室太師門下侍中仁憲公姜邯贊太師贈門下侍中貫義公崔沆太師內史令貞肅公崔士威太師中書令英肅公王可道德宗室太尉門下侍郎平章事襄懿公柳韶靖宗室太師內史令元肅公徐訥太師門下侍中景文公黃周亮太師中書令文憲公崔冲守司徒門下侍中貞簡公金元冲文宗室太尉門下侍中順恭公崔齊顏太師中書令章和公李子淵太師中書令景肅公王寵之太師中書令文和公崔惟善順宗室守司徒門下侍

中文忠公李靖恭宣宗室守太尉門下侍中長淵縣開國伯貞獻公文正守司徒門下侍中匡肅公柳洪守太尉門下侍郎平章事文貞公金上琦獻宗闕肅宗室守太尉門下侍中忠謙公邵台輔守司空左僕射參知政事景烈公王國髦守太尉中書令忠景公崔思諏睿宗室守司空中書侍郎平章事貞簡公柳仁著守太師門下侍中鈴平伯文肅公尹瓘守太傅門下侍中文成公金仁存守太保門下侍中忠烈公魏繼廷仁宗室守太傅中書令樂浪侯文烈公金富軾守太尉門下侍郎平章事莊景公崔思全毅宗室

平章事崔允儀平章事恭肅公庾弼平章事文公元明宗室平章事文定公尹鱗瞻平章事忠肅公文克謙神宗室門下侍中文景公趙永仁熙宗室平章事文懿公崔詵平章事良淑公任濡康宗室參知政事翊烈公鄭克温高宗室平章事文正公趙冲侍中李抗侍中威烈公金就礪元宗室平章事李世材平章事蔡楨忠烈王室中贊文敬公許珙中贊文良公薛公儉忠宣王室中贊忠正公洪子藩中贊文靖公鄭可臣忠肅王闕忠惠王室政丞思肅公韓渥參理李揆忠穆王闕忠定王室鐵城府院君文貞公李嵒興

安府院君文忠公李仁復恭愍王室政丞正獻公王煦雞林府院君文忠公李齊賢益城府院君文忠公李公遂夏城府院君襄平公曹益清瑞寧君文僖公柳淑

吉禮中祀

籍田

成宗二年正月乙亥親耕籍田祀神農配以后稷壇方三丈高五尺四出陛兩壝壝在內壝之外壬地南出陛神農氏位北方后稷氏東方席以莞幣以青牲用牛羊豕各一祝版稱臣攝事無牛羊王齋五日前享二日設王耕籍位於壝南門外十步所南向耒席於其東觀耕座於齋殿南門王太子三公諸尚書耕者位耒席南少東諸尚書非耕者位耕者之東諸執耒者位耕者之後非耕者之前庶人耕者在其南司農卿在耒席東掌牲令在其南奉籍官位令後皆向西籍之制兩頭設擡舉飾以青不施蓋內有九隔盛九穀覆以青帊王耒耜一太子三公諸尚書各一共十具助耕者十二人服絳衣介幘庶人耕者四十人並青衣牛八十耒耜以木為刃如耕者之數越四日王幸齋殿越明日未明服衮冕引入大次乘黃令以耒耜授掌牲令橫執之左其耜乃至耕所寘於席使人守

之凡執耒耜皆橫之授則先其耒後其耜王署祝訖執圭入自正門有司謹具請行事軒架奏姑洗宮凝安之曲三成而止將奠爵登歌作大簇宮成安之曲終獻訖王將詣望瘞位太子以下出東門各就耕位王出自南壝門樂作至耕籍位南向立太常卿請行禮掌牲令詣耒席南北向俛伏跪搢笏解耒韜出耒執而起授司農卿司農卿授侍中侍中奉耒進王釋圭受之五推訖侍中受耒授司農掌牲受之韜而寘諸席太常卿前導王詣觀耕座於是王太子七推三公尚書各九推訖奏禮畢王還大次享祀官至是罷

出司農少卿帥庶人以次耕千畝奉籍官以青箱授司農卿司農卿奉青箱重穋之種詣耕所灑之還復位少卿檢校終畝司農卿往省耕詣齋殿奏省功鑾駕乃還籍田之禮始此先蠶壇壇方二丈高五尺享以季春吉巳幣以黑牲用豕以太常卿爲獻官神位稱先蠶舒陵氏

文宣王廟

文宣王廟瘞埳在殿北壬地設神位文宣王位殿上北壁南向以兗國公顔回配瑯瑘公閔損東平公冉耕下邳公冉雍臨淄公宰予鄘伯曾參並東壁黎陽

公端木賜彭城公冉求河内公仲由丹陽公言偃河東公卜商鄒國公孟軻並西壁潁昌侯顓孫師金鄉侯澹臺滅明單父侯宓不齊任城侯原憲高密侯公冶長汶陽侯南宮縚北海侯公晳哀萊蕪侯曾點曲阜侯顔無繇須商侯商瞿共城侯高柴平輿侯漆雕開壽長侯公伯寮睢陽侯司馬耕益都侯樊須鉅野侯公西赤平陰侯有若東阿侯巫馬施南頓侯陳亢千乘侯梁鱣陽穀侯顔辛臨沂侯冉孺諸城侯冉季沭陽侯伯虔枝江侯公孫龍新息侯秦冉甄城侯秦商濮陽侯漆雕哆雷澤侯顔驕高苑侯漆雕徒父上邽侯壤駟赤長山侯林放鄆平侯商澤成紀侯石作蜀當陽侯任不齊牟平侯公良孺文登侯申棖上蔡侯曹卹濟陽侯奚容箴遂陽侯句井疆淄川侯申黨並東廡即墨侯公祖句茲厭次侯榮旂成武侯縣成南華侯左人郢汧源侯燕伋朐山侯鄭國華亭侯秦非臨濮侯施常濟陽侯顔噲博昌侯步叔乘宛句侯顔之僕內黃侯蘧瑗博平侯叔仲會堂邑侯顔何林慮侯狄墨高堂侯邽巽鄆城侯孔忠臨朐侯公西輿如徐城侯公西箴陽平侯琴張中都伯左丘明蘭陵伯荀況臨淄伯公羊高睢陵伯穀梁赤乘氏伯伏勝萊

蕪伯高堂生考城伯戴聖樂壽伯毛萇曲阜伯孔安國彭城伯劉向中牟伯鄭衆成都伯楊雄緱氏伯杜子春扶風伯馬融良鄉伯盧植高密伯鄭玄滎陽伯服虔岐陽伯賈逵任城伯何休司空王肅偃師伯王弼司徒杜預新野伯范甯並西廡悉依宋國子監位次睿宗九年八月王詣國學酌獻于先聖先師御講堂講說命百官生員七百人立庭聽講十一年贈崔致遠內史令從祀與薛聰並陞南壁睿宗九年釋奠以春秋上丁幣以白牲用豕

吉禮小祀

風師壇高三尺廣二十三步在國城東北令昌門外
立春後丑日祀之雨師及雷師同壇高如之在國城
內西南月山立夏後申日祀之靈星壇未詳所在高
亦如之周八步四尺祀以立秋後辰日皆四出陛燎
壇皆在內壝之外二十步丙地廣五尺戶方二尺開
上南出祝版皆稱臣牲用豕一（凡籩豆大祀十二中祀十小祀八）雩
雨禜于國門雨止報祀用小牢靖宗五年正月辛丑
祭雨師非時日也司寒孟冬藏氷開氷皆享之
馬祖壇廣九步高三尺燎壇在神壇丙地仲春擇吉
祀天駟先牧馬社馬步壇各廣九步坎在壬地仲夏

祀先牧仲秋祀馬社仲冬祀馬步牲用豕

雜祀

高麗故事徧祭天地山川于闕庭謂之醮時遣使祭
山川曰秩祭顯宗二年丹兵至長湍紺嶽山若有旌
旗士馬丹兵懼不敢前三別抄之亂無等山有神助
之驗皆載祀典顯宗十六年南海出珊瑚自是祀之
宣宗五年遣使醮于氈城在鹽州東古祭天壇也肅
宗七年禮部奏曰我國教化禮義自箕子始而不載
祀典乞修其墳塋立祠以祭從之忠肅十二年十月
令平壤府立箕子祠祭藝祖廟自明宗始享東明不

覓廟自忠烈王始

凶禮

麗朝不立國恤之儀國有大故則臨時摭拾撥典故
附比以從事事已則諱而不傳故其見於史者特梗
槩而已太祖二十六年五月丙午王病大漸御神德
殿命學士金岳草遺詔有頃薨太子諸王近臣擗地
哀號乃令百官列位於內議省門外宣遺命太子卽
位率羣臣舉哀六月戊申發喪於詳政殿宣遺詔己
酉殯殿之西階庚午行祖奠太常卿讀謚冊攝侍中
元甫行禮賓令王仁澤奉太牢之奠壬申葬顯陵以

遺命喪葬園陵制度依漢魏故事悉從儉約顯宗之
喪諒闇及哭一如唐德宗故事文宗三十七年七月
辛酉薨于重光殿殯宣德殿是日順宗卽位八月葬
景陵十月乙未順宗薨于喪次丙申宣宗卽位戊戌
率百官成服十一月庚申王親臨啓殯哭盡哀葬成
陵宋帝遣左諫議楊景略禮賓使王舜封祭文宗右
諫議錢勰西閤門使宋球弔慰嗣王設奠于魂殿使
副再拜使搢笏焚香酹酒讀祝文使副再拜訖嗣王
向闕立使稱有勑王再拜使口宣訖王再拜使捧賻
詔王跪受禮畢弔慰使副少退口宣訖受慰詔一如

上儀訖使副各陳狀展慰明宗五年五月丙申發毅
宗喪百官玄冠素服三月壬寅葬禧陵十三年十一
月癸未任太后薨殯義昌宮傍私第閏月葬純陵釋
服十四年二月壬戌卒哭禮官奏上及羣臣皆服皀
帶一依文廟故事中書省駁議王后喪制不宜與大
王同王曰人子之於父母其心一也豈容有輕重邪
卒哭後朕雖許卿等帶紅卿等宜引禮固辭况祥期
之內朕常帶皀而羣臣可帶紅邪於是皆服皀帶五
月饗金使不結棚奏樂神宗五年十一月戊午明宗
薨將葬以王禮崔忠獻不許降從景順后葬儀間用

仁廟葬禮百官士庶人三日除服惟葬禮都監訖葬
除永陵薨于岳陽凶問至停朝市三日恭愍元年三
月辛亥聰陵遇鴆于江都諸司一員服斬衰七月葬

軍禮

睿宗二年十月命尹瓘爲元帥吳延寵副之往征女
眞命有司告大廟宜于大社王詣景靈殿出鉞十二
月朔壬午王御威鳳樓宰臣自東側階升樞府自西
側階升殿訖元帥副元帥服宣賫征袍入殿庭北向
立再拜稱有勑再拜舍人喝躬聽口宣再拜閤門引
元帥自西階升殿進王座之右禀諸方略上將軍奉
斧鉞詣王右跪進王降座執以授元帥跪受降與副
元帥由正門出郎將奉鉞前導次引鈐轄副判官以
上入拜殿庭出自西偏門錄事以下拜門外於是王
入仗衛出元帥出奉定門外樂作至兵部樂止鈐轄
以下行禮訖師乃行將還遣宰臣於宿亭爲延伴賜
宴元帥以下向闕問聖體奉表謝晝亭以公侯爲延
伴居東元帥位於西附表訖勒所部兵衛令押凱歌
分左右二部以次陳列鼓吹振作至廣化門樂止王
出坐殿元帥以下入庭元帥升西階詣王右跪上鉞
降出殿門外各服公服入就殿庭再拜舞蹈又再拜

奏聖躬萬福元帥再拜出致辭承旨降自東階宣定
難功業惟朕乃嘉再拜舞蹈又再拜閤門宣賜酒又
行舞蹈禮引出仁宗命金富軾討西京御天福殿授
鉞遣之其後鄭叔瞻廉悌臣之爲將也亦皆授鉞遣
之

賓禮

大明詔使將至遣官遠接令有司於國門外公館設
幄置龍亭於內街結彩於王宮內設闕庭殿上置香
案于前司香位香案左右開讀案於殿陛東北奉詔
官位案北宣詔官位其南展詔官二人次其南俱西

向詔至館安於龍亭王率百官耆老出國門外迎導
詔書金鼓在前次耆老行次衆官具朝服行次王冕
服行次儀仗鼓樂而龍亭乃次之使臣常服行龍亭
後還至宮門前導分左右入置龍亭於殿上使臣位
其東王入就位使臣詣前南向稱有制樂作王及衆
官以下皆四拜王由西陛升詣香案前北向立跪三
上香訖降使臣詣龍亭捧詔書授奉詔官捧至案宣
詔官升案南受詔展詔官對展王跪宣詔訖樂作四
拜訖搢笏鞠躬三舞蹈跪左膝三叩頭山呼萬歲山
呼萬歲再山呼萬歲樂作四拜禮畢王與詔使分賓
主行禮迎北使王位東迎大明使臣王東向使臣西向

嘉禮

麗正宮上冊日王坐殿閤使宣曰太尉司徒上殿祗
候皆再拜由東階就殿上兩楹南樞密奉制曰朕若
稽古尊母爲王太后今遣卿等備禮物上冊者宣訖
宰樞奉冊函印寶物狀前跪王親傳太尉跪受冊函
司徒受印寶物狀並內侍擡舉降自西階安於殿庭西案
上東向冊在北印在南持節者下殿引冊寶物狀出自中門
安於樓子太尉司徒再拜從出進物擔床前行次行
爐茶擔次絞牀水灌子次散馬鞍次紫繡大蓋紅小

蓋延平輦次引冊樂官次玉冊節璽物狀樓子持節
次太尉司徒以下備儀衛動樂自景門入陳於大觀
殿門外宰樞文武百官入就位王及太后皆在幕次
奏外辦樂作尚宮引太后坐正殿王於殿上肅拜文
武班皆肅訖太尉司徒就內給事跪稱臣某臣某承
遣備物典冊內給事上殿受令降曰可太尉司徒上
殿北向讀冊官讀訖太尉奉冊授尚宮司徒奉璽授
尚服訖降王於殿上賀宰樞以下再拜訖內給事宣
令曰公等推崇寶位深用感愧皆再拜奏禮畢太后
入內王入幕文武班遥賀再拜進步致賀拜舞訖引

出王燕羣臣文武三品省臺知制誥以上坐殿上四
品以下坐西廊壽尊在殿上東南羣臣尊在階下東
西令公再拜進步奏臣等伏審聖上玉冊備儀璇宮
薦號協邦家之同慶賁社稷之永圖臣等無任蹈躍
歡呼之至奏訖復位引上殿再拜跪奏臣等不勝大
慶謹上千萬歲壽酒傳曰可百官再拜令公退而盥
斟酒以進樂作王舉酒文武百官再拜舞蹈訖引出
宣宗三年二月丙寅上冊王太后御乾德殿受賀自
祖宗以來冊禮多廢至是復之臨軒發冊禮亦以太
尉爲使司徒爲副王服黃袍坐殿文武百官拜訖分

引宰臣樞密自東西側階升使副以下行禮官初入
門樂作再拜近臣詣詔案東奉函授侍中引降東階
詣傳制位西向立使副就位北向侍中稱有制使副
再拜侍中宣制曰冊某氏爲王妃命卿等持節展禮
宣訖取函授冊使跪受以授副使副使跪受(持函者受之)
興再拜門下侍郎帥掌節二人脫節衣降詣傳制位
西向取節授冊使傳授如上儀中書侍郎引冊函璽
綬降西向擧冊授冊使亦如上儀詔函在使南持節
者在其南冊函在詔函北持璽綬者在其北在道以
次行使副復位凡在位者皆再拜使副引出正門詣

彙纂麗史卷之十一　二十九

宮門外受冊官拜詔訖使副於右北向立受冊官於
左南向立相揖伴行入宮庭受冊者舞蹈訖冊使稱
有制受冊者再拜冊使口宣訖副使取詔少前南向
立受冊者北向跪受舞蹈讀冊官就宣冊位東向跪
讀訖使副對擧冊函跪傳受冊者跪受冊使奉璽綬
傳受冊者(皆宮官受之)復位受冊者舞蹈訖相揖出門館
伴呈屈狀使副復狀館伴出門外左南向立使副於
右北向揖入就褥位立定交呈起居狀賓主俱再拜
進步又再拜進步又再拜訖就位揖就座館伴於北
壁當中南向使副位南壁東上賓主出就褥位館伴

請獻賓辭三請賓稱不敢辭(凡賓主執禮者相之辭)相揖執注
子盞者詣館伴左西向立揖館伴搢笏酌酒出笏揖
執盞進跪授賓賓進跪搢笏受以授盞人賓之從者
受盞詣冊使北向立賓主俱興執笏相揖立獻副使
讀冊亦如之賓請酬館伴辭三請館伴不敢辭賓主
相揖執注子盞者詣賓右西向立冊使揖搢笏取盞
揖搢而酌讀冊官亦如之酌訖冊使進跪館伴跪受
授副使出笏揖搢笏酌訖出笏揖還授盞副使出笏
盞以授盞人盞人詣館伴左南向立賓主俱興退復
位俱再拜各就座訖贊飮樂作五盞後宣送花酒使

彙纂麗史卷之十一　三十

至引入如引冊使入門皆再拜勸花使呈宣冊使以
下拜舞拜俱上階戴花訖勸花使酌宣酒以次授冊
使副讀冊館伴冊使以下以宣花酒酬勸花使訖各
就位立飮皆降舞蹈交呈起居狀八味賓主俱興就
歇次宮庭別送花酒戴花而飮歇一頃迎仙樂作賓
主去靴笏就褥位賓主再拜進步又再拜就座行酒
如初會賓訖賓就幕次具靴笏入就宮庭館伴附謝
表(如別儀)訖俱上階呈辭狀各就位再拜又再拜訖俱
就褥位賓主俱再拜進步又再拜引出冊使副勸花
使奉表詣殿門進呈冊使跪復曰奉詔冊王妃禮畢

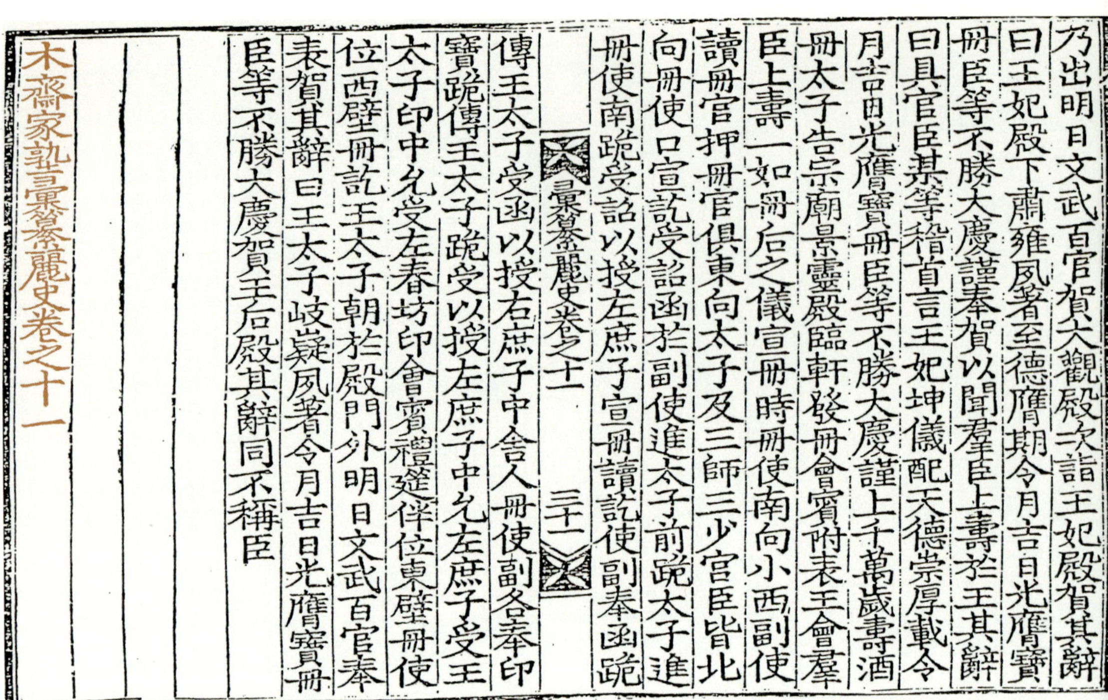

乃出明日文武百官賀大觀殿次詣王妃殿賀其辭曰王妃殿下肅雍夙著至德膺期今月吉日光膺寶冊臣等不勝大慶謹奉賀以聞羣臣上壽於王其辭曰具官臣某等稽首言王妃坤儀配天德崇厚載今月吉日光膺寶冊臣等不勝大慶謹上千萬歲壽酒冊太子告宗廟景靈殿臨軒發冊會賓附表王會羣臣上壽一如冊后之儀宣冊時冊使南向小西副使讀冊官押冊官俱東向太子及三師三少宮臣皆北向冊使口宣訖受詔函於副使進太子前跪太子進冊使南跪受詔以授左庶子宣冊讀訖使副奉函跪

傳王太子受函以授右庶子中舍人冊使副各奉印寶跪傳王太子跪受以授左庶子中允左庶子受王太子印中允受左春坊印會賓禮遂伴位東壁冊使位西壁冊訖王太子朝於殿門外明日文武百官奉表賀其辭曰王太子岐嶷夙著今月吉日光膺寶冊臣等不勝大慶賀王后殿其辭同不稱臣

木齋家塾彙纂麗史卷之十一

木齋家塾彙纂麗史卷之十二

樂志

古之聖王功成治定禮明法修乃作樂以宣八風之氣以平天下之情故聖王貴之也樂有五聲十二律八音曰黃鍾所以宣養六氣九德天地之中聲也二曰大簇所以金奏贊陽出滯也三曰姑洗所以修潔百物考神納賓也四曰蕤賓所以安靖神人獻酬交酢也五曰夷則所以詠歌九則平民無貳也六曰無射所以宣布哲人之令德示人軌儀也爲之六間以揚沈伏而黜散越也元間大呂助宣物也二間夾鍾

出四隙之細也三間中呂宣中氣也四間林鍾和展百事俾莫不任肅純恪也五間南呂贊陽秀也六間應鍾均利器用俾應復也謂之間者以其在陽律之間也又謂之同以其同於陽也總爲十二律三分損益隔八相生旋相爲宮五聲之序宮最大而沈濁羽最細而輕清商次宮徵之細次羽而角居四者之中然考中聲不以角而以宮宮者君道也是以黃鍾不爲他律役制度量衡皆由是本焉於是吹管候氣參驗被諸八音有八十四聲六十調正變之妙其制作之意微矣自三代聖王各有增損而其法大抵皆同秦漢以後器與聲俱亡武帝時有制氏者世爲樂官習其音不知其義論者惜之魏用杜夔隋用鄭譯何妥唐因隋之舊宋用和峴胡瑗阮逸范鎭考正鍾律然卒亦無所得焉夫以中朝之盛當聲器墜缺之後不復覩先王雅樂者今數千年況於海外偏邦雖規規於器數之末何足道也哉高麗太祖甫刱大業其於禮樂蓋未遑焉至于成宗立郊社宗廟文物始備大祭祀皆用雅樂其樂律之制典籍無稽然郊廟登歌軒架蓋以唐朝雅樂爲法睿宗十一年六月乙丑王字之還自宋徽宗賜大晟樂詔曰三代以還禮廢

樂毀朕若稽古述而明之百年而興乃作大晟千載之下聿追先王比律諧音遂致羽物雅正之聲誕彌率土遡惟爾邦表茲東海請命下吏有使在庭古之諸侯教尊德盛賞之以樂肆頒軒簴以作爾祉夫移風易俗莫若於此往祗厥命御于邦國雖疆殊壤絶同底大和不其韙歟庚寅王御會慶殿召宰樞侍臣觀大晟新樂十月癸酉王祼于太廟薦以新樂新製九室登歌樂章太祖室曰大定之曲惠宗曰紹聖顯宗曰興慶德宗曰嚴安靖宗曰元和文宗曰大明順宗曰翼善宣宗曰清寧肅宗曰重光正聲中聲各有

一章自是郊廟朝廷皆以大晟奏之然字之之來也宋朝惟寄衣冠樂器東人不知肄習承旨徐溫入宋私習舞儀而教之其進退疎數之節無所憑依毅宗辛巳一儒臣擅改節拍律呂錯亂其上下干戚篇舞進退疾舒皆不應節其後樂工頗從初到時節奏習之主司取旨而莫能改八音之中缺絲土二聲歌師但誦譜之高低略不解其詞語至明宗時樂工逃竄冒占他業樂之缺亂甚矣於是論者謂是樂宋朝以新樂賜睿廟本非宋太祖所制之樂樂之行未久而宋朝亂且爲本國樂官妄施更改請用前代所用之

彙纂麗史卷之十二　三

樂是時國家多事武臣濁亂未遑稽古之事識者恨之恭愍八年御史臺請新制樂器其後遣使請樂器于大明是時太祖皇帝令冷謙等攷正樂律十九年五月成准得還自京師賜樂器編鍾十六架全編磬十六架全鍾架全磬架全笙簫琴瑟排簫一七月遣姜師贊請樂工精曉音律者帝不許令太常樂工赴京習業皇朝樂器用於宗廟而社稷籍田文廟雅樂鍾磬闕焉二十一年移咨中書省買鍾磬恭讓三年請於會朝用樂從之盖自高麗雜用唐樂有獻仙桃清平樂五羊仙黃河清抛毬樂臨江仙西江月等曲其鄉樂有動動西京以下二十四篇及三國時鄉樂皆非先王正聲故今不備錄也

雅樂

親祠登歌軒架

登歌金鍾架一在東玉磬架一在西俱北向柷一在金鍾北稍西敔一在玉磬北稍東搏拊二一在柷北一在敔北東西相向一絃三絃五絃七絃九絃琴各一瑟二在金鍾之南西上玉磬之南亦如之東上又於壇下東南大廟則在前楹階下設笛二篪一巢笙一和笙一爲一列西上塤一在笛南簫一在巢笙南

彙纂麗史卷之十二　四

又於壇下西南設笛二篪一巢笙一和笙一爲一列東上塤一在笛南簫一在巢笙南鍾磬柷敔搏拊琴瑟工各坐於壇上大廟則在堂上前楹間塤篪笙笛簫工並立於壇下大廟則在前楹階下樂正一人在鍾磬間北向協律郎一員在樂簴之西東向歌工四人在柷敔間俱東西相向　軒架三方各設編鍾三編磬三東方編磬起北編鍾間之東向西方編鍾起北編磬間之西向北方編磬起西編鍾間之北向植立鼓二一於樂懸東南一於樂懸西南設柷敔於北架內柷在東敔在西瑟十四爲二行一行在柷東一

行在敔西次一絃琴七左四右三次三絃琴一十次五絃琴十二次七絃琴十四次九絃琴十四並分左右次巢笙十四次簫十四次竽笙十二次篪十六次塤十四次笛十四並分左右晉鼓一在巢笙間小南北向樂正一人在柷敔之前北向歌工十二人次柷敔東西相向列爲四行左右各二行協律郞一員在樂簴之西北東向文舞四十八人執籥翟武舞四十八人執干戚俱爲六佾文舞分立於表之左右各三佾引文舞二人執纛在前東西相向引武舞執旌二人鼗二人單鐸二人雙鐸二人持金錞四人奏金錞

二人鐃二人鉦二人相二人雅二人分立於軒架之東西北向北上武舞在其後

大晟樂登歌樂器

編鍾正聲一十六顆中聲一十二顆各紅線條結全擔牀全樂架事件擔腦一條頰柱二條中正聲弗各二條脚桄二條脚趺二隻耀葉板五段五珠流蘇二件五色線結造各鈒花鍍金鍮石華月一副流珠三十顆盤子七箇紅線條金牌一面角槌一對編磬正聲一十六枚中聲一十二枚各紅線條結全擔牀全樂架事件擔腦一條頰柱二條中正聲弗各二條脚桄二條脚趺二隻耀葉板五段五珠流蘇二件五色線結造各鈒花鍍金鍮石華月一副流珠三十顆盤子七箇紅線條金牌一面角槌一對琴一絃三絃五絃七絃九絃各二面瑟二面各遍地寶粧絃鴈柱并紅錦襯絃金鍍銀鐸子四箇紅線條結篪中正聲各二管各鍍金銀絲扎纏二道紅絃一十道簫中正聲各二管各鍍金銀絲扎纏二道紅絃一十三道簫中正聲各二面並綵畫飛鳳鍍金鈒花鐸子四箇花環鍮鉞結子巢笙中正聲各二鑽各鍍金銀鈒花稜斗頂鍍金銀束子和笙中正聲各二鑽各鍍金銀鈒花

稜斗頂鍍金銀束子塤中正聲各二枚各纏金花鳳搏拊二面各綵畫花鳳紅線條全柷一隻五綵間金座全并鍍金銀鈒花稜槌一柄敔一隻五綵間金座全錦裹柄旄子全麾旛一首銷金生色竿子全

登歌軒架樂迭奏節度

圜丘親祀王入門詣罍洗升降壇詣望燎位還大次軒架奏正安之曲王飮福登歌作禧安之曲並黃鍾宮迎神軒架奏夾鍾宮景安之曲三成黃鍾角大簇徵姑洗羽各一成文舞作六成送神奏夾鍾宮永安之曲武舞一成奠玉幣酌獻上帝登歌作嘉安之曲

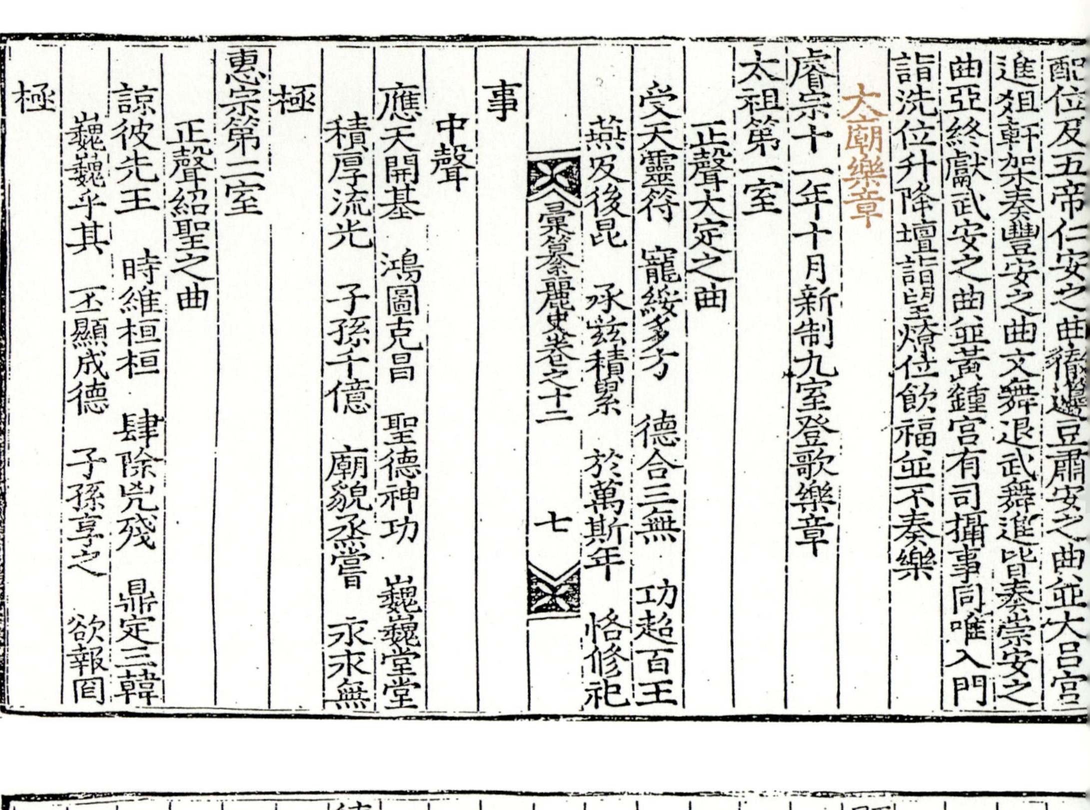

配位及五帝仁安之曲徹籩豆肅安之曲並大呂宮
進俎軒架奏豐安之曲文舞退武舞進皆奏崇安之
曲亞終獻武安之曲並黃鍾宮有司攝事同唯入門
詣洗位升降壇詣望燎位飲福並不奏樂

太廟樂章

睿宗十一年十月新制九室登歌樂章

太祖第一室

正聲大安之曲

受天靈符　寵綏多方　德合三無　功超百王
燕及後昆　承玆積累　於萬斯年　恪修祀
事

中聲

應天開基　鴻圖克昌　聖德神功　巍巍堂堂
積厚流光　子孫千億　廟貌烝嘗　永永無
極

惠宗第二室

正聲紹聖之曲

諒彼先王　時維桓桓　肆除兇殘　鼎定三韓
巍巍乎其　丕顯成德　子孫享之　欲報罔
極

高麗史卷之十二　七

中聲

勇智傑然　翼扶祖功　虔麾之下　三韓率同
長發其祥　光于列聖　禋嚴以時　孝孫之
慶

顯宗第三室

正聲興慶之曲

丕顯烈祖　濬德飛天　累歷難險　紹興聖賢
龍山王嗣　泗水浮磬　曾孫孝敬　福祥來
定

中聲

於穆聖祖　濬躍陟元　撥亂反正　神武睿文
中興王業　啓佑後昆　烝嘗勿替　子子孫
孫

德宗第四室

正聲嚴安之曲

德由天生　勇無與京　威動雷霆　鄰邦震驚
開其國疆　既長而衰　于今邊陲　戍邏虛
候

中聲

震德離潛　龍飛于天　威其遠邦　敎勇無前

高麗史卷之十二　八

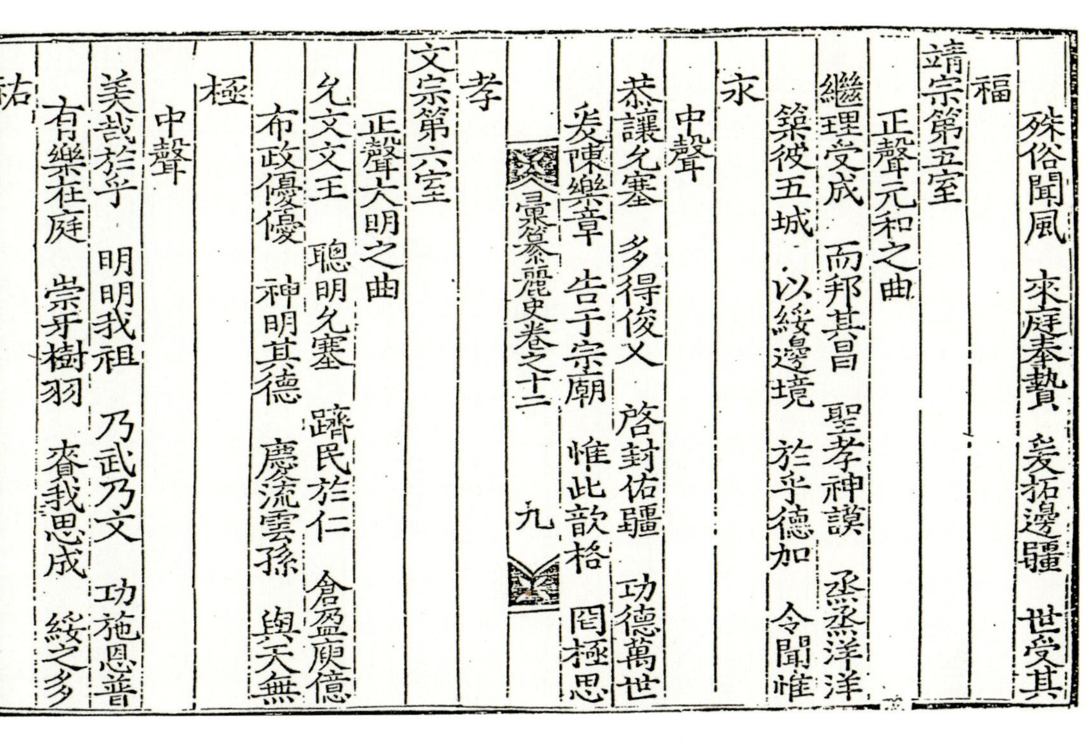

殊俗聞風 來庭奉贄 爰拓邊疆 世受其福

靖宗第五室

正聲元和之曲

繼理受成 而邦其昌 聖孝神謨 烝烝洋洋
築彼五城 以綏邊境 於乎德加 令聞惟永

中聲

恭讓允塞 多得俊乂 啓封佑疆 功德萬世
爰陳樂章 告于宗廟 惟此歆格 罔極思孝

文宗第六室

正聲大明之曲

允文文王 聰明允塞 躋民於仁 倉盈庾億
布政優優 神明其德 慶流雲孫 與天無極

中聲

美哉於乎 明明我祖 乃武乃文 功施恩普
有樂在庭 崇牙樹羽 眷我思成 綏之多祐

順宗第七室

正聲翼善之曲

惟王奉天 恭順爲先 撫軍監國 三十餘年
繼焰方興 乘雲旣遠 威德形容 流於歌管

中聲

於穆先王 德由元良 温文天縱 慈惠日彰
救民以醫 承考惟孝 時修祀儀 式瞻廟貌

宣宗第八室

正聲清寧之曲

堯仁舜孝 其道翹然 臨朝一紀 賓天幾年
餘烈遺風 洋溢千古 瞻言几筵 依俙若覩

中聲

有樂在庭 其音惟新 邦家之光 實賴乃神
爰修厥祀 告于宗廟 永惟格思 歆我來孝

肅宗第九室

正聲重光之曲

惟皇肅考 之義之仁 謳歌歸我 威靈如神
重興慶基 保有英胄 鍾鼓享考 時延純
祐
中聲
於鑠皇考 清明憲天 爲道敬勤 秉心塞淵
英謀神斷 風行雷鼓 我其收之 以介斯
祐
恭愍王十二年五月丁亥還安九室神主于大廟新
撰樂章
太祖第一室

於皇太祖 景命是膺 奄有三韓 仁洽政凝
後嗣不類 時艱荐興 居歆引逆 永永其
承
惠宗第二室
天造我家 或不來庭 左右太祖 弓矢經營
覲德在廟 凜然英靈 瘖屯開泰 永仰皇
明
顯宗第三室
天扶景業 用否而昌 三韓再造 百度孔彰
至謀盛烈 迺今彌光 於千萬年 祚我無
疆
元宗第四室
明明我祖 德合乾坤 不顯其德 垂裕後昆
克禋克祀 黍稷惟馨 是歆是享 永保康
寧
忠烈王第五室
朝彼元朝 始尚公主 王姬之車 降于東土
子孫繩繩 受天之祜 於千萬年 爲毋爲
父
忠宣王第六室

念茲先祖 陟降庭止 克陳薄儀 仰止敬止
爾肴既嘉 爾酒既旨 享于克誠 惠我孫
子
忠肅王第七室
於皇烈祖 厥德俟純 我其嗣服 夙夜惟寅
吁何遭寇 廟貌蒙塵 以安以侑 天休滋
臻
忠惠王第八室
祖茲戎平 寢廟載寧 以享以祀 以安厥靈
於乎不顯 陟降于庭 庶歆庶顧 惟黍稷

磬
忠穆王第九室
英明果斷　有赫其光　於乎休矣　懷允不忘
糾當撥亂　宗祀是張　顧我明禋　惟誠之
將
恭愍王十六年正月丙午幸徽懿公主魂殿告錫命
仍設大享教坊奏新撰樂章
初獻
思齊承懿　文武之孫　魏王之子　君王之妃
俔天之妹　肅肅雝雝　允矣王姬　聿來胥

宇　百祿是宜
亞獻
思齊承懿　肅肅其德　駿惠我王　莫匪爾極
永言在天　嗚呼不忘　我將我享　以洽百
禮　永觀厥成
三獻
嗚呼承懿　德音不已　勉勉我王　聿追祀事
樂旣和奏　以安以侑　神嗜飲食　日監在
茲　胡臭亶時
四獻

明明承懿　允恭允明　淑愼爾止　厥類惟彰
於論伐鼓　以禋以祀　以假以享　賚我思
成　穆穆厥聲
五獻
奏鼓簡簡　衎我承懿　或歌或号　磬管以間
昭格不遲　懷我好音　介爾景福　禮儀卒
度　鮮不爲則
終獻
其禮伊何　烝烝皇皇　或肆或將　不吳不揚
旣敬旣戒　執事有恪　伊嘏承懿　於千萬

年　永永無斁
二十年十月乙未親享太廟新撰樂章
王入門奏闕之曲
於穆淸廟　我享我將　威儀反反　鍾鼓喤喤
至止肅肅　休有烈光　必恭敬止　介福無
彊
王盥洗奏闕之曲
有冽軌泉　實維何期　可以濯漑　維淸緝熙
旣敬旣戒　揖以威儀　式序在位　曾孫篤
之

王升殿降殿奏闋之曲

於穆清廟 載見辟王 明明黼黻 肅肅班行
祕祭是潔 登降俯臧 何以賜我 萬壽無
疆

王出入小次奏闋之曲

維茲孝敬 小次敢怠 出入有節 威儀孔彰
精禋限限 雅樂洋洋 何以綏我 降之百
祥

迎神奏闋之曲

維精維純 咸服齊明 感通肹蠁 樂焉九成

僾乎有聞 烝烝孝誠 神之格思 來燕來
寧

奠幣奏闋之曲

彝倫攸序 匪報維親 孝思不匱 有嚴清純
惟恭奉幣 嘉玉載陳 感格如響 休祥畢
臻

司徒奉俎奏闋之曲

於薦廣牲 籩豆大房 或肆或將 以孝以享
誰其尸之 曾孫之將 旣右享之 惠我無
疆

闋 第一室奏闋之曲

於乎皇王 受命溥將 遂荒大東 四方之綱
克開厥後 繼序其皇 於萬斯年 降福無
疆

闋 第二室奏闋之曲

於皇武王 荷天之龍 旣右烈考 耆定爾功
小東大東 亦是率從 勿替引之 福祿攸
同

闋 第三室奏闋之曲

休矣皇考 將受厥明 允文允武 以赫厥靈

有震且業 迄用有成 萬有千年 保我後
生

闋 第四室奏闋之曲

允王維后 穆穆皇皇 天命匪懈 萬民所望
夙夜敬止 祀事孔明 綏我眉壽 自天降
康

闋 第五室奏闋之曲

皇王烝哉 百祿是遒 允也天子 世德作求
子孫千億 優游爾休 永言孝思 於乎悠
哉

闕 第六室奏闕之曲
勉勉我王 丕顯其德 宣昭義問 順帝之則
王此大邦 臨下有赫 貽厥孫謀 以介景
福
闕 第七室奏闕之曲
於乎皇考 其德克明 永言配命 則篤其慶
綏予孝子 茀祿爾康 本支百世 永觀厥
成
王飮福奏廱成之曲
閟宮有侐 祀事孔明 神嗜飮食 賚我思成

酌彼康爵 孝孫有慶 於萬斯年 受福無
疆
文舞退武舞進奏肅寧之曲
嗟嗟烈祖 赫赫厥聲 允文允武 保我後生
植其鷺羽 干戈戚揚 萬舞有奕 展也大
成

宋新賜樂器

睿宗九年六月甲辰朔安稷崇還自宋徽宗詔曰樂
與天地同流百年而後興功成而後作自先王之澤
竭禮廢樂壞由周迄今莫之能述朕嗣承累聖基緒
永惟盛德休烈繼志述事告厥成功乃詔有司以身
爲度由度鑄鼎作樂薦之天地宗廟羽物時應夫今
之樂猶古之樂朕所不廢以雅正之聲播之今樂肇
布天下以和民志卿保有外服慕義來同有使至止
願聞新聲嘉乃誠心是用有錫今因信使安稷崇回
俯賜卿新樂鐵方響五架幷卓子椳子朱漆縷金架
子錦裏冊條金鍍銀鐸子條結紫羅夾帊紫絹單帊
全石方響五架幷卓子椳子朱漆縷金架子錦裏冊
條金鍍銀鐸子條結紫羅夾帊紫絹單帊全琵琶四
面金鍍鍮石鳳鉤朱漆縷金架子金鍍銀鐸子條結

幷縷金撥子紫羅夾袋全五絃二面金鍍鍮石鳳鉤
朱漆縷金架子金鍍銀鐸子條結幷縷金撥子紫羅
夾袋全雙絃四面金鍍鍮石鳳鉤朱漆縷金架子箏
一面幷卓子幷縷金各金鍍銀鐸子條結銷金生色
襯絃紫羅夾袋全箜篌四座竝縷全觱篥二十管金
鍍銀絲扎纏各用紫羅夾袋一匣盛紅羅褥子紫羅
夾複子全笛二十管篪二十管簫一十面朱漆縷金
裝金鍍銀鐸結子各用紫羅夾袋一匣盛紅羅褥子
紫羅夾複全匏笙一十攢金鍍金束子各用紫羅夾
袋二匣盛紅羅褥子紫羅夾複全塤四十枚三匣盛

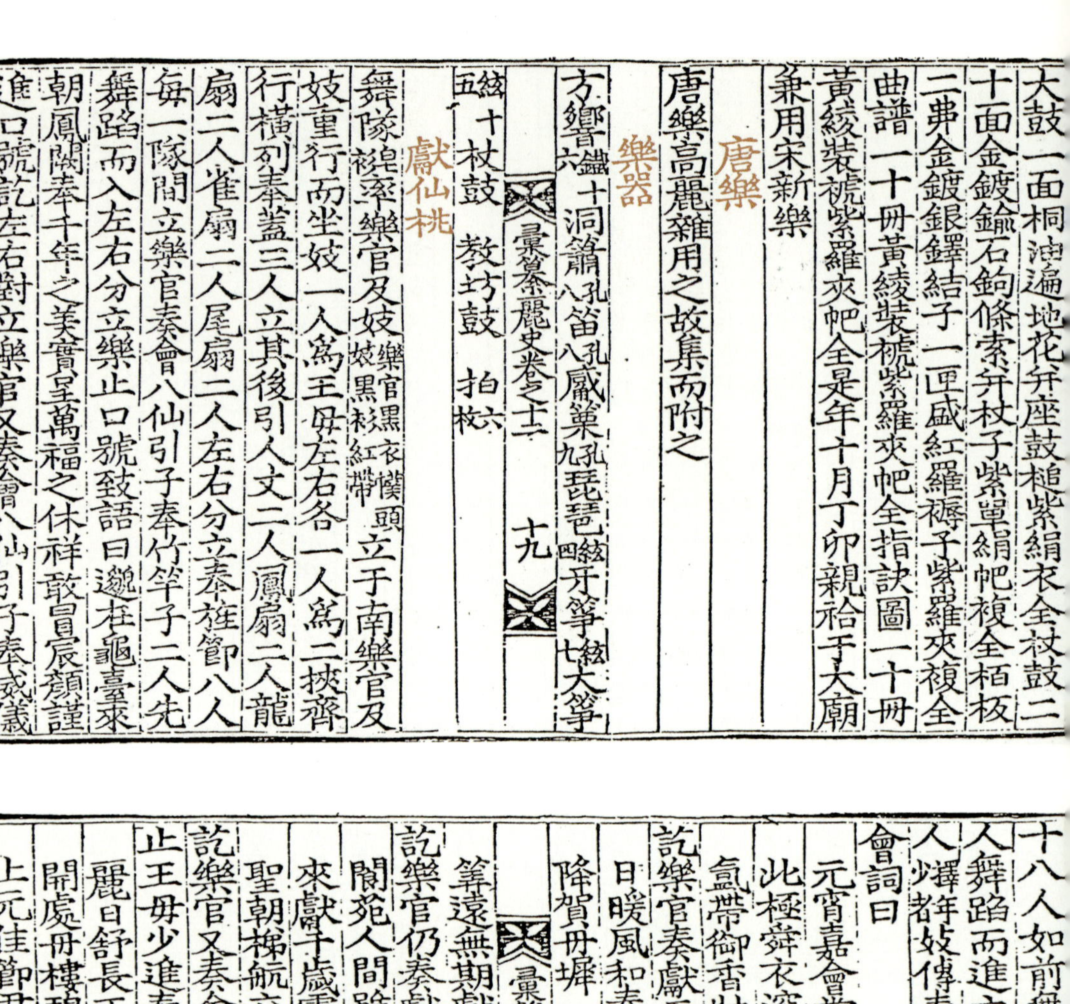

大鼓一面桐油遍地花弁座鼓槌紫絹衣全杖鼓二十面金鍍鍮石鉤條索弁杖子紫單絹帊複全栢板二弗金鍍銀鍱結子一匣盛紅羅褥子紫羅夾複全曲譜一十冊黃綾裝褫紫羅夾帊全指訣圖一十冊黃綾裝褫紫羅夾帊全是年十月丁卯親祫于大廟兼用宋新樂

唐樂

唐樂高麗雜用之故集而附之

樂器

方響(鐵十六)十洞簫(八孔)笛(八孔)觱篥(九孔)琵琶(四絃)牙箏(七絃)大箏(絃十五)十杖鼓 教坊鼓 拍(六枚)

彙纂麗史卷之十二 十九

獻仙桃

舞隊(皂衫)率樂官及妓(樂官黑衣幞頭 妓黑衫紅帶)立于南樂官及妓重行而坐妓一人爲王母左右各一人爲二挾齊行橫列奉蓋三人立其後引人丈二人鳳扇二人龍扇二人雀扇二人尾扇二人左右分立奉旌節八人每一隊間立樂官奏會八仙引子奉竹竿子二人先舞蹈而入左右分立樂止口號致語曰邈在龜臺來朝鳳闕奉千年之美實呈萬福之休祥敢冒宸顏謹進口號訖左右對立樂官又奏會八仙引子奉威儀十八人如前舞蹈而進左右分立王母三人奉蓋三人舞蹈而進立定樂止樂官一人奉仙桃盤授妓一人(擇年少者)妓傳奉進王母王母奉盤唱獻仙桃元宵嘉會詞曰

元宵嘉會賞春光盛事當年憶上陽堯顙喜瞻天北極舜衣深拱殿中央懽聲浩蕩連韶曲和氣氤氳帶御香壯觀太平何以報蟠桃一朶獻千祥

訖樂官奏獻天壽慢王母三人唱日暖風和詞曰

日暖風和春更遲是太平時我從蓬島整容姿來降賀丹墀 幸逢燈夕眞佳會喜近天威神仙壽

彙纂麗史卷之十二 二十

筭遠無期獻君壽萬千斯

訖樂官仍奏獻天壽令嗺子

閬苑人間雖隔遙聞聖德彌高西離仙境下雲霄來獻千歲靈桃 上祝皇齡齊天久猶舞蹈賀聖朝梯航交湊四方來端拱永保宗祧

訖樂官又奏金盞子慢王母不出隊周旋而舞訖樂止王母少進奏袂唱麗日舒長詞曰

麗日舒長正葱葱瑞氣遍滿神京九重天上五雲開處丹樓碧閣崢嶸盛宴初開錦帳繡幕交橫應上元佳節君臣際會共樂昇平

廣庭羅綺紛盈動一部笙歌盡新聲蓬萊宮殿神
仙景浩蕩春光邐迤王城烟收雨歇天色夜更澄
清又千尋火樹燈山參差帶月鮮明
訖退立樂官奏金盞子令嗺子两挾舞舞進舞退復位
樂止两挾舞唱東風報暖詞曰
東風報暖到頭嘉氣漸融怡巍峩鳳闕起鼇山萬
仞爭聳雲涯 梨園弟子齊奏新曲半是塤篪見
滿筵簪紳醉飽頌鹿鳴詩
訖樂官奏瑞鷓鴣慢三成訖王母少進唱海東今日
詞曰

海東今日太平天喜望龍雲慶會筵尾扇初開明
黼座畫簾高捲罩祥烟 梯航交湊端門外玉帛
森羅殿陛前妾獻皇齡千萬歲封人何更祝遐年
訖復位樂官奏瑞鷓鴣慢嗺子两挾舞齊行舞進舞退
復位樂止两挾舞唱北暴東頑詞曰
北暴東頑納款慕義爭來日新君德更明哉歌詠
載衢街 清寧海宇無餘事樂與民同燕春臺一
年一度上元回願醉萬年杯
樂官奏千年萬歲引子奏威儀十八人回旋而舞三
匝退復位樂止奏竹竿子少進致語曰斂霞裾而少

退指雲路以言旋再拜階前相將好去訖樂官奏會
八仙引子竹竿子舞蹈而退奉蓋王母各三人亦從
舞蹈而退奉威儀十八人亦如之

五羊仙

舞隊皂衫率樂官及妓樂官朱衣妓丹粧立于南樂官重行而
坐妓一人爲王母左右各二人爲四挾齊頭橫列奉
蓋五人立其後引人丈二人鳳扇二人龍扇二人雀
扇二人尾扇二人左右分立奉旌節八人每一隊間
立立定舞隊擡拍樂官奏五雲開端朝引子奉竹竿
子二人先入左右分立樂止口號致語曰雲生鵠嶺

月轉鼇山悅逢羊駕之眞仙並結鸞驂之侶雅奏
値於儀鳳華姿妙於翩鴻冀借優容許以入隊訖對
立奉威儀十八人前進左右分立王母五人奉蓋五
人前進立定王母少進致語曰式歌且舞聊申頌德
之情俾熾而昌用贊延洪之祚妾等無任激切屛營
之至訖退樂官又奏五雲開瑞朝引子王母五人斂
手足蹈而進立樂官奏萬葉熾瑤圖令慢王母五人
齊行橫立而舞王母向左而舞左二人對舞右二人
在後向右而舞右二人對舞左二人在後舞訖樂官
奏嗺子令王母舞而中立餘四人舞而立四隅樂官

奏中腔令王母五人不出隊周旋而舞訖唱步虛子
令碧烟籠曉詞曰
碧烟籠曉海波閒江上數峯寒佩環聲裏異香飄
落人間弭絳節五雲端　宛然共指嘉禾瑞開一
笑破朱顏九重嶢闕望中三祝高天萬萬載對南
山
訖急拍樂隨之訖又奏步虛子令中腔王母向前左而
舞前左回旋對舞王母向前右亦如之向後左亦如
之向後右亦如之舞訖就位樂官仍奏中腔令奉威
儀十八人歌中腔令彤雲映彩色詞舞蹈而回旋三
匝唱訖退位樂官奏破字令王母五人舞訖奉袂唱
破字令縹緲三山詞曰
縹緲三山島十萬歲方分昏曉春風開遍碧桃花
爲東君一笑祥飆暫引香塵到祝高齡後天難老
瑞烟散碧歸雲弄暖一聲長嘯
訖樂官奏中腔令竹竿子少進立口號致語曰歌清
別鶴舞妙回鸞百和沈烟紅日晩一聲遼鶴白雲深
再拜階前相將好去訖舞蹈而退十八人相對少進
舞蹈而退王母五人齊頭橫列王母少進口號致語
曰寰海塵清共感昇平之化瑤臺路回遽迴汗漫之

高麗史卷之七十一　二十三

遊伏候進止舞蹈而退奉蓋五人亦從舞蹈而退

抛毬樂

舞隊樂官及妓（樂官朱衣 妓丹粧）立于南東上重行而
坐奏折花令妓二人奉竹竿子立于前樂止口號致
語曰雅樂鏗鏘於麗景妓童部列於香階爭呈婥妁
之姿共獻蹁躚之舞冀容入隊以樂以娛訖左右分
立樂官又奏折花令妓十二人分左右隊隊六人舞
入竹竿子後分四隊立樂止唱折花令三臺詞曰
翠幕華筵相將正是多懽宴舉舞袖回旋遍羅綺
簇宮商共歌清羨瓊漿泛泛滿金罇莫惜沈醉永
日長遊衍願樂嘉賓嘉賓式燕
訖樂官又奏折花令隊頭妓二人對舞進花瓶前作
折花狀舞退樂官奏水龍吟令兩隊十二人回旋而
舞訖唱水龍吟令洞天景色詞曰
洞天景色常春嫩紅淺白開輕萼瓊筵鎭起金爐
烟重香凝錦幄窈窕神仙妙呈歌舞攀花相約彩
雲月轉朱絲網徐在語笑抛毬樂繡袂風翻鳳舉
轉星眸柳腰柔弱頭籌得勝懽聲近地光容約滿
座佳賓喜聽仙樂交傳觥爵龍吟欲罷彩雲搖曳
相將歸去寥廓

高麗史卷之七十一　二十四

訖樂官奏小抛毬樂令左隊六人舞一面一背訖齊
立樂止全隊唱小抛毬樂令兩行花竅詞曰
兩行花竅占風流縷金羅帶繫抛毬玉纖高指紅
絲網大家着意勝頭籌
訖隊頭一人進毬門前唱
滿庭簫鼓簇飛毬絲竿紅網揔臺頭
作抛毬戲中則全隊拜訖右隊六人舞一面一背訖
齊立樂止全隊唱小抛毬詞訖隊頭一人進毬門前
唱前詞作抛毬戲中則全隊拜訖左二人如上儀唱
頻歌覆手抛將過兩行人待看回籌

訖右二人如上儀唱前詞訖左三人如上儀唱
五花心裏看抛毬香腮紅嫩柳烟稠
訖右三人如上儀唱前詞訖左四人如上儀唱
清歌疊鼓連催促這裏不讓第三籌
訖右四人如上儀唱前詞訖左五人如上儀唱
簫鼓聲聲且莫催彩毬高下意難裁
訖右五人如上儀唱前詞訖左六人如上儀唱
恐將脂粉均粧面羞被狂毫抹汙來
訖右六人如上儀唱前詞訖樂官奏清平令左右隊
向北立舞破子訖唱

滿庭羅綺流粲清朝畫樓開宴似初發芙蓉正爛
熳金罇莫惜頻勸近看柳腰似折更看舞回流雪
是懽樂宴遊時節且莫催懽歌聲閡
訖樂官奏小抛毬樂令竹竿子二人少進樂止口號
致語曰七般妙舞已呈飛燕之奇數曲清歌且蕪貫
珠之美再拜階前相將好去訖退左右十二人以次
舞退

俗樂

高麗俗樂考諸樂譜載之其動動及西京以下二十
四篇皆用俚語

樂器

玄琴(絃六) 琵琶(絃五) 伽倻琴(絃十二) 大琴(孔十三) 杖鼓 牙拍(六枚)
無㝵(有粧飾) 舞鼓 嵇琴(絃二) 觱篥(孔七) 中笒(孔十三) 小笒(孔七)
拍(六枚)

舞鼓

舞隊總率樂官及妓(樂官朱衣 妓丹粧) 立于南樂官重行而
坐樂官二人奉鼓及臺置於殿中諸妓歌井邑詞鄉
樂奏其曲妓二人先出分左右立於鼓之南向北拜
訖跪斂手起舞俟樂一成兩妓執鼓槌起舞分左右
挾鼓一進一退訖繞鼓或面或背周旋而舞以槌擊

鼓從樂節次與杖鼓相應樂從而止樂徹兩妓如前
俛伏興退
舞鼓侍中李混謫官寧海乃得海上浮楂制爲舞
鼓其聲宏壯其舞變轉翩翩然雙蝶繞花矯矯然
二龍爭珠最樂部之奇者也

西京

西京古朝鮮即箕子所封之地其民習於禮讓知尊
君親上之義作此歌言仁恩充暢以及草木雖折敗
之柳亦有生意也

大同江

周武王封殷太師箕子于朝鮮施八條之教以興禮
俗朝野無事人民歡悅以大同江比黃河永明嶺比
嵩山頌禱其君此入高麗以後所作也

五冠山

五冠山孝子文忠所作也忠居五冠山下事母至孝
其居距京都三十里爲養祿仕朝出暮歸定省不少
衰嘆其母老作是歌李齊賢作詩解之曰木頭雕作
小唐雞筯子拈來壁上棲此鳥膠膠報時節慈顏始
似日平西

楊州

楊州即高麗漢陽府北據華山南臨漢水土地平衍
富庶繁華非他州比州人男女方春好遊相樂而歌
之也

處容

新羅憲康王遊鶴城還至開雲浦忽有一人奇形詭
服詣王前歌舞讚德從王入京自號處容每月夜歌
舞於市竟不知所在時以爲神人後人異之作是歌
李齊賢作詩解之曰新羅昔日處容翁見說來從碧
海中貝齒頳脣歌夜月鳶肩紫袖舞春風

松山

松山開京之鎭也自太祖都開京累世相承國祚延
長歌之所由作也

禮成江 歌有兩篇

昔有唐商賀頭綱善棊嘗至禮成江見一美婦人欲
以棊賭之與其夫棊佯不勝輸物倍其夫利之以妻
注頭綱一擧賭之載舟而去其夫悔恨作是歌世傳
婦人去時裝束甚固頭綱欲亂之不得舟至海中旋
回不行卜之曰節婦所感不還其婦舟必敗舟人懼
勸頭綱還之婦人亦作歌後篇是也

寒松亭

世傳此歌書於琵琶底流至江南江南人未解其詞光宗朝國人張晉公奉使江南江南人問之晉公作詩解之曰月白寒松夜波安鏡浦秋哀鳴來又去有信一沙鷗

鄭瓜亭

鄭瓜亭內侍郎中鄭叙所作也叙自號瓜亭聯婚外戚有寵於仁宗及毅宗卽位放歸其鄉東萊曰今日之行迫於朝議也不久當召還叙在東萊日久召命不至乃撫琴而歌之詞極悽惋李齊賢作詩解之曰憶君無日不霑衣政似春山蜀子規爲是爲非人莫

問只應殘月曉星知

三國俗樂

新羅百濟高句麗之樂高麗並用之編之樂譜故附著于此詞皆俚語

新羅

東京 卽雞林府

新羅昇平日久政化醇美靈瑞屢見鳳鳥來鳴國人作此歌以美之其所謂月精橋白雲渡皆王宮近地世傳有鳳生巖

東京

東京頌禱之歌也或臣子之於君父卑少之於尊長婦之於夫皆通其所謂安康卽雞林府屬縣而亦名東京統於大也

木州 今淸州屬縣

木州孝女所作女事父及後母以孝聞父惑後母之譖逐之女不忍去留養父母益勤不怠父母怒甚又逐之女不得已辭去至一山中見石窟有老婆遂言其情因請寄寓老婆哀其窮而許之女以事父母者事之老婆愛之嫁以其子夫婦協心勤儉致富聞其父母貧甚邀致其家奉養備至父母猶不悅孝女作

是歌以自怨

余那山

余那山在雞林境世傳書生居是山讀書擢第聯婚世族後掌試設宴其婚家喜而歌之自後掌試者設宴先歌此焉

長漢

長漢城在新羅界漢山北漢江上新羅置重鎭後爲高句麗所據羅人擧兵復之作此歌以紀其功焉

利見臺

世傳羅王父子久相失及得之築臺相見極父子之

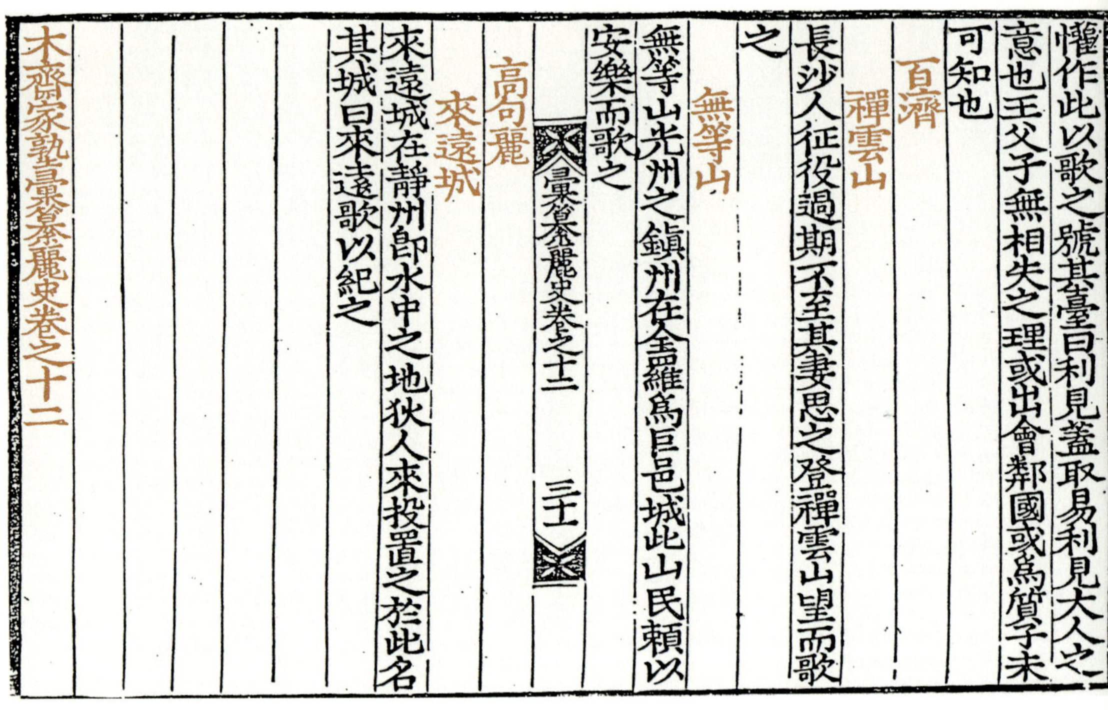

憧作此以歌之號其臺曰利見蓋取易利見大人之意也王父子無相失之理或出會鄰國或爲質子未可知也

百濟

禪雲山

長沙人征役過期不至其妻思之登禪雲山望而歌之

無等山

無等山光州之鎭州在全羅爲巨邑城此山民賴以安樂而歌之

高句麗

來遠城

來遠城在靜州卽水中之地狄人來投置之於此名其城曰來遠歌以紀之

木齋家塾高麗史卷之七十二

木齋家塾彙纂麗史卷之十三

輿服

東國自三韓儀章服飾循習土風至新羅太宗王請襲唐儀是後冠服之制稍擬中華高麗太祖開國事多草刱仍用羅舊光宗始定百官公服於是尊卑上下等威以明及顯宗南行文籍撤逸制度施爲莫知其詳毅宗朝平章事崔允儀裒集祖宗憲章雜采唐制詳定古今禮上而王之冕服輿輅以及儀衛鹵簿下而百官冠服莫不具載一代之制備矣事元以來開剃辮髮襲胡服殆將百年及 大明太祖高皇帝賜恭愍王冕服王妃羣臣亦皆有賜自是衣冠文物煥然復新彬彬乎古矣謹採國史作輿服志

冠服

王冠服 祭服・視朝之服 王妃冠服 王世子冠服：百官祭服 朝服・公服 長吏公服 冠服通制

王冠服

靖宗九年十一月契丹主賜冠服文宗十九年四月契丹主賜九旒冠九章服玉圭三十二年六月宋神宗賜衣二對各金銀葉裝漆匣盛一對紫花羅夾公服一領淺色花羅汗衫一領紅花羅繡夾三襜一條紅花羅繡夾包肚一條紅花羅繡勒帛一條白縠綾夾袴一腰靴一緉紅透背袋盛紅羅繡夾複二條腰帶二條各紅透背袋盛羅繡複一條金鍍銀匣盛一條玉一十六稻鏤塵百戲孩兒頭尾共一十事玳瑁襯金鑻紅鞓成釘一條透犀一十七稻頭尾共一十事玳瑁襯金鑻紅鞓成釘仁宗二十年五月金主賜九旒冠一頂九章服一副玉圭一面明宗二年五月金主賜九旒冕一頂九章服一副玉圭一面

祭服

仁宗十八年四月詔定禘禮服章王服冕九旒七章毅宗朝詳定凡祀圜丘社稷大廟先農服袞冕九旒每旒十二玉玉用赤白蒼相間繅亦如之版廣八寸長一尺六寸前圓後方前高八寸五分後高九寸五分前俛後仰玄表朱裏前後邃延青紘青紞青瑱青纊犀簪導長一尺二寸袞服玄衣五章繪以山龍華蟲火宗彝纁裳四章繡以藻米黼黻纁色紕以爵韋今以帛代純以素紃以五采繡山火貫於革帶白羅中單繡黼領大帶素紕辟紐約用組組用赤白蒼三色織其垂與紳齊革帶白玉雙佩朱組綬絲網玉環繫衣上朱綍帶繫中單上素襪綦帶赤舄赤繶赤純青絇綦帶恭愍王十九年五月 太祖高皇帝賜冕服圭九寸冕青珠九旒青衣纁裳九章畫山龍華蟲火宗彝五章在衣繡藻粉米黼黻四章在裳白

紗中單黼領青緣袖襴蔽膝纁色繡火山二章革帶金鉤鰈玉佩赤白縹綠四綵綬小綬二間施金環大帶表裏白羅紅綠白襪赤舄奉祀朝覲之服也

視朝之服 國初制用柘黃袍文宗十二年四月禮司奏伏准制旨御服備禮之時當服紅黃色其餘色可服者博考前典以奏今按律曆志黃者中之色君之服也唐史云天子服用赤黃遂禁士庶不得以三黃爲服又曰絳紗衣朔日受朝服之開元禮云皇帝祈穀圜丘服絳紗袍古史云一染謂之縓註縓紅也然則帝王之服備禮則黃赭絳三色如宴饗小會取其

彙纂麗史卷之十三　三

便安今所服紅黃外更無餘色毅宗朝詳定凡正至節日朝賀大觀殿大宴儀鳳門宣赦奉恩寺謁祖眞八關會燃燈大會祈穀圜丘出宮王太子納妃醮戒冊王妃王太子臨軒發冊服赭黃袍燃燈小會則服梔黃衣忠烈王二十七年五月服色擬於上國以[illegible]黃代赭袍未幾復用黃袍恭愍王十九年五月　太祖高皇帝賜遠遊冠七梁加金博山附蟬七首上施珠翠犀簪導絳紗袍紅裳白紗中單皁領青緣袖裙襦紗蔽膝白假帶方心曲領紅革帶金鉤鰈白襪黑舄受群臣朝賀服之

王妃冠服 恭愍王十九年五月　太祖高皇帝孝慈皇后賜冠服冠飾以七翬二鳳花釵九樹小花如大花之數兩博鬢九鈿翟衣青質繡翟九等素紗中單黼領羅縠爲緣以紅色蔽膝如裳色以緅爲領緣繡翟二等大帶隨衣色革帶金鉤鰈佩綬青襪青舄

王世子冠服 文宗十一年三月契丹主賜冠服十九年四月契丹主賜九旒冠九章服牙笏

百官祭服 仁宗十八年四月詔定禘禮服章之制一品服亞獻以下侍中以上六員七旒冕五章二品服太常卿以下五祀獻官以上十五員五旒冕三章三

彙纂麗史卷之十三　四

品服功臣獻官通事舍人監察御史以下四十一員無旒冕毅宗朝詳定七旒冕每旒十二玉玉用赤白蒼相間繅亦如之前俛後仰玄表朱裏前後邃延青紘青紞青瑱青纊犀簪導玄衣繪以華蟲火宗彝纁裳繡以藻粉米黼黻紱纁色紕以爵韋純以素紃以五采繡山火貫於革帶白羅中單大帶素終辟紐約用組組用赤白蒼三色織其垂與紳齊革帶玉佩繫玄衣上朱綠帶繫中單上玉佩朱組綬素襪綦帶赤舄赤繶赤純青約綦帶亞獻以下太尉司徒司空中書令侍中服之五旒冕每旒十二玉玉用赤白蒼相

間纅赤如之前俛後仰玄表朱裏前後邃延青紘青紞青瑱青纊角簪導玄衣繪以宗彝藻粉米纁裳繡黼黻紱纁色紕以爵韋純以素紃以五采繡山貫於革帶白羅中單大帶素紕辟紐約用組組用赤白蒼三色織其垂與紳齊革帶玉佩繫玄衣上玄黃帶繫中單上玉佩緇組綬素襪綦帶赤舄赤繶赤純青約綦帶太常卿光祿卿黃門侍郎殿中監籍田則有司農卿等服之三旒冕三章服衣畫藻粉米裳繡黻大祝太史令太常博士執禮奉禮堂上協律圓丘則上帝配主二大祝服之三旒冕一章服衣無章裳黼黻

尚衣奉御贊引贊者通事舍人御史圓丘則五帝大祝等服之平冕無旒衣裳無章革帶堂下協律大樂令七祀功臣獻官謁者大官令良醞令守宮令郊社令掌牲令大官丞祝史等大廟則大廟令宮闈令服之黑介幘緋絹衣緋絹袴鐵塗銅赤革帶緋韋舄齋郎服之恭愍王十九年五月　太祖高皇帝賜羣臣陪祭冠服比中朝臣下九等遞降二等王國七等通服青羅衣白紗中單皂領袖襴紅羅裙皂緣紅羅蔽膝紅白大帶方心曲領革帶綬環白襪黑履冠五頂五梁至一梁角簪導服樸一副羅衣中單裙蔽膝大帶方心曲領白襪黑履全服段青羅十一疋白羅十一疋紅羅六疋皂羅四疋青絹三十五疋白絹三十五疋紅絹十七疋皂絹十疋生絹七十一疋綬樸三副紫錦綬一副銀環二赤錦綬一副鍮石銅環二綠錦綬一副鍮石銅環二綬料紫錦綬五副赤錦綬六副綠錦綬三十五副五色線七斤革帶銀鉤䚢一副鍮石銅鉤䚢一副第一等秩比中朝第三等服五梁冠革帶銀鉤䚢紫錦綬銀環第二等秩比中朝第四等服四梁冠餘同前第三等秩比中朝第五等服三梁冠革帶銅鉤䚢紫錦綬銅環第四等第五等秩比

中朝第六等第七等服二梁冠赤錦綬銅環第六等第七等秩比中朝第八等第九等服一梁冠綠錦綬銅環

朝服 毅宗朝詳定凡正至節日朝賀每朔三大朝賀等事服之恭愍王二十一年十一月教象笏紅鞓皂鞓綃羅朝服皆非本國之產今後侍臣外東西班五品以下用木笏角帶紬紵朝服

公服 光宗十一年三月定百官公服元尹以上紫衫中壇卿以上丹衫都航卿以上緋衫小主簿以上綠衫毅宗朝詳定文官四品以上服紫紅鞓佩金魚常

參六品以上服緋紅鞓佩銀魚官未至而特賜者不
拘此例九品以上服綠閤門班武臣皆紫而不佩魚
內侍茶房等官除本服外亦皆紫而不佩魚西京留
守視尚書副留守視三品以下各依本品東南京副
留大都護牧副使以上服紫佩金魚都護牧判官知
州事以上衣帶魚從本品借紫緋不佩魚知州副使
以下服紫緋者不得著紅鞓凡帶公侯伯通犀金玉
班犀不佩魚宰臣樞密金玉班犀及方團毬路文官
八座左右常侍御史大夫翰林學士承旨侍臣三品
以上武官上將軍以上金班犀文武三品及侍臣給

舍中丞以上班犀金塗銀文武四品以下常參官金
塗銀犀閤門通事舍人以下祗候以上金塗銀參外
官不許著犀兩府及承制文武三品以上四品知制
誥翰林東宮侍講侍讀學士寶文閣直學士待制正
四品知閤門內侍行頭員茶房侍郎以上皂衫紅鞓
官未至而特賜者不拘此例凡笏服紫緋者以象服
綠者以木其制上挫下方

長吏公服 顯宗九年定長吏公服州府郡縣戶長紫
衫副戶長以下兵倉正以上緋衫戶正以下司獄副
正以上綠衫並靴笏州府郡縣史深青衫兵倉史諸
壇史天碧衫無靴笏

冠服通制 成宗八年三月始定
東西北面兵馬使玉帶紫襟兵馬副使紫衣帶劒恭
愍王十六年七月敎曰我國羣臣冠服旣以土風所
宜制定俾有上下之辨不可易也近來輕改趨便尊
卑混淆今後諸君宰樞代言判書上大護軍判通禮
門三司左右尹知通禮門黑笠白玉頂子三親從諸
摠郞三司副使入備身前陪後殿護軍黑笠青玉頂
子諸正佐郞黑笠水精頂子省臺成均典校知製敎
員及外方各官員黑笠隨品頂子縣令監務黑笠無
臺水精頂子九月百官始著笠朝謁二十一年五月

命代言班王以上皆戴黑草方笠二十三年四月命
宰相臺省重房閤門著笠辛禑元年十二月始令各
司胥吏著白方笠八年七月憲府與書雲觀啓我國
木性不宜服黃白赤色衣十三年六月始革胡服依
大明制自一品至九品皆服紗帽團領其品帶有差
一品重大匡以上鈒花金帶二品兩府以上素金帶
自開城尹及三品六司憲至常侍鈒花銀帶判事至
四品素銀帶五六品至七品門下錄事注書密直堂
后三司都事藝文春秋館典校寺成均館八九品外
方縣令監務角帶東西班七品以下氈帽絲帶西班

五六品高頂笠氈帽絛帶其仕諸都監各色者紗帽品帶指諭行首內侍茶房及承命出外者東西班時散勿論參以上紗帽品帶參外角帶兩府代言班主臺諫諸道按廉雨雪則高頂笠頂玉三都監五軍錄事宰樞所知印有角頭巾祿官仕時同三館各領尉正坎頭高頂笠直領纏帶白甲宰龍引駕及京外前銜正順以下高頂笠絛帶兩府前銜與見任同兩府封君前銜奉翊通憲本品冠服成均生員京外學生權務及無職士人高頂帽平頂頭巾絛帶別監小親侍給事紫羅頭巾細條纏帶樂官綠羅頭巾飯房水

房燈燭上所（主宮中燈燭之人謂之燈燭上所）高頂笠直領氈帽纏帶坎頭諸司胥吏平頂頭巾工商同百姓雖有職者高頂笠絛帶直領纏帶巡軍螺匠團領皂衣纏帶唯所由團領皂衣丁吏黃衣抄紫衣其頭巾與帶仍元制以其微賤不改（抄者大內使令奴之名常著紫衣烏巾內侍奉命出使者率行恭）

讓王三年正月都評議使司請定平壤府土官冠服東西班爲頭各一人紗帽品帶其餘五六品高頂笠品帶七品以下高頂笠條兒知印主事平頂巾

輿輅

（王輿輅 命婦車 王世子輿輅）

王輿輅 靖宗九年十一月契丹冊主賜車輅文宗十九年四月契丹冊主賜象輅仁宗二十年五月金主賜象輅十月有事于大廟乘之二十二年正月乘象輅祀圓丘毅宗朝詳定象輅朱漆金塗銀裝以象飾諸末駕赭白馬六祀郊廟乘之輅轅輦以樓棚爲屋朱漆金塗銅龍鳳裝金銀線織成黃盤龍罽褥一案一長竿一並朱漆案鋪以紅繡長竿飾以銀龍頭上元燃燈八關會御樓大赦乘之其還闕乘平輦其制如輅輅而無屋明宗二年五月金主賜象輅神宗卽位問宰輔云嗣王謁大廟例乘上國所賜象輅今未受賜而卜禘有日將修舊邪抑新製乎宰輔曰宜用仁宗

舊物從之二年四月金主賜車輅康宗元年七月金主賜車輅

王世子輿輅 文宗十一年三月契丹冊主賜車輅十九年四月契丹冊主賜革輅肅宗五年十月遼主賜車輅九年四月又賜之

命婦車 忠烈王二十九年五月依上國體例定諸王宰樞承旨班主夫人乘朱漆車三四品夫人黑漆車事竟不行

印章

（王印章 諸衙門印 王世子印章 符驗）

王印章 靖宗九年十一月契丹冊主賜印綬仁宗二十年五月金主賜金印一面駞紐忠烈王七年三月元

賜駙馬國王宣命征東行中書省印先是王奏曰臣旣尚公主乞改宣命益駙馬二字許之八年九月元賜駙馬國王印恭愍王十九年五月 太祖高皇帝賜金印一顆龜紐盭綬其文曰高麗國王之印

王世子印章 肅宗五年十月遼主賜印綬忠烈王十七年九月元賜金印

諸衙門印 忠烈王五年五月元賜僉議府正四品銅印一顆七年九月元陞僉議府爲從三品鑄印賜之十九年三月元賜兩臺銀印一顆恭愍王十八年六月以諸衙門印信體小竝收禮儀司改鑄新印賜之

辛禑二年五月改鑄六曹印以舊印小也七年九月以中外官印制無等改鑄之

符驗 辛禑十二年正月 太祖高皇帝收納前元給付鋪馬蒙古文字八道頒降符驗雙馬四道玄字四十七號玄字四十八號玄字四十九號玄字五十號單馬二道洪字二十二號洪字二十三號起船二道安字一千三百三十六號安字一千三百三十七號

儀衛 (朝會儀仗 法駕衛仗 燃燈衛仗 八關衛仗 西南京巡幸衛仗 奉迎衛仗 宣赦儀仗)

凡遇大禮大朝會則有內外儀仗毅宗朝詳定大觀殿朝會節日正至賀禮殿庭水精杖一在左鉞斧一在右都將各二人(幞角紫衣束帶)大傘一在左陽傘一在右軍士六人(皂紗帽子紫小袖衣束帶)罕一在左畢一在右軍士四人(衣帶同前)莊嚴弓十二將校十二人分左右(幞角紫衣束帶)白甲隊領都將二人(幞角紫衣佩刀執旗)將校二人(衣服同前)軍士五十人分左右(衣甲把小旗槍)銀粧長刀隊領將校二人(幞角紫衣束帶佩刀執旗)軍士十人分左右(立角寶祥花衣假銀帶)銀骨朵子隊領將校二人(服執同前隊)軍士十人分左右(皂紗帽子紫小袖衣束帶)黑䩫斫子紅羅號隊領將校二人(服執同銀粧長刀隊)軍士十人分左右(紫冠紅背子緋羅汗衫)哥舒捧二十軍士二十人分

左右(立角寶祥花袖衣假銀帶)大絞床一軍士二人(皂紗帽子紫小袖衣束帶)筆研案一軍士二人(衣服同前)銀毬仗殿省南班員二十人分左右(紫公服紅鞓)衛仗一百人(幞角紫公服皂鞓執杖子)中禁班領指諭二人(幞角紫衣束帶佩刀)行首二人(衣帶同上執旗)班士十四人(幞角紫衣束帶八人佩刀先排六人執彈弓)都知班領指諭二人(衣帶與中禁指諭同)行首二人(衣服與中禁行首同)班士十人(幞角紫衣束帶把黑䩫紅羅號斫子)殿上上將軍二人千牛大將軍二人竝分左右(幞角紫衣紅鞓)千牛備身將軍四人備身將軍四人各分左右(幞角紫衣束帶佩刀)殿門外儀衛如常儀宣麻朝會則上將軍二人大將軍二人(紫衣紅鞓)備身將軍八人分立於殿上

左右(紫衣束帶佩刀)中禁十人都知十人各分立於殿庭左右儀衛只設陽雨傘絞床筆硏案若立春及人日凡殿門外朝會上將軍二大將軍二備身將軍八分立於殿庭左右中禁十人都知十人分立於殿門內外凡儀注如上儀高宗十六年十一月詔諸備身將軍上大將軍指諭牽龍引駕復著錦衣恭讓王二年正月衛尉判事李敏道倣中國制製新儀仗持仗人皆著青紅染布衣畫以錦紋或著帽或著笠文宗元年七月門下省奏謹按前典戟之爲制如槍兩歧施刃其端魏武帝門戟用蝦蟆頭以懸幡旒長一丈二尺

雜以青黃今宮殿及大廟門戟皆作鬼面實無所據乞依古制改畫爲蝦蟆頭從之

凡法駕衛仗 毅宗朝詳定先排隊領將軍一(錦衣束帶佩長刀執旗騎)將校六人(放角紫衣束帶佩刀執旗)軍士一百人分左右(紫衣執長刀)淸遊隊領都將二人(紫衣佩長刀執旗騎)將校十人(紫衣束帶佩刀執旗騎)軍士三百人(青衣同心弢韃騎)金吾折衝都尉將軍二人(衣紫甲佩刀執旗騎)長將校四人(衣服同前)軍士八十人(弢韃鐵甲騎)金吾果毅將校二人(服色同前隊)軍士八十人分左右(甲騎與折衝隊同)行漏輿一中道淸道一人(揷角紫衣束帶執杖)軍士八人(立角紫寶祥花衣假銀帶)太史局吏二人分左右(放角紫衣)虞候

佽飛隊領將校二人(衣甲佩刀執旗騎)軍士四十八人分左右(弢韃甲騎)防牌隊領都將二人(衣甲佩刀執旗騎)將校六人(衣服同前)軍士一百人(衣皮甲持小旗槍)佽飛將校二人(鐵甲執旗騎)軍士二十四人分左右(衣甲佩刀騎)前行繡鞍馬十二疋甲馬八疋控軍士四十人(立角紫寶祥花大袖衣假銀帶)景靈殿判官中道淸道一人(揷角紫衣紅鞓束帶執杖子)軍士九人(皂紗帽紫小袖衣束帶)行爐茶擔各一軍士四人(服與前行馬控軍士同)彩羅幡十分左右軍士二十人(立角繡抹額隨幡色大袖衣銅鍍金帶)引將校二人(放角紫衣佩刀執旗)黃繡幡十分左右軍士二十人引將校二人(衣服竝同前)青曲柄大傘一中道青陽傘二分左右

拱鶴八人(金畫帽子錦衣束帶)平輦一引駕一人(放角錦衣束帶執杖子)護輦都將二人將校二人分前後(竝放角錦衣束帶佩長刀)拱鶴三十二人(立角寶祥花衣假銀帶)銀毬仗四十殿省南班員分左右(紫公服紅鞓騎)御甲擔一中道拱鶴四人(立角寶祥花大袖衣假銀帶)青曲柄大傘一中道黃傘一在左紅傘一在右拱鶴八人(金畫帽子錦衣束帶)軺輅一中道引駕一人護軍都將二人將校二人拱鶴四十八人(衣帶竝如奉平輦人)銀粧長刀隊領將校二人(放角紫衣束帶佩刀執旗)軍士二十人(立角寶祥花大袖衣假銀帶)絞床水灌子各一分左右軍士四人(金畫冒子錦衣假銀帶)國印書詔寶擔各一分左右中書主寶吏一人(紫衣)

其後[illegible]軍士十六人[illegible]大紬衣假銀帶[illegible]寶前一在道右具公服騎中衛軍旗一在左軍士二人衣甲兜牟拱鶴軍旗一在右軍士二人衣所同前青龍幢二白虎幢二朱雀幢二玄武幢二紅繡幢二分左右軍士二十人立角繡抹額大紬衣各隨幢色假銀帶青幢十赤幢十白幢十黃幢十黑幢十分左右軍士一百人服色同前引將校二人服色與銀粧長刀隊將校同銀骨朶子隊領將校二人衣服同前軍士四十人金畫冒子紫窄袖衣假銀帶銀粧長刀隊領將校二人放角紫衣束帶佩刀執旗軍士二十人分左右立角寶祥花大紬衣假銀帶銀斫子紅羅號隊領將校二人服執同前隊軍士二十人紫羅冠緋羅背子絳羅汗衫紫繡包

肚緣戟小旗槍隊領將校二人服執同前隊軍士四十人分左右衣鐵甲銀斫子紅羅號四軍士八人衣朱甲莊嚴弓十二將校十二人分左右放角錦衣束帶戟幡四軍士八人衣白幘罕一在左畢一在右軍士四人錦冒子錦衣紅鞓帶靜鞭承旨四人分左右放角錦衣束帶節六旌二各分左右旌節郎八人紫公服紅鞓騎水精杖一在左郎將一員鉞斧一在右郎將一員並放角錦衣束帶中禁班領指諭二人放角錦衣束帶佩刀行首二人衣紫甲佩刀執旗班士三十六人竝分左右衣紫甲佩刀先排執彈弓都知班領指諭二人衣服與中禁指諭同班士二十人分左右放角錦衣把黑斡紅羅號斫子行首二人佩刀執旗紅繡扇

十二孔雀扇四蟠龍扇二承旨三十六人分左右放角錦衣束帶孔雀傘二分左右黃傘一在左紅傘一在右軍士十二人金畫冒子錦衣束帶御輦龍二十二人金畫帽子錦衣金塗銀束帶御輅一中道奉輅都將二人將校二人放角錦衣束帶佩刀拱鶴一百五十人武弁冠緋寶祥花衣銅鍍金帶銀斫子紅羅號四郎將四人分左右金畫帽子錦衣或別將充內侍官分左右御弓箭將軍一人中道錦衣束帶騎承制員役內橫行雨傘二在玄武幢後分左右夾傘四人金畫帽子錦衣束帶後行馬八疋控軍士十六人立角寶祥花大紬衣假銀帶後擁馬四疋分左右控軍士八人錦帽子寶祥花衣假銀帶左上將軍一人右上將

軍一人千牛大將軍二人分左右並錦衣紅鞓騎千牛備身將軍四人備身將軍四人分左右並衣紫甲佩長刀執旗騎龍虎衛身隊領都將二人衣甲佩刀執旗騎將校三十人衣甲佩刀執旗騎軍士六百人弩鞬甲騎白鐵甲小旗槍隊領都將二人將校十二人並衣甲佩刀執旗軍士二百人分左右後殿祗應官分左右監察御史二人分左右駕後金吾折衝都尉二人衣皮甲佩刀執旗騎將校四人衣服同上騎軍士八十人衣鐵甲騎玄武隊領都將二人衣甲佩刀執旗將校六人衣服同前軍士二百人衣甲以衛鷹揚充軍太僕馬二十疋控軍士四十人帽子小袖衣束帶雨傘二十軍士二十人衣服同前後殿領將軍

一(錦衣紅鞓束帶佩刀執旗騎)將校五人(裌角紫衣佩長刀執旗)軍士一百人(紫衣執長刀)郊廟則冊祝教書樓子若干在鹵簿赤龍大旗之次中道清道一人(揷角紫衣執杖子)護樓子將校若干(裌角紫衣束帶佩刀執旗)軍士若干(立角緋大袖衣假銀帶)引駕教坊樂官一百人分左右(裌角紫公服紅鞓)安國伎一部雜伎一部各四十人分左右高昌伎一部六十人在左天竺伎一部十八人在右宴樂伎一部四十人分左右吹角軍一部二十人分左右並在駕前(立角紫寶祥花大袖衣假銀帶)吹螺軍一部二十四人在駕後(皁紗帽子紫衣假銀帶)駕後中道太子公侯伯宰臣左文班右武班郊廟親祀回駕至

儀鳳門頒德音環列爲充庭之儀高宗十二年九月王幸乾聖寺崔瑀在其家樓上望見駕前拱鶴軍著黑帽曰此亦近衛不宜著黑帽因奏請蓋陪拱鶴軍依宰龍例著金畫帽從之非法駕著金畫帽始此忠烈王二十七年五月黃傘僭擬上國以紅傘代之遂除舞蹈警蹕之禮三十年復用黃傘

鹵簿

法駕鹵簿

法駕鹵簿

毅宗朝詳定第一引開城令中道清道拱鶴一人(揷角紫衣束帶執杖)錦絡縫衣軍十人冷里軍六人分左右(皁紗帽子紫小袖衣假銀帶)散手軍十人分左右(立角寶祥花大袖衣假銀帶)第二引開城尹中道清道拱鶴一人錦絡縫衣軍十人冷里軍十人散手軍十人並分左右(衣服與令儀注同)第三引御史大夫中道清道拱鶴一人(儀注與開城尹同)指揮儀仗使正郎二員(具公服騎)指揮員二十二(紫衣)清道電吏二十人分左右(裌角紫衣執杖子)紅門大旗二分左右引將校各一人(裌角紫衣束帶佩長刀執旗)夾軍士各二十人(平巾幘抹額緋衣衦袴)五方旗各一依其方色在紅門大旗間引將校各一人夾軍士十人朱雀中旗一中道引將校一人夾軍士十人彩旗十分左右引將校二人白澤旗二分左右夾軍士二十四人黃麒麟中旗一中道

引將校一人夾軍士十人白象大旗二分左右引將校各一人夾軍士四十人左右龍旗各五引將校二人左右彩旗各五引將校二人夾軍士四十人白龍大旗二分左右引將校二人夾軍士四十人天下太平大旗一中道引將校一人左右西王母大旗各一引將校二人夾軍士六十人駕雲執拍仙人大旗二分左右引將校二人夾軍士四十人彩旗十分左右引將校二人夾軍士二十人捧寶珠仙人大旗分左右引將校二人夾軍士四十人四海永清大旗一中道引將校一人夾軍士二十人白澤大旗二分左右

引將校二人夾軍士四十人彩旗十分左右引將校二人夾軍士二十人二儀交泰大旗一中道引將校一人夾軍士二十人捧如意珠仙人大旗二分左右引將校二人夾軍士四十人五方龍中旗五各依方色引將校各一人夾軍士五十人彩旗十分左右引將校二人夾軍士三十人雙舞仙人大旗二分左右引將校二人夾軍士四十人彩旗二十分左右引將校四人夾軍士四十人赤龍大旗一中道引將校一人夾軍士二十人孔雀大旗二分左右引將校二人夾軍士四十人彩旗十分左右引將校二人夾軍士

二十人左青龍中旗一右白虎中旗一引將校二人夾軍士二十人碧鳳大旗二分左右引將校二人夾軍士四十人彩旗十分左右引將校二人夾軍士二十人金雞旗二寶珠旗二火珠旗二赤豹旗二胡人旗二各分左右引將校二人夾軍士二十人駕雲吹笛仙人大旗二分左右引將校二人夾軍士四十人火珠旗二神龜負書旗二彩旗十分左右引將校四人夾軍士二十八人黃龍大旗二引將校二人夾軍士四十人君王萬歲中旗二引將校二人夾軍士二十人角端旗二白象旗二玄鶴旗二鳳旗二夾軍士

十六人寶珠仙人大旗二分左右引將校各一人夾軍士四十人金雞旗二分左右引將校二人夾軍士二十人鸞大旗二引將校二人夾軍士四十人白麒麟旗二神龜含珠旗二鸞旗二黃獅子旗二赤獅子旗二赤豹旗二各分左右引將校二人夾軍士二十四人龍馬大旗二引將校二人夾軍士四十人黑獅子旗二白獅子旗二青獅子旗二麒麟旗二鳳旗二各分左右引將校二人夾軍士二十人五色龍旗各二分左右引將校二人夾軍士二十人黃龍負圖旗二孔雀旗二騶牙旗二獬豸旗二天鹿旗二各分左

右引將校二人夾軍士二十人神龍含珠旗二辟邪圖旗二黃龍負圖旗二白鶴旗二玄鶴旗二各分左右引將校二人夾軍士二十人鸑鷟旗二周亞旗二三角獸旗二龍馬旗二黑旗二各分左右引將校二人夾軍士二十人玄旗一中道繡龜蛇合形引將校一人夾軍士十人白澤旗二龍馬旗二一角獸旗一白鶴旗一綵旗五引將校一人夾軍士十八人在左白澤旗一三角獸旗一周亞旗一天鹿旗一綵旗五引將校一人夾軍士十八人在右黑大旗四分左右引將校四人夾軍士八十人已上衣服並與紀門大旗隊同弓箭二

士軍士二十人(緋頭冠衣服同前)豹尾槍二十軍士二十人分左右金鉦十軍士十人㧚鼓十軍士三十人分左右鼗鼓二十軍士二十人分左右銀斧槍二十軍士二十人分左右班劍二十軍士二十人分左右(已上衣服)輿夾旗(軍士同)哥舒棒二十軍士二十人分左右(立角寶祥花衣假銀帶)銀斫子二十軍士二十人分左右(平巾幘抹額緋衣折袴)鐙杖子二十鍮石鉞斧二十各分左右軍士四十人(衣服同前)蛙螟幡二十軍士二十人分左右銀粧長刀二十領將校二人(放角紫衣束帶佩刀執旗)軍士二十人(立角緋寶祥花大袖衣假銀帶)

木齋家塾 彙纂麗史